Gavriel D. Rosenfeld

Hi Hitler!

Gavriel D. Rosenfeld

Hi Hitler!

Der Nationalsozialismus in der Populärkultur

Aus dem Englischen von Claudia Kotte

wbg THEISS

Die englische Originalausgabe ist 2015 bei
Cambridge University Press unter dem Titel
Hi Hitler! How the Nazi Past is Being Normalized in Contemporary Culture
erschienen.

Die Deutsche Nationalbibliothek verzeichnet diese Publikation in der Deutschen Nationalbibliografie; detaillierte bibliografische Daten sind im Internet über www.dnb.de abrufbar.

wbg Theiss ist ein Imprint der wbg.

Die Herausgabe des Werkes wurde durch die Vereinsmitglieder der wbg ermöglicht.
Lektorat: Kristine Althöhn, Mainz
Gestaltung und Satz: Arnold & Domnick, Leipzig

Gedruckt auf säurefreiem und alterungsbeständigem Papier
Printed in Germany

Besuchen Sie uns im Internet: www.wbg-wissenverbindet.de

ISBN 978-3-8062-4189-1

Elektronisch sind folgende Ausgaben erhältlich:
eBook (PDF): ISBN 978-3-8062-4199-0
eBook (epub): ISBN 978-3-8062-4200-3

Inhalt

Einleitung

Ursprünglich verspottet, später gefürchtet, posthum geschmäht: Adolf Hitler erlebt neuerdings eine Normalisierung. In der gesamten westlichen Welt gilt der NS-Diktator seit Langem als Inbegriff des Bösen. Seit der Jahrtausendwende verwandelt er sich jedoch zunehmend in eine eher mehrdeutige Gestalt. Nirgendwo zeigt sich dieser Wandel deutlicher als im Internet. Bereits eine einfache Bildersuche zu Hitler im World Wide Web liefert eine eklektische Mischung an Darstellungen, angefangen von dokumentarischen Archivfotos des Diktators im Dritten Reich bis hin zu digital veränderten humoristischen Bildern. Die Vielfalt an Bildern ist verblüffend, am bemerkenswertesten ist jedoch, wie die Trennlinie zwischen ihnen zu verschwimmen beginnt. Wie kritische Internetuser wahrscheinlich wissen, erfüllen bestimmte Fotos von Hitler jetzt eine doppelte Funktion, denn sie dienen nicht nur der Dokumentation, sondern auch der Verwertung.

Betrachten wir Abbildung 1. Das Foto wurde 1927 von Hitlers persönlichem Fotografen Heinrich Hoffmann in dessen Münchner Studio aufgenommen und gehört zu einer berühmten Fotoserie, die den damals um Anerkennung ringenden Führer der NSDAP beim minuziösen Einstudieren seiner rednerischen Choreografie zeigt.[1] Das Foto zeigt Hitler in einer Pose fanatischen Eifers, die Fäuste geballt, das Gesicht verzerrt vor Wut über das, was vermutlich eines der zahllosen Ärgernisse war, die seine politische Agenda befeuerten. Als historisches Dokument ist das Foto insofern von Bedeutung, als es das systematische Einstudieren der „spontan" wirkenden Gesten Hitlers zeigt. Der NS-Führer war also eifrig bemüht, sein Image als rhetorisches „Naturtalent" zu schützen, und untersagte zu Lebzeiten die Veröffentlichung des Bildes – und der gesamten Serie.[2]

Hoffmanns Foto ist jedoch nicht nur ein Dokument der Geschichte, sondern dank seiner jüngsten Verwandlung im Internet auch eines der Erinnerung. Gut achtzig Jahre nach seiner Entstehung erschien Hoffmanns Foto auf der beliebten Website Meme Generator, wo es durch den Zusatz einer

Abb. 1: 1927 machte Hitlers persönlicher Fotograf Heinrich Hoffmann diese Aufnahme als Teil einer größeren Fotoserie, in der der NS-Führer seine „spontanen" Rednergesten für die Kamera einstudierte.

über dem Kopf des Diktators schwebenden 1970er-Jahre-Diskokugel dramatisch verändert worden war (Abb. 2).[3] Mit der satirischen Darstellung Hitlers als geschicktem Tänzer untergräbt das Mashup mit dem Titel „Disco Hitler" radikal den Zweck des ursprünglichen Fotos, das den NS-Führer als leidenschaftlichen Politiker darstellte. Und das ist noch nicht alles. Mit dem Meme Generator können Internetuser das digital veränderte Bild mit humorvollen Texten versehen und es so in ein „Bildmakro" verwandeln.[4] Der Begriff mag dem durchschnittlichen Leser nicht geläufig sein, doch Bildmakros sind ein fester Bestandteil der heutigen Internet-Kultur. Sie bestehen

Abb. 2: „Disco Hitler" ist eines der beliebteren Spottbilder Hitlers im Internet. Tausende von Internetnutzern haben das Bild auf Webseiten wie Meme Generator mit kruden Texten versehen.

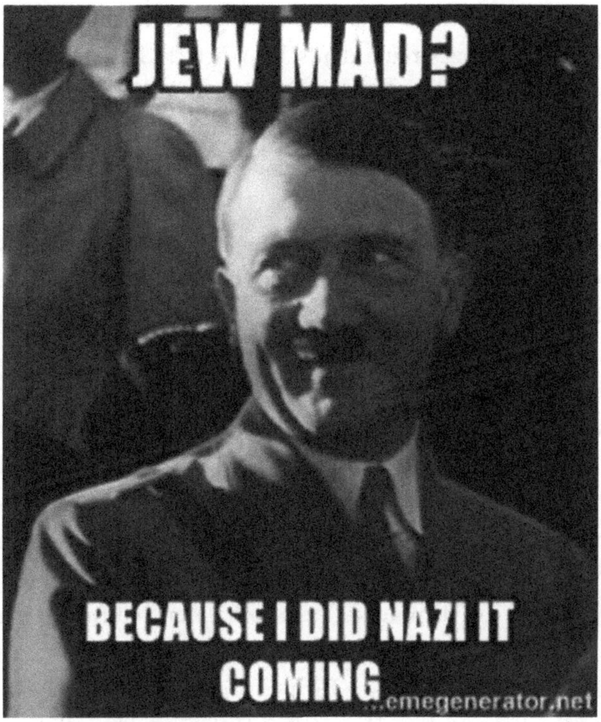

Abb. 3: „Advice Hitler" ist das wohl bekannteste Bildmakro des NS-Diktators im Internet. In der Parodie des berühmten „Advice Dog"-Mems gibt er Alltagstipps, häufig in Form von kalauernden Wortspielen.

aus Bildern mit überlagerten Texten in der (inzwischen allgegenwärtigen) Schriftart Impact und dienen mit ihren ironischen, widersinnigen oder absurden Kombinationen aus Bild und Text der Belustigung. Die Zahl dieser Bilder auf Internetseiten, in Foren und auf Imageboards hat in den letzten Jahren rasant zugenommen – mit dem Ergebnis, dass Bildmakros zu Internet-„Memen" aufgestiegen sind – Ideen, die sich viral verbreiten und im World Wide Web geradezu Kultstatus erlangt haben. „Disco Hitler" ist eines der beliebtesten Bildmakros des NS-Diktators im Internet, allein auf Meme Generator existieren derzeit fast 3000 davon. Die zugehörigen Texte erscheinen zwar in vielen verschiedenen Sprachen, wollen jedoch alle witzig sein, wenn auch auf unterschiedliche Weise. Einige setzen auf plumpe Wortspiele und gelegentlich eingestreute deutsche Wörter: „Disco Hitler sagt: Stalin lebt!" und „Wehrmacht Bitches At?" Andere sind eher beleidigend und geschmacklos wie etwa „Ich sagte: ‚A Glass of Juice', nicht ‚Gas the Jews'!" und „Sechs Millionen! Neuer Rekord!" Wieder andere Bildtexte gleiten ins Absurde ab, so „I Did It for the Lulz."[5]

Diese und zahlreiche andere Versionen von „Disco Hitler" sind nur ein winziger Bruchteil der unzähligen Bildmakros, die den NS-Diktator im Internet verspotten. Schätzungsweise 61 000 Bildmakros mit Bezug zu Hitler sind derzeit auf Meme Generator gelistet, Tausende weitere existieren auf anderen Seiten, mit denen man Memes erstellen kann.[6] Dazu gehört auch das stets beliebte „Advice Hitler" (eine Kopie des berühmten „Advice Dog"-Mems), das den körperlosen Kopf des NS-Diktators vor dem Hintergrund eines schwarz-weiß-roten Farbkreises zeigt, wo dieser vermeintliche „Tipps" von sich gibt (Abb. 3). Es gibt ein „Bedtime Hitler", bei dem ein Führer im Schlafanzug auf dem Schlitten über den Nachthimmel fährt. Es gibt ein „Chilling Hitler", auf dem der Diktator mit einer Zeitung in einem Gartenstuhl in Berchtesgaden entspannt.[7] Es gibt sogar Bildmakros von Hitlers Kopf, die mit Photoshop auf die Körper von Supermodels, Popsängern und Rappern montiert wurden.[8] Wie „Disco Hitler" wurden all diese Bilder von Nutzern mit Texten versehen, die witzig sein sollen.

Unter den zahlreichen Bildtexten ist „Hi Hitler" einer der denkwürdigsten. Der Ausdruck ist in den Memen „Disco Hitler" und „Advice Hitler" sowie in anderen Ablegern aufgetaucht, darunter Parodien der Pokemon-Figur Pikachu, Persiflagen von alten britischen Plakaten („Keep Calm and Hi Hitler" (Abb. 4) und diversen Fotos von Haustieren.[9] Auf den ersten Blick mag der Ausdruck „Hi Hitler!" banal erscheinen. Im Wortsinn ist er nichts weiter als ein Gruß – eine umgangssprachliche Version des Wortes „Hallo" – an ein Bild des NS-Diktators. Bei näherer Betrachtung enthält der Gruß jedoch eine eher satirische Botschaft. Wie selbst mäßig informierte Internetnutzer wissen, ist der Ausruf „Hi Hitler!" eine Verballhornung des berüchtigten Nazi-Grußes „Heil Hitler!" Er entstand Anfang der 1920er-Jahre, um den sogenannten „Führermythos" – den Personenkult um Hitler – zu nähren.[10] In seiner neueren Ausprägung wird die ursprüngliche Bedeutung des Slogans jedoch in ihr Gegenteil verkehrt. Das schwülstige „Heil" wird durch das beiläufige eng-

Abb. 4: Das „Hi Hitler"-Mem hat in verschiedenen Formen Ausdruck gefunden, so auch in dieser Persiflage des berühmten britischen Plakats von 1939, „Keep Calm and Carry On".

lische „hi" ersetzt, was dem bombastischen Nazi-Gruß sein Pathos nimmt und ihn ins Lächerliche zieht. Die komische Wirkung wird noch dadurch verstärkt, dass unklar ist, ob die Verstümmelung der ursprünglichen Anrede beabsichtigt ist oder nicht. Verbreitet hat sich der Ausdruck „Hi Hitler!" im Internet höchstwahrscheinlich durch clevere Nutzer mit einem Faible für

Wortspiele. Es gibt jedoch Hinweise darauf, dass bestimmte Menschen ohne Deutschkenntnisse das ursprüngliche deutsche „Heil“ mit dem englischen „hi“ verwechselt haben und naiverweise glauben, bei „Hi Hitler“ handele es sich um einen historisch verbürgten Ausdruck. Mit ihrer unbeabsichtigten Verballhornung und Verbreitung des Begriffs haben sie so noch zu seiner Komik beigetragen.[11]

Der Ausruf „Hi Hitler!“ ist jedoch nicht nur wegen seiner Komik bemerkenswert, sondern auch, weil er für eine neue Tendenz in der Darstellung des Nationalsozialismus steht. In einer ironischen Wende – ja in einer vielleicht skurrilen Form von aufgeschobener Gerechtigkeit – ist der Politiker, der zu Lebzeiten auf der vollständigen Kontrolle seines öffentlichen Images bestand, in letzter Zeit unendlich vielen Formen der digitalen Verfremdung ausgesetzt gewesen. Dank des Internets wurde Hitler zu einem eigenständigen Mem.[12] Er taucht nicht nur in unzähligen Bildmakros, sondern auch in Tausenden von satirischen Film- und Musikvideos auf, er erscheint in Internet-Comics, erhält Einträge in Pseudo-Enzyklopädien und hat zu Online-Spielen angeregt. Angesichts dieser Entwicklung kann der Slogan „Hi Hitler!“ als Willkommensgruß einer radikal neuen Sicht des NS-Diktators interpretiert werden – eine, die ihn zu einer Witzfigur statt zu einem Schreckensbild macht.

Die zunehmend satirische Darstellung Hitlers im Internet ist Teil eines größeren Wandels, der sich aktuell in der Erinnerung an die NS-Vergangenheit vollzieht. Seit der Jahrtausendwende bricht in weiten Teilen der westlichen Welt eine mächtige Welle der Normalisierung mit der traditionellen Vorstellung, dass die Erinnerung an das Dritte Reich aus einer moralischen Perspektive wachgehalten werden sollte. Diese Welle äußert sich in vielen Bereichen des heutigen Geistes- und Kulturlebens: in anspruchsvollen wissenschaftlichen und journalistischen Werken, in populären Romanen und Erzählungen, in Film und Fernsehen und vor allem auf zahllosen Internetseiten. Unabhängig von ihren hoch- oder popkulturellen Wurzeln haben all diese Werke das Dritte Reich auf unterschiedliche Weise verwandelt. Einige haben es relativiert, um seine historische Besonderheit herunterzuspielen. Andere haben es universalisiert, um seine vermeintliche Relevanz für heutige Themen zu betonen. Wieder andere haben es durch unkonventionelle Darstellungsmittel ästhetisiert. All diese Formen sind in vielen verschiedenen Ländern zu beobachten, in Europa, Nordamerika und der nicht-westlichen Welt. Und sie haben unterschiedliche Beweggründe, politische bis hin zu kindischen. Ungeachtet dieser verschiedenen Ausprägungen verfolgt die Normalisierungswelle im Allgemeinen ein Ziel: das Ende der vermeintlichen Exzeptionalität der NS-Zeit.

Erinnerung und Normalisierung

Das Ende der Exzeptionalität der Vergangenheit ist eines von mehreren Zielen des umfassenderen Phänomens der Normalisierung. Normalisierung ist ein relativ neues Konzept, das Historiker und andere Wissenschaftler zunehmend verwenden, um zu verstehen, wie und warum sich unser Bild der Vergangenheit im Laufe der Zeit wandelt.[13] Das Konzept dient dabei verschiedenen Zwecken: um zu erklären, wie die Vergangenheit in der geschriebenen Geschichte dargestellt wird, wie sie im kulturellen Gedächtnis Gestalt annimmt, wie sie Gruppenidentität bestimmt und wie sie sogar die Regierungspolitik beeinflusst. Unabhängig von ihrer Form zeichnet sich die Normalisierung durch verschiedene grundlegende Eigenschaften aus. Auf der abstraktesten Ebene bedeutet sie den Ersatz von Differenz durch Ähnlichkeit. In Bezug auf Geschichte und Erinnerung beispielsweise bezeichnet Normalisierung den Prozess, ein bestimmtes historisches Erbe wie jedes andere zu betrachten. Dieses Erbe kann eine bestimmte Epoche, ein Ereignis, eine Person oder eine Kombination daraus sein. Doch damit eine bestimmte Vergangenheit eine Normalisierung erfahren kann, muss sie die Merkmale ablegen, die sie von anderen Vergangenheiten unterscheiden. Die Normalisierung der Vergangenheit kann auch die Bildung von Gruppenidentität beeinflussen und es Ländern und anderen kollektiv definierten Gruppen ermöglichen, sich als ähnlich und nicht als anders wahrzunehmen. Normalisierung kann außerdem nationale Regierungen davon entbinden, die gleiche Art von „normaler" Innen- und Außenpolitik zu verfolgen wie andere Länder. Selbstverständlich beruht die Behauptung, die Normalisierung der Vergangenheit könne diese Wirkung erzielen, auf bestimmten Grundannahmen: erstens, dass bestimmte Vergangenheiten überhaupt auf irgendeine Weise „anormal" sein können; zweitens, dass es einen ultimativen Endpunkt der „Normalität" gibt, auf den alle Vergangenheiten letztlich zulaufen.

Diese Annahmen sind alles andere als unproblematisch. Doch unabhängig davon, wie man zu ihnen steht, basieren sie auf einer unbestreitbaren Tatsache: Nicht alle Vergangenheiten sind gleich. Einige sind weniger „normal“ und andere „normaler“ als andere.

Wonach richtet sich, ob eine bestimmte Vergangenheit als normal gilt oder nicht? Diese Frage ist nicht leicht zu beantworten, da der Begriff der Normalität nur schwer zu definieren ist. Einerseits wird Normalität üblicherweise mit positiven Eigenschaften wie Gesundheit, Natürlichkeit und Stabilität assoziiert. Gleichzeitig kann Normalität durch das definiert werden, was sie nicht ist, zum Beispiel Anomalie und Devianz.[14] All diese Eigenschaften beruhen auf Standards, die je nach Zeit und Ort variieren, und so ist Normalität letztlich ein relativer Begriff. Im Kern wird sie jedoch als typisch, nicht außergewöhnlich oder durchschnittlich verstanden.

Anhand dieser Beobachtungen können wir ermessen, ob eine bestimmte Vergangenheit als „normal“ gelten kann oder nicht. Die Normalität eines bestimmten historischen Erbes hängt im Allgemeinen von seinem Status im historischen Bewusstsein eines Landes ab. Die meisten Epochen der Geschichte eines Landes werden mit einem Gefühl der Distanz, wenn nicht gar Gleichgültigkeit betrachtet. Fragt man Europäer nach der Regierungszeit der meisten Monarchen ihres Landes oder Amerikaner nach den Regierungen der meisten ihrer Präsidenten, so reagieren sie meist mit Achselzucken. Diese „normalen“ Epochen finden kaum Beachtung, da sie durch das Gewöhnliche, Alltägliche und Durchschnittliche definiert sind. Andere Epochen hingegen haben einen weniger normalen Status, da sie im Bewusstsein der Bevölkerung unverhältnismäßig stark präsent sind. Diese Epochen werden im Allgemeinen mit zentralen Ereignissen in der Geschichte eines Landes in Verbindung gebracht. Es kann sich dabei um positive Ereignisse wie erfolgreiche Revolutionen oder militärische Siege handeln, die zum Selbstwertgefühl einer Nation beitragen. Oder es kann sich um negative Ereignisse handeln – militärische Niederlagen, politische Verbrechen oder andere Unrechtstaten –, die mit Trauma, Schuld und Scham behaftet sind. Beide Arten von Ereignissen, positive wie negative, gehen für die Menschen, die sie erleben – und oft auch für ihre Nachkommen –, in der Regel mit starken Emotionen einher. Daher nimmt dieses besondere historische Erbe einen hohen Stellenwert im Gedächtnis ein.

Vor allem aber werden diese Geschehnisse aus einer moralischen Perspektive betrachtet. Leitgedanke ist dabei, dass die Vergangenheit nicht nur erklärt, sondern auch beurteilt werden sollte. Sie sollte nicht nur mit nüchterner Neutralität, sondern nach ethischen Maßstäben erforscht werden. Vor allem sollte die Vergangenheit so untersucht werden, dass die richtigen „Lehren" aus ihr gezogen werden und in Erinnerung bleiben. Diese Lehren können positive Aufrufe zur Nachahmung oder negative Worte der Mahnung sein; sie können zu wiederholende Erfolge oder zu vermeidende Fehler in den Mittelpunkt stellen. In beiden Fällen soll die Vergangenheit unter didaktischen Aspekten betrachtet werden. Diese Perspektive ist in vielerlei Hinsicht bewundernswert und von hehren Motiven geleitet. Dennoch neigt sie zu gewissen Extremen. Eine moralische Sicht der Vergangenheit kann zu einem verzerrten Geschichtsbewusstsein führen. Sie kann die Vergangenheit in Mythen hüllen und mit Tabus belegen, die ihre akzeptierten „Lehren" verstärken und spätere Anfechtungen verhindern sollen. Sie kann eine dogmatische und ritualisierte Form des Geschichtsbewusstseins fördern, die sich leicht in schale Doktrin verwandeln kann. Und sie kann zu einem Blick auf die Vergangenheit führen, der ein echtes Geschichtsverständnis eher behindert als fördert.[15] Freilich muss sich eine moralische Sicht der Geschichte nicht in diesen Fallstricken verfangen. Doch um dies zu verhindern, muss man sich dieser Fallstricke bewusst sein. Letztlich ist keineswegs klar, ab wann genau eine moralische Sicht der Vergangenheit dem Gesetz sinkender Erträge folgt. Eines ist jedoch unbestreitbar: Die moralische Aura eines bestimmten historischen Erbes definiert seine Ausnahmestellung und verhindert seine „Normalität".

Dieses nachlassende Gefühl der Exzeptionalität kennzeichnet wiederum das Phänomen der Normalisierung. Warum aber wandelt sich die Wahrnehmung der Vergangenheit? Welche Kräfte haben Einfluss auf die Entwicklung des historischen Gedächtnisses? Bei der Beantwortung dieser Fragen ist es wichtig zu erkennen, dass die Erinnerung nicht monolithisch ist. Selten gibt es in einer bestimmten Gesellschaft nur eine einzige Sicht auf ein bestimmtes historisches Erbe. Stattdessen konkurrieren mehrere Perspektiven um die Deutungshoheit. Einige sind dominante oder „offizielle" Erinnerungen, die mit staatlicher Unterstützung definiert werden, andere sind „Gegenerinnerungen", die aus einem Dissens in der Bevölkerung erwachsen.[16] Diese konkurrierenden Erinnerungen existieren in unterschiedlicher Form. Es gibt das „kommunikative Gedächtnis“ historischer Ereignisse, d.h. die mündliche Bewahrung und Weitergabe der Erinnerungen von Augenzeugen an die Vergangenheit. Und es gibt das „kulturelle Gedächtnis“ historischer Ereignisse, das sich auf ihre spätere Darstellung in verschiedenen kulturellen Formen – in Film, Literatur, Theater, Kunst oder Architektur – bezieht.[17] Diese Formen erfüllen schließlich unterschiedliche soziale Funktionen. Kommunikative Erinnerungen finden in der Regel im privaten Bereich Ausdruck und werden hier bewahrt; kulturelle Erinnerungen sind in der Regel eher im öffentlichen Leben präsent. In ihrer Gesamtheit bestimmen diese Formen der Erinnerung – offizielle und gegenläufige, kommunikative und kulturelle, private und öffentliche – das historische Bewusstsein einer Gesellschaft. Ihre Koexistenz ist jedoch selten statisch, sondern verändert sich im Laufe der Zeit. Die zu einer Zeit vorherrschende offizielle Erinnerung kann zu einer anderen Zeit leicht durch ein abweichendes Gegengedächtnis ersetzt werden; kommunikative Erinnerungen weichen schließlich kulturellen Erinnerungen, und Erinnerungen, die ursprünglich auf den privaten Bereich beschränkt waren, werden häufig öffentlich.

All diese Interaktionsmuster spielen beim Prozess der Normalisierung eine Rolle. Allerdings ist dieser Prozess alles andere als einfach. Wie bei der Erinnerung im Allgemeinen ist Normalisierung keine monolithische Einheit; sie nimmt verschiedene Formen an und entwickelt sich auf unterschiedliche Weise nach verschiedenen Methoden. Da ist zunächst das Phänomen der organischen Normalisierung. Dieser Begriff bezieht sich auf den Prozess, durch den angesichts des Fortschreitens der Zeit, des Verschwindens älterer Generationen, die historische Ereignisse persönlich erlebt haben, und des Heranreifens neuer Generationen, die eine weniger persönliche Beziehung zu diesen Ereignissen haben, eine weniger moralische Sicht auf die Vergangenheit entsteht. In dieser Variante ist Normalisierung ein beschreibender Begriff, der einen natürlichen, wenn nicht gar unvermeidbaren Prozess bezeichnet. Es ist ein Prozess, der darüber hinaus ein wichtiges Korrektiv für einige der Fallstricke des Moralismus darstellt. Organische Normalisierung kann einen Perspektivwechsel von einer emotionsgeladenen Sicht der Vergangenheit zu einer eher nüchternen Betrachtung fördern;

sie kann eine Abkehr vom subjektiven Urteil zum objektiven Verständnis erleichtern.

Die organische Normalisierung ist jedoch nicht die einzige. Es gibt andere, eher präskriptive Formen der Normalisierung, die eine aktivere Rolle bei der Ausgestaltung der Erinnerung an die Vergangenheit spielen. Diese manifestieren sich auf unterschiedliche Weise, zeugen jedoch alle von einem menschlichen Grundbedürfnis nach Normalität. Der Wunsch, sich normal zu fühlen, sei es auf der Ebene des Einzelnen oder der der Gruppe, ist ein natürlicher Wunsch, der als völlig legitim gelten sollte. Da Normalität letztlich jedoch ein Ideal ist, kann die praktische Umsetzung mit Schwierigkeiten verbunden sein. Wer sie anstrebt, wird daher oft ungeduldig und verwendet bestimmte Strategien der Beschleunigung. Er versucht möglicherweise, ein bestimmtes historisches Erbe zu relativieren, indem er dessen Besonderheit durch Vergleiche mit anderen historischen Ereignissen herunterspielt. Oder er erklärt dessen Ursachen, betont seine Relevanz im Allgemeinen und strebt so seine Universalisierung an.[18] Oder aber er versucht es durch Darstellungsformen zu ästhetisieren, die seine moralischen Dimensionen ausblenden. Diese drei Strategien unterscheiden sich in ihrem Vorgehen, verfolgen aber das gleiche Ziel: ein Ende der Exzeptionalität der Vergangenheit.

Dieses Ziel leitet auch die Relativierungsstrategie. Die Vertreter dieser Art von Normalisierung sind in der Regel enttäuscht darüber, dass eine bestimmte Vergangenheit sie an einer normalen Identität hindere. Das Problem besteht ihrer Ansicht nach darin, dass die Vergangenheit noch immer von einer moralischen Aura geprägt ist, die sie zum Gegenstand übermäßiger, wenn nicht gar zwanghafter Aufmerksamkeit mache. Diese Aufmerksamkeit kann sowohl positiver als auch negativer Art sein. Ein triumphales historisches Ereignis wie beispielsweise ein großer militärischer Sieg kann in der Erinnerung übertrieben kultiviert werden. Ein mit Fehlschlägen verbundener Abschnitt der Geschichte – eine gescheiterte Revolution oder ein katastrophaler Bürgerkrieg – kann mit übertriebener Scham behaftet sein. Der Versuch, eine dieser beiden Arten von historischen Ereignissen zu relativieren, bedeutet wiederum, sie mit anderen, vermeintlich ähnlichen Ereignissen zu vergleichen, um ihre Besonderheit herunterzuspielen, ihre Bedeutung zu verharmlosen und sie von ihrer moralischen Aura zu befreien. Das soll nicht heißen, dass die Vertreter der Relativierung keine eigene moralische Agenda hätten. Wer die Bedeutung eines bestimmten historischen Ereignisses kleinredet, tut dies häufig mit dem Argument, er handle im besten Interesse des Landes. Einige, zumeist aus dem rechten Spektrum, behaupten, die Relativierung eines beschämenden historischen Unrechts könne zur Wiederherstellung eines Gefühls von Nationalstolz beitragen. Andere, zumeist auf dem linken Flügel, sind dagegen der Ansicht, die Relativierung eines großen Triumphs könne den Hang zur nationalen Hybris zügeln. Normalisierung ist somit durchaus mit einem Moralempfinden vereinbar. Gleichzeitig versuchen die Vertreter der Relativierung, die mit einer bestimmten Vergangenheit verbundene moralische Aura der Exzeptionalität zu untergraben, ihre Besonderheit zu erodieren und ihre Normalisierung zu befördern.

Ähnliche Eigenschaften charakterisieren die Strategie der Verallgemeinerung. Die Befürworter dieser Form von Normalisierung tragen ebenfalls dazu bei, der Vergangenheit ihre besondere Aura zu nehmen. Im Gegensatz zu den Vertretern der Relativierung tun sie dies jedoch nicht, um die Bedeutung der Vergangenheit kleinzureden, sondern um sie überhöhen. Die Vertreter der Universalisierung verfolgen dieses Ziel üblicherweise im Rahmen größerer analytischer und politischer Agenden. Sie überhöhen häufig die Vergangenheit, indem sie etwa die Entstehung eines bestimmten historischen Ereignisses (einer großen Revolution, eines Krieges oder eines Völkermords) mit verallgemeinernden Konzepten erläutern, die sich auf die Rolle breiterer, universeller Kräfte und nicht auf bestimmte historische Umstände konzentrieren. Sie verklären außerdem die Vergangenheit, indem sie sie als rhetorisches Mittel nutzen, um die Aufmerksamkeit auf andere, in ihren Augen wichtige historische oder zeitgenössische Ereignisse zu lenken. Beide Arten von Vergleich sind völlig legitim und können ein Geschichtsverständnis fördern. Sie instrumentalisieren die Vergangenheit jedoch für breitere Zwecke. Die Vertreter der Universalisierung geben im Allgemeinen zu, dass sie sich auf bestimmte historische Ereignisse berufen, um das Bewusstsein für heutige soziale, wirtschaftliche und politische Probleme zu schärfen und diese zu lindern. Wie die Vertreter der Relativierung sind sie dem Moralismus nicht abgeneigt. Dennoch verschleiern die von ihnen angestellten historischen Vergleiche, die mehr auf

Ähnlichkeiten als auf Unterschiede abheben, die moralische Aura der Exzeptionalität einer bestimmten Vergangenheit. Und je häufiger (und übertriebener) solche Vergleiche werden, desto weniger glaubwürdig sind sie. Denn eine Stilisierung der Vergangenheit bedeutet eine Verflachung ihrer Besonderheit. Die Universalisierung der Vergangenheit kann kurzum leicht zu ihrer Normalisierung führen.

Dasselbe gilt für die Strategie der Ästhetisierung. Auch sie rührt von einer Ungeduld mit der Besonderheit der Vergangenheit, insbesondere mit moralisch begründeten Einschränkungen ihrer ästhetischen Darstellung. Im Kultur- und Geistesleben des Westens galt lange Zeit die Maxime, historische Ereignisse aus realistischer Perspektive darzustellen. In der Geschichtsschreibung, in Literatur und Film entsprach der Gebrauch des Realismus dem vorherrschenden Wunsch, historische Quellen unberührt zu lassen.[19] Dieser Wunsch ist eindeutig moralisch motiviert. Aber er geht zulasten der künstlerischen Freiheit. Daher haben sich Wissenschaftler, Schriftsteller, Künstler und Filmemacher oft gegen realistische Darstellungsformen der Vergangenheit gewehrt und sich für unkonventionellere ästhetische Formen entschieden, die sich an Genres wie der Satire, der Fantasy und kontrafaktischer Geschichte orientieren. Unabhängig von den angewandten Methoden geht es den Vertretern der Ästhetisierung jedoch weniger um die moralischen Dimensionen der Vergangenheit als um die künstlerischen Herausforderungen ihrer Darstellung. Dadurch laufen sie Gefahr, Inhalte zugunsten von Oberflächlichkeiten zu opfern. Zwar geben diejenigen, die die Vergangenheit ästhetisieren, häufig hehre moralische Ziele vor. Sie behaupten etwa, dass humorvolle Darstellungen historische Bösewichte und Helden entmythologisierten, dass fantasievolle Darstellungsformen neue Einsichten in historische Realitäten gewährten und dass kontrafaktische Darstellungen zur Klärung historischer Kausalität dienten. Damit haben sie gewiss nicht unrecht. Doch indem ästhetisch motivierte Ansätze zur Erhellung gewisser Aspekte der Vergangenheit beitragen können, können sie auch leicht zum Selbstzweck werden und die moralischen Dimensionen der Vergangenheit in den Hintergrund treten lassen. Eine Ästhetisierung leistet somit auch einer Normalisierung Vorschub.

In ihrer Gesamtheit verfolgen diese präskriptiven Formen der Normalisierung ein gemeinsames Ziel, das sie aber oft verfehlen. In den meisten

Fällen bewirken sie das genaue Gegenteil dessen, was beabsichtigt war. Sie führen zu einer Dialektik der Normalisierung, in der der gezielte Versuch einer Normalisierung der Vergangenheit schließlich deren Besonderheit hervorhebt.[20] Dieses Phänomen war in den letzten Jahren in zahllosen Auseinandersetzungen um umstrittenes historisches Erbe zu beobachten. Besonders deutlich wurde es bei Bemühungen um eine Relativierung der Vergangenheit. Wann immer Einzelne oder Gruppen versuchen, die Bedeutung eines bestimmten historischen Vermächtnisses mit Gewalt herunterzuspielen, provozieren sie den Widerstand von Gegnern, die entschieden dessen Einzigartigkeit verteidigen.[21] Angesichts der so entstehenden Meinungsverschiedenheiten und Kontroversen rückt der Versuch, von der Vergangenheit abzulenken, ebenjene Vergangenheit letztlich in den Mittelpunkt der Aufmerksamkeit. Dasselbe gilt für Bemühungen um eine Universalisierung der Vergangenheit, wenn auch unter umgekehrten Vorzeichen. Je mehr ein bestimmtes historisches Erbe zu Vergleichszwecken in der Gegenwart herangezogen wird, desto mehr Proteste ruft es unter Kritikern hervor, in deren Augen die Bedeutung der Vergangenheit übertrieben und ihre Singularität relativiert wird. Ihrer Ansicht nach solle die Vergangenheit um ihrer selbst willen existieren und dürfe nicht instrumentalisiert werden. Einige Kritiker wehren sich sogar gegen die in ihren Augen inflationäre Erinnerung und empfehlen eine gesunde Dosis Vergessen. Egal, ob mehr oder weniger Erinnerung gefordert wird – die dialektischen Reaktionen auf Relativierung und Verallgemeinerung führen letztlich dazu, dass die Vergangenheit weiter im Fokus der Öffentlichkeit steht. So gesehen ist das bloße Konzept der präskriptiven Normalisierung möglicherweise ein Widerspruch in sich. So wie es unmöglich ist, „Spontaneität zu dekretieren", könnte es auch unmöglich sein, eine Normalisierung der Vergangenheit zu erzwingen.[22] Solange Bemühungen um ihre Normalisierung als verfrüht, forciert oder interessengeleitet wahrgenommen werden, werden sie auf Widerstand stoßen.

Nur wenn konkurrierende Erinnerungen miteinander in Einklang gebracht werden, lässt sich eine gewisse Normalität erzielen. Tatsächlich muss eine Vergangenheit, um wirkliche Normalisierung zu erfahren, erfolgreich „aufgearbeitet" und „bewältigt" werden. Diese Wörter, die mit dem Begriff Vergangenheitsbewältigung einhergehen, dienen bei Kontroversen um umstrittenes historisches Erbe zunehmend als mögliche Lösung.[23] Im Laufe der letzten Generation haben Wissenschaftler untersucht, wie verschiedene Länder mit polarisierenden Vergangenheiten zu kämpfen hatten, und haben Maßnahmen zu ihrer Bewältigung identifiziert.[24] Bei den meisten dieser Vergangenheiten ging es um Unrecht, das eine Gruppe einer anderen Gruppe angetan hatte, sodass die Vergangenheit mit Schuld und Leid behaftet war. Um eine solche Vergangenheit aufzuarbeiten, muss das Unrecht durch verschiedene Maßnahmen wiedergutgemacht werden. Diese können rechtlicher, finanzieller, symbolischer oder erinnernder Natur sein und zu Gerichtsverfahren gegen die Täter, zur Entschädigung für die Opfer, zu offiziellen Entschuldigungen oder zur Errichtung von Gedenkstätten und Museen führen.[25] Wichtig ist, dass diese Maßnahmen die Bereitschaft der Konfliktparteien – der Vertreter von Tätern, Opfern, Zuschauern und ihrer Nachkommen – zur Versöhnung fördern und einen mnemotechnischen Konsens darüber herstellen, was erinnert werden soll. Erst dann kann ein umstrittenes historisches Erbe überhaupt Hoffnung auf eine Normalisierung haben. Solange es keine Versöhnung gibt, werden konkurrierende Gruppen in einer Dialektik der Normalisierung gefangen bleiben. Die Vergangenheit wird unbewältigt, Normalität ein fernes Ideal bleiben.

Die Normalisierung der NS-Vergangenheit: 1945–2000

Die Erinnerung an das Dritte Reich zeichnet sich seit Langem durch das Fehlen von Normalität aus. Seit dem Ende des Zweiten Weltkriegs gilt die NS-Zeit als anders als andere Epochen. Der Hauptgrund für ihren Sonderstatus ist ihr berüchtigter Grad an Kriminalität. Mit der Entfesselung des Zweiten Weltkriegs und dem Holocaust begingen die Nazis beispiellose Verbrechen. Diese Verbrechen fanden zudem in der jüngsten Vergangenheit statt und sind daher noch Teil des kommunikativen Gedächtnisses. Aus diesem Grund wird die NS-Zeit in den meisten westlichen Ländern – auf der Gewinner- wie auf der Verliererseite – aus moralischer Sicht betrachtet. Kurzformel hierfür war lange Zeit das Bekenntnis „Nie wieder“ – ein Diktum, das die einfache moralische Botschaft vermittelt, die Nachwelt müsse die „Lehren" aus der NS-Diktatur ziehen und dafür sorgen, dass sich ihre Katastrophen nie wiederholen.[26]

Den überwiegenden Teil der Nachkriegszeit hinweg galt diese Mahnung. Unmittelbar nach Kriegsende setzten die Alliierten mit den Nürnberger Prozessen ein Zeichen, dass sie die NS-Kriegsverbrecher entschlossen zur Rechenschaft ziehen würden; die nachfolgenden Prozesse in der Bundesrepublik der 1960er- und 1970er-Jahre zeigten, dass auch die westdeutsche Regierung ihre Bedeutung anerkannte. In den 1950er-Jahren bewiesen die Reparationszahlungen an Israel, dass die Bundesrepublik auch in wirtschaftlicher Hinsicht moralische Absolution für die NS-Vergangenheit erbat. Symbolische Gesten des Gedenkens in Form von Denkmälern, Museen und feierlichen Reden unterstrichen diese Botschaft in Europa und den Vereinigten Staaten. Zudem setzten sich zahllose Werke – Romane, Gedichte, Filme, Theaterstücke und wissenschaftliche Studien – direkt mit den moralischen Fragen der NS-Zeit auseinander. Natürlich dauerte es eine Weile, bis diese Auseinandersetzung einsetzte, und sie entwickelte sich nicht in allen Bereichen der westlichen Welt gleichmäßig. Doch sie gewann im Laufe der Nachkriegszeit allmählich an Fahrt.

Ihren Höhepunkt erreichte diese Auseinandersetzung mit dem Erinnerungsboom der 1990er-Jahre.[27] Nach dem Ende des Kalten Kriegs und vor der Jahrtausendwende war das Erbe des Dritten Reichs – insbesondere der Holocaust – ein so fester Bestandteil des Geschichtsbewusstseins des Westens wie noch nie zuvor. Das Ende des Kalten Kriegs machte den Weg frei, damit Menschen in ganz Europa sich mit ihren verschütteten Erinnerungen aus der NS-Zeit auseinandersetzen konnten. Zum ersten Mal übernahm das wiedervereinigte Deutschland die volle Verantwortung für die Verbrechen an Juden und anderen Europäern. Die postkommunistischen Staaten Osteuropas sowie verschiedene westeuropäische Länder setzten sich erstmals mit ihrem eigenen Erbe der Kollaboration auseinander. Europäische und amerikanische Politiker beriefen sich auf die NS-Verbrechen, um humanitäre militärische Interventionen in Ländern wie dem Irak und Jugoslawien zu rechtfertigen. Und westliche Regierungen bemühten sich mit der Erklärung des Internationalen Holocaust-Forums von Stockholm im Jahr 2000, den nationalsozialistischen Völkermord offiziell als weltweites Symbol der Mahnung zu instituieren. Um die Jahrtausendwende bestand somit ein breiter

Konsens, die Erinnerung an die NS-Vergangenheit aus einer starken moralischen Perspektive wachzuhalten.

Dieses Bekenntnis zur Erinnerung war jedoch mit neuen Diskussionen verbunden. Im gleichen Zeitraum, von 1945 bis 2000, gab es auch gegenläufige Bemühungen um eine Normalisierung der NS-Vergangenheit. Diese machten sich sporadisch zu unterschiedlichen Zeiten in verschiedenen Ländern bemerkbar. Sie hatten unterschiedliche Beweggründe und nahmen unterschiedliche Formen an. Sie alle einte jedoch der Wunsch, die moralische Darstellung der NS-Zeit als eine Epoche historischer Exzeptionalität infrage zu stellen. In diesen Jahren wurde der moralische Konsens über die NS-Vergangenheit zwar nicht aufgekündigt, er erodierte jedoch, womit der Grundstein für die intensivere Normalisierungswelle nach der Jahrtausendwende gelegt war.

Deutschland

Am augenfälligsten war das Bemühen um eine Normalisierung der NS-Vergangenheit in Deutschland. Nach dem Ende des Zweiten Weltkriegs hatten viele Deutsche Schwierigkeiten, die volle Verantwortung für das verbrecherische Erbe des Dritten Reiches zu übernehmen. Sie hatten zwar keine grundsätzlichen Einwände gegen die Erinnerung an die NS-Zeit, doch waren diese Erinnerungen eher „selbst-“ als „fremdbestimmt“, d.h. die Deutschen konzentrierten sich lieber auf ihr eigenes Leid statt auf das der Millionen Opfer des Regimes.[28] Kurz nach Kriegsende versuchten Deutsche in beiden Teilen des Landes, durch Normalisierung ein Schuldgefühl für die jüngste Vergangenheit zu vermeiden. In der DDR verallgemeinerten Regierungsvertreter die Bedeutung des Nationalsozialismus, indem sie ihn zum Nebenprodukt des Kapitalismus erklärten; da sie diesen 1945 abgeschafft hätten, sei ihr Land frei von jeglicher Schuld für die jüngsten Verbrechen. In der Bundesrepublik sah die Relativierungsstrategie der konservativen CDU-Regierung von Bundeskanzler Konrad Adenauer unterdessen vor, die Verbrechen der Nazis gegen die Kriegs- und Nachkriegsnöte der Deutschen (sei es durch die Luftangriffe der Alliierten, die Vertreibung aus dem Osten oder die „Siegerjustiz“ der Nachkriegszeit) aufzurechnen.[29] Diese Normalisierungsstrategie bestimmte sowohl die kommunikative als auch die kulturelle Erinnerung vieler Westdeutscher in der frühen Nachkriegszeit. Tatsächlich wurde sie für den Wiederaufbau und die Demokratisierung der Bundesrepublik weithin als notwendig erachtet.[30]

Diese Strategie führte allerdings schon bald zu Gegenreaktionen. In den 1960er-Jahren beschäftigten sich angesichts neuer gesellschaftlicher und politischer Entwicklungen – unter anderem dem Aufstieg der 1968er und einem politischen Linksschwenk – immer mehr Westdeutsche mit der Beteiligung der älteren Generation an den Gräueln der Nazis. Die Wiederaufnahme der Kriegsverbrecherprozesse Mitte der 1960er-Jahre (vor allem die der Frankfurter Auschwitz-Prozesse 1963–1965) und die Enthüllung, dass namhafte konservative Politiker wie der CDU-Kanzler Kurt Georg Kiesinger (1966–1969) NSDAP-Mitglieder gewesen waren, wirkten ernüchternd auf die jüngere Generation, die die sozioökonomische Ordnung ihres Landes für latent faschistisch hielt. Ihr Bemühen, Kontinuitäten zwischen der NS-Vergangenheit und der westdeutschen Gegenwart aufzudecken, war eine wichtige Etappe in der deutschen Erinnerungskultur, da sie deren moralischen Schwerpunkt neu ausrichtete.[31] Anstatt sich auf das deutsche Leid zu konzentrieren, fokussierte sich die Debatte nun auf die deutsche Schuld. Gleichwohl blieb die Erinnerungsarbeit der 1968er selbstgesteuert. Zudem verallgemeinerte sie in den meisten Fällen die Bedeutung der NS-Zeit, indem sie sich auf ihre globalen (meist kapitalistischen) Wurzeln statt auf ihre spezifisch deutschen Dimensionen konzentrierte. Dieses Muster änderte sich erst in den 1970er-Jahren. Angefangen mit dem symbolischen Kniefall von SPD-Kanzler Willy Brandt vor dem Heldendenkmal des Warschauer Ghettos 1970 und vor allem nach Ausstrahlung der amerikanischen Fernsehserie *Holocaust* im westdeutschen Fernsehen 1979 begannen die Deutschen, sich langsam mit den Erfahrungen der jüdischen Opfer der Nationalsozialisten auseinanderzusetzen. Diese Entwicklung beschleunigte sich in den 1980er-Jahren, als wissenschaftliche Studien über den Holocaust zunahmen und der Holocaust im Schulunterricht zum Thema wurde. Das so entstandene erweiterte Holocaust-Bewusstsein führte zu einer neuen Entwicklung in der deutschen Erinnerung, einer moralischen Betroffenheitskultur, in der die Deutschen – wenn auch ritualisiert –

tiefes Bedauern über die NS-Verbrechen und Empathie und Solidarität mit den Opfern äußerten.[32]

Diese selbstkritische Wende in der deutschen Erinnerungskultur rief jedoch bald ihre eigene Gegenbewegung in Form eines erneuten Vorstoßes zur Normalisierung auf den Plan. Ab den 1980er-Jahren reagierten konservative Politiker unter Führung von CDU-Kanzler Helmut Kohl (1982–1998) auf die ihrer Ansicht nach immer moralischere Verwendung der NS-Vergangenheit durch die deutsche Linke; sie forderten eine Normalisierung auf der Ebene der offiziellen Erinnerung, um dem Land endlich zu einer positiven nationalen Identität zu verhelfen.[33] So sprach Kohl 1984 in Israel von der „Gnade der späten Geburt" und entfachte bei einer Gedenkfeier 1985 die Bitburg-Kontroverse; 1986 entbrannte der Historikerstreit, in dem konservative deutsche Wissenschaftler die Verbrechen der Nationalsozialisten zu relativieren versuchten. Die anhaltende Kritik linksliberaler deutscher Eliten und wichtiger Teile der internationalen Gemeinschaft verwies jedoch auf die Grenzen dieser konservativen Strategie. Wieder einmal bekräftigte eine forcierte Normalisierung der Vergangenheit lediglich ihre Exzeptionalität.

Nach der deutschen Wiedervereinigung trat die Normalisierung jedoch in eine neue Phase ein. Bis 1989/1990 war die deutsche Reaktion auf die NS-Vergangenheit von der Anomalie der deutschen Teilung geprägt gewesen. Bis zu diesem Zeitpunkt entsprangen die Normalisierungsbemühungen von Konservativen der Befürchtung, die Deutschen könnten ohne ein gesundes nationales Identitätsgefühl das Interesse an der nationalen Einheit verlieren, sodass dieses Ziel in ferne Zukunft rücken würde. Liberale sprachen sich unterdessen gegen diese Bestrebungen aus, da sie befürchteten, eine Normalisierung könne die Entstehung der deutsch-deutschen Teilung aus der NS-Zeit verschleiern, sodass sich die Fehler der Vergangenheit leicht wiederholen könnten.[34] Nach dem Ende des Kalten Krieges und der deutschen Wiedervereinigung 1990 schwanden jedoch die Ängste beider, Konservativer wie Liberaler. Da sich die wiedervereinte Nation als stabil und verlässlich erwies, galt die NS-Vergangenheit nicht mehr als unüberwindbares Hindernis für eine Normalität. In den Folgejahren schien daher eine wachsende Zahl von Deutschen – insbesondere diejenigen, die mit der Generation von 1989 in Verbindung gebracht wurden – moralische Verantwortung für die Verbrechen der NS-Zeit übernehmen zu wollen. In den 1990er-Jahren stieg das Holocaust-Bewusstsein in der Bundesrepublik enorm. Wie die Popularität von Steven Spielbergs Film *Schindlers Liste* (1994), Daniel Goldhagens Buch *Hitlers willige Vollstrecker* (1996), die Ausstellung über die Verbrechen der Wehrmacht (1998) und das wachsende Interesse an der Einrichtung von Gedenkstätten und Museen bundesweit zeigten, bekannten sich viele Deutsche zu „fremdbestimmten" Erinnerungen an die Opfer des Nationalsozialismus.

Diese Entwicklung im kulturellen Gedächtnis machte sich auch in der offiziellen Erinnerung bemerkbar. Obwohl deutsche Kanzler sich auch nach 1990 um eine Normalisierung der Vergangenheit bemühten, waren sie schließlich bereit, die NS-Verbrechen in das deutsche Geschichtsbewusstsein und die nationale Identität zu integrieren. So deutete die auf Geheiß von Helmut Kohl 1993 umgestaltete Gedenkstätte der Neuen Wache in Berlin einerseits auf eine anhaltende Relativierung der NS-Vergangenheit hin; andererseits unterstützte Kohl jedoch später die Pläne für das Denkmal für die ermordeten Juden Europas, er bewilligte Reparationszahlungen für ehemalige Zwangsarbeiter und befürwortete einen nationalen Tag des Gedenkens an die Opfer des Nationalsozialismus.[35] Wie diese Gratwanderung andeutete, hatte Kohl erkannt, dass internationales Vertrauen in ein neu geeintes Deutschland nur durch Gesten der Wiedergutmachung erzielt werden konnte, die auch dem Gegengedächtnis von Opfergruppen Rechnung trugen. Zudem signalisierte er, dass die Wiedergutmachung für historisches Unrecht ein unerlässlicher Bestandteil der nationalen Legitimität war – eine Überzeugung, die während des Erinnerungsbooms weltweit wuchs.[36] Auch Kohls Nachfolger, SPD-Kanzler Gerhard Schröder (1998–2005), akzeptierte bezeichnenderweise diese Einsicht, tat dies allerdings auf seine Weise. Statt nur die konkurrierenden Wünsche nach Normalität und Erinnerung abzuwägen, versuchte er, sie miteinander zu versöhnen. Im Gegensatz zu Kohl war die Übernahme von Verantwortung für die NS-Verbrechen für Schröder eine Voraussetzung für eine normale deutsche Identität. So sprach er zwar immer wieder davon, dass Deutschland ein „normales Land" und „unbefangener" gegenüber der Vergangenheit geworden sei, unterstützte aber gleichzeitig das Berliner Holocaust-Mahnmal, berief sich bei Gedenkveranstaltungen immer wieder auf Auschwitz und rechtfertigte eine selbstbewusstere, aber moralisch grundierte deutsche Außenpolitik wie etwa im Kosovo oder in Afghanistan mit dem Verweis auf den nationalsozialistischen Völkermord.[37] Wie diese und andere Gesten deutlich machten, war die Aufarbeitung der NS-Vergangenheit unter Schröder von einer Last zu einer Chance geworden. Das Land konnte nun stolz auf seine Bemühungen um Wiedergutmachung für die Verbrechen des NS-Regimes blicken und seine neu gefundene Kultur der Reue als Ausdruck der Normalität betrachten. Bis zur Jahrtausendwende hatte Deutschland somit die politische Wertigkeit der Normalisierung verändert und schien auf dem besten Weg, seine NS-Vergangenheit zu bewältigen.

Doch trotz dieser wichtigen Entwicklung zeigte das Land aufgrund der Dialektik der Normalisierung weiterhin Zeichen der Anomalie. Obwohl deutsche Regierungschefs bemerkenswerte Fortschritte bei der Integration von „fremdbestimmten" Erinnerungen in das offizielle Gedächtnis machten, hatten normale Bürger weiter Schwierigkeiten, dies im Bereich des kulturellen Gedächtnisses nachzuvollziehen. Vor allem konservative Deutsche waren nach wie vor außerstande, sich mit ebenjenem Thema auseinanderzusetzen, das die volle Normalität weiter verhinderte – dem Erbe des Holocaust. Seit den 1990er-Jahren nimmt das Holocaust-Bewusstsein einen zentralen Platz in der deutschen Identität ein; seitdem versuchen konservative Wissenschaftler, Schriftsteller und Politiker aber auch, es durch präskriptive Strategien der Normalisierung an den Rand zu drängen.[38] So verglichen Politiker und Wissenschaftler Anfang und Mitte der 1990er-Jahre die Verbrechen des Dritten Reiches an den Juden mit denen des ostdeutschen Regimes oder schrieben sie dem diffusen Begriff der „Moderne" zu, um sie so zu relativieren und zu verallgemeinern.[39] Im weiteren Verlauf der 1990er-Jahre verurteilten Persönlichkeiten des öffentlichen Lebens wie der Schriftsteller Martin Walser die, wie er es nannte, Instrumentalisierung des Holocaust als „Moralkeule", um die Deutschen an einer Normalität zu hindern.[40] Kurze Zeit später versuchten konservative Politiker wie Jürgen Möllemann und Martin Hohmann, den Ruf Deutschlands als „Land der Täter" zu relativieren, und forderten ausdrücklich ein Ende des Post-Holocaust-Tabus, Juden und den Staat Israel zu kritisieren.[41] Dass ihre Äußerungen eine heftige Kontroverse entfachten und sich letztlich als kontraproduktiv erwiesen, verwundert wenig, rückten sie doch die NS-Vergangenheit in den Mittelpunkt des

Interesses, anstatt von ihr abzulenken. Wie sich bald herausstellen sollte, waren sie nur der Beginn einer stärkeren Normalisierungswelle, die Deutschland nach der Jahrtausendwende erfassen sollte.

Großbritannien und die Vereinigten Staaten

Außerhalb Deutschlands nahm die Normalisierung einen anderen Verlauf. Dies galt insbesondere für die Länder, die während des Zweiten Weltkriegs das westliche Bündnis gebildet hatten: Großbritannien und die Vereinigten Staaten. Ähnlich wie die Deutschen betrachteten die Briten die NS-Zeit als wichtigen Teil ihrer nationalen Identität. Der offensichtliche Unterschied bestand darin, dass die Briten als Siegermacht eher aus einer triumphierenden als aus einer tragischen Perspektive auf die Kriegsjahre blickten. Diese Sicht wurde schnell mit der mythischen Idee der „finest hour", Englands schönster Stunde, in Verbindung gebracht.[42] Im Kern meint diese Formel aus der berühmten Rede von Premierminister Winston Churchill vom 18. Juni 1940, dass die Briten Charakterstärke bewiesen hätten, als sie sich nach dem Fall Frankreichs gegen einen Separatfrieden mit Deutschland entschlossen und allein gegen die Nazis kämpften. Obwohl die Chancen auf einen Sieg gering, der Rückschlag von Dünkirchen schmerzhaft und die Luftschlacht um England traumatisch waren, gaben die Briten nicht nach, errangen schließlich den Sieg und halfen so, die westliche Zivilisation vor der nationalsozialistischen Barbarei zu retten.[43] Nach 1945 wurde diese heroische und zutiefst moralische Sicht des Kriegsgeschehens im Geistes- und Kulturleben Großbritanniens kanonisiert und fand in unzähligen historischen Werken, Filmen, Theaterstücken, Fernsehserien und Kunstwerken Ausdruck.[44] Besonders verbreitet war sie in der Populärkultur, in der heldenhafte Briten auf zahllose Nazis, heimtückische wie tollpatschige, stießen.[45]

Zu verschiedenen Zeiten der Nachkriegszeit wurde diese moralische Sicht jedoch von Briten infrage gestellt, die für eine Normalisierung der Erinnerung an die Kriegsjahre plädierten. Die britische Version der Normalisierung unterschied sich indes von der deutschen. Sie rührte nicht von dem Wunsch her, übermäßige Schuldgefühle, sondern übermäßigen Stolz zu vermeiden. Grund für diese selbstkritische Reaktion war der zunehmende Eindruck, Großbritannien sei angesichts seiner Kriegserfolge selbstgefällig geworden. Dieses Gefühl stellte sich in nationalen Krisenzeiten ein, als aktuelle Probleme am historisch begründeten Selbstwertgefühl Großbritanniens zu nagen drohten. Als das Land etwa in den 1960er- und 1970er-Jahren zunehmend unter den Auswirkungen des Niedergangs des Empire und wirtschaftlicher Stagnation litt, stellten revisionistische geschichtliche, filmische und literarische Werke dem Mythos der schönsten Stunde kritischere Porträts der Briten und differenziertere Darstellungen der Deutschen gegenüber.[46] Diese Werke, die mehrheitlich vom linken Flügel des politischen Spektrums stammten, verallgemeinerten zumeist die Bedeutung der NS-Zeit, indem sie auf das faschistische Potenzial Großbritanniens verwiesen und damit die klaren moralischen Grenzen zwischen heldenhaften Briten und bösen Deutschen verwischten, wie sie der Mythos der schönsten Stunde kultiviert hatte. Diese selbstkritische Form der Normalisierung ließ in den 1980er-Jahren nach, als die Tory-Regierung von Margaret Thatcher den Mythos der schönsten Stunde zu nationalistischen Zwecken wiederbelebte. Unterstützt von Teilen der Medien förderten britische Konservative allerdings ihre eigene – höchst eigennützige – Form der Universalisierung. Indem sie sich bei der Bewältigung aktueller in- und ausländischer Krisen insbesondere während des Falklandkriegs 1982 permanent auf das Erbe des Zweiten Weltkrieges beriefen, sprachen sie der NS-Zeit ihre historische Besonderheit ab.[47]

Nach dem Ende des Kalten Krieges bekannten sich die Briten jedoch erneut zu einer selbstkritischen Form der Normalisierung. Beschleunigt wurde diese Entwicklung durch die deutsche Wiedervereinigung und den europäischen Einigungsprozess, die von Großbritannien als Bedrohung und böses Omen für seinen erneuten Niedergang gewertet wurden.[48] In dieser Zeit deuteten immer mehr Briten – linke wie rechte – die Nazi-Obsession ihres Landes als Sehnsucht nach der Vergangenheit und als Verweigerung gegenüber den Herausforderungen der Gegenwart. Diese Skepsis manifestierte sich in neuen revisionistischen Erzählungen der Kriegsjahre sowie in journalistischen Beiträgen in den Massenmedien.[49] So führte ein Journalist 1999 die Ansicht, dass der „Krieg … nie … enden darf", auf einen Horror Vacui der Briten zurück. Angesichts der sich wandelnden britischen Identität in Zeiten des Multikulturalismus sei der Zweite Weltkrieg eines der wenigen Ereignisse, die die Nation einten. So erklärte ein Beobachter: „Wir wissen vielleicht nicht mehr, wer wir in diesem Land sind oder wohin wir steuern, aber wir wissen, dass wir keine Nazis sind." Einige Kritiker bedauerten indes diese Haltung und interpretierten den Kult der Kriegserfahrung als Symptom „unserer … aktuellen Verwirrung". Um nicht von der Vergangenheit „erdrosselt" zu werden, müsse Großbritannien „seinen eigenen Weg der Normalisierung" gehen und eine selbstkritischere Sicht auf die jüngste Geschichte des Landes einnehmen.[50] Zur Jahrtausendwende taten immer mehr Briten genau das.

Den gleichen Verlauf nahm die Entwicklung in den Vereinigten Staaten. Wie in Großbritannien betrachteten die meisten Amerikaner die Geschichte des Dritten Reiches nach 1945 aus einer streng moralischen Perspektive. Dies zeigte sich insbesondere in der amerikanischen Haltung zum Zweiten Weltkrieg. Die meisten Amerikaner deuteten den Konflikt als Triumph und hielten die Entscheidung ihres Landes zum Kampf gegen die Achsenmächte für klug und richtig. Entsprechend sprachen Amerikaner vom „guten Krieg" gegen die Gräuel der Nazis. Dieses moralische Verständnis des Dritten Reiches verfestigte sich in unzähligen wissenschaftlichen, literarischen, dramatischen und filmischen Werken der frühen Nachkriegszeit. Zusätzlichen Auftrieb erhielt es nach den 1980er-Jahren durch das wachsende Holocaust-Bewusstsein, das in Lehrplänen, Massenmedien sowie in Gedenkstätten und Museen institutionell verankert wurde.[51]

Diese Sicht der NS-Zeit wurde nur vereinzelt infrage gestellt. Wie in Großbritannien wurden auch in den Vereinigten Staaten in Krisenzeiten andere Meinungen über die Vergangenheit und Bemühungen um ihre Normalisierung laut. In den 1960er- und 1970er-Jahren förderten beispielsweise der Vietnamkrieg, die Bürgerrechtsbewegung und die wirtschaftliche Rezession revisionistische Geschichten des Zweiten Weltkriegs, die hinterfragten, ob der Kriegseintritt der Vereinigten Staaten wirklich eine kluge Entscheidung gewesen sei. Diese Werke relativierten das Böse des Nationalsozialismus, indem sie es als geringeres Übel als den Sowjetkommunismus darstellten, der nach 1945 dank des amerikanischen Interventionismus triumphiert habe.[52] Daneben gab es Bemühungen um eine Verallgemeinerung der NS-Vergangenheit. So beriefen sich Einzelne und linke Gruppen in den 1960er-Jahren auf die Verbrechen des Dritten Reiches, um amerikanischen Rassismus, Sexismus und die militärische Intervention in Vietnam zu verurteilen.[53] In den 1980er- und 1990er-Jahren erinnerten Vertreter der Rechten an die NS-Zeit, um Abtreibung, die Regulierung von Waffenbesitz und andere kontroverse soziale Fragen zu verurteilen.[54] Diese Bemühungen um eine Normalisierung lösten jedes Mal Kontroversen aus, doch wie die revisionistische Geschichtsschreibung waren sie nicht in der Lage, den moralischen amerikanischen Konsens über die NS-Zeit aufzubrechen. Tatsächlich führte ein erneuter amerikanischer Triumphalismus in der Regierungszeit von Präsident Ronald Reagan in den 1980er-Jahren und vor allem in dem Jahrzehnt nach dem Ende des Kalten Krieges zu einem neuen patriotischen Verhältnis zum Zweiten Weltkrieg. Seit der Jahrtausendwende hat sich die Stimmung jedoch gewandelt. Wie in Großbritannien hat eine neue Krisenstimmung in den Vereinigten Staaten eine Welle des Pessimismus ausgelöst, die die Normalisierung der NS-Vergangenheit beschleunigt hat.

Osteuropa, Israel und andere Länder

Ähnliche Veränderungen in der Erinnerungskultur wurden vor der Jahrtausendwende in anderen Ländern sichtbar. In den Ländern Osteuropas konkurrierten verschiedene Normalisierungsansätze miteinander. Während des Kalten Kriegs erhielten die meisten Ostblockregime ihren Marschbefehl von der Sowjetunion und deuteten das Dritte Reich tendenziös als Nebenprodukt des Kapitalismus. Diese Sichtweise verallgemeinerte die Bedeutung des NS-Regimes, da sie seine deutschen Ursprünge ausblendete, seine Verbrechen an den Juden als Nebensache abtat und die Bereitschaft der osteuropäischen Staaten zur Kollaboration während des Zweiten Weltkriegs unterschlug.[55] Mit dem Sturz des Kommunismus 1989 wurde die staatlich verordnete Universalisierungsstrategie jedoch durch populistische Relativierungsbestrebungen infrage gestellt. Dieser neue Ansatz entwickelte sich parallel zu den Bemühungen der nun unabhängigen osteuropäischen Staaten, die nationale Geschichte der Kriegsjahre neu zu schreiben und so eine normale nationale Identität wiederherzustellen. Wie zu erwarten, betonten die meisten Osteuropäer die Opferrolle, die sie unter den Nazis eingenommen hatten. Gleichzeitig fühlten sie sich unter

Druck gesetzt, dem moralischen Mandat des Erinnerungsbooms zu folgen und Wiedergutmachung für das von ihnen verübte historische Unrecht zu leisten.[56] Sie konnten sich somit der Beschäftigung mit den eigenen beschämenden Vorfällen der Kollaboration nicht entziehen. Wie die Kontroversen zeigten, die in Polen (um das Massaker von Jedwabne), Kroatien (um die Morde in Jasenovac und Bleiburg) und in anderen mit den Achsenmächten verbundenen Ländern wie Ungarn, Rumänien und den baltischen Staaten entbrannten, taten sich die Osteuropäer äußerst schwer damit, ihr Erbe der Viktimisierung, Kollaboration und Täterschaft in Übereinstimmung zu bringen.[57] In der Praxis betonten die meisten jedoch ihre Opferrolle und relativierten damit ihre Verantwortung für die Kollaboration mit den Nazis.

Diese Normalisierungsstrategie war in Ländern mit einem eindeutigeren Erbe der Viktimisierung weniger sichtbar. In Israel zum Beispiel wurde die NS-Vergangenheit angesichts des Ausmaßes an jüdischem Leid im Holocaust nicht durch vergleichbare Relativierungsversuche definiert. Doch selbst im jüdischen Staat stand die Erinnerung unter dem Eindruck der Normalisierungsdynamik. Seit den frühen 1960er-Jahren stellten israelische Politiker den Holocaust in einen streng moralischen Deutungsrahmen, um ihn zu einem zentralen Merkmal des offiziellen Gedächtnisses und der nationalen Identität zu machen. Bezeichnend hierfür war die Entscheidung von Premierminister David Ben-Gurion 1960, den SS-Offizier Adolf Eichmann wegen Verbrechen gegen die Menschlichkeit und das jüdische Volk in Jerusalem vor Gericht zu stellen. Im Laufe der Zeit führte die israelische Fixierung auf den nationalsozialistischen Völkermord jedoch zu dessen schrittweiser Verallgemeinerung. Liberale wie konservative Israelis nutzten Parallelen zum Nationalsozialismus für politische Zwecke. Unter Politikern zogen Vertreter der Arbeiterpartei und des Likud Vergleiche zwischen Hitler und arabischen Herrschern wie dem ägyptischen Machthaber Gamal Abdel Nasser in den 1960er-Jahren oder PLO-Chef Jassir Arafat in den 1980er-Jahren. Unter den Bürgern Israels stellten säkulare Linke ebenso häufig wie ultraorthodoxe Haredim Nazi-Vergleiche an, um die Regierungspolitik im Land oder in den besetzten palästinensischen Gebieten zu attackieren.[58] In den 1990er-Jahren war diese Verallgemeinerung der NS-Vergangenheit derart verbreitet, dass sie eine skeptische Gegenreaktion gegen die Erinnerungskultur als solche auslöste. Die erste Intifada, der Aufstieg des Postzionismus und das Tauwetter in den arabisch-israelischen Beziehungen während des Oslo-Prozesses ließen verschiedene israelische Beobachter daran zweifeln, ob die Betonung der jüdischen Viktimisierung im Holocaust überhaupt irgendeinen politischen oder moralischen Nutzen habe. Wie einige britische Kritiker hielten sie die Zeit für gekommen, der Erinnerung an den Holocaust einen weniger zentralen Stellenwert im nationalen Leben Israels einzuräumen. So entschieden sie sich für einen revisionistischen Ansatz an den nationalsozialistischen Völkermord, nahmen eine Neubewertung der Politik der zionistischen Führung zur Rettung der Juden während des Krieges vor, zogen die Behandlung der Überlebenden durch den israelischen Staat nach 1945 in Zweifel und kritisierten langjährige Tabus wie etwa das Spielen der Musik Richard Wagners oder die hebräische Übersetzung umstrittener Werke der Holocaust-Forschung, um so eine gewisse Rückkehr zur Normalität zu ermöglichen.[59] Andere Israelis bestanden jedoch auf der Beibehaltung etablierter Erinnerungsmuster, sodass es zu endlosen Debatten und anhaltender Anomalie kam.

Die Normalisierung der NS-Vergangenheit war schließlich auch in Teilen der nicht-westlichen Welt zu beobachten. In Ländern, die – wie etwa in Asien – weit vom europäischen Schauplatz des Zweiten Weltkriegs entfernt waren, löste das Thema Drittes Reich verständlicherweise weniger Emotionen aus und war politisch weniger brisant. Hier gab es daher nur selten Bestrebungen, seine Bedeutung zu relativieren oder zu universalisieren. Gleichzeitig gab es aber zunehmend Versuche, die nationalsozialistische Vergangenheit zu ästhetisieren. Ab den 1990er-Jahren tauchte die Ikonografie des Nationalsozialismus in Teilen Ost- und Südasiens in verschiedenen öffentlichen Formen auf. Bilder von Hitler, Nazi-Uniformen, Hakenkreuzfahnen und anderen Insignien erschienen in taiwanesischer Werbung, koreanischen Bars, japanischen Mangas, auf thailändischen T-Shirts und in indischen Popsongs.[60] Diese haarsträubende Verfälschung des Erbes der NS-Zeit hatte wenig politische Bedeutung, da sie vor allem auf Aufmerksamkeit und Profit abzielte. Dennoch war sie alles andere als harmlos. Ihre kommerzielle Nutzung entriss diese Nazisymbole ihrem ursprünglichen historischen Kontext, rückte ihren kriminellen Zweck in den Hintergrund und verwandelte sie in leere Signifikanten. Die Ästhetisierung der NS-Vergangenheit verschleierte kurzum ihre Besonderheit und trug zu einer weiteren Normalisierung bei.

Normalisierungsversuche der NS-Vergangenheit seit 2000

Seit dem Jahr 2000 hat sich der Prozess der Normalisierung nur noch weiter verstärkt. In vielen Bereichen des zeitgenössischen Kultur- und Geisteslebens ist das Bestreben zu beobachten, die NS-Vergangenheit zu relativieren, zu universalisieren und zu ästhetisieren: in Geschichtsschreibung, Literatur, Film, Fernsehen und im Internet. Am sichtbarsten waren entsprechende Versuche in den direkt vom Nationalsozialismus betroffenen Ländern – in Deutschland, Großbritannien, den Vereinigten Staaten und Teilen Osteuropas; sie machten sich jedoch auch auf anderen Kontinenten bemerkbar.

Befeuert wird die globale Normalisierungswelle durch verschiedene soziale, politische und kulturelle Faktoren. Der erste ist die organische Normalisierung. Mit dem Jahr 2000 rückte das Dritte Reich symbolisch in immer weitere Ferne, da es nun einem anderen Jahrhundert angehörte. Dieser Meilenstein unterstrich, wie sich die Erinnerung an den Nationalsozialismus im Laufe der Zeit unaufhaltsam veränderte. Zur Jahrtausendwende hatte sich die Zusammensetzung westlicher Gesellschaften dramatisch verändert. Die Zahl der Menschen in Europa oder Nordamerika, die im Dritten Reich erwachsen wurden – diejenigen also, die in den 1920er-Jahren oder früher geboren wurden – und nun ein hohes Alter erreicht hatten, ging gemessen an der Gesamtbevölkerung ihrer Länder zurück. Gleichzeitig stieg die Zahl der Menschen, die die NS-Zeit persönlich nicht erlebt hatten. Beide Entwicklungen hatten erheblichen Einfluss auf die Erinnerung an das Dritte Reich. Mit dem allmählichen Verschwinden der älteren Generation verschwand auch deren lebendige Erinnerung an die NS-Zeit. Die Ereignisse, die einst in der kommunikativen Erinnerung ihren Platz hatten, gingen nun in das kulturelle Gedächtnis über. Diese Entwicklung schwächte ältere moralische Darstellungsweisen der NS-Zeit. Da es weniger Menschen gab, die die Schrecken der Vergangenheit bezeugen konnten, formierte sich weniger Widerstand gegen neue und oft unkonventionelle Weisen, wie junge Menschen die Vergangenheit darstellten. Damit regte sich auch weniger Widerstand gegen die ansteigende Normalisierungswelle.

Ein zweiter Faktor, der diesen Prozess beförderte, waren die Krisen in der Welt nach dem 11. September 2001. Während des Erinnerungsbooms der 1990er-Jahre war das internationale Klima vergleichsweise entspannt und bot vielen Ländern die Möglichkeit, sich mit einem lange vernachlässigten historischen Unrechtserbe auseinanderzusetzen. Dies galt insbesondere für die NS-Vergangenheit, die in dieser optimistischen Zeit als Fundus moralischer Lehren galt, welche die Aussöhnung und das gegenseitige Verständnis zwischen den Nationen fördern konnten. Nach den Angriffen von Al Kaida auf die Vereinigten Staaten 2001, den darauffolgenden Kriegen in Afghanistan und im Irak, den sich verschärfenden Auseinandersetzungen zwischen Israel und seinen arabischen und muslimischen Nachbarn und der weltweiten Finanzkrise von 2008 wandelte sich der Kontext der globalen Erinnerungskultur jedoch dramatisch. Die neue Krisenstimmung förderte einen Pessimismus, der einem parteiischen Umgang mit der Erinnerung an die NS-Zeit Vorschub leistete. In Kommentaren zu aktuellen politischen Ereignissen relativierten und verallgemeinerten linke wie rechte Gruppen und Einzelpersonen immer mehr die Bedeutung des Dritten Reiches. Darüber hinaus nahmen tendenziöse Vergleiche mit Hitler und dem Nationalsozialismus nicht nur im politischen Diskurs, sondern auch in Geschichtsschreibung, Literatur und Film enorm zu. Diese Vergleiche verfolgten durchaus eigene moralische Ziele, doch indem sie die Vergangenheit für aktuelle Zwecke instrumentalisierten, schmälerten sie ihre Besonderheit.

Ein dritter Faktor war die Informationsrevolution und der zunehmende Einfluss des Internets. In den 1980er- und 1990er-Jahren führte das Aufkommen neuer digitaler Technologien zu neuen Formen der Produktion, des Zugangs und der Verbreitung von Informationen. Diese Entwicklung verstärkte sich ab Mitte der 1990er-Jahre mit der Einführung des World Wide Web, das erstmals den massenhaften Zugang zum Internet ermöglichte. Das Internet hatte vielfältige Auswirkungen auf die Erinnerung als kognitiven Prozess, es hatte jedoch konkreten Einfluss auf die Erinnerung an die NS-Zeit. Dank seiner globalen Reichweite und seines anonymen, demokratischen Charakters ermöglichte das Internet die noch nie dagewesene Verbreitung von bis dahin randständigen Sichtweisen der Zeit, von hasserfüllten ebenso wie von humorvollen. Daneben verstärkte es die bestehenden Bemühungen um eine Relativierung und Verallgemeinerung der Bedeutung des Dritten Reiches. Vor allem aber steigerte das Internet die Ästhetisierung der NS-Vergangenheit, indem es deren Darstellung auf unzählige neue und bisher unvorstellbare Weise ermöglichte. Dank neuer Foto- und Videobearbeitungssoftware entstand eine schier endlose Reihe höchst unkonventioneller Bilder von Hitler und der NS-Zeit, die zunehmend weltweit verbreitet wurden und damit traditionelle, moralische Formen der Erinnerung untergruben.

Die neue Normalisierungswelle wurde schließlich auch durch die wachsende Beliebtheit kontrafaktischen Denkens befördert. Im Laufe der letzten Generation wurden spekulative „Was wäre, wenn"-Fragen in der westlichen Kultur immer verbreiteter. Diese Tendenz lässt sich sowohl in der zunehmenden Beliebtheit von Alternativgeschichte als Subgenre der Geschichtsschreibung als auch in der Verwendung kontrafaktischen Denkens auf traditionellen wissenschaftlichen Gebieten beobachten. Befördert wurde der Anstieg dieses spekulativen Denkens dabei durch breitere Entwicklungen vor der Jahrtausendwende, so etwa das Ende des Kalten Kriegs, das deterministische Denkweisen diskreditierte; den Aufstieg der Postmoderne, die die Unterscheidung zwischen Geschichte und Fiktion verwischte; und die Informationsrevolution, die eine neue Art der virtuellen Existenz jenseits der konventionellen Realität entstehen ließ. Wie beim Aufstieg des Internets hatte die zunehmende Beliebtheit kontrafaktischen Denkens einen wichtigen Einfluss auf die Erinnerung an den Nationalsozialismus. Spekulative „Was wäre, wenn"-Fragen über die NS-Zeit fanden nicht nur in literarischen und filmischen Werken der Alternativgeschichte Ausdruck, sondern auch in der wissenschaftlichen Beschäftigung mit dem Zweiten Weltkrieg und dem Holocaust, in zeitgenössischen Filmen über Hitler und auf Internetseiten. Diese Erzählungen förderten neue Möglichkeiten, die NS-Zeit zu normalisieren. Denn indem sie dazu anregten, sich nie stattgefundene Ereignisse vorzustellen, lenkten sie die Aufmerksamkeit weg von ethischen Fragen, die die traditionellen Erzählungen der NS-Zeit bestimmt hatten, hin zu den ästhetischen Herausforderungen der Darstellung des Hypothetischen. Da zahlreiche kontrafaktische „Was wäre, wenn"-Szenarien satirischen Zwecken dienten, begünstigten sie die Ästhetisierung der NS-Vergangenheit umso mehr.

Die so entstandene aktuelle Normalisierungswelle ist in verschiedenen Bereichen des Geistes- und Kulturlebens des Westens immer sichtbarer geworden. Die folgenden Kapitel widmen beiden Bereichen gleich große Aufmerksamkeit. Die erste Hälfte des Buches konzentriert sich vor allem auf das Thema Geschichtsschreibung. Kapitel 1 untersucht die jüngste Zunahme revisionistischer geschichtswissenschaftlicher Studien zum Zweiten Weltkrieg. Es beginnt mit einem kurzen Überblick über revisionistische Tendenzen in Deutschland und Osteuropa und umreißt dann, auf welche Weise angloamerikanische Forscher den Ruf des Zweiten Weltkriegs als „gutem Krieg" infrage gestellt haben. Unabhängig davon, ob diese revisionistischen Studien – darunter Werke von Nicholson Baker, Niall Ferguson und Norman Davies – aus dem linken oder rechten Spektrum stammten, waren sie vom politischen Klima nach dem 11. September geprägt; ihre Autoren versuchten, die Bedeutung der NS-Zeit zu relativieren und zu universalisieren. Sie verwischten bewusst die einst klaren moralischen Grenzen zwischen Alliierten und Achsenmächten, um die aktuelle angloamerikanische Außenpolitik zu kritisieren, und lösten damit erhebliche Kritik und Kontroversen aus. Die parallel dazu verlaufende historiografische Debatte über die Einzigartigkeit des Holocaust ist das Thema von Kapitel 2. Diese in den 1990er-Jahren einsetzende Debatte stand ebenfalls unter dem Eindruck der jüngsten politischen Ereignisse wie dem Ende des Kalten Krieges oder dem von den USA geführten „Krieg gegen den Terror". In der jüngsten Phase der Debatte haben wichtige neue Studien von Wissenschaftlern wie Donald Bloxham, Timothy Snyder und A. Dirk Moses die Besonderheit der völkermörderischen Verbrechen des Dritten Reiches hinterfragt und damit eine schleichende Normalisierung der NS-Vergangenheit befördert. Dabei haben auch sie Gegenstimmen auf den Plan gerufen. Kapitel 3 beschäftigt sich mit dem zunehmenden Gebrauch kontrafaktischen Denkens in der Holocaust-Forschung und schließt damit den historiografischen Fokus ab. Seit den 1990er-Jahren haben Wissenschaftler zahlreiche „Was wäre, wenn"-Fragen zum nationalsozialistischen Völkermord gestellt: Hätten die Juden mehr Widerstand leisten können? Hätten die Zuschauer mehr tun können, um ihnen zu helfen? Wäre der Holocaust ohne Hitler geschehen? Wäre Israel ohne den Holocaust entstanden? Die wachsende Zahl dieser und anderer kontrafaktischer Fragen hat vielfältige Gründe, deutet aber generell darauf hin, dass bei der Darstellung des Holocaust sämtliche Grenzen verschwunden sind – kognitive wie moralische und ästhetische.

Die zweite Hälfte des Buches zeigt, in welchem Umfang die neue Normalisierungswelle die Populärkultur erfasst hat. Im Mittelpunkt von Kapitel 4 stehen Erscheinungsformen kontrafaktischen Denkens in zeitgenössischen Alternativgeschichten des Dritten Reichs. Romane, Erzählungen, Filme und Fernsehsendungen – darunter wichtige Texte von Autoren wie Harry Turtledove, Dieter Kühn, Timur Vermes und Michael Chabon – haben Szenarien wie einen Sieg der Nazis im Zweiten Weltkrieg, die Ermordung Hitlers, das Überleben Hitlers nach dem Zweiten Weltkrieg und einen nie stattgefundenen Holocaust entworfen. Dabei haben sie die NS-Vergangenheit im Dienste der politischen Agenden der Welt nach dem 11. September universalisiert und relativiert. Kapitel 5 erörtert ähnliche Tendenzen in neueren Filmen über den NS-Diktator. Im Gegensatz zu früheren Filmen, in denen der Führer meist moralisch als Dämon erschien, wird er in neueren Filmen wie etwa *Max*, *Der Untergang* und *Mein Führer* vergleichsweise menschlich und oft mit irritierend humorigen und kontrafaktischen Elementen dargestellt. Dieses Muster der Normalisierung durch Ästhetisierung ist schließlich das Thema von Kapitel 6, die Darstellung des Nazismus im Internet. Das Internet bietet zwar viele legitime Informationen über die Geschichte des Dritten Reiches, ein beträchtlicher Teil davon entbehrt jedoch jeder moralischen Grundlage. Einige erscheinen auf neonazistischen und anderen rechten Webseiten, die die Vergangenheit zu relativieren versuchen. Der Großteil ist jedoch auf satirischen Seiten zu sehen, die das NS-Erbe scherzhaft ästhetisieren. Webseiten wie *Hipster Hitler* und *Cats That Look Like Hitler* haben den Aufstieg des Hitler-Mems und eine komische Sicht der NS-Zeit befördert. Tatsächlich hat das Internet, wie in unzähligen Videoparodien und Bildmakros von Hitler auf YouTube und anderen Webseiten zu sehen ist, etwas hervorgebracht, das man als „Gesetz der ironischen Hitlerisierung" bezeichnen könnte: Es löst den historischen Hitler aus sämtlichen moralisch-historischen Kontexten und macht ihn zu einem schalen Gag. Angesichts der immer wichtigeren Rolle des Internets bei der Verbreitung von Informationen über die NS-Vergangenheit könnte sich dieser Aspekt der Normalisierung als der dauerhafteste für die zukünftige Entwicklung der Erinnerung erweisen.

Wohin die neue Normalisierungswelle steuert, wie lange sie dauern wird, welche Auswirkungen sie letztlich haben wird, kann niemand sagen. Die Schlussbetrachtung dieses Buches legt jedoch nahe, dass die Erinnerung an die NS-Vergangenheit wahrscheinlich weiterhin von dialektischen Kräften bestimmt sein wird. In absehbarer Zeit wird sie durch das anhaltende Ringen zwischen Normalität und Moral geprägt sein.

1 Ein „guter Krieg"? Der neue Nachkriegsrevisionismus

Der [Zweite Weltkrieg] ... in Europa [wurde] von zwei Ungeheuern beherrscht ... – nicht von einem. ... Jeder, der die Vorstellung von Freiheit, wie sie sich in Europa und Amerika entwickelt hat, schätzt, muss ... [einräumen], dass das Ergebnis bestenfalls zwiespältig war. Der Sieg des Westens war nur ein partieller und der moralische Ruf der alliierten Koalition stark befleckt. Wer sich nach Abwägung all dessen noch immer dazu durchringen kann, den Westen mit dem „Guten" zu identifizieren, kann sicher gute Gründe dafür anführen. Aber er kann es zweifellos nur unter außerordentlichen Vorbehalten tun.[1]

Norman Davies

Zur Jahrtausendwende setzte eine große revisionistische Offensive ein, die mit der langjährigen Vorstellung vom Zweiten Weltkrieg als einem „guten Krieg" gegen das Böse der Nationalsozialisten brechen wollte. Diese Offensive erfasste viele der an dem Konflikt beteiligten Länder. Sie rollte durch Deutschland, wo statt der beispiellosen Verbrechen der Nazis gegen Juden und andere Europäer nun das Leid der deutschen Zivilbevölkerung unter den Alliierten in den Vordergrund rückte. Sie ergriff auch Osteuropa, wo Polen, Russen und Balten darüber stritten, ob Stalin die gleiche Verantwortung für den Krieg trage wie Hitler und ob er vergleichbare Gräueltaten verübt habe. Am deutlichsten zeigte sich der revisionistische Trend jedoch in Großbritannien und den Vereinigten Staaten. Wie das obige Zitat des britischen Historikers Norman Davies andeutet, revidierten immer mehr angloamerikanische Historiker und Journalisten ihre Sicht der Ursachen und Folgen des Zweiten Weltkriegs und äußerten explizit Zweifel am Diktum vom „guten Krieg". Auslöser des Krieges war nach Ansicht einiger von ihnen nicht so sehr der aggressive deutsche Expansionismus, sondern ein rücksichtsloser Interventionismus der Alliierten. Andere prangerten die Art der Kriegführung durch die Alliierten an, deren Brutalität sich kaum von der der Nazis unterschieden habe. Wieder andere spekulierten kontrafaktisch über einen besseren Verlauf der Geschichte, wenn die Alliierten sich ganz aus dem Krieg herausgehalten hätten.

Wie das plötzliche Auftreten dieser revisionistischen Bestrebungen andeutete, unterlag die europäische und amerikanische Sicht der NS-Vergangenheit einem Wandel. Den überwiegenden Teil der Nachkriegszeit vertraten die am Zweiten Weltkrieg beteiligten Länder moralische Geschichtsnarrative, die die Alliierten als Verkörperung des Guten und die Nazis als Inbegriff des Bösen darstellten. Im Gegensatz dazu verwischte die neue revisionistische Welle die Grenzen zwischen dem Verhalten der Alliierten und dem der Achsenmächte, sodass die Integrität Ersterer sich weniger stark von der Infamie Letzterer unterschied. Damit untergrub der neue Revisionismus das moralische Fundament, auf dem das Narrativ vom guten Krieg seit Langem geruht hatte. Zwar hatte er unterschiedliche Beweggründe, aber eine Folge, denn er beförderte die Normalisierung der NS-Vergangenheit.

Der Konsens vom guten Krieg

Das Diktum vom Zweiten Weltkrieg als einem guten Krieg stammt aus der frühen Nachkriegszeit, als in den Ländern der Alliierten triumphierende Erzählungen über den Konflikt aufkamen. In Großbritannien galt die Entscheidung der Briten zum Kampf gegen die Nazis als „schönste Stunde". Die Sowjets hielten an der Diktion des „Großen Vaterländischen Kriegs" gegen Deutschland fest. Und die Franzosen akzeptierten den Mythos der „Résistance", wonach sie sich tapfer von der deutschen Herrschaft befreit hatten.[2] All diese Erzählungen verbanden verschiedene Grundannahmen: dass der Zweite Weltkrieg in Europa absichtlich von den Nazis entfesselt worden sei; dass die Angriffe der Alliierten Teil eines moralischen Kreuzzugs gewesen seien; und dass der Sieg der Alliierten ein entscheidender Faktor für das Überleben der abendländischen Zivilisation gewesen sei. Die ersten Konturen dieses Konsenses zeichneten sich bereits zu Kriegszeiten ab, als der Slogan vom guten Krieg als Propagandainstrument der Alliierten diente, um Unterstützung für den Konflikt zu mobilisieren. Weiter bekräftigt wurde er bei den Nürnberger Prozessen 1945–1949. Und offiziell sanktioniert wurde er von den jeweiligen Nachkriegsregierungen der Alliierten, die ihn zur Festigung ihrer Macht nutzten.[3] Den Konsens vom guten Krieg unterstützten jedoch nicht nur Politiker, sondern auch Wissenschaftler. Nachkriegshistoriker in Großbritannien, Frankreich und der Sowjetunion waren sich – trotz unterschiedlicher Schwerpunkte und Methodiken – einig, dass die Verantwortung für den Krieg einzig und allein bei den Nationalsozialisten lag und die Alliierten zu Recht eingegriffen hatten, um sie zu stoppen.[4]

All diese Entwicklungen erfassten auch die Vereinigten Staaten, wo der Begriff des „guten Krieges“ ursprünglich entstand. Heute kommt dieser Kurzformel für den Zweiten Weltkrieg beinahe kanonische Geltung zu, doch dieser Status ließ lange auf sich warten. Während die Verbündeten der USA im oder kurz nach dem Zweiten Weltkrieg ihre eigenen Versionen des Begriffs entwickelten, warteten die Amerikaner wesentlich länger, bevor sie den Konflikt als „guten Krieg“ bezeichneten. Dies lag nicht etwa daran, dass die Amerikaner den Krieg weniger positiv sahen als ihre europäischen Verbündeten. Amerikanische Historiker waren sich weitgehend einig, dass die Nationalsozialisten an dem Konflikt schuld waren und die USA sich zu Recht den Alliierten angeschlossen hatten.[5] Trotz dieses Einvernehmens fehlte den Amerikanern bis Anfang der 1980er-Jahre eine griffige Formel für den Krieg. 1984 endlich lieferte sie ihnen der mit dem Pulitzer-Preis ausgezeichnete Band *Der gute Krieg. Amerika im Zweiten Weltkrieg. Zeitzeugen sprechen* des amerikanischen Schriftstellers Studs Terkel.[6] Terkels Buch war ein Bestseller, der bei vielen amerikanischen Lesern auf Anklang stieß. Dabei war es ursprünglich gar nicht Terkels Absicht, ein Loblied auf den Patriotismus zu singen. Trotz des scheinbar triumphierenden Titels des Buches wollte Terkel den Ausdruck „der gute Krieg“ mehrdeutig verstanden wissen (daher die Anführungszeichen, „The Good War“, im amerikanischen Original). Ungeachtet dieser intendierten Mehrdeutigkeit wurde der Satz schnell zu einem nostalgisch verklärenden geflügelten Wort. Wie Großbritanniens Vorstellung von der schönsten Stunde wurde der gute Krieg zum Inbegriff einer heroischen Vergangenheit, die einen Ausgleich für eine wenig glanzvolle Gegenwart darstellte. Als Präsident Ronald Reagan die USA nach den Traumata Vietnams, den Demütigungen von Watergate und den Misserfolgen der Carter-Jahre aus einer längeren Krise zu befreien versuchte, gewann die Formel immer mehr an Bedeutung. Diese unrühmlichen Ereignisse ließen den Zweiten Weltkrieg in einem schmeichelhafteren Licht erscheinen und verwandelten den guten Krieg in eine Parole, die zu neuen Anstrengungen anspornte. Tatsächlich fungierte der Begriff symbolisch als rückwärtsgewandtes Pendant zu Präsident Reagans (ebenfalls 1984 geprägtem) zukunftsgerichtetem Slogan, es sei „wieder Morgen in Amerika". Seine Popularisierung stellte eine Art Wunscherfüllung dar, den Versuch, die Zukunft durch eine Nobilitierung der Vergangenheit zu sichern.[7]

Passenderweise bestätigten die nachfolgenden Geschehnisse eine Sicht des Zweiten Weltkriegs als gutem Krieg, denn mit dem Fall des Kommunismus und dem Ende des Kalten Krieges 1989/1990 sahen die Amerikaner den Zweiten Weltkrieg zunehmend als Vorboten des ultimativen Nachkriegserfolgs ihres Landes. In den folgenden Jahren wurde der Konflikt im politischen und kulturellen Leben Amerikas geradezu sakrosankt. Die Präsidenten George H. W. Bush und Bill Clinton beriefen sich beide auf das Vermächtnis des Krieges, um internationale Militäreinsätze etwa im Irak oder in Jugoslawien zu rechtfertigen. In der amerikanischen Kultur bestätigten derweil die Popularität von Kriegsbüchern wie Stephen Ambroses *Band of Brothers* (1992) und Tom Brokaws *The Greatest Generation* (1998), Filmen wie Steven Spielbergs *Saving Private Ryan* (1998) und Gedenkstätten wie dem Denkmal zu Ehren der im Zweiten Weltkrieg gefallenen Soldaten auf der National Mall in Washington (1993–2004) den beherrschenden Platz, den der Konsens vom guten Krieg im geschichtlichen Gedächtnis Amerikas einnahm. Vor der Jahrtausendwende schien dieses Einvernehmen tatsächlich unerschütterlich.

Die Wurzeln des Revisionismus

Der Konsens vom guten Krieg blieb jedoch nicht unangefochten. Zu verschiedenen Zeiten zwischen 1945 und 2000 stellten abweichende Stimmen das optimistische Narrativ des Zweiten Weltkriegs infrage und versuchten, es durch revisionistische Alternativen zu ersetzen. In verschiedenen Bereichen von Wissenschaft und Kultur tauchten so alternative Darstellungen des Zweiten Weltkriegs auf. Am augenfälligsten waren sie im Bereich der Geschichtsschreibung, und dies vor allem in den USA und in Großbritannien. Niederschlag fanden sie aber auch in literarischen und filmischen Werken. Zusammengenommen zeigten diese wissenschaftlichen und kulturellen Werke, dass der Konsens vom guten Krieg zwar breit, aber nicht einhellig war.

Dass es zu revisionistischen Geschichten des Zweiten Weltkriegs kam, war unvermeidlich. Seit den Anfängen der modernen Geschichtswissenschaft haben sich die Historiker in orthodoxe und revisionistische Lager gespalten. Der Drang, die vorherrschenden Deutungen der Vergangenheit zu überprüfen, sie neu zu bewerten und zu revidieren, war schon immer ein Kennzeichen der etablierten Geschichtswissenschaft.[8] Aus diesem Grund sollte der Revisionismus als völlig legitim und nicht geringschätzig betrachtet werden, auch wenn er in den letzten Jahren von Rechtsextremisten zur Verschleierung ihrer tendenziösen „Forschung“ missbraucht worden ist.[9] Da der Drang zum Revisionismus zugleich normativ ist, entstanden in den Jahrzehnten nach 1945 erwartungsgemäß wissenschaftliche Arbeiten, die die gängige Sicht des Zweiten Weltkriegs infrage stellten. Diese Studien hatten unterschiedliche Schwerpunkte und stammten von allen Flügeln des politischen Spektrums. Sie erschienen jedoch zumeist in Krisenzeiten, wenn die Unzufriedenheit mit der Gegenwart Anlass zu einer Neubewertung der Vergangenheit gab.[10]

Die ersten revisionistischen Darstellungen des Zweiten Weltkrieges erschienen in den Vereinigten Staaten. Vom Ende der 1940er-Jahre bis in die 1950er-Jahre veröffentlichte eine Gruppe bekannter Historiker, darunter Charles Beard, Harry Elmer Barnes, William Henry Chamberlin und David Hoggan, eine Reihe von Studien, die dem Diktum vom guten Krieg widersprachen. Die Autoren dieser Studien warfen den Alliierten vor, sie hätten genauso große Schuld am Kriegsausbruch wie Hitler und ebenso viele Verbrechen begangen wie die Nazis; der einzige Erfolg, den sie für sich verbuchen könnten, sei, die Welt sicher für den Kommunismus gemacht zu haben.[11] Diese erste Welle des Revisionismus ging vor allem von der politischen Rechten aus und spiegelte die stramm antikommunistische Stimmung der frühen Nachkriegsjahre wider. Viele revisionistische Historiker waren ehemalige Isolationisten, die ihre Haltung im Krieg mit dem Verweis auf die geringen Erfolge der amerikanischen Intervention zu rechtfertigen versuchten; abgesehen vom Kalten Krieg hatte diese ihrer Ansicht nach nichts bewirkt. Angesichts ihres schrillen Tons fanden ihre Studien ein breites Publikum, stießen aber auch auf heftige Kritik. Wie die Empörung im deutlich stärkeren interventionistischen Lager zeigte, stieß die revisionistische Bewegung auf wenig Zustimmung.[12]

In den 1960er-Jahren hingegen gewannen revisionistische Darstellungen des Krieges neue Legitimität und Akzeptanz. Dieser Wandel war eine Reaktion auf die Veröffentlichung der berühmtem Studie *Die Ursprünge des Zweiten Weltkriegs* (1961) des britischen Historikers A. J. P. Taylor. Taylors Ansicht nach war der Zweite Weltkrieg weniger das Ergebnis von Hitlers vorsätzlichen Eroberungsplänen als vielmehr das Resultat von „diplomatischen Fehlern" der Alliierten wie der Deutschen; von einem guten Krieg könne daher keine Rede sein.[13] Vielmehr hätte der Krieg vermieden werden können – eine These, die die amerikanischen Wissenschaftler Bruce M. Russett und Melvin Small später explizit formulierten. In ihren Augen stellten die Nazis nie eine ernsthafte Bedrohung für die Vereinigten Staaten dar, und die USA hätten besser daran getan, sich vollständig aus dem Krieg herauszuhalten.[14] Das offenkundige Plädoyer dieser Wissenschaftler für den Isolationismus schien sie in dasselbe Lager zu stellen wie die konservativen Historiker der 1950er-Jahre. Diese Parallele war indes irreführend, denn sie stammten sämtlich aus dem linken Spektrum. Inmitten des Kalten Kriegs war ihr Revisionismus Ausdruck ganz anderer Sorgen – der Überzeugung nämlich, dass die Krisen der 1960er- und frühen 1970er-Jahre – verschärfte Ost-West-Spannungen, die Gefahr nuklearer Proliferation und der Krieg in Vietnam – auf die Fehlentscheidung Großbritanniens und der Vereinigten Staaten zum Kriegseintritt zurückzuführen sei.[15] Wie die These der rechten Revisionisten ein Jahrzehnt zuvor fand auch diese bei Wissenschaftlern und der allgemeinen Öffentlichkeit breite Beachtung. Ihre überwiegend negative Aufnahme bestätigte jedoch, dass auch sie eine Ausnahme von der größeren historiografischen Regel war.[16]

Dasselbe galt für die revisionistische Forschung der 1980er- und 1990er-Jahre. Die Arbeiten dieser Zeit unterschieden sich insofern von früheren Studien, als sie sich weniger auf die Entstehung des Zweiten Weltkrieges als vielmehr auf dessen Verlauf und die Folgen konzentrierten. Einige wie Paul Fussells *Wartime* (1989) und Michael C. C. Adams' *The Best War Ever* (1994) betonten die unrühmliche Realität der Kämpfe und unterzogen die verklärende Sicht der Kriegs- und Nachkriegszeit einer kritischen Prüfung.[17] Andere, wie James Bacques *Other Losses* (1989) über den Tod deutscher Kriegsgefangener in den Lagern der Alliierten, oder Alfred-Maurice de Zayas' *A Terrible Revenge* (1994) über die Vertreibung Volksdeutscher, warfen den Alliierten polemisch Kriegsverbrechen vor, die mit denen der Nazis vergleichbar seien.[18] Zwar verband diese Studien keine gemeinsame politische Agenda, doch sie alle versuchten, der nostalgischen Sicht auf den Zweiten Weltkrieg, die sich gegen Ende des Kalten Krieges in den Vereinigten Staaten abzeichnete, entgegenzuwirken.[19] Auch diese Texte stießen jedoch auf Ablehnung.[20] Ein ähnliches Muster bestimmte die Debatte in Großbritannien. Dort gerieten revisionistische Bücher der konservativen Historiker Correlli Barnett und John Charmley unter Beschuss, da sie den Eintritt der Briten in den Zweiten Weltkrieg für den Niedergang des Landes in der Nachkriegszeit verantwortlich machten.[21] Ebenfalls kritisiert wurden revisionistische Studien von linken Autoren wie Clive Ponting und Madeleine Bunting, die am Mythos der schönsten Stunde zu rütteln versuchten.[22] In der angloamerikanischen Geschichtsschreibung schienen kurzum etablierte Ansichten über den Zweiten Weltkrieg den Ton anzugeben.

Auch außerhalb der Wissenschaft machte sich dieser revisionistische Trend bemerkbar. In den USA, in Großbritannien und anderen Ländern fanden abweichende Ansichten zum guten Krieg nach 1945 regelmäßig Ausdruck in Film und Literatur. Frühe Nachkriegsromane amerikanischer Schriftsteller, die im Zweiten Weltkrieg gedient hatten, darunter Norman Mailers *Die Nackten und die Toten* (1948), James Jones' *Verdammt in alle Ewigkeit* (1951) und Joseph Hellers *Catch-22* (1961), schilderten die Barbarei und das Leid des Krieg mit unsentimentaler Härte.[23] Amerikanische Filme wie *Die besten Jahre unseres Lebens* (1946) und *Der Mann im grauen Flanell* (1956) stellten ebenfalls die dunklen Seiten des Krieges in den Vordergrund, vor allem seine traumatisierenden Folgen für die Kriegsheimkehrer. In Großbritannien konterkarierten Alternativgeschichten von einer Invasion und Besetzung des Landes durch die Nazis wie etwa Kevin Brownlows und Andrew Mollos Film *It Happened Here* (1966) und Len Deightons Roman *SS-GB* (1978) den Mythos der schönsten Stunde, denn in ihnen arbeitete das britische Volk bereitwillig mit seinen deutschen Besatzern zusammen. Sogar im kommunistischen Osteuropa schilderten Filme wie Michail

Kalatosows *Die Kraniche ziehen* (1957) und Andrzej Wajdas *Asche und Diamant* (1958) den Zweiten Weltkrieg in entheroisierter Form und betonten den emotionalen Tribut von Kombattanten und Zivilisten gleichermaßen.[24] All diese Werke waren einflussreich und erreichten ein breites Publikum. Keines von ihnen stellte jedoch eine ernsthafte Bedrohung für den Konsens vom guten Krieg dar. Ihre Autoren brachen zwar mit den offiziellen, verklärenden Betrachtungsweisen des Krieges, stellten aber nie seine grundlegende Legitimität infrage. Sie äußerten zwar ihre Sorge angesichts des menschlichen Tributs, bezweifelten aber nie die Notwendigkeit des Kampfes gegen die Nationalsozialisten.[25] Für sich genommen galten sie als bemerkenswerte Werke, wurden aber in Anzahl und Bedeutung von anderen übertroffen, die das gängige Triumph-Narrativ vertraten.[26] Insgesamt fanden revisionistische Bestrebungen zwischen 1945 und 2000 im Geistes- und Kulturleben des Westens zwar sporadisch ihren Niederschlag, bedrohten aber nie die herrschende Sicht des Zweiten Weltkriegs.

Der neue Revisionismus

Seit der Jahrtausendwende wird der Konsens vom guten Krieg jedoch durch neue revisionistische Bestrebungen hinterfragt. Diese neue revisionistische Welle hat weite Teile der westlichen Welt erfasst und nach Deutschland und den postkommunistischen Ländern Osteuropas auch Großbritannien und Nordamerika erreicht. Sie manifestierte sich im kulturellen wie im wissenschaftlichen Bereich mit neuen geschichtswissenschaftlichen Studien, literarischen Werken, Fernsehsendungen und Gedenkprojekten in Form von Feiertagen, Museen und Gedenkstätten. Unabhängig von diesen verschiedenen Formen zeichnet sich der neue Revisionismus durch gemeinsame Argumente, Ziele und Auswirkungen aus. Seine Vertreter haben das Kriegsverhalten der Alliierten – der Sowjets, Briten und Amerikaner – ausdrücklich kritisiert und ihre Kriegsverbrechen mit denen der Nazis verglichen. Ihre Vorwürfe standen dabei im Zusammenhang mit dem Ende des Kalten Krieges sowie dem einsetzenden „Krieg gegen den Terror“ und waren politisch motiviert. Sie relativierten die Singularität der NS-Verbrechen und waren stets Auslöser heftiger Kontroversen.

Revisionismus in Deutschland

Der neue Revisionismus entstand zuerst in Deutschland. Dort befanden sich die Revisionisten in einer einzigartigen Situation, denn der orthodoxen deutschen Geschichtsschreibung fehlte der in Großbritannien, den Vereinigten Staaten und der Sowjetunion dominierende triumphale Unterton. Aus offensichtlichen Gründen betrachteten die meisten Deutschen den Zweiten Weltkrieg nach 1945 nicht als guten Krieg. Angesichts der verheerenden Kriegsfolgen für ihr Land konnten sie kein Erlösungsnarrativ vertreten und untersuchten stattdessen selbstkritisch ihre Verantwortung für den Konflikt. Dieser Fokus zeigte sich in der Nachkriegsforschung deutscher Historiker, die die Ursprünge der NS-Diktatur, die Gründe für die Entfesselung des Krieges und die Rolle der Nationalsozialisten bei den Gräueln an feindlichen Kämpfern und Zivilisten in den Blick nahmen.[27] Mit diesen Akzentsetzungen wollte die Bundesrepublik der Welt zeigen, dass sie die richtigen Lehren aus der jüngsten Vergangenheit gezogen hatte. Entsprechend wenig Aufmerksamkeit schenkten deutsche Historiker dem Leid, das deutsche Zivilisten, etwa infolge von Bombenangriffen, Flucht, Vertreibung, Vergewaltigung oder Internierung in Kriegsgefangenenlagern, erlebt hatten.[28] Als konservative Historiker im Historikerstreit der 1980er-Jahre versuchten, die Aufmerksamkeit auf dieses deutsche Leid zu lenken, wurden sie scharf kritisiert.[29] Solange die Nachbarn der Bundesrepublik unsicher über die demokratische Resozialisierung des Landes waren (und solange dort das Unbehagen über die Aussicht auf eine deutsche Wiedervereinigung anhielt), galt das Thema der deutschen Viktimisierung unter Vertretern des gemäßigten Mitte-Links-Flügels als politisch verdächtig und wurde nur in konservativen und rechten Kreise erörtert.[30]

Während die Fokussierung auf die NS-Verbrechen in Deutschland eine Sicht des Zweiten Weltkriegs als einem guten Krieg verhinderte, konnten die Deutschen ihm dennoch einige positive Aspekte abgewinnen. Im Laufe der Nachkriegszeit sahen immer mehr Deutsche die Niederlage von 1945 als eine „Befreiung", die den Weg für den Nachkriegserfolg der Bundesrepublik ebnete.[31] Dieser Wunsch nach einer positiven Bewertung des Kriegserbes war in zahlreichen Bereichen zu spüren, so etwa im Wunsch der Bundesregierung (insbesondere zu Zeiten von Bundeskanzler Helmut Kohl), in die Gedenkfeiern der Siegermächte einbezogen zu werden; sie äußerte sich auch in den viel beachteten Reden deutscher Politiker (allen voran der Rede von Bundespräsident Richard von Weizsäcker vor dem Deutschen Bundestag am 8. Mai 1985) oder in der Schaffung von Gedenkstätten zur Erinnerung an die „Befreiung" deutscher Städte.[32] Dieser Wunsch nach einer positiven Sicht des Krieges verstärkte sich nach der Wiedervereinigung 1990, als die deutsche Regierung dem Beispiel der amerikanischen und britischen Nachkriegsregierungen folgend deutsche Militäreinsätze in internationalen Krisengebieten wie dem Kosovo und Afghanistan mit dem Verweis auf den Zweiten Weltkrieg – insbesondere den Holocaust – rechtfertigte.[33]

Die neue Welle des deutschen Revisionismus entstand vor allem als Reaktion auf dieses Befreiungsnarrativ. Seit Mitte der 1990er-Jahre hat eine Reihe von Gedenkprojekten, wissenschaftlichen Studien und literarischen Werken die Sichtweise von der Befreiung der Deutschen durch den Zweiten Weltkrieg angezweifelt und die Aufmerksamkeit stattdessen auf das durch ihn entstandene immense Leid gelenkt. Zum 50. Jahrestag des Kriegsendes 1995 organisierte ein Bündnis aus konservativen und rechtsgerichteten Gruppierungen eine öffentlichkeitswirksame Kampagne mit dem Titel „Gegen das Vergessen", die den 8. Mai 1945 zum Tag der Niederlage und nicht zum Tag der Befreiung machte und darauf verwies, wie Deutsche nach Kriegsende vor allem Opfer von Vertreibung geworden waren.[34] Kurz darauf erschien eine ganze Welle von Büchern, die sich mit der Bombardierung deutscher Städte durch die Alliierten beschäftigten, darunter Hans-Erich Nossacks *Der Untergang* (1996), W. G. Sebalds *Luftkrieg und Literatur* (1999), der zweite Band von Walter Kempowskis *Das Echolot* (2000) und Jörg Friedrichs *Der Brand* (2002) (Abb. 5).[35] Andere Werke nahmen konkrete Kriegsgeschehnisse in den Blick. Im Mittelpunkt von Günter Grass' Bestseller *Im Krebsgang* (2002) stand die schlimmste Schiffskatastrophe der Geschichte, der Untergang des Kreuzfahrtschiffs *Wilhelm Gustloff* (mit fast 10 000 Zivilisten an Bord), das durch ein sowjetisches U-Boot im Januar 1945 versenkt wurde.[36] Das Thema Vergewaltigung rückte mit den anonymen Tagebuchaufzeichnungen *Eine Frau in Berlin* ins Blickfeld, die posthum 2003 in Deutschland erschienen und ein großes Echo fanden.[37] Die Flucht und Vertreibung von Reichs- und Volksdeutschen führte 1999 zum Vorschlag für ein in Berlin anzusiedelndes „Zentrum gegen

Abb. 5: Jörg Friedrichs Bestseller Der Brand *(2002) schilderte das Leid der deutschen Zivilbevölkerung im alliierten Bombenkrieg und entfachte damit eine Kontroverse.*

Vertreibungen" und war Thema mehrerer Filme (vor allem *Dresden* und *Die Flucht*), die 2006–2007 in ARD und ZDF ausgestrahlt wurden.[38] Die von den Deutschen erlittenen Repressalien standen schließlich im Mittelpunkt des erfolgreichen TV-Mehrteilers *Unsere Mütter, unsere Väter* (2013). Der Film schilderte die traumatischen Auswirkungen des Krieges auf fünf junge Freunde, die an der brutalen Ostfront zu schwierigen moralischen Entscheidungen gezwungen sind.[39]

Die neuen revisionistischen Werke signalisierten einen wichtigen Wandel in der Erinnerung der Deutschen an den Zweiten Weltkrieg. Sie stellten deutsche Opfer in den Mittelpunkt und lenkten den Blick so unweigerlich auf die Alliierten als Täter. Dabei verwischten sie die Grenze zwischen den Verbrechen der Alliierten und denen der Achsenmächte und relativierten indirekt die Schuld der Deutschen an der NS-Zeit. Friedrichs unglücklicher Gebrauch von Termini aus dem Holocaust für die deutschen Opfer der Luftangriffe (deutsche Luftschutzbunker wurden bei ihm zu „Krematorien") war ein deutliches Beispiel für diesen Trend; ähnlich eignete sich Sebald die Diktion der Nazis an, als er die Bombardierungen als „Vernichtungsaktion" beschrieb.[40] *Der Spiegel* erinnerte an Mahatma Gandhis Bemerkung, die Alliierten hätten bei der Bombardierung Dresdens „Hitler mit Hitler besiegt", während die *Bild*-Zeitung von der englischen Königin verlangte, sie solle sich für die Bombardierung der sächsischen Stadt „entschuldigen" (so wie sich deutsche Regierungschefs bei früheren Anlässen wiederholt für ihre Vergehen entschuldigt hatten). Auch sie trugen zum Verschwimmen der Grenzen bei.[41] Gleiches galt für die Fernsehfilme *Dresden* und *Die Flucht*, in denen die Alliierten in zahlreichen Szenen als gefühlskalte Wesen zu sehen waren; so instruierten etwa Offiziere der britischen Bomberflotte ihre Piloten ganz offen, „Dresden zu bombardieren, bis es brennt", oder sowjetische Soldaten attackierten deutsche Zivilisten. Eine ähnliche Botschaft verbreiteten die Anhänger des „Zentrums gegen Vertreibung", das die Aufmerksamkeit auf die Gewalttaten von Polen, Tschechen und anderen Osteuropäern zu Kriegsende gegen die Deutschen zu lenken versuchte. *Unsere Mütter, unsere Väter* verstärkte schließlich das Narrativ des deutschen Leids mit einem wenig schmeichelhaften Porträt der Slawen: Die Russen erschienen als marodierende Vergewaltiger, die Polen als eingefleischte Antisemiten. All diese Werke, die den Fokus auf die harte Kriegs- und Nachkriegsrealität der Deutschen legten, relativierten die Singularität der NS-Verbrechen.

Bezeichnenderweise wurden die revisionistischen Werke vom deutschen Publikum überwiegend positiv aufgenommen. Die Bücher, Filme und Fernsehsendungen über den Zweiten Weltkrieg waren enorm populär, sprachen eine breite Leserschaft an und erzielten hohe Einschaltquoten.[42] Auch bei Kritikern, die die Konfrontation mit dem deutschen Leid als Tabubruch begrüßten, fanden sie ein breites Echo. Auf das neue Interesse an der Vertreibung der Volksdeutschen 1945 angesprochen, bemerkte der Historiker Hans-Ulrich Wehler: „Im Augenblick besteht der Gewinn einer Debatte darin, dass sie befreiend wirkt, dass ein abgesunkenes Stück der kollektiven Leidensgeschichte des Zweiten Weltkriegs hochtransportiert wird und ruhig besprochen werden kann.“[43] Ähnlich stellte der Schriftsteller Peter Schneider zuversichtlich fest: „Die verspätete Erinnerung [der Deutschen] an das Leiden weckt … in keiner Weise Rachegelüste, sondern öffnet ihnen die Augen für … die Zerstörung, die die Nazis … über andere Länder gebracht haben“.[44] Kommentatoren lobten *Dresden* und *Die Flucht* für ihre realistische und eben nicht moralische Darstellung der Kriegszerstörung; die Zuschauer könnten so die „Hölle“ begreifen, durch die die deutsche Zivilbevölkerung während des Krieges gegangen sei.[45] Das schonungslose Porträt der Brutalität des Zweiten Weltkrieges in *Unsere Mütter, Unsere Väter* versprach nach Ansicht verschiedener Beobachter, die Verständigung zwischen den Generationen zu fördern, denn die Älteren hätten nun endlich einen Anlass, vor ihrem Tod über ihre Kriegserlebnisse zu sprechen.[46]

Wie diese positiven Reaktionen zum Teil widerspiegelten, galt die revisionistische Welle nicht als politische Bedrohung. Während viele Deutsche das Leid der deutschen Zivilbevölkerung wegen seiner traditionellen Verbindung mit der extremen Rechten vermieden hatten, empfanden sie es nun als Teil einer überfälligen Auseinandersetzung mit einem vernachlässigten Aspekt der Vergangenheit ihres Landes. Beruhigend für viele Deutsche war, dass viele der prominenten Befürworter der Welle aus dem anti-nazistischen Mitte-Links-Lager stammten. Wichtige Autoren wie Friedrich und Grass zum Beispiel waren bekennende Linke, während das für die Fernsehspiele *Dresden*, *Die Flucht* und *Unsere Mütter, unsere Väter* verantwortliche Kreativteam (vor allem der Produzent Nico Hofmann und der Drehbuchautor Stefan Kolditz) ebenfalls aus einem linksliberalen Milieu stammte und für die politische Mitte stand, wie sie das öffentlich-rechtliche Fernsehen repräsentierte.[47] Der gemäßigte politische Hintergrund dieser Personen machte deutlich, dass ihre Fokussierung auf das Leid der Deutschen nicht Teil einer rechten Agenda war, und überzeugte Liberale, dass das Thema ohne nachteilige politische Konsequenzen behandelt werden konnte. Hinzu kam die wachsende Überzeugung, dass die deutsche Regierung große Fortschritte bei der Anerkennung der NS-Kriegsverbrechen gemacht habe. Besonders nach dem Antritt der rot-grünen Koalition von Bundeskanzler Gerhard Schröder im Jahr 1998 und ihrem offenen Bekenntnis zur Verantwortung Deutschlands für den Holocaust fanden es viele nunmehr politisch vertretbar, die Aufmerksamkeit wieder auf das Kriegsleid ihrer Landsleute zu lenken.[48]

Die bereitwillige Akzeptanz dieser neuen revisionistischen Welle spiegelte auch das politische Klima in der Welt nach dem 11. September wider. Nach dem Einmarsch der Vereinigten Staaten in Afghanistan und im Irak stieg die Antikriegsstimmung in weiten Teilen der deutschen Öffentlichkeit, vor allem im Mitte-Links-Lager, das sich angesichts der aggressiven Wende in der amerikanischen Außenpolitik zutiefst unwohl fühlte. Diese Stimmung erklärte unter anderem die Popularität der Bücher von Sebald, Friedrich und Grass. Die von ihnen dargestellten Nöte der deutschen Zivilbevölkerung wurden oft von deutschen Pazifisten angeführt, um Mitgefühl mit der irakischen Zivilbevölkerung zu wecken, die im Kreuzfeuer der amerikanischen Militäroffensive gegen Saddam Hussein stand.[49] Diese Verbindung war in der Reaktion auf die nachfolgenden TV-Dramen weniger sichtbar, deren Beliebtheit allerdings auch mit dem Antikriegsklima nach dem 11. September zu tun hatte. Die deutsche Unterstützung für die revisionistische Welle spiegelte kurzum zumindest in Teilen den Wunsch der Bevölkerung nach einer Universalisierung der NS-Vergangenheit wider.

Gleichwohl erzielten die Revisionisten letztlich das Gegenteil dessen, was sie zu erreichen hofften. Ganz im Einklang mit der Dialektik der Normalisierung stießen ihre Bemühungen bei Kritikern, die auf der Singularität der NS-Vergangenheit insistierten, auf breiten Widerstand. Beobachter im In- und Ausland befürchteten, angesichts der plötzlichen Fokussierung auf das Kriegsleid wollten die Deutschen die NS-Verbrechen erneut in Vergessenheit geraten lassen. Amerikanische und britische Leser von Sebalds und Friedrichs Büchern zum Beispiel kritisierten eine „moralische Gleichwertigkeit" zwischen dem Verhalten der Alliierten und dem der Achsenmächte.[50] Osteuropäische (insbesondere tschechische und polnische) Kritiker griffen zusammen mit israelischen Kommentatoren das vorgeschlagene Zentrum gegen Vertreibungen an, weil es das Leid der Deutschen zur Verharmlosung deutscher Kriegsverbrechen an Slawen und Juden nutze.[51] Kritiker der Filme *Dresden* und *Die Flucht* bemängelten neben den melodramatischen Erzählungen, dass das scheinbare Streben nach Ausgewogenheit letztlich „die Schuld des deutschen Normalbürgers" verblassen lasse, da die Zuschauer sich emotional mit deren Unglück identifizierten.[52] Und Rezensenten von *Unsere Mütter, Unsere Väter* beklagten, der Film relativiere die Singularität der deutschen Kriegsvergehen, indem er nicht die NS-Ideologie, sondern den Krieg dafür verantwortlich mache, „das Schlechteste in ihnen" befördert zu haben.[53] Insgesamt befürchteten sowohl deutsche als auch ausländische Kritiker, die revisionistische Welle könne den Fortschritt des Landes bei der Aufarbeitung der NS-Vergangenheit zunichte machen und erneut zu einer konservativeren, entlastenden Sicht führen, wie sie für die frühe Nachkriegszeit typisch gewesen war.[54]

Tatsächlich waren die Bedenken nicht ganz unbegründet. Während die revisionistische Welle zum Teil aus dem echten Verlangen nach einer umfassenderen Sicht auf die Kriegsjahre rührte, verdankte sich ihre Popularität auch dem Wunsch nach einer Normalisierung der NS-Vergangenheit. Dies zeigte sich deutlich an dem Versuch rechter Gruppen, das Erbe des deutschen Kriegsleids für nationalistische Zwecke zu instrumentalisieren. Die Bemühungen von Neonazis, 2005 (und in den Folgejahren) Massenaufmärsche in Dresden zu organisieren, um des „Bomben-Holocaust" zu gedenken, zeigten, wie das deutsche Leid bewusst zur Relativierung der Verbrechen des Dritten Reiches genutzt werden konnte.[55] Der Wunsch nach einer Gleichwertigkeit der deutschen und jüdischen Viktimisierung zeigte sich auch in der breiten Unterstützung, die das Zentrum gegen Vertreibungen durch rechte Gruppierungen erfuhr; die wichtigste Verfechterin des Zentrums, Erika Steinbach, seinerzeit CDU-Politikerin und führende Figur im nationalistischen Bund der Vertriebenen, forderte spitz, das Museum „in geschichtlicher und räumlicher Nähe" zum Mahnmal für die ermordeten

Juden Europas zu errichten.[56] Der Verdacht, dass hinter der Fokussierung auf das deutsche Leid eine rechte Agenda stehen könne, bestätigte sich, als herauskam, dass sogar einige seiner linken Förderer eine rechte Vergangenheit hatten. So bekannte Günter Grass 2006, im Zweiten Weltkrieg in der Waffen-SS gedient zu haben.[57] Wie die Unterstützung von CDU-Kanzlerin Angela Merkel für das Zentrum gegen Vertreibungen – und das ihrer Regierung für das kleinere „Ausstellungs-, Dokumentations- und Informationszentrum über Flucht und Vertreibung" in Berlin – zeigte, war die bürgerliche Mitte bereit, mit konservativeren Gruppen gemeinsame Sache zu machen.[58]

Angesichts der so ausgelösten Proteste konnte sich der neue Revisionismus letztlich nicht mit seinen Bemühungen um eine Normalisierung der NS-Vergangenheit durchsetzen; gleichwohl signalisierte er eine wichtige Verlagerung in der deutschen Erinnerung. 75 Jahre nach Beginn des Zweiten Weltkriegs waren immer mehr Deutsche weniger an den Ursachen als an dem Ende des Konflikts interessiert. Ihr Interesse galt weniger der Mitwirkung ihrer Vorfahren an der kriegshetzerischen Ideologie als dem von ihnen erlittenen Leid. Sie waren kurzum weniger daran interessiert, über die ihnen eigenen Aspekte des Krieges – ihre historische Schuld – zu reflektieren als über die Aspekte, die sie mit anderen Europäern teilten, insbesondere die Erfahrung der Viktimisierung. Gewiss teilten nicht alle Vertreter dieses neuen Revisionismus bewusst diese Tendenzen. Aber es gab genügend, die zeigten, dass der Bewegung das Vergessen ein ebenso großes Anliegen war wie die Erinnerung.

Revisionismus in Osteuropa

Ähnliche Kontroversen entfachten die Revisionisten in Osteuropa. Wie in Deutschland entstand der neue Revisionismus als Reaktion auf die vorherrschende Sicht des Zweiten Weltkriegs, vor allem auf die offizielle sowjetische Darstellung des Konflikts als „Großer Vaterländischer Krieg". Während des Kalten Krieges erklärte das von Moskau vorgegebene Geschichtsnarrativ den Zweiten Weltkrieg zum Ergebnis des Überfalls der Nazis auf die Sowjetunion 1941; die Nazis hätten beispiellose Gräuel an der sowjetischen

Bevölkerung begangen und die tapfere Rote Armee habe die Region von der Nazi-Tyrannei befreit. Wie nicht anders zu erwarten, wurde dieses Narrativ nach dem Zusammenbruch des Kommunismus in den Jahren 1989–1991 in Zweifel gezogen. Statt den Krieg als Ergebnis der deutschen Aggression zu erklären, interpretierten ihn revisionistische Stimmen in Polen, den baltischen Staaten und in geringerem Maße auch in Russland als Folge des doppelten Spiels der Sowjets. Dieser neuen Sicht zufolge bereitete die Unterzeichnung des Hitler-Stalin-Pakts am 23. August 1939 den Boden für die Angriffe der Nationalsozialisten.[59] Osteuropäische Revisionisten unterzogen jedoch nicht nur die Ursachen des Krieges, sondern auch seinen Verlauf und seine Folgen einer Neubewertung. Um mit langjährigen Tabus zu brechen und das Bewusstsein für die vernachlässigten Aspekte des Krieges zu schärfen, beschäftigten sie sich insbesondere mit den zahlreichen Verbrechen der Sowjets an den Osteuropäern. Diese Verbrechen erörterten sie nicht isoliert, sondern im Vergleich mit denen der Nazis. Revisionisten setzten den Stalinismus oft mit dem Nazismus gleich und gingen sogar so weit zu behaupten, beide totalitäre Regime hätten sich während des Krieges eines „doppelten Völkermords“ an den Juden und den Völkern Osteuropas schuldig gemacht. Damit universalisierten, relativierten und normalisierten sie die NS-Vergangenheit.

Die revisionistische Agenda äußerte sich in verschiedenen Formen, vor allem in staatlichen Dokumenten und Verlautbarungen. Bereits Ende der 1990er-Jahre richteten viele Länder, darunter Lettland, Litauen und Estland, spezielle Geschichtskommissionen ein, um die von den Sowjets und Nationalsozialisten begangenen Verbrechen zu untersuchen.[60] Nach der Jahrtausendwende veröffentlichten diese Kommissionen ihre Ergebnisse in offiziellen Publikationen, in denen die Verhaftung, Deportation und Tötung von Osteuropäern durch die Sowjets häufig als „Völkermord“ bezeichnet wurde.[61] Eine ähnliche Tendenz war in anderen gesamteuropäischen Dokumenten zu beobachten, insbesondere in der „Prager Erklärung zum Gewissen Europas und zum Totalitarismus“. Die vom ehemaligen tschechischen Präsidenten Vaclav Havel initiierte und am 3. Juni 2008 von einer Reihe osteuropäischer Politiker unterzeichnete Erklärung sollte die während und nach dem Zweiten Weltkrieg begangenen kommunistischen Verbrechen ins Blickfeld der Öffentlichkeit rücken. Bezeichnenderweise verurteilte die

Erklärung diese Verbrechen im konkreten Vergleich mit den Gräueln der Nazis. Die Erklärung forderte beispielsweise, dass die „vielen im Namen des Kommunismus begangenen Verbrechen ... in derselben Weise als Verbrechen gegen die Menschlichkeit gewertet werden sollten, wie es die NS-Verbrechen durch die Nürnberger Prozesse wurden". Spätere Erklärungen wie die 2009 angenommene und von verschiedenen Mitgliedsstaaten der EU unterzeichnete „Erklärung von Wilna" erweiterten den Vergleich um die Aussage, dass die „europäische[n] Länder im zwanzigsten Jahrhundert zwei massive totalitäre Regime – den Nationalsozialismus und den Stalinismus – erlebt haben, die von Völkermord ... begleitet waren".[62]

Diese Gleichsetzung von kommunistischen und nationalsozialistischen Verbrechen wurde auch anhand von Gedenktagen, Museen und Gedenkstätten sichtbar. Die Prager Erklärung forderte, den 23. August – den Tag des Hitler-Stalin-Pakts – zum „Europäische[n] Gedenktag an die Opfer von Stalinismus und Nazismus" zu machen. Die Opfer des kommunistischen Terrors sollten „auf dieselbe Weise geehrt werden, wie Europa am 27. Januar der Opfer des Holocaust gedenkt".[63] Eine ähnliche Gleichsetzung der Verbrechen der Nazis und der Sowjets war in einer Reihe osteuropäischer Geschichtsmuseen zu beobachten. Mit der Gründung des litauischen Museums für die Opfer des Völkermords in Vilnius (1992), des lettischen Okkupationsmuseums in Riga (1993), des ungarischen Hauses des Terrors in Budapest (2002), des Vabamu Museums der Besatzungen und Freiheit in Tallinn (2003) und des ukrainischen Museums Lonzki-Gefängnis in Lviv (2009) schufen osteuropäische Länder Institutionen, deren Exponate den beiden Besatzungsregimes von Sowjets und Nazis gleiches Gewicht beimaßen (Abb. 6). Schließlich wurden in Estland, Georgien und Bulgarien Stimmen laut, die das frühere Kriegsnarrativ der Sowjets durch den Abriss, die Verlegung oder Schändung von Kriegsdenkmälern aus der Sowjetzeit umkehren wollten – Denkmäler, die die Rolle der Roten Armee bei der „Befreiung" der verschiedenen Osteuropäer von der NS-Herrschaft betonten.[64]

Diese revisionistischen Bestrebungen hatten unterschiedliche Beweggründe. Zum Teil entsprangen sie dem legitimen Wunsch der Osteuropäer, die kommunistischen Verbrechen, die während des Kalten Krieges großenteils unterdrückt worden waren, ins Bewusstsein der Bevölkerung zu

Abb. 6: Das 2002 eröffnete Haus des Terrors in Budapest dokumentiert das Leid, das die ungarische Zivilbevölkerung von Nazis und Sowjets im und nach dem Zweiten Weltkrieg erfuhr.

rücken. Da Osteuropa sowohl von Nazideutschland als auch von der Sowjetunion überfallen und besetzt worden war, betonten viele Osteuropäer die Gemeinsamkeiten zwischen beiden Regimen. Ebenso verständlich war, dass die Revisionisten sich auf die – Aktivisten in aller Welt bekannte – Strategie verlegten, sich durch Holocaust-Vergleiche Aufmerksamkeit zu verschaffen. Diese besondere Form des Revisionismus schmälerte jedoch die Singularität des nationalsozialistischen Völkermords, da sie seine Bedeutung verallgemeinerte. Ein zweiter Typus von Revisionismus führte indes zu einer bewussteren Normalisierung des Holocaust. Diese bei nationalistischen Gruppen aus Osteuropa vorherrschende Strategie hinterfragte die Singularität des Holocaust, indem sie sie relativierte. Nach der Erlangung ihrer Unabhängigkeit 1989 entwickelten viele Osteuropäer wieder eine positive nationale Identität, indem sie sich von der Sowjetunion (und nach 1991 von Russland) abgrenzten. Ihr Augenmerk richtete sich dabei auf das ihnen von den Sowjets im und nach dem Krieg zugefügte Leid. Das Problem war jedoch, dass die Osteuropäer während des Zweiten Weltkriegs nicht nur

Opfer, sondern auch Täter waren, da sie mit den Nazis bei den Verbrechen des Holocaust kollaborierten. Kurz nach dem Zusammenbruch des Kommunismus 1989 machten jüdische Organisationen durch verschiedene Bildungsinitiativen und Appelle an osteuropäische Regierungen auf diese schändliche Geschichte aufmerksam. Nationalistische Gruppen versuchten daraufhin, durch Verteidigungsstrategien von ebenjener Geschichte abzulenken; eine dieser Strategien bestand in der Behauptung, die Osteuropäer seien – wie die Juden – Opfer eines von den Sowjets verübten „Völkermords" geworden.[65] Die These des „doppelten Völkermords" sollte die Schuld an der Kollaboration verschleiern und die Bedeutung des Holocaust bagatellisieren. Wie diese rhetorische Strategie der Verantwortungsverweigerung zeigte – andere Strategien waren, alternde Kriegsverbrecher in Osteuropa nicht vor Gericht zu stellen, faschistische Kollaborateure zu rehabilitieren und zu verehren und SS-Veteranentreffen und Neonaziaufmärsche zu dulden –, beruhte der revisionistische Versuch der Gleichsetzung von stalinistischen und nationalsozialistischen Verbrechen auf der mangelnden Bereitschaft zur Vergangenheitsaufarbeitung.[66]

So verwundert es nicht, dass das Bemühen um eine Neubewertung der Ursachen und Folgen des Zweiten Weltkriegs eine Kontroverse entfachte. Insbesondere russische Vertreter empörten sich über die revisionistische Kampagne. Nach dem Amtsantritt Wladimir Putins im Jahr 1999 hatte die russische Regierung den Großen Vaterländischen Krieg im nationalen Gedächtnis verankert und deutete den Kampf gegen den Nationalsozialismus als „Sieg des Guten über das Böse", wie Putin 2005 erklärte.[67] In den Jahren darauf gingen die russischen Behörden scharf gegen Fälle von Revisionismus vor. 2007 kritisierte Putin erbost die Zerstörung eines sowjetischen Kriegerdenkmals in Tallinn als Respektlosigkeit Estlands gegenüber den sowjetischen Opfern der Nazis.[68] Noch heftiger entbrannte der Zwist 2009 anlässlich des 70. Jahrestags des Kriegsausbruchs am 1. September 2009 zwischen Russland und Polen. Vor den Feierlichkeiten zum Gedenken an den Kampf um die Westerplatte in Danzig revidierte Polens Präsident Lech Kaczynski das traditionelle Narrativ und warf Russland vor, es habe Polen durch seine Absprachen mit Deutschland „einen Messerstich in den Rücken" versetzt.[69] Putin wies die Anschuldigung zurück; der Hitler-Stalin-Pakt sei zwar „unmoralisch" gewesen, entscheidender sei jedoch die Appeasementpolitik der Westmächte gewesen und ihre mangelnde Bereitschaft, sich Ende der 1930er-Jahre mit den Sowjets gegen Hitler zu verbünden.[70] Russlands Präsident Dmitri Medwedew bezeichnete Vorwürfe, die Sowjetunion trage eine Mitschuld am Kriegsausbruch, als „glatte Lüge“ und setzte eine offizielle Kommission zur Ausarbeitung eines Gesetzes gegen diejenigen ein, „die den Beitrag der Sowjetunion zum Sieg im Zweiten Weltkrieg leugnen“.[71]

Die Gründe für diese heftige Reaktion Russlands auf die revisionistische Welle waren vielfältig. Auf der elementarsten psychologischen Ebene war es für die russische Regierung (wie auch für das russische Volk) angesichts des Todes von etwa 27 Millionen Sowjetbürgern nach dem Überfall der Nazis 1941 schwierig, ihr Land als etwas anderes als ein historisches Opfer zu betrachten. Politisches Kalkül spielte jedoch auch eine nicht unerhebliche Rolle. Mit ihrem Festhalten an der Diktion des Großen Vaterländischen Krieges wollte die russische Regierung verhindern, dass osteuropäische Nationalisten ihren aktuellen Unmut gegen Russland mit historischen Argumenten untermauerten. Sie versuchte zudem, das Ansehen der russischen Armee zu stärken, deren Ruf während der zwei brutalen Kriege in Tschetschenien zwischen 1994 und 2000 erheblich gelitten hatte.[72] Aus diesen strategischen Gründen waren die russischen Behörden peinlich darauf bedacht, jegliche Vergleiche zwischen der Sowjetunion und dem Dritten Reich zurückzuweisen. Um sich gegen entsprechende Anwürfe zu verwehren, gingen die staatsnahen russischen Medien 2009 in die Offensive und verwiesen auf eine Reihe von Vorfällen, bei denen Osteuropäer mit den Nazis kollaboriert hatten.[73] Im selben Jahr verabschiedete das russische Parlament ein Gesetz „zur Verhinderung der Rehabilitierung des Nazismus, von Naziverbrechern und ihren Handlangern in den neuen unabhängigen Staaten auf dem Gebiet der ehemaligen Sowjetunion“.[74] Diese Bemühungen, die allesamt von jüdischen Gruppen, Holocaust-Historikern und anderen Wissenschaftlern unterstützt wurden, sollten osteuropäische Nationalisten daran hindern, sich der Schuld für ihre Kriegsverbrechen zu entziehen.[75] Gleichzeitig nutzte Russland das Erbe des Zweiten Weltkriegs nicht nur zu defensiven Zwecken. Während der Ukrainekrise Anfang 2014 brandmarkten Wladimir Putin und andere russische Vertreter die nationalistischen ukrainischen Demonstranten auf dem Maidan in Kiew (fälschlicherweise) als „Faschisten“, „Nazis“ und „Antisemiten“, um ihre

Proteste gegen die von Russland unterstützte Regierung von Viktor Janukowitsch zu verunglimpfen. Der Widerstand gegen den Revisionismus brachte somit seine eigenen Geschichtsklitterungen hervor.[76]

Die ausgedehnte Debatte blieb ohne klares Ergebnis. Einerseits führte der Versuch der Osteuropäer, das übernommene Kriegsnarrativ zu revidieren, zu einer umfassenderen und ausgewogeneren Sicht des Konflikts, als es sie während des Kalten Kriegs gegeben hatte. Andererseits relativierten und verallgemeinerten die Mittel, die zur Begründung der neuen Sicht angeführt wurden, die NS-Vergangenheit. Diese Normalisierungsbemühungen hatten jedoch nur begrenzte Wirkung. Im Einklang mit der Dialektik der Normalisierung sorgte die heftige Reaktion auf den neuen Revisionismus dafür, dass die Vergangenheit weiter im Zentrum der öffentlichen Aufmerksamkeit stand.

Revisionismus in Großbritannien und in den USA

Im Gegensatz zur Situation in Deutschland und Osteuropa äußerte sich die revisionistische Welle in England und den Vereinigten Staaten weniger im Bereich des politischen Diskurses als in dem der Wissenschaft. Das heißt allerdings nicht, dass sie weniger umstritten war. Um die Jahrtausendwende und danach sogar verstärkt sorgte eine Reihe von historischen Studien mit revisionistischen Neubewertungen des Zweiten Weltkriegs für Schlagzeilen. Die von prominenten Historikern und Journalisten verfassten Werke waren unterschiedlicher Natur. Einige fokussierten sich auf den Krieg in Europa, während andere auch den im Pazifik in den Blick nahmen. Einige konzentrierten sich auf die frühen Kriegsjahre, während andere den Konflikt in seiner Gesamtheit abdeckten. Schließlich erweiterten einige ihre Analyse durch einen Blick auf die Nachwirkungen des Krieges und die Besatzung durch die Alliierten, während andere ihr Blickfeld noch stärker erweiterten und den Krieg im größeren Kontext des 20. Jahrhunderts historisierten.

Ungeachtet dieser Vielfalt wies die revisionistische Literatur viele Gemeinsamkeiten auf. Erstens versuchten die neuen Werke, das vorherrschende Schwarzweißbild des Zweiten Weltkriegs als Konflikt zwischen Gut und Böse durch einen differenzierteren Ansatz zu ersetzen, der die Unterschiede zwischen Alliierten und Achsenmächten verwischte. Zweitens nahm die revisionistische Literatur mit dieser kritischen Sicht zwei Formen an: eine „harte" Version, die den Sinn und Zweck der Kriegführung insgesamt beleuchtete, und eine „weiche" Version, die zwar die Mittel des Kriegs verurteilte, aber seinen Zweck akzeptierte. Drittens waren beide Formen von Revisionismus von der wachsenden Unzufriedenheit mit den geopolitischen Realitäten nach dem 11. September geprägt. Zahlreiche angloamerikanische Revisionisten – linke wie rechte – lehnten die aggressive Reaktion der Vereinigten Staaten auf die Anschläge vom 11. September 2001 ab; nach den US-Invasionen in Afghanistan und im Irak war der Krieg als Mittel der Außenpolitik für sie diskreditiert. Diese als Reaktion auf aktuelle Ereignisse entstandene Sicht übertrugen sie sodann auf die Geschichte des Zweiten Weltkriegs, revidierten ihre Sicht seiner Ursachen und kritisierten seine Folgen. Viertens verliehen viele Revisionisten ihren Argumenten durch kontrafaktische Szenarien zusätzliches rhetorisches Gewicht. In ihren Werken kritisierten sie nicht nur den Verlauf des Krieges, sondern spekulierten darüber, wie er besser hätte verlaufen können. Wie diese Gedankenexperimente zeigten, hielten Fantasie- und Albtraumszenarien über die Vergangenheit bis in die Gegenwart an. Revisionistische Studien deuteten so die wachsende Bereitschaft angloamerikanischer Wissenschaftler an, die NS-Vergangenheit durch eine Relativierung und Verallgemeinerung ihrer Bedeutung zu normalisieren. Dies geschah jedoch nicht widerspruchslos, denn ihre Werke riefen scharfe Kritik hervor und entfachten anhaltende Kontroversen.

Die harten Revisionisten

Zu den extremsten Beispielen des angloamerikanischen Revisionismus gehörten zwei 2008 erschienene Bücher: Nicholson Bakers *Menschenrauch* und Patrick Buchanans *Churchill, Hitler und der unnötige Krieg.*[77] Obwohl ihre Autoren völlig unterschiedlichen Flügeln des politischen Spektrums angehörten, rüttelten beide an der Vorstellung vom Zweiten Weltkrieg als einem guten Krieg. Ohne diesen ihrer Ansicht nach vermeidbaren Krieg hätte die Geschichte einen weitaus besseren Verlauf genommen.

Bakers *Menschenrauch* (Abb. 7) war insofern ein Beispiel für eine verdeckte Geschichtsschreibung, als es sich als neutrale Chronik der Ereignisse

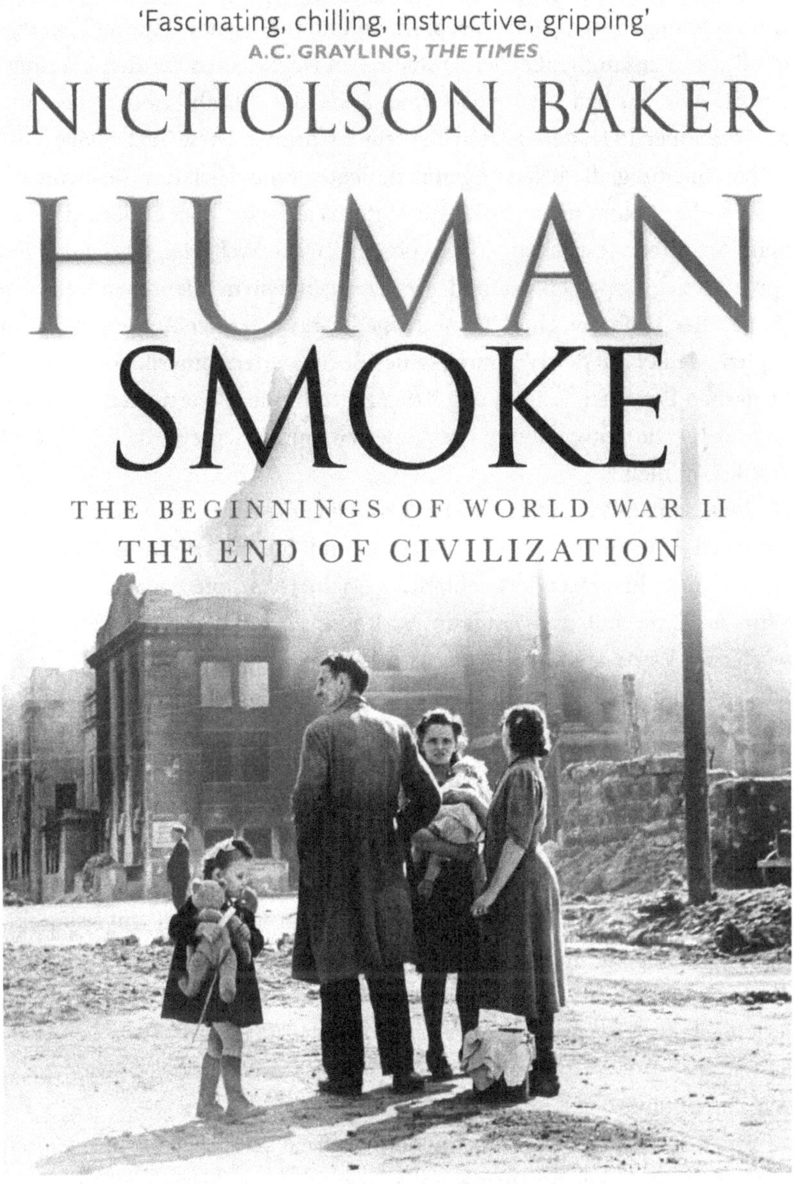

Abb. 7: Nicholson Bakers Buch Menschenrauch *(2008, hier das Cover der englischen Originalausgabe* Human Smoke*) schilderte das enorme menschliche Leid im Zweiten Weltkrieg und rüttelte damit an der Vorstellung vom „guten Krieg".*

tarnte und gleichzeitig eine tendenziöse These vertrat. Baker legte seine Aufzeichnungen streng chronologisch an und präsentierte eine auf den ersten Blick unzusammenhängende Reihe von Nachrichten aus den Vereinigten Staaten, Europa und Asien vom Ende des 19. Jahrhundert bis zum 31. Dezember 1941, dem letzten Tag seiner Chronik. Diese Textcollage hatte keine Einleitung, die Bakers Agenda darlegte, wenngleich das Nachwort die Motive des Autors unzweifelhaft belegte. Wie Baker dort erklärt, habe er beim Schreiben feststellen wollen, ob der Zweite Weltkrieg tatsächlich ein „guter Krieg“ gewesen sei und ob „er irgendeinem Menschen geholfen [habe], der Hilfe brauchte“. Diese Frage beantwortet der Autor zwar nicht explizit, deutet mit der Widmung seines Buches – den „amerikanischen und britischen Pazifisten ... [die] den Krieg zu verhindern“ versuchten – jedoch an, dass er die Entscheidung der Alliierten zum Kriegseintritt generell für zweifelhaft hielt.[78]

Im gesamten Verlauf des Buches ließ Baker die zuvor akzeptierte Grenze zwischen bewundernswerten Alliierten und bösen Achsenmächten verschwimmen. Er präsentiert zahlreiche Nachrichten, die das Ansehen von Winston Churchill und Franklin D. Roosevelt als heroische Verteidiger westlicher Werte konterkarierten. Die von Baker ausgewählten Meldungen wiesen den beiden Staatschefs wenig schmeichelhafte Rollen zu: als Kriegstreiber, die eine Kraftprobe gegen Deutschland und Japan anstrebten und die Spannungen nicht auf diplomatischem Wege zu entschärfen versuchten; als plutokratische Profiteure, die enorme Summen in die Produktion von Waffen, einschließlich chemischer und biologischer Waffen, steckten und damit das Großkapital bereicherten; als liberale Heuchler, die die Freiheitsrechte zu Hause verletzten und sie im Ausland propagierten; und als intolerante Rassisten, die antisemitische Äußerungen von sich gaben, deutsch-jüdische Exilanten als *Enemy Aliens* einsperrten und Zuflucht suchenden Juden Schutz verweigerten. Angesichts dieser Liste an unmoralischem Verhalten seien die Westmächte am Ausbruch des Zweiten Weltkriegs keineswegs unschuldig.

Die Gründe für dieses unmoralische Verhalten sah Baker in breiteren Kräften, die dem eigentlichen Konflikt vorausgingen. Seine Textcollage beginnt im Jahr 1892 mit einer Äußerung des schwedischen Sprengstofffabrikanten Alfred Nobel, der naiv prophezeite, seine Fabriken würden dem

Krieg ein Ende setzen. Daraufhin schildert Baker eine Reihe weiterer tragischer Vorfälle, die insbesondere das ungehemmte Vorgehen britischer Kolonialisten im Nahen Osten in den Vordergrund rücken. Baker bettete den Zweiten Weltkrieg somit in den größeren Kontext von Militarismus und Imperialismus im Westen ein. Weiter stellte er fest, dass diese gewalttätigen Traditionen amerikanische und britische Pazifisten überfordert hätten, das Blutbad abzuwenden. Er legte detailliert dar, wie Friedensaktivisten ignoriert, verspottet und für ihre Bemühungen verhaftet wurden, und machte so die westlichen Alliierten für den heraufziehenden Krieg verantwortlich.

Wie Bakers anschließende Episoden über die Intervention der Alliierten zeigten, war ihr wesentliches Ergebnis das unnötige Leid der Zivilbevölkerung. In unterschiedlichen Beispielen verwies er auf den Tod unschuldiger Zivilisten bei militärischen Angriffen. Mit der provokanten Andeutung, die Intervention der Alliierten sei letztlich für die schlimmste Gräueltat des Krieges – den Holocaust – verantwortlich, versah er seine Darstellung jedoch mit einem Ausrufezeichen. Zur Untermauerung dieser Behauptung erinnerte Baker an die Worte Mahatma Gandhis, der 1938 prophezeite: „Selbst wenn die Alliierten Deutschland den Krieg erklärten", könne Hitler „auf eine solche Kriegserklärung durchaus mit einem allgemeinen Judengemetzel reagieren".[79] Baker begrüßte Gandhis Einsatz für die Gewaltlosigkeit und zitierte aus einem seiner Briefe, den er nach dem Einmarsch der Nazis in Polen und Frankreich schrieb: „Ich wünschte, Ihr würdet den Nationalsozialismus ohne Waffen bekämpfen."[80] Hätten die Alliierten sich nur zu dieser pazifistischen Antwort durchgerungen, so Baker kontrafaktisch, hätte der Holocaust vielleicht verhindert werden können. Hätte England im Sommer und Herbst 1940 nicht weiter gegen Deutschland gekämpft, hätten die Nazis vielleicht die Deportation der europäischen Juden beschlossen, anstatt sie zu ermorden. Baker erinnerte daran, dass die Nazis nach dem Westfeldzug mit Vorkehrungen beschäftigt waren, um die europäischen Juden auf dem Seeweg nach Madagaskar zu deportieren: „Sobald man den Schiffsverkehr wiederaufnehmen könne – mit anderen Worten, sobald England Frieden mit Deutschland geschlossen und die Seeblockade aufgehoben habe". Ein Hindernis gab es allerdings, denn „das alles [hing] von einem Frieden mit Churchill ab".[81] Und der britische Premier, so bedauerte Baker, wollte keinen Frieden. Weil Churchill entschlossen war, sich in der Luftschlacht um England gegen die Nazis zur Wehr zu setzen, „starb auch der Madagaskar-Plan [...] – Schiffe mit deportierten Juden hätten die Blockade nicht durchbrechen können."[82]

Das Ergebnis dieses hartnäckigen Widerstands sei eine verstärkte Judenverfolgung durch die Nazis gewesen. Der Autor verwies auf zahlreiche Bemühungen Hitlers, in den Jahren 1939–1941 mit England Frieden zu schließen, und zitierte Bemerkungen des Führers, wonach er nicht mit den Vereinigten Staaten im Streit liege. Weil Churchill und Roosevelt jedoch entschlossen den Nazis die Stirn boten, führte die Fortsetzung des Krieges zu nur noch mehr Leid. Die alliierte Wirtschaftsblockade gegen Deutschland, durch die die Zivilbevölkerung ausgehungert werden sollte, bewirkte nur, dass die Deutschen die Juden in den polnischen Ghettos verhungern ließen.[83] Die Bombenangriffe der Alliierten auf deutsche Städte nährten lediglich „‚Hitlers Zorn [gegen die Juden und halfen] ihm, ... weitere Nazi-Gräuel gegen die verbleibenden Juden zu rechtfertigen.'" Mit dem formellen Kriegseintritt der Vereinigten Staaten im Dezember 1941 beschloss Hitler schließlich, seine berüchtigte Prophezeiung vom 30. Januar 1939 wahrzumachen: ein Weltkrieg, der die „‚Vernichtung der jüdischen Rasse in Europa'" zur Folge haben würde. „Hitler habe entschieden, in der Judenfrage eisern durchzugreifen".[84] Er trug somit eine direkte Verantwortung für den Holocaust. Die Alliierten waren jedoch laut Baker mitverantwortlich. Unter Verweis auf Gandhi erklärte der Autor provokativ, mit ihrer Gewalt gegen Hitler hätten die Verteidiger der Demokratie „ebensolche Zerstörung an[gerichtet] wie die Deutschen". Der Anführer der indischen Unabhängigkeitsbewegung habe letztlich recht gehabt mit seiner Behauptung, „Hitlerismus und Churchillismus sind im Grunde dasselbe".[85]

Mit dem Vorwurf, die Alliierten hätten Hitlers mörderische Agenda begünstigt, unterstellte Baker somit, dass der Nationalsozialismus keineswegs eine singuläre Form des Bösen sei. Vielmehr sei er das vorhersehbare Nebenprodukt moderner Kräfte – insbesondere von Militarismus und Imperialismus gewesen –, die auch in westlichen Demokratien vorhanden seien. Zwischen Achsenmächten und Alliierten habe also kaum ein Unterschied bestanden. Dieses Resümee war vor allem politisch motiviert. Obwohl der Schriftsteller besser als Autor denn als Aktivist bekannt ist, vertritt er seit Langem linke und pazifistische Positionen. Er legte zudem eine dezidiert präsentistische Sicht der Geschichte vor. Baker war ein scharfer

Kritiker der amerikanischen Invasion im Irak und räumte in einem Interview 2008 offen ein, der Konflikt habe seine revisionistische Darstellung des Kriegseintritts der Engländer und Amerikaner von 1939–1941 beeinflusst.[86] Mit diesem Eingeständnis bewies er eine ausgeprägte Selbstwahrnehmung. Weniger bewusst war er sich jedoch der Art und Weise, wie diese politische Haltung sein Verständnis der Entstehung und Folgen des Zweiten Weltkriegs verzerrt hatte. Bakers Überzeugung, der Krieg sei auf imperialistische Kräfte zurückzuführen, führte zu einer groben Unterschätzung der Rolle der NS-Ideologie. Diese Verkennung unterhöhlte wiederum die Plausibilität seiner kontrafaktischen Behauptung, bei einer Nicht-Intervention der Alliierten wäre die Geschichte besser verlaufen. Tatsächlich wäre wahrscheinlich das Gegenteil der Fall gewesen. Wären die Briten und Amerikaner im Zweiten Weltkrieg neutral geblieben, hätten die Nazis wohl die Sowjetunion besiegt und ihre ideologische Vision einer Rassenutopie in Osteuropa weiterverfolgt. Das Ergebnis wäre noch größeres Leid für die jüdische und slawische Bevölkerung gewesen.[87] Dass Baker dies verkannte, liegt auch an der von ihm selbst eingeräumten „Unwissenheit" über den Zweiten Weltkrieg, den er „nie wirklich verstanden" habe.[88] Letztlich verleiteten ihn seine politischen Ansichten dazu, die Erfahrung des Nationalsozialismus als eines von vielen Beispielen für das moderne Erbe von Aggression und Unterdrückung des Westens anzuführen und sie so zu verallgemeinern.

Ein zweites Buch, das das Erbe der NS-Zeit zu normalisieren versuchte, war Patrick Buchanans *Churchill, Hitler und der unnötige Krieg*. Wie der Titel bereits andeutete, schloss sich Buchanan Bakers Behauptung von der Vermeidbarkeit des Zweiten Weltkriegs an. Im Vergleich zu *Menschenrauch* war *Churchill, Hitler und der unnötige Krieg* jedoch weniger von Trauer als von Wut geprägt. Es war zudem weitaus weniger innovativ und ein Beispiel für das, was man als sekundären Revisionismus bezeichnen könnte, da es sich ausschließlich auf Sekundärquellen von früheren amerikanischen und britischen revisionistischen Historikern stützte.[89] Buchanan vertrat zudem keinen linken Pazifismus, sondern einen rechten Isolationismus. Gleichwohl gelangte er zu vielen gleichen Schlussfolgerungen wie Baker: Großbritannien habe sich unter der Führung von Neville Chamberlain und Winston Churchill für eine unkluge Politik der Konfrontation mit Nazideutschland entschieden, die zum Zweiten Weltkrieg mit all seinen katastrophalen Folgen für Europa und die westliche Welt im Allgemeinen geführt habe. Hätte sich Großbritannien nur für eine Politik der Annäherung an Nazideutschland entschieden, wäre die Geschichte weitaus besser verlaufen.

In erster Linie für den Krieg verantwortlich waren in Buchanans Augen Großbritannien und Frankreich, da sie törichterweise die Sicherheit Polens garantiert hätten. Am 31. März 1939 habe Neville Chamberlain „die verhängnisvollste Erklärung [gemacht], die ein britischer Staatsmann im 20. Jahrhundert abgegeben hat“, da er das Land dazu verpflichtet habe, im Falle eines deutschen Angriffs bedingungslos die Unabhängigkeit Polens zu garantieren. Die Entscheidung sei aus verschiedensten Gründen unklug gewesen. Erstens habe es keinen Sinn gehabt, dass das demokratische Großbritannien ein Land verteidigte, das „‚genauso undemokratisch und antisemitisch wie … Deutschland‘“ war.[90] Zweitens sei die britische Garantie an Polen „der zynischste Akt der britischen Geschichte“ gewesen, da die Briten ihr Versprechen weder erfüllen konnten noch erfüllen wollten.[91] Schließlich habe sich die Entscheidung als fatal erwiesen, weil sie die polnische Regierung darin bestärkte, sich Hitlers Forderung nach der Kapitulation Danzigs zu widersetzen; eine diplomatische Lösung der polnisch-deutschen Differenzen sei damit unmöglich gewesen. „Indem [die britische Regierung] einem diktatorisch regierten Staat, dem sie misstraute und der in einem Teil Europas lag, wo keine lebenswichtigen britischen Interessen auf dem Spiel standen, eine Garantie erteilte, nahm sie einen Krieg in Kauf, den sie nicht gewinnen konnte“.[92]

Da Großbritannien kurz darauf Nazideutschland den Krieg erklärte, sei ein ursprünglich begrenzter Konflikt schnell eskaliert und habe sich in ganz Europa ausgebreitet. Diese katastrophale Entwicklung war laut Buchanan unnötig, da Hitler weder gegen England noch gegen Frankreich Krieg führen wollte. Hitler wäre bereit gewesen, alle deutschen Ansprüche in Westeuropa im Gegenzug für ein Bündnis mit England aufzugeben, doch trotz zahlreicher Friedensinitiativen in diese Richtung habe Churchill ihn konsequent abblitzen lassen.[93] Englands Weigerung, die deutsche Vorherrschaft in Europa zu akzeptieren, habe letztlich zwar zur Niederlage Deutschlands geführt, der Preis dafür sei jedoch zu hoch gewesen, denn Churchill habe Hitler nur durch ein Bündnis mit einem „Massenmörder, der wesentlich mehr

Opfer auf dem Gewissen hatte als Hitler", nämlich Joseph Stalin, besiegen können.[94] Am Ende „führte die irrsinnige britische Diplomatie lediglich dazu, dass Westeuropa [von den Nazis] überrannt wurde und Osteuropa dem Stalinismus schließlich wie eine reife Frucht in den Schoß fiel".[95] Schlimmer noch sei Großbritannien dabei zahllose moralische Kompromisse eingegangen: Es habe zu Kriegsende geheime Absprachen mit der Sowjetunion zur Vertreibung von Millionen von Volksdeutschen getroffen, die Grenzen Polens radikal verändert und Tausende sowjetischer Kriegsgefangener zur Rückkehr gezwungen, was in den Gulags zu deren sicherem Tod geführt habe. Zu allem Überfluss sei Großbritannien am Ende des Kriegs bankrott gewesen und habe bald darauf seine Kolonien und sein Empire verloren.[96] Die langfristigen Auswirkungen seien noch massiver gewesen. Der Zweite Weltkrieg bereitete „der jahrhundertealten Herrschaft des Westens über den Erdball ein Ende … und [schaufelte seiner] eigenen Zivilisation das Grab".[97]

Hätte Großbritannien sich nur geweigert, Polen zu verteidigen, hätte die Geschichte einen besseren Verlauf genommen. „Ohne diese Garantie hätte das isolierte und ohne Freunde dastehende Polen vielleicht in bezug auf Danzig eingelenkt, und die Hekatomben von Kriegsopfern wären ihm erspart geblieben. Ohne die britische Garantie vom 31. März hätte es am 3. September keine Kriegserklärung gegeben und vermutlich auch keinen deutschen Einmarsch in Frankreich, weder im Mai 1940 noch zu einem anderen Zeitpunkt."[98]

> Ohne die britische Garantie an Warschau wäre Frankreich ein deutscher Angriff mit Sicherheit erspart geblieben, und Hitler hätte mit voller Wucht gegen die Sowjetunion zugeschlagen. Die durch Stalins blutige Säuberung des höheren Offizierskorps geschwächte Rote Armee wäre womöglich zusammengebrochen. Der Bolschewismus wäre vielleicht schon 1940 vernichtet worden, statt noch ein halbes Jahrhundert lang weiter zu existieren und in der Sowjetunion, China, Korea, Vietnam und Kambodscha noch Dutzende von Millionen Menschenleben auszulöschen. Ein Krieg zwischen Hitler und Stalin wäre 1940 womöglich der einzige blutige Konflikt in Europa gewesen, und Dutzende von Millionen

> Menschen wären am Leben geblieben, statt im größten Krieg der Menschheitsgeschichte eines grausamen Todes zu sterben.[99]

Buchanan deutete sogar an, dass es keinen Holocaust nach heutigem Verständnis gegeben hätte. „Ohne Krieg im Westen hätten alle Juden Norwegens, Dänemarks, Hollands, Belgiens, Luxemburgs, Frankreichs, Italiens, Jugoslawiens und Griechenlands genauso überlebt wie jene Spaniens, Portugals, Schwedens und der Schweiz.“[100]

Wie bei den meisten Fantasieszenarien über mögliche andere Vergangenheiten war der Auslöser von Buchanans Pamphlet eine Unzufriedenheit mit der Gegenwart. In ihrer Empörung über die amerikanische Außenpolitik von Präsident George W. Bush ähnelte seine Darstellung der von Baker. Buchanan plädiert seit Langem für mehr Zurückhaltung der Amerikaner in internationalen Angelegenheiten, wie sich in Büchern wie *A Republic Not An Empire* (1999) zeigte.[101] Sein Isolationismus verstärkte sich jedoch nach 2001, als die militärische Reaktion der USA auf die Angriffe vom 11. September das Land an den Rand dessen brachte, was er für den imperialen Zusammenbruch hielt. Für Buchanan hatte Bush die Strategie aufgegeben, der die Vereinigten Staaten ihren Aufstieg zur Weltmacht im 20. Jahrhundert verdankten: „sich nicht durch Bündnisverträge die Hände zu binden, sich nicht in europäische Kriege einzumischen und ‚nicht auszuziehen, um Drachen zu suchen, die es zu bezwingen gilt‘“.[102] Diese Entwicklung hatte seiner Ansicht nach verschiedene Gründe, darunter die zunehmende Hybris des Landes nach dem Zusammenbruch des Kommunismus und dem Ende des Kalten Kriegs 1989–1990. Einer der Hauptgründe war für ihn jedoch der in den USA grassierende „Churchill-Kult“. Buchanans Ansicht nach war Bush unmittelbar inspiriert von Churchill als einem „unvergleichlichen Führer … dessen Leben … jedem Staatsmann ein Vorbild sein müsse“; nicht zufällig habe Bush eine Büste des britischen Staatschefs „in seinem Büro … aufstellen lassen“.[103] Das Problem sei, dass der Churchill-Kult nach den Ereignissen des 11. September 2001 dazu beigetragen habe, „dass man einem schlecht informierten US-amerikanischen Präsidenten einreden konnte, die Befreiung des Irak von Saddam werde nach demselben Muster verlaufen wie einst die Befreiung Europas von Hitler“, während das in Wirklichkeit keineswegs der Fall war.[104] Der „Churchill-Kult ist mitverantwortlich für die missliche Lage, in der wir uns heute befinden", so Buchanan.[105] Nur durch ein Infragestellen dieses Kultes und der ihn umgebenden Mythen – vor allem der Vorstellung vom Zweiten Weltkrieg als „de[m] ‚gute[n] Krieg'" – könnten die Vereinigten Staaten den Weg vermeiden, „der Großbritannien und sein geliebtes Empire in den Ruin trieb".[106]

Wie Baker stand auch Buchanan aufgrund seiner politischen Ansichten dem Dritten Reich unkritisch gegenüber. Er spielte den ideologischen Fanatismus des Nationalsozialismus herunter, da er den sowjetischen Kommunismus für eine größere Gefahr für die Sicherheit des Westens hielt.[107] Im Gegensatz zu den meisten Historikern, für die Nazideutschland eine aggressive Expansionspolitik und eine virulente Rassenideologie verfolgte, sah Buchanan das Dritte Reich als eine vergleichsweise harmlose Macht, die nie eine Bedrohung für angloamerikanische Interessen dargestellt habe. Hitler habe die Ideologie „der Staatsräson" untergeordnet. In Buchanans Darstellung war der Diktator ein vernünftiger Staatsmann, der nach Provokationen der Westmächte radikalere geopolitische Ziele verfolgte, als er es normalerweise getan hätte.[108] Buchanans Ansicht nach hätte Hitler die Polen nicht weiter bedroht, wenn er Danzig bekommen hätte. Beim Überfall der Nazis auf die Sowjetunion sei es nicht um Lebensraum oder die Beseitigung der angeblich jüdisch-bolschewistischen Bedrohung gegangen, sondern um eine Strategie, die Großbritannien zu einem Separatfrieden mit Nazideutschland zwingen sollte.[109] Zu keinem Zeitpunkt hätten die Nazis die Interessen der Vereinigten Staaten bedroht und nie die tatsächlichen Angriffskapazitäten besessen. Bei all diesen Behauptungen ließ Buchanan jedoch historische Gegenbeweise außer Acht. Er übersah die ideologisch motivierte Aufstellung von SS-Einsatzgruppen, die die Wehrmacht bei der ethnischen Säuberung Polens und der Sowjetunion unterstützen sollten; und er ließ Hitlers Bemühungen um die Entwicklung von Waffensystemen (Langstreckenbombern, Raketen und Atomwaffen) außer Acht, die die Interessen der USA potenziell bedroht hätten.[110] Seinen sichtbarsten Eindruck fand Buchanans Unfähigkeit, die Singularität der Verbrechen Hitlers zu begreifen, schließlich in der Schilderung des Holocaust. Wie Baker verkannte auch er, dass sein Fantasieszenario, in dem die westlichen Alliierten neutral blieben und den Nazis erlaubten, sich bei ihrem Angriff auf die Sowjetunion zu konzentrieren, faktisch das gesamte osteuropäische Judentum dem sicheren Tod geweiht hätte. Buchanan relativierte also die Bedeutung des Holocaust und vertrat damit eine normalisierte Sicht des Nationalsozialismus.

Die weichen Revisionisten

Moderat revisionistische Autoren, die ebenfalls die Vorstellung vom Zweiten Weltkrieg als einem guten Krieg anzweifelten, schlossen sich in ihren Texten vielen, wenn nicht gar allen Schlussfolgerungen von Baker und Buchanan an. Einer der ersten dieser Texte war *Der Mythos vom Guten Krieg. Die USA und der Zweite Weltkrieg* (2001) des kanadischen Historikers und Politikwissenschaftlers Jacques Pauwels.[111] Wie Baker kritisierte Pauwels den Eintritt der USA in den Zweiten Weltkrieg aus einer linken Perspektive. Unter Berufung auf eine Vielzahl von linken revisionistischen Werken äußerte Pauwels Zweifel daran, dass die Vereinigten Staaten idealistisch zur Verteidigung der Demokratie gegen die Nazis in den Krieg gezogen seien. Vielmehr sei es ihnen „um Geschäfte, Gewinne und Geld“ gegangen.[112] Pauwels' Ansicht nach wurde die amerikanische Außenpolitik traditionell von einer „Machtelite“ aus *Corporations* diktiert, die ihre Klasseninteressen auf Kosten größerer politischer Ideale verfolgte. Dieses Muster sei nicht nur in der Zeit vor dem Zweiten Weltkrieg, sondern auch während des Kriegs für jedermann sichtbar gewesen, als die Machtelite im Zuge des Großmachtkonflikts in Europa ihre politischen Loyalitäten abrupt verlagert habe. Vor 1939–1940, so Pauwels, sympathisierte die Elite mit den Nazis, da sie diese für am besten geeignet hielt, den Kapitalismus gegen den Sowjetkommunismus zu verteidigen. Doch während Amerika aufgrund dieser pro-nazistischen Haltung in den ersten beiden Kriegsjahren neutral blieb, änderte sich das politische Kalkül des Landes, als die Machtelite ihre Klasseninteressen neu bewertete. Als Hitlers Autarkiepläne amerikanische Firmen von dem von den Deutschen kontrollierten europäischen Markt auszuschließen drohten, erkannte die Machtelite, dass sie noch größere Profite aus der Aufrüstung Großbritanniens durch die Politik des *Lend-Lease* schlagen konnte; dank dieser Politik konnte sie ihre Exporte steigern und die US-Wirtschaft aus der Krise befreien.[113] Bei der amerikanischen Intervention im Zweiten Weltkrieg sei es so weniger um die Verteidigung der Demokratie als um wirtschaftliche Eigeninteressen gegangen.

Pauwels attackierte weiter den Konsens vom guten Krieg, indem er zeigte, wie die Gründe für den amerikanischen Interventionismus die US-Regierung in die Nähe des Dritten Reiches rückten. Amerikas Entscheidung zum Kampf gegen Deutschland sei mitnichten von der moralischen Ablehnung des rassistischen NS-Regimes beeinflusst gewesen; stattdessen verwies Pauwels auf den weit verbreiteten Rassismus in der amerikanischen Gesellschaft, in der amerikanischen Armee – deren Generäle „ebenso wie die Nazis felsenfest von einer Höherwertigkeit der weißen Rasse überzeugt waren" – und in der Bevölkerung allgemein, die dieselben „rassistisch gefärbten eugenischen Theorien" unterstützte, die der NS-Staat sanktionierte.[114] Ferner hätten amerikanische Konzerne wie Ford und Texaco in ihrem Gewinnstreben die Wehrmacht über ihre deutschen Tochtergesellschaften mit dringend benötigten Lastkraftwagen und Treibstoff versorgt; beides habe den Nazis bei ihrem Überfall auf Polen und die Sowjetunion geholfen, sodass die USA Beihilfe zum Mord geleistet hätten.[115] Schließlich sei die Bombardierung Dresdens durch die Engländer und Amerikaner nicht von echten militärischen Erwägungen, sondern von dem politischen Wunsch geleitet gewesen, die „Sowjets" mit einer Demonstration der alliierten Luftmacht „einzuschüchtern"; dies sei wohl kaum ein gerechtfertigter Grund für die „sinnlos[e]" Bombardierung einer Viertelmillion deutscher Zivilisten gewesen, so Pauwels.[116] Die „Sieger" seien daher „nicht mit sauberen Händen" aus dem Krieg hervorgegangen.[117]

In seiner Neubewertung der amerikanischen Kriegspolitik griff Pauwels auch auf kontrafaktische Argumente zurück. So spekulierte er: „Wenn Hitler [die Sowjetunion] ... nur ein einziges Jahr früher ... angegriffen hätte, dann wäre er in den US-Medien ohne Zweifel allgemein bejubelt worden", und unterstrich damit das traditionelle Sympathisieren der Machtelite mit dem Faschismus sowie ihre Ablehnung des Kommunismus.[118] Ähnlich stellte Pauwels mit der Behauptung, „dass Hitler ohne gewisse Arten synthetischen Benzins, die ihm US-Firmen wie GM zur Verfügung stellten, ‚nie daran gedacht hätte, Polen anzugreifen'", die Vereinigten Staaten als de facto Nazi-Kollaborateure dar und machte sie zu Komplizen des Kriegsausbruchs.[119] Schließlich betonte der Historiker das doppelzüngige Verhalten der Vereinigten Staaten gegenüber ihren sowjetischen Verbündeten: „Hätten die Anglo-Amerikaner 1942 eine zweite Front eröffnet … hätten ihre Truppen … früher und weiter in Europa vordringen können, so dass es auch einfacher gewesen wäre, Stalin entgegenzutreten, wenn er sich nicht dankbar und kooperativ genug gezeigt hätte.“[120]

Die vergiftete Beziehung der Vereinigten Staaten zur Sowjetunion machte es für Pauwels schwierig, den Zweiten Weltkrieg als einen guten Krieg zu betrachten. Schließlich habe der Konflikt das zentrale Paradigma für Amerikas spätere Beteiligung an anderen unüberlegten militärischen Abenteuern begründet. So wie die amerikanische Machtelite in ihrem Bündnis mit den Sowjets gegen die Nazis von wirtschaftlichen Erwägungen geleitet gewesen sei, so führten ähnliche Überlegungen (insbesondere der Wunsch, ihre Profite durch hohe Militärausgaben zu erhalten) nach 1945 zur Auflösung des Bündnisses. Diese Nachkriegspolitik der Konfrontation habe bedauerlicherweise zu dem als Kalter Krieg bekannten, vier Jahrzehnte währenden Ost-West-Gegensatz geführt. Auch nach dem Ende des Kalten Krieges, so Pauwels, hätten wirtschaftliche Erwägungen die amerikanische Politik bestimmt, da die Machtelite den Erhalt des „kolossale[n] Waffenarsenal[s]“ Amerikas mit der Bekämpfung „neue[r] Hitler“ begründete: Saddam Hussein, Slobodan Milošević und, nach den Anschlägen vom 11. September 2001, das vage Konzept des Terrorismus.[121] Für Pauwels bestätigte diese Entwicklung, dass die US-Intervention im Zweiten Weltkrieg eine Ära des „permanenten Krieg[es]“ eingeleitet habe, die amerikanischen Unternehmensinteressen dienen sollte.

Mit diesem Vorwurf schlug Pauwels’ Buch eine Brücke zwischen der älteren revisionistischen Literatur der 1990er-Jahre und der neueren Welle nach der Jahrtausendwende. Während sein (im niederländischen Original im Jahr 2000 erschienener) Band als Reaktion auf den Unilateralismus der USA nach dem Kalten Krieg Ende der 1990er-Jahre geschrieben wurde, erlaubte ihm die Übersetzung ins Englische 2002 eine Aktualisierung, die den neuen Realitäten der Welt nach dem 11. September 2001 Rechnung trug. Angesichts dieses neuen geopolitischen Kontexts ähnelten seine Schlussfolgerungen denen von Baker und Buchanan. Allerdings lautete Pauwels’ Fazit nicht, die Vereinigten Staaten hätten besser daran getan, sich vollständig aus dem Zweiten Weltkrieg herauszuhalten. Obwohl er den Konsens vom guten

Krieg kritisierte, räumte er ein, dass der Zweite Weltkrieg im Vergleich zu den vielen „schlechten" Kriegen in der amerikanischen Geschichte – etwa die „Indianerkriege" des 19. Jahrhunderts oder der Krieg in Vietnam – „gut" war: „ein Krieg gegen ein solches Übel war unvermeidbar ein guter Krieg". „Auf jeden Fall war es ein Segen, dass nicht die Faschisten, sondern ihre Gegner … gesiegt haben", versicherte er.[122]

Auch wenn Pauwels nicht so weit ging wie Baker und Buchanan, spiegelte seine Studie ebenfalls eine normalisierte Sicht der NS-Vergangenheit wider. Wie Baker verallgemeinerte er die Bedeutung des Nationalsozialismus, indem er ihn vor allem als Auswuchs des westlichen Kapitalismus betrachtete. Dabei unterschätzte er die Singularität des ideologischen Radikalismus des Nationalsozialismus. Diese Verkennung erklärt auch seinen gewagten Vergleich zwischen dem Rassismus der Nazis und dem der Amerikaner – ein Vergleich, der in der übertriebenen Behauptung gipfelte, die Indianerkriege hätten „Hitlers Bewunderung erregt […] und ihn inspiriert […] bei seinem Versuch zur Eroberung von ‚Lebensraum' in Osteuropa".[123] Pauwels' Verwischen der Trennlinie zwischen Nazis und Amerikanern war als Kritik der Amerikaner, nicht aber als Rehabilitation der Nazis gemeint. Indem er sich jedoch auf die Versäumnisse Amerikas im Kampf gegen Nazideutschland konzentrierte, ignorierte er die Unterschiede zwischen den beiden Staaten und schmälerte die historische Besonderheit des Dritten Reichs.

Viele der Schlussfolgerungen von Pauwels' Buch finden sich auch in der Studie *Die große Katastrophe: Europa im Krieg 1939–1945* (2006) des britischen Historikers Norman Davies.[124] Teils historiografischer Essay, teils umfängliche Enzyklopädie, war *Die große Katastrophe* ein zorniges Werk, das versuchte, die „Mythen und Legenden" zu korrigieren, die angeblich das britische und amerikanische Geschichtsbild des Zweiten Weltkriegs bestimmten.[125] Davies führte zahlreiche Beispiele angloamerikanischer Unkenntnis über den Krieg an, wobei das wichtigste Defizit seiner Ansicht nach die Unkenntnis darüber war, dass die schwersten Kämpfe an der Ost- und nicht an der Westfront stattfanden. Während Durchschnittsbriten und -amerikaner vielleicht von großen Schlachten wie Stalingrad gehört hätten, seien die meisten überrascht zu erfahren, dass die Schlachten um Kiew und Kursk sowie die Operation Bagration größere Offensiven im Westen wie die Operation Overlord in den Schatten stellten.[126] Diese Ignoranz lag laut Davies in dem Widerwillen der Engländer und Amerikaner begründet, der Sowjetunion den entscheidenden Beitrag zu Hitlers Niederlage zuzugestehen. Diese Kurzsichtigkeit bestimme insbesondere Winston Churchills „Selbstrechtfertigung" des Zweiten Weltkriegs, wonach die „angloamerikanische Partnerschaft … die Basis für den Sieg der Alliierten gebildet" hatte.[127]

Davies ähnelte insofern Baker und Buchanan, als er seine These von der zentralen Rolle der UdSSR durch kontrafaktische Argumente unterfütterte. Im Gegensatz zu ihnen behauptete er jedoch nicht, dass ein Nicht-Eingreifen der Alliierten den Lauf der Geschichte verbessert hätte, da es den Nazis einen Sieg über die Sowjets erlaubt hätte: „Wäre die Rote Armee [aus dem Krieg] ausgeschaltet worden, hätten die Deutschen nicht tatenlos zugesehen, wie die USA ihre militärische Schlagkraft ausbauen und sich bereit machen würden, eine Atombombe auf sie zu werfen. Die deutschen Streitkräfte wären sofort … gegen Großbritannien in Marsch gesetzt worden; das Ergebnis der Schlacht um den Atlantik hätte rückgängig gemacht werden können; die Westalliierten hätten wahrscheinlich den Stützpunkt für ihre Bomberoffensive eingebüßt … und ein amerikanisches [sic] Gegenstück zu *Enola Gay* hätte von nirgendwo starten können."[128] Mit seinem fiktiven Szenario eines Siegs der Nazis über die Sowjetunion und der daraus folgenden Bedrohung für die Sicherheit der Engländer und Amerikaner hob Davies nachdrücklich die Rolle der Sowjets beim Sieg über die Nazis hervor.

Davies war jedoch mitnichten ein linker Apologet der UdSSR. In seinem Buch versuchte er, einen weiteren Aspekt der angloamerikanischen Unkenntnis zu korrigieren – das Ausmaß von Stalins Kriegsverbrechen. Dies umfasste die brutale Behandlung Polens durch die Sowjetunion, vom Einmarsch der Roten Armee 1939 bis zur Verschiebung der Grenzen 1945; die unmenschliche Behandlung der eigenen sowjetischen Soldaten, die in riskanten Kriegsoffensiven rücksichtslos geopfert, routinemäßig für kleinere Vergehen erschossen und später für ihre Gefangennahme bestraft wurden; und die brutalen Angriffe der Roten Armee auf deutsche Zivilisten, die am Ende des Krieges millionenfach vergewaltigt, vertrieben und ermordet wurden. Das vielleicht größte Missverständnis, das Davies zu korrigieren versuchte, war jedoch die angloamerikanische Vorstellung, „sowjetisches" Leid im Krieg sei gewissermaßen dasselbe gewesen wie „russisches" Leid. Auf 90

Prozent des sowjetischen Territoriums hätten im Zweiten Weltkrieg keine Kämpfe stattgefunden, betonte Davies; die 10 Prozent, auf denen es Kämpfe gab, befanden sich in den westlichen, nicht-russischen Landesteilen.[129] Unter den im Krieg gefallenen Sowjetbürgern machten Ukrainer und Weißrussen die größte Gruppe aus; ihre Zahl war weitaus höher als die der gefallenen Russen. Für Davies war die von Historikern versäumte Aufschlüsselung der Opfer in Gruppen und die fälschliche Angabe von 27 Millionen „sowjetischer" Kriegsopfer ein klares Beispiel für die mangelnde Kenntnis der Faktenlage im Westen.

Angesichts der Rolle der Sowjetunion beim Sieg über die Nazis und angesichts der brutalen Methoden Stalins weigerte sich Davies, den Zweiten Weltkrieg als einen guten Krieg zu betrachten. „[K]eine Seite im Zweiten Weltkrieg [habe] ein Monopol auf Tugendhaftigkeit oder Unmoral" besessen; der „gute Krieg" sei ein „fragwürdig[es]" Konzept, das nur mit „gehöriger Skepsis" betrachtet werden könne.[130] Bei dem Versuch, die weiterhin positive Bewertung des Kriegs durch die Briten und Amerikaner zu erklären, verwies Davies auf das, was er als das „Geschichtsschema der Alliierten" bezeichnete. Dieses Schema habe sich im Kalten Krieg entwickelt, als angloamerikanische Historiker ihren Beitrag zum Sieg „herausstell[t]en" und den des Ostens ignorierten.[131] Das „Geschichtsschema der Alliierten" habe die Vergangenheit bewusst politisch instrumentalisiert und damit „sechzig Jahre historiographischer Spaltung" und ein durch blinde Flecken und Vorurteile getrübtes Bewusstsein der Vergangenheit produziert.[132] Diese „Fragmentierung der Erinnerung" sei durch das Ende des Kalten Krieges noch verstärkt worden, als der Triumph des westlichen Liberalismus über den sowjetischen Kommunismus zur Entstehung einer besonders „amerikazentrierten" Sicht des Zweiten Weltkriegs geführt habe. Darüber hinaus füge sich diese Sicht nahtlos in die neokonservative Politik der Bush-Regierung nach dem Jahr 2000 ein.[133]

Davies' Anschuldigungen waren auch politisch motiviert. Der britische Historiker, 1939 in Wales geboren, ist politisch nur schwer einzuordnen. Die harte Kritik am englischen Nationalismus in seinen frühen Forschungsarbeiten sowie seine Abneigung gegen Churchill und George W. Bush scheinen ihn im linken Lager zu verorten.[134] Doch obwohl er Labour wählt, ist er seit Langem ein bekennender Antikommunist, was eher für Konservative typisch ist.[135] Davies’ revisionistische Ansichten resultierten großenteils aus seiner Forschung zum modernen Polen.[136] Fest davon überzeugt, dass die historische Bedeutung Polens und das Leid zu Kriegszeiten im Westen lange übersehen wurden, wollte Davies auf die Rolle der Alliierten beim Verrat des Landes in den Jahren 1939 bis 1945 aufmerksam machen.

Davies’ Verständnis für die Polen erklärte außerdem eine der wichtigsten Folgen seiner revisionistischen Position: die unterschwellige Relativierung der ‚Kriminalität‘ des Nationalsozialismus. Bei seinem Versuch, mit dem „Geschichtsschema der Alliierten“ zu brechen, hinterfragte Davies die Sicht, wonach die „Nazis … böse waren“, die Sowjets jedoch nicht.[137] Davies lenkte die Aufmerksamkeit auf die sowjetischen Verbrechen, relativierte damit jedoch die Singularität der nationalsozialistischen Gräuel, insbesondere des Holocaust. Er räumte zwar ein, dass der Holocaust zu Recht Aufmerksamkeit erregt habe, gab jedoch zu verstehen, dass er andere Aspekte des Krieges zu Unrecht überlagert habe. „Der Holocaust war in Plan und Ausführung einzigartig, und auf sein Konto geht der Tod von fast 6 Millionen Unschuldigen. Doch er war nicht außergewöhnlich … [und] ist eingebettet in einen größeren Kontext, in dem drei- oder viermal so viele weitere Unschuldige umkamen. Der Historiker hat die Pflicht, sich an sie alle zu erinnern.“[138] Den unverhältnismäßigen Einfluss des Holocaust auf das Bewusstsein des Westens führte er auf den Kalten Krieg zurück, der es Westeuropäern und Amerikanern ermöglicht habe, „das irrationale Böse des Nazismus“ zu bestätigen, „ohne aber auf das Leid der Menschen im Sowjetblock während des Krieges aufmerksam zu machen“.[139] Davies äußerte sich zudem ablehnend über Holocaust-Historiker, die versuchten, „eine Holocaust-Orthodoxie durchzusetzen“, indem sie andere Forscher dazu zwängen, „sich der Behauptung anzuschließen, der Holocaust sei einmalig gewesen“.[140] Außerdem kritisierte er Gesetze, die die Holocaust-Leugnung verböten, da sie „die Wege zu einem umfassenderen [historischen] Verständnis versperrt[en]“.[141] Schließlich relativierte Davies die Singularität des Bösen des Nazismus mit der Forderung, den Zweiten Weltkrieg als Teil eines umfassenderen 75-jährigen Krieges von 1914 bis 1989 zu historisieren. Damit allerdings verharmloste er die Bedeutung des Holocaust. Sicherlich waren die Gewalttaten des 20. Jahrhunderts in besonderer Weise miteinander verknüpft. Doch indem er die wesentlichen Unterschiede zwischen den einzelnen Konflikten des

Jahrhunderts verwischte, sorgte Davis dafür, dass der besondere Beitrag der Nationalsozialisten unterging.

Verglichen mit Davies legte der amerikanische Historiker Michael Bess eine ausgewogenere Kritik des Konsenses vom guten Krieg vor.[142] In seiner breit angelegten Studie *Choices Under Fire: Moral Dimensions of World War II* (2006) nahm Bess den Verlauf des Kriegs in Europa und im Pazifik in den Blick. Besonderes Augenmerk legte er auf die Kluft zwischen den berechtigten Anliegen der Alliierten – dem Kampf gegen die Aggression der Achsenmächte – und den moralisch zwiespältigen Mitteln zur Erreichung dieses Ziels. Dabei wollte er der in der Geschichtsschreibung vorherrschenden „jubilierenden Haltung“ eine neue „Haltung des kritischen Hinterfragens“ entgegensetzen.[143]

Bess hinterfragte zunächst konventionelle Betrachtungsweisen der Kriegsursachen, indem er die umstrittene Appeasementpolitik der Alliierten rehabilitierte. Er lehnte die „allzu einfache Herangehensweise“ früherer Wissenschaftler ab, die „die britischen und französischen Entscheidungsträger der 1930er-Jahre mit Hohn und Spott überzogen“ habe, und wertete die Appeasementpolitik als eine vernünftige Antwort der Westmächte auf Hitlers Säbelrasseln.[144] Die Westmächte wollten seiner Ansicht nach zu Recht einen weiteren Krieg vermeiden und waren der ehrlichen Überzeugung, sie könnten Deutschlands unverwundener Schmach aus dem Ersten Weltkrieg rational begegnen; sie hätten ernsthaft befürchtet, mit einem erneuten militärischen Konflikt das Schicksal der Sowjetunion zu stärken. Die vom Geist des Pazifismus geleitete Appeasementpolitik sei „intelligente, noble und proaktive Diplomatie“ gewesen.[145] Das Problem sei, dass Hitler die Beschwichtigungspolitik als Zeichen der „Schwäche“ gedeutet und sie für seine eigenen expansionistischen Zwecke ausgenutzt habe, was beim Münchner Abkommen 1938 überdeutlich geworden sei.[146] Die Appeasementpolitik sei letztlich ein „Misserfolg“ gewesen, doch habe es kaum Alternativen zu ihr gegeben. Bess spielte mehrere kontrafaktische Szenarien durch, die einen Zweiten Weltkrieg hätten verhindern können, darunter ein Militäreinsatz der Briten und Franzosen zur Vertreibung der Deutschen aus dem Rheinland 1936 und eine britische und französische diplomatische Offensive zur Einbindung der Sowjetunion in ein festes Bündnis. Letztlich lehnte er diese Szenarien jedoch als „realitätsfern“ ab und hielt die Beschwichtigungspolitik für den einzig gangbaren Weg der Alliierten.[147] Anstatt sich jedoch auf die Seite früherer Wissenschaftler zu stellen und die Politik moralisch als „unredlich“ zu bewerten, konnte Bess ihr auch eine gute Seite abgewinnen: Immerhin habe sie gezeigt, wer der primäre Aggressor im Krieg gewesen sei. Dank der Appeasementpolitik hätten die Alliierten einen „moralischen Vorsprung“ erlangt, der es ihnen erlaubt habe, den Krieg als „Kampf gegen das absolut Böse“ auszulegen.[148] Da sie Hitler als „unersättlich“ entlarvt habe, erlaube die Beschwichtigungspolitik eine Sicht des Zweiten Weltkriegs als „‚Gutem Krieg‘“.[149]

Der Sieg über den Nationalsozialismus sei zwar ein hehres Ziel gewesen, doch die Mittel zur Erreichung dieses Ziels seien alles andere als nobel gewesen. Bess kritisierte insbesondere die Luftangriffe der Alliierten auf die Zivilbevölkerung, die er als „das größte moralische Versagen der angloamerikanischen Kriegführung“ beschrieb.[150] Obwohl er einräumte, dass die Bombenangriffe „ein entscheidendes Element zur Sicherung des Sieges der Alliierten“ gewesen seien, hätten sie schließlich – in Dresden und Tokio – einen Punkt erreicht, an dem „die ungeheure Zahl der menschlichen Opfer … den militärischen Nutzen der Operation übertraf“.[151] Die Bombenangriffe auf zivile Ziele nannte Bess „schlicht und ergreifend Gräuel“ und verurteilte sie kontrafaktisch: „die Engländer und Amerikaner hätten den Krieg ohne sie gewinnen können“.[152] Hätten sie auf „Flächenbombardements und Brandbomben“ verzichtet und sich einfach auf militärische und wirtschaftliche Ziele konzentriert, hätte sich der Krieg zwar länger hingezogen, sie hätten jedoch „die Kriegsmaschinerie des Feindes deutlich schwächen“ können, ohne wahllos Hunderttausende unschuldiger Zivilisten zu töten.[153]

Bess kritisierte die USA und Großbritannien auch dafür, sich im Kampf gegen die Deutschen auf die brutalen Methoden der Roten Armee verlassen zu haben. „Die Übel des Nationalsozialismus“, so Bess, „wurden nur durch ein Bündnis … mit einem Regime besiegt, das in vielerlei Hinsicht genauso grausam war wie das von Hitler.“[154] Unter Verweis auf die beinahe 80 Prozent der deutschen Kriegsopfer, die an der Ostfront starben, stimmte der Autor Davies zu, dass „es die Russen waren, die der deutschen Armee das Rückgrat gebrochen haben“.[155] Allerdings wandte die Rote Armee im Kampf gegen die Deutschen eine perfide Taktik an: Sie beging Gräuel an der deutschen Zivilbevölkerung und zeigte „grenzenlose Grausamkeit“ gegenüber ihren eigenen Soldaten.[156] Die Briten und Amerikaner störten sich jedoch wenig an dieser Brutalität. Sie hätten den Sowjets sogar erlaubt, die Nazis ganz allein zu besiegen, hätte dies nicht die politisch unliebsame Folge gehabt, dass die Rote Armee letzten Endes ganz Westeuropa erobert hätte. Erst diese Aussicht bewog die angloamerikanischen Streitkräfte laut Bess schließlich im Juni 1944 dazu, mit der Operation Overlord eine zweite Front im Westen zu eröffnen.[157]

Für Bess zeigten diese moralischen Entgleisungen, dass der Grat zwischen den hehren Zielen der Alliierten und der Amoral der Achsenmächte sehr schmal war. Dies habe sich auch im institutionalisierten Rassismus der Alliierten und Achsenmächte gezeigt. Während das deutsche und das japanische Regime für ihr rassistisches Gedankengut bekannt gewesen seien, sei dies auch in der amerikanischen Armee verbreitet gewesen: Die meisten afroamerikanischen Soldaten hätten niedere Tätigkeiten verrichten müssen, die keinen direkten Kampfeinsatz bedeuteten; wer tatsächlich in den Kampf geschickt wurde, musste in segregierten Einheiten dienen. Angesichts dieser beschämenden Tatsache und angesichts der Rassenunruhen in amerikanischen Städten sowie der Internierung japanischstämmiger Amerikaner kam Bess zu dem Ergebnis, dass es unabhängig von den „Unterschieden zwischen den verschiedenen Rassismen des Zweiten Weltkriegs … wichtig ist, die grundlegenden Gemeinsamkeiten zwischen ihnen zu erkennen“. Er räumte zwar ein, dass „der aus einer Messe von Weißen geworfene schwarze G. I. nicht den gleichen Gefahren ausgesetzt war wie ein jüdischer Vater, der sein Kind an der Schlucht von Babyn Jar wiegte, doch trotz aller Unterschiede waren sie Opfer einer grundsätzlich ähnlichen, im Hass wurzelnden Geste“.[158]

Angesichts dieser beunruhigenden Realitäten könne man den Zweiten Weltkrieg schwerlich als guten Krieg betrachten: „Es ist Zeit, von unserer Nostalgie abzurücken“, so Bess, der eine „neue Mythologie“ des Krieges forderte, die „über die *Star-Wars*-Bilder hinausgeht, in denen das reine Gute dem reinen Bösen in einem reinen Wettstreit mit einem reinen Ergebnis entgegentritt“.[159] Selbst wenn der Zweite Weltkrieg noch immer als Krieg gelten könne, „der geführt werden musste …, sollte uns das nicht davon abhalten, besonderes Augenmerk auf die vielen wichtigen Grauzonen des Konflikts zu richten“.[160]

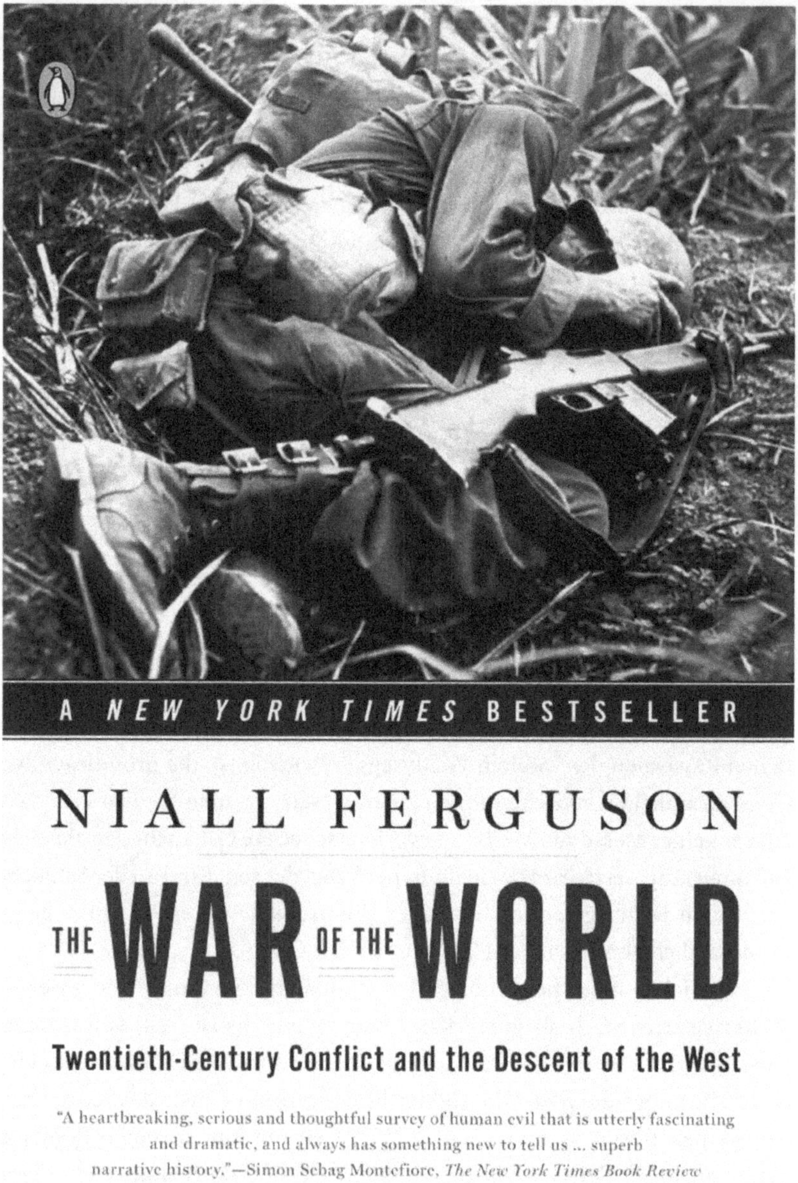

Abb. 8: Wie das Buchcover von Niall Fergusons The War of the World *(2006, dt.:* Krieg der Welt*) zeigte, wollte der Autor der romantischen Verklärung des Zweiten Weltkriegs ein Gegengewicht entgegensetzen.*

Mit diesem Fazit nahm Bess einen ausgewogeneren Standpunkt ein als andere Revisionisten. Im Gegensatz zu Baker und Buchanan versuchte er nicht, das Böse des Nationalsozialismus zu verharmlosen. Im Gegensatz zu Davies machte er ein Holocaust-Bewusstsein nicht für die blinden Flecke amerikanischer und britischer Leser über den Zweiten Weltkrieg verantwortlich.[161] Bess' ausgewogener Standpunkt spiegelte seine gemäßigten politischen Ansichten wider. Der 1954 geborene Historiker gilt als Liberaler und sympathisiert mit dem Pazifismus, ließ sich aber dadurch nicht dazu verleiten, die Notwendigkeit des Krieges infrage zu stellen.[162] Dennoch verallgemeinerte er insbesondere mit seinem Vergleich des Rassismus der Achsenmächte mit dem der Alliierten die Bedeutung des Nationalsozialismus und verwischte zum Teil seine charakteristischen Merkmale. Dabei warf seine Darstellung die grundsätzliche Frage auf, ob es möglich war, den Ruf des Zweiten Weltkriegs als gutem Krieg in Zweifel zu ziehen, ohne gleichzeitig die Verbrechen des Dritten Reichs zu verharmlosen.

Eine mögliche Antwort auf diese Fragestellung lieferte Niall Fergusons Buch *Krieg der Welt: Was ging schief im 20. Jahrhundert?* (2006) (Abb. 8).[163] Fergusons Studie war eine kühne Synthese, die einen breiteren Ansatz als andere revisionistische Texte verfolgte und in ihrer knapp 1000-seitigen Darstellung beinahe ein Jahrhundert Geschichte abdeckte. Im Mittelpunkt des Buches stand jedoch eine eingehende Analyse der Ursachen und Folgen des Zweiten Weltkriegs. Fergusons Darstellung des Krieges war aufschlussreich und provokativ, der Autor tat sich jedoch schwer damit, den Konsens eines guten Krieges zu hinterfragen, ohne das Böse des Nationalsozialismus zu schmälern. Da sich Ferguson dieser Fallstricke bewusst war, übte er keine so radikale Kritik wie andere Revisionisten. Im gesamten Buch brachte er viele der Schulmeinung zuwiderlaufende Argumente vor, nur um später von ihnen abzurücken. *Krieg der Welt* gab sich jedoch radikaler, als es wirklich war, und glich damit einem revisionistischen Schaf im Wolfspelz.

Von den ersten Seiten an machte Ferguson klar, dass er die herrschende Lehrmeinung über den Zweiten Weltkrieg auf den Kopf stellen wollte. Tatsächlich ging er so weit, die Existenz des Zweiten Weltkrieges anzuzweifeln; im Laufe seiner Forschung zu diesem Thema habe er sich gefragt, ob es „tatsächlich so etwas wie *den* Zweiten Weltkrieg gegeben" habe.[164] Angesichts des monumentalen Ausmaßes, der zeitlichen Spanne und der geografischen

Reichweite der Weltkonflikte in der ersten Hälfte des 20. Jahrhunderts forderte Ferguson, den Zweiten Weltkrieg als Teil eines größeren „fünfzigjährige[n] Krieg[es]“ zwischen 1904 und 1953 zu betrachten.[165] Den Kampf der Alliierten gegen den Nationalsozialismus stellte er jedoch in den Mittelpunkt seiner Darstellung und deutete damit an, dass die Jahre 1939–1945 auf wichtige Weise singulär blieben. Damit verwies er auf die Grenzen seines Revisionismus.

Diese Grenzen wurden in seiner Analyse der Kriegsursachen deutlich. Ferguson schien zunächst A. J. P. Taylors umstrittener These zuzustimmen, dass der Krieg zwischen Deutschland, Frankreich und Großbritannien „fast ebenso sehr die Schuld der Westmächte und auch Polens wie diejenige Hitlers gewesen sei.“[166] Gleichwohl räumte er ein, dass Taylors Analyse „bestenfalls zur Hälfte“ zugetroffen habe, und bekräftigte schnell die wichtige Rolle, die Hitlers expansionistische Ziele für den Kriegsausbruch spielten: Ziel des Führers sei es gewesen, „das Deutsche Reich so weit [zu] vergrößern, dass möglichst das gesamte deutsche Volk in ihm lebte, und auf dem Weg dorthin … die Juden und den sowjetischen Kommunismus“ auszuschalten.[167] Ferguson schien auch die in Ungnade gefallene Appeasementpolitik zu rehabilitieren: „Auf den ersten Blick scheinen die Argumente für die Appeasementpolitik auch heute noch vernünftig und sachgerecht zu sein.“[168] Dennoch erklärte er weiter, der Begriff Appeasement sei „mit gutem Grund“ seit Langem „als Schimpfwort“ verwendet worden, denn er hätte zugunsten einer Politik der „Prävention“ aufgegeben werden müssen.[169] Im Gegensatz zu Bess, der zum damaligen Zeitpunkt keine Alternative zur Beschwichtigungspolitik sah, behauptete Ferguson kontrafaktisch: „eine frühe Aktion, um die von Hitler ausgehende Bedrohung im Keim zu ersticken, [hätte] mit größter Wahrscheinlichkeit Erfolg gehabt“ und den Zweiten Weltkrieg verhindert.[170] Weil „Deutschland … 1938 [militärisch] nicht auf einen europäischen Krieg vorbereitet“ war, hätten „die Briten sich bloß rückhaltlos zur gemeinsamen britisch-französischen Verteidigung der Tschechoslowakei bekennen … müssen“; Chamberlain hätte „Anrufe aus Deutschland unbeantwortet lassen müssen“.[171] Die „Wahrscheinlichkeit, dass Hitler klein beigegeben hätte, wäre jedenfalls hoch gewesen“; und selbst wenn es nicht dazu gekommen wäre, wäre „fast jedes Ergebnis, sogar ein Krieg, … besser gewesen als das, was wirklich passierte“. Schließlich „war Deutschland [1939] wesentlich schwerer zu bekämpfen, als das 1938 der Fall gewesen wäre."[172] Letzten Endes sah Ferguson jedoch davon ab, sein revisionistisches Argument auf die Spitze zu treiben: „Man kann natürlich nicht mit Sicherheit sagen, was passiert wäre."[173]

Ebenso unentschieden war Ferguson in seiner Analyse der Gründe für den Sieg der Alliierten. Wie andere Revisionisten zog er den Beitrag der „größten Generation" zum Sieg in Zweifel; die amerikanischen Soldaten seien mitnichten die größten Kämpfer im Zweiten Weltkrieg gewesen. Ferner teilte er Davies' Ansicht, dass „die Sowjets unverhältnismäßig viel zum Sieg der Alliierten beigetragen hätten".[174] Ferguson betonte jedoch auch die unterschätzte Rolle der USA und Großbritanniens und führte Statistiken zur amerikanischen Industrieproduktion und zur Mobilisierung britischer Truppen aus dem Empire an.[175] Mit seinen kontrafaktischen Szenarien wollte er sich zudem nicht festlegen, sondern zeigte mehrere Wege auf, wie die Nazis den Krieg hätten gewinnen können – nur um dann zu erklären: „Vor allem lassen sie [solche kontrafaktischen Annahmen] fast vollständig die Frage außer Acht, wie die Achsenmächte mit der ungleichen ökonomischen Situation hätten fertig werden sollen, in die sie sich durch den gleichzeitigenn Kampf gegen das britische Empire, die USA und die Sowjetunion gebracht hätten."[176] „Wenn etwas unvermeidlich war in der Geschichte des 20. Jahrhunderts, dann war es der Sieg dieses weit überlegenen Bündnisses", so sein Fazit.[177]

Die Unschlüssigkeit von Fergusons Revisionismus wurde zudem in seinen Ausführungen zum Holocaust deutlich. Einerseits schien er anderen Revisionisten zu folgen und seine Einzigartigkeit infrage zu stellen. Dies zeigte sich erstens daran, dass er den Zweiten Weltkrieg in den größeren 50-jährigen Krieg einordnete. Er stellte ihn in den Kontext eines halben Jahrhunderts globaler Gewalt und relativierte so die Besonderheit des nationalsozialistischen Völkermords. Dies zeigte sich zweitens in dem häufigen Vergleich der Verbrechen der Nationalsozialisten mit denen der Sowjets. Ferguson schien sich Davies' Meinung anzuschließen: „Heute wissen wir, wieviel der Gulag von dem, was während des Zweiten Weltkriegs in deutschen Konzentrationslagern geschah, vorweggenommen hatte: die Transporte in Viehwaggons, die Aufteilung in verschiedene Gefangenenkategorien, die entmenschlichenden Lebensumstände … die brutalen und willkürlichen Bestrafungen“.[178] Allerdings nahm Ferguson später Abstand von seinem Vergleich: „Das Leben und Sterben in den Lagern der Nazis glich in vielen Aspekten den Verhältnissen im Gulag … Doch diese Verbrechen unterschieden sich in einem wesentlichen Punkt von dem Krieg, den die Nationalsozialisten gegen die Juden und andere als ‚lebensunwert‘ betrachtete Minderheiten führten: … sie waren äußert modern.“[179]

Schließlich war Ferguson zwiegespalten, wenn es darum ging, allzu revisionistische Rückschlüsse auf die Moral des Krieges zu ziehen. Einerseits bestritt er ausdrücklich, dass der Zweite Weltkrieg ein „gerechte[r] Krieg“ gewesen sei. In dem Krieg sei es „nicht einfach um Gut gegen Böse“ gegangen. „Es war ein Kampf des geringeren Übels gegen das größere.“[180] Wie Baker, Davies und Bess betonte er, dass die Nazis oft nur ein schmaler Grat von den Alliierten getrennt habe. Das Dritte Reich, so Ferguson, „war in den dreißiger Jahren keineswegs der einzige Rassenstaat.“ In den USA habe es nach wie vor Bundesstaaten gegeben, in denen Mischehen verboten oder die Sterilisation für bestimmte Personengruppen nach eugenischen Kategorien vorgeschrieben gewesen sei.[181] Er verurteilte auch die Entscheidung der Engländer und Amerikaner, sich mit der Sowjetunion zu verbünden: „Das alles sollte einen daran erinnern, dass die Westmächte bei ihrem Kampf gegen einen Feind, den sie gewöhnlich barbarisch nannten, einen Verbündeten hatten, der moralisch nicht viel besser war.“[182] Die Westmächte hätten sogar begonnen, sich ein weiteres typisches Merkmal des Totalitarismus zu eigen zu machen: „die Entmenschlichung des Feindes, um ihn ungehemmter vernichten zu können“, wie die Morde an deutschen Gefangenen durch britische und amerikanische Truppen deutlich machten.[183] Gleichzeitig verteidigte Ferguson das britische und amerikanische Flächenbombardement gegen die „üblich[e]“ Sicht, die „dem Bomberkommando einen bedeutenden Beitrag zum Sieg der Alliierten“ absprach; die Luftangriffe der Alliierten hätten „die deutsche Kriegsführung erheblich beeinträchtigt“, denn sie hätten die „Produktionspotenziale“ und die „Moral der Zivilbevölkerung“ gründlich geschwächt.[184] Ferner weigerte sich Ferguson, die Bomberkommandos als ein mit den Verbrechen der Achsenmächte vergleichbares Gräuel zu bezeichnen, denn diese seien nicht von Hass geleitet gewesen.[185] Ferguson machte schließlich jedoch deutlich, dass der Krieg aus Sicht der Engländer und Amerikaner kaum als Erfolg gewertet werden könne. Da sein „Hauptnutznießer … Stalins Sowjetunion“ war, die nach ihrem militärischen Sieg über Deutschland den Eisernen Vorhang über Osteuropa senkte, war der endgültige militärische Sieg der Alliierten „mit Makeln behaftet, wenn es sich denn überhaupt um einen Sieg handelte“.[186] Anstatt die westliche Vorherrschaft zu festigen, war er eher der „Anfang vom Ende“.[187]

Dieses düstere Fazit war zum Teil Fergusons konservativen politischen Ansichten geschuldet. Die Kehrseite seiner Bewunderung für das britische Empire, das er in einem Großteil seiner wissenschaftlichen Arbeiten verteidigte, war die Sorge um den Niedergang des Westens, die er mit Buchanan teilte.[188] Fergusons Konservatismus war jedoch vergleichsweise moderat. Er ging nicht so weit wie die rechten britischen Revisionisten John Charmley und Alan Clark, die Churchills Entscheidung zum Kampf gegen Nazideutschland für den Niedergang Englands nach dem Krieg verantwortlich machten. Ferguson blieb ein Bewunderer Churchills und war wie dieser überzeugt, die Entscheidung des Landes zum Kampf gegen die Nazis sei seine „schönste Stunde“ gewesen.[189] Fergusons revisionistische Interpretation des Zweiten Weltkriegs war daher weniger radikal als die anderer Wissenschaftler. Um Churchills Ansehen zu bewahren, musste er das Übel des Nationalsozialismus anerkennen, das als Folie für den Heroismus der Briten im Krieg diente. Im Gegensatz zu den harten Revisionisten weigerte er sich, sich vorzustellen, wie die Geschichte bei einer Nichteinmischung der Briten hätte besser verlaufen können.

Neben den oben genannten harten und weichen revisionistischen Werken haben in jüngster Zeit weitere Kommentatoren den Konsens vom guten Krieg hinterfragt. Einige der polemischeren Beiträge kamen von Autoren und Wissenschaftlern des liberalen Flügels. Die sozialistische Aktivistin Ashley Smith folgte in ihrem Artikel „World War II: The Good War?“ (2000) der Linie von Pauwels und Baker. Wie sie behauptete Smith, die Vereinigten Staaten seien zur Verteidigung des Konzernkapitalismus – und nicht zur Verteidigung der Demokratie, die sie heuchlerisch verraten hätten – in den Zweiten Weltkrieg eingetreten.[190] Ähnlich argumentierte der linke Aktivist und Wissenschaftler Carl Lesnor in seinem Essay „The ‚Good‘ War“ (2005). Die offizielle Erklärung der Alliierten für den Kriegseintritt habe den beunruhigenden Präzedenzfall geschaffen, der „alle unsere späteren Kriege rechtfertigte“, da „alle unsere späteren Feinde“ als „Hitler-Klone“ beschrieben worden seien. Lesnor ging es darum, „die ideologische Zweckdienlichkeit“ des „guten Krieges“ zu entlarven und zu zeigen, dass diese Zweckdienlichkeit „nie offensichtlicher war als heute, wo wir gegen die ‚Achse‘ des Bösen zu den Waffen gegriffen haben“.[191] Dieselbe Sorge prägte bereits den Aufsatz des liberalen amerikanischen Historikers David Hoogland Noon, „Operation Enduring Analogy: World War II, The War on Terror, and the Uses of Historical Memory“ (2004). Noon kritisierte „die Rhetorik des ‚guten Krieges‘“, die sich Präsident George W. Bush zur Rechtfertigung der amerikanischen Militäreinsätze in Afghanistan und im Irak zu eigen gemacht habe.[192]

Hierauf aufbauend stellten spätere Bücher von Autoren der politischen Mitte die Vorstellung vom guten Krieg weiter infrage. Einige machten auf die Vergehen der Alliierten gegen Kriegsende aufmerksam und hinterfragten so die Moral des Zweiten Weltkriegs. In seinem Buch *After the Reich: The Brutal History of the Allied Occupation* (2007) schilderte der britische Journalist Giles MacDonogh in allen Details das Leid, das die Deutschen unter den Alliierten nach dem Krieg erlitten: Er beschrieb die Tötung deutscher Kriegsgefangener, die Vergewaltigung deutscher Frauen und die Vertreibung der Volksdeutschen durch alliierte Soldaten und osteuropäische Zivilisten. Der anklagende Ton des Buches, in dem die Alliierten häufig mit den Nazis verglichen wurden, machte zudem deutlich, dass der Zweite Weltkrieg alles andere als „gut“ war.[193] Ähnlich verhielt es sich mit dem Buch des amerikanischen Historikers William Hitchcock, *The Bitter Road to Freedom: A New History of the Liberation of Europe* (2008). Hitchcock untersuchte die „entsetzliche Brutalität“ der Befreiung und zeigte, wie der Militäreinsatz der Alliierten zur Befreiung des besetzten Europas mit Flächenbombardements, Hunger, Diebstahl, Vergewaltigung, Vertreibung und anderen Schrecken für unschuldige Zivilisten einherging. Angesichts dieser Umstände zeuge die amerikanische Sicht vom „guten Krieg“ von „Kurzsichtigkeit“ und sei durch ein anderes Narrativ zu ersetzen, das die im öffentlichen Bewusstsein „abhanden gekommenen … düsteren Realitäten“ wiederherstelle.[194] Eine ähnliche Agenda verfolgte Keith Lowes *Savage Continent: Europe in the Aftermath of World War II* (2012), das durch seine Chronik des verbrecherischen Chaos der frühen Nachkriegsjahre die vorherrschende Sicht der „größten Generation“ kritisierte und zeigte, dass sie nicht nur aus „selbstlosen Helden“, sondern auch aus „Dieben, Plünderern und Peinigern der übelsten Sorte“ bestand.[195]

Andere Studien beleuchteten schließlich die Moral des Zweiten Weltkriegs, indem sie dem Beispiel von Norman Davies folgend die lange vernachlässigte Ostfront des Konflikts in den Blick nahmen. Timothy Snyders *Bloodlands: Europa zwischen Hitler und Stalin* (2010) zog ausdrücklich die in Amerika übliche Sicht des Zweiten Weltkriegs als „gutem Krieg" in Zweifel, indem es auf die Ausführungen osteuropäischer Revisionisten verwies und den Verbrechen Stalins ebenso viel Aufmerksamkeit schenkte wie denen Hitlers. Snyder betonte nicht nur die Verantwortung Stalins für den Kriegsausbruch oder seine vielen Gräuel, sondern er zeigte auch, wie das Leid der Osteuropäer in den „Bloodlands" es schwierig machte, dem Krieg eine erlösende Bedeutung zu verleihen.[196] Dasselbe galt für Max Hastings' *All Hell Let Loose: The World At War, 1939–1945* (2011). Hastings' Kritik am Verrat Polens durch die Westalliierten 1939, an ihrer Duldung der sowjetischen Brutalität im Osten und des Leids der osteuropäischen Zivilbevölkerung war Teil seiner größeren Bemühungen, „unsere instinktive Annahme [infrage zu stellen], dass unsere Großeltern ‚den Guten Krieg' kämpften".[197] Schließlich fragte Antony Beevor in seiner Globalgeschichte *Der Zweite Weltkrieg* (2012), ob es sinnvoll sei, den Zweiten Weltkrieg „in den Mantel eines *‚guten Krieges'*" zu hüllen, schließlich habe „die eine Hälfte Europas dem Stalinismus überlassen werden [müssen], um die andere zu retten".[198] Diese Studien waren, so sollte man hervorheben, bemüht, das Böse des Nationalsozialismus nicht zu relativieren. Tatsächlich betonten sie die Schuld Hitlers am Kriegsausbruch und an zahllosen Gräueltaten.[199] Indem sie jedoch konkret den Begriff des guten Krieges ins Visier nahmen, verstärkten sie die breitere revisionistische Kampagne.

In ihrer Gesamtheit signalisierten all diese revisionistischen Studien eine wichtige Verschiebung des Stellenwerts, den der Zweite Weltkrieg in der angloamerikanischen Geschichtsschreibung einnahm. Ausgehend von einer Unzufriedenheit mit internationalen politischen Entwicklungen fokussierten britische und amerikanische Revisionisten, ob der Zweite Weltkrieg ein guter Krieg war, da seine angeblichen geopolitischen Lehren – vor allem der Wert militärischer Gewalt – an vielen aktuellen Problemen der Welt beteiligt seien. Die Strategien der Revisionisten, die „guten" Aspekte des Zweiten Weltkriegs anzuzweifeln, nahmen zwei Varianten an, eine harte und eine weiche; ihr überwiegender Tenor war jedoch, dass die gewaltsamen Mittel der Alliierten zur Bekämpfung der Nationalsozialisten sie in eine ähnlich unmoralische Umlaufbahn katapultiert und zu unendlichem menschlichem Leid geführt hatten. Einige Revisionisten mutmaßten sogar, dass die Geschichte ohne ein Eingreifen der Alliierten besser verlaufen wäre. Mit dieser Argumentation bekundeten und beförderten sie eine normalisierte Sicht des Dritten Reiches. Aus Sorge über die aktuelle Situation relativierten und universalisierten sie die Bedeutung der NS-Vergangenheit und lehnten damit die vorherrschende Sicht ab.

Reaktionen auf den Revisionismus: Die Debatte über den guten Krieg

Während die revisionistische Darstellung des Zweiten Weltkriegs einen Wandel in der britischen und amerikanischen Erinnerung an die NS-Zeit andeutete, zeigte die kritische Reaktion darauf ein differenzierteres Bild.[200] Revisionistische Werke fanden in den Vereinigten Staaten und Großbritannien große Aufmerksamkeit und wurden viel besprochen.[201] Das Echo fiel jedoch äußerst gespalten aus. Wie zu erwarten, verliefen die Grenzen entlang politischer Gräben: Linke Pazifisten und konservative Isolationisten äußerten sich positiv, Kritik kam dagegen von liberalen und konservativen Interventionisten.

Die harten revisionistischen Studien von Baker und Buchanan wurden von zahlreichen Kritikern gelobt. *Menschenrauch* rief erwartungsgemäß bei linken Kritikern Bewunderung hervor. Der amerikanische Journalist Mark Kurlansky lobte das Buch in der *Los Angeles Times,* weil es den Mythos vom guten Krieg als „eine … der größten … Lügen der modernen Geschichte“ entlarve; es zeige, wie eine „Romantisierung des Zweiten Weltkriegs uns in außenpolitische Fallen“ wie die Invasion des Irak geführt habe, so der britische Journalist Peter Wilby in *The Guardian*.[202] Andere Kommentatoren lobten *Menschenrauch* für seine breiteren ethischen Lehren. So schrieb der britische Journalist Sam Leith, Bakers „faszinierendes und aufwühlendes Buch“ sei ein „starkes Plädoyer“ für den Pazifismus, während der irische Schriftsteller Colm Tóibín es als „leidenschaftlichen Angriff auf die Vorstellung“ betrachtete, „Angriffe auf … Zivilisten seien jemals zu rechtfertigen".[203] Buchanans Buch stieß vor allem bei rechtsgerichteten Kritikern auf Anklang. Auf einem Symposium zu dem Buch, das das Magazin *The American Conservative* 2008 veranstaltete, wurden seine Thesen weitgehend begrüßt; der Historiker Andrew Bacevich hob anerkennend hervor, es zeige, wie der Mythos des guten Kriegs die amerikanische Außenpolitik der Nachkriegszeit „übermäßig militarisiert, unnötig unflexibel und zu wenig einfallsreich" gemacht habe.[204] Ähnlich lobte der libertäre Journalist Eric Margolis Buchanans Buch; England trage die Schuld an einem „allgemeinen europäischen Krieg", der „halb Europa der Sowjetunion" ausgeliefert habe.[205] Auf Webseiten von Neonazis und Holocaust-Leugnern wurde Buchanans Buch schließlich (ebenso wie Bakers) als wichtiger Beitrag zur Demontage des „Mythos vom Zweiten Weltkrieg als gutem Krieg" gelobt.[206]

Andere Kritiker gingen dagegen schärfer mit den Büchern ins Gericht. Nicht wenige attackierten sie für ihre schlampigen und tendenziösen Recherchen. Die Journalistin Anne Applebaum verglich *Menschenrauch* mit einem unwissenschaftlichen „Blogeintrag", der „dem, was wir über den Zweiten Weltkrieg wissen, [nichts] hinzufüge"; der Historiker Andrew Roberts verwies auf die zahlreichen inhaltlichen Fehler und verriss *Menschenrauch* als „das schlechteste Buch, das ich in 18 Jahren rezensiert habe".[207] Der Journalist Christopher Hitchens bezeichnete Buchanans Studie als „finster" und „ideologisch gefärbt".[208] Sie und andere warfen Baker und Buchanan vor, ihre Bücher suggerierten eine „moralische Gleichwertigkeit zwischen Alliierten und Achsenmächten" und ließen das außer Acht, was der Historiker William Rubinstein als das „einzigartige Böse" des Nationalsozialismus bezeichnet hat.[209] Bezeichnenderweise kehrten einige Kritiker die kontrafaktischen Behauptungen von Baker und Buchanan um und betonten, die Geschichte wäre noch schlimmer verlaufen, wenn die Westalliierten nicht gegen die Nazis gekämpft hätten.[210] Wenn die Briten und Amerikaner sich ganz aus dem Krieg herausgehalten hätten und Hitler so die Sowjetunion hätte besiegen können, wäre „ganz Kontinentaleuropa, und nicht nur seine östliche Hälfte, zu Jahrzehnten, vielleicht sogar Jahrhunderten totalitärer Tyrannei verurteilt worden", so der Militärhistoriker Jeffrey Record.[211] Die Journalistin Katha Pollitt schloss sich dem an; es sei „nicht so klar, ... dass weniger Menschen gestorben wären, wenn Großbritannien und die Vereinigten Staaten Deutschland hätten Europa erobern lassen".[212] Der angloamerikanische Pazifismus hätte „es Hitler nur noch leichter gemacht, seinen Siegeszug fortzusetzen und weitere Eroberungsversuche zu unternehmen“,[213] so der Historiker Jack Fischel.

Im Gegensatz zu den vernichtenden Reaktionen auf den harten Revisionismus von Baker und Buchanan fiel die Reaktion auf die weicheren revisionistischen Studien milder aus. Pauwels' Buch wurde am seltensten besprochen, aber von einer linken Leserschaft positiv aufgenommen, da es die wirtschaftlichen Motive hinter dem amerikanischen Interventionismus aufdecke.[214] Bess' Studie bezeichneten manche Rezensenten als „großartig“, andere dagegen empfanden sie aufgrund ihrer uneinheitlichen Anwendung moralischer Kategorien auf den Krieg als „konfus“ und „undurchsichtig“.[215] Fergusons Buch wurde sehr viel breiter rezipiert und erhielt weitgehend positive Rezensionen, die zumeist seinen zurückhaltenden, revisionistischen Ansatz unterstrichen.[216] Für den Historiker Simon Sebag Montefiore beispielsweise stützte sich Ferguson trotz seines „provokant aufblitzenden Revisionismus“ „auf solide Grundlagen“ und stand „auf der richtige Seite“; der Historiker Tristram Hunt bewertete seine Schlussfolgerungen als vollkommen innerhalb des „liberalen Mainstreams“.[217] Die Kritiken von Norman Davies' Buch waren dagegen gespalten. Einerseits habe *Die große Katastrophe* das Augenmerk auf das „immense Unrecht“ gelenkt, das mit der Niederlage des Dritten Reichs einherging, lobten Rezensenten; Davies habe gezeigt, dass „der Gute Krieg nur in Teilen gut war“.[218] Andererseits kritisierten sie die „moralische Gleichsetzung“ der sowjetischen und nationalsozialistischen Verbrechen, ein solcher Vergleich sei unverhältnismäßig.[219] So schrieb die Literaturwissenschaftlerin Susan Suleiman, Davies' enzyklopädisches Buch wecke „Misstrauen“, da er „die Bedeutung des Holocaust in einem Ozean ungleicher Fakten ertränkt“.[220] Wie diese Kritiken zeigen, bestand zwar die Bereitschaft, den Konsens vom guten Krieg zu korrigieren, doch sollte die Singularität der NS-Verbrechen zugleich gewahrt bleiben.

Von diesem Wunsch zeugten auch eher konventionelle Studien über den Zweiten Weltkrieg, die um die gleiche Zeit erschienen. In seinem Buch *Moral Combat: Good and Evil in World War II* (2011) griff der Historiker Michael Burleigh den „zweifelhaften moralischen Relativismus“ der Bücher von Buchanan und Baker direkt an; für ihn machten die „mörderischen Verwüstungen“ des Dritten Reiches den Zweiten Weltkrieg „zu einem notwendigen Krieg“.[221] Ähnlich verteidigte Avishai Margalit in seinem Buch *Über*

Kompromisse – und faule Kompromisse (2009) das Bündnis der Westalliierten mit der Sowjetunion gegen Nazideutschland; trotz der Verbrechen Stalins sei dies „moralisch richtig" gewesen, denn Hitler „stand für das radikal Böse" und untergrub „die Moral also [sic] solche".[222] Weitere Studien wie Andrew Roberts' *The Storm of War* (2009), Mark Mazowers *Hitler's Empire* (2008), Richard Evans' *Das Dritte Reich: Band 3 – Krieg* (2008) und Richard Bessels *Germany, 1945* (2010) betonten den ideologischen Extremismus der Nationalsozialisten und bestätigten die entscheidende Rolle der Alliierten bei der Besiegung Nazideutschlands. Damit wiesen sie implizit die revisionistische Kritik am Konsens vom guten Krieg zurück.[223]

Insgesamt offenbarte das Hin und Her zwischen den Revisionisten und ihren Kritikern einige wichtige Aspekte der Erinnerung an die NS-Vergangenheit. Vor allem bestätigte es die Dialektik der Normalisierung. Von Beginn der Debatte an war es das Ziel der Revisionisten, den Konsens vom guten Krieg durch eine Normalisierung des NS-Erbes aufzukündigen. Diese Bemühungen führte letztlich jedoch zu einer Verteidigung seiner Besonderheit, denn die so entfachte Kontroverse verhinderte die angestrebte Normalität: Bei dem Versuch, die Alliierten wie die Achsenmächte zu betrachten, wurden ihre Unterschiede umso deutlicher; bei dem Versuch, die NS-Zeit als eine Vergangenheit wie jede andere zu betrachten, verfestigte sich ihre Singularität. Die revisionistische Literatur ging jedoch nicht spurlos am Erbe des Nationalsozialismus vorbei. Auch wenn gewisse Argumente zurückgewiesen wurden, wurden andere übernommen. Dies galt insbesondere für die Bemühungen der sanften Revisionisten, einige der Mythen über die angloamerikanischen Angriffe gegen die Nazis zu korrigieren. Zu diesen Mythen gehörte der Gedanke, dass die Rolle der Westalliierten beim Sieg über das Dritte Reich ebenso entscheidend gewesen sei wie die der Sowjets, dass ihre Mittel überwiegend moralischer Natur gewesen seien und dass ihr Sieg den Weg für eine Nachkriegsordnung von Freiheit und Wohlstand geebnet habe. Wie die Zustimmung von Kritikern in diesen Punkten zeigte, war die revisionistische Offensive nicht wirkungslos gewesen. Ihre Unterstützer hatten den Konsens eines guten Krieges zwar nicht gestürzt, doch sie hatten ihn erfolgreich geschwächt.

Die Zukunft des guten Krieges

Man darf daher festhalten, dass das Konzept des guten Kriegs wahrscheinlich seinen Höhepunkt erreicht hat und sein Einfluss bald nachlassen wird. Und das ist vielleicht auch gut so. Der neue Revisionismus hat mehrere Probleme des guten Kriegs als historiografischer Formel aufgedeckt. Zum einen ist ihre Terminologie irreführend. Da das Adjektiv „gut“ die unbestreitbaren Gräuel eines jeden Kriegs beschönigt, ist kaum zu rechtfertigen, dieses Adjektiv als Schlüsselbegriff für den destruktivsten aller modernen militärischen Konflikte zu verwenden, zumal die Vorstellung vom guten Krieg begrifflich eng gefasst ist. Zwar bezeichnet der Ausdruck treffend die moralischen Dimensionen der Angriffe der Alliierten, verschleiert jedoch die moralisch fragwürdigen Mittel, die letztlich bei ihrem Sieg zum Einsatz kamen. Diese Schwächen verdeutlichen wiederum ein drittes Defizit der Formel vom guten Krieg, die nämlich polemische Kritik magnetisch anzuziehen scheint. Als irreführende, eng gefasste Bezeichnung gerinnt der gute Krieg leicht zur Karikatur eines tabubehafteten Mythos, der nach Korrektur verlangt. Daher ist er so anfällig für Angriffe von Einzelpersonen und Gruppen an den Rändern des politischen Spektrums.

Angesichts dieser Mängel stehen dem guten Krieg mehrere mögliche Schicksale bevor, die allesamt nichts Gutes verheißen. Theoretisch könnte der Begriff in abgeänderter Form erhalten bleiben, wenn man ihn wieder in Anführungszeichen setzen würde, wie es in der wegweisenden Studie von Studs Terkel ursprünglich der Fall war. Dies würde ihm seine nostalgischen Assoziationen nehmen, seine bewusste Unschärfe wiederherstellen und eine kritischere Sicht auf sein historisches Bezugsobjekt fördern. Angesichts des Tenors der jüngsten Debatte könnte es jedoch besser sein, die Wendung ganz aufzugeben, um viele der aktuellen Schwierigkeiten des Ausdrucks auszuräumen. Terminologisch gesehen würde damit die irreführende Vorstellung beseitigt, ein Krieg könne „gut“ sein. In konzeptioneller Hinsicht würde es möglich, vernachlässigte Elemente des Kriegs in ein umfassenderes Narrativ einzubeziehen und ein breiteres Verständnis der Vergangenheit zu fördern. Schließlich würde ein Verzicht auf den Begriff den polemischen Angriffen ein Ende setzen, da Kritiker keine Strohmann-Argumente mehr über die Dringlichkeit des Abbaus herrschender „Mythen" vorbringen könnten.

Dieser letzte Punkt ist besonders wichtig, da ein Großteil der revisionistischen Argumente auf wackligen Beinen steht. Zunächst einmal ist zweifelhaft, ob Amerikaner und Briten wirklich dem von Revisionisten unterstellten karikierten Verständnis des Zweiten Weltkriegs als Kampf des Guten gegen das Böse zustimmen. Zweitens ist es zweifelhaft, dass die historischen Lehren aus dem guten Krieg für die vielen Krisen der heutigen Welt verantwortlich sind. Schließlich waren es nicht historische, sondern geopolitische Argumente, die Präsident George W. Bush dazu veranlassten, amerikanische Truppen in Afghanistan und im Irak einmarschieren zu lassen. Zwar berief sich seine Regierung zur Rechtfertigung der Invasion auf historische Parallelen mit dem Zweiten Weltkrieg, den Anstoß zu ihm gaben sie jedoch nicht. Mit anders lautenden Behauptungen haben die Revisionisten das Konzept des guten Krieges für viel zu viele politische Fehlentwicklungen verantwortlich gemacht. Doch gerade weil seine problematischen Aspekte den Begriff leicht angreifbar machen, ist es vielleicht am besten, Kritikern die Möglichkeit dieser Angriffe von vorneherein zu verweigern und ganz auf den Begriff zu verzichten. Einige mögen einwenden, damit kapituliere man vor den Revisionisten. Andere mögen befürchten, eine selbstkritische Sicht des Zweiten Weltkriegs könne es der extremen Rechten ermöglichen, die historische „schmutzige Wäsche" der Alliierten für parteiische Zwecke zu nutzen. Letztendlich wird der freie Markt der Ideen jedoch bestimmen, welche historischen Narrative sich durchsetzen und welche nicht. Die erfolgreiche Widerlegung zahlreicher „revisionistischer" Behauptungen in der Debatte über den guten Krieg deutet stark darauf hin, dass ihre extremeren Argumente wenig Aussicht haben, Eingang in den historischen Konsens zu finden.

Diese Tatsache sollte Skeptiker beruhigen, dass der Kampf gegen den Nazismus von 1939 bis 1945 auch ohne den Begriff des guten Krieges als historisch notwendige Kampagne gelten kann. Der Zweite Weltkrieg war ein unbestreitbar brutales Ereignis von unsäglichem menschlichem Leid. Doch mit der erfolgreichen Abwehr des nationalsozialistischen Angriffs auf die Werte der westlichen Welt – so unvollkommen diese Werte in der Praxis auch umgesetzt wurden – verzeichneten die Alliierten dennoch einen großen Erfolg.

Der neue Revisionismus mag zwar in gewisser Hinsicht ein Überdenken des Krieges erzwungen haben, doch scheint er dieses singuläre Erbe noch nicht erfolgreich infrage gestellt zu haben. Ob er dazu in Zukunft in der Lage sein wird, ist unklar. Wenn frühere Muster zutreffen, wird die aktuelle revisionistische Welle erst dann abklingen, wenn sich auf dem Gebiet der internationalen Beziehungen erneut Stabilität eingestellt hat. Angesichts der gegenwärtigen Weltlage liegt dieser Tag jedoch wohl in weiter Ferne. Letztendlich wird unser Verständnis des Zweiten Weltkriegs in naher Zukunft wahrscheinlich davon abhängen, wie die heutigen Kriege gelöst werden.

2 Von der Geschichte zur Erinnerung und zurück: Debatten über die Einzigartigkeit des Holocaust

In der Geschichtswissenschaft hat die Einzigartigkeits-„Debatte" weitgehend an Fahrt verloren.[1]

Donald Bloxham

Trendforschung ist ein riskantes Unterfangen, insbesondere in der Geschichte. Es ist schwierig genug, die an der Vergangenheit beteiligten Kausalfaktoren zu identifizieren, ganz zu schweigen von Spekulationen über mögliche zukünftige Entwicklungen. Während des Kalten Krieges hüteten sich die im Kommunismus lebenden Osteuropäer vor Vorhersagen über die Vergangenheit, da sie wussten, dass ihre Regierungen sie je nach aktuellen Bedürfnissen routinemäßig umschrieben; wer inzwischen in Misskredit geraten war, wurde wegretuschiert, wer wieder hoch im Kurs stand, wurde rehabilitiert. Im liberalen demokratischen Westen hingegen hat man weniger Hemmungen, die Vergangenheit vorherzusagen. Insbesondere seit dem Aufstieg der Postmoderne rühmen sich Wissenschaftler im Westen ihrer Selbstreflexivität und ihres kritischen Bewusstseins für die bestimmenden Kräfte der Geschichtswissenschaft. Die meisten Wissenschaftler halten sich heute für gut informiert darüber, wie Geschichte subjektiv konstruiert wird, wie die Vergangenheit im kollektiven Gedächtnis Gestalt annimmt und wie historiografische Trends kommen und gehen. All diese Kompetenzen gehören zum Repertoire eines Wissenschaftlers wie Donald Bloxham und grundieren seine Beobachtung, die Debatte über die Einzigartigkeit des Holocaust sei möglicherweise zum Erliegen gekommen. Ob sie jedoch richtig ist, ist eine andere Frage.

Auf den ersten Blick scheint die Behauptung überzeugend. Viele Holocaust-Historiker haben sich in den letzten Jahren ähnlich geäußert. So schreibt Alon Confino, die Vorstellung von der Einzigartigkeit des Holocaust habe „ihre intellektuelle und emotionale Kraft … unter Wissenschaftlern verloren".[2] A. Dirk Moses schließt sich dem an: „[D]ie Genozidstudien haben die Debatte über … Einzigartigkeit … bereits geführt und sich auf andere Forschungsfragen verlegt."[3] Diese Schwerpunktverlagerung erklärt für Dan Stone, warum die Debatte „abgeebbt" und weitgehend „irrelevant" geworden sei.[4] Sie erklärt laut Jürgen Matthäus auch, warum es „analytisch unproduktiv wäre, … [die] Debatte über die Frage der Einzigartigkeit aufrechtzuerhalten".[5] Da es wenig Sinn mache, „auf dem Thema Einzigartigkeit herumzureiten", spricht Doris Bergen sicherlich für viele Historiker, wenn sie behauptet, dass es zu diesem Thema nicht mehr viel zu sagen gebe.[6]

Wenn dem so ist, liefert das Ende der Einzigartigkeitsdebatte einen weiteren Beleg für die Normalisierung der NS-Vergangenheit. Bis vor Kurzem hatte die Frage der Einzigartigkeit des Holocaust noch nicht einmal den Anschein der Normalität. Über zwei Jahrzehnte stritten sich Wissenschaftler pausenlos, ob sich der Holocaust von anderen Völkermorden unterscheide oder nicht. Wenn heute zunehmend der Eindruck vorherrscht, die Debatte sei endlich beendet, scheint dies jedoch darauf hinzudeuten, dass die Idee der Einzigartigkeit ihren polarisierenden Charakter verloren und sich normalisiert hat. Es würde darauf hindeuten, dass der Holocaust nicht mehr als außerordentlicher Völkermord, sondern als „normaler" Fall von Massenmord betrachtet wird. Es würde ferner bedeuten, dass die Kritiker der Einzigartigkeit die Bedeutung des Holocaust erfolgreich universalisiert haben. Das vermeintliche Ende der Einzigartigkeitsdebatte schiene kurzum ein neues Zeitalter des Konsenses in der Holocaust-Historiografie einzuläuten.

Trotz dieser Mutmaßungen ist es verfrüht, die Debatte als beendet zu betrachten. Seit ihrem Beginn vor einer Generation hat sie vielleicht an Heftigkeit verloren, doch ist sie keineswegs verschwunden. Seit der Jahrtausendwende und insbesondere in den letzten Jahren haben neue wissenschaftliche Werke die Einzigartigkeit des Holocaust infrage gestellt und eine neue Phase heftiger Diskussionen ausgelöst. Betrachtet man diese Werke im Kontext der breiteren Geschichte der Einzigartigkeitsdebatte, so lässt sich leichter ermessen, ob sich die Debatte tatsächlich ihrem Ende nähert oder noch in vollem Gange ist.

Die Debatte über die Einzigartigkeit des Holocaust kann in drei Phasen unterteilt werden. Ihren Ausgang nahm sie in den 1990er-Jahren, als die Befürworter und Gegner des Konzepts heftig und oft polemisch darüber stritten, wie die „Endlösung der Judenfrage“ zu interpretieren sei. Im Mittelpunkt der Diskussion standen dabei zumeist Fragen der Geschichte, vor allem Fragen des historischen Vergleichs zwischen dem Holocaust und anderen Völkermorden. Gegen Ende dieser Phase begannen Wissenschaftler jedoch, über die Folgen der Einzigartigkeit für die Erinnerung zu streiten, vor allem über die Frage, ob die wachsende Präsenz des Holocaust im Geschichtsbewusstsein des Westens das Bewusstsein für andere Massenmorde aus dem Blickfeld verschwinden lasse. Diese Frage rückte wiederum in den Mittelpunkt der zweiten Phase der Debatte, die nach der Jahrtausendwende einsetzte. In dieser Phase mäßigten Wissenschaftler die aggressive Rhetorik des vorherigen Jahrzehnts und diskutierten nüchtern, ob das wachsende Interesse am Holocaust tatsächlich den Blick für andere Fälle von Völkermord verstelle oder ihn ganz im Gegenteil auf diese lenke. Am Ende dieser Phase schienen Wissenschaftler die dialektischen Zwistigkeiten früherer Jahre überwunden zu haben und zu einer neuen Synthese gelangt zu sein; sie lehnten zwar die Vorstellung von der Einzigartigkeit des Holocaust ab, bestritten aber, dass diese das öffentliche Bewusstsein für andere Genozide geschmälert habe. Tatsächlich waren die meisten Wissenschaftler der Ansicht, die Wahrnehmung der Einzigartigkeit des Holocaust habe Vergleiche zu anderen Völkermorden angeregt und den Blick auf diese gelenkt. Damit bewiesen sie, dass ein Bewusstsein der Einzigartigkeit des Holocaust dessen Universalisierung gefördert hatte. Trotz dieses scheinbaren Konsenses haben jedoch verschiedene Bücher der letzten Jahre, die den Holocaust in die umfassendere Geschichte des modernen Genozids einordnen, eine dritte Phase der Debatte eingeläutet. Diese Studien sind zwar wesentlich ausgewogener als die der ersten Phase der Debatte, haben aber dennoch zu Zerwürfnissen geführt, da sie von bestimmten Wissenschaftlern als apologetisch und politisch tendenziös empfunden werden. Die Kritik an diesen Studien hat wiederum zu einer heftigen Gegenreaktion ihrer Autoren und deren Verbündeten geführt, sodass eine neue Runde intensiver Diskussionen entbrannt ist. Wohin sie führen wird, ist unklar. Es deutet jedoch alles darauf hin, dass Donald Bloxhams Bemerkung über das Ende der Einzigartigkeitsdebatte ein frommer Wunsch sein könnte. Die Erinnerung an den Holocaust ist möglicherweise noch nicht so normalisiert, wie viele glauben.

Phase eins: Geschichte und hyperbolische Darstellungen des Holocaust

Die Idee von der Einzigartigkeit des Holocaust hat eine lange Geschichte. Als Konzept geht sie auf die frühe Nachkriegszeit zurück, wurde aber erst in den späten 1970er- und frühen 1980er-Jahren zu einem Thema von wissenschaftlichem Interesse.[7] In dieser Zeit übernahmen Historiker, Philosophen, Soziologen und andere Wissenschaftler den Begriff als Teil einer defensiven Reaktion auf zwei größere Entwicklungen auf, die als Verharmlosung, wenn nicht gar als Eliminierung der spezifisch jüdischen Dimension des Holocaust empfunden wurden. Die eine Entwicklung war das wissenschaftliche Bestreben, den nationalsozialistischen Völkermord mithilfe breiterer theoretischer Konzepte zu historisieren. Von den 1950er-Jahren bis in die 1990er-Jahre versuchten Historiker und andere Wissenschaftler, den Holocaust mit Begriffen wie Totalitarismus, Faschismus, Funktionalismus, Moderne und Völkermord zu fassen. Diese Begriffe warfen ein Licht auf wichtige Aspekte der „Endlösung", universalisierten jedoch zumeist das Ereignis und vernachlässigten seine jüdischen Dimensionen. Zugleich versuchten Gruppen und Einzelpersonen außerhalb der Hochschule, den Holocaust zu politisieren: So bemühten sich osteuropäische kommunistische Regierungen im Kalten Krieg, den Holocaust für politische Zwecke zu „ent-judaisieren"; die USA versuchten, ihn durch „Amerikanisierung" einem allgemeinen Publikum nahezubringen. Andere Aktivistengruppen „stahlen" den Holocaust, um mit seiner Hilfe den Blick auf ihre eigenen Anliegen zu lenken; Rechtsextremisten versuchten, den Holocaust schlicht zu leugnen. Und deutsche Konservative bemühten sich um eine Relativierung des Holocaust, um eine gesunde nationale Identität zu entwickeln.[8]

Aus Angst, diese Entwicklungen könnten die jüdischen Dimensionen des Holocaust verdecken, veröffentlichten zahlreiche Forscher (vor allem

Judaisten) wie Emil Fackenheim, Lucy Dawidowicz, Saul Friedlander, Yehuda Bauer, Steven Katz, Deborah Lipstadt und Daniel Goldhagen in den 1980er- und 1990er-Jahren eine Reihe von Studien, die auf der Singularität des Holocaust insistierten. Obwohl sich ihre Definitionen von Einzigartigkeit unterschieden, waren sie durchweg der Meinung, dass der Holocaust wegen der ihm zugrunde liegenden Absichten eine Sonderstellung in der Geschichte einnehme – nicht nur im Kontext des Zweiten Weltkriegs, sondern in der Geschichte überhaupt.[9] Befeuert von einer irrationalen und apokalyptischen antisemitischen Ideologie, die die Juden als Bedrohung von welthistorischem Ausmaß brandmarkte, planten die Nazis diesen Wissenschaftlern zufolge die Vernichtung des Judentums in seiner Gesamtheit.[10] Dieses Ziel habe sich von der Verfolgung anderer Gruppen durch das NS-Regime im Zweiten Weltkrieg unterschieden – geistig und körperlich Behinderte, Sinti und Roma, Slawen, Homosexuelle und andere –, die nicht in ihrer Gesamtheit vernichtet werden sollten. Die Vertreter der Einzigartigkeit machten zudem geltend, dass die totalisierende Absicht hinter dem Vernichtungsprogramm der Nationalsozialisten dieses von anderen, weniger weitreichenden Fällen von Massenmord in der Geschichte unterscheide, etwa die Ermordung der Armenier durch das türkische Komitee für Einheit und Fortschritt, Stalins Verhungernlassen der ukrainischen Kulaken oder die Morde der Roten Khmer an ihren kambodschanischen Landsleuten. Der nachdrücklichste Ausdruck der Einzigartigkeitsthese war das Buch *The Holocaust in Historical Context* (1994) von Steven Katz. Katz' Ansicht nach waren Massenmorde, die nicht an die extremen Dimensionen des Holocaust heranreichten, keine echten Fälle von Völkermord.[11] Allerdings waren viele Wissenschaftler nicht zu so weitreichenden Thesen wie Katz bereit, und einige wie Yehuda Bauer verwendeten die Begriffe „Holocaust" und „Völkermord" zur Beschreibung anderer historischer Gräuel außerhalb des jüdischen Kontextes. Doch Katz' Forderung, den Begriff „Völkermord" auf den Holocaust zu beschränken, führte in Verbindung mit der Welle von Studien, die seine historische Einzigartigkeit bekräftigten, zu einer Gegenreaktion.

Schon bald attackierten die unterschiedlichsten Wissenschaftler, zumeist keine Judaisten, die Idee der Einzigartigkeit an mehreren Fronten. Zu den entschiedensten Kritikern gehörten zwei amerikanische Spezialisten für die Geschichte der *Native Americans*, David Stannard und Ward Churchill. In mehreren Werken wiesen sie in den 1990er-Jahren die Thesen der Vertreter der Einzigartigkeit zurück und behaupteten, die 500 Jahre dauernde Misshandlung der amerikanischen Ureinwohner durch europäische Siedler qualifiziere diese sowohl quantitativ als auch qualitativ als Völkermord, der dem Holocaust an Schwere in nichts nachstehe.[12] Stannard zufolge überstiegen sowohl das Ausmaß als auch die Absicht hinter dem Völkermord an den amerikanischen Ureinwohnern den Holocaust oder kamen ihm gleich. Allein die Zahl der Toten und der Anteil der getöteten Bevölkerung – zwischen 50 und 100 Millionen Menschen in der westlichen Hemisphäre, die 90 bis 95 Prozent der Ureinwohner ausmachten – habe die Zahl der Morde der Nationalsozialisten um ein Vielfaches überstiegen. Außerdem zeigten die „vielen Beispiele aus der Zeit vor dem 20. Jahrhundert, in denen europäische oder weiße amerikanische politische Führer unmissverständlich zur vollständigen Vernichtung einzelner Völker der amerikanischen Ureinwohner aufriefen", dass die Juden keineswegs als einziges Volk zur vollständigen Vernichtung bestimmt gewesen seien.[13] Für Churchill waren unterdessen die Juden nicht die einzige Gruppe, die gezielt von den Nazis getötet werden sollte; neben den Juden sollten auch die „unsichtbaren Opfer" des Zweiten Weltkriegs – Sinti und Roma, russische Kriegsgefangene und osteuropäische Zivilisten – zu den Holocaust-Opfern gezählt werden. So schrieb Churchill: „[D]ie wahren menschlichen Kosten des nationalsozialistischen Völkermords beliefen sich auf 26 Millionen oder mehr, von denen sechs Millionen Juden, eine Million oder mehr Zigeuner und der Rest überwiegend Slawen waren. Nur wenn wir uns diese Tatsachen klar vor Augen halten, können wir sagen, dass wir das volle Ausmaß des Holocaust erfasst haben."[14]

Stannard und Churchill kritisierten den Begriff der Einzigartigkeit nicht nur wegen seiner Verdrehung historischer Tatsachen, sondern auch wegen seiner Verfälschung der Erinnerung. In einer ihrer umstrittensten Behauptungen erklärten sie, die Idee der Einzigartigkeit des Holocaust trage zur „Trivialisierung", wenn nicht gar zur „Leugnung" anderer Völkermorde bei. So schrieb Stannard:

> Die vorsätzliche Aufrechterhaltung der öffentlichen Ignoranz gegenüber den genozidalen und rassistischen Gräueln an indigenen Völkern, die von vielen Ländern in der westlichen Hemisphäre

> einschließlich der USA begangen wurden und werden, ... wird bewusst begünstigt und legitimiert durch das Vorgehen von Vertretern der jüdischen Einzigartigkeit, [deren] Ansprüche auf Einzigartigkeit für ihr eigenes Volk ... gleichbedeutend sind mit ... [der] Leugnung der Erfahrung anderer.[15]

Churchill ging sogar noch weiter und bezeichnete diese Form der Leugnung als gefährlicher als die von Neonazis, denn während „Letztere sich damit begnügen, die Authentizität eines einzelnen genozidalen Prozesses zu leugnen, leugnen die Exklusivisten [nicht nur] ... die Validität unzähliger Völkermorde ... [sondern] sie werden als wissenschaftlich glaubwürdig behandelt."[16] Aufgrund dieser Ansichten überraschte es nicht, dass Stannard und Churchill die Idee der Einzigartigkeit ihrem Wesen nach für politisch reaktionär hielten; die Kanonisierung des Holocaust als genozidales Paradigma böte Ländern einen nützlichen Schutzschirm, hinter dem sie sich vor Vergehen in Vergangenheit und Gegenwart verstecken und sich der Verantwortung für diese entziehen könnten. Stannard und Churchill verwiesen auf zahlreiche Beispiele für derartige Ausflüchte und unterstellten der US-Regierung, mit ihrer Entscheidung, dem Holocaust (in Gestalt des von 1978 bis 1993 geschaffenen United States Holocaust Memorial Museum) große Aufmerksamkeit zu schenken, die Verbrechen an den amerikanischen Ureinwohnern und afrikanischen Sklaven zu ignorieren; zudem erlaube das ständige Beschwören der Einzigartigkeit des Holocaust der israelischen Regierung, von der Not der Palästinenser abzulenken; nicht zuletzt könnten sich andere westliche Regierungen dank der von ihnen verfochtenen Singularität des NS-Völkermords aus der Verantwortung stehlen, bei vermeintlich „geringeren" Gräueln in Ländern wie Biafra, Kambodscha, Ruanda und Bosnien einzuschreiten.

Viele der Argumente von Stannard und Churchill wurden später von anderen amerikanischen Wissenschaftlern wie Norman Finkelstein und Peter Novick bekräftigt. In seiner polemischen Studie *Die Holocaust-Industrie* (2000) kritisierte Finkelstein die Idee der Einzigartigkeit in konzeptueller Hinsicht; ihre quasi-metaphysische Verwendung durch Wissenschaftler wie Elie Wiesel und Steven Katz habe sie als „intellektuell unfruchtbar[e]" Vorstellung entlarvt, die die Vergangenheit eher verschleiere als erkläre.[17]

Außerdem verurteilte er die Idee aus politischen Gründen, da sie sich zur Instrumentalisierung für „zionistische" Interessen anbiete. Ähnlich wie Stannard und Churchill behauptete Finkelstein, weil „einzigartiges Leid einen einzigartigen Anspruch" verleihe, sondere das „unvergleichlich Böse des Holocaust … die Juden … nicht nur von anderen ab, sondern gibt den Juden auch einen ‚Anspruch gegenüber diesen anderen'." Tatsächlich diene die Einzigartigkeit des Holocaust „als vorzügliches Alibi" Israels.[18] Da jeder, der die Idee der Einzigartigkeit anzweifle, Gefahr liefe, der Trivialisierung des Holocaust beschuldigt zu werden, begünstigt das Konzept „eine Form von ‚intellektuellem Terrorismus'".[19] Peter Novick stimmte in vielen Punkten mit Finkelsteins Kritik überein, schlug allerdings einen moderateren Ton an. In seinem Buch *Nach dem Holocaust. Der Umgang mit dem Massenmord* (1999) bezeichnete Novick die Idee der Einzigartigkeit ebenfalls als „ziemlich nichtssagend", da sie eine Art von intellektueller „Manipulation" erfordere, die die Ähnlichkeiten zwischen dem Holocaust und anderen Völkermorden absichtlich ignoriere. Er empfand den Begriff zudem als hochpolitisch und häufig „unaufrichtig", denn während seine (zumeist jüdischen) Vertreter darauf beharrten, dass „einzigartig" nicht „schlimmer" bedeute, glaube wohl kaum jemand, „dass der Anspruch der Einzigartigkeit etwas *anderes* ist als der Anspruch der Überlegenheit".[20] Schließlich verurteilte Novick die Idee der Einzigartigkeit als Zeichen eines verarmten jüdischen Lebens heute. Sie habe sich zu einem „Kult" entwickelt, da „viele Juden nicht wissen, wer sie sind, außer sie haben eine ‚einzigartige' Opferidentität".[21]

Andere Länder schlossen sich dieser Kritik an. Die heftigsten Angriffe in Europa kamen aus Frankreich.[22] Dort attackierten linke wie rechte Intellektuelle den Begriff, da er andere historische Gräuel in den Hintergrund treten lasse. So kritisierte der konservative französische Historiker Stéphane Courtois den Begriff der Einzigartigkeit, da er die Verbrechen der kommunistischen Regime verschleiere. In seinem umstrittenen Sammelband *Das Schwarzbuch des Kommunismus* (1999) hieß es: „Neuerdings hat die Hervorhebung einer ‚Einzigartigkeit' des Genozids an den Juden … ebenfalls die Wahrnehmung vergleichbarer Tatsachen in der kommunistischen Welt behindert."[23] Andere Intellektuelle wie Tzvetan Todorov und Jean-Michel Chaumont kritisierten die Einzigartigkeit, weil sie Ausdruck einer jüdischen Präferenz für eine partikularistische und keine universalistische Interpretation der Bedeutung des Holocaust sei.[24] Wieder andere Beobachter wie der linke Philosoph Alain Brossat waren der Ansicht, die Idee der Einzigartigkeit diene als „Alibi … für die Untätigkeit inmitten der gegenwärtigen Katastrophe", insbesondere die „Unterdrückung der Palästinenser durch Israel".[25] Außerhalb Frankreichs stammte die schärfste Kritik an der Einzigartigkeit aus Israel. Linke Intellektuelle wie Adi Ophir verurteilten die „Religion der Einzigartigkeit"; ihre Anhänger „klammern sich hartnäckig an eine unüberbrückbare Kluft zwischen der Katastrophe, die das jüdische Volk heimgesucht hat, und den Katastrophen, die anderen Völkern widerfahren sind"; daher hinderten „ihre Erinnerungen sie daran, … die wirklichen Opfer ihrer eigenen Macht in Gegenwart und Vergangenheit zu sehen".[26] Wieder andere Kommentatoren wie Yehuda Elkana und Amos Elon verwiesen auf ein Übermaß an Holocaust-Erinnerung in der israelischen Kultur; es sei endlich an der Zeit zu vergessen.[27]

Die scharfe Kritik an der Einzigartigkeit – sei es in den Vereinigten Staaten, Europa oder Israel – deutete auf tiefer gehende kulturelle und politische Entwicklungen hin. Die gesamte westliche Welt erlebte in den 1990er-Jahren den Aufstieg von Postmoderne, Multikulturalismus und Identitätspolitik, die allesamt zu einer selbstkritischen und relativistischen Stimmung beitrugen, welche der postpolitischen Phase nach dem Ende des Kalten Krieges entsprach. Nach dem Untergang der Sowjetunion geriet die Außenpolitik in den USA aus dem Fokus, sodass die Gräben in der Gesellschaft immer deutlicher hervortraten, und dies vor allem unter Aktivisten der amerikanischen Ureinwohner und Afroamerikaner, die das Augenmerk auf seit Langem bestehende historische Missstände zu lenken hofften. Stannards und Churchills polemische Kritik an der Einzigartigkeit rührte daher, dass sie den Blick auf das Leid der amerikanischen Ureinwohner lenken wollten – und das Holocaust-Bewusstsein dies ihrem Eindruck nach erschwerte. Novick und Finkelstein waren unterdessen überzeugt, dass hinter der Instrumentalisierung des Holocaust (insbesondere in Verbindung mit der Verteidigung Israels) eine jüdische Identitätspolitik stehe, was ihre Kritik an dem Konzept erklärte. Ähnliche Debatten über die Identitätspolitik bildeten den Hintergrund der Kontroverse in Frankreich, wo der Aufstieg des Multikulturalismus das historische Bekenntnis der Nation zu universellen Werten infrage stellte und viele für eine Kritik an den damals aufkommenden partikularistischen jüdischen Formen der Holocaust-Erinnerung empfänglich machte. Dies galt insbesondere für Intellektuelle wie Courtois, die befürchteten, im Zuge der wachsenden Beachtung des Holocaust könne Frankreich die sich mit dem Ende des Kalten Krieges bietende Gelegenheit verpassen, sich mit seiner langjährigen Faszination für den Kommunismus auseinanderzusetzen. In Israel schließlich entstand nach der palästinensischen Intifada von 1987 bis 1993 und der anschließenden Tauwetterperiode der Oslo-Ära in den arabisch-israelischen Beziehungen ein Postzionismus, der linke Israelis zu einer selbstkritischeren Sicht des Holocaust-Bewusstseins bewog. Obwohl also die Kritik an der Einzigartigkeit des Holocaust in den verschiedenen nationalen Kontexten unterschiedliche Formen annahm, beruhte sie auf der Überzeugung, dass das Konzept – wie das Holocaust-Bewusstsein im Allgemeinen – unter historischen, moralischen und politischen Aspekten mangelhaft sei.

Die verschiedenen Angriffe auf die Einzigartigkeit des Holocaust führten bei den Anhängern des Konzepts wiederum zu wütenden Reaktionen. Wie die Werke von Finkelstein und Novick gerieten die Studien von Stannard und Churchill in den USA und im Ausland unter Beschuss.[28] Das Gleiche galt für die in Frankreich und Israel veröffentlichten Studien, die sich gegen die Einzigartigkeit wandten.[29] Rezensenten warfen den Kritikern der Einzigartigkeit unter anderem vor, zynisch tendenziöse Wissenschaft zu betreiben, politische Propaganda zu verbreiten, die Argumente von Holocaust-Leugnern nachzubeten und dem Antisemitismus Vorschub zu leisten.[30] Diese emotionale Reaktion sorgte letztlich jedoch dafür, dass der Austausch zwischen den beiden Lagern wenig zu einem tieferen Verständnis der größeren strittigen Fragen beitrug. Nur wenige Wissenschaftler waren in dieser Phase in der Lage, den Platz des Holocaust in der Geschichte neu zu bestimmen oder ein neues Licht auf seine Auswirkungen auf die Erinnerung der Nachkriegszeit zu werfen.[31]

Die wichtigste Erkenntnis aus der Debatte war daher die paradoxe Einsicht, dass sie nur wenige Erkenntnisse geliefert hatte. Wie Wissenschaftler bemerkten, gab es für die meisten zentralen Thesen der Debatte – sei es über die Geschichte des Holocaust oder die Erinnerung daran – keine empirischen Belege. So schrieb Henry Huttenbach, die Auseinandersetzung über eine Etikettierung des Holocaust als einzigartig habe bisher keine „ernsthafte wissenschaftliche Debatte auf der Grundlage eines fachkundigen Vergleichs" verschiedener Genozide angeregt.[32] Ähnlich beklagte Berel Lang, Kritiker der Holocaust-Erinnerung wie Novick stützten sich bei der Untersuchung, ob „der Holocaust-Zentrismus für ein erhöhtes und kein vermindertes Moralempfinden gegenüber anderen Gräueln verantwortlich ist", „überwiegend auf Anekdoten" und vermieden „eine systematische Suche nach Belegen".[33] Die Gegner der Einzigartigkeit waren jedoch nicht die Einzigen, die ihre Behauptungen unzureichend untermauerten; die Verteidiger des Holocaust-Bewusstseins legten nie Beweise dafür vor, dass es tatsächlich so förderlich war, wie sie behaupteten. Diese Versäumnisse waren wichtig, denn sie veranlassten spätere Wissenschaftler, die in der ersten Phase der Debatte erhobenen Anschuldigungen empirisch zu bewerten. Damit stellten sie die Weichen für die folgende Phase.

Phase zwei: Die Vermessung der Holocaust-Erinnerung

Nach der Jahrtausendwende trat die Einzigartigkeits-Debatte in eine neue Phase ein, da Wissenschaftler die Polemik zugunsten von Analysen aufgaben. Dabei diskutierten sie das Thema der Einzigartigkeit weniger im Kontext der Geschichte als vielmehr in dem der Erinnerung. Zwar begann für Wissenschaftler im Bereich der Genozidforschung eine äußerst produktive Phase, in der sie zahlreiche historische Fälle von Massenmord – oft mit vergleichendem Bezug zum Holocaust – untersuchten. Mit dem Thema der Einzigartigkeit setzten sie sich jedoch nicht systematisch auseinander. Entsprechend verlagerte sich die Einzigartigkeitsdebatte auf die Frage, wie ein Holocaust-Bewusstsein die Erinnerung an andere Völkermorde beeinflusste. Viele Wissenschaftler bezogen hierzu nach der Jahrtausendwende Position und veröffentlichten eine Reihe wichtiger Bücher und Artikel. Am Ende des Jahrzehnts schienen sie zu einem neuen Konsens zu gelangen. Einerseits lehnten sie das Konzept der Einzigartigkeit weitgehend ab. Andererseits wiesen sie die Behauptung zurück, ein Holocaust-Bewusstsein habe von anderen historischen Gräueln abgelenkt. Tatsächlich erklärten viele

Wissenschaftler, die Beachtung solcher Gräuel sei gerade *aufgrund* eines verbreiteten Holocaust-Bewusstseins gestiegen. Diese optimistische Einschätzung führten sie auf mehrere Faktoren zurück. Einer war die humanitäre, interventionistische Wende in der amerikanischen und westlichen Außenpolitik in den letzten Phasen des jugoslawischen Bürgerkriegs Ende der 1990er-Jahre. Ein zweiter war die als „Erinnerungsboom" bekannte globale Welle der Wiedergutmachung für historisches Unrecht.[34] Da beide Entwicklungen unter anderem auf das Erbe des Holocaust zurückgingen, begannen viele Wissenschaftler von einer „Globalisierung" der Holocaust-Erinnerung zu sprechen und deuteten diese Entwicklung als Grundlage für universelle moralische Maßstäbe. Dabei offenbarten sie ein interessantes Paradoxon: Da die Idee der Einzigartigkeit des Holocaust zu Vergleichen mit anderen historischen Unrechtstaten aufforderte, hatte sie zur Universalisierung des Holocaust und damit zu einem erweiterten und keinem verengten Geschichtsbewusstsein geführt.

Die Einzigartigkeit des Holocaust in der Geschichte

Nach der Jahrtausendwende rückten Wissenschaftler größtenteils von einer Beschäftigung mit der Einzigartigkeit des Holocaust in der Geschichte ab. Die meisten erkannten inzwischen, dass der polemische Austausch zu diesem Thema in eine Sackgasse geführt hatte. Beredter Ausdruck dieser Erkenntnis war A. Dirk Moses' Aufsatz „Conceptual Blockages and Definitional Dilemmas in the ‚Racial Century': Genocides of Indigenous Peoples and the Holocaust" (2002).[35] In diesem Artikel setzte sich Moses mit den Befürwortern und Gegnern der Einzigartigkeit des Holocaust auseinander. Seiner Kernthese zufolge hielten die zwei entschiedensten Gruppen von Wissenschaftlern in den 1990er-Jahren – diejenigen, die die Sicht von Juden bzw. der amerikanischen Ureinwohner vertraten – jeweils hartnäckig an subjektiven, identitätspolitischen Positionen fest; sie konzentrierten sich daher auf die Singularität des historischen Leids ihrer Gruppe und nicht auf die breiteren Ursachen des modernen Völkermords.[36] Um jegliche Voreingenommenheit zu verhindern, müssten Wissenschaftler „auf das Vokabular der Einzigartigkeit verzichten", denn dieses sei letztlich „eine religiöse oder metaphysische Kategorie“ und „keine sinnvolle Kategorie für die Geschichtsforschung“.[37] Analytische Klarheit könne man am besten durch die Einbeziehung des Holocaust in die Genozidforschung gewinnen.

Daher müsse, so Moses, das Gebiet zunächst einige seiner eigenen Probleme überwinden. Die Genozidstudien zerfielen seit Langem in ein „liberales“ und ein „postliberales“ Lager, die laut Moses das Verhältnis des modernen Genozids zur abendländischen Kultur nicht ausreichend erklärten. Das liberale Lager messe der Rolle des Staates und der Ideologie zu viel Gewicht bei; das zweite Lager übertreibe die Rolle tieferer struktureller Kräfte wie des Kolonialismus.[38] Für Moses spiegelte dieser Wettbewerb zwischen Handlungsfähigkeit und Struktur den Wettstreit zwischen verschiedenen Opfergruppen wider, die die Singularität ihrer jeweiligen Erfahrungen beweisen wollten. Seiner Ansicht nach war er zudem eine analytische Sackgasse. Moses forderte Wissenschaftler daher auf, „sich die Genozide der Moderne als Teil eines Gesamtprozesses vorzustellen und sie nicht nur in Form von Vergleichen (und Konkurrenz) zu begreifen“.[39] Durch die Einordnung des Holocaust in ein breiteres „rassisches Jahrhundert“ von etwa 1850 bis 1950 und seine Verknüpfung mit Kräften, die in der Folge zu Genoziden in anderen Teilen der Welt führten – „Nation Building, der Wettlauf um Kolonien und internationaler wie innerstaatlicher Rassenkampf“ –, ließen sich Ähnlichkeiten zwischen dem Vernichtungsprogramm der Nationalsozialisten und anderen Gräueln herausarbeiten.[40] Dieses Projekt der Historisierung könne zur „gegenseitigen Anerkennung des gemeinsamen Leids“ unter den verschiedenen Opfergruppen und zur „notwendigen Solidarität zur Verhinderung zukünftiger Opfer“ führen.[41]

Moses' Vorschläge wurden allerdings in den folgenden Jahren selten befolgt. Anstatt den Holocaust im Kontext des modernen Völkermords zu historisieren, taten Wissenschaftler das genaue Gegenteil und untersuchten Fälle von Völkermord im Vergleich zum Holocaust. Im ersten Jahrzehnt des neuen Jahrtausends erschienen wichtige Untersuchungen zum Völkermord unter anderem von Ben Kiernan, Martin Shaw, Adam Jones, William D. Rubinstein, Michael Mann, Eric Weitz und Moses selbst.[42] Diese Studien zeichneten sich nicht nur durch eine inhaltliche Auseinandersetzung mit dem Begriff Genozid, sondern auch durch einen breiten historischen und komparativen Ansatz aus. Trotz dieser ehrgeizigen Ziele setzten sich jedoch nur wenige Wissenschaftler systematisch mit der Einzigartigkeit des Holocaust auseinander. Sie erwähnten sie, wenn überhaupt, nur am Rande und dann zumeist, um die theoretischen Mängel und mangelnde Aktualität des Konzepts zu unterstreichen.[43] Die meisten Wissenschaftler hielten die „sterile ‚Einzigartigkeits'-Debatte" – so Martin Shaw – für überholt; sie sei es nicht wert, fortgesetzt zu werden.[44]

Der Holocaust und seine Folgen für die Erinnerung

Die Einzigartigkeitsdebatte verlagerte sich daraufhin auf die Frage nach den Auswirkungen der Holocaust-Erinnerung auf das Bewusstsein für andere Völkermorde. Der erste Beitrag zu dieser Diskussion war Samantha Powers 1999 veröffentlichter Artikel „To Suffer by Comparison?",[45] in dem die Autorin der Frage nachging, ob Vergleiche mit dem Holocaust – oder das, was Powers als „Holocausticizing" bezeichnete – dazu beitrügen, das Augenmerk verstärkt auf aktuelle humanitäre Krisen zu lenken.[46] Bezeichnenderweise widersprach Power den Kritikern der Holocaust-Erinnerung. Vor dem Hintergrund des jugoslawischen Bürgerkriegs und des Völkermords in Ruanda Mitte der 1990er-Jahre bekräftigte sie, dass „der Vergleich mit dem Holocaust dazu beitragen könnte, die Menschen aufzurütteln": „das Holocaust-bezogene Lobbying könnte ein Faktor hinter dem großen amerikanischen Beitrag zu den UN-Hilfs- und Friedensmissionen gewesen sein" und zur Schaffung von UN-„Strafgerichtshöfen zur Bestrafung der für den Völkermord … in Bosnien und Ruanda Verantwortlichen" beigetragen haben.[47] Gleichzeitig akzeptierte Power bestimmte Argumente der Kritiker der Einzigartigkeit: „[W]enn wir die Wirksamkeit des Vergleichs [im Hinblick darauf] beurteilen … [ob er] die USA und ihre Verbündeten zu einer Intervention und einem Ende des Tötens bewog, … dann hat der Vergleich nicht ‚funktioniert'. Die US-Regierung ist … nie militärisch interveniert, um einen laufenden Völkermord zu stoppen."[48] Und das sei nicht das einzige Problem. Vergleiche mit dem Holocaust könnten zu „einer Gegenreaktion derjenigen führen, die an die Einzigartigkeit des Holocaust glauben".[49] Eine solche Gegenreaktion ziehe eine Kampagne „definitorischer Kriegführung" nach sich, die sich mit der Unterscheidung des Holocaust von anderen

Gräueln beschäftige; ihre Wirkung bestünde letztlich darin, den Handlungsdruck zu dämpfen. „Wenn der Holocaust erst einmal zum Deutungsrahmen geworden ist, durch den wir andere Tötungen sehen", so Power, „kann er allzu leicht zu einer Obergrenze werden, unter die alles andere fällt. ... Wenn wir erkennen, dass die heutigen Verbrechen nicht exakt so ‚wie' die des Holocaust sind, trösten wir uns nur allzu schnell mit der weiteren Vorstellung, dass ‚die Situation doch so schlimm nicht ist'".[50] Doch so sehr sich Powers mit diesem vorsichtigen Fazit auch in das Lager der Skeptiker einzureihen schien, sprach sie letztlich die Holocaust-Erinnerung frei von dem Vorwurf, am tatenlosen Zusehen der Amerikaner gegenüber aktuellen Völkermorden schuld zu sein. Da sich „amerikanische Politiker entschieden gegen eine Intervention zur Beendigung dieser Fälle von Völkermord ausgesprochen haben ... hätte [wahrscheinlich] selbst das extremste Holocaustizing zu keinem sinnvollem Handeln geführt".[51] Unter bestimmten Umständen „hilft die Berufung auf den Holocaust wahrscheinlich", so ihr Fazit, doch sich zu sehr „auf ihn zu verlassen ... ist wahrscheinlich hinderlich".[52]

Einige Jahre später kam der Historiker Alan Steinweis in seinem Aufsatz „The Auschwitz Analogy: Holocaust Memory and American Debates over Intervention in Bosnia and Kosovo in the 1990s" (2005) zu einer noch positiveren Bewertung des Holocaust-Bewusstseins.[53] Sein Artikel stand unter dem Eindruck der erfolgreichen NATO-Luftangriffe gegen Serbien im Kosovo-Konflikt 1998–1999, die die USA unterstützt hatten. In jenem Jahr, so Steinweis, wagte Präsident Bill Clinton einen Schritt, zu dem er zu Beginn des Jahrzehnts in Bosnien nicht bereit gewesen war: Er unterstützte die Bombardierung serbischer Stellungen innerhalb und außerhalb des Kosovo durch die NATO, um die ethnische Säuberung des überwiegend albanischen Territoriums zu stoppen. Zur Rechtfertigung beriefen sich Clinton und andere wichtige Persönlichkeiten des öffentlichen Lebens in den USA wie z. B. Elie Wiesel auf das Erbe des Holocaust. Im Gegensatz zu dem, was die Kritiker der Einzigartigkeit unterstellten, drängten sie jedoch auf eine Intervention und beharrten gleichzeitig auf der Einzigartigkeit des Holocaust. So schrieb Steinweis:

> Wiesel unterschied zwischen der Situation 1944 und der von 1999, behauptete aber, dass die aus dem Holocaust gezogenen Lehren

> dennoch zum Handeln in der Gegenwart verpflichteten. Präsident Clinton … war erfreut, Wiesels moralische Autorität hinter sich zu wissen [und bemerkte]: „Elie hat gesagt, dass der Kosovo nicht der Holocaust ist, doch diese Unterscheidung sollte uns nicht davon abhalten, das Richtige zu tun.“[54]

Andere Wissenschaftler schlossen sich dieser Haltung an, was darauf hindeutete, dass die Befürchtungen von Novick, Finkelstein und selbst Power unbegründet waren; die Idee der Einzigartigkeit des Holocaust – die Vorstellung, dass er den Gipfel des Bösen darstellte – hatte die Fähigkeit zur Wahrnehmung anderen Unrechts nicht eingeschränkt und den Willen zum Handeln nicht gebremst.[55] Zwar leugneten manche Gegner einer Intervention gegen die Serben weiterhin Parallelen zwischen dem nationalsozialistischen Völkermord und der Kosovokrise.[56] Doch die Tatsache, dass sich das Erbe des Holocaust von Menschen auf beiden Seiten des Konflikts instrumentalisieren ließ, unterhöhlte die Position der Einzigartigkeits-Kritiker, denn sie zeigte, dass die Erinnerung an den Holocaust weder schuldig noch unschuldig, sondern neutral war. Steinweis schloss seinen Artikel mit einem optimistischen Fazit. Obwohl er eine Inflation von Holocaust-Vergleichen einräumte, lobte er „den essenziellen Idealismus vieler, die Holocaust-Vergleiche angestellt haben“: „[I]m Falle des Kosovo hätte die Mobilisierung von öffentlicher Unterstützung für eine amerikanische Intervention Tausende von Leben retten können – ein Ergebnis, das wohl kaum als eine Verhöhnung des Gedenkens an die im Holocaust Verstorbenen gelten kann“.[57] Obwohl das Holocaust-Bewusstsein sicher kein Allheilmittel war, konnte es unbestreitbar Gutes bewirken.

Andere Wissenschaftler unterstrichen diese Schlussfolgerung, indem sie auf die Rolle des Holocaust als treibende Kraft hinter dem globalen Erinnerungsboom verwiesen. Einer der Ersten war der Soziologe John Torpey, der in seinem Artikel „Making Whole What Has Been Smashed: Reflections on Reparations“ (2001)[58] erklärte: „Während manche den Holocaust als Schwamm der historischen Erinnerung betrachten, der allen Saft und alle Kraft aus alternativen Gedenk- und Wiedergutmachungsprojekten zieht, ist das genaue Gegenteil der Fall.“[59] Der „emblematische Status … des jüdischen Holocaust“ verdecke keineswegs das Leid anderer Gruppen, sondern habe vielmehr anderen, „die staatlichen Gräueln ausgesetzt waren, geholfen, den Blick auf diese Katastrophen zu lenken."[60] Torpey begründete seine These mit dem Verweis auf die weltweite Welle von Wiedergutmachungsforderungen; all diese Forderungen eine die Tatsache, „dass der Holocaust als Maßstab für die Beurteilung der Schwere vergangenen Unrechts und als Muster für Entschädigungsansprüche gilt".[61] Dass sich afrikanische und indigene Gruppen bei ihren Entschädigungsforderungen für die Verbrechen der Sklaverei und des Kolonialismus auf die Judenverfolgung durch die Nazis beriefen, beweise doch, dass „der Holocaust zur zentralen Metapher für sämtliche Politikfelder geworden ist", die sich mit historischer Wiedergutmachung beschäftigen.[62] Der Holocaust sei „zum Prüfstein eines ‚Katastrophenbewusstseins' geworden, das vielleicht das wichtigste Vermächtnis des 20. Jahrhunderts im Hinblick darauf ist, wie unsere Zeitgenossen über die Vergangenheit denken".[63] Torpey hob den Wert der Holocaust-Erinnerung hervor und wies damit einen zentralen Vorwurf der Einzigartigkeits-Kritiker zurück. Dennoch lehnte er es ab, die Idee der Einzigartigkeit an sich zu unterstützen, sei sie doch durch die Verallgemeinerung des Holocaust irrelevant geworden:[64]

> Der Sieg, der denjenigen zuteil wurde, die im Historikerstreit Mitte der 1980er-Jahre die „Einzigartigkeit" des Holocaust verteidigten, ist seither von den Bestrebungen anderer überflügelt worden, die auf verschiedene historische Unrechtstaten aufmerksam machen wollen und dabei im historischen Erbe unserer Zeit verschiedenste Arten von „Holocausts" finden. Die Vielzahl von Holocausts führt zu einer Inflation des Begriffs und unterläuft die Vorstellung von der Einzigartigkeit des NS-Völkermords, doch … angesichts der exemplarischen Rolle des Holocaust … lenkt sie den Blick stärker auf andere katastrophale Vergangenheiten.[65]

Torpey zeigte somit, dass der Erinnerungsboom zwar die Idee der Einzigartigkeit neutralisiert, den Wert des Holocaust-Bewusstseins aber durchaus bestätigt hatte.

Parallel zu Torpey kamen die Soziologen Daniel Levy und Natan Sznaider in ihrem Buch *Erinnerung im globalen Zeitalter: Der Holocaust* (2001) zu ähnlichen Ergebnissen.[66] Dieses Werk der vergleichenden historischen Soziologie zeichnete die Entstehung des Holocaust-Gedenkens in Deutschland, den Vereinigten Staaten und Israel nach und zeigte, wie die Erinnerung an den NS-Völkermord nationale Grenzen überschritten hatte und „kosmopolitisch" geworden war. Hauptmerkmal dieser kosmopolitischen Erinnerung war die Überzeugung, dass der nationalsozialistische Völkermord zum Inbegriff des Bösen und zur Grundlage einer neuen universellen Moral geworden war. Laut Levy und Sznaider war der Holocaust eine moralische Gewissheit geworden, die nationale Grenzen überstieg und Europa mit anderen Teilen der Welt einte; die Holocaust-Erinnerung habe „die Formierung nationenübergreifender Gedächtniskulturen [erlaubt], die wiederum zur Grundlage für globale Menschenrechtspolitik werden."[67] Im Gegensatz zu Torpey führten Levy und Sznaider keine umfassenden Beispiele von Gruppen an, die Entschädigungsforderungen geltend machten, obwohl sie – wie Power und Steinweis – anmerkten, dass wiederauflebende Erinnerungen an den Holocaust während des jugoslawischen Bürgerkriegs Westeuropäer und Amerikaner zu Interventionen während der Kosovokrise von 1998 bis 1999 veranlassten.[68] Die Autoren verzichteten allerdings auf explizite Ausführungen zu den Vor- oder Nachteilen der Einzigartigkeit. Aus flüchtigen Bemerkungen, in denen sie Einzigartigkeit mit einer konservativen politischen Agenda verknüpften, durfte man jedoch schließen, dass sie der Idee eher ablehnend gegenüberstanden.[69] Dennoch bekräftigten sie die Bedeutung des Holocaust-Bewusstseins und wiesen ausdrücklich Meinungen zurück, denen zufolge es ein Übermaß an Erinnerung gebe.[70] Mit ihrem Fazit, dass die Frage der Einzigartigkeit aufgrund der Universalisierung des Holocaust irrelevant geworden sei, schlossen sie sich Torpey an.

Etwa zur gleichen Zeit, da *Erinnerung im globalen Zeitalter* in englischer Übersetzung erschien, weitete der Politwissenschaftler William F. S. Miles in seinem Artikel „Third World Views of the Holocaust" (2004) Levys und Sznaiders Schlussfolgerungen auf einen nicht-westlichen kulturellen Kontext aus.[71] Miles teilte die Auffassung, dass die Kräfte der Globalisierung die Universalisierung des Holocaust begünstigten, und konzentrierte sich auf die „Ausweitung des Holocaust-Bewusstseins auf die Dritte Welt". Dieser Prozess definiere sich durch ein Muster der „intellektuellen Nativisierung", bei dem „die Dritte Welt den Holocaust und sein [vielfältiges] Erbe" auf ihre eigenen Belange zuschneide und dadurch „indigenisiere".[72] Ein frühes Beispiel für diese „fortschreitende Ausweitung des Holocaust-Bewusstseins" habe es kurz nach dem Zweiten Weltkrieg gegeben, als Vertreter der Dekolonialisierung aus der Dritten Welt sich auf die nationalsozialistischen Verbrechen an den Juden beriefen, um die Aufmerksamkeit auf die kolonialen Verbrechen der Europäer an den Afrikanern zu lenken. In jüngerer Zeit hätten Gruppen in Afrika und Asien – unter Berufung auf den Präzedenzfall deutscher Abkommen mit Israel und anderen jüdischen Gruppen – Entschädigung gefordert.[73] Aus diesen Fällen schloss Miles, dass „nur wenige Fälle historischer Gräuel wie der Holocaust angeführt wurden, um aus ihnen so viele Lehren für die internationale Moral, Politik und Rechtsprechung zu ziehen".[74] Wie Torpey, Levy und Sznaider bekräftigte Miles den Wert des Holocaust-Bewusstseins und überging die Einzigartigkeit des Ereignisses. Obwohl er in einer Randbemerkung über die Instrumentalisierung der Idee durch die „Apologeten des Völkermords" in Japan und der Türkei seine Ablehnung der Einzigartigkeit andeutete, hielt er sie letztlich nicht der eingehenden Diskussion für würdig.[75] Damit bestätigte er, dass die Einzigartigkeit des Holocaust durch seine Universalisierung neutralisiert worden war.

Ähnlich wie Miles untersuchte auch der Literaturwissenschaftler Michael Rothberg in seinem 2009 erschienenen Buch *Multidirectional Memory: Remembering the Holocaust in the Age of Decolonization* die Universalisierung des Holocaust in einem nicht-westlichen Kontext.[76] Im Gegensatz zu Miles und anderen Wissenschaftlern wandte sich Rothberg jedoch explizit gegen die Idee der Einzigartigkeit. Es sei an der Zeit, „über das Paradigma der Einzigartigkeit hinauszugehen", da es die Erinnerung auf ein kompetitives „Nullsummenspiel" reduziere, bei dem das Streben einer Gruppe nach Anerkennung auf Kosten der anderen gehe.[77] Rothberg kritisierte damit Wissenschaftler wie Stannard und Novick, die das Kind des Holocaust-Bewusstseins mit dem Bade der Einzigartigkeit ausgeschüttet hätten. Dafür stimmte er Torpey und Miles zu, dass „die Entstehung der Holocaust-Erinnerung auf globaler Ebene zur Artikulierung anderer … [Opfer-]Geschichten beigetragen hat".[78] Rothberg konzentrierte sich jedoch nicht auf die jüngsten Entschädigungsforderungen, sondern auf den Zusammenhang zwischen jüdischen und nicht-westlichen Erinnerungen an das historische

Unrecht der frühen Nachkriegszeit. Dabei kam er zu einem neuen und wichtigen Ergebnis: Rothberg zeigte, dass Holocaust-Erinnerungen nicht nur in eine Richtung wirkten, indem sie (insbesondere im Kontext von Kolonialismus und Dekolonisierung) die Aufmerksamkeit auf das von anderen erlittene Unrecht lenkten; vielmehr wirkten sie „multidirektional" und unterstützten sich gegenseitig. Rothberg verwies dabei auf das Frankreich der frühen Nachkriegszeit, wo der Algerienkrieg – und der damit einhergehende Einsatz von Repressionen, Rassismus und Folter durch die französische Regierung – seit Langem unterdrückte Erinnerungen an den Holocaust wiederaufleben ließ; dieselben Erinnerungen hätten einige Jahrzehnte später als Paradigma für die französische Erinnerungsarbeit am Algerien-Trauma gedient.[79] Rothberg lieferte damit eine differenziertere Lesart des Holocaust-Bewusstseins: „[D]er Holocaust wird nicht einfach zu einem universellen moralischen Standard, der … sich auf andere Geschichten anwenden lässt; vielmehr tragen einige dieser *anderen Geschichten dazu bei, ein Gefühl für die Besonderheit des Holocaust zu erzeugen*".[80] Rothbergs Idee der Multidirektionalität von Erinnerung stellte somit den Versuch dar, einen Mittelweg zwischen der Einzigartigkeit des Holocaust und seiner Universalisierung zu finden.

Im selben Jahr, in dem Rothbergs Buch erschien, löste der Soziologe Jeffrey Alexander mit seinem Sammelband *Remembering the Holocaust: A Debate* eine größere Debatte über die Holocaust-Erinnerung aus.[81] In seinem Hauptbeitrag mit dem Titel „The Social Construction of Moral Universals" ging es Alexander weniger um eine Bewertung der Einzigartigkeit des Holocaust als vielmehr um die Betonung seiner positiven Auswirkungen auf die Erinnerungskultur des Westens. Novicks Befürchtung, die Extremität des Holocaust verhindere größere Lehren, wies Alexander ausdrücklich zurück.[82] Stattdessen bemerkte er hellsichtig, dass ebenjene Extremität zur dramatischen Universalisierung des Holocaust in ein „allgemeines Symbol menschlichen Leids" geführt habe. Dank dieser Transformation könne der Holocaust „das aktuelle Bewusstsein für soziale Missstände … vertiefen".[83] Indem der Holocaust zu Vergleichen mit anderen Gräueln auffordere, fungiere er als „Brückenmetapher", die zu einem neuen moralischen Verständnis von Minderheitenproblemen in den USA und darüber hinaus beitrage.[84] Mit dieser These lieferte Alexander die bemerkenswerte Erkenntnis, dass der Holocaust *aufgrund* seiner so empfundenen Einzigartigkeit zu einem universellen Symbol des Bösen geworden sei; nur dank seiner Singulärität sei er zu einem normativen Maßstab zur Bewertung anderen historischen Unrechts geworden. Alexander wies darüber hinaus auf ein weiteres paradoxes Merkmal des Holocaust-Bewusstseins hin: Ebenjene Vergleiche, die die Idee der Einzigartigkeit des Holocaust angeregt habe, dienten letztlich seiner Verharmlosung. Alexander diagnostizierte damit ein „Dilemma der Einzigartigkeit", da der Holocaust …

> … nicht als Metapher für das Böse schlechthin fungieren [könne], es sei denn, er würde als radikal anders als alle anderen Verbrechen der Moderne gelten. Doch gerade dieser Status … zwang ihn schließlich dazu, sich zu verallgemeinern und sich zu ent-partikularisieren … Dadurch, dass der Holocaust einen solchen Maßstab für vergleichende Urteile lieferte, wurde er zu einer Norm … die ihn seiner „Einzigartigkeit" beraubte.[85]

Alexanders These, wonach die Einzigartigkeit des Holocaust seine Universalisierung befördert habe, war die wichtigste Schlussfolgerung von Wissenschaftlern nach der Jahrtausendwende. Zusammen mit der damit verbundenen Erkenntnis, das Holocaust-Bewusstsein habe den Blick tatsächlich auf andere Vorfälle von Massenmord gelenkt und mitnichten von ihnen abgelenkt, bildete sie die Grundlage für einen neuen wissenschaftlichen Konsens in der Frage der Einzigartigkeit. Anders als in der polarisierten ersten Phase der Debatte in den 1990er-Jahren hatten Wissenschaftler in der zweiten Phase weniger Anlass, die Idee der Einzigartigkeit zu verwerfen, weil sie ihrer Ansicht nach zu einem fortschrittlichen Begriff geworden war.

Doch obwohl viele Wissenschaftler nachdrücklich für ein Holocaust-Bewusstsein plädierten, war die Zustimmung nicht einhellig. Um das Jahr 2010 wurden zunehmend Gegenstimmen laut. Einige stammten von Genozidforschern, die weiter darauf beharrten, dass ein Holocaust-Bewusstsein das Bewusstsein für andere Völkermorde beeinträchtige.[86] Doch auch unter Beobachtern, die zuvor ein Holocaust-Bewusstsein befürwortet hatten, regte sich Widerspruch. Diese Veränderung war großenteils den Entwicklungen im Nahen Osten nach dem 11. September geschuldet. Die Verschärfung des arabisch-israelischen Konflikts – es seien nur die zweite Intifada von 2000 bis 2004 und die israelischen Angriffe auf den Libanon und den Gazastreifen 2006 und 2008 genannt – dämpfte die positive Einstellung zum Holocaust-Bewusstsein, die der Erinnerungsboom unter Wissenschaftlern gefördert hatte. Diese wohlwollende Sicht wurde ferner getrübt durch den Hang rechter israelischer Politiker wie Benjamin Netanjahu, sich zur Rechtfertigung der Politik Israels gegenüber seinen arabischen Nachbarn auf Nazi-Vergleiche zu berufen. Im Zuge dieser Entwicklungen überdachten einige Wissenschaftler ihre Position und setzten sich kritischer mit dem Holocaust-Bewusstsein auseinander.[87]

Einer der namhafteren unter ihnen war der Historiker Tony Judt. Ende der 1990er-Jahre hatte Judt die Idee der Einzigartigkeit des Holocaust verteidigt und in einer Rezension von Novicks *Nach dem Holocaust* erklärt: „[D]ie Vernichtung der Juden in Europa erinnert [zwar] an ähnlich obszöne Vorhaben in anderen Zeiten und an anderen Orten … doch gewiss gibt es gemessen an Absicht, Ausmaß, Methoden oder Ergebnissen kein in der Geschichte auch nur annähernd vergleichbares Vorhaben."[88] Die „Allgegenwart des Holocaust-Bewusstseins heute ist an sich nicht schlecht", so Judt weiter; „das öffentliche Interesse an dem … [Thema] sollte gefördert werden".[89] Nach der Jahrtausendwende rückte der Historiker jedoch von dieser Sicht ab. Angesichts der Ereignisse im Nahen Osten hielt er ein Holocaust-Bewusstsein nun für weniger förderlich, als er einst geglaubt hatte. 2004 verurteilte er die „Instrumentalisierung" des Holocaust: „die Behauptung, die jüdische Katastrophe sei einzigartig und unvergleichlich", erlaube es „Israel, das Leid aller anderen Länder zu übertrumpfen (und seine eigenen Übergriffe zu rechtfertigen)."[90] 2008 befürchtete er, die wiederholte Darstellung der „nationalsozialistischen Judenvernichtung als singuläres Verbrechen – ein Gräuel, das weder vorher noch nachher seinesgleichen fand", könne zu einer „Provinzialisierung" der „moralischen Bedeutung" des Holocaust führen und ihm „seine universelle Tragweite" nehmen.[91]

Ein zweiter Wissenschaftler, der Zweifel anmeldete, war Jeffrey Alexander. In einem Aufsatz mit dem Titel „On the Global and Local Representations of the Universal", enthalten in seinem Band *Remembering the Holocaust*, gestand er einen Sinneswandel ein und reagierte auf Kritiker, die ihm vorgeworfen hatten, sein ursprünglicher Artikel „The Social Construction of Moral Universals" ignoriere die politische Instrumentalisierung der Holocaust-Erinnerung. Zur Begründung erklärte Alexander halb entschuldigend, sein ursprünglicher Aufsatz sei Ende der 1990er-Jahre in der Hochstimmung des Erinnerungsbooms entstanden (der Aufsatz erschien 2002, bevor Alexander ihn zu seinem 2009 erschienenen Buch erweiterte).[92] Da „wir heute in einer dunkleren Zeit leben", die von der anhaltenden Krise im Nahen Osten gekennzeichnet sei, sei er pessimistischer geworden, was den Wert der Holocaust-Erinnerung angehe.[93] Wie Judt war auch er besorgt, dass „konservative Israelis" dazu neigten, die Idee der Einzigartigkeit des Holocaust in ihrem Konflikt mit den Palästinensern für nationalistische Zwecke zu instrumentalisieren; diese Entwicklung sei ein Angriff auf „die universalisierenden moralischen Grundsätze, die wir alle angesichts der Erinnerung an den Holocaust aufrechterhalten müssen".[94] Erst wenn der partikularistische Gebrauch der Erinnerung, der zu „sozialem … Antagonismus" geführt habe, durch seine „Mitgefühl" weckende Universalisierung ersetzt worden sei, sei „ethnische, rassische und religiöse Gerechtigkeit" möglich.[95]

Dass Wissenschaftler, die einst die Idee der Einzigartigkeit unterstützten, sie nun kritisierten, machte deutlich, wie fragil der Konsens über den Wert des Holocaust-Bewusstseins war. Bezeichnenderweise bröckelte dieser Konsens in der dritten Phase der Einzigartigkeitsdebatte weiter, da Wissenschaftler erneut über die Bedeutung des Holocaust nicht nur in der Erinnerung, sondern auch in der Geschichte stritten.

Phase drei: Die Historisierung von Holocaust und Völkermord

Die Rückkehr zur Geschichte wurde in neuen Studien sichtbar, die sich auf Ähnlichkeiten des Holocaust mit anderen Völkermorden konzentrierten. Mit diesem Schwerpunkt lehnten die Autoren den Gedanken der Einzigartigkeit erneut ab. Sie taten dies jedoch zumeist indirekt, im Rahmen von Bemühungen, die polemischen Auswüchse früherer Jahre zu vermeiden und eine neue Position der Mitte zu schaffen. Ihr Ziel war es, den Holocaust im Kontext des modernen Völkermords zu historisieren, ohne seine Besonderheit zu schmälern.[96] Dabei stießen sie jedoch auf Widerstand, da andere

Wissenschaftler das Historisierungsprojekt als Versuch der Politisierung werteten. Aus Angst, hinter der neuen Ablehnung der Einzigartigkeit könnten sich andere Motive verbergen, reagierten sie mit scharfen Gegenargumenten. Diese Reaktion führte zu hitzigen Gegenvorwürfen und leitete bald eine neue Phase der Debatte ein.

Neue Geschichten des Holocaust: Bloxham und Snyder

Die erste wichtige Studie zur Historisierung des Holocaust war Donald Bloxhams *The Final Solution: A Genocide* (2010).[97] Dieser wichtige Band kündigte den Standpunkt seines Autors bereits in seinem Titel an. Bloxham beschrieb den Holocaust als „einen" Völkermord und deutete damit an, dass die Massenvernichtung der Juden mehr Gemeinsamkeiten als Unterschiede mit anderen historischen Fällen von Massenmord aufweise. Die Idee der Einzigartigkeit stellte er in seiner Studie nicht systematisch, sondern indirekt infrage, indem er den Holocaust in die umfassendere Geschichte von Massenverbrechen einband. Mit seiner Einordnung des Holocaust in ein „rassisches Jahrhundert" von 1850 bis 1950 folgte Bloxham dem von A. Dirk Moses verfassten Aufruf und verortete seine Analyse in einer, wie er es nannte, „europäischen Geschichte der Gewalt" der Jahre 1875 bis 1945.[98] In dieser Zeit hätten wirtschaftliche und geopolitische Kräfte zum Niedergang multiethnischer Imperien mit katastrophalen Folgen für deren Minderheitenbevölkerung geführt.[99] In Russland, dem Osmanischen Reich und Österreich-Ungarn hätten die Emanzipationsbestrebungen von Minderheiten (Juden, Armenier und Slawen) in den Jahrzehnten vor 1914 die bestehende Gesellschaftsordnung bedroht und nationalistische Eliten dazu verleitet, diese Gruppen als umstürzlerische Elemente zu betrachten. Der Ausbruch der Balkankriege und des Ersten Weltkriegs habe die Stigmatisierung dieser Minderheitengruppen beschleunigt und schließlich zu schrecklichen Fällen von ethnischer Säuberung geführt. Serben, Rumänen und Bulgaren vertrieben Muslime; Türken vertrieben Griechen, Armenier und Kurden; Russen und ihre bolschewistischen Nachfolger vertrieben Juden und andere Minderheiten.[100] Die Folge war ein Massensterben – und im berüchtigten Fall der Armenier ein regelrechter Völkermord.

Diese Tötungswelle sei der entscheidende Kontext, um die Ursachen des Holocaust zu verstehen. Die ethno-nationalistische europäische Tradition der Intoleranz gegenüber Minderheiten ähnele stark der Judenverfolgung durch die Nazis. „Die NS-Rassenpolitik“, so Bloxham, „orientierte sich nicht nur an Hitlers … Fixierung auf die Juden, sondern an einem ganzen Bündel anderer biopolitischer und geopolitischer Erwägungen, die für Millionen von Nationalisten … außerhalb Deutschlands durchaus wiedererkennbar gewesen wären.“[101] Zur Erläuterung beschrieb Bloxham zunächst die Geschichte europäischer Gewalt im 19. und frühen 20. Jahrhundert und zog anschließend Vergleiche zur Judenverfolgung durch die Nazis in den 1930er-Jahren, bevor er zum Kern seiner Analyse, der Planung und Umsetzung der „Endlösung“, kam. In diesem entscheidenden Punkt versuchte er ausdrücklich, die Einzigartigkeit des Holocaust zu hinterfragen. Dies wurde in der Schlussbetrachtung seines Buches deutlich, in der er zwei Behauptungen widersprach, die seiner Ansicht nach den Kern der Einzigartigkeitsthese ausmachten. Der ersten Behauptung zufolge war die Ermordung der Juden ein „ideologischer“ Selbstzweck, der auf einer „eingebildeten“ Bedrohung statt auf realen interethnischen Konflikten beruhte. Der zweiten Behauptung zufolge unterschied sich die Judenvernichtung durch die Nazis durch ihre „Totalität“, ihre „absolute Vorrangstellung“ und die „schonungslose Jagd auf die Opfer“.[102]

Bloxham wies diese beiden Thesen mit der Begründung zurück, sie überbewerteten die Rolle der Ideologie. Um den Holocaust wirklich zu verstehen, müsse man seine Entstehung im Zusammenspiel von ideologischen Kräften und praktischen Erwägungen aufzeigen.[103] In seinen Ausführungen unterschied sich Bloxham insofern von den meisten Wissenschaftlern, als er den Holocaust nicht so sehr als Ereignis, sondern vielmehr als Prozess betrachtete. Der Holocaust habe keine „Essenz“, die sich aus einem Schlüsselereignis oder einer Schlüsselentscheidung wie etwa der Wannseekonferenz vom Januar 1942 ableite, die nach Ansicht der meisten Wissenschaftler einer bis dahin unkoordinierten Reihe von einzelnen Mordaktionen Kohärenz verlieh.[104] Stattdessen habe sich „die Reihe von Ereignissen, … die wir heute den Holocaust nennen“, organisch entfaltet und sich aufgrund vieler verschiedener Faktoren ständig verändert. Dazu gehörten die Einschätzung der militärischen bzw. Sicherheitslage durch die Nationalsozialisten, ihre Erwägungen im Hinblick auf die unmittelbare wirtschaftliche Lage, die Aussicht auf Verwirklichung ihrer ehrgeizigen Kolonialpläne der Germanisierung und ihre wechselhaften diplomatischen Beziehungen zu den Ländern der Alliierten und neutralen Staaten. Hinter dem Vernichtungsprogramm der Nazis habe zwar eine Absicht gesteckt, so Bloxham, und „der Massenmord war ein inhärenter Bestandteil der nationalsozialistischen Pläne aus der Zeit vor Barbarossa".[105] Doch auch wenn es eine Politik des Mordens gegeben habe, sei das Ausmaß ihrer Umsetzung (wie viele Juden wo von ihr betroffen sein sollten) bei der ursprünglichen Beschlussfassung offen gewesen. Darüber hinaus zeigte Bloxham, dass die Maßnahmen nicht einheitlich angewendet wurden.[106]

Dank dieses analytischen Ansatzes konnte Bloxham nun die zwei Thesen der Vertreter der Einzigartigkeit entkräften. Er verwarf das Argument, wonach die Judenvernichtung durch die Nazis irrational und in keinem real existierenden Konflikt verwurzelt gewesen sei, und zeigte stattdessen, wie diese Ermordung der angestrebten Germanisierung Osteuropas und seiner Verwandlung in eine „Blut-und-Boden-Utopie" im Wege stand.[107] Das gigantische Kolonisierungsprojekt des „Generalplans Ost" der SS beruhte laut Bloxham nicht nur auf objektiven materiellen Überlegungen, sondern war Ausdruck „des modernen Siedlerkolonialismus … der auf die systematische Vertreibung und das Massensterben der einheimischen Bevölkerung abzielte".[108] Die Ermordung der Juden sei also weder irrational noch beispiellos gewesen. Bloxham bestritt außerdem, dass die Nazis die Juden schonungslos und wo immer möglich verfolgt hätten. Es sei „einfach nicht wahr", dass die Nazis „buchstäblich bis ans Ende der Welt gegangen wären, um auch den letzten lebenden Juden aufzuspüren"; die „Endlösung" sei „mit [der] Kampfkraft der Nazis zu Kriegszeiten verknüpft" gewesen und habe oft keine so große Bedeutung gehabt, wenn sie im Widerspruch zur Kriegführung stand.[109] An den Rändern des nationalsozialistischen Kolonialreiches und in bestimmten Ländern der Alliierten betrieben die Nazis beispielsweise weniger Aufwand bei der Judenverfolgung als in anderen. In Frankreich oder Bulgarien schoben sie diese bis zu einem nicht näher genannten Datum auf; in Dänemark begnügten sie sich mit Vertreibung statt mit Mord.[110] Wie diese scheinbare Laxheit zeigt, sei das eigentliche Ziel der für die „Endlösung" Verantwortlichen –

Himmler, Eichmann und anderer – der Kern des osteuropäischen Judentums gewesen, nämlich die Juden Polens und der Sowjetunion. Die Vernichtung dieser Juden habe als ausreichend gegolten, um das Judentum ein für allemal zu zerschlagen.[111] 1943 habe Himmler die Judenfrage im Einflussbereich des Deutschen Reichs im Wesentlichen für „gelöst" gehalten; damals seien nur noch „Säuberungsaktionen" zu erledigen gewesen.[112] Diese Siegesgewissheit erkläre möglicherweise, warum andere Juden, die gnadenlos zur Strecke gebracht werden sollten, verschont blieben, darunter Tausende ungarischer Juden, die als Zwangsarbeiter nach Deutschland geschickt wurden, nachdem dieses 1944 für judenrein erklärt worden war.[113] Letzten Endes, so Bloxham, war die Vernichtungsaktion der Nazis „in den Annalen des Völkermords [zwar] … außergewöhnlich", sie wurde jedoch „nicht kopflos ungeachtet der wirtschaftlichen, politischen oder logistischen Kosten begangen".[114]

Bloxham zweifelte die Einzigartigkeit des Holocaust jedoch nicht nur aus historischen, sondern auch aus ethischen Gründen an. Für ihn war das Konzept ein kurzsichtiger Ausdruck westlichen Provinzialismus. Dass sich Wissenschaftler schockiert darüber zeigten, dass die abendländische Kultur zu einer Gräueltat wie dem Holocaust imstande sei, deutete Bloxham als Zeichen von Bösgläubigkeit: „Europa hatte [vor dem Holocaust] nicht nur andere Völkermorde erlebt, sondern sie auch an seinen kolonialen Rändern verübt".[115] Wer auf der Einzigartigkeit des Holocaust bestehe, mache sich somit einer blinden, im „westlichen Zentrismus" wurzelnden Ignoranz schuldig. Schlimmer noch sei der Wunsch, dem Holocaust „universelle Bedeutung" zu verleihen, Ausdruck einer langen Tradition des Westens, „seine Werte zu universalisieren".[116] Da ebenjener Hang zum Universalismus „Europas gewalttätige Interaktion mit dem Rest der Welt" ursprünglich geprägt habe, machten sich die Vertreter der Einzigartigkeit indirekt der Verlängerung eines Erbes der Verfolgung schuldig.[117] Aus moralischen Gründen sei es daher dringend geboten, von der Idee der Einzigartigkeit abzurücken.

Ähnliche Argumente wurden in einer zweiten großen Studie sichtbar, die sich mit dem Begriff der Einzigartigkeit auseinandersetzte – Timothy Snyders gefeiertes *Bloodlands* (2010) (Abb. 9).[118] Wie Bloxham war auch Snyder der Ansicht, der Begriff behindere ein echtes historisches Verständnis. Um den Holocaust wirklich zu verstehen, müsse er aus dem traditionel-

Abb. 9: Timothy Snyders Buch Bloodlands *(2010) verwies auf die Ähnlichkeiten zwischen den nationalsozialistischen und sowjetischen Verbrechen in Osteuropa und stellte damit implizit die Einzigartigkeit des Holocaust infrage.*

len Rahmen der deutschen und jüdischen Geschichte im Zweiten Weltkrieg herausgelöst und in einen breiteren räumlichen und zeitlichen Kontext gestellt werden, den er als die „Bloodlands" bezeichnete. In diesem riesigen Reich zwischen Zentralpolen und Westrussland wurden in den Jahren 1933–1945 etwa vierzehn Millionen Menschen vom Sowjet- und NS-Regime ermordet. Mit seiner Einordnung des Holocaust in diese größere Mordwelle stand Snyder teilweise in der Nachfolge von Norman Davies und Niall Ferguson, die beide, wie in Kapitel 1 gezeigt, die Einzigartigkeit des Holocaust durch einen Verweis auf die Ähnlichkeiten zwischen den Hitlerschen und Stalinschen Verbrechen in Zweifel gezogen. Snyder führte diese Vergleiche jedoch noch weiter und historisierte den Holocaust systematischer im Kontext des modernen Völkermords. Damit löste auch er eine Kontroverse aus.

Wie Bloxham stellte Snyder die Idee der Einzigartigkeit des Holocaust indirekt infrage. Er berief sich nicht auf das Konzept als solches, sondern zeigte stattdessen, dass es falsche Vorstellungen über die historische Bedeutung des Völkermords wecke. Unter anderem werde der „Massenmord in Europa … [fälschlicherweise] mit dem Holocaust assoziiert".[119] Tatsächlich, so Snyder, sei nicht die Ermordung von sechs Millionen Juden durch die Nazis, sondern die Ermordung von vierzehn Millionen Menschen in den Bloodlands das „zentrale Ereignis" der „europäische[n] Geschichte".[120] Ein zweiter Irrtum sei, dass „Auschwitz für den Holocaust und der Holocaust für das Böse eines Jahrhunderts" stehe.[121] In Wahrheit sei das berüchtigte Vernichtungslager keineswegs repräsentativ für den nationalsozialistischen Völkermord, denn es werde zwar „mit schnellem industriellem Töten" assoziiert, habe sich aber nicht …

> … auf der Höhe der Technologie des Todes [befunden]. Die effizientesten Erschießungskommandos töteten schneller, die Hungerlager töteten schneller, und Treblinka tötete schneller. Auschwitz war auch nicht der Hauptschauplatz, wo die beiden größten jüdischen Gemeinschaften Europas, die polnischen und die sowjetischen Juden, vernichtet wurden. Die meisten sowjetischen und polnischen Juden unter deutscher Besatzung waren bereits tot, als Auschwitz zur größten Todesfabrik wurde. Als der Gaskammer-

> und Krematorienkomplex in Birkenau im Frühjahr 1943 die Arbeit aufnahm, waren über drei Viertel der im Holocaust ermordeten Juden bereits tot.[122]

Auschwitz sei „die Coda der Todesfuge", erklärte Snyder weiter, das Ereignis sei weniger einzigartig als gemeinhin angenommen, da ein Großteil der Tötungen im Holocaust mit „herkömmlichen" und nicht mit „modernen" Methoden erfolgt sei.[123] Schließlich räumte Snyder zwar das Ausmaß von Auschwitz für die jüdischen Opfer des Holocaust ein (und wies darauf hin, dass ein Sechstel aller Juden in Ausschwitz starb), zeigte aber auch, dass es keineswegs ein Ort ausschließlich *jüdischen* Leids war. „Es starben auch mehr *nichtjüdische* Polen in Auschwitz als Juden aus irgendeinem anderen europäischen Land, mit nur zwei Ausnahmen: Ungarn und Polen selbst."[124] Obwohl er den Begriff der Einzigartigkeit nicht verwendete, zog Snyder dennoch einige der aus ihm abgeleiteten historischen Schlussfolgerungen in Zweifel.

Nachdem er die Zentralität von Auschwitz für ein Verständnis des Holocaust kritisiert hatte, erklärte Snyder weiter, das Ereignis lasse sich besser durch einen Vergleich des Massenmords an den Juden unter Hitler mit den Massenmorden Stalins begreifen. Snyder zeigte zunächst, dass der sowjetische Diktator vor Ausbruch des Zweiten Weltkriegs mörderischer war als Hitler.[125] Während des Großen Terrors der 1930er-Jahre forderten die Hungersnot der ukrainischen Bauern sowie die Erschießung sowjetischer „Kulaken", ethnischer Polen und anderer nationaler Minderheiten über vier Millionen Todesopfer.[126] „Bis Ende 1938 hatten die Sowjets etwa tausendmal so viele Menschen [aus ethnischen Gründen] ermordet wie die Nationalsozialisten."[127] Nach den Gründen für diesen Mordrausch suchend, erklärte Snyder, Stalin habe aus der irrationalen Angst heraus gehandelt, diese Gruppen bestünden aus lauter umstürzlerischen Nationalisten und Spionen. Gleichzeitig zeigte Snyder, dass Stalins Ängste eine reale Grundlage hatten und insbesondere auf das Scheitern seines utopischen Programms zur Kollektivierung der sowjetischen Landwirtschaft sowie die anhaltenden geopolitischen Spannungen zwischen der UdSSR und Polen zurückgingen. Der Historiker entwickelte somit eine „Sündenbocktheorie", um den Rachefeldzug des stalinistischen Regimes gegen die vermeintlichen Feinde der Revolution zu erklären.[128]

Ähnliche Kräfte machte Synder für den Massenmord der Nazis an den Juden verantwortlich. Bei ihrem Überfall auf die Sowjetunion 1941 hätten die Nazis ehrgeizige imperiale Ziele verfolgt. Mithilfe des Generalplans Ost wollten sie große Teile des sowjetischen Territoriums demografisch neu ordnen, um eine agrarisch geprägte Rassenutopie zu schaffen. Gemäß dem damit verbundenen, Hungerplan, 1941 vom Staatssekretär im Reichsernährungsministerium, Herbert Backe, entwickelt, sollte der riesige Agrarsektor der Ukraine beschlagnahmt werden, um Nahrungsmittel für die Wehrmacht und die deutsche Zivilbevölkerung bereitzustellen. Diese Pläne der Nazis hätten laut Snyder bei ihrer Umsetzung Dutzende Millionen Menschen, meist nichtjüdische Slawen, der Deportation und dem Tode geweiht.[129] Angesichts fehlender Arbeitskräfte waren die Nazis jedoch nicht in der Lage, ihre ehrgeizigen Pläne zu verwirklichen. Stattdessen beschlossen sie, zu beanspruchen, „was sie konnten", „nur" die Juden als ihre Hauptzielgruppe zu ermorden und ihre Ziele so zurückzuschrauben.[130] Der Holocaust war folglich das Ergebnis eines Rückschlags, ja eines Versagens ihrer Politik. Wie Stalins Rache an den inneren „Feinden" der Sowjetunion nach der gescheiterten Kollektivierung war Hitlers Entscheidung zum Mord an den Juden als „Ersatz" für den ausbleibenden Sieg über die Sowjetunion gedacht.[131] So schreibt Snyder:

> Hitler und Stalin teilten eine gewisse Politik der Tyrannei: Sie erzeugten Katastrophen, gaben dem Feind die Schuld an ihrer Entscheidung und benutzten dann den Tod von Millionen, um zu beweisen, dass ihre Maßnahmen notwendig oder erwünscht seien. Jeder besaß eine Utopie der Transformation, eine Gruppe, die als Sündenbock diente, als die Verwirklichung der Utopie sich als unmöglich erwies, und dann eine Politik des Massenmords, die als eine Art Ersatzsieg dargestellt werden konnte.[132]

Mit dem Verweis auf die gemeinsamen Wurzeln der Hitler'schen und Stalin'schen Verbrechen gab Snyder somit zu verstehen, dass der Holocaust nicht einzigartig sei.

Dieser Punkt wurde in Snyders Darstellung des Verlaufs der nationalsozialistischen und sowjetischen Vernichtungsprogramme erneut deutlich.

Nachdem die Massenmorde Hitlers und Stalins erst einmal begonnen hatten, hätten sie sich gegenseitig in einer Art „‚kriegerische[r] Komplizenschaft'" verstärkt.[133] Nach der Teilung Polens im Hitler-Stalin-Pakt kollaborierten die beiden Regime bei der Deportation und Ermordung von Millionen von Polen, darunter geistig und körperlich Behinderten, Armeeoffizieren und gebildeten Eliten. Die anschließende Besetzung der Bloodlands und die damit einhergehende Terrorherrschaft lösten Wellen der Kollaboration und des Widerstands aus, die schließlich nicht nur jüdische, sondern auch andere Opfer forderten. Diese wichtige Erkenntnis zeige, dass der Holocaust nicht isoliert stattgefunden habe. Obwohl der Mord an den Juden von Holocaust-Historikern oft derart dargestellt werde, habe er stets parallel zur Tötung anderer Gruppen stattgefunden. So ermordeten die Deutschen 1942 nichtjüdische belarussische „Partisanen" (fast immer Zivilisten) in ähnlichen Massenerschießungen, wie sie von den Einsatzgruppen gegen Juden verübt wurden.[134] Wie diese und andere Beispiele zeigten, fand der Mord an den Juden laut Snyder im Rahmen größerer Massenmordaktionen statt und ließ die Einzigartigkeit jüdischer Erfahrung weiter fragwürdig erscheinen.

Zudem hinterfragte Snyder die Idee der Einzigartigkeit implizit in den letzten Kapiteln seines Buches, die der Nachkriegszeit gewidmet waren. In einem mit „Ethnische Säuberungen" überschriebenen Kapitel verwies er auf die massenhaften Vertreibungen nach dem Ende des Zweiten Weltkrieges; 12 Millionen Deutsche und etwa 22 Millionen Osteuropäer (vor allem Polen, Ukrainer, Bürger der baltischen Staaten und der auf der Krim und im Kaukasus lebenden Minderheiten) seien brutal aus ihrer Heimat vertrieben worden. Der Historiker trennte wohlweislich die etwa 1,5 Millionen Menschen, die bei diesen Vertreibungen ums Leben kamen, von den 14 Millionen, die in den Bloodlands getötet wurden, und räumte ein: „Auch die größten Schrecken, die Deutsche auf der Flucht oder während der Deportation erfuhren, waren keine Maßnahmen des Massenmords."[135] Dennoch bestand die Wirkung dieses Kapitels darin, den Holocaust in einen noch tieferen Morast des Elends zu tauchen.

Schließlich bezweifelte Snyder in seinen Ausführungen zur Erinnerung und ihrer Beziehung zum Massenmord die Idee der Einzigartigkeit weiter. Seit dem Ende des Zweiten Weltkriegs hätten verschiedene Länder das Leid ihrer Bürger in dem Konflikt aufgebauscht, die Zahl der Toten übertrieben und eine erlösende Bedeutung in dieser Zahl gesucht. Infolge dieser nationalistischen Instrumentalisierung der Erinnerung sei es zu einem „internationalen Wettbewerb um den Märtyrerstatus" gekommen.[136] Snyder konzentrierte sich vor allem auf die Bemühungen osteuropäischer Staaten – Polen, Ukraine, Russland und Belarus –, das Leid ihres Landes in den Vordergrund zu stellen; was das für die Juden bedeutete, war dennoch klar. Mit der rhetorischen Frage: „Können die Toten wirklich jemandem gehören?", machte Snyder klar, dass jüdische Opfer nicht nur „zur polnischen, sowjetischen, israelischen oder ukrainischen Geschichte" gehören. Da sie theoretisch zu jeder von ihnen gehören könnten, sei es letztlich besser, „jedes Opfer als Individuum wahrzunehmen".[137] Anstatt die Opfer „für konkurrierende nationale Erinnerungen" zu rekrutieren, sollten sie als Teil einer gemeinsamen „Menschlichkeit" betrachtet werden. Mit dieser idealistischen Empfehlung schloss Snyder sein Buch und lehnte damit die partikularistischen Reflexe der Idee der Einzigartigkeit ab.

Die Rückkehr der Debatte

Insgesamt waren die provokativen Bücher von Bloxham und Snyder nicht nur wegen ihrer Thesen, sondern auch wegen der von ihnen ausgelösten Kontroverse von Bedeutung. Zwar waren sie sachlich im Ton und zweifelten die Einzigartigkeit des Holocaust nur selten direkt an, doch spielten sie Kritikern zufolge die Singularität des Holocaust herunter.

Bloxhams Buch wurde überwiegend positiv aufgenommen, erntete aber auch Kritik. Einerseits lobten Beobachter *The Final Solution* als „herausfordernde", „anspruchsvolle" und „zum Nachdenken anregende" Synthese, die sich durch „Breite und Tiefe" auszeichne.[138] Gleichzeitig attackierten einige Rezensenten jedoch das, was in ihren Augen eine Kritik an der Einzigartigkeit war.[139] Zwei der schärfsten Kritiker waren Doris Bergen und Omer Bartov. Beide zeigten sich besorgt über Bloxhams Darstellung der Geschichte des Holocaust und deren Folgen für die Holocaust-Erinnerung. Laut Bergen zielte Bloxhams Analyse darauf, „den Holocaust im Rahmen der Untersuchung extremer Gewalt zu dezentrieren"; dies komme „einer erweiterten

Kritik an der These der Einzigartigkeit des Holocaust" gleich.[140] Bloxhams Kritik sei so etwas wie ein Strohmann-Argument, da sich die glühendsten Befürworter des Konzepts „als offen für Vergleiche" mit anderen Völkermorden erwiesen hätten.[141] Dass Bloxham das Konzept dennoch attackierte, ließ Bergen über seine Motive spekulieren. Sie fragte sich, warum es für Bloxham so wichtig sei, diesen Angriff zum gegenwärtigen Zeitpunkt zu starten, und erinnerte an Saul Friedländers Mahnung, Historiker sollten beim Schreiben über den Holocaust „politische Agenden und Identitätspolitik umgehen". Bloxham habe es versäumt, seine „Subjektivität ... zu zügeln", und sich so der Parteilichkeit schuldig gemacht.[142]

Bartov hingegen kam direkter auf Bloxhams Beweggründe zu sprechen. Zunächst wies er Bloxhams Behauptung zurück, die Idee der Einzigartigkeit privilegiere die Erfahrungen von Juden gegenüber der anderer Menschen: „andere Völkermorde gerieten dank ... und nicht trotz des Aufkommens des Holocaust ins Blickfeld der Öffentlichkeit und Wissenschaft".[143] Bartov ging daraufhin in die Offensive: „Debatten über die Einzigartigkeit ... des Holocaust [sind] heute fast ein reines Politikum"; die „Kritiker des Holocaust-Diskurses behaupten, er diene lediglich dazu, Kritik an der Politik Israels zu verschleiern oder zu delegitimieren".[144] Eine ähnliche Position vertrete Bloxham in seinem Buch, wo er bei seinen Ausführungen zu ethnischen Säuberungen in der Nachkriegszeit lakonisch konstatierte: Der „sich entwickelnde israelische Staat erzwang die Zerstreuung vieler Araber und verweigerte ihnen das Recht auf Rückkehr". Dass diese Bemerkung „ohne jegliche Kontextualisierung" fiel, zeigte für Bartov, wie Bloxham die Idee der Einzigartigkeit zu politischen Zwecken verzerrte. Durch den unterstellten Zusammenhang zwischen dem Holocaust und dem „wesenhaft völkermörderischen" Phänomen des Kolonialismus habe Bloxham der Delegitimierung Israels als koloniales zionistisches Vorhaben „an der Schwelle zum Völkermord" an den Palästinensern den Weg geebnet.[145]

Bloxham wiederum bestritt, dass sein Buch auf die Idee der Einzigartigkeit abgezielt habe. In einer langen Replik an seine Kritiker erklärte er, Bergen gehe falsch in der Annahme, Einzigartigkeit sei „eine meiner obersten Obsessionen"; nur „sechs Seiten" habe er dem Thema gewidmet.[146] Zudem wies er Bergens Vergleich der Einzigartigkeit mit einem „toten Pferd" zurück; die Einzigartigkeit bleibe eine „einflussreiche" Idee, da sie „in die Doxa der … Öffentlichkeit eingetreten sei".[147] Darüber hinaus lehnte er Bergens Vorschlag ab, der Holocaust solle eine „zentrierte" – d. h. privilegierte – Stellung innerhalb der Genozidstudien einnehmen.[148] Zur Begründung erläuterte Bloxham, die Historisierung des Holocaust sei innerhalb der Geschichte des modernen Völkermords Teil einer „moralisch-politischen" Agenda der „Vorhersage und … Prävention".[149] Die „Moral der Prävention" erfordere ein Abrücken von der Idee, dass sich der Holocaust von anderen Völkermorden unterscheide, denn diese Idee habe es „der internationalen Gemeinschaft … erlaubt, die Nichteinmischung in Ländern [mit genozidaler Gewalt] zu legitimieren" – und dies mit der Begründung, dass sie „Manifestation … nicht eines einseitigen, utopischen Vernichtungswillens, sondern das Ergebnis eines bilateralen ‚Stammes-Atavismus' und Ähnlichem" sei.[150] Abschließend warf Bloxham seinen Kritikern eine politische Schlammschlacht vor. Bartovs „offener politischer Vorwurf" gegen ihn diene lediglich dazu, die „Spannungen" zwischen Wissenschaftlern unterschiedlicher Ansichten zu verschärfen, und habe „einen unangenehmen Beigeschmack von versuchter Zensur".[151] Kein Wissenschaftler besitze „ein Monopol auf moralisch korrekte Herangehensweisen" an den Holocaust.[152]

Kurz nach Bloxhams Replik weitete sich die Debatte über sein Buch aus, als A. Dirk Moses Bloxham in einer Reihe von Artikeln verteidigte und sich den Vertretern der Einzigartigkeit entgegenstellte. In „Revisiting a Founding Assumption of Genocide Studies" (2011) versuchte Moses, Bartovs Kritik an Bloxham zu widerlegen. Bartov habe, so Moses, überreagiert mit seiner Unterstellung, Wissenschaftler, die den Holocaust als eine Form von Kolonialismus betrachteten, unterstützten die Einordnung „Israels als siedlerkolonialem Völkermörder".[153] Eine solche Behauptung, so Moses, messe einem im Wesentlichen wissenschaftlichen Ansatz zur Historisierung des Holocaust viel zu viel politische Bedeutung bei. Dessen ungeachtet lieferte Moses seine eigene politische Interpretation von Bartovs Position und beschuldigte ihn, mit seinem Versuch, „die Einzigartigkeitsthesen der vergangenen Jahrzehnte zu aktualisieren", ein „regressives" Projekt zu verfolgen.[154] Der Holocaust habe keineswegs anderen Völkermorden zu mehr Sichtbarkeit verholfen, wie Bartov behaupte. Allein die Tatsache, dass der Holocaust zur „Vorlage" geworden sei, „an der andere Genozide gemessen werden können", habe zur Verschleierung anderer Genozide beigetragen, denn wenn

„ein Genozid dem Holocaust ähneln muss, um sichtbar zu werden", dann werde logischerweise ein Fall von „Massengewalt", der „nicht dem Holocaust ähnelt, … als nicht-genozidal ausgeschlossen".[155] Dass ein Völkermord mit einem staatlichen Organ einhergehen müsse, das eine rassistische Ideologie gegenüber einem hilflosen Opfer verfolge, sei eine unnötige Einschränkung und lenke von mit dem Kolonialismus einhergehenden, tiefer liegenden strukturellen Kräften ab, die am Völkermord beteiligt seien. Diese Sicht habe zudem eine „verzerrende" Wirkung auf die Wissenschaft, da sie Historiker zu der Annahme verleite, ein Fall von Massenmord könne nur dann als Völkermord gelten, wenn „die Täter den Nazis und die Opfer den Juden ähneln".[156] Die Idee des Holocaust als Paradigma liefere keineswegs Erkenntnisse, wie Bartov meine, sondern fördere „die Blindheit gegenüber Fällen von Völkermord auf der ganzen Welt."[157] Die einzige Lösung bestehe darin, den Holocaust „von seiner Bedeutung innerhalb [des] … von Bartov geforderten ausschließlich jüdischen und westlichen Narrativs … zu entprovinzialisieren" und ihn in einen größeren weltgeschichtlichen Kontext einzubinden, der die „imperiale Logik" in Bezug auf „Demografie, Migration und Staatenbildung" berücksichtige.[158]

Seine Skepsis gegenüber dem Wert der Holocaust-Erinnerung führte Moses in einem zweiten Aufsatz mit dem Titel „Paranoia and Partisanship: Genocide Studies, Holocaust Historiography, and the ‚Apocalyptic Conjuncture'" (2011) weiter aus.[159] Wenn „Massengewalt dem Holocaust ähneln muss, um einen Völkermord darzustellen", so Moses in diesem Artikel, dann bedeute dies, dass „normale ethnisch-nationale Konflikte" um „reale Themen wie Land, Ressourcen, politische Macht und Ähnliches" nicht als Völkermord gelten könnten.[160] Diese Sicht verenge die Definition von Völkermord unnötig auf eine „‚halluzinatorische' Ideologie", die auf „wahnhaften, paranoiden und unpolitischen Erwägungen … [wie] ethnischer Reinheit" beruhe.[161] Wissenschaftler sollten Ideologie nicht mehr isoliert betrachten, sondern sie mit geopolitischen Faktoren verknüpfen. Eine Methode bestehe im Anschluss an Bloxham in der Erkenntnis, dass paranoide Eliten bei allen Völkermorden inländische Minderheitengruppen aufgrund deren vermeintlichen geheimen Absprachen mit rivalisierenden Staaten als Bedrohung der nationalen Sicherheit wahrnähmen.[162] Moses räumte ein, dass bei diesen Verdächtigungen reale geopolitische Verwundbarkeiten im Spiel seien; ein ebenso wichtiger Grund für die Paranoia der Eliten sei die Erinnerung an vergangenes Leid. „Völkermorde beruhen *im Allgemeinen* auf traumatischen Erinnerungen an vergangene Ereignisse, bei denen ‚illoyale' Völker kollektiv für schuldig befunden und dann kollektiv bestraft oder deportiert oder zerstört werden, und zwar *präventiv*, um die befürchtete Wiederholung der früheren traumatischen Erfahrung zu verhindern."[163] Moses forderte daher, die „starre Dichotomie zwischen Ideologie und politischer Rationalität" aufzubrechen und sie „durch ein Spektrum zu ersetzen, das anerkennt, dass bei Völkermorden im Allgemeinen paranoide Einschätzungen der Bedrohungslage vorhanden sind, die zu Präventivschlägen gegen Kollektive führen".[164] „Alle Völkermorde könnten mit dem Holocaust auf dieser Skala eingeordnet statt separat behandelt werden." Aus diesen Forderungen ergaben sich zwei wichtige Schlussfolgerungen: Erstens war die Dynamik des Holocaust nicht einzigartig; zweitens konnte die besondere Rolle der Erinnerung ebenso gut zerstörerischen wie progressiven Zielen dienen.

In einem dritten Aufsatz mit dem Titel „Genocide and the Terror of History" (2011) versah Moses diese Thesen mit einem Schuss Polemik.[165] In diesem theoretisch anspruchsvollen Artikel griff Moses auf das Werk von Mircea Eliade und das Gebiet der Traumastudien zurück und erklärte, traumatische Leiderfahrungen beförderten nicht so sehr Toleranz und Verständnis als vielmehr „Rache- und Vergeltungs-" Fantasien. Ein in „kollektivem Narzissmus und Paranoia" verankertes Holocaust-Bewusstsein nähre „die Angst vor kollektiver Zerstörung … Anstatt Vorbote einer universellen Menschenrechtskultur zu sein … führen transkulturelle Erinnerungen … an den Holocaust häufig zur ‚Katastrophisierung' der Politik [und] … zum ‚Terror der Geschichte'."[166] Für Moses schuf dieser historische Standpunkt den Nährboden für neue Gewalt. Traumatisierte Gruppen neigten, so der Autor, zu „Vernichtungsängsten", die sie nach „befreienden Lösungen" suchen ließen, oft in Form von „nationalen Befreiungsprojekten", die ihrerseits „genozidale Folgen haben können, wenn sie sich gegen … ‚Ausländer' und ‚Kolonisatoren' richten".[167] Bezeichnenderweise wandte Moses diese Dynamik im Kontext des modernen Nahen Ostens sowohl auf die Juden als auch auf die Araber an; beide Gruppen stellten seiner Ansicht nach die aktuellen Ereignisse als „Reinkarnationen oder Fortsetzungen der traumatischen, oft völkermörderischen Erfahrung [dar] …, die zu präventiver oder antizipativer Selbstverteidigung führt".[168] Besonderes Augenmerk richtete Moses auf das jüdische Geschichtsbewusstsein und die unverhältnismäßige Präsenz des Holocaust darin. Unter Verweis auf die Ängste von Juden, die Israel angesichts des aktuellen Antisemitismus „existenziell bedroht" sahen und einen „zweiten Holocaust" (seitens des Irans oder seiner Verbündeten) befürchteten, erklärte Moses, solche Reaktionen seien überzogen und entsprächen nicht der Realität.[169] Tatsächlich spiegelten sie eine dysfunktionale Form „übertriebener Wachsamkeit" wider, die „immun gegen Realitätschecks" sei.[170] „Anstatt ein Realitätsbewusstsein zu fördern, fördert die ‚Holocaust-Erziehung' … falsche Wahrnehmungen der Realität".[171] „Die weit verbreitete Annahme, die ‚Holocaust Erziehung' werde die Welt zu einem besseren Ort machen", sei daher „extrem optimistisch".[172]

Insgesamt zeigten Bloxhams Buch und die Reaktionen von Bergen, Bartov und Moses, dass einige der Kernfragen der Einzigartigkeitsdebatte ungelöst blieben. Trotz des Konsenses, den Wissenschaftler zu Beginn des Jahrzehnts anscheinend hergestellt hatten, bestand weiter Uneinigkeit darüber, ob das Holocaust-Bewusstsein eine positive oder negative Kraft war. Dieser Dissens wurde nur noch augenfälliger, als Wissenschaftler ihre Positionen erneut polemisch verteidigten. Wie diese Entwicklungen zeigten – und wie die Reaktion auf *Bloodlands* bestätigte –, schieden sich am Thema Einzigartigkeit noch immer die Geister.

Snyders Buch erhielt zahlreiche positive Rezensionen, rief aber auch Kritiker auf den Plan. Einerseits bezeichneten Journalisten und Wissenschaftler *Bloodlands* als bahnbrechende Studie, die „fesselnd", „richtungsweisend", „erschütternd", „mutig und originell" und „ein wichtiger Beitrag" sei.[173] Das Buch wurde vielfach ausgezeichnet und in über zwanzig Sprachen übersetzt, was seinen Erfolg bei der Kritik belegte.[174] Deutsche Historiker und Holocaust-Experten waren in ihrem Lob jedoch verhaltener und zum Teil offen kritisch. Viele attestierten dem Buch zwar eine große Erzählkraft und bewunderten seine Syntheseleistung, machten aber auf gewisse Mängel aufmerksam.[175] Einige warfen Snyder vor, keine wirkliche Erklärung für den Holocaust zu liefern. Mark Roseman zum Beispiel schrieb, das Buch „erzählt uns nicht etwas anderes", es liefere keine „großen neuen Antworten", während Omer Bartov bemängelte, es lege „keine neuen Beweise vor und liefert keine neuen Argumente".[176] Andere sahen dieses Versäumnis in Snyders Kernkonzept der Bloodlands begründet. James Sheehan sprach für viele, als er erklärte, das Konzept sei „nicht mehr als ein geografischer Ausdruck, der den physischen Ort der Tötungen beschreibt, keine geopolitische Kategorie mit interpretatorischer Kraft".[177] Jürgen Zarusky warf Snyder unterdessen eine „in mehrfacher Hinsicht inkonsistent[e]" Verwendung des Raumkonzepts der Bloodlands vor: Es projiziere „bestimmte Ereigniskomplexe auf einen Raum, der gar nicht zur Gänze davon betroffen war".[178]

Die kritischsten Reaktionen kamen jedoch von Wissenschaftlern, für die *Bloodlands* die Einzigartigkeit des Holocaust schmälerte. So schrieb Richard Evans, gerade das „globale Ausmaß der nationalsozialistischen Absichten gegenüber den Juden unterschied den Völkermord von anderen Massenvernichtungen der Zeit"; Snyders Vergleich des Holocaust mit den Verbrechen Stalins „lenkt von dem ab, was an der Judenvernichtung einzigartig war".[179] Wie Dan Diner hinzufügte, decke Snyders „Herabstufung von Auschwitz … eine zentrale Schwäche in … seiner Argumentation auf", nämlich das Hinwegsehen über die „gesamteuropäische Topografie" des Holocaust, die auf die „totale Vernichtung … aller Juden … *überall*" abzielte.[180] Efraim Zuroff vom Simon-Wiesenthal-Zentrum schloss sich Diner an; die Absicht der Nazis, „jeden einzelnen Juden auf der Welt zu töten, ungeachtet seiner Politik, seiner religiösen Praxis oder seiner Zugehörigkeit zu einer Gemeinschaft", mache den Holocaust „einzigartig unter den Vernichtungsprogrammen … in den Bloodlands".[181] Dovid Katz stimmte dem zu und stellte das Schicksal der Juden unter Hitler dem glimpflicheren Schicksal der Osteuropäer unter Stalin gegenüber. Für Katz kamen Stalins Verbrechen keineswegs einem Völkermord gleich; so argumentierte er kontrafaktisch:

> Die Esten, Letten, Litauer, Polen und Ukrainer sind im Jahr 2010 zum Glück noch immer unter uns, als große Nationen … gerade weil es keinen Völkermord gab … Das osteuropäische Judentum gibt es nicht mehr … weil es einen Völkermord gab. Wie Snyder außerdem wissen muss, hätte ein Sieg der Nazis im Osten mit all dem, was für die verschiedenen „minderwertigen Rassen" [dort] geplant war, … diese Nationen nicht für die Unabhängigkeit im Jahr 1991 bereit gemacht.[182]

Hätten die Nazis die Sowjets besiegt, wäre der Holocaust mit anderen Worten „erst der Beginn der Vernichtung großer Teile der osteuropäischen Bevölkerung gewesen".[183] Tatsächlich war es gerade der spätere Sieg der Sowjets über die Nazis, so die Rezensenten, der einen Großteil Osteuropas vor einem Genozid *bewahrte*. Statt nach Ähnlichkeiten zwischen den Verbrechen Stalins und dem Holocaust zu suchen, sei es daher sinnvoller, die Unterschiede zu betonen. „Die Befreier von Auschwitz sind einfach nicht dieselben wie die, die dort einen Völkermord verübten", schloss Katz. „Der Völkermord unterscheidet sich von den anderen Verbrechen dieser Zeit, und aus diesem Grund war der Holocaust einzigartig".[184]

Kritiker verwiesen nicht nur auf die wissenschaftlichen Mängel von *Bloodlands*, sondern befürchteten auch negative Folgen für die Erinnerung. Zuroff zum Beispiel hatte Bedenken, *Bloodlands* könne zur „Bibel der … Holocaust-Verzerrer im postkommunistischen Osteuropa werden", da es das Augenmerk weg von der Kollaboration der Osteuropäer mit den Nazis hin zu ihrer Viktimisierung durch die Sowjets lenke.[185] Er befürchtete ferner, dass die von Synders Buch implizit bestätigte Theorie des doppelten Völkermords „den Druck von … [osteuropäischen] Gesellschaften nehme, sich ihrer Vergangenheit zu stellen".[186] Zwar warfen Zuroff und andere Beobachter Snyder nicht vor, diese revisionistische Agenda absichtlich zu unterstützen. Bartov zum Beispiel bemerkte, dass sich Snyder „durch die Gleichsetzung von Partisanen und Besatzern, der sowjetischen und der nationalsozialistischen Besatzung … *unbeabsichtigt* das Argument der Apologeten zu eigen macht, wenn alle Verbrecher sind, hat niemand schuld".[187] Für viele Rezensenten war jedoch die Wirkung wichtiger als die Absicht. Für Katz stand Snyders Vergleich der sowjetischen Verbrechen mit dem Holocaust „im Einklang mit den baltischen Ultranationalisten, die … die Definition von Völkermord aufblähen und Deportation, Inhaftierung, Freiheitsverlust und vieles mehr darunter fassen".[188] Snyders Buch, so Zuroff abschließend, stamme zwar von einem Wissenschaftler mit „offensichtlichem Talent", sei aber dazu bestimmt, „von denjenigen missbraucht zu werden, die … die schlimmste Tragödie der Menschheitsgeschichte klittern wollen".[189]

Zur Bewertung der Debatte

So wie in der ersten Phase der Einzigartigkeitsdebatte in den 1990er-Jahren redeten beide Seiten in der jüngsten Phase weitgehend aneinander vorbei und verpassten die Gelegenheit, die Verbindungen des Holocaust zum modernen Völkermord zu klären. Angesichts des Imports von politischen Verdächtigungen in die Welt der Wissenschaft kam es zu Fehlinterpretationen und Überreaktionen. Am deutlichsten wurde dies in den Reaktionen auf die Studien von Bloxham und Snyder. Allerdings verfolgten Bloxham und Snyder ebenso wie Moses durchaus eine eigene Agenda. Darüber hinaus wiesen ihre Studien gewisse analytische Schwächen auf, die ihre im Übrigen wirkmächtige Kritik an der einschlägigen wissenschaftlichen Literatur trübten.

Überreaktionen auf die Kritik der Einzigartigkeit zeigten sich erstmals in den Rezensionen von Bloxhams *The Final Solution*. Die von Bergen und Bartov erhobenen Vorwürfe bewegten sich in gewisser Weise auf dünnem Eis. Wie Bloxham betonte, beliefen sich seine Verweise auf Israel auf wenige verstreute Sätze in einem 400 Seiten starken Buch.[190] Vor allem im Vergleich zu den zahlreicheren und offen polemischen Äußerungen von Wissenschaftlern wie Stannard, Churchill und Finkelstein in den 1990er-Jahren nahmen sich Bloxhams Verweise auf den israelisch-palästinensischen Konflikt bescheiden aus. Wenn Bartov sie dennoch aufgriff, dann möglicherweise aus Angst davor, diese frühere – von Wissenschaftlern außerhalb des Gebiets der Holocaust-Studien vorgebrachte – Polemik könne sich auf die etablierte Holocaust-Historiografie auswirken. Während „extreme Äußerungen aus politisch engagierten Kreisen als reine Propaganda abgetan werden können", so Bartov, „ist der wachsende Chor wissenschaftlicher Stimmen, die … Verbindungen zwischen dem in ihren Augen kolonialen Wesen der Judenvernichtung durch die Nazis und dem in ihren Augen kolonialen Wesen des Zionismus und des jüdischen Staates sehen… beunruhigender".[191] Bartovs Befürchtungen waren verständlich, da diese Verbindungen nicht nur in den Werken von Bloxham und Moses, sondern auch in etwa gleichzeitig veröffentlichten Studien von so prominenten Wissenschaftlern wie Mark Mazower gezogen wurden.[192] Da jedoch keine dieser Studien so polemisch war wie frühere Texte, war Bartovs Argwohn hinsichtlich der Absichten ihrer Autoren möglicherweise etwas übertrieben.

Dennoch waren die Argumente, die Bloxham zu seiner Verteidigung vorbrachte, nicht ganz überzeugend. Es ist schwer vorstellbar, dass er wirklich von Bartovs Reaktion auf seinen lapidaren Verweis auf Israels „Zerstreuung" der Palästinenser 1948–1949 überrascht war. Die Bemerkung war in der Tat nicht gut kontextualisiert. Obwohl Bloxham eigenen Aussagen zufolge nicht begriff, „warum der Kontext des Zusammenbruchs des Osmanischen Reiches und der verschiedenen in seinem Gefolge oft gewalttätig begründeten kleineren Staaten" nicht als Erklärung für Israels späteres Vorgehen „ausreiche", überging er geflissentlich, dass Israels Behandlung der Palästinenser im Zuge eines Kriegs erfolgte, in dem die neue Nation von feindlich gesinnten arabischen Staaten und Milizen angegriffen wurde. Da Bloxham andere Ereignisse in seinem Buch ausführlich kontextualisierte, war sein Versäumnis in diesem Fall bemerkenswert und könnte auf seine politische Haltung hindeuten. Darauf lässt zumindest seine Reaktion auf Bartovs Vorwurf schließen, *The Final Solution* zeige angesichts seiner Konzentration auf die NS-Täter mangelnde Empathie mit den jüdischen Opfern. Wenn Bartov, so konterte Bloxham, „in seinen Rezepten für die wichtigste Art von historischem Verständnis – nämlich Empathie – konsequent wäre, würde er mich dazu anhalten, mich in die Opfer der Naqba hineinzuversetzen". Die implizite Botschaft dieses bissigen Seitenhiebs – dass Bartov sich nicht in das Leid der Palästinenser hineinversetze – sowie Bloxhams fehlende Kontextualisierung von dessen komplexen Wurzeln ließen vermuten, dass Bartovs Verdacht hinsichtlich der Motive Bloxhams vielleicht nicht ganz unbegründet war.[193] Durch die implizite Verknüpfung des israelischen Verhaltens im militärischen Konflikt von 1947 bis 1949 mit tieferen, für den modernen Völkermord verantwortlichen Kräften konnte Bloxhams Studie zumindest theoretisch dazu genutzt werden, Israel in der von Bartov befürchteten scharfen Weise zu kritisieren. Es war zwar Bloxhams gutes Recht, einen solchen Zusammenhang herzustellen. Wissenschaftler verfolgen in ihren Analysen üblicherweise auch eine politische Agenda. Wenn jedoch nebenbei politische Kommentare fallen, die keinen unmittelbaren Bezug zum Thema haben und nie systematisch ausgeführt werden, können sie in Rhetorik umschlagen und, wie Bergen warnte, „Gefahr laufen, die Leser …

gegen sich aufzubringen und die Glaubwürdigkeit [der eigenen] Argumentation zu untergraben."[194] Derartige Kommentare widersprachen zudem der Empfehlung von Bloxhams Verbündetem, A. Dirk Moses, Genozidforscher sollten sich stärker auf Analysen als auf Aktivismus verlegen.

Freilich folgte Moses selbst nicht immer seinem eigenen Rat. Wie er in seinem Aufsatz „Paranoia and Partisanship" schrieb, sollten Historiker „Selbstdisziplin üben" und „über parteiische Identitätszuschreibungen hinausgehen", um keine „paranoiden Bedrohungsszenarien [fortzuschreiben], die zu sich selbst erfüllenden Prophezeiungen der Eskalation und Zerstörung beitragen".[195] Diese Empfehlung, die er als Reaktion auf Bartovs Kritik an Bloxham abgab, war zwar auf den ersten Blick löblich, allerdings allzu schwarzmalerisch.[196] In gewisser Weise stellte Moses' pessimistische Sicht eine umgekehrte Version der optimistisch-fortschrittsgläubigen Sicht des Holocaust-Bewusstseins dar, die Wissenschaftler in der zweiten Phase der Einzigartigkeitsdebatte vertraten. Tatsächlich unterstellte Moses beinahe, dass „paranoide" Verwendungen des Begriffes Holocaust ein inhärenter Bestandteil des Holocaust-Bewusstseins seien. In Wirklichkeit befördert jedoch die politische Gesinnung bestimmter Gruppen (auf der Rechten wie auf der Linken) die (teilweise auch „paranoide") Instrumentalisierung des Holocaust. Wie die Einzigartigkeitsdebatte gezeigt hat, dient der Holocaust universalistischen wie auch partikularistischen Zielen. Ein Holocaust-Bewusstsein ist weder links noch rechts, sondern neutral.

Das war nicht die einzige Verallgemeinerung, die Moses machte. Er behauptete zudem, „die Israelis benötigen ihren Terror der Geschichte, um … ihre Siege von 1948, 1967 und darüber hinaus zu rechtfertigen". Das mag auf einige rechte Israelis zutreffen, allerdings wohl kaum auf alle, denn viele verurteilen eine derartige Instrumentalisierung der Vergangenheit. Auf weniger dünnem Eis bewegte sich Moses, als er die traumatische Sicht jüdischer Geschichte in einen Kontext stellte, der über das Holocaust-Bewusstsein hinausging – als er diese Sicht etwa mit dem „100-jährigen zionistischen Wunsch [verknüpfte], das Exil … abzulehnen" und die Juden daran zu hindern, „erneut machtlos" zu werden.[197] Doch selbst hier hätte Moses noch weitergehen können, denn diese traumatische Sicht reicht noch viel weiter in der jüdischen Geschichte zurück, bis zur typologischen Sicht jüdischen Leids – wie sie Yosef Hayim Yerushalmi in seinem berühmten Buch *Zachor* diagnostizierte –, die neue Verfolgungen durch ältere, meist biblische Paradigmen wahrnahm.[198] Angesichts dieser längeren Traditionen maß Moses bei seiner Erklärung der Ängste heutiger Israelis der Rolle des Holocaust-Bewusstseins zu viel Gewicht bei.

Hierfür sprechen auch mehrere kontrafaktische Beobachtungen. Wenn es den Holocaust nie gegeben hätte (und wenn aus der fortgesetzten jüdischen Migration nach Palästina schließlich ein Staat entstanden wäre, wie es nach Ansicht der meisten Historiker der Fall gewesen wäre), würden die Israelis wahrscheinlich dennoch die gleichen, von Moses diagnostizierten Panikreaktionen an den Tag legen, da sich das von feindlichen arabischen Nachbarn umzingelte Land noch immer in einer prekären existenziellen Lage befindet. Das Holocaust-Bewusstsein sollte daher für die gegenwärtige politische Stimmung in Israel nicht überbewertet werden. Wenn das Holocaust-Bewusstsein außerdem eine derartige Rolle für den israelischen „Terror der Geschichte" spielen würde, hätte es zudem nie irgendwelche Friedensabkommen zwischen Israel und anderen arabischen Staaten gegeben. Schließlich waren die Israelis bei der Unterzeichnung ihrer Verträge mit Ägypten und Jordanien vor einigen Jahrzehnten nicht weniger durch den Holocaust traumatisiert – und nicht weniger paranoid gegenüber äußeren Bedrohungen – als heute (man könnte sogar behaupten, dass sie damals an einem *stärkeren* kollektiven Trauma litten, da es seinerzeit mehr Holocaust-Überlebende gab). Moses' Argument des Terrors der Geschichte war daher allzu deterministisch. Dies zeigte sich schließlich in seiner Erklärung des Prozesses, wie materielle Bedingungen die Erinnerung prägen. Moses riet Historikern zu Recht, die „materiellen Bedingungen politischer Paranoia" zu untersuchen und „ihre Existenz" durch das Konzept der Ideologie nicht nur vorauszusetzen.[199] Doch obwohl Erinnerungen in Krisenzeiten – wie beispielsweise in Zeiten „fremder Besatzung und sozialen Niedergangs" – durchaus zu Paranoia führen können, können sie in Zeiten der Stabilität universeller, empathischer und „fremdbestimmter" werden. Die Erinnerung im Allgemeinen und das Holocaust-Bewusstsein im Besonderen können ebenso gut progressiven wie regressiven Zielen dienen.

Ähnliche Fragen zum Thema Erinnerung warf die Debatte um *Bloodlands* auf. Einige der ablehnenden Reaktionen auf Snyders Buch lagen in einer Überreaktion auf die so empfundenen politischen Implikationen des Buches begründet. Viele von Snyders Kritikern wie etwa Zuroff und Katz verfielen in übertriebenen Alarmismus, als sie *Bloodlands* mit der rechten Agenda osteuropäischer Nationalisten in Verbindung brachten. Darauf wiesen eine Reihe von Historikern hin, die Snyder gegen den Vorwurf verteidigten, sein Buch habe die Einzigartigkeit des Holocaust geschmälert. Für John Connelly war Snyder ein „sanfter Revisionist", der eher von wissenschaftlichen als von politischen Motiven geleitet war.[200] Christopher Browning schloss sich dem an: „[D]iejenigen, die behaupten, dass [*Bloodlands*] ... die Massenmorde der Nazis und die der Kommunisten gleichsetze oder den ... Holocaust schmälere, haben es einfach nicht sorgfältig gelesen ... [Snyder] stellt ausdrücklich fest, dass Hitler und die Nazis mörderischer waren als Stalin ... und dass ... die Viktimisierung von Juden beispiellos war."[201] Ähnlich äußerte sich etwa James Kirchick, der erklärte, dass „Snyder den Schrecken oder das einzigartige Böse des Holocaust nicht verharmlost hat"; nach Ansicht von Adam Kirsch wahrte der Autor „die Singularität der jüdischen Erfahrung".[202] Snyder verteidigte sich zudem bewundernswert und wies darauf hin, dass er von Rechtsnationalisten weithin dafür kritisiert worden sei und sogar Morddrohungen erhalten habe, dass er die Aufmerksamkeit auf die Kollaboration der Osteuropäer beim Holocaust gelenkt habe. Außerdem setze er den Holocaust nicht mit anderen Völkermorden gleich. Die Einmaligkeit des Holocaust infrage zu stellen sei „das Letzte, was ich beabsichtige", erklärte er. „Der Massenmord an den Juden war ... in seinem Schrecken beispiellos; keine andere Aktion ... war so eng mit der Idee verbunden, dass ein ganzes Volk vernichtet werden sollte".[203] Die Befürchtungen, Snyder versuche den Holocaust zu relativieren, waren somit unbegründet.

Die Überzogenheit dieser Befürchtungen war jedoch nicht ihr kritischster Punkt, denn sie lenkten auch von einigen analytischen Mängeln in *Bloodlands* ab. Von allen Argumenten, mit denen Snyder die Einzigartigkeit des Holocaust in Zweifel zog, war eines besonders angreifbar: die „Sündenbock-Theorie", mit der er „die Verbrechen Hitlers und Stalins" erklärte. Wie oben erwähnt, entwickelte Snyder diese Theorie, um den Entscheidungsprozess hinter dem nationalsozialistischen Massenmord zu erläutern. Laut Snyder war diese Entscheidung eine Folge der gescheiterten Kolonialpläne im Osten.[204] Diese Theorie stand jedoch im Widerspruch zu Snyders Widerwillen, den genauen Zeitpunkt des Beschlusses der „Endlösung" festzulegen – vor allem die Frage, ob dies in einem Klima der Euphorie oder der Verzweiflung hinsichtlich der deutschen Kriegsaussichten geschah.[205] Snyder umging die Frage des Zeitpunkts mit der Bemerkung, die Vernichtung des europäischen Judentums sei schon lange vor dem Überfall auf die Sowjetunion Teil von Hitlers Vision eines Kolonialreichs im Osten gewesen.[206] „[E]ine Endlösung, durch die Europas Juden nach dem Krieg verschwinden sollten", sei eines von Hitlers vier utopischen Zielen vor Beginn der Operation Barbarossa gewesen; dabei wurden „Juden ... ermordet, weil Hitler dies als sein Kriegsziel definiert hatte".[207] Snyder gab mit anderen Worten zu verstehen, die vollständige Vernichtung der Juden – sei es durch langsamen Tod oder direkten Mord – sei ein Selbstzweck gewesen. Diese Behauptung stand jedoch im Widerspruch zu der Theorie, wonach Hitler sich nur aufgrund einer gescheiterten Politik zur Massenvernichtung entschloss.[208]

Der Konflikt zwischen Snyders zwei Thesen zeigt sich umso deutlicher, wenn man verschiedene kontrafaktische Überlegungen anstellt. Wenn die ursprüngliche Politik Stalins und Hitlers tatsächlich erfolgreich gewesen wäre, so die Sündenbock-Theorie, hätten die beiden Diktatoren keinen Grund gehabt, sich in Form von Massenmord zu rächen. Dies galt vor allem für Stalins Kollektivierungsprogramm. Wäre dies wie geplant verlaufen – hätte Stalin die Erntequote für 1931 nicht rücksichtslos an die ungewöhnlich hohen Zahlen der Rekordernte von 1930 geknüpft –, hätte es kein Scheitern und damit keinen Bedarf an Sündenböcken gegeben.[209] Dies galt vor allem deshalb, weil Stalins Verfolgungen sich laut Snyder aus einer Paranoia ableiteten, die von einer „politischen Gefährdung" ausging. Die Mordkampagne des Diktators ließ insbesondere zu der Zeit nach, als er sich in der zweiten Hälfte der 1930er-Jahre sicherer fühlte.[210] Eine erfolgreichere Sowjetunion wäre mit anderen Worten eine weniger blutige gewesen. Hitlers Judenverfolgung folgte dagegen einer anderen Dynamik. Im Gegensatz zu Stalin mäßigte Hitler seine Politik gegenüber den Juden keineswegs, sondern radikalisierte sie mit zunehmender Macht immer mehr. Wie diese Dynamik zeigte, die sich sowohl in den Jahren 1933–1939 als auch nach Kriegsausbruch abzeichnete, war die Vernichtung der Juden eine der wichtigsten ideologischen Prioritäten Hitlers. Es ist daher unwahrscheinlich, dass Hitler die Juden verschont hätte, wenn die Wehrmacht 1941 die Rote Armee besiegt und Hitler keine Sündenböcke gebraucht hätte. Es hätte trotzdem eine „Endlösung" gegeben, wenn auch möglicherweise mit anderen Mitteln. Diese Hypothese lässt Zweifel an der Theorie aufkommen, wonach der Holocaust nur die Folge einer gescheiterten Politik im Osten war. Sie legt zudem nahe, dass es entgegen Snyders Behauptungen letztlich mehr Unterschiede als Ähnlichkeiten zwischen dem Holocaust und den Verbrechen Stalins gab.

Die Sündenbock-Theorie erklärte zudem nicht hinreichend eine weitere Besonderheit des Holocaust – dass er sich nämlich nicht auf die Bloodlands beschränkte, sondern auf andere Teile Europas ausgeweitet wurde. Obwohl Snyder korrekt feststellt, dass die Zahl der von den Nazis ermordeten westeuropäischen Juden weitaus geringer war als die der osteuropäischen Juden, war gerade ihre zahlenmäßige „Geringfügigkeit" wichtig. Denn die Nazis widmeten der Deportation der winzigen jüdischen Gemeinden auf den Kanalinseln, in Norwegen und Griechenland die gleiche Aufmerksamkeit (und planten zudem die Ermordung der nordafrikanischen Juden).[211] Es handelte sich um jüdische Gemeinden, in denen die Nazis keinerlei imperiale Ambitionen im Zusammenhang mit dem Generalplan Ost hatten. Es gab keinen Grund, sie zu Sündenböcken für das Scheitern der nationalsozialistischen Ziele im Osten zu machen. Getötet wurden sie trotzdem. Diese Tatsache war ein wichtiger Hinweis auf das globale – und letztlich ideologische – Ausmaß der „Endlösung". Sie unterstrich zudem einen letzten kontrafaktischen Punkt: Hätten die Nazis den Zweiten Weltkrieg gewonnen, wäre keine jüdische Gemeinde irgendwo auf der Welt sicher gewesen.

Diese Hypothesen sind insbesondere im Hinblick auf Snyders eigenes kontrafaktisches Szenario relevant, mit dem er die Einzigartigkeit des Holocaust infrage stellte. In seiner Einleitung zu *Bloodlands* behauptet der Autor nämlich, nachdem er bereits die zentrale Bedeutung von Auschwitz in der „Endlösung" infrage gestellt hatte:

> Der Holocaust überschattet deutsche Pläne, die zu noch größerem Blutvergießen geführt hätten. Hitler wollte nicht nur die Juden auslöschen … [sondern] auch … viele Millionen Slawen … umbringen . . . Wäre der Krieg gegen die UdSSR wie geplant verlaufen, so wären 30 Millionen Zivilisten im ersten Winter verhungert und danach viele weitere Millionen vertrieben, ermordet, assimiliert oder versklavt worden.[212]

Diese Behauptung erscheint auf den ersten Blick vernünftig. Bei näherer Betrachtung ist sie jedoch irritierend, denn sie vermittelt den Eindruck, dass die reale Geschichte zu Unrecht die hypothetische Geschichte überschattet habe – dass der Tod von fast sechs Millionen Juden den der nie ermordeten zig Millionen Slawen überschattet habe. Snyder hat natürlich Recht, dass die Nazis bei einem Sieg den Generalplan Ost und den Hungerplan umzusetzen versucht hätten und dadurch Millionen Slawen zusätzlich ums Leben gekommen wären. Doch selbst wenn dieses Szenario so eingetreten wäre (was, wie Snyder in Kapitel 3 erläutert, aufgrund des Mangels an Arbeitskräften in Deutschland unwahrscheinlich ist), ist unklar, ob es das Gefühl der Singularität des Holocaust für die Nachkriegswelt geschmälert hätte. Hätten die Nazis den Krieg gewonnen, hätten sie auch die „Endlösung" der Judenfrage zu Ende geführt und nicht nur zwei Drittel, sondern fast huntert Prozent des europäischen Judentums ermordet. Dieses Albtraumszenario hätte aufgrund seiner Totalität möglicherweise noch immer den zahlenmäßig größeren, aber nicht vollständigen Mord an osteuropäischen Slawen überschattet. Es hätte möglicherweise also dennoch die Wahrnehmung der Extremität des Holocaust und damit seiner Singularität verstärkt.

Insgesamt hatten die Werke von Bloxham, Snyder und Moses beeindruckende Stärken, aber auch gewisse Schwächen. Sie waren bemerkenswerte Versuche, den Holocaust im Kontext des modernen Völkermords zu historisieren. Sie verfolgten dieses Ziel zudem in nüchterner, analytischer Weise und ohne den polemischen Furor früherer Wissenschaftler. Zugleich war ihre Auseinandersetzung mit der Einzigartigkeit des Holocaust jedoch von gewissen Widersprüchen geprägt. Bloxham, Snyder und Moses bestritten zwar jeglichen Wunsch, die besonderen Merkmale des Holocaust kleinzureden, in ihren Studien traten diese Besonderheiten jedoch letztlich in den Hintergrund. Ironischerweise stellten Bloxham und Moses einerseits die Einzigartigkeit des Holocaust infrage, bestanden aber andererseits darauf, dass das Konzept bereits passé sei. Wäre die Idee so diskreditiert gewesen, dass sie keinerlei Debatte mehr verdient hätte, hätten sie kaum Grund gehabt, sie zu hinterfragen. Dass sie es dennoch taten, deutete darauf hin, dass ihre Historisierung des Holocaust Teil eines Vorstoßes zur Universalisierung seiner Bedeutung war.

Auf diese Agenda deutete auch die Kritik der drei Wissenschaftler an der Holocaust-Erinnerung hin. Bloxham, Snyder und Moses lehnten den wissenschaftlichen Konsens des vorherigen Jahrzehnts ab und bezweifelten, dass die weltweite Verbreitung des Holocaust-Bewusstseins eine progressive Entwicklung darstelle. Implizit oder explizit machten sie klar, dass die Konzentration auf die nationalsozialistische Judenvernichtung ihren Preis gehabt habe: Für Bloxham war dieser Preis die Fortschreibung westlicher Metanarrative, die dem modernen kolonialen Völkermord zugrunde lagen; für Snyder war es die Stärkung eines nationalen Martyrologiums und einer nationalen Mythenbildung; für Moses war es die paranoide Mentalität des „Terrors der Geschichte". Nach ihrer Vorstellung – wie zuvor auch nach der von Judt und Alexander – sollte die Holocaust-Erinnerung eine allgemeinere Form annehmen und partikularistische Wiederholungen vermeiden. Mit diesen Forderungen gerieten Bloxham, Snyder und Moses jedoch in die Kritik, da andere Historiker ihnen vorwarfen, die Einzigartigkeit des Holocaust zu schmälern. Die Reaktion von Bloxham, Snyder und Moses war wiederum aufschlussreich. Obwohl Snyder sich versöhnlich zeigte, scheuten Bloxham und Moses in ihrer Verteidigung nicht vor polemischen Argumenten zurück und untermauerten ihre breitere historiografische Agenda mit Verweisen auf den israelisch-palästinensischen Konflikt. Damit trugen sie ironischerweise zur Fortsetzung ebenjener Debatte bei, die sie für beendet erklärt hatten.

Die jüngste Phase der Einzigartigkeitsdebatte bestätigt somit die Dialektik der Normalisierung. Bloxhams, Snyders und Moses' Bemühungen um eine Historisierung des Holocaust und ihre Betonung seiner Gemeinsamkeiten mit anderen Völkermorden nährten vor allem den Verdacht, dass sie aus politischen Gründen an einer Normalisierung interessiert waren. Als Reaktion auf diese Kritik betonten die drei Historiker nachdrücklich die Einzigartigkeit des Holocaust. Das Ergebnis war eine erneute Kontroverse und ein Konterkarieren der Normalisierung.

Zusammenfassung

Es ist schwer zu sagen, was der Verlauf der Einzigartigkeitsdebatte für die Entwicklung der Holocaust-Erinnerung bedeutet. Dass die Debatte seit zwei Jahrzehnten anhält, lässt vermuten, dass sich die Erinnerung an den nationalsozialistischen Völkermord weiterhin einer Normalisierung widersetzt. Angesichts des dialektischen Charakters der Debatte ist die Idee der Einzigartigkeit möglicherweise für Kontroversen prädestiniert. Dabei ist wichtig zu betonen, dass dieser Konflikt wenig mit grundlegenden wissenschaftlichen Differenzen zu tun hat. Je mehr Wissenschaftler den Holocaust historisiert haben, desto häufiger haben sie den Begriff der Einzigartigkeit als analytisch ungenau und empirisch nicht verifizierbar verworfen. Diese Wissenschaftler möchten weiterhin ein Bewusstsein für die besonderen Merkmale des Holocaust wahren, haben jedoch aus Angst vor Kontroversen weitgehend auf den Begriff der „Einzigartigkeit" verzichtet. Diese Geste der Versöhnung wurde unterdessen von Wissenschaftlern erwidert, die das Konzept der Einzigartigkeit zwar ablehnen, aber konzedieren, dass die jüdische Erfahrung in der NS-Zeit von besonderen und bei anderen Völkermorden fehlenden Eigenschaften geprägt war.

Angesichts dieses Musters der wissenschaftlichen Annäherung der letzten dreißig Jahre ist klar, dass es bei dem anhaltenden Konflikt über die Einzigartigkeit des Holocaust vor allem um Politik geht. Wie die Debatte gezeigt hat, war und ist der Versuch der Historisierung des Holocaust immer wieder von Bemühungen um seine Politisierung begleitet. Seit Jahren bringen Wissenschaftler und Aktivisten verschiedene politische Agenden in die Diskussion über die Einzigartigkeit des Holocaust ein, sei es in Zusammenhang mit amerikanischer Identitätspolitik, dem postkommunistischen Nationalismus in Osteuropa oder dem arabisch-israelischen Konflikt. Inwieweit diese Themen in die Debatte einflossen, lag weitgehend am Verlauf der politischen Ereignisse; in Krisenzeiten verstärkte sich der Trend, in Zeiten der Stabilität ließ er nach. Dieses Politisierungsmuster hat wichtige Konsequenzen: Es hat die Idee der Einzigartigkeit von einem analytischen Konstrukt in ein politisiertes Codewort verwandelt. Und es hat ein Klima des gegenseitigen Misstrauens geschaffen, in dem jeder Verweis auf Einzigartigkeit – ob kritisch oder zustimmend – reflexartig als Ausdruck einer politischen Position wahrgenommen wird. Die Standpunkte sind bekannt: Die Gegner der Einzigartigkeit halten die Idee für ein aggressives Instrument zur Förderung jüdischer und zionistischer Interessen, ihre Befürworter sehen sie dagegen als Abwehrmechanismus gegen Versuche der Bagatellisierung jüdischen Leids im Zweiten Weltkrieg.[213]

Obwohl diese gegenseitigen Verdächtigungen möglicherweise ein Quäntchen Wahrheit enthalten (einige Vertreter der Einzigartigkeit haben den Begriff zur Verteidigung Israels verwendet, während ihre Kritiker den Holocaust zu ent-judaisieren versucht haben), sind sie letztlich übertrieben. So wie viele Verteidiger der Einzigartigkeit nicht von zionistischen Zielen geleitet sind, verfolgen viele Kritiker keine antizionistische oder antisemitische Agenda. Die langjährige Politisierung des Konzepts hat jedoch beide Lager derart konditioniert, dass sie politische Agenden sehen, wo es diese nicht immer gibt. Solange politische Konflikte konkurrierende Wahrnehmungen des Holocaust-Erbes berühren, wird das Thema der Einzigartigkeit also sein Konfliktpotenzial behalten. Solange der arabisch-israelische Konflikt andauert, solange osteuropäische Nationalisten eine Aufarbeitung der Erfahrungen ihrer Länder unter nationalsozialistischer und sowjetischer Besatzung ablehnen, solange in den USA und in Europa identitätspolitische Auseinandersetzungen geführt werden, kurz, solange jede Krise dazu verleitet, den Holocaust für parteiische Zwecke zu instrumentalisieren, wird es keine Normalisierung geben. Der Holocaust wird aufgrund seines Status als säkulares Emblem des Bösen in der heutigen Welt wohl oder übel auch weiterhin nicht nur eine moralische Richtschnur, sondern auch eine rhetorische Waffe in der politischen Auseinandersetzung sein.

Die Zukunft der Einzigartigkeitsdebatte wird letztlich also davon abhängen, wie Wissenschaftler auf die fortschreitende Politisierung des Holocaust-Erbes reagieren. Den jüngsten Ereignissen nach zu urteilen, werden sie sich der Dialektik der Normalisierung schwerlich entziehen können. In der gesamten westlichen Welt rufen die anhaltenden Bemühungen um eine Universalisierung des Holocaust weiterhin eine lebhafte Verteidigung seiner Einzigartigkeit hervor. Anfang 2014 entfachte die Hohe Vertreterin der EU für Außen- und Sicherheitspolitik, Baronin Catherine Ashton, eine Kontroverse, als sie in ihrer offiziellen Erklärung zum Holocaust-Gedenktag weder die Juden noch den Antisemitismus erwähnte – ein Lapsus, der nach Ansicht von Kritikern die europäischen Muslime beschwichtigen sollte; in einer Zeit anhaltender israelisch-arabischer Spannungen hatten sie kein Interesse an Reden über jüdisches Leid.[214] In den USA sind konservative Kritiker von Präsident Barack Obama unterdessen in die Schlagzeilen geraten, als sie in ihrer Kritik von Obamas Politik Parallelen mit dem Holocaust zogen; Tea-Party-Aktivisten verglichen etwa den „Affordable Care Act" mit dem T4-Euthanasieprogramm der Nazis, während der milliardenschwere Risikokapitalgeber Thomas Perkins in einem Anfang 2014 im *Wall Street Journal* veröffentlichten Kommentar Parallelen zwischen dem „progressiven Krieg gegen das amerikanische eine Prozent, nämlich die ‚Reichen'", und dem nationalsozialistischen „Krieg [gegen die] Juden" zog.[215] In Israel stellen derweil sowohl linke als auch rechte Gruppen weiterhin Holocaust-Bezüge her, um vom Umgang mit den Palästinensern bis hin zur Politik gegenüber orthodoxen Juden schlichtweg alles zu verurteilen. Wie zu erwarten, haben Kritiker diese Beispiele der Universalisierung dafür angeprangert, den Holocaust seiner Singularität zu berauben. Sie waren bislang jedoch nicht in der Lage, entsprechende Vergleiche zu unterbinden. Wie schwierig es ist, sich dem Normalisierungsprozess zu widersetzen, wurde erst vor Kurzem bei einem neuerlichen Sturm der Kritik deutlich. Anfang 2014 versuchten israelische Politiker, die Einzigartigkeit des Holocaust durch Gesetze zu verteidigen, welche „falsche oder unangemessene" Verwendungen von NS-Termini und -Symbolen verboten.[216]

Angesichts dieser anhaltenden Kontroversen täten Holocaustforscher gut daran, sich bei künftigen Arbeiten der Dialektik der Normalisierung bewusst zu sein. Je besser sie die politischen Kräfte verstehen, die über ihrer Disziplin schweben, desto besser werden sie sicherstellen können, dass sich zukünftige Debatten über den Holocaust auf Fragen der Analyse und nicht auf Fragen der Politik konzentrieren. Wenn es Wissenschaftlern gelingt, sich von solchen Kräften zu befreien und ihre Arbeit sachlich zu halten, wird die Einzigartigkeitsdebatte wahrscheinlich verebben. Wenn sie hierzu nicht in der Lage sind, gibt es allen Grund zu der Annahme, dass die Debatte ungebrochen anhalten wird.

3 An den Grenzen der Spekulation: Kontrafaktische Geschichtsschreibung und der Holocaust

Ohne Hitler kein Holocaust.[1]

Milton Himmelfarb

Ohne den Holocaust gäbe es keinen … Staat Israel.[2]

Henry Turner

Ohne Hitler würde der Staat Israel heute wahrscheinlich nicht existieren, insofern war er wahrscheinlich der größte Freund der Juden.[3]

David Irving

Syllogismen sind häufig nicht nur falsch, sondern können mitunter auch beleidigend sein. Die Andeutungen der obigen Zitate, Adolf Hitler solle als Schöpfer des Staates Israel gefeiert werden, sind fraglos beides. Sie erklären jedoch, warum kontrafaktischen Spekulationen lange Zeit mit Misstrauen begegnet wurde. Seit Generationen lehnen Historiker die Verwendung kontrafaktischer Szenarien in der Geschichtsschreibung ab. Angefangen von E. H. Carrs und E. P. Thompsons klassischen Schmähungen bis hin zu jüngerer Kritik von Richard Evans sahen sie kontrafaktisches Denken lange Zeit bestenfalls als amüsante Ablenkung und schlimmstenfalls als reine Zeitverschwendung.[4] Ein solches Denken auf ein so ernstes Thema wie den Holocaust anzuwenden scheint daher unangemessen.

Dennoch ist kontrafaktisches Denken in den letzten Jahrzehnten zu einem wichtigen Merkmal der Holocaust-Historiografie geworden. Seit Anfang der 1960er-Jahre haben Historiker und andere Wissenschaftler zunehmend „Was wäre, wenn"-Szenarien zur Entstehung, zum Verlauf und zum

Erbe des nationalsozialistischen Völkermords entwickelt. Einige haben die Entstehung der Endlösung in den Fokus genommen und sich gefragt, ob sie ohne die Figur Adolf Hitlers überhaupt stattgefunden hätte oder in gleicher Weise verlaufen wäre. Andere haben das Verhalten der Opfer und Zuschauer untersucht und darüber spekuliert, wie größere Widerstandsaktionen von Juden und Rettungsversuche von Nichtjuden zur Abwendung oder Abschwächung seiner Auswirkungen hätten beitragen können. Wieder andere haben Fragen im Zusammenhang mit dem Erbe des nationalsozialistischen Völkermords untersucht und dabei vor allem erforscht, welche Auswirkungen ein Sieg der Nazis im Zweiten Weltkrieg auf die Einzigartigkeit des Holocaust gehabt hätte, wie die Endlösung bei einer Neutralität der Westalliierten hätte verhindert werden können und ob der Staat Israel ohne den Holocaust entstanden wäre.

Die Erkundung dieser „Was wäre, wenn"-Szenarien war von verschiedenen Motiven geleitet, teils analytischen, teils moralischen und teils politischen. Unabhängig davon war die Art dieser Szenarien von der Sicht der Gegenwart geprägt. Aus diesem Grund können kontrafaktische Darstellungen des Holocaust als wichtige Dokumente der Erinnerung gelten. Mit ihren Spekulationen über mögliche andere Verläufe der Vergangenheit haben Historiker ihre Sicht darüber offenbart, wie sie wirklich war. Wie zu erwarten, sind sie bei ihren Hypothesen über den nationalsozialistischen Völkermord zu höchst unterschiedlichen Ergebnissen gelangt. Einige haben sich Fantasien hingegeben, wie sie hätte besser verlaufen können; andere haben sich Albtraumszenarien vorgestellt, wie sie hätte schlimmer verlaufen können. Ungeachtet ihrer Ergebnisse deutet die wachsende Bereitschaft von Historikern, über den Holocaust zu spekulieren, auf einen wichtigen Gedächtnis-Trend hin. Denn kontrafaktische Szenarien konzentrieren sich nicht auf das tatsächliche Geschehen, sondern auf das, was den Juden während des Zweiten Weltkriegs *hätte* widerfahren *können*, und zeigen so, dass es in Bezug auf den Holocaust keinerlei moralisch begründete „Grenzen der Darstellung" mehr gibt. Sie werfen damit ein Schlaglicht auf die fortschreitende Normalisierung der nationalsozialistischen Vergangenheit.

Warum stellen wir bei der Beschäftigung mit dem Holocaust „Was wäre, wenn"-Fragen?

Das wachsende wissenschaftliche Interesse an Spekulationen über den Holocaust signalisiert die immer wichtigere Rolle, die kontrafaktisches Denken im Geistesleben des Westens spielt. Auf der elementarsten Ebene bedeutet kontrafaktisches Denken, hypothetische „Was wäre, wenn"-Fragen zu stellen und zu beantworten.[5] Dieses spekulative Denken ist in den Geistes- und Sozialwissenschaften, insbesondere auf dem Gebiet der Geschichte, seit Langem üblich. In kontrafaktischen Szenarien malen Historiker sich aus, wie wichtige historische Ereignisse angesichts bestimmter „Divergenzpunkte" hätten anders verlaufen können. Zu diesen Punkten gehören der Tod von Königen und Politikern, militärische Siege oder Niederlagen und der Aufstieg großer kultureller und religiöser Bewegungen. Durch die Betrachtung alternativer Geschichtsverläufe betonen „Was wäre, wenn"-Szenarien die wichtige Rolle der Kontingenz bei der Ausformung historischer Ereignisse. „Was wäre, wenn"-Szenarien stehen dabei in einer altehrwürdigen Tradition. Kontrafaktisches Denken reicht bis zu den berühmten Historikern der griechischen und römischen Antike zurück. Seit fast ebenso langer Zeit haben Historiker Spekulationen über die Vergangenheit jedoch verunglimpft und „Was wäre, wenn"-Geschichte als das fantastische „Andere" der „realen" Geschichte betrachtet.[6] In letzter Zeit hat diese Skepsis jedoch nachgelassen. Dank verschiedener politischer und kultureller Entwicklungen – die Revolutionen von 1989, der Aufstieg der Postmoderne und die Informationsrevolution – hat sich im Westen eine antideterministische, relativistische Wende vollzogen, die Wissenschaftler zu einem spekulativeren Denken über die Vergangenheit ermuntert hat.[7] Das Ergebnis war eine Flut neuer kontrafaktischer Studien, deren Szenarien häufig von Historikern stammten.[8]

In diesen Studien haben Wissenschaftler erkannt, dass kontrafaktisches Denken wichtige analytische Zwecke erfüllt. Zunächst geben „Was wäre, wenn"-Szenarien Aufschluss über die Kräfte der historischen Kausalität. Wenn Historiker behaupten, x habe y verursacht, dann sagen sie implizit, dass y ohne x nicht stattgefunden hätte.[9] Um ein konkretes Beispiel zu nennen: Die Behauptung, die Luftangriffe der Engländer und Amerikaner auf deutsche Städte seien für den Sieg der Alliierten im Zweiten Weltkrieg ausschlaggebend gewesen, steht in engem Zusammenhang mit der kontrafaktischen Behauptung, die Alliierten hätten den Krieg vielleicht nicht so schnell gewonnen, wenn sie sich nicht dieser umstrittenen Taktik bedient hätten. Eine solche Behauptung unterstreicht den kontingenten Charakter historischer Ereignisse und unterläuft eine deterministische Weltsicht. Wenn wir uns vorstellen, wie der Krieg ohne Luftangriffe verlaufen wäre, können wir besser verstehen, welche Faktoren zum Sieg der Alliierten beitrugen. Wir können zudem besser verstehen, dass dieser Sieg keineswegs vorherbestimmt war. „Was wäre, wenn"-Szenarien lenken also den Blick auf menschliche Entscheidungen statt auf unausweichliche Konsequenzen.

Kontrafaktisches Denken hilft Historikern auch bei der moralischen Bewertung historischer Ereignisse. Die wissenschaftliche Debatte darüber, ob die alliierten Luftangriffe auf deutsche Städte moralisch gerechtfertigt waren, ist seit Langem untrennbar mit der Frage verknüpft, wie die Geschichte ohne sie verlaufen wäre. Hätten die Alliierten auf ihre Bombardements verzichtet, wären weniger Deutsche bei Luftangriffen ums Leben gekommen. Das Kriegsverhalten der Alliierten wäre heute somit weniger moralisch umstritten. Es ist jedoch keineswegs ausgemacht, dass es ohne einen Luftkrieg tatsächlich weniger deutsche Opfer gegeben hätte. Ohne die Luftangriffe der Alliierten hätte der Krieg vielleicht länger gedauert, wäre von ausgedehnten Bodenoffensiven geprägt gewesen und hätte mehr zivile Opfer gefordert. In diesem Fall könnten Historiker heute darüber debattieren, ob es moralisch besser gewesen wäre, die Luftangriffe fortzusetzen, den Krieg früher zu beenden und der deutschen Zivilbevölkerung längeres Leid zu ersparen. Wie diese Möglichkeiten zeigen, hängen moralische Urteile oft davon ab, ob ein kontrafaktisches Szenario den Lauf der Geschichte letztlich verbessert oder verschlechtert.

Mit ihren möglichen alternativen Verläufen geben kontrafaktische Szenarien schließlich Aufschluss darüber, wie historische Ereignisse in der Erinnerung wachgehalten werden. Kontrafaktische Szenarien verändern die Vergangenheit in der Regel in eine positive oder eine negative Richtung. Sie können daher in Fantasien und Albträume unterteilt werden.[10] Beide sind insofern höchst subjektiv, als sie Ausdruck der Hoffnungen und Ängste ihrer Schöpfer sind. Kontrafaktische Geschichtsszenarien sind daher

„präsentistisch". Sie erforschen die Vergangenheit weniger um ihrer selbst willen, als um zu aktuellen Themen Stellung zu nehmen. Fantasieszenarien zeichnen etwa eine bessere Version der realen Vergangenheit und bringen dabei häufig eine Unzufriedenheit mit der Gegenwart zum Ausdruck. Im Gegensatz dazu vermitteln Albtraumszenarien mit ihrer Darstellung schlechterer Versionen der realen Vergangenheit oft ein Gefühl der Zufriedenheit mit dem Status quo. Beide haben zudem politische Implikationen und stehen auf unterschiedliche Weise im Dienste liberaler und konservativer Interessen.[11] Wichtig ist jedoch vor allem, dass die kontrafaktischen Szenarien inhärente Subjektivität sie zu idealen Dokumenten für die wissenschaftliche Beschäftigung mit der Erinnerung macht. Kontrafaktische Geschichtsschreibung ist von vielen der psychologischen Impulse geprägt, die bestimmen, wie die Vergangenheit im Gedächtnis Konturen annimmt. Diese Impulse sind oft moralisierender Art; Autoren neigen dazu, die Verantwortung für negative historische Ereignisse anderen anzulasten oder sich positive Ereignisse als eigenes Verdienst anzurechnen. Diese subjektiven (und oft politischen) Wünsche bilden vielfach die Grundlage von Fantasie- und Albtraumszenarien. Kontrafaktische Annahmen bieten sich somit oft dazu an, gewohnte Blicke auf die Vergangenheit zu hinterfragen. Kontrafaktische Überlegungen zeigen, wie die Geschichte hätte anders verlaufen können, und dienen damit den Zielen revisionistischer Geschichte und dem Gegengedächtnis.[12]

Historiker haben kontrafaktisches Denken auf viele historische Fragestellungen angewandt; eine der wichtigsten ist jedoch der Holocaust.[13] Die Gründe dafür sind verständlich, schließlich stellt der Holocaust Historiker seit Langem vor dieselbe Art von analytischen, moralischen und mnemotechnischen Fragen, für deren Untersuchung sich kontrafaktisches Denken so gut eignet. Seit Jahrzehnten haben Historiker die Kausalkette der zum Holocaust führenden Ereignisse untersucht; sie haben das moralische Verhalten der Täter, Opfer und Zuschauer bewertet; und sie haben erforscht, wie das Ereignis in der Erinnerung existiert. Dabei haben sich Wissenschaftler oft in Kontroversen verwickelt, in denen sich die Anhänger etablierter Paradigmen hitzige Wortgefechte mit revisionistischen Herausforderern geliefert haben. Da kontrafaktische Annahmen tendenziell die historiografische Debatte vorantreiben, spielen sie eine wichtige, wenn auch nicht immer ausreichend gewürdigte Rolle in der Holocaust-Forschung.

Kontrafaktisches Denken war anfangs kein wesentliches Merkmal der Holocaust-Historiografie, was zum Teil an der langsamen Entwicklung des Gebiets lag. Allgemeine historische Studien zum nationalsozialistischen Völkermord waren in den ersten Jahren nach dem Zweiten Weltkrieg kaum vorhanden, die ersten großen Synthesen erschienen erst in den 1960er-Jahren. In dieser Zeit beschäftigten sich Historiker vorrangig damit, die umfangreichen dokumentarischen Quellen, die den Krieg überlebt hatten, zu sichten und die grundlegenden Fakten über den Holocaust zusammenzutragen. Angesichts dieses empiristischen Imperativs stellten die Autoren der bekanntesten Werke der Epoche – Wissenschaftler wie Philip Friedman, Eugen Kogon, Léon Poliakov, Gerald Reitlinger und Raul Hilberg – kaum kontrafaktische Betrachtungen an.[14] Wenn Wissenschaftler sich an derlei Spekulationen beteiligten, so oft unter Zusatz von Widerrufen. Als Poliakov darüber spekulierte, wie andere Gruppen außer den Juden wohl gelitten hätten, wenn die Nazis den Zweiten Weltkrieg gewonnen hätten, bemerkte er entschuldigend: „Nichts ist nutzloser, als Ereignisse zu prognostizieren, die nicht … stattgefunden haben.“[15] Erst in den 1970er- und 1980er-Jahren stießen kontrafaktische Überlegungen bei Holocaust-Forschern zunehmend auf Interesse. Inzwischen waren mehr Fakten über den Holocaust bekannt, sodass Wissenschaftler ihren Fokus nun auf Interpretationen verlegten. Zwangsläufig traten dabei unterschiedliche Deutungen in Erscheinung, unterschiedliche Denkschulen formierten sich und Fragen zur Entstehung, zum Verlauf und zum Erbe des Holocaust wurden kontrovers öffentlich diskutiert. Angesichts zunehmender Spannungen zwischen orthodoxen und revisionistischen Standpunkten wurde kontrafaktisches Denken immer verbreiteter.

Dieser Trend wird deutlich, wenn man die Verwendung kontrafaktischen Denkens in der Holocaust-Forschung der letzten Jahrzehnte nachzeichnet. Wissenschaftler haben sich an dieser Art der Geschichtsschreibung beteiligt, um nicht nur die Geschichte, sondern auch das Erbe des Holocaust zu untersuchen: Sie haben sich ihrer bedient, um das Verhalten von Opfern, Tätern und Zuschauern zu beurteilen; und sie haben sie verfolgt, um festzustellen, ob der Völkermord historisch „einzigartig“ war; ob er durch die Nichteinmischung der Alliierten im Zweiten Weltkrieg hätte verhindert werden können; und ob er zur Gründung des Staates Israel beigetragen hat. Waren sie anfangs eher zögerlich, haben sie sich mit der Zeit jedoch immer selbstbewusster an solchen Spekulationen beteiligt; viele tun dies heute sogar explizit. Dabei diente kontrafaktisches Denken verschiedenen Zwecken – der Analyse historischer Kausalzusammenhänge, dem Fällen moralischer Urteile über die Vergangenheit und der Revision gängiger Interpretationen. Damit lösten sie allerdings nicht wenige Debatten aus. Da sie kontrafaktisches Denken ebenso häufig als rhetorisches Mittel wie als analytisches Instrument einsetzten, mussten Wissenschaftler sich oft den Vorwurf gefallen lassen, parteiische Subjektivität über wissenschaftliche Objektivität zu stellen.[16] Viele Skeptiker betonen daher nachdrücklich, dass kontrafaktisches Denken es nicht verdiene, ernst genommen zu werden. Tatsächlich ist das Gegenteil der Fall. Die wachsende Präsenz kontrafaktischen Denkens in der Holocaust-Historiografie zeigt, welche Entwicklung der nationalsozialistische Völkermord im kollektiven Gedächtnis genommen hat.

Die Opfer als Schuldige: Hannah Arendt und die Debatte um jüdische Kollaboration

Das erste Thema, das Anlass zu ausgedehnten kontrafaktischen Auseinandersetzungen gab, war das Verhalten der jüdischen Opfer im Holocaust. Ein wichtiger Anstoß war die erbitterte Kontroverse, die die Veröffentlichung von Hannah Arendts Buch *Eichmann in Jerusalem* 1963 nach sich zog (Abb. 10). Obwohl das Buch vor allem für den Begriff der „Banalität des Bösen" bekannt ist, löste es aufgrund seiner kritischen Aussagen über die Judenräte – die es für die Deportation und Ermordung jüdischer Bewohner in den von den Nazis verwalteten Ghettos verantwortlich machte – besonders unter Juden erboste Reaktionen aus. Bezeichnenderweise war die umstrittenste These in Arendts Studie eine kontrafaktische. So spekulierte Arendt: „Von Polen bis Holland und Frankreich, von Skandinavien bis zum Balkan gab es anerkannte jüdische Führer, und diese Führerschaft hat fast ohne Ausnahme auf die eine oder andere Weise … mit den Nazis zusammengearbeitet."

Abb. 10: In Eichmann in Jerusalem *(1963) entwarf Hannah Arendt eines der ersten und umstrittensten kontrafaktischen Szenarien des Holocaust.*

> Wäre das jüdische Volk wirklich unorganisiert und führerlos gewesen, so hätte die ‚Endlösung' ein furchtbares Chaos und ein unerhörtes Elend bedeutet, aber … die Gesamtzahl der Opfer hätte schwerlich die Zahl von viereinhalb bis sechs Millionen Menschen erreicht. … etwa die Hälfte [hätte] sich retten können, wenn sie den Anweisungen des Judenrats nicht gefolgt wäre.[17]

Arendt legte somit ein Fantasieszenario vor: Wenn sich die Juden anders verhalten hätten, hätten sie den Lauf der jüdischen Geschichte verbessern können.

Arendts Beweggründe für diese These waren vielfältig. Zum einen hoffte sie, der heroisierten Darstellung der jüdischen Opfer in der bestehenden wissenschaftlichen Holocaust-Literatur ein Gegengewicht entgegenzusetzen.[18] Zum anderen bekundete sie mit ihrer spekulativen Vision einer besseren Vergangenheit auch ihre politische Unzufriedenheit mit der Gegenwart. Arendt war von der Entwicklung der zionistischen Bewegung in der Nachkriegszeit befremdet, da diese in ihren Augen nach dem Holocaust zu weit nach rechts gerückt war. Dieser Wandel zeigte sich für sie in der politisch motivierten Entscheidung des israelischen Premierministers David Ben-Gurion, Eichmann wegen Verbrechen gegen das jüdische Volk 1961 in Israel vor Gericht zu stellen, anstatt ihn an ein internationales Tribunal auszuliefern, wo er wegen Verbrechen gegen die Menschlichkeit angeklagt werden konnte. Dies war für Arendt jedoch nicht das einzige Manko des Prozesses. Vor allem kritisierte sie den leeren Fleck „gerade an dieser bedenklichsten Stelle", nämlich das fehlende Thematisieren der „Zusammenarbeit zwischen nationalsozialistischen und jüdischen Behörden".[19] Arendts Kritik am Verhalten der jüdischen Führer während des Kriegs war in diesem Kontext also ein rhetorischer Angriff auf das politische Nachkriegsestablishment Israels.

In jüdischen Kreisen lösten Arendts Behauptungen heftige Debatten aus. Einer ihrer zahlreichen Kritiker war Gershom Scholem, der Arendt mangelndes Mitgefühl mit den notleidenden Juden vorwarf.[20] Andere konterten Arendts kontrafaktische Behauptungen mit eigenen kontrafaktischen Argumenten. Lionel Abel zum Beispiel hinterfragte Arendts These, dass „die jüdische Führung für den Erfolg der Nazis bei der Tötung von Juden so notwendig war", indem er auf die von den NS-Einsatzgruppen ermordeten „über eine halbe Million russischen Juden … in der Ukraine [verwies, wo] es keine Judenräte gab". „Hätte sich Miss Arendt mit der Tötung der Juden in Russland befasst", so Abel, „hätte sie von ihrer gesamten These abrücken müssen, dass … der Tod so vieler Juden letztlich ihrer eigenen Führung zu verdanken ist".[21] Andere Kritiker konterten Arendts Fantasievorstellung, die Juden hätten sich selbst retten können, mit der These, dass dieser Fall einem Albtraum gleichgekommen wäre.[22] Laut Jacob Robinson hätten jüdische Gemeindeorganisationen „die Situation nur verschlimmert", wenn sie dem Rat Arendts gefolgt wären und sich nach Beginn der Besatzung durch die Nationalsozialisten aufgelöst und die Juden zur Flucht gedrängt hätten, denn damit hätte es keine jüdische Stelle gegeben, die auswanderungswilligen Flüchtlingen geholfen hätte – im Protektorat der Slowakei war diese Hilfe beispielsweise von 1939 bis 1941 noch möglich.[23] Wie diese Kritik an Arendt zeigte, war die Debatte über jüdisches Verhalten auch eine Debatte über das Verhältnis von Kontingenz und Unausweichlichkeit im Holocaust. Obwohl Arendt nachdrücklich betonte, dass selbst „die Möglichkeit, nichts zu tun", eine „begrenzte Entscheidungsfreiheit" für die Juden im Ghetto bedeutet habe, waren die Bewohner nach Ansicht ihrer Kritiker nach den entsprechenden Anordnungen der Nazis kaum in der Lage, über ihr Schicksal zu bestimmen. So stellte Norman Podhoretz abschließend fest, das Verhalten der jüdischen Führer habe „für das Endergebnis nicht die geringste Rolle gespielt. Mörder mit der Macht zum Morden fielen über ein wehrloses Volk her und ermordeten einen Großteil von ihnen. Was gibt es sonst noch zu sagen?"[24]

Wie sich herausstellte, gab es eine Menge zu sagen, zumindest nach Ansicht von Arendts Anhängern, von denen viele zu ihrer Verteidigung kontrafaktische Behauptungen vorbrachten. So schrieb zum Beispiel Bruno Bettelheim: „Zweifellos wären die Geschichten der Ghettos anders verlaufen, wenn die meisten Juden und ihre Führer nicht … bereit gewesen wären … mit den Deutschen zusammenzuarbeiten … [und sich gewehrt hätten]. Zweifellos hätten viele Juden … zu fliehen versucht."[25]

Mary McCarthy spekulierte ausführlicher:

> Hätten die Nazis bei der Selektion von Juden für die Vernichtungslager ihre eigenen Arbeitskräfte einsetzen müssen, … hätten sie nicht nur weniger Juden zusammengetrieben, sondern den Abzug an Arbeitskräften bei ihren Militäreinsätzen gespürt; hätte Hitler um den Preis einer dafür nötigen Umleitung von Truppen an der Endlösung festgehalten, wäre der Krieg vielleicht etwas früher geendet. Klar ist, dass die Weigerung zur Zusammenarbeit schreckliche Repressalien zur Folge gehabt hätte, aber … [sie] hätte möglicherweise die Armee und Zivilbevölkerung in Deutschland und den besetzten Ländern demoralisiert, was zu Chaos – dem Albtraum der Generäle – hätte führen können … Dies zu sagen, bedeutet … keinen Mangel an Mitgefühl mit … der Not

> [der Juden]. Über die Vergangenheit zu spekulieren ... bedeutet nicht, jemandem die Schuld zuzuschieben, ... sondern lediglich zu wünschen, zu bedauern, die Augen zu schließen und einen anderen Verlauf zu sehen.[26]

Schließlich verteidigte Dwight Macdonald Arendt gegen Scholems Vorwurf, es mangele ihr „an einem besonderen Gefühl für ihre Mitjuden"; „eine solche Befangenheit hätte es ihr unmöglich gemacht, darüber zu spekulieren, wie die Katastrophe bei einem anderen Vorgehen der jüdischen Führung weniger absolut gewesen wäre".[27] Wie diese Kommentare zeigen, ging es in der Debatte über Arendts kontrafaktische Bemerkung um mehr als nur die historiografische Frage, ob Juden im Holocaust Entscheidungsfreiheit hatten oder Gefangene ihres Schicksals waren. Strittig war auch, ob es angemessen war, kontrafaktisches Denken für parteiische Zwecke zu nutzen.

Die von Arendts Buch ausgelöste kontrafaktische Debatte war letztlich nur von kurzer Dauer. Mit wenigen Ausnahmen nahm die Zahl wissenschaftlicher Studien über das Verhalten der Juden im Holocaust – wie die Holocaust-Forschung im Allgemeinen – in der Folgezeit ab.[28] Bis zur Mitte der 1970er-Jahre befassten sich Werke über das Dritte Reich vor allem mit den politischen Ursachen der NS-Diktatur, ihrer Verwaltungsstruktur und ihrem ideologischen Verhältnis zum Faschismus.[29] Die Ursprünge des NS-Völkermords fanden dagegen kaum Beachtung. Dasselbe galt für Studien, die während der „Hitlerwelle" erschienen und den Holocaust meist nur oberflächlich behandelten, um die geheimnisvollen Untiefen von Hitlers Biografie auszuloten.[30] Keines dieser Werke war zudem von bedeutsamen kontrafaktischen Überlegungen geprägt. Da das strukturalistische Augenmerk auf den für das Dritte Reich charakteristischen sozialen, wirtschaftlichen und bürokratischen Kräften lag, beschäftigten sich die Vertreter dieser Richtung eher mit deterministischen als mit kontingenten Faktoren; auch das Interesse der Hitlerwelle an reißerischen biografischen Details rückte Spekulationen über andere mögliche Ergebnisse der Geschichte in den Hintergrund. Für die meisten Wissenschaftler schienen „Was wäre, wenn"-Fragen in Bezug auf den Holocaust kurzum wenig attraktiv.

Eine Analyse der Täter: „Ohne Hitler kein Holocaust"

In den 1980er-Jahren tauchte kontrafaktisches Denken jedoch im Zusammenhang mit einem neuen Thema wieder auf – der Rolle Hitlers bei der Planung, Initiierung und Umsetzung der sogenannten Endlösung der Judenfrage. Dieser Schwerpunkt entwickelte sich parallel zur Mitte der 1970er-Jahre stark zunehmenden Holocaust-Forschung. Diese Forschungsrichtung definierte sich zunächst durch die „intentionalistische" Überzeugung – beispielhaft hierfür war Lucy Dawidowcicz' einflussreiche Studie *The War Against the Jews* (1975) –, dass der NS-Diktator eine zentrale Rolle bei der Planung des Völkermords gespielt habe.[31] Gegen Ende des Jahrzehnts und bis in die 1980er-Jahre hinein stellte der Aufstieg der „funktionalistischen" Schule um Martin Broszat und Hans Mommsen diese intentionalistische Position infrage; sie maß der Rolle Hitlers bei der Endlösung keinen so großen Stellenwert bei, sondern betonte vielmehr die mit der bürokratischen Struktur des NS-Staates verbundenen Kräfte.[32] Auch als Reaktion auf diese neue Argumentationslinie verteidigten intentionalistische Wissenschaftler ihre Position nun mithilfe kontrafaktischer Aussagen. Ohne Hitler hätte es keinen Holocaust gegeben, lautete ihre Prämisse.

Ironischerweise ging die bekannteste kontrafaktische Formulierung dieses „Was wäre, wenn"-Szenarios weder auf die Debatte zwischen Intentionalisten und Funktionalisten zurück, noch stammte sie von einem Historiker. 1984 veröffentlichte der Essayist Milton Himmelfarb in der Zeitschrift *Commentary* einen Artikel mit dem Titel „No Hitler, No Holocaust". Obwohl der Autor dem intentionalistischen Lager zugeordnet wurde, war sein Aufsatz nicht als Gegenschrift zum Funktionalismus, sondern als Kontrapunkt zu anderen historiografischen Entwicklungen gedacht. Als konservativer Verfechter der traditionellen Methodik der Geschichtswissenschaft hinterfragte Himmelfarb das seiner Meinung nach modische Aufgreifen tiefenstruktureller Kräfte – „Geografie, Demografie, Technologie, Mentalitäten" –, das auf Kosten der „Biografie großer Männer" ging. Die Konzentration auf solche deterministischen Kräfte habe die Geschichte des Holocaust verzerrt, denn sie habe Hitler „hinter Abstraktionen" verschwinden lassen. Himmelfarb bekräftigte dagegen die Rolle der Kontingenz historischer Ereignisse und betonte die zentrale Rolle Hitlers für den Holocaust:

> Hitler verfügte und befahl den Holocaust und ihm wurde Folge geleistet. Traditionen, Tendenzen, Ideen, Mythen – nichts davon veranlasste Hitler, die Juden zu ermorden. Diese ganze Geschichte, all diese Kräfte und Einflüsse hätten die gleichen sein können, und Hitler hätte genauso gut … die Juden nicht ermorden können …
> Antisemitismus war eine notwendige Bedingung für den Holocaust, er war keine hinreichende Bedingung. Hitler wurde gebraucht. Hitler hat die Juden ermordet, weil er sie ermorden wollte.[33]

Das ließ für Himmelfarb nur eine Schlussfolgerung zu: „Ohne Hitler kein Holocaust."

Himmelfarbs Glaube an die Handlungsfähigkeit des Einzelnen war nicht die einzige historiografische Prämisse, die zur kontrafaktischen Schlussfolgerung seines Essays führte. Sein Diktum „Ohne Hitler kein Holocaust" sollte auch die deterministische These widerlegen, wonach der Holocaust auf christlichen Antisemitismus zurückzuführen sei. Diese Behauptung hatten zwei Autoren bereits einige Jahre zuvor in ihren Artikeln in *Commentary* aufgestellt: der polnisch-jüdische Schriftsteller und Holocaust-Überlebende Henryk Grynberg und der britisch-jüdische Wissenschaftler Hyam Maccoby.[34] Diese Autoren, so Himmelfarb, hätten die entscheidende Rolle Hitlers, dessen Name „nur einmal" erwähnt werde, sträflich unterschätzt. Himmelfarb verteidigte das Christentum nun gegen die deterministische Anschuldigung, dem Holocaust den Weg bereitet zu haben. Der christliche Antisemitismus habe den Massenmord an den Juden weder beabsichtigt noch erlaubt, sondern sei nach dem Prinzip verfahren, „die Juden dürften leben, aber nicht zu gut". Erst mit dem Aufkommen des „antichristlichen Antisemitismus", den Himmelfarb auf das deistische Denken des „Aufklärers Voltaire" zurückführte, sei der Judenhass mörderisch geworden. Ebenjener säkulare Strang des Hasses habe den „antichristlichen" Adolf Hitler beeinflusst.

Himmelfarb konnte daher antideterministisch behaupten, Hitler habe „den Holocaust gemacht, weil er ihn machen wollte. Nicht der Antisemitismus veranlasste ihn dazu."[35]

Seine Beschönigung der Rolle des Antisemitismus im Holocaust war wie im Falle von Arendt von politischen Erwägungen geleitet. Zur Zeit der Abfassung seines Aufsatzes entwickelte er seine berühmte neokonservative politische Agenda, deren Hauptmerkmal das Schmieden von Bündnissen zwischen Juden und christlichen Konservativen war. Diesem Ziel stand jedoch die Überzeugung der meisten Juden im Wege, der Antisemitismus leite sich aus der christlichen Lehre ab. Um diese gedankliche Verknüpfung als falsch zu entlarven, sprach Himmelfarb den christlichen Antisemitismus von jeglicher Schuld für den Holocaust frei und machte stattdessen den „antichristlichen Antisemitismus" dafür verantwortlich. Diese letztere Form des Judenhasses habe im säkularen Denken der politischen Linken, vor allem im Antizionismus, eine bequeme Heimat gefunden. Mit dieser Bemerkung offenbarte Himmelfarb die politische Stoßrichtung seines kontrafaktischen Denkens. Mit der These, ohne Hitlers antichristlichen Antisemitismus hätte es keinen Holocaust gegeben, versuchte er die Juden davon zu überzeugen, dass sie „von Antichristen mehr zu befürchten hätten als von Christen", und drängte sie dazu, sich mit christlichen Konservativen zu verbünden.[36]

Himmelfarbs Formel „Ohne Hitler kein Holocaust" ist die vielleicht bekannteste Version dieser kontrafaktischen Annahme, sie war aber keineswegs die einzige. Bereits vor und vor allem seit ihrem Erscheinen haben sich viele Wissenschaftler ihrem Grundtenor angeschlossen. So erklärte Walter Laqueur Anfang der 1970er-Jahre kategorisch: „ohne Hitler … kein Holocaust", während Joachim Fest bekanntlich schrieb: „Wenn Hitler Ende 1938 einem Attentat zum Opfer gefallen wäre, würden nur wenige zögern, ihn einen der größten Staatsmänner der Deutschen … zu nennen. … [Sein] Antisemitismus und das Weltherrschaftskonzept wären vermutlich … in die Vergessenheit geraten".[37] Ähnliche Äußerungen stammten in den 1980er-Jahren von Randolph Braham, Sebastian Haffner und Philippe Burrin und in den letzten beiden Jahrzehnten von Doris Bergen, Inge Clendinnen, John Connelly, Jonathan Frankel, Daniel Goldhagen, John K. Roth, Richard L. Rubenstein, William D. Rubinstein und Henry Turner.[38] Bezeichnenderweise haben sich einige Wissenschaftler ausdrücklich zu entsprechenden Gedankenspielen bekannt. Ian Kershaw beispielsweise erklärte 2004: „[E]ine Reihe kontrafaktischer Aussagen … unterstreichen, inwiefern ich Hitler als unerlässlich [für den Nationalsozialismus] sehe. Kein Hitler: kein Holocaust, keine staatliche Politik, die auf die Vernichtung der europäischen Juden abzielte".[39] Derartige Formulierungen sind so populär geworden, dass ein anderer Vertreter, Peter Longerich, gefolgert hat: „Heute würde wahrscheinlich die große Mehrzahl der Historikerinnen und Historiker, die sich mit der Geschichte des ‚Dritten Reiches' beschäftigen, die These unterschreiben: ‚Ohne Hitler kein Holocaust'. Oder, kontrafaktisch argumentiert, wäre Hitler 1940 gestorben, so erscheint durchaus fraglich, ob das NS-Regime unter einer anderen Führung den verhängnisvollen Weg, der letztlich nach Auschwitz führte, weiter beschritten hätte."[40]

Andere Wissenschaftler haben diese These hinterfragt und aus Angst, sie könne von anderen Faktoren des NS-Völkermords ablenken, zu ihrer Entkräftung eigene kontrafaktische Szenarien entwickelt. Ein Kritiker von Himmelfarbs ursprünglichem Artikel behauptete etwa, der Holocaust habe über Hitlers Vernichtungswillen hinaus auch moderne „Vorrichtungen für den Massenmord" erfordert: „Hätten die Kreuzritter eine solche Technologie besessen, hätte bereits jemand im Mittelalter einen Holocaust verfügt und angeordnet." Diese Auffassung, die im christlichen Antisemitismus ein völkermörderisches Potenzial sah, teilte auch Lucy Dawidowicz; für sie konnte „das Christentum zwar nicht für Hitler verantwortlich gemacht werden … [doch] die Nazis hätten ihre Art von rassistischem Antisemitismus nicht erfolgreich verbreiten können, wenn sie nicht von der weiten Verbreitung … des christlichen Judenhasses … überzeugt gewesen wären."[41] Ähnlich erklärte John Weiss: „Es ist an der Zeit, nicht mehr an ‚ohne Hitler keinen Holocaust' zu glauben … [denn] der Antisemitismus wartete nur darauf, zu explodieren; die Nutznießer sollten die Nazis sein, der Holocaust die Folge".[42] Wie diese Kommentare zeigten, waren kontrafaktische Szenarien mit dem Glauben an Unvermeidbarkeit durchaus vereinbar.

Angesichts dieser Reaktionen haben sich die Vertreter der „Ohne Hitler kein Holocaust"-Formel gegen monokausale Folgerungen gewehrt. So schreibt Longerich: „Rein logisch handelt es sich bei dieser Aussage um eine notwendige, jedoch um keine hinreichende Bedingung; das heißt, der

Satz ‚Ohne Hitler kein Holocaust' kann nicht umgekehrt werden in die These ‚Der Holocaust fand statt, da Hitler ihn wollte.' Um das historische Ereignis, den Mord an den Juden, eintreten zu lassen, mussten neben ‚Hitler' eine ganze Reihe weiterer Bedingungen erfüllt sein."[43] Kershaw vertritt eine ähnliche Position: „Ohne Hitlers fanatisches Bestreben, das Judentum zu zerstören ... wäre es aller Wahrscheinlichkeit nicht zum Holocaust gekommen." Andererseits fügt er hinzu: „Es wäre aber auch ... nicht dazu gekommen, wenn die Wehrmacht sich nicht aktiv beteiligt hätte ... Ebensowenig hätte dabei das ... Einverständnis der Beamtenschaft fehlen dürfen ... Auch ohne die Führungskräfte der deutschen Industrie ... wäre die ‚Endlösung' nicht möglich geworden."[44] In diesem Zusammenhang hat Robert Paxton auf die Bedeutung von Hitlers „obsessive[m] Judenhass" im Holocaust verwiesen und gleichzeitig betont, dass seine mörderischen Pläne ohne die Hilfe „tausende[r] Untergebene[r] ... eine Phantasie geblieben" wären.[45]

Warum das Szenario „Ohne Hitler kein Holocaust" unter Historikern der letzten Generation so beliebt geworden ist, lässt sich nicht so leicht beantworten. Ein Grund könnte jedoch in dem sich verändernden Charakter der Holocaust-Forschung liegen. Dank des explosionsartigen Wachstums der Holocaust-Historiografie ist die Zahl der von Historikern angeführten Erklärungen – Antisemitismus, bürokratischer Wettbewerb, Rassenlehre, Moderne, ökonomische Rationalität oder koloniale Siedlungspläne – derart angestiegen, dass sie den nationalsozialistischen Völkermord zu einem überdeterminierten Ereignis zu machen droht. Die kontrafaktische Erklärung des Ereignisses – im Sinne der Faktoren, ohne die es nicht möglich gewesen wäre (und nicht der Faktoren, die es möglich machten) – besticht dagegen durch analytische Einfachheit. Sie verschafft zudem eine tiefere moralische Befriedigung. Denn während größere Theorien kommen und gehen, hindert uns die kontrafaktische Prämisse „Ohne Hitler kein Holocaust" daran, die Rolle eines Mannes aus den Augen zu verlieren, dessen fanatischer Wunsch nach einer Welt ohne Juden ihn zum Inbegriff des Bösen gemacht hat.

Eine Bewertung der Zuschauer: Was, wenn die Welt im Holocaust nicht untätig geblieben wäre?

Moralische Impulse erklären auch einen dritten großen Bereich kontrafaktischer Spekulationen über den Holocaust – die Frage der Untätigkeit der Zuschauer. Seit den 1960er, vor allem jedoch seit den 1990er-Jahren stellen sich Wissenschaftler die Frage, ob verschiedene historische Zuschauer – die US-Regierung, der Papst, die Deutschen und sogar die jüdische Weltgemeinschaft – energischere Anstrengungen zur Rettung der Juden vor den Nazis hätten unternehmen können. Ihre Fragen bezweifelten die Unvermeidbarkeit des Schicksals der Juden und hoben in ihren Fantasieszenarien eines besseren Verlaufs der Geschichte die Rolle der Kontingenz nachdrücklich hervor. Dies führte zu einer Gegenreaktion unter Kritikern, für die die Geschichte nur schlimm sein konnte und sogar noch schlimmer hätte ausfallen können.

Kontrafaktisches Denken tauchte erstmals in Studien über die Untätigkeit der amerikanischen Regierung während des Völkermords auf. Die zahlreichen Beispiele hierfür reichten von der restriktiven US-Einwanderungspolitik bis hin zur Weigerung der US-Luftwaffe, Auschwitz zu bombardieren. Einige dieser Versäumnisse wurden noch während des Krieges kontrafaktisch kritisiert; erst in den 1960er-Jahren setzten Historiker sich jedoch eingehender mit ihnen auseinander.[46] Einer der ersten war Raul Hilberg, der in *Die Vernichtung der europäischen Juden* Professor Hayim Fineman mit den Worten zitierte: „[V]iele von jenen, die jetzt tot sind, könnten noch am Leben sein, hätte es nicht die Verschleppungstaktik und die Weigerung unseres eigenen Außenministeriums, des Internationalen Roten Kreuzes, des *War Refugee Board* und anderer Behörden gegeben, unverzüglich Maßnahmen [für die Juden] zu ergreifen".[47] In späteren Studien stellten Wissenschaftler wie Arthur Morse, Henry Feingold, Walter Laqueur, Deborah Lipstadt, Yehuda Bauer und Rafael Medoff ähnliche Überlegungen an.[48]

Die bekannteste und umstrittenste Studie war jedoch David Wymans *Das unerwünschte Volk: Amerika und die Vernichtung der europäischen Juden* (1984).[49] Wyman untersuchte verschiedene Möglichkeiten, wie die Juden während des Holocaust hätten gerettet werden können; die eindrucksvollsten kontrafaktischen Aussagen erschienen in einem Kapitel zur

Bombardierung von Auschwitz. Wyman zufolge war diese im Sommer 1944 praktikabel:

> Wären die Vernichtungsanlagen im Sommer oder Herbst 1944 zerstört worden, so wäre es den militärisch schwer bedrängten Deutschen in diesem Stadium des Krieges praktisch unmöglich gewesen, sie wieder aufzubauen … Ohne Gaskammern und Krematorien wäre das Judenvernichtungsprogramm der Nazis nicht mehr im bisherigen Umfang fortzuführen gewesen … Wären die ersten Forderungen nach einer Bombardierung der Tötungsanlagen von Auschwitz-Birkenau schneller nach Washington übermittelt worden und hätte man dort rasch und positiv reagiert, so wäre es sicherlich möglich gewesen, die Deportation von 430 000 ungarischen Juden nach Auschwitz zu unterbrechen und vielleicht Hunderttausende von Menschenleben zu retten.[50]

Wie Wyman rhetorisch eindrucksvoll hinzufügte, hätte Anne Frank bei einer Zerstörung von Auschwitz durch die Alliierten „möglicherweise … überlebt", da der Zug, der ihre Familie im September 1944 in das berüchtigte Lager brachte, „die Niederlande vermutlich gar nicht verlassen" hätte.[51] Auf diesen Behauptungen aufbauend, schloss der Autor sein Buch mit einem kontrafaktischen Paukenschlag. In einem Resümee mit dem Titel „Was die USA hätten tun können" listete Wyman ein Dutzend konkreter politischer Maßnahmen auf, die die US-Regierung zugunsten der europäischen Juden hätte unternehmen können (aber nicht unternahm), von einer Warnung vor dem mörderischen Plan der Nazis und dem Druck auf die Deutschen, sie freizulassen, bis hin zur Lobbyarbeit, um andere Länder zur Aufnahme jüdischer Flüchtlinge zu bewegen. Selbst wenn nur einige wenige dieser Maßnahmen ergriffen worden wären, so Wyman, „hätten die Nazis sich zumindest nicht mehr in dem Glauben wiegen können, den Alliierten sei es egal, was sie mit den Juden machten. Dies hätte vielleicht das Tempo des Völkermords gebremst. Und es hätte vielleicht die SS schon vor Ende 1944 zu dem Entschluss gebracht, mit dem Massenmord aufzuhören." „Man hätte damit, selbst wenn dadurch nur wenige oder gar keine Leben gerettet worden wären, zumindest seine moralische Schuldigkeit getan."[52]

Wymans Thesen lösten eine lebhafte Debatte aus. *Das unerwünschte Volk* war ein Publikums- und Kritikererfolg, und die meisten seiner Leser stimmten mit dem Autor überein, dass die Alliierten mehr hätten tun können, um die in Wahrheit kontingenten Ereignisse zu beeinflussen.[53] Kritiker betonten demgegenüber die begrenzte Handlungsfreiheit der Alliierten und das unvermeidbare Schicksal der Juden unter der NS-Besatzung.[54] Dies galt insbesondere für den schärfsten Kritiker, William D. Rubinstein. Wie Arendts Kritiker wies auch Rubinstein in seinem Buch *The Myth of Rescue* (1997) darauf hin, dass angesichts der unbedingten Tötungsabsicht der Nazis nur sehr wenig für einen möglichen alternativen Verlauf der Geschichte sprach. In Anbetracht von Hitlers „absoluter Besessenheit, Europa von den ‚biologischen Grundlagen des Judentums' zu befreien, lag die Rettung der Juden … schlichtweg jenseits der tatsächlichen Macht der Alliierten". Da „eine Rettung unmöglich war", seien alle gegenteiligen Behauptungen naiv und bloßes „Wunschdenken". Wenige der von Wyman aufgeführten Rettungsvorschläge wurden laut Rubinstein damals tatsächlich in Betracht gezogen, und die meisten seien unbrauchbar gewesen.

Wären sie umgesetzt worden, wäre die Geschichte in Rubinsteins Augen nur noch schlimmer verlaufen. Die Bombardierung von Auschwitz zum Beispiel wäre „kläglich daran gescheitert, die Todesmaschinerie der Nazis aufzuhalten," und hätte möglicherweise zu bitteren Nachkriegsvorwürfen geführt, die Alliierten hätten „Juden auf törichte und unnötige Weise getötet". Die Verbündeten Nazideutschlands unter Druck zu setzen, damit sie die Juden nicht deportieren, wäre kontraproduktiv gewesen und hätte Tausende von Leben gekostet, statt sie zu retten. Unter Verweis auf den Fall Ungarns erklärte Rubinstein, dass genau zu dem Zeitpunkt, an dem der ungarische Diktator Miklós Horthy „die Deportationen stoppte … die Nazis … wegen seiner mangelnden Kooperation in der Judenfrage einen Staatsstreich verübten. Hätte Horthy die Deportationen vorher gestoppt, hätte Hitler den Staatsstreich früher unternommen … [Dies hätte zur] Deportation und Vernichtung der Budapester Juden [geführt], die … [in Wirklichkeit] verschont blieben … weil die sowjetischen Armeen sich [zu diesem Zeitpunkt] auf Auschwitz zubewegten". Angesichts dieses wahrscheinlichen Verlaufs und der ebenso großen Untauglichkeit anderer hypothetischer Rettungspläne solle das Verhalten der Alliierten „deutlich positiver beurteilt werden", als

Kritiker wie Wyman forderten, so Rubinstein. Anstatt die Schuld „Unschuldigen" anzudichten, solle sie denjenigen zugeschoben werden, die sie wirklich zu tragen hätten – „Hitler, die SS und ihre Komplizen und sonst niemand".[55]
Zu ähnlichen wissenschaftlichen Kontroversen führte das Verhalten der katholischen Kirche und des Papstes während des Holocaust. Diese Debatte konzentrierte sich vor allem auf die angeblichen Unterlassungssünden von Papst Pius XII. während des Zweiten Weltkriegs. Kritiker warfen ihm vor, die Ermordung der Juden durch die Nazis nicht öffentlich verurteilt, widerständige katholische Geistliche nur unzureichend unterstützt und nicht gegen die Deportation der italienischen Juden, insbesondere der Juden Roms, protestiert zu haben.[56] In ihrer Kritik untersuchten Historiker oft spekulative Szenarien, welche Hilfen die Kirche hätte leisten können. So schrieb Guenter Lewy bereits Anfang der 1960er-Jahre: „Hätte der deutsche Katholizismus von Anfang an eine Politik des energischen Widerstandes gegen das nationalsozialistische Regime verfolgt und daran festgehalten, dann wäre die Weltgeschichte vielleicht anders verlaufen. … Mit einer unzuverlässigen Heimatfront hätte Hitler vielleicht den Krieg nicht gewagt, und Millionen Menschenleben wären gerettet worden."[57] In jüngerer Zeit haben Wissenschaftler wie Michael Phayer, John Cornwell, Susan Zuccotti und Daniel Goldhagen ähnliche Standpunkte vertreten.[58] Repräsentativ war Phayers These, „hätte Papst Pius sich entschieden, eine öffentliche Erklärung über die … Juden … abzugeben, wären zumindest einige andere europäische Bischöfe sowie viele Priester und Laien zweifellos seinem Beispiel gefolgt".[59] All diese Studien einte die Vorstellung, ein Eingreifen des Papstes hätte den Lauf der Geschichte verbessern können.

Im Gegensatz dazu beharrten die Verteidiger des Papstes darauf, dass die Geschichte im Falle solcher Aktionen noch schlimmer verlaufen wäre. Zu diesen Vertretern gehörten Michael O'Carroll, Pierre Blet, Margherita Marchione, José M. Sánchez und David G. Dalin, die allesamt der Meinung waren, päpstliche Proteste im Namen der Juden hätten zu einer noch schärferen Verfolgung geführt.[60] So schrieb Dalin: „[M]an könnte fragen, was schlimmer hätte sein können als der Massenmord an sechs Millionen Juden. Die Antwort ist das Abschlachten von Hunderttausenden weiterer Juden."[61] Nach Ansicht von Wissenschaftlern aus diesem Lager hatte der Papst geschwiegen, um die Halb- und Vierteljuden sowie zum Katholizismus konvertierten Juden, die beide den gesamten Krieg über Verfolgung ausgesetzt waren, nicht zu gefährden.[62] Eines der wichtigsten Argumente von Pius' Verteidigern war die Reaktion der Nazis in den Niederlanden. Als der dortige katholische Klerus im Sommer 1942 einen Hirtenbrief gegen die bevorstehende Deportation niederländischer Juden verfasste, reagierten die Nazis mit der Deportation von zum Katholizismus konvertierten Juden. Diese Erfahrung bewog Pius – der damals angeblich überlegte, Protest einzulegen – zu schweigen, offenbar, aus Angst, die Sache noch schlimmer zu machen.[63] So argumentierte Marchione: Hätte der Papst sich tatsächlich zu Wort gemeldet, hätte dies „nicht ein einziges Opfer gerettet, sondern stattdessen Tausende … von weiteren unschuldigen Leben kosten können". Schlimmer noch hätte „Papst Pius XII. die Schuld für den Tod weiterer Opfer getragen".[64] Daher sei sein Schweigen das Beste gewesen.

Sehr umstritten war auch das Verhalten ganz gewöhnlicher Deutscher während des Holocaust. Seit geraumer Zeit behaupten Wissenschaftler, sie hätten angesichts der verhaltenen öffentlichen Proteste gegen die Politik der Nationalsozialisten mehr zugunsten der Juden unternehmen können. In seinen Kommentaren zu den Predigten des Münsteraner Bischofs Clemens August Graf von Galen, der 1941 die Aktion T4 anprangerte, erklärte beispielsweise J. P. Stern: „[W]enn die Kirchen sich ebenso gegen die Judenverfolgung ausgesprochen hätten, wie sie sich gegen die Tötung der Erb- und Geisteskranken und anderer Kranken aussprachen, hätte es keine ‚Endlösung' gegeben."[65] In jüngerer Zeit hat Nathan Stolzfus die Demonstrationen deutscher Frauen im Namen ihrer verhafteten jüdischen Ehemänner 1943 in der Berliner Rosenstraße untersucht und bemerkt: „[E]s ist denkbar … dass das Regime auf Druck größere Zugeständnisse gemacht hätte als die 1700 Personen, die nach dem Rosenstraßen-Protest freigelassen wurden."[66] Daniel Goldhagen folgerte daraus: „[A]ngesichts dieser Opposition aus dem Volk … machte [das NS-Regime] einen Rückzieher. … Hätte das Wohl der deutschen Juden die Deutschen wirklich gekümmert, dann … wäre auch der Handlungsspielraum des Regimes bei der Durchführung des eliminatorischen Programms erheblich eingeschränkt gewesen."[67]

Schließlich gibt es den schwierigen Fall jüdischer Rettungsversuche. Unter dieses große Thema fällt das Verhalten jüdischer Führer in dem von den

Briten kontrollierten Palästina und in den Vereinigten Staaten. Mit dieser Frage haben sich zahlreiche Studien beschäftigt, darunter Werke von Tom Segev, Shlomo Aronson, Haskell Lookstein und Rafael Medoff.[68] Eins der für seine explizit kontrafaktischen Dimensionen bemerkenswertesten war jedoch Yehuda Bauers Studie *Freikauf von Juden? Verhandlungen zwischen dem nationalsozialistischen Deutschland und jüdischen Repräsentanten von 1933 bis 1945.*[69] In seinem Vorwort schrieb Bauer: „Schließlich weicht dieses Buch … vom Kanon der Geschichtsschreibung ab. Es handelt vom ‚Hätte-sein-können' … Vielleicht sollten Historiker dies nicht tun, aber die meisten tun es dennoch. Und wenn ich es mit diesem Buch tue, dann zumindest bewusst."[70] Bauer erörterte zahlreiche „Was wäre, wenn"-Szenarien, wollte jedoch vor allem herausfinden, ob die Bereitschaft des Reichsführers SS Heinrich Himmler, Juden 1944 gegen wirtschaftliche Zugeständnisse einzutauschen, von jüdischen Gruppen und den Alliierten hätte weiterverfolgt werden sollen. Am Ende kam Bauer zu dem Ergebnis, dass der Reichsführer SS, der von einer wahrscheinlichen Niederlage der Nazis im Krieg ausging, möglicherweise zu Geschäften bereit gewesen wäre; er hätte „offenbar eine ganze Menge jüdische Leben, vielleicht tausend, vielleicht zehntausend oder gar hunderttausende dafür gegeben, dem Überleben des Nationalsozialismus zu dienen".[71] Da die Alliierten jedoch alles daran setzten, den Krieg so bald wie möglich zu gewinnen, ließen sie sich auf keine Geschäfte ein. „Himmler wäre, unter bestimmten Voraussetzungen, bereit gewesen zu verkaufen", schloss Bauer. „Doch es gab keine Käufer."[72] Die Kräfte der Unvermeidbarkeit hätten also über die der Kontingenz gesiegt. Seine „Was wäre, wenn"-Perspektive erlaubte Bauer jedoch auch eine wichtige moralische Schlussfolgerung – dass es nämlich falsch sei, jene Juden, die wie Reszoe Kasztner während des Zweiten Weltkriegs mit den Nazis zu handeln versuchten, zu verleumden. Stattdessen sollten sie als „Helden" betrachtet werden, denn im Gegensatz zu den Alliierten „taten [sie] das Richtige zur richtigen Zeit".[73]

Die verschiedenen Fälle von Zuschauerverhalten während des Holocaust werfen ein Schlaglicht auf den Nutzen und Nachteil kontrafaktischen Denkens für moralische Urteile über die Vergangenheit. Da sich kontrafaktische Szenarien erstens ideal für moralische Urteile anbieten – da „Hätte-sein-Können" leicht in „Hätte-sein-Sollen" übergehen kann –, sind sie in historischen Auseinandersetzungen für alle Parteien rhetorisch reizvoll. David Wymans These, dass „Anne Frank möglicherweise überlebt hätte", wenn die Alliierten die Bahnstrecken nach Auschwitz bombardiert hätten, ist ein klares Beispiel dafür, wie sich mit kontrafaktischen Aussagen Emotionen schüren lassen. Während diese spezielle Annahme eines besseren Verlaufs der Geschichte an unsere Hoffnungen appelliert, spielen kontrafaktische Spekulationen über einen möglicherweise schlechteren Verlauf mit unseren Ängsten. Dies galt für David Dalins Behauptung, ein päpstlicher Protest gegen den Holocaust hätte zur „Tötung von Hunderttausenden" zusätzlichen jüdischen Opfern führen können. Beide Arten von kontrafaktischen Annahmen haben für Menschen, für die es in der Geschichtswissenschaft nicht nur um Erklärungen, sondern auch um eine Bewertung der Vergangenheit geht, ihren ureigenen Reiz.

Das Problem besteht natürlich darin, dass kontrafaktische Überlegungen zwar häufig zur Beurteilung von Zuschauerverhalten herangezogen werden, sie aber keinen wissenschaftlichen Konsens zu erzielen vermögen. Das liegt zum Teil daran, dass es, wie Michael Marrus schreibt, „bei allem … historischen … ‚Hätte-sein-Können' keine Möglichkeit des Beweisens oder Widerlegens gibt".[74] In Ermangelung objektiver Fakten spielen subjektive Agenden – die oft mit Politik zu tun haben – eine wichtigere Rolle. So enden die Debatten letztendlich in einer Sackgasse. Verantwortlich hierfür sind liberale und konservative Wissenschaftler gleichermaßen. Beide waren an der Kritik und Verteidigung der Untätigkeit der Zuschauer beteiligt. Liberale kritisieren für gewöhnlich die Untätigkeit der Zuschauer, wenn die verantwortlichen Institutionen konservativ sind. Viele Kritiker des Schweigens von Pius XII. während des Holocaust waren beispielsweise Katholiken, die sich gegen die jüngste Stärkung der machtpolitischen Stellung des Papstes wehrten.[75] Standen die Inhaber institutioneller Macht dagegen links, stammten die Kritiker erwartungsgemäß aus dem rechten Lager. Dies galt für den Staat Israel der frühen Nachkriegszeit, in dem rechte Israelis die Regierung der Arbeiterpartei wegen ihrer angeblichen Versäumnisse bei der Rettung von Juden während des Holocaust kritisierten; es galt in jüngerer Zeit auch für die Vereinigten Staaten, wo konservative Juden das liberale jüdische Establishment zu Kriegszeiten beschuldigten, nicht genügend für jüdische Interessen getan zu haben (ein Vorwurf, der oft die aktuelle Unterstützung für den Staat Israel sichern soll).[76]

Natürlich bedeutet die Nicht-Widerlegbarkeit kontrafaktischer Argumente nicht, dass alle gleich plausibel sind. Wissenschaftler haben zum Beispiel das Argument entkräftet, das Schweigen von Pius XII. sei angesichts der als Vergeltungsmaßnahme erfolgten Deportation konvertierter niederländischer Juden im Jahr 1942 gerechtfertigt gewesen; wie diese Historiker gezeigt haben, sollten Konvertiten in jedem Fall deportiert werden.[77] Schwieriger ist es jedoch, die Reaktion der Verteidiger des Papstes zu widerlegen; diese Wissenschaftler legen plausibel dar, dass der Papst aus gutem Grund schwieg, um die Überlebenden zu schützen; schließlich habe er wahrscheinlich nicht von den Plänen der Nazis wissen können, diese Konvertiten – oder alle, die ihrer Definition von Juden entsprachen – zu töten.[78] An dieser Stelle geraten wir in eine spekulative Sackgasse, in der das Fehlen allgemein anerkannter Fakten uns zwingt, uns auf persönliche Vorlieben zu verlassen, um die „Wahrscheinlichkeit" eines Ereignisses zu bestimmen, das tatsächlich so oder so geschah.

Ein letzter und damit verwandter Nachteil bei Spekulationen über das Zuschauerverhalten besteht darin, dass die Diskussion über das, was „hätte passieren können", unser Verständnis des tatsächlichen Geschehens verzerren kann. Wie verschiedene Wissenschaftler erläutert haben, lenkt die Konzentration auf das, was Zuschauer wie die US-Regierung, der Papst oder die Deutschen während des Holocaust nicht taten, vom reellen Handeln der Hauptverantwortlichen ab. Über diese Gefahr besteht im Prinzip Einigkeit, auch wenn die Vertreter konservativer und liberaler Positionen sich unterschiedlich hierzu äußern. Der konservative Wissenschaftler Ronald Rychlak hat beispielsweise versucht, die Zuschauer von den Vorwürfen freizusprechen: „Für die Aktionen der Nazis wurden viele Einzelpersonen und Gruppen verantwortlich gemacht … [doch] Hitler und seine obersten Berater …. verdienen den allergrößten Teil, wenn nicht gar die gesamte Schuld". Umgekehrt hat die eher liberale Historikerin Doris Bergen ihren kritischen Blick nach innen gelenkt und darauf verwiesen, dass die Debatte über das Schweigen des Papstes über schwerwiegendere tatsächliche Aktionen hinwegtäuschen könne, so etwa die Tatsache, dass „Christen im Holocaust nicht nur untätig waren: Sie haben die Morde ausgeführt".[79] Obwohl die politischen und moralischen Konsequenzen dieser Kommentare auseinandergehen, zeigen sie, dass der kontrafaktische Fokus auf sekundären und nicht primären Verantwortungsebenen für den Holocaust zu falschen moralischen Vorhaltungen führen kann.

Zur Bewertung der Einzigartigkeit des Holocaust: Was, wenn die Nazis den Krieg gewonnen hätten?

Moralische Bedenken haben sich auch auf kontrafaktische Spekulationen über die Einzigartigkeit des Holocaust ausgewirkt. Dabei haben sowohl die Befürworter als auch die Gegner der Einzigartigkeit gemutmaßt, wie ein im Zweiten Weltkrieg siegreiches Drittes Reich seine Politik des Völkermords an den Juden und anderen Opfern fortgesetzt hätte. Nach Ansicht der Vertreter der Einzigartigkeit hätte ein Sieg der Nazis zur vollständigen Auslöschung des jüdischen Volkes geführt; nach Ansicht der Gegner der Einzigartigkeit hätte er dagegen einen noch verheerenderen genozidalen Angriff auf Nichtjuden bewirkt.

Die Befürworter der Einzigartigkeit begründeten ihren Standpunkt im Allgemeinen mit pauschalen Aussagen über die Mordpläne der Nazis insgesamt. So erklärte Steven Katz: Da es Hitlers Ziel gewesen sei, „die Welt durch die Vernichtung … aller Juden als konkreten Individuen judenrein zu machen", liege es nahe, dass es, wenn „es nach Hitler gegangen wäre … nach den 1940er-Jahren keine ‚Juden' mehr gegeben hätte".[80] Ähnlich betonte Yehuda Bauer, der Holocaust unterscheide sich von anderen Völkermorden durch „seine intendierte Totalität. Die Nazis hatten … alle Juden im Visier. Gemäß der NS-Politik wurden alle Menschen mit drei oder vier jüdischen Großeltern zum Tode verurteilt für das Verbrechen, überhaupt geboren zu sein. Eine solche Politik … wäre zweifellos universell angewandt worden, wenn Deutschland den Krieg gewonnen hätte."[81] Selbst wenn die Nazis den Zweiten Weltkrieg nicht gewonnen hätten und er nur „länger gedauert hätte … scheint sicher, dass jeder Jude im nationalsozialistisch besetzten Europa umgekommen wäre", so William D. Rubinstein.[82]

Andere Wissenschaftler haben das Szenario eines Siegs der Nazis in bestimmten nationalen Kontexten untersucht, um diese allgemeinen Aussagen zu konkretisieren. Die ersten derartigen Darstellungen erschienen zu Beginn der 1960er-Jahre und konzentrierten sich auf das hypothetische Schicksal der

Juden in einem nationalsozialistisch besetzten England und in nationalsozialistisch besetzten USA. In den Gedankenspielen, die Comer Clarke in seinem Buch *England Under Hitler* und William Shirer in seinem Essay „If Hitler Had Won World War II" im Magazin *Look* anstellten, wurden angloamerikanische Juden massenhaft von den Nazis ermordet.[83] Jüngere Darstellungen verlagern den Blick dagegen auf den Nahen Osten. So spekulierten Jeffrey Herf, Edwin Black, David Dalin und John Rothmann, dass die Juden der Region im Falle eines militärischen Siegs des Dritten Reichs den Nazis zum Opfer gefallen wären. Die wichtigste unter diesen neueren Studien war *Halbmond und Hakenkreuz* von Klaus-Michael Mallmann und Martin Cüppers.[84] Ausgehend von neu entdeckten Plänen der Nazis, Einsatzgruppen zur Ermordung der Juden nach Nordafrika zu entsenden, kamen die Autoren zu dem Ergebnis, dass die Nazis im Falle eines Siegs in der Schlacht in El Alamein 1942 in den jüdischen Jischuw eingedrungen wären, wo sich „eine bereits wohlorganisierte Zahl von Arabern aus der dortigen Bevölkerung als willige Helfershelfer der Deutschen an[bot]. Das zentrale Betätigungsfeld … die Realisierung der Shoah in Palästina, wäre mit Hilfe jener Kollaborateure … schnell in die Tat umgesetzt worden".[85] Am Ende dieses Kampfes hätte „unzweifelhaft die völlige Vernichtung des Jischuw gestanden", erklärten die Autoren düster.[86] Schlimmer noch hätten die Einsatzgruppen, wenn die Wehrmacht in den Kaukasus vorgerückt wäre, auch persische und afghanische Juden ermordet.[87] Diese Szenarien erhärteten die Vermutung, dass die Einzigartigkeit des Holocaust in dem unerbittlichen Bestreben der Nazis lag, alle Juden zu töten, derer sie habhaft werden konnten.

Im Gegensatz dazu haben andere Wissenschaftler kontrafaktisches Denken genutzt, um die Einzigartigkeit des Holocaust infrage zu stellen. Ihrer Ansicht nach unterschieden sich die Pläne der Nazis für andere „rassisch minderwertige" Gruppen wie die Slawen nicht von den Plänen für die Juden; wenn die Nazis den Zweiten Weltkrieg tatsächlich gewonnen hätten, wären daher auch die Slawen dem Völkermord anheimgefallen.[88] Die Wurzeln dieses kontrafaktischen Arguments reichen bis in die frühen 1950er-Jahre zurück, als Léon Poliakov mutmaßte: „[W]enn das Kriegsglück den Nazis genügend Zeit gelassen hätte, hätte die … Logik des Völkermords andere Völker und Rassen unerbittlich in die Gaskammern getrieben."[89] Dieser Ansicht war Anfang der 1960er-Jahre auch Hannah

Arendt, die spekulierte: „[H]ätten die Deutschen den Krieg gewonnen, hätte die Polen das gleiche Schicksal ereilt wie die Juden – der Völkermord".[90] In jüngerer Zeit haben sich die Historiker Timothy Snyder, Adam Tooze, Donald Bloxham, Catherine Epstein und Dan Stone ähnlich geäußert und auf die Rolle der kolonialen Siedlungspolitik bei der Entscheidung der Nazis zur Judenvernichtung hingewiesen.[91] Mit ihrer Betonung der Gemeinsamkeiten zwischen dem Holocaust und anderen Völkermorden – und eben nicht dem Verweis auf ihre Unterschiede –haben sie seine Einzigartigkeit hinterfragt.

Snyder, Tooze und Bloxham hatten dabei einen besonderen Hang zu kontrafaktischem Denken. Wie in Kapitel 2 erwähnt, behauptete Snyder in *Bloodlands*: „Wäre der Krieg gegen die UdSSR wie geplant verlaufen, so wären 30 Millionen Zivilisten im ersten Winter verhungert und danach viele weitere Millionen vertrieben, ermordet, assimiliert oder versklavt worden."[92] Snyder stützte sich hierbei unter anderem auf die Forschung von Adam Tooze, nach dessen Ansicht die Pläne der Nazis für das besetzte Osteuropa bei einem anderen Kriegsverlauf Millionen zusätzlicher nichtjüdischer Opfer gefordert hätten. Wie Snyder wollte Tooze die Aufmerksamkeit auf den „wahren Umfang des geplanten Völkermords" lenken und betonte, dass der Generalplan Ost „den Zeitplan für die Vernichtung der gesamten Bevölkerung Osteuropas" für den Fall eines Siegs der Nazis vorgab.[93] Als Beweis für die völkermörderischen Ziele der Nazis führte er ferner die Bedeutung des Hungerplans an, der das Verhungernlassen von 20 bis 30 Millionen Slawen vorsah.[94] In Wirklichkeit forderte der Hungerplan einen enormen Tribut von den sowjetischen Kriegsgefangenen, von denen 3,3 Millionen an Hunger starben. Tooze leitete daraus die wichtige kontrafaktische Behauptung ab: „Wäre die Uhr Anfang des Jahres 1942 angehalten worden, wäre dieser Massenmord als das größte Verbrechen des Hitlerregimes in die Geschichte eingegangen" und hätte sogar die Zahl der Holocaustopfer überstiegen.[95] Eine ähnliche Position vertrat Donald Bloxham, der in seinem Szenario eines Siegs der Nazis behauptete:

> Hätten die Deutschen gesiegt, wäre der Tod des europäischen Judentums nur ein Teil eines viel größeren Programms des direkten und indirekten Völkermords gewesen. Die rasche Niederlage der

> UdSSR hätte das Inkrafttreten des Generalplans Ost mit all den Gräueln ermöglicht, die dies für viele Millionen Slawen bedeutet hätte. Zu ihrer Zahl könnte man wahrscheinlich immer größere Teile der deutschstämmigen Bevölkerung und viele andere Gruppen hinzurechnen, denn … das Regime lebte „von der vermeintlichen Bedrohung durch die Feinde, die es so unerbittlich verfolgte".[96]

Hätte ein Sieg der Nazis im Zweiten Weltkrieg den Lauf der Geschichte negativ beeinflusst, würde der Völkermord an den Juden paradoxerweise nicht als ein so singuläres Verbrechen gelten.

Bloxham entwarf weitere kontrafaktische Szenarien, um die Einzigartigkeit des Holocaust infrage zu stellen. In einem hinterfragte er die These von Katz, Bauer und anderen, wonach alle Juden getötet worden wären, wenn „die Nazis [den Krieg] gewonnen hätten". „Ebenso könnte man behaupten, dass – wenn die UdSSR so schnell besiegt worden wäre, wie Hitler es vorhatte – die Politik des sofortigen Tötens der meisten Juden nicht stattgefunden hätte und die Vernichtung der Juden eine Sache langwieriger Zermürbung gewesen wäre, wie einige der nicht realisierten Deportationspläne der Nazis nahelegten".[97] Ein anderes Szenario beschrieb er wie folgt:

> Eine ebenso plausible kontrafaktische Frage ist, wie unsere Vorstellung vom Holocaust aussähe, wenn es das letzte große Ereignis der Endlösung nicht gegeben hätte. Die Ermordung der ungarischen Juden 1944 hat am meisten dazu beigetragen, die Vorstellung eines gesamtkontinentalen Völkermords festzuschreiben. Sie war auch der Teil des Völkermords, der am meisten vom Kriegsgeschehen abhing. Es hätte sie mit anderen Worten durchaus nicht geben können.[98]

Wäre es nicht zur Vernichtung der ungarischen Juden gekommen, hätte die Endlösung vielleicht nicht ihren einzigartigen Ruf als erschöpfende Jagd auf selbst den letzten Juden erlangt.[99] Dieses Szenario hätte im Übrigen wichtige Auswirkungen auf unsere Sicht von Auschwitz gehabt. Wie Bloxham bemerkte, „ist unser Verständnis des Holocaust maßgeblich von der Ermordung der ungarischen Juden geprägt. Auschwitz hätte wahrscheinlich nicht seine traurige Berühmtheit erlangt, wenn es nicht das Ziel dieser riesigen, öffentlichsten und wohl vermeidbarsten nationalen Mordaktion der Endlösung gewesen wäre."[100] Mit seinen Zweifeln an der zentralen Bedeutung von Auschwitz für ein Verständnis des Holocaust schloss sich Bloxham Snyder an, für den der berüchtigte Ruf des Lagers die repräsentativeren Tötungszentren des Holocaust – ganz zu schweigen von anderen Fällen von Völkermord aus derselben Zeit – überlagert habe.[101] Seine Strategie der kontrafaktischen Verdrängung von Auschwitz – und seiner ausgesprochen modernen Tötungsmethoden – aus dem Zentrum des Holocaust-Narrativs diente somit dazu, die Ähnlichkeiten des Ereignisses mit anderen Völkermorden zu betonen und jeglichen Anspruch auf Einzigartigkeit zu konterkarieren.

Wie die Verwendung kontrafaktischen Denkens nicht nur zur Verteidigung, sondern auch zur Anfechtung der Einzigartigkeit des Holocaust zeigt, ist dieses Denken methodisch neutral. Es kann sowohl zur Bekräftigung der herrschenden Lehrmeinung als auch zu deren Infragestellung durch Revisionisten verwendet werden. Dennoch stehen und fallen alle Fälle von kontrafaktischem Denken letztlich mit ihrer Plausibilität. So wie einige der Behauptungen revisionistischer Kritiker der Untätigkeit der Zuschauer während des Holocaust ahistorisch waren oder den Lauf der Geschichte kaum verändern dürften, so können die Argumente von Kritikern der Einzigartigkeit aus den gleichen Gründen angezweifelt werden. Ihre Behauptung, dass ein Sieg der Nazis im Zweiten Weltkrieg zu einem Völkermord an den Slawen geführt hätte, wurde dadurch entkräftet, dass ihre vermeintliche Ursache – der Generalplan Ost – gar nicht erst hätte umgesetzt werden können. Wie unter anderem Mark Mazower und John Connelly gezeigt haben, hätte Hitler Deutschland entvölkern und ausländische Arbeitskräfte importieren müssen, um die Regionen zu besiedeln, die er sich für sein Reich im Osten vorstellte.[102] Dem wäre auch bei einem Sieg Deutschlands so gewesen, weswegen die Nazis hätten Millionen von Slawen als Zwangsarbeiter in das Reich abkommandieren müssen, um dem massiven Arbeitskräftemangel entgegenzuwirken. Da ihre Politik jedoch den Arbeitskräftemangel im Osten verschlimmerte – und damit den Wert der dortigen Arbeiter erhöhte –, konnten sich die Nazis die Ermordung der Slawen nicht leisten und beschlossen stattdessen, sie zu versklaven.[103] Die Widersprüche des Generalplans Ost führten also zu einer pragmatischen Wende in der NS-Politik gegenüber den Slawen.

Diese Kehrtwende war angesichts des sehr unterschiedlichen Umgangs mit den Juden durch die Nazis bemerkenswert. Da die Nazis nicht zur Umsetzung ihrer geopolitischen Ziele im Osten in der Lage waren, mäßigten sie ihre Politik gegenüber den Slawen; dies wirkte sich jedoch nicht mäßigend auf die Umsetzung der Endlösung aus, die die Nationalsozialisten weiterhin konsequent verfolgten. Ein wichtiger Grund für diese Diskrepanz war der unterschiedliche Status, den Juden und Slawen in der NS-Ideologie einnahmen. Während alle Juden als rassische Bedrohung für Deutschland empfunden wurden, vertraten die Nazis keine einheitliche ideologische Position gegenüber den Slawen, die sie hierarchisch unterteilten – manche verdienten eine bessere Behandlung als andere.[104] Angesichts dieser ideologischen Ambivalenz – und angesichts ihrer praktischen Überlegungen im Hinblick auf den Arbeitskräftemangel – war es unwahrscheinlich, dass ein Sieg der Nazis zu einem Völkermord an den Slawen geführt hätte. Wahrscheinlich hätte er jedoch das Schicksal der Juden verschlimmert. Wie Dan Stone erläutert hat, hätte ein siegreiches NS-Regime wahrscheinlich verstärkte Anstrengungen unternommen, um die Endlösung durch die Gefangennahme und Tötung der in anderen Achsenstaaten verbliebenen Juden zu Ende zu führen.[105] Dieser hypothetische Gang der Ereignisse hätte den Unterschied zwischen dem Schicksal der Juden und dem der anderen NS-Opfer im Zweiten Weltkrieg noch deutlicher zur Geltung gebracht. Er hätte mit anderen Worten die Singularität des Holocaust noch stärker herausgestellt. Da dieses Szenario ebenso wenig empirisch verifizierbar ist wie das gegenteilige, kann keine Seite in der laufenden Einzigartigkeitsdebatte zwingende Beweise für sich in Anspruch nehmen. Auf beiden Seiten diente kontrafaktisches Denken letztlich rhetorischen Zwecken.

Den Holocaust verhindern: Was, wenn die Alliierten im Zweiten Weltkrieg neutral geblieben wären?

Die Frage der Plausibilität bestimmt auch kontrafaktische Behauptungen über das Nichteintreten des Holocaust. In den letzten Jahren sind Wissenschaftler und Journalisten der Frage nachgegangen, ob der Holocaust hätte verhindert werden können, wenn die Alliierten im Zweiten Weltkrieg neutral geblieben wären. Wie in Kapitel 1 erwähnt, waren diese Thesen ein Merkmal der revisionistischen Bemühungen, den Ruf des Zweiten Weltkriegs als „gutem Krieg" in Zweifel zu ziehen. Mit der Behauptung, bei einem Nichteingreifen der Alliierten hätte der nationalsozialistische Völkermord nie stattgefunden, wollten Revisionisten die moralische Größe der Alliierten schmälern und ihnen eine Mitschuld am Holocaust geben. Damit erzürnten sie jedoch Kritiker, die die Plausibilität dieser Behauptung mit eigenen kontrafaktischen Überlegungen angriffen.

Dass der Holocaust bei einer Neutralität der Alliierten hätte verhindert werden können, war unter anderem eine These der pazifistischen Linken. In seinem Buch *Menschenrauch* spekulierte Nicholson Baker, im Falle eines Separatfriedens zwischen Deutschland und England 1940 hätten die Nazis die Juden nach Madagaskar deportiert, anstatt sie zu ermorden. Angesichts des Kriegseintritts Großbritanniens hätten sie sich jedoch für die Endlösung entschieden, weswegen Großbritannien eine Mitschuld am Holocaust trage. Andere Vertreter der Linken äußerten sich ähnlich. Peter Wilby, der ehemalige Herausgeber des *New Statesman*, schloss sich 2008 in einem Artikel in *The Guardian* Baker an und fragte: „Hätte es den Holocaust gegeben, wenn es keinen Krieg gegeben hätte oder wenn die westlichen Demokratien früher gegen Nazideutschland vorgegangen wären?" Seine Antwort fiel eindeutig aus: „Wir werden es nie wissen – obwohl wahrscheinlich ist, dass die Juden nach Madagaskar geschickt worden wären, wenn Großbritannien nach der Besetzung Frankreichs 1940 Frieden geschlossen hätte. Sicher ist, dass der Krieg jedweden konzertierten Rettungsversuch verhinderte."[106]

Ähnliche spekulative Argumente kamen von Isolationisten aus dem rechten Lager. So behauptete Patrick Buchanan in seiner Studie *Churchill, Hitler und der unnötige Krieg*, dass sich die Nazis ohne eine Kriegserklärung der Westalliierten 1939 auf den Einmarsch in die Sowjetunion konzentriert und Westeuropa in Ruhe gelassen hätten. Die westeuropäischen Juden hätten in dem Fall überlebt. Oder wie Buchanan es in einem späteren Aufsatz lapidar formulierte: „Ohne Krieg kein Holocaust".[107] Der konservative britische Journalist Peter Hitchens vertrat eine ähnliche Position; wenn Großbritannien „sich aus dem Krieg herausgehalten hätte", könne man „sicher schwerlich behaupten, dass das Schicksal der europäischen Juden … schlimmer verlaufen wäre".[108] Tatsächlich hätte ihr Schicksal indirekt besser verlaufen können. Ein anderer konservativer Wissenschaftler, Barry Rubin, griff schließlich auf revisionistische Argumente von Osteuropäern zurück und betonte: „[W]enn die UdSSR in der Zeit von 1939 bis 1941 nicht hinter Hitler gestanden hätte, hätte es höchstwahrscheinlich überhaupt keinen Zweiten Weltkrieg oder Holocaust gegeben."[109]

Unabhängig davon, ob diese kontrafaktischen Behauptungen von links oder von rechts kamen, lösten sie eine Welle der Kritik aus, da Kommentatoren verärgert ihre Plausibilität infrage stellten. Sie wiesen nicht nur die Behauptung zurück, dass es bei einer Neutralität der Alliierten im Zweiten Weltkrieg gar nicht erst zu einem Holocaust gekommen wäre, sondern spekulierten, dass er noch schlimmer verlaufen wäre. So erklärte der Historiker David Engel, selbst wenn die Neutralität der Alliierten den Nazis die Umsetzung des Madagaskar-Plans erlaubt hätte, hätte diese „Bedingungen für Juden geschaffen, die auf jeden Fall zu einem Massensterben führen sollten".[110] Andere Kritiker spekulierten, Hitler hätte letztlich seinen Separatfrieden mit den Westalliierten gebrochen und – so Winston Groom – „den Rest Europas, Nordafrika und den Nahen Osten … verschlungen".[111] Diese Entwicklung wäre laut Adam Kirsch eine Katastrophe gewesen, denn „Hitler hätte den Völkermord an den Juden vollendet, Polen und die Ukraine zu deutschen Sklavenkolonien gemacht, Russland entvölkert und noch mehr Gräuel gegen die ‚christlichen Völker' verübt, um die sich Mr. Buchanan angesichts ihres Leids unter dem Kommunismus so besorgt zeigt".[112] Das Versprechen eines Friedens im Westen war also illusorisch. So bilanzierte Andrew Roberts: „Ich finde die Aussicht auf ein von den Nationalsozialisten beherrschtes Europa – gegen das amerikanische und britische Pazifisten rein gar nichts unternommen hätten – ebenso entsetzlich, wie Pazifisten ‚die Obszönität des Krieges' finden."[113]

In der Frage, ob eine Neutralität der Alliierten den Holocaust verhindert oder verschärft hätte, vertraten beide Seiten sehr unterschiedliche Ansichten über den Nationalsozialismus. Die Revisionisten betrachteten ihn als vergleichsweise harmlos: Als bekennender Linker verallgemeinerte Baker den Nationalsozialismus als bloße Variante des traditionellen westlichen Imperialismus, während Buchanan als Vertreter des äußerst rechten Flügels ihn als geringeres Übel als den Kommunismus relativierte. Schlussendlich waren beide Männer der Überzeugung, dass eine Neutralität der Alliierten im Zweiten Weltkrieg den Holocaust hätte verhindern und den Lauf der Geschichte hätte verbessern können. Im Gegensatz dazu waren die Verteidiger des Paradigmas des guten Krieges vom fundamentalen Bösen der Nazis überzeugt; ihrer Ansicht nach hätten die Nazis bei einem Sieg den Holocaust zu Ende geführt und damit den Lauf der Geschichte verschlimmert. Wie viele andere Debatten über das Erbe des Holocaust war auch diese unlösbar. Sie war jedoch insofern bedeutsam, als sie das anhaltende Ringen um die Gestaltung der Erinnerung an die NS-Zeit widerspiegelte.

Ohne Holocaust kein Israel?

Die letzte kontrafaktische Frage in diesem Zusammenhang lautet, ob der Holocaust eine Voraussetzung für die Gründung des Staates Israel war. Diese These wird seit Langem von Kommentatoren aus dem gesamten politischen Spektrum vorgebracht. Bei vielen von ihnen handelt es sich um linke Antizionisten. Anhänger findet diese These jedoch auch bei konservativen Wissenschaftlern und sogar bei unparteiischen Beobachtern. All diese Gruppen verbindet die Überzeugung, dass die Gründung Israels vom Eintreten des Holocaust abhänge – einem Ereignis, ohne das der Staat vielleicht nicht entstanden wäre. Es überrascht nicht, dass dieses kontrafaktische Szenario heftigen Widerstand unter den Verteidigern Israels ausgelöst hat, von denen viele nachdrücklich die unausweichliche Gründung des jüdischen Staates verteidigen. Konkurrierende Modelle der politischen Philosophie und der historischen Kausalität bilden somit den Hintergrund der Debatte, ob Israel ohne den Holocaust gegründet worden wäre.

Die Formel „Ohne Holocaust kein Israel“ wird heute eher mit politischen Extremisten als mit Wissenschaftlern in Verbindung gebracht. In Europa, den Vereinigten Staaten und im Nahen Osten haben verschiedene Gruppen und Einzelpersonen für Schlagzeilen gesorgt, weil sie die Geburt Israels auf die Schuld des Westens am Holocaust zurückgeführt und Zionisten beschuldigt haben, ein Erbe der Viktimisierung zu manipulieren und in einigen Fällen zu fabrizieren, um die Existenz Israels sowie seine Palästinenser-Politik zu rechtfertigen. Diese umstrittene Behauptung wurde meist eher in deklarativer als in kontrafaktischer Weise vorgebracht – d. h. in Erklärungen, der Holocaust habe die Entstehung Israels möglich gemacht, und nicht in spekulativen Äußerungen, ohne den Holocaust gäbe es kein Israel. Sichtbar war dieses deklarative Argumentationsmuster in jüngeren Äußerungen von Antizionisten, unter anderem denen des ehemaligen iranischen Präsidenten Mahmud Ahmadinedschad, der amerikanischen Journalistin Helen Thomas und der ultra-orthodoxen jüdischen Gruppierung Neturei Karta.[114] Die kontrafaktische Version der Behauptung wurde unterdessen von neonazistischen Gruppen vorgebracht.[115]

Es sind jedoch nicht nur Extremisten, sondern auch Vertreter des wissenschaftlichen Mainstreams, die den Holocaust mit der Gründung des Staates Israel in Verbindung gebracht haben. So haben sich sowohl liberale als auch konservative Wissenschaftler für die Formel „Ohne Holocaust kein Israel“ ausgesprochen. Als einer der Ersten hat der libanesische Wissenschaftler Gilbert Achcar erklärt: „Ich glaube nicht, dass das zionistische Projekt … ohne den Holocaust verwirklicht worden wäre“, während der postzionistische israelische Wissenschaftler Bernard Avishai schreibt: „[O]hne den Holocaust wäre Israel 1948 vielleicht nicht entstanden“.[116] Unter eher konservativen Historikern behauptet Henry Turner: „[O]hne den Holocaust gäbe es kein Palästina-Problem, weil es keinen Staat Israel gäbe“. Ähnlich haben sich Sebastian Haffner und Jeffrey Herf geäußert.[117]

Trotz dieser zustimmenden Kommentare weisen viele Wissenschaftler die These zurück. Die bekannteste Gegenrede stammte von dem konservativen deutsch-jüdischen Historiker Michael Wolffsohn, der 1988 einen Aufsatz mit dem Titel „Ohne Hitler kein Israel?“[118] veröffentlichte. Hierin widersprach er der These, der Holocaust habe zur Schaffung des jüdischen Staates beigetragen, und verwies stattdessen auf den unvermeidlichen Erfolg der zionistischen Mission. „Zu seiner Rechtfertigung und als Beweis seiner Notwendigkeit benötigte der Zionismus den Holocaust jedenfalls nicht", so Wolffsohn, denn er war bereits „vor Hitler in Palästina durchaus aktiv" und hätte auch ohne Hitler genauso engagiert die Schaffung eines jüdischen Staates in Palästina vorangetrieben.[119] Die Schaffung Israels habe von vornherein festgestanden. Für Wolffsohn waren der Zweite Weltkrieg und Hitler „unfreiwillige [...] ‚große Beschleuniger' einer Entwicklung ..., die schon längst begonnen hatte", sodass er folgerte: „Es kann kein Zweifel daran bestehen, dass der jüdische Staat eher früher als später auch ohne die UNO errichtet worden wäre."[120] Ähnlich haben andere Wissenschaftler die Unvermeidbarkeit der Gründung Israels bekräftigt. So erklärte der linke post-zionistische israelische Historiker Tom Segev, dass die „häufige Behauptung, die Staatsgründung sei eine Folge des Holocaust gewesen", angesichts der festen „sozialen, politischen, wirtschaftlichen und militärischen Grundlagen" des jungen Staates „jeder Grundlage" entbehre.[121] Ebenso betonte der konservative israelische Historiker Efraim Karsh, dass die Kräfte der „globalen Dekolonisierung ... zur Gründung eines jüdischen Staates geführt hätten, ... selbst wenn es den Holocaust nie gegeben hätte.[122] Wieder andere Wissenschaftler haben gezeigt, wie das Bevölkerungswachstum des europäischen Judentums in der Mitte des 20. Jahrhunderts auch ohne den Holocaust die Gründung Israels unvermeidlich gemacht und den Staat auf ein viel festeres Fundament gestellt hätte, als es tatsächlich der Fall war.[123]

Nicht alle Wissenschaftler lehnten jedoch die Formel „Ohne Holocaust kein Israel" und damit die Unumgänglichkeit der Gründung Israels ab. Nach Ansicht einiger hätte der Holocaust die Gründung Israels beinahe verhindert. Gerhard Weinberg und Yehuda Bauer, zwei angesehene Historiker, haben diese These jeweils mit kontrafaktischen Argumenten untermauert. „Die Deutschen hofften, den Nahen Osten zu erobern, um die Juden zu töten", so Weinberg. „Wenn ihnen das gelungen wäre ... hätte es im palästinensischen Mandat keinen Staat Israel gegeben ... denn niemand hätte ernsthaft die Gründung eines jüdischen Staates in Erwägung gezogen ... [in dem] es keine Juden gab."[124] Bauer spekulierte in diesem Zusammenhang: „wenn das Deutsche Reich noch ein Jahr durchgehalten hätte, ist fraglich, ob es überhaupt Überlebende gegeben hätte. Mehr Holocaust hätte weniger Chancen auf einen jüdischen Staat bedeutet ... Wegen des Holocaust ... gab es fast nicht genug Juden, um für einen Staat zu kämpfen."[125] Damit „wäre der Versuch der Staatsgründung beinahe gescheitert", so Bauer. 1946 war sich Präsident Harry S. Truman der verzweifelten Lage der Juden in den europäischen DP-Lagern bewusst und drängte die Briten, 100 000 Flüchtlinge die Einreise nach Palästina zu ermöglichen. „Wären die Briten auf Trumans Forderung eingegangen", so Bauer, „wäre Israel vielleicht nie entstanden", denn „eine solche Entwicklung hätte den Forderungen der DPs ihre Sprengkraft genommen" und Großbritannien die Unterstützung der Vereinigten Staaten für seine Politik der „Unterdrückung ... der bewaffneten jüdischen Rebellion" gesichert. Wie sich herausstellte, ging Truman aufgrund der Weigerung Großbritanniens auf Konfrontationskurs zur britischen Regierung und befürwortete schließlich einen jüdischen Staat.[126] Für Bauer war „die Gründung des Staates Israel jedoch alles andere als ausgemacht".[127]

Verbunden mit der Behauptung, der Holocaust habe die Entstehung Israels fast verhindert, war die These, eine Staatsgründung vor dem Zweiten Weltkrieg hätte den Holocaust verhindern können. Israelische Politiker und selbst ernannte Unterstützer des Landes verfechten derartige Thesen seit Langem – zuletzt Ministerpräsident Benjamin Netanjahu, der 2009 verlautbaren ließ: „Es gibt Menschen, die sagen, dass der Staat ohne den Holocaust nicht errichtet worden wäre; ich dagegen sage, dass der Holocaust nicht stattgefunden hätte, wenn der Staat Israel rechtzeitig gegründet worden wäre."[128] Unter Wissenschaftlern hat Lucy Dawidowicz diese These am nachdrücklichsten vertreten:

> Hätte es 1939 einen jüdischen Staat gegeben ... hätte die schreckliche Geschichte von sechs Millionen Toten vielleicht ein anderes Ende gefunden. Als Mitglied der Alliierten ... hätte ein jüdischer Staat ... möglicherweise genügend militärisches und politisches Gewicht gehabt, um [verschiedene Achsenmächte] daran zu hindern ... bei diesem Mord mit den Deutschen zusammenzuarbeiten. Ein jüdischer Staat hätte neutrale Länder dazu bewegen können, jüdischen Flüchtlingen sicheres Geleit zu gewähren. Ein jüdischer Staat hätte für einen sicheren Hafen gesorgt. Ein jüdischer Staat hätte sehr wohl einen Unterschied gemacht.[129]

Kommentare wie der von Dawidowicz sollten ohne Frage einen der Grundgedanken des Zionismus für die Schaffung eines jüdischen Staates unterstützen – die Notwendigkeit, Juden vor Verfolgung zu schützen. Doch nicht alle Unterstützer Israels stimmten Dawidowicz zu. Für Yehuda Bauer war es „reiner Unsinn", sich vorzustellen, dass, wenn es „1939 einen jüdischen Staat gegeben hätte, der Holocaust nicht stattgefunden hätte"; schließlich sei es wenig wahrscheinlich gewesen, dass „ein Mini-Staat mit einer oder zwei oder drei Divisionen die deutsche Armee, die ganz Europa überrollte, aufgehalten hätte".[130] Auch William D. Rubinstein wies Dawidowicz' Behauptung als „naiv und unwahrscheinlich" zurück und spekulierte pessimistisch: „[H]ätte es während des Krieges einen unabhängigen jüdischen Staat in Palästina gegeben … hätte Hitler seiner Eroberung und Zerstörung möglicherweise eine viel höhere Priorität eingeräumt, als sie de facto besaß."[131] Die Geschichte hätte anders gesagt noch schlimmer verlaufen können.

Wie diese skeptischen Kommentare zeigen, standen kontrafaktische Behauptungen zwar oft im Dienste einer bestimmten politischen Agenda, allerdings nicht auf deterministische Weise. Spekulative Behauptungen über die Beziehung des Holocaust zur Gründung Israels haben gezeigt, dass kontrafaktisches Denken sowohl für Angriffe auf den jüdischen Staat als auch zu seiner Verteidigung diente. So wie das Szenario „Ohne Holocaust kein Israel" die Legitimität des jüdischen Staates infrage gestellt hat, dienten andere „Was wäre, wenn"-Szenarien – etwa eine mögliche Verhinderung des Holocaust durch eine frühere Gründung Israels – zu seiner Verteidigung. Kontrafaktisches Denken wurde jedoch nicht nur für politische Agenden mobilisiert. Wissenschaftler mit den gleichen politischen Zielen sind bei ihrer Verwendung kontrafaktischer Überlegungen oft zu unterschiedlichen Schlussfolgerungen gekommen. Die Wissenschaftler, die über eine mögliche Abwendung des Holocaust durch eine frühere Gründung Israels diskutiert haben, waren allesamt Zionisten, ihre gemeinsame politische Gesinnung führte jedoch nicht zu einem kontrafaktischen Konsens. Wie diese Beispiele bestätigen, lässt sich kontrafaktisches Denken zwar leicht für parteiische Zwecke einsetzen, ist letztlich aber politisch neutral.

Zusammenfassung

Die beträchtliche Energie, die Historiker in „Was wäre, wenn"-Fragen im Zusammenhang mit dem nationalsozialistischen Völkermord investiert haben, zeugt von der wachsenden Bedeutung kontrafaktischen Denkens in der Holocaust-Historiografie. Diese Entwicklung signalisiert nicht nur die zunehmende Akzeptanz kontrafaktischen Denkens im zeitgenössischen Kultur- und Geistesleben, sondern ist auch Ausdruck der Streitbarkeit der Holocaust-Historiografie. Wie die vorhergehenden Seiten gezeigt haben, haben sich Holocaust-Historiker in der Debatte über die Ursachen, den Verlauf und das Erbe des nationalsozialistischen Völkermords kontrafaktischen Denkens bedient. Obwohl der Holocaust keineswegs das einzige Thema ist, das eine wissenschaftliche Debatte ausgelöst hat, dürfte er mehr Kontroversen entfacht haben als andere. In der gesamten Nachkriegszeit haben Historiker und andere Wissenschaftler unermüdlich zu den Ursachen und Folgen der Endlösung geforscht. Doch trotz über 50-jähriger Forschung besteht in Schlüsselfragen weiter Uneinigkeit. Kontrafaktische Betrachtungen waren somit oft ein verlockender Weg, die verhärteten wissenschaftlichen Positionen mit rhetorischen statt mit analytischen Mitteln aufzubrechen. Tatsächlich können „Was wäre, wenn"-Spekulationen als rhetorischer Trumpf gelten, mit denen man an Emotionen appellieren und das Publikum so für sich gewinnen kann. Wie sozialwissenschaftliche Untersuchungen gezeigt haben, sind kontrafaktische Spekulationen eng mit Emotionen wie Bedauern, Vorwürfen, Schuldgefühlen, Erleichterung und Hoffnung verbunden und werden oft durch diese ausgelöst. Menschen, die vergangene Geschehnisse aus dieser emotionalen Perspektive betrachten, neigen zu „Was wäre, wenn"-Szenarien, die einen anderen Verlauf der Geschichte annehmen.[132] Dieselben Emotionen sind natürlich eng mit dem Erbe des Holocaust verknüpft. Es sind Emotionen, die nicht nur von den Augenzeugen und ihren Nachfahren empfunden werden, sondern oft auch von den Wissenschaftlern, die sich mit dem Erbe des Holocaust beschäftigen. Die zunehmende Verwendung kontrafaktischer Überlegungen könnte daher ein Hinweis auf das emotionale Bedürfnis bestimmter Wissenschaftler sein, endlich einige der noch offenen historischen Fragen des Holocaust zu klären. Mit ihrem rhetorischen Appell an die Gefühle könnten kontrafaktische Szenarien den ungeduldigen Wunsch signalisieren, das letzte Wort in Fragen der Geschichte des Holocaust zu haben.

Sollte dem so sein, was bedeutet dieser Trend dann für die Holocaust-Erinnerung? Eine so spekulative Frage ist natürlich schwer zu beantworten. Eine vorläufige Antwort findet sich jedoch möglicherweise in dem von Saul Friedlander herausgegebenen richtungsweisenden Sammelband *Probing the Limits of Representation* (1992).[133] Dieser Tagungsband enthält eine Reihe wichtiger Beiträge zu den Folgen postmoderner Theorie für die Geschichtsschreibung des Holocaust. Einer der für seine kontrafaktischen Dimensionen bemerkenswertesten Beiträge war der Austausch zwischen Friedlander und Hayden White. Whites Aufsatz „Historische Modellierung (*emplotment*) und das Problem der Wahrheit" griff einige der Thesen seiner berühmten strukturalistischen Studie historischer Narration, *Metahistory* (1973), auf, um über deren Konsequenzen für die Geschichtsschreibung des Holocaust nachzudenken. In seinem Buch erläuterte White, dass Historiker bei der Entscheidung über die jeweilige Darstellung der Vergangenheit normalerweise einen der ästhetischen Modi des „emplotment" – Tragödie, Romanze, Komödie usw. – wählen, die bestimmen, wie sie historische Fakten arrangieren und Schlussfolgerungen aus ihnen ziehen. Daraus folgte, dass Historiker sich bei der Darstellung der Vergangenheit ähnlicher Instrumente wie Schriftsteller bedienten. Die Geschichte unterscheide sich somit nur wenig von der Fiktion.[134]

Diese Punkte waren an sich schon provokant, wurden aber in Bezug auf den Holocaust höchst umstritten. Wie verschiedene Wissenschaftler betonten, hatte Whites These relativistische Auswirkungen. Am beunruhigendsten war, dass die These, die Geschichte habe keinen größeren Wahrheitsanspruch als die Literatur, Holocaustleugnern neue Munition gab, die Faktizität des nationalsozialistischen Völkermords zu bestreiten. Diese Folgerung bereitete White Unbehagen, und so nutzte er seinen Aufsatz in Friedlanders Band, um ein wenig zurückzurudern: „Im Falle, dass die Ereignisse des Dritten Reiches in ‚komischer' oder ‚idyllischer' Weise modelliert würden, wären wir ganz besonders berechtigt, uns auf ‚die Fakten' zu berufen, um das Stück aus der Liste ‚konkurrierender Erzählungen' über das Dritte Reich zu streichen."[135] Whites scheinbare Andeutung, es gebe eine den Tatsachen innewohnende historische „Wahrheit“, die unabhängig von der subjektiven Erzählung existierte, sollte eine progressive moralisch-politische Geste sein, von der Friedlander aber nichts wissen wollte. In seiner Replik entwarf er ein einfaches kontrafaktisches Szenario, um die epistemologischen Schwächen von Whites Behauptung aufzuzeigen: „Whites Thesen … erscheinen haltlos … [denn] was wäre passiert, wenn die Nazis den Krieg gewonnen hätten? Zweifellos hätte es eine Fülle von pastoralen Emplotments des Lebens im Dritten Reich und von komischen Emplotments über das Verschwinden seiner Opfer, vor allem der Juden, gegeben.“[136]

Friedlanders kontrafaktische Argumentation war bezeichnend, denn indem er zeigte, wie triumphal der Holocaust in einer von den Nazis regierten Welt als Siegeszug erzählt worden wäre, machte er klar, dass es bei der Darstellung des Holocaust keine Grenzen mehr gab – weder ästhetische noch moralische noch andere. Traditionell verorteten Wissenschaftler die Grenzen der Repräsentation dort, wo historische Erzählungen gegen die Wahrheit verstießen; kontrafaktische Darstellungsweisen, die nicht auf dem Boden der Realität standen, zeigten hingegen die Haltlosigkeit dieser Grenzen auf. Friedlanders Schlussfolgerung implizierte ferner, dass es, wenn es keine Grenzen für die Darstellung des Holocaust gab, es auch keine Grenzen für Spekulationen über ihn gab. Es gab nichts, was Wissenschaftler oder andere davon abhielt, jede beliebige hypothetische Schlussfolgerung aus dem Holocaust zu ziehen.

Diese Entgrenzung veranschaulichen zahlreiche „Was wäre, wenn“-Szenarien, die Wissenschaftler bei der Interpretation der Geschichte und des Erbes des NS-Völkermords entworfen haben. Im Laufe der letzten Generation haben sich Wissenschaftler die Frage gestellt, ob die jüdischen Opfer im Holocaust vielleicht alternative Taktiken hätten verfolgen können, um sich dem Zugriff ihrer Verfolger zu entziehen; sie haben sich gefragt, ob der Völkermord auch ohne den berüchtigten Diktator stattgefunden hätte; und sie haben sich vorgestellt, wie die Zuschauer vielleicht mehr zur Rettung hätten beitragen können. Wissenschaftler haben weiter untersucht, wie ein Sieg der Nazis im Zweiten Weltkrieg Sichtweisen der Einzigartigkeit des Holocaust geprägt hätte, wie die Neutralität der Alliierten den Holocaust hätte verhindern können und wie ein Nichteintreten des Holocaust sich auf die Gründung des Staates Israel ausgewirkt hätte.

Diese Entgrenzung spiegelt sich auch in den verschiedenen Beweggründen wider, die Wissenschaftler zu Szenarien eines anderen Ausgangs des Holocaust bewogen haben. Die meisten Wissenschaftler waren von einer Mischung aus analytischen, moralischen und politischen Motiven geleitet und legten in ihrem Vorgehen meist eine präsentistische Sicht an den Tag. Tendenziell revisionistisch ausgerichtet, waren sie bestrebt, die Schulmeinung zu widerlegen. Hannah Arendts spekulative Beobachtungen über das Verhalten von Juden in den Ghettos waren all dies zusammen: analytisch, moralistisch, politisch motiviert, präsentistisch und revisionistisch. Dasselbe gilt für die kontrafaktische Kritik verschiedener Wissenschaftler an der Untätigkeit der Zuschauer und der Intervention der Alliierten im Zweiten Weltkrieg. Sicherlich haben sich auch die Verteidiger der gängigen Lehrmeinung kontrafaktischen Denkens bedient, wie die wissenschaftliche Verteidigung der Einzigartigkeit des Holocaust und der unumgänglichen Gründung Israels zeigt. Spekulationen über den Holocaust kennen damit offenbar keine analytischen, moralischen oder politischen Grenzen.

Die Schlussfolgerungen, die Wissenschaftler bei der Beantwortung ihrer „Was wäre, wenn"-Fragen gezogen haben, folgen jedoch bestimmten Mustern. Das erste betrifft die Beziehung zwischen Argumentationsform und Schlussfolgerung. Revisionistische Kritiker der herrschenden Lehrmeinung sind im Allgemeinen von einem besseren Verlauf der hypothetischen Geschichte ausgegangen, während Verteidiger der gängigen Meinung das Gegenteil getan haben. Diese Argumentationsstränge korrelieren häufig – wenn auch nicht immer – mit der wissenschaftlichen Bewertung des Einflusses von Kontingenz bzw. Determinismus auf historische Ereignisse. Während Revisionisten zu zeigen versucht haben, wie zufällige Umstände leicht zu einem anderen Geschichtsverlauf hätten führen können, haben die Verteidiger der herrschenden Meinung den Lauf der Geschichte als vorherbestimmt gedeutet. So haben sich etwa die Kritiker des Papstes, der US-Luftwaffe und der jüdischen Führung des Jischuws beklagt, dass mehr zur Rettung der Juden während des Holocaust hätte getan werden können; ihre Verteidiger haben ihnen entgegengehalten, dass dies nichts am Ergebnis geändert hätte.

Ein zweites Muster betrifft die hitzigen Debatten, die diese konkurrierenden Schlussfolgerungen entfacht haben. Die Debatten waren ebenso unvermeidlich wie verfahren. Wann immer sich Wissenschaftler auf kontrafaktische Szenarien berufen, stoßen sie auf Widerstand, weil ihre Argumente im Allgemeinen rhetorisch versiert und moralisch grundiert sind. Da sie starke Emotionen wie Bedauern, Scham und Schuldgefühle auslösen, rufen diese Argumente unweigerlich Widerspruch hervor. Das Problem ist jedoch, dass kontrafaktische Argumente per definitionem nicht widerlegt werden können. So haben sich die Debatten zwischen konkurrierenden Lagern oft ohne Lösung in die Länge gezogen. Dieses Merkmal kontrafaktischen Denkens könnte leicht als eine seiner Hauptschwächen angesehen werden. Dennoch hat es sich bislang nicht nachteilig auf seinen Ruf ausgewirkt.

Tatsächlich ist das letzte Muster, das kontrafaktische Darstellungen des Holocaust definiert, das Fehlen einer wissenschaftlichen Gegenbewegung. Anstatt kontrafaktisches Denken als solches zu verurteilen, haben Wissenschaftler es in den jüngsten Debatten für ihre eigenen Zwecke genutzt. Diese Entwicklung zeugt von dem pluralistischen, nicht-exklusiven Charakter des Berufsstands der Historiker heute. Nachdem Wissenschaftler einige der relativistischen Konsequenzen postmoderner Theorie für die Geschichtsschreibung akzeptiert haben, haben sie von Kritik an kontrafaktischen Überlegungen in der Art früherer, positivistisch orientierter Wissenschaftler abgesehen. Tatsächlich haben sie sie offen verwendet und werden dies wahrscheinlich auch in Zukunft tun. Mit der Erosion der alten Grenzen der Darstellung wurde der Weg frei für unbegrenzte Spekulationen.

Die spekulative Wende in der Holocaust-Historiografie hat wichtige Konsequenzen für die Holocaust-Erinnerung. Die zunehmende Tendenz, „Was wäre, wenn"-Fragen über den Holocaust zu stellen, deutet auf die zunehmende Normalisierung der nationalsozialistischen Vergangenheit hin. Ein Grund dafür ist, dass kontrafaktisches Denken und das Phänomen der Normalisierung viele Gemeinsamkeiten haben. Bei beiden geht es darum, gängige Ansichten über die Vergangenheit zu revidieren, das Thema moralisch zu enttabuisieren, Bemühungen um eine Verallgemeinerung und Relativierung ihrer Bedeutung voranzutreiben und vor allem neue ästhetische Darstellungsweisen zu verwenden. Tatsächlich könnte dies letztlich der stärkste Beitrag kontrafaktischen Denkens zur Normalisierung sein. Indem kontrafaktisches Denken die historische Darstellung aus dem Korsett der realen Geschichte befreit, indem es das mögliche und nicht das reale Geschehen betont, indem es rhetorischen Spekulationen einen höheren Rang einräumt als rationalen Erklärungen, betont es die fehlenden Grenzen der Darstellung des Holocaust und zeigt, dass der Holocaust nunmehr wie andere Vergangenheiten betrachtet wird.

Gleichzeitig haben kontrafaktische Darstellungen des Holocaust jedoch insofern das Streben nach Normalität unterlaufen, als sie die Dialektik der Normalisierung vorangetrieben haben. Jedes Bemühen um eine Normalisierung des nationalsozialistischen Völkermords hat zu dem Versuch geführt, seine Exzeptionalität zu wahren. Kein einziger Aspekt des Holocaust war nach kontrafaktischen Spekulationen frei von Kontroversen. Infolge dieser Uneinigkeit wird der Holocaust nicht in der nüchternen Art betrachtet, wie es bei anderen, „gewöhnlicheren" Vergangenheiten der Fall ist. Der Versuch, Normalität zu erzeugen, ist somit in sein Gegenteil umgeschlagen.

Es ist unwahrscheinlich, dass diese Dynamik sich in Zukunft ändern wird. Aller Wahrscheinlichkeit nach werden kontrafaktische Darstellungen des Holocaust auch in den kommenden Jahren weiter boomen. Schließlich ist kontrafaktisches Denken nicht nur auf die Gegenwart, sondern auch auf die Zukunft ausgerichtet. Alternative Vergangenheiten spiegeln nicht nur unsere Sicht der Welt von heute, sondern auch unsere Zukunftsvisionen wider. Und diese sind stets Ausdruck von Ängsten und Fantasien, Albträumen und Träumen, wie die Welt beinahe geworden wäre und immer noch sein könnte. Diese Zukunftsorientierung ist seit Langem ein prägendes Merkmal des Denkens über den Holocaust. Historiker mögen darüber streiten, ob der nationalsozialistische Völkermord irgendwelche „Lehren" bereithält – oder bereithalten sollte –, doch die Befürchtung, dass das Ignorieren dieser Lehren zu einer Wiederholung der Geschichte führen könnte, ist seit jeher einer der Gründe für die wissenschaftliche und allgemeine Auseinandersetzung mit dem Thema. Es überrascht daher nicht, dass die Instrumentalisierung von kontrafaktischen Szenarien zum Zwecke kausaler, moralischer und politischer Lehren über den Holocaust das größere Ziel widerspiegelt, ein erneutes Auftreten eines Völkermords in der Zukunft zu verhindern.[137] So schwierig dieses wichtige Ziel in der

Praxis auch zu verwirklichen sein wird, eines ist sicher: Solange das Erbe des Holocaust weiter unsere Ängste und Fantasien bestimmt, wird es sich weiter in kontrafaktischer Form manifestieren.

4 Die Nazis, die es nie gab: Neue Alternativgeschichten des Dritten Reiches

„Irgendwas stimmt da nicht."
Sie liefen die Straße des 25. Mai hinunter. Auf beiden Seiten befand sich belgische Artillerie: erbeutete Geschütze auf niedrigen Sockeln.
„Das merkst du jetzt erst?", fragte Patrick.
„Ich meine an diesem Ort."
Das letzte Mal waren sie im September 1944 hier gewesen, während der Operation Sisal, und in den letzten Tagen vor dem Angriff des Afrikakorps auf die Stadt. Wo die belgische Regierung im Chaos versank und nicht in der Lage war, ihre Bürger zu evakuieren, fiel diese Aufgabe den Söldnern zu. In den Straßen drängten sich Menschen, die verzweifelt zu fliehen versuchten, doch nur diejenigen mit genügend „Portablem" – Gold, Juwelen – waren gerettet worden. Alle anderen wurden ihrem Schicksal überlassen.
In Burton regte sich eine lange unterdrückte Schuld. Er konnte sich noch an sie erinnern, den Schweiß, die Panik, die großen Augen in den flehenden Gesichtern …
„Es gibt keine Schwarzen."
„Echt?", fragte Patrick.
„Schau dir die Gesichter an."
Abgesehen von der Hitze, den Palmen und den Affenbrotbäumen, hätten sie in Hamburg sein können.[1]

Die von den Nazis regierte Stanleystadt, die neue Hauptstadt des ehemaligen Belgisch-Kongo, die der britische Schriftsteller Guy Saville in seinem Roman *The Afrika Reich* (2011) so düster schildert, ist nur ein Beleg für den anhaltenden Reiz von Gedankenexperimenten, wie die Geschichte Nazideutschlands hätte anders verlaufen können. In dem halben Jahrhundert nach dem Zweiten Weltkrieg sind unzählige Alternativgeschichten zum Thema Nationalsozialismus entstanden. Wie das Erscheinen neuer Darstellungen seit der Jahrtausendwende bestätigt, beflügeln „Was wäre, wenn"-Fragen zum Dritten Reich nach wie vor die Fantasie von Schriftstellern, Wissenschaftlern und Filmemachern in der gesamten westlichen Welt. In jüngster Zeit sind vor allem in den Vereinigten Staaten, Großbritannien und Deutschland Alternativgeschichten in Form von Romanen, Erzählungen, historischen Essays, Filmen, Fernsehsendungen und Comics erschienen, die sich mit einer Vielzahl kontrafaktischer Fragen beschäftigten: Was, wenn die Nazis den Zweiten Weltkrieg gewonnen hätten? Was, wenn Hitler einem Attentat zum Opfer gefallen wäre? Was, wenn der Führer den Krieg überlebt hätte? Was, wenn es den Holocaust nie gegeben hätte?

In ihrer Beschäftigung mit diesen und anderen Fragen ähneln die jüngsten Alternativgeschichten damit früheren Darstellungen, da sie ein durchaus vielstimmiges Bild des Dritten Reiches zeichnen. Während einige die NS-Zeit weiter aus moralischer Sicht darstellen, unterziehen die meisten sie verschiedenen Normalisierungsstrategien. Manche Alternativgeschichten, zumeist von Autoren aus dem linken Lager, haben die NS-Vergangenheit universalisiert, um auf aktuelle Probleme aufmerksam zu machen. Vertreter des rechten Flügels hingegen haben in ihren Alternativgeschichten das NS-Erbe relativiert, um so für ein selbstbewusstes nationales Auftreten zu plädieren. Mit diesen Normalisierungsstrategien offenbaren beide Arten von Erzählungen von der Gegenwart geprägte Sichtweisen der NS-Zeit, die das unsichere politische Klima nach dem 11. September widerspiegeln. Neuere Alternativgeschichten sind jedoch nicht immer politisch motiviert. Manche haben die NS-Zeit nicht zu einem Lehrstück, sondern einer Lachnummer gemacht und sie auf diese Weise ästhetisiert. Wie diese Darstellungen zeigen, stumpft der moralische Nachhall der Vergangenheit im Laufe der Zeit ab und begünstigt unkonventionelle Darstellungsweisen. Insgesamt deutet die Darstellung der NS-Zeit in neueren Werken der Alternativgeschichte auf eine fortschreitende Normalisierung der Erinnerung hin. Nach wie vor sind jedoch gegenläufige Kräfte am Werk. Obwohl viele Werke der Alternativgeschichte positiv aufgenommen wurden, zeigt die Kritik an ihnen, dass die Erinnerung ein Konfliktfeld bleibt.

Die Nazis gewinnen den Zweiten Weltkrieg

Das beliebteste Szenario auf dem Gebiet der Alternativgeschichte ist seit Langem das eines Sieges der Nazis im Zweiten Weltkrieg. Seit der Jahrtausendwende sind in Großbritannien, den Vereinigten Staaten und Deutschland zahlreiche neue Erzählungen zu diesem Thema erschienen. Ihr Tenor ist indes sehr unterschiedlich. Mit ihrer Instrumentalisierung der NS-Vergangenheit zur Kritik an aktuellen politischen Entwicklungen und mit ihrer humorvollen Darstellung der Schrecken des Nationalsozialismus haben sie alle jedoch den Normalisierungsprozess vorangetrieben.

Großbritannien

In Großbritannien gibt es traditionell zwei Arten von Alternativgeschichten, die über einen Sieg der Nazis im Zweiten Weltkrieg spekuliert haben: die triumphale und die selbstkritische. Die zwischen 1945 und 2000 erschienenen Darstellungen boten sehr unterschiedliche Bilder einer von den Nazis regierten Welt und dem Verhalten der Briten darin. In frühen Nachkriegswerken wie Noel Cowards Theaterstück *Peace in Our Time* (1948) war die Kollaboration der Briten mit den Deutschen die Ausnahme; im Vordergrund stand die unvermeidliche Selbstbefreiung des Landes von der NS-Herrschaft, die patriotisch den Mythos der schönsten Stunde nährte. In späteren Werken wie Kevin Brownlows und Andrew Mollos Film *It Happened Here* (1966) und Len Deightons Roman *SS-GB* (1978) war die Kollaboration dagegen an der Tagesordnung und die NS-Herrschaft von Dauer, was den Mythos der schönsten Stunde infrage stellte. Wie diese Kluft zwischen triumphalen und selbstkritischen Erzählungen zeigte, wurde die Nachkriegsentwicklung Großbritanniens unterschiedlich bewertet; während die frühen patriotischen Erzählungen die inständige Hoffnung auf nationale Erneuerung zum Ausdruck brachten, spiegelten die nachfolgenden pessimistischen Erzählungen die bittere Erkenntnis des postimperialen Niedergangs wider. Dieses zweigeteilte Bild setzte sich in den folgenden Jahrzehnten fort. In den 1980er- und 1990er-Jahren verteidigten Historiker wie Niall Ferguson und

Andrew Roberts mit optimistischen Erzählungen vom ehrenhaften Verhalten der Briten inmitten einer Invasion der Nazis den Mythos der schönsten Stunde, während Schriftsteller und Journalisten wie Robert Harris und Madeleine Bunting über eine mögliche Kollaboration spekulierten und damit an dem Mythos rüttelten.[2] Seit der Jahrtausendwende ist dieser letzte Trend für britische Alternativgeschichten bezeichnenderweise bestimmend.

Ein hervorragendes Beispiel für den selbstkritischen Impetus war die „Inspektor Carmichael"-Trilogie der walisisch-kanadischen Schriftstellerin Jo Walton: *Die Stunde der Rotkehlchen* (2014), *Der Tag der Lerche* (2015) und *Das Jahr des Falken* (2016) (Abb. 11).[3] Im Mittelpunkt der Serie steht ein abgebrühter britischer Detektiv namens Peter Carmichael, der nach dem Separatfrieden Englands mit den Nazis immer stärker in den faschistischen Strudel seines Landes gerät. Der kontrafaktische Divergenzpunkt der Trilogie ist die erfolgreiche Flucht von Rudolf Hess nach England im Mai 1941; kurz darauf beschließt die britische Führung, einen Friedensvertrag mit Deutschland zu unterzeichnen.

Die Stunde der Rotkehlchen spielt fast ein Jahrzehnt später, im Jahr 1949, als einer der Hauptverhandlungsführer des Vertrags, Sir James Thirkie, plötzlich ermordet wird. Der ehemalige Abgeordnete und potenzielle künftige Premierminister, der zur herrschenden aristokratischen Elite Englands – dem sogenannten „Farthing-Kreis" (benannt nach ihrem Hauptsitz, Schloss Farthing, in Hampshire) – gehört, wird erstochen in seinem Schlafzimmer aufgefunden, an seiner Brust ein gelber Davidstern. Der Verdacht fällt sofort auf einen jüdischen Gast, der sich auf dem Anwesen aufhält, einen Bankier und erbitterten Nazigegner namens David Kahn, der mit der Tochter des Besitzers von Farthing, Regierungsminister Lord Eversley, verheiratet ist. Inspector Carmichael versucht nun herauszufinden, ob Kahn tatsächlich schuldig ist oder nur aus politischen Gründen verdächtigt wird. Letzteres scheint immer wahrscheinlicher, da Thirkies Schwager Mark Normanby zum Premierminister ernannt wird und unter dem Vorwand einer bolschewistisch-jüdischen Bedrohung die Macht an sich zu reißen versucht.[4] Wie Carmichael schließlich jedoch herausfindet, sind Normanby und seine Frau Angela die wahren Mörder; sie wollten Thirkie wegen seines Widerstands gegen die Machtergreifung Normanbys ausschalten. Als Carmichael seinem Chef bei Scotland Yard von der Lösung des Falles berichtet,

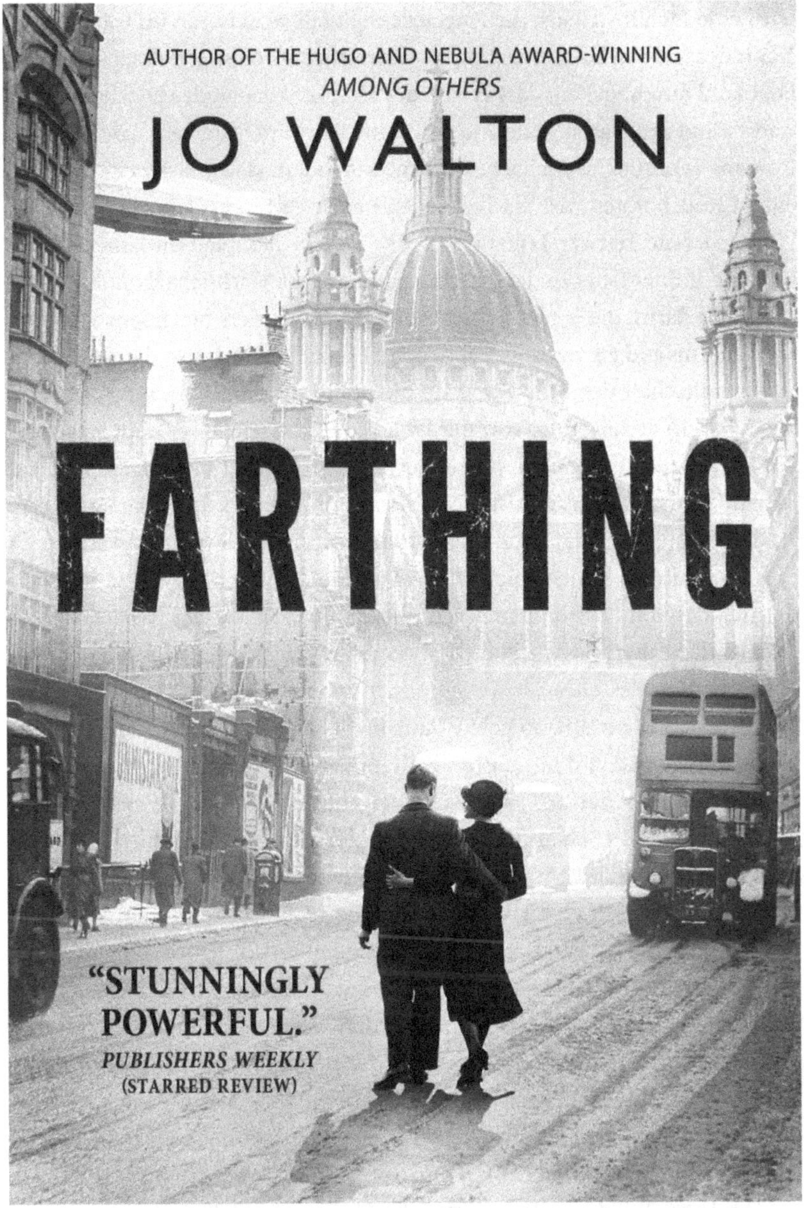

Abb. 11: In Jo Waltons Roman Die Stunde der Rotkehlchen *(hier das Cover des englischen Originals* Farthing*) verbündet sich England mit Nazideutschland. Man beachte den Zeppelin an der Londoner Skyline.*

wird er jedoch instruiert, die Angelegenheit fallen zu lassen und stattdessen Kahn des Verbrechens anzuklagen. Carmichael protestiert, doch sein Chef lässt kühl durchblicken, dass er von der Homosexualität des Detektivs weiß, und zwingt ihn, das abgekartete politische Spiel mitzuspielen. Am Ende des Romans erkennt Carmichael zähneknirschend, dass sein Schweigen ihn zu einem Kollaborateur der faschistischen neuen Ordnung gemacht hat.

Der zweite Teil der Trilogie, *Der Tag der Lerche*, spielt im Jahr 1949, als England immer tiefer in den Faschismus abgleitet. Carmichaels Aufgabe besteht nun darin, die geplante Ermordung Adolf Hitlers bei einem Staatsbesuch in England zu verhindern; daneben geht es jedoch um die Kollaborationsbereitschaft der Briten, wie sie die politisch apathische Schauspielerin Viola Larkin verkörpert. Trotz der Überredungskünste ihrer politisch engagierten Freunde ist sie nicht bereit, bei einer Theateraufführung ein Attentat auf Hitler und Premierminister Normanby zu begehen. So erklärt sie ihrem an dem Komplott beteiligten Onkel Phil: „Du sagst, Normanby wäre durch einen unblutigen Staatsstreich an die Macht gekommen. Worin unterscheidet sich das von der blutigen Machtübernahme, die ihr jetzt vorschlagt? … Niemanden schert das. … Politik ist nun mal Politik. Mr Churchill oder Mr Atlee würden das alles nicht wesentlich anders regeln als Mr Normanby. Und was Hitler betrifft, so geht es uns nichts an, was im Reich geschieht.“[5] Viola zufolge gefällt den meisten Briten „sogar die Vorstellung von einem richtigen Führer, der uns sagt, wo's langgeht.“[6] Und diese Haltung ist kein Einzelfall. Als die Schauspielerin einem der Verschwörer, einem Iren namens Devlin, erklärt: „Stalin ist sicher keinen Deut besser als Hitler“, antwortet Devlin: „Seit acht Jahren ist England nichts weiter als ein Land von Lemmingen, die auf den Rand der Klippe zulaufen. Ihr habt genügend Geld, seid zufrieden und schert euch nicht, was auf der anderen Seite des Ärmelkanals vor sich geht, solange man euch die Bootsrennen und Pferdewetten lässt.“[7] Angesichts dieser Apathie sind die Bemühungen der patriotischen Verschwörer zum Scheitern verurteilt. Am Ende warnt Carmichael Normanby und Hitler vor der im Theater versteckten Bombe, sodass die beiden Diktatoren die Explosion überleben.

Der letzte Teil der Trilogie, *Das Jahr des Falken*, spielt ein Jahrzehnt später, im Jahr 1960; England wird inzwischen von einem faschistischen Regime regiert. Die Nazis haben die Sowjets durch Atomschläge auf Moskau besiegt, die Japaner haben die Vereinigten Staaten bezwungen. In England erreicht der Antisemitismus seinen Höhepunkt, als Normanbys Regierung die Juden des Landes in ein neues Vernichtungslager nahe der südostenglischen Stadt Gravesend deportieren will. Die meisten Briten fühlen sich in dieser neuen dystopischen Welt jedoch ganz wohl. So erklärt die unter Carmichaels Vormundschaft stehende 18-jährige Protagonistin des Romans, Elvira Royston, einer ihrer Freundinnen: „Faschismus ist doch ganz lustig!"[8] Der Detektiv hingegen hat moralische Skrupel, zum Komplizen der neuen Ordnung zu werden. Obwohl er zum Leiter einer britischen Version der Gestapo namens „The Watch" ernannt wird, hilft er hinter den Kulissen, britische Juden in die Freiheit zu schmuggeln, um seine Würde zu wahren. Oder wie ein Kollege es aufmunternd ausdrückt: „Sie haben einmal versagt, vielleicht sogar mehr als einmal, aber Sie haben nie Ihre Seele hingegeben. Und ich glaube, das kann man vom ganzen Land sagen."[9]

Diese Bemerkung lässt auf ein gutes Ende hoffen. Zunächst kommt es jedoch zu weiteren innenpolitischen Unruhen, da Normanby die Deportation einer Gruppe britischer Rechtsextremisten – Mitglieder der ultranationalistischen Ironsides – nach Gravesend anordnet. Die Organisation hofft, den Herzog von Windsor als Edward VIII. auf dem Thron zu installieren und eine faschistische Diktatur zu begründen. Die meisten Briten unterstützen zwar nicht die radikalen Nationalisten, finden aber, dass Normanbys Regierung mit ihrer wahllosen Abschiebung britischer Bürger – ohne zu prüfen, ob sie tatsächlich der Organisation angehören – zu weit gegangen sei. Als es zu Demonstrationen kommt, entdeckt das britische Volk seine demokratischen Werte wieder. Die Entwicklung gipfelt in dem politischen Erwachen der im Übrigen unpolitischen Elvira. Nachdem sie in ihrer Naivität Carmichaels heimliche Unterstützung der britischen Juden ausgeplaudert hat, erfährt sie von Carmichaels Vertrautem, Außenminister Sir Guy Braithewaite, die Wahrheit über Normanbys Rolle bei der Ermordung von Thirkie zwanzig Jahre zuvor und vollzieht daraufhin eine Kehrtwende. Am Ende des Romans überbringt Elvira bei einem Debütantinnenball im königlichen Palast Königin Elizabeth die brisanten Neuigkeiten, woraufhin die Queen im Fernsehen erscheint, um die Verhaftung Normanbys anzukündigen und Neuwahlen auszurufen. Die Botschaft ist klar: „England tat gerade die ersten Schritte in die Freiheit."[10]

Trotz dieses optimistischen Endes vermittelt Waltons Trilogie eine selbstkritische Botschaft, denn sie bekräftigt das faschistische Potenzial Großbritanniens. Mit ihrer unterschwelligen Darstellung ihrer politischen Ansichten reihte sich die Autorin in die Riege linksliberaler britischer Schriftsteller der 1960er- und 1970er-Jahre ein. Die 1964 geborene preisgekrönte Fantasy- und Science-Fiction-Autorin, die derzeit kanadische Staatsbürgerin ist, steht dem liberalen Flügel nahe und hat den Einfluss der Geschehnisse des 11. September auf ihre Trilogie offen eingeräumt. So erklärte sie in einem Interview 2009:

> Wie sich die USA und Großbritannien der UNO widersetzten und unter einem fadenscheinigen Grund in den Irak einmarschierten, hat mich einfach zu sehr an Hitlers Einmarsch in die Tschechoslowakei und Polen erinnert. Ich war wütend und konnte nichts dagegen tun. Dann gab es … [die Einschränkung] bürgerlicher Freiheiten … Kurz nach den Enthüllungen von Abu Ghraib begann ich Die Stunde der Rotkehlchen zu schreiben. Ich hatte nicht vor, explizite Parallelen zu ziehen. Aber es wäre unehrlich zu sagen, dass ich mir der impliziten Parallelen nicht durchaus bewusst war.[11]

Mit ihrem Szenario eines faschistischen Regimes inmitten einer demokratischen Gesellschaft universalisierte Walton die Bedeutung der NS-Zeit in der Art früherer liberaler Schriftsteller. Allerdings schmälerte ihr Happy End den selbstkritischen Impetus des Romans. Während es in den Alternativgeschichten der 1960er- und 1970er-Jahre keinen Ausweg aus dem Faschismus gab, sind die Briten in Waltons Roman schließlich in der Lage, sich zu befreien und ihre demokratischen Werte wiederherzustellen. Waltons Kritik an der schönsten Stunde war daher – ebenso wie ihre Normalisierung der NS-Vergangenheit – vergleichsweise moderat.

Große Ähnlichkeit mit Waltons Trilogie hatte der Bestseller des britischen Schriftstellers C. J. Sansom, *Feindesland* (2020) (Abb. 12).[12] Der rasante Thriller spielt im Jahr 1952 – zwölf Jahre, nachdem England einen Separatfrieden mit Deutschland geschlossen hat und sich die Zusammenarbeit zwischen den beiden Ländern intensiviert. Im Mittelpunkt des Romans

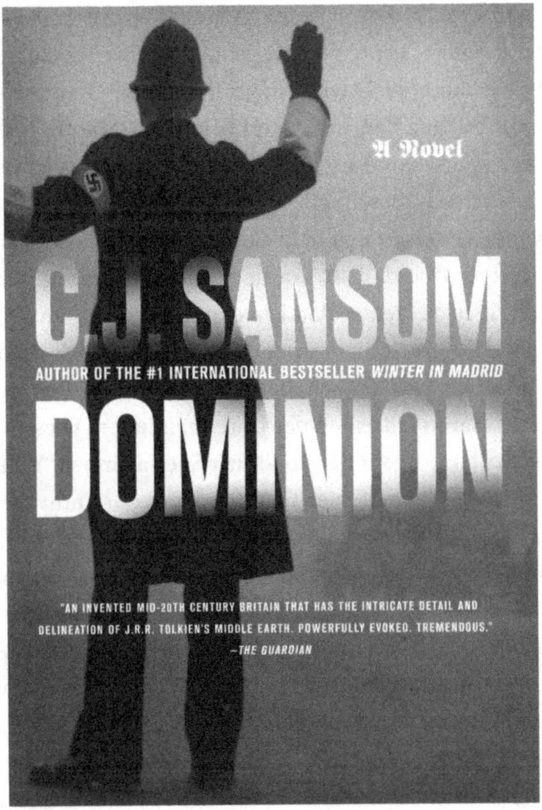

Abb. 12: In C. J. Sansoms Roman Feindesland *(2020; hier das Cover der englischen Ausgabe) kollaborieren die Briten mit den Deutschen, wie dieser Londoner Bobby mit seiner Hakenkreuzbinde zeigt.*

steht eine kleine Zelle britischer Widerständler, die die Gestapo an der Festnahme eines brillanten, aber geistesgestörten Wissenschaftlers namens Frank Muncaster zu hindern versucht; dieser besitzt vertrauliche Informationen über die Atombombenpläne der USA. Ein Großteil des Romans besteht aus spektakulären Actionszenen, die an verschiedenen Schauplätzen von London bis zu den ländlichen Regionen Großbritanniens spielen. *Feindesland* ist jedoch vor allem wegen seines düsteren Porträts des britischen Niedergangs von Bedeutung. Eindrückliches Zeichen dieses Verfalls ist der

„erbärmliche und elende“ Zustand des Landes, dessen Hauptstadt London immer häufiger in einen dichten Nebel gehüllt ist. Der Protagonist des Romans, ein Beamter namens David Fitzgerald, erkennt nunmehr, dass die deutsch-englische Allianz den Erhalt des britischen Empire nicht gewährleisten kann. Aus Angst um die Zukunft seines Landes – und sein eigenes Schicksal als Halbjude – beschließt er, sich dem Widerstand anzuschließen.[13] Seine Ängste erweisen sich bald als prophetisch, da der britische Premier Lord Beaverbrook beschließt, nur noch entschlossener gegen die Juden vorzugehen und sie nach Deutschland zu deportieren, um im Gegenzug ein vorteilhaftes Handelsabkommen mit dem Deutschen Reich abzuschließen. Zahllose Briten befürworten jedoch die Entscheidung des Premiers und beteiligen sich am Zusammentreiben der britischen Juden. Diese Massenfestnahme, bei der der feige Agent der Londoner Spezialeinheit, William Syme, mit dem brutalen Gestapo-Offizier Gunther Hoth zusammenarbeitet, unterstreicht den moralischen Verfall Großbritanniens. Mit seiner Darstellung von Briten, die sich willfährig zum Steigbügelhalter der Nazis machen, bekräftigt *Feindesland* das faschistische Potenzial Großbritanniens. „Wir waren überzeugt, Briten könnten niemals zu Faschisten … werden. Aber doch, sie können es. Vermutlich kann jeder es, unter den geeigneten Umständen“, bringt es Fitzgeralds Frau Sarah auf den Punkt.[14]

Wie Waltons Trilogie endete jedoch auch *Feindesland* mit einer positiven Botschaft. Obwohl Fitzgeralds Widerstandszelle es nicht schafft, Muncaster an die Amerikaner zu überstellen (er begeht tragischerweise Selbstmord, um nicht in die Hände der Gestapo zu fallen), profitiert sie am Ende von den Wechselfällen der Geschichte. Nach Hitlers Tod und einem Bürgerkrieg zwischen SS und Wehrmacht in Deutschland nutzen britische Widerstandskräfte unter Führung von Winston Churchill die erneute Unsicherheit in den deutsch-britischen Beziehungen, um das faschistische britische Regime zu stürzen und selbst die Macht zu ergreifen. Im Epilog des Romans, der im Oktober 1953 spielt, sind die Widerstandskräfte, unterstützt von der britischen Arbeiterklasse, auf dem besten Weg, die Demokratie im Land wiederherzustellen. Nach angespannten Verhandlungen mit ehemaligen faschistischen Regierungsvertretern, die einsehen müssen, dass sie keine Zukunft in Großbritannien haben, erklärt Churchill, dass Großbritannien die Talsohle durchschritten habe. Als Zeichen seiner Hoffnung auf nationale Versöhnung und Wiedergeburt erklärt er abschließend: „Die Exilanten werden alle bald zurückkehren. Um uns beim Aufbau zu helfen. Beim Aufbau! Jetzt werden alle gebraucht!“[15]

Das hoffnungsvolle Ende von *Feindesland* nahm der warnenden Botschaft jedoch nichts von ihrer Schärfe. Wie Waltons Trilogie entzauberte der Roman den Mythos der schönsten Stunde, indem er auf eine mögliche Kollaboration der Briten mit den Faschisten verwies. Mit dieser Botschaft verfolgte Sansom einige der gleichen Motive wie Walton. Der 1952 geborene, politisch links stehende Schriftsteller (er bezeichnet sich selbst als „radikalen, unabhängigen Sozialisten“) macht in seinen literarischen Werken aus seiner Ablehnung von rechter Politik, Nationalismus und Krieg keinen Hehl.[16] Es überrascht daher nicht, dass er mit *Feindesland* aktuelle Entwicklungen kritisierte. Im Gegensatz zu Walton hatte er jedoch nicht die britische Außenpolitik nach dem 11. September, sondern den aktuellen europäischen Nationalismus im Blick. Sansom machte die europäische Wirtschaftskrise (die er auf die „seit 30 Jahren herrschende marktwirtschaftliche Ideologie“ zurückführte) dafür verantwortlich, dass „nationalistisch[e], einwandererfeindlich[e] ... offen faschistische, nationalistische Parteien ... wieder an der Regierung beteiligt“ seien.[17] Er verwies auf bekannte Fälle wie Griechenland und Russland, war angesichts der Bemühungen der Scottish National Party aber insbesondere um eine Abspaltung Schottlands von Großbritannien besorgt.[18] Für den halb-englischen, halb-schottischen Schriftsteller war diese „herzzerreißende“ Entwicklung der Grund, mit *Feindesland* auf die Gefahren des Nationalismus in Gegenwart und Vergangenheit hinzuweisen. „Wenn dieses Buch auch nur einen Menschen von der Gefahr einer nationalistischen Politik ... in Europa überzeugen kann, war es die Mühe wert“, bekannte er in den „Historischen Anmerkungen“ zu seinem Roman.[19]

Mit dieser Haltung verallgemeinerte Sansom jedoch unterschwellig die Bedeutung der NS-Zeit. Seine Kritik am Nationalismus war gut gemeint, doch mit seiner Andeutung, alle Gesellschaften hätten das Potenzial zum Faschismus, relativierte er die Singularität des Dritten Reiches. Sansom bemühte sich natürlich, den Schrecken des Nationalsozialismus hervorzuheben. Er tat dies jedoch weniger als Selbstzweck – d.h. um den Nationalsozialismus als Phänomen zu kommentieren – als vielmehr, um die Briten für ihre Unterstützung zu kritisieren. Wie in Waltons Trilogie dämpfte das erlösende Ende seines Romans jedoch letztlich den selbstkritischen Tenor und minderte seine normalisierende Wirkung.

Andere Alternativgeschichten boten dagegen weniger tröstliche Botschaften. Eine der bemerkenswertesten war *Resistance* (2007) des bekannten walisischen Schriftstellers Owen Sheers (Abb. 13).[20] Schauplatz des gefeierten Romans sind die abgelegenen Black Mountains im ländlichen Wales. Da die Landung der Alliierten in der Normandie gescheitert ist, gehen die Deutschen 1944 erfolgreich zum Gegenangriff auf England über. An einem Septembermorgen wacht eine Gruppe walisischer Frauen aus dem Olchon Valley auf und stellt fest, dass ihre Ehemänner zusammen mit den übrigen Männern des Dorfes verschwunden sind. Bald darauf entdeckt eine der Frauen in einem Melkschuppen ein Flugblatt, das darauf schließen lässt, dass sich die Männer Untergrund-Hilfseinheiten der sich formierenden britischen Widerstandsbewegung angeschlossen haben. *Resistance* schildert den Überlebenskampf der Frauen in den schwierigen folgenden Monaten. Neben den anstrengenden landwirtschaftlichen Tätigkeiten wartet eine noch größere Herausforderung auf sie, da eine kleine Patrouille deutscher Soldaten eintrifft und verkündet, die Kontrolle über das Gebiet übernommen zu haben.

Die Frauen gehen zunächst auf Distanz, nähern sich den Deutschen jedoch im Laufe des Romans immer mehr an. Diese Entwicklung zeigt sich am deutlichsten in der Beziehung zwischen den beiden Protagonisten des Romans, der walisischen Farmerin Sarah Lewis und dem Hauptmann der Wehrmacht Albrecht Wolfram. Nach dem Verschwinden ihres Ehemanns Tom ist Sarah auf sich gestellt, als Wolfram an ihrem Cottage erscheint und erklärt, seine Patrouille werde sich in dem Tal niederlassen. Sarahs erster Instinkt ist es, Widerstand zu leisten, doch Wolframs gemäßigtes, nicht bedrohliches Verhalten wirkt zunehmend entwaffnend. Der 33-Jährige gilt in der NS-Hierarchie „praktisch als Greis" und ist „nicht genug Parteimann", um höher auf der Karriereleiter geklettert zu sein.[21] Obwohl er seinen Auftrag pflichtbewusst erfüllen will, ist Wolfram kein überzeugter Parteisoldat, sondern will im Grunde nichts weiter, als aus dem Krieg mit all seinen „Ängsten und Kämpfen" auszusteigen und „sich und seinen Männern eine Ruhepause zu gönnen".[22] Wohl wissend, dass das „versteckte" Tal ihm Deckung bietet, muss Wolfram lediglich Vorräte sichern, damit seine Patrouille

Abb. 13: In Owen Sheers' Roman Resistance *(2007) kollaborieren walisische Bäuerinnen mit ihren deutschen Besatzern; über ihnen patrouillieren Flugzeuge der Luftwaffe.*

im Verborgenen überleben kann.[23] Er bittet daher Sarah und die anderen Frauen um Hilfe und bietet ihnen im Gegenzug die Unterstützung seiner Männer an.

Die Reaktion der Frauen bildet wiederum den dramatischen und ethischen Kern des Romans. Obwohl sie Wolframs Angebot zunächst nur zögerlich annehmen, ändern sie nach einem ungewöhnlich strengen Winter, in dem sie ihr Vieh zu verlieren drohten, ihre Meinung. Bald darauf werden die fünf Mitglieder der deutschen Patrouille auf verschiedenen Höfen eingesetzt. Doch dieses „Rezept für ein gemeinsames Überleben", wie Wolfram es nennt, entwickelt sich allmählich zu einer tieferen Gemeinschaft.[24] An Weihnachten schenken die Männer den Frauen selbst gemachte Kränze und ziehen bald schon die Arbeitskleidung der verschwundenen Ehemänner an. Wie nicht anders zu erwarten, kommt es zu einer flüchtigen romantischen Begegnung zwischen einem der Männer und einer der Töchter der Frauen. Selbst Sarah fällt es schwer, den Annäherungsversuchen der Deutschen zu widerstehen, vor allem, als ihr Wolfram zum Geburtstag ein Grammofon schenkt und ihr eine betörende Cellosuite von Bach vorspielt. So lässt der Widerstand der Frauen immer mehr nach. Je „weniger deutsch" und je mehr die Mitglieder der Patrouille in den Augen der Frauen „einfach nur Männer" werden, desto intensiver wird ihre Zusammenarbeit.[25]

Letzten Endes wird diese Zusammenarbeit jedoch durch eine tragische Wendung der Ereignisse erschüttert. Obwohl Wolfram die Frauen erfolgreich von der Außenwelt abgeschnitten zu haben glaubt (er stoppt die Postzustellung vom Dorf ins Tal, als ob alle Einwohner verstorben wären), entscheidet eine von Sarahs Freundinnen, Maggie, ein junges Fohlen auf einer örtlichen Landwirtschaftsmesse anzumelden (vor allem beschließt sie, Alex, einen deutschen Soldaten, mitzubringen, der ihr mit dem Fohlen helfen soll); für die örtliche Widerstandstruppe ist dies jedoch ein warnender Hinweis auf die Kollaboration der Frauen mit den Deutschen. Als ein Heckenschütze das Fohlen tötet, wird klar, dass die Frauen zum Tode verurteilt sind. Wolfram bittet Sarah, mit ihm zu fliehen, doch sie beschließt, allein ins Unbekannte aufzubrechen. Am Ende macht sich Sarah nachts ohne Wasser oder Nahrung in Richtung Berge auf (in die auf dem Tisch zurückgelassene Familienbibel hat sie das „Datum ihres Todes" eingetragen). Sie scheint also, wie der Titel des Romans bereits andeutet, der

Versuchung zur Kollaboration erfolgreich zu widerstehen und ihren Glauben an die Freiheit zu bewahren.

Gleichwohl konterkarierte der Roman den Wortsinn seines Titels, da die Kollaborationsbereitschaft unter den Briten deutlich stärker ausgeprägt ist als ihr Widerstandgeist. Sheers Motive ähnelten teilweise denen von Walton und Sansom. Der 1974 geborene gefeierte Dichter, Romancier und Journalist ist für seine pazifistische Grundhaltung bekannt, die er in zahlreichen Gedichten und Theaterstücken zum Ausdruck gebracht hat.[26] Diese Überzeugungen färbten auch auf die Handlung von *Resistance* ab. Zwar schrieb Sheers seinen sorgfältig konstruierten und sehr atmosphärischen Roman nicht nur aus aktuellem Anlass. Gleichwohl deutete er an, dass ihn die Beteiligung Großbritanniens am Irakkrieg maßgeblich beeinflusst habe. In einem Interview aus dem Jahr 2007 bemerkte er, der Roman sei „davon geprägt, dass wir uns derzeit in einem sehr fragwürdigen Krieg befinden". 2011 erklärte er: „Als ich *Resistance* zu schreiben begann, wollte ich einen Antikriegsroman schreiben, der Lesern unter dem Vorwand eines alternativen Zweiten Weltkriegs Fragen der Opferbereitschaft, der Kollaboration und der Besatzung näherbringt. Um eine Geschichte zu schaffen, die diese Erzählung als Brille benutzte, um … alle Kriege infrage zu stellen".[27] Anders gesagt bewog ihn sein Interesse an dem „komplexen Territorium …, auf dem die Grenzen zwischen Widerstand und Kollaboration verschwimmen", die moralischen Dilemmata der Gegenwart in die Vergangenheit zu projizieren.[28]

Dabei zeichnete Sheers jedoch ein normalisiertes Bild der NS-Zeit. In seiner Schilderung der Gründe für die Kollaboration verwies er letztlich auf so universelle menschliche Bedürfnisse wie Kameradschaft, Sicherheit und Überleben. Das Ende von Sheers' Roman stellte eine wertvolle Ergänzung zu früheren Alternativgeschichten dar, die die Kollaboration zumeist als Konsequenz eher niederer Beweggründe wie Gier, Opportunismus und Vorurteile erklärten. Sheers übersah jedoch die Frage der Ideologie, insbesondere die Faszination, die der Nationalsozialismus während des Zweiten Weltkriegs auf zahllose Kollaborateure ausübte. Sein Herunterspielen der Ideologie spiegelte sich in der menschlichen Darstellung der Deutschen – insbesondere Wolframs – wider, dessen bescheidenes Auftreten ihn zum prototypischen „guten Deutschen" machte. Zwar streute Sheers genügend beiläufige Hinweise auf die Verbrechen der Nationalsozialisten – auf gefolterte Widerstandskämpfer, niedergebrannte Dörfer und deportierte Juden – ein, um dem Vorwurf der Beschönigung des Nationalsozialismus zuvorzukommen. Dafür stand in zahlreichen anderen Passagen die Menschlichkeit der Deutschen im Vordergrund. Der vielleicht repräsentativste Passus erschien in der Mitte des Romans, als die Schwester eines britischen Widerstandskämpfers ihrem Bruder erklärt, dass die Deutschen „nicht anders sind als du … Hätten wir gewonnen, würden unsere Jungs … das Gleiche tun".[29] Diese und ähnliche Bemerkungen relativierten die Verbrechen der Deutschen und nahmen dem Roman seine moralische Schärfe. Durch die Betonung der menschlichen Seiten der Deutschen, durch die verständnisvolle Erklärung der Kollaboration und ihre fehlende Verurteilung sowie das Vermeiden eines erlösenden Endes ging Sheers' Roman in seiner Normalisierung der NS-Zeit noch über die Werke von Walton und Sansom hinaus.

Wie *Resistance* blieb auch der Roman des britischen Schriftstellers Guy Saville, *The Afrika Reich* (2011), ohne ein erlösendes Ende. Savilles Schilderung eines Sieges der Nazis im Zweiten Weltkrieg wich insofern von anderen Alternativgeschichten ab, da sie nicht in England, sondern in Afrika spielte. Der Protagonist des rasanten Thrillers ist ein zäher britischer Kriegsveteran namens Burton Cole, der Großbritannien in geheimer Mission helfen soll, im Wettlauf um die koloniale Vorherrschaft in Afrika mit Nazideutschland mitzuhalten. Der Roman spielt im Jahr 1952; die Nazis haben den Zweiten Weltkrieg gewonnen, nachdem die Briten sich nach Festnahme des Britischen Expeditionskorps im Juni 1940 in Dünkirchen zu einem Separatfrieden mit Deutschland entschlossen haben. Auf der Casablanca-Konferenz stimmt Premierminister Halifax 1943 einer Aufteilung Afrikas unter Briten und Deutschen zu – ein Schritt, der den Weg für „ein Jahrzehnt des Friedens und des Wohlstands" für beide Länder ebnet.[30] Hinter den Kulissen braut sich jedoch Ärger zusammen, denn ein Machtkampf zwischen SS und Wehrmacht in Afrika droht einen Kolonialkrieg alten Stils zwischen Deutschland und Großbritannien um die Beute des Empire zu entfachen.

Dieser Machtkampf rührt daher, dass sich die Nazis über die Regierung des afrikanischen Kontinents uneins sind. Den überwiegenden Teil des Jahrzehnts hat die SS die deutschen Kolonien mit eiserner Hand regiert. Unter der Leitung des Hauptschurkens des Romans, des fanatischen SS-

Generalgouverneurs des Kongo, Walter Hochburg, werden Millionen von Schwarzafrikanern von deutschen Unternehmen (wie Volkswagen, das die Kautschukplantagen des Kongo kontrolliert) als Zwangsarbeiter eingesetzt; nach Einführung des von Heinrich Himmler 1949 entwickelten ehrgeizigen Programms zur „ethnischen Neuaufteilung und Konsolidierung" werden viele schließlich in die Sahara deportiert.[31] Dennoch gibt es Probleme. Aufgrund der hohen Sterblichkeit afrikanischer Sklaven und eines unzureichenden Angebots an deutschen Siedlern kommt es zu einem Arbeitskräftemangel, den die SS durch die Entsendung russischer Arbeiter nach Afrika auszugleichen versucht. Um des Problems Herr zu werden, beginnen die Deutschen sogar, Juden aus ihrem Reservat auf Madagaskar (zehn Millionen wurden bis Anfang der 1950er-Jahre dorthin deportiert) auf den afrikanischen Kontinent zu schicken. Trotz dieser Rückschläge bleibt Hochburg seiner Vision einer Rassenutopie treu und plant insgeheim die Eroberung des britisch kontrollierten Nordrhodesiens, um die deutsche Herrschaft über die Region zu konsolidieren. Sein Plan führt jedoch zu einem Zerwürfnis mit der Wehrmacht, die Feindseligkeiten mit Großbritannien unter allen Umständen vermeiden und Hochburg stoppen will. Vor diesem Hintergrund entwickelt sich die Haupthandlung des Romans: Burton Cole wird von einer Kabale britischer Regierungsvertreter und Wehrmachtsoffiziere beauftragt, Hochburg zu ermorden und seinen rücksichtslosen Plan einer Rassenutopie ein Ende zu setzen.

Die zahlreichen dramatischen Actionszenen, die sich Cole und die anderen Figuren des Romans liefern, sind letztlich weniger bedeutsam als das Gesamtporträt des Naziterrors. *The Afrika Reich* ist voller abstoßender sadistischer Nazis und Szenen grausamer Folterungen, die zwischen dem Makabren und dem Schaurigen changieren. Hochburg beispielsweise pflastert den *Schädelplatz* seines SS-Hauptquartiers mit den Schädeln ermordeter Afrikaner; auf seine Anordnung hin werden die Leichen von Deutschen in den Zement gemischt, der für den Ausbau der sogenannten Panafrikanischen Autobahn zur „Arisierung des afrikanischen Bodens" verwendet wird; zudem entwickelt er permanent neue Methoden, um Cole und die Mitglieder von dessen Mordteam zu foltern (Augenausstechen, Genitalverstümmelungen und Autodafés sind an der Tagesordnung).[32] Am Ende werden die SS-Männer bei ihrem Einmarsch in Nordrhodesien von den Briten zurückgeschlagen, Cole entrinnt nur knapp dem Tod, und der vor Wut schäumende Hochburg schwört Rache. *The Afrika Reich* schildert einen Sieg der Nazis im Zweiten Weltkrieg also als Dystopie.

Auf seine Art verallgemeinerte der Roman allerdings ebenfalls die Bedeutung des Nationalsozialismus. Wie Walton, Sansom und Sheers unterstrich Saville die Verbrechen des Dritten Reiches, um die Kollaborationsbereitschaft Großbritanniens zu kritisieren. Wie der Roman zeigt, zahlt Großbritannien für sein Streben nach „Frieden für das Empire" einen unannehmbar hohen moralischen Preis.[33] So arbeiten die Briten trotz der hohen Zahl an Toten unter den afrikanischen Zwangsarbeitern gemeinsam mit den Deutschen am Bau der Panafrikanischen Autobahn. Zudem hat die Amoralität der Briten erhebliche Auswirkungen auf den Protagonisten des Romans, Burton Cole. Sein Auftrag, Hochburg zu ermorden, entpuppt sich letztlich als Selbstmordauftrag, erteilt von einem britischen Beamten namens Jared Cranley. Dieser ist der Affäre Coles mit seiner Frau auf die Schliche gekommen und sinnt nun auf Rache. Saville verurteilt schließlich nicht nur das amoralische Verhalten der Briten, sondern auch die Haltung der Amerikaner. Denn mit ihrem Festhalten an Isolationismus und Neutralität tragen die Vereinigten Staaten eine Mitschuld am Sieg der Nazis im Zweiten Weltkrieg. *The Afrika Reich* zeigt zudem, dass die USA ihren Anteil zur Unterstützung des NS-Regimes nach seinem Sieg beitragen, da sie amerikanische Unternehmen profitable Joint Ventures mit der SS in Afrika abschließen lassen.[34] Der Roman zeichnet somit ein beinahe ebenso kritisches Bild der Helfer und Helfershelfer des Dritten Reiches wie der Nazis und gibt zu verstehen, dass der Faschismus keineswegs auf die Deutschen beschränkt war, sondern auch für liberal-demokratische Staaten eine Versuchung darstellte.

Saville hatte unterschiedliche Beweggründe für seinen Roman. Da er einige Zeit als Journalist in Nordafrika gearbeitet hatte, brachte er die idealen Voraussetzungen mit, um seinen Roman in Afrika anzusiedeln. Daneben war er von anderen literarischen Werken inspiriert und bewunderte vor allem Joseph Conrads *Herz der Finsternis* und Philip K. Dicks *Das Orakel vom Berge*.[35] Ebenso prägend für den Grundtenor von *The Afrika Reich* waren jedoch Savilles Ansichten zur angloamerikanischen Außenpolitik nach dem 11. September 2001. In einem Interview erklärte der Schriftsteller 2011, er habe die britischen Mythen über den Zweiten Weltkrieg – insbesondere die Vorstellung „der guten Alliierten gegen die bösen Nazis" – infrage stellen wollten, weil sie „seither den Rahmen für Konflikte bilden … auch der Invasion des Irak, die als Sturz des bösen Saddam durch moralisch korrekte, demokratische Mächte dargestellt wurde". Er habe auch an dem „Mythos der ‚schönsten Stunde'" und „der lieb gewonnenen britischen Vorstellung, dass der Faschismus ‚hier nicht geschehen könne'," rütteln wollen: „Ich glaube nicht, dass die Briten von Natur aus in irgendeiner Weise antifaschistisch sind." Aus diesem Grund machte er Cole, den Protagonisten seines Romans, nicht zu einem Säulenheiligen, sondern zeichnete ihn als traumatisierte, opportunistische und gewalttätige Figur, die ihr Ziel – die Ermordung Hochburgs – verfehlt. Als Symbol für die „Sinnlosigkeit der Rache" sei Cole „insofern ein Pendant zu Amerika, als er ‚in den Krieg zieht', aber letztlich wenig mehr erreicht als Mord und Totschlag".[36]

Wie die Rezeption der jüngsten britischen Alternativgeschichten zeigt, findet ihr universalisierender Grundtenor erheblichen Zuspruch. Zum einen lösten die Romane ein großes Medienecho aus. Die meisten von ihnen waren ein kommerzieller Erfolg und erschienen nicht nur in britischen und amerikanischen Ausgaben, sondern wurden auch in andere Sprachen übersetzt.[37] *Dominion* und *The Afrika Reich* waren Bestseller; *Resistance* wurde 2011 verfilmt, *Dominion* wurde 2013 als Hörspiel von der BBC ausgestrahlt. Sie alle wurden in den großen Zeitungen und Zeitschriften positiv besprochen. Waltons Trilogie galt als „fulminant", „überzeugend" und „eines der besten spekulativen Werke seit Jahren".[38] Sheers' *Resistance* wurde als „eines der besten Debüts der letzten Jahre … ein originelles und brillant umgesetztes fiktionales Werk" gelobt, die Kritiken für die Verfilmung fielen ebenso positiv aus.[39] Savilles *The Afrika Reich* wurde als „erschreckend überzeugend" und „politisch anspruchsvoll" beschrieben.[40] Und Sansoms *Dominion* galt als „fesselnd", „atmosphärisch" und „eines der besten Bücher des Jahres 2012".[41]

Viele Kritiker begrüßten die von den Büchern beförderten Normalisierungstendenzen. So bemerkte ein Rezensent von Waltons *Die Stunde der Rotkehlchen* anerkennend: „Die Parallelen dieser Alternativgeschichte zu unserer heutigen Welt liegen auf der Hand"; für einen anderen handelte der Roman „ebenso sehr von Bush und Blair wie … vom Zweiten Weltkrieg".[42]

Sheers' *Resistance* wurde unterdessen für seinen pazifistischen Grundton gelobt. Der Roman sei „ein Augenöffner und eine Aufforderung, die Besatzung, die wir [Briten] anderen Menschen so selbstbewusst auferlegen, auf fantasievolle Weise selbst zu erleben". Für einen anderen Kritiker war das Porträt der deutschen Besatzer in Großbritannien „ein Denkanstoß, was das militärische Engagement der Briten in aller Welt angeht".[43] Ähnlich lobten Rezensenten *The Afrika Reich* für sein „glaubwürdiges" Bild der Kollaboration zwischen Deutschen und Briten, während sie *Dominion* als überzeugende „Belehrung für all jene" beschrieben, „die glauben, dass hier niemals irgendeine Form von Faschismus Fuß fassen könnte".[44]

Gleichzeitig äußerten Kritiker jedoch vereinzelt Unbehagen an der Art und Weise, wie die Alternativgeschichten die NS-Zeit normalisierten. Einige kritisierten, dass *Resistance* die Deutschen übermäßig vermenschliche und die Deutschen in der Verfilmung „ganz anders dargestellt werden als die meisten Nazis im Kino … sie tragen keine roten Hakenkreuzbinden, die uns möglicherweise gegen sie einnehmen könnten".[45] Andere Kritiker störte dieses neutrale Porträt nicht; einer begrüßte es, dass Sheers die Leser „mit allen mitfühlen [lasse] – Walisern, Deutschen und Engländern". Ein anderer beklagte, das wohlwollende Porträt der Deutschen mache *Resistance* letztlich „auf sehr merkwürdige Weise zu einem Roman, in dem der Nationalsozialismus siegt und das Böse doch fehlt".[46] Andere Kritiker äußerten Vorbehalte gegenüber dem Bild Großbritanniens, das in *Dominion* zur Kollaboration mit Nazideutschland bereit ist. Es sei zweifelhaft, ob die Briten – ein „widerspenstiges, eigensinniges Volk, das selten bereit ist, Anweisungen zu befolgen", „eine solche Dystopie widerstandslos um sich herum hätte entstehen lassen".[47] Alles in allem waren solche Kritiken jedoch die Ausnahme.

Insgesamt deuten die jüngsten britischen Alternativgeschichten über einen Sieg der Nazis im Zweiten Weltkrieg darauf hin, dass britische Schriftsteller und Leser inzwischen kaum noch Vorbehalte haben, den Mythos der schönsten Stunde zu kritisieren. Mit Verweisen auf den britischen Hang zur Kollaboration lehnten sie die triumphalen Porträts des heroischen britischen Widerstands in einer von den Nazis regierten Welt aus früheren Epochen ab. Nach dem 11. September signalisierte diese Entwicklung eine stärkere Bereitschaft zur Selbstkritik. Zumindest linke Schriftsteller nutzten in ihren Alternativgeschichten die Kritik an der britischen Kollaboration zur Kritik an aktuellen politischen Entwicklungen, insbesondere den außenpolitischen Entscheidungen Großbritanniens im Zusammenhang mit den US-geführten Kriegen im Nahen Osten. Sie universalisierten zudem unterschwellig die Bedeutung der NS-Zeit. Bemerkenswert war vor allem die überwiegend positive Resonanz auf die Romane. Anders als in den 1960er- und 1970er-Jahren, als ähnliche Darstellungen weithin angegriffen wurden, deutet das relative Fehlen solcher Kritiken in den letzten Jahren darauf hin, dass viele Briten inzwischen eine stärker normalisierte Sicht der Vergangenheit vertreten.[48]

Diesen Trend bestätigt schließlich der britische Animationsfilm *Jackboots on Whitehall* (2010) (Abb. 14). Die Satire unter der Regie des schottischen Duos Edward und Rory McHenry unterschied sich insofern von früheren britischen Kinofilmen, als er sich Animatroniks bediente. Die Figuren mit Stimmen von bekannten britischen Schauspielern wie Ewan McGregor, Alan Cumming und Richard Griffiths verkörpern zentrale deutsche und britische Persönlichkeiten an optisch atemberaubenden Schauplätzen, die die Produktionskosten auf sechs Millionen Dollar trieben. Die Handlung des Films war dagegen deutlich weniger ambitioniert. Im Gegensatz zu anderen britischen Alternativgeschichten war *Jackboots on Whitehall* weniger eine schlichte Adaptation als vielmehr eine satirische Überzeichnung eines Siegs der Nazis im Zweiten Weltkrieg.

Der Film beginnt mit der gescheiterten Evakuierung der britischen Truppen aus Dünkirchen im Juni 1940. Von diesem Fehlschlag beflügelt, fallen die Wehrmachttruppen durch einen Tunnel unter dem Ärmelkanal in Großbritannien ein. Nachdem sie am Londoner Trafalgar Square an die Oberfläche gekommen sind, liefern sie sich den Rest des Films Nonstop-Kampfszenen mit den britischen Truppen, denen sie bis zum Hadrianswall im Norden nachsetzen. Als der Kampf für die Briten verloren scheint, meldet sich jedoch ein unerschütterlicher englischer Dorfbewohner namens Christopher, um die militärische Unterstützung der Schotten zu sichern. An diesem Punkt schlägt der Film in eine intertextuelle Farce um, da es Christopher gelingt, eine William-Wallace-/Mel-Gibson-ähnliche Figur zu überreden, eine Bande grimmiger, blau angemalter schottischer Krieger zum Angriff auf die Nazis zu versammeln. Nach vielen drastischen

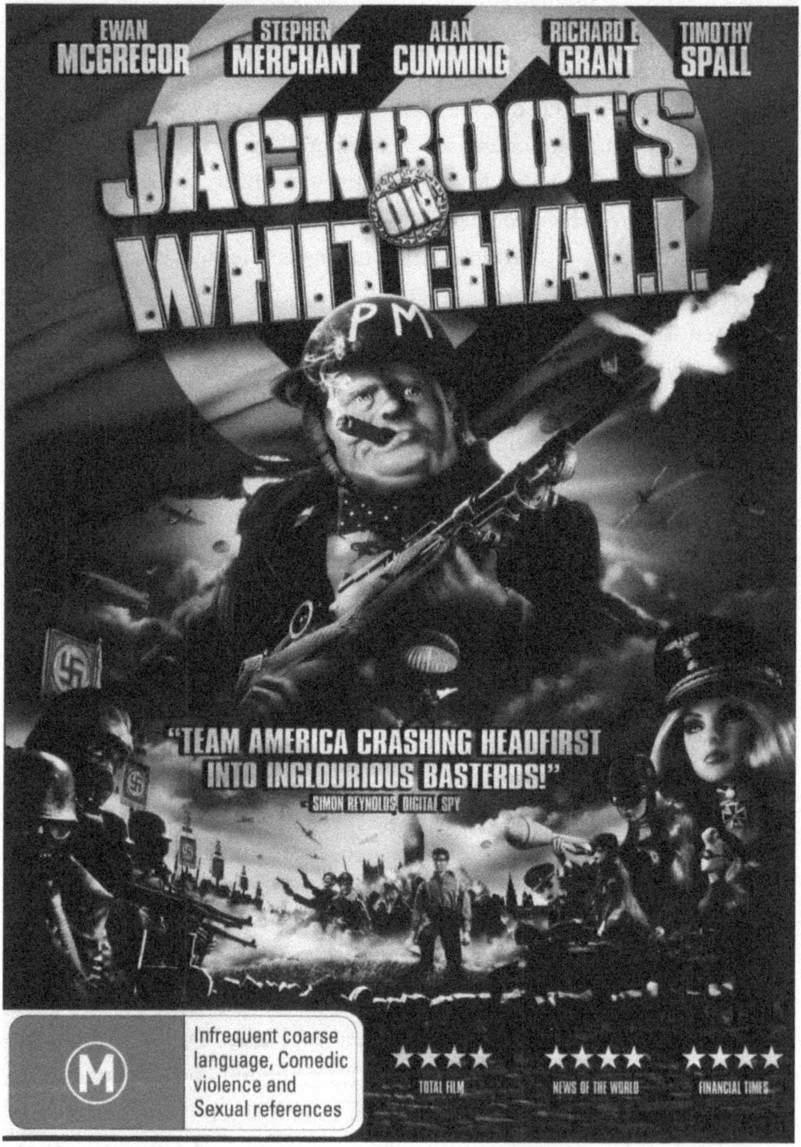

Abb. 14: Der Film Jackboots on Whitehall *(2010) persifliert das Szenario einer nationalsozialistischen Invasion Englands und verspottet Briten und Deutsche gleichermaßen. Die Stars des Films sind allesamt Animatroniks.*

Szenen, in denen schottische Krieger mit mittelalterlichen Waffen Nazi-Schädel spalten, erweisen sich die Schotten als siegreich. An dieser Stelle nimmt die Handlung jedoch eine raffinierte Wendung: Der Sieg der Schotten über die Nazis kann England nicht retten. Stattdessen schicken die Brüder McHenry die Schotten in Anspielung auf den schottischen Nationalismus gen Süden, wo sie die Engländer besiegen. Statt mit dem Albtraum eines 1000-jährigen Nazi-Reiches endet der Film mit dem Schlachtruf „Es lebe das Schottische Reich".

Dieses ironische Ende illustriert nur eine der Strategien, wie *Jackboots on Whitehall* den Blick auf die NS-Zeit normalisierte. Das wichtigste Indiz hierfür war der Spott, der sich über die Nazis und ihre britischen Opfer gleichermaßen ergoss. Die Anführer des Dritten Reiches sind allesamt groteske Karikaturen. Joseph Goebbels ist ein schreiender Affe, Hermann Göring sein schwuler Liebhaber, und Hitler tänzelt im Ballkleid herum. Sie sollten vermutlich für Gelächter sorgen, doch an der Verhöhnung der Nazigrößen ist kaum etwas wirklich lustig. Deutsche Soldaten erscheinen als stumpfsinnige Automaten (die einzige Ausnahme ist ein Trupp vollbusiger, ledergekleideter weiblicher Nazi-Dominas). Keine einzige Aktion der Nazis erweist sich als sonderlich böse; sie schießen nur um sich und sind ihren britischen Feinden im ganzen Land auf den Fersen. Die Nazis werden so fast unmerklich entdämonisiert. Gleichzeitig entheroisiert der Film die Engländer. Churchill erweist sich als aufgeblasener, behäbiger Premier, der während der Invasion tief und fest in seinem Bunker schläft (er wacht rechtzeitig auf, um eindeutig-zweideutig darauf hinzuweisen, dass die Nazis „direkt von hinten" hereingekommen sind). Die aus Zivilisten bestehende Home Guard wirkt selbstgefällig und unterbelichtet. Mit seiner Darstellung eines Siegs der Schotten über die Engländer räumt der Film schließlich mit dem triumphalen Mythos der schönsten Stunde auf.

Sicherlich war *Jackboots on Whitehall* mehr als unterhaltsame Klamotte denn als Geschichtsstunde gedacht. Die Regisseure des Films – beide in den 1980er-Jahren geboren – gehörten einer jüngeren Generation an, für die der Krieg in weiter Ferne lag, und warfen einen entsprechend sorglosen Blick auf die Vergangenheit. In Interviews sprachen sie munter von ihrem „episch-komödiantischen Action-Abenteuer, [das] für jeden etwas zu bieten hat … Liebe … Action, Nazis, Römer, jede Menge Explosionen… und Feuerbälle".[49] Mit ihrer unbekümmerten Sicht der Dinge unterzogen die Regisseure das Thema jedoch einer radikalen Verwandlung und entzauberten nicht nur den Mythos der schönsten Stunde des britischen Widerstands, sondern auch den revisionistischen Gegenmythos der britischen Kollaboration. Vor *Jackboots on Whitehall* gingen britische Alternativgeschichten entweder von der einen oder der anderen Prämisse aus. Der Film hingegen verzichtete auf beide, vermied jeglichen Anschein der Ernsthaftigkeit und deutete damit an, dass sich beide Szenarios möglicherweise überlebt hatten.

Dies deutete sich auch in Besprechungen des Films an. Das Urteil der Kritiker fiel in den britischen Medien sehr gemischt aus. Einigen zufolge setzte der „plumpe", „kindische" und „sinnlose" Film „traurigerweise auf den kleinsten gemeinsamen Nenner an Idiotie".[50] Für andere Beobachter hob er sich wohltuend von früheren britischen Alternativgeschichten ab. Verschiedene Kommentatoren lobten den Versuch, ein vertrautes Thema für eine jüngere Generation zu aktualisieren. So empfahl *The Observer* den Film „Menschen, für die der letzte Krieg in der fernen Vergangenheit liegt".[51] Aus diesem Grund schlug der Film nach Meinung eines Kritikers „einen tausendmal weniger feierlichen Ton an als Kevin Brownlows und Andrew Mollos *It Happened Here*".[52] Derselbe Kritiker lobte den satirischen Ansatz, der seiner Ansicht nach mit seinem originellen Blick auf „ein siebzig Jahre altes und zu Tode gerittenes Thema" sogar noch weiter hätte gehen sollen.[53] Dem schloss sich ein weiterer Rezensent an:

> Es ist höchste Zeit, dass endlich einmal jemand all das wieder aufs Korn nimmt, denn die meisten Werke auf diesem Gebiet hatten im Laufe der Jahre einen sehr düsteren Grundton … Es ist einigermaßen beunruhigend, wie oft wir, die noch nie von einer fremden Macht überfallenen Nachkommen der alliierten Sieger, uns vorzustellen versuchen, wie wir uns verhalten hätten, wenn wir das Martyrium von … Polen … erlebt hätten … Wünschen wir uns insgeheim … Züge von den Gleisen zu sprengen und prominente Kollaborateure zu teeren und zu federn? Das frage ich mich. Aber ich fürchte, dass wir schon bald eine rechte amerikanische Variante sehen werden, in der Muslime – oder Liberale – der bevorzugte Feind sind.[54]

Mit ihrem Lob für den subversiven Unterton des Films gaben diese Kommentatoren zu verstehen, dass sie das Szenario einer Invasion Englands durch die Nazis zunehmend leid waren. Ein wahrscheinlicher Grund für diesen Überdruss war – wenn man dem letzten Kommentar glauben darf – die wachsende Skepsis gegenüber dem selbstgefälligen, demonstrativen Patriotismus nach dem 11. September. Angesichts der britischen Beteiligung an den Kriegen in Afghanistan und im Irak sahen Skeptiker die außenpolitischen Fehler des Landes auch im Mythos der schönsten Stunde begründet und unterstützten daher alle Bemühungen um seine Demontage. Wie verbreitet dieser Standpunkt ist, ist schwer zu sagen. Doch je bereitwilliger die Briten das Szenario eines Sieges der Nazis persiflieren, desto mehr werden sie den Normalisierungsprozess vorantreiben.

Die Vereinigten Staaten

Verglichen mit den relativ homogenen britischen Alternativgeschichten der jüngeren Zeit folgten die amerikanischen Darstellungen eines Sieges der Nazis im Zweiten Weltkrieg einem weniger einheitlichen Muster. Den überwiegenden Teil der Nachkriegszeit waren amerikanische Alternativgeschichten weniger selbstkritisch als britische. Die meisten betonten die Gräuel des Nationalsozialismus, um den Eintritt der Vereinigten Staaten in den „guten Krieg“ zu rechtfertigen.[55] Dieser allgemeine Konsens spiegelte die relative Stabilität der amerikanischen Nachkriegsgeschichte wider, die überwiegend von Wohlstand und Selbstvertrauen geprägt war. In Krisenzeiten wie den 1960er- und 1970er-Jahren tauchten zwar selbstkritische Alternativgeschichten auf, doch waren sie die Ausnahme. Die meisten amerikanischen Erzählungen bekräftigten triumphierend die Erfolge der Vergangenheit. In den letzten zehn Jahren hat sich dieser Trend weitgehend fortgesetzt. Doch im Einklang mit den inneren Gräben, die sich seit dem 11. September im politischen und gesellschaftlichen Leben Amerikas aufgetan haben, sind inzwischen auch selbstkritische Erzählungen erschienen. Wie in England universalisieren auch sie die Bedeutung der NS-Zeit.

Ein typisches Beispiel für den ersten Trend war Harry Turtledoves Roman *The Man With the Iron Heart* (2008) (Abb. 15).[56] Er bot eine neue

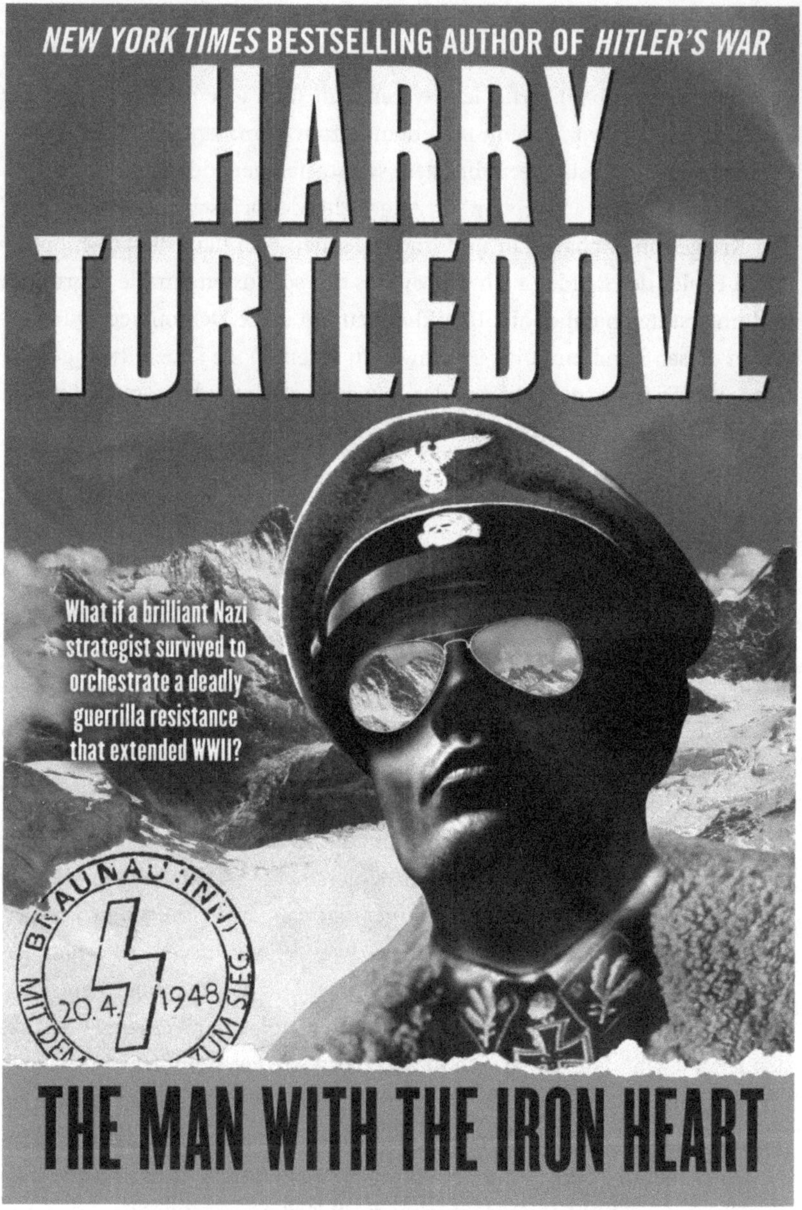

Abb. 15: Harry Turtledoves Roman The Man With the Iron Heart *(2008), in dem die Nazis nach dem Krieg einen Aufstand gegen die Alliierten anzetteln, ist eine Allegorie auf die Herausforderungen, vor denen die Vereinigten Staaten im Irak stehen.*

Variante des vertrauten Szenarios eines Siegs der Alliierten, da die Nazis nach 1945 einen erfolgreichen Guerilla-Aufstand gegen ihre Besatzer starten. Der Divergenzpunkt des Romans ist der 29. Mai 1942 – der Tag, an dem der Chef des Reichssicherheitshauptamtes (RSHA) Reinhard Heydrich ein in der realen Geschichte erfolgreiches Attentat tschechischer Widerstandskämpfer außerhalb Prags auf ihn überlebt. Er erlebt so den katastrophalen Kriegsverlauf nach 1943 und sieht die einzige Überlebenschance Deutschlands in einem Guerillakrieg nach dem Ende der Feindseligkeiten; wie er dem SS-Chef Heinrich Himmler mitteilt, möchte er diesen anführen.[57]

The Man With the Iron Heart beginnt kurz nach dem 8. Mai 1945 – dem Tag der deutschen Niederlage, an dem alliierte Truppen mit Patrouillen den Frieden im Land sichern. Der Roman versammelt ein buntes Figurenarsenal, das zumeist den bekannten Stereotypen entspricht. Die Amerikaner an der Spitze sind eine Mischung aus Hinterwäldlern aus dem Mittleren Westen, multiethnischen Gruppen aus dem Nordosten und Rednecks aus den Südstaaten, die allesamt einen deftigen Umgangston pflegen. Auch das französische, britische und russische Personal entspricht den gängigen Klischees. Die Figurenzeichnung des Romans tritt jedoch weitgehend hinter Actionszenen und überraschenden Wendungen zurück. Über weite Strecken geht es um deutsche „Werwolf"-Angriffe auf die alliierten Streitkräfte. Zunächst greifen die Aufständischen, die sich als „Deutsche Freiheitsfront" bezeichnen, mit Panzerfäusten Truppenkonvois der Alliierten an und töten unter anderem General George Patton.[58] Doch schon bald greifen sie zu gewagteren Taktiken und setzen „Kamikaze-Nazis" ein, um Selbstmordattentate auf höherrangige Ziele zu verüben.[59] Zweimal gelingt es ihnen, geplante Kriegsverbrecherprozesse gegen inhaftierte Nazis zum Erliegen zu bringen (in einem Fall zerstören sie das Nürnberger Justizgebäude mit einer Lastwagenbombe, im anderen steuern sie ein entführtes C-47-Transportflugzeug in das Berliner Stadtgericht); um zu verhindern, dass Parteien der Mitte Zuspruch finden, ermorden sie gemäßigte deutsche Politiker wie Konrad Adenauer und entführen deutsche Atomwissenschaftler, die in der britischen Zone gefangen gehalten werden; diese zwingen sie, eine mit Radium versehene „schmutzige Bombe" herzustellen, die sie auf dem US-Gelände in Frankfurt detonieren lassen und die Stadt so radioaktiv verseuchen. Schließlich wenden sich die Werwölfe in ihrem Kampf auch gegen die Franzosen und Briten. Ein Lastwagenbomber lässt in Paris den Eiffelturm in die Seine stürzen, während andere Aufständische eine Sprengladung vor der Westminster Abbey und der St. Paul's Cathedral in London zünden.

The Man With the Iron Heart schwelgt jedoch nicht einfach in sinnloser Gewalt, sondern untersucht die sich daraus ergebenden politischen Folgen. Wie nicht anders zu erwarten, tragen die vielen militärischen und zivilen Opfer der Werwolfangriffe zur wachsenden Antikriegsstimmung in den USA bei. Verschiedene Figuren verkörpern diese pazifistische Grundhaltung: Diana McGraw, die nach dem Tod ihres Sohnes Pat in Deutschland eine Bewegung gründet, um „die Jungs nach Hause zu holen"; Tom Schmidt, ein Journalist der anti-interventionistischen *Chicago Tribune*, der Präsident Truman wegen des Festhaltens an seinem Kurs diffamiert; und Jerry Duncan, ein republikanischer Kongressabgeordneter aus Indiana, der politisches Kapital aus der Antikriegsstimmung schlägt. Bald demonstrieren Scharen von Antikriegsaktivisten vor dem Weißen Haus und der Kongress debattiert über einen vollständigen Truppenabzug aus Deutschland. Einige Abgeordnete drängen jedoch auf einen Verbleib; so argumentiert ein New Yorker Demokrat: „Wenn wir alle Truppen abziehen, gewinnt Heydrich … [Unser Land wird] einen viel höheren Preis zahlen, wenn wir uns einfach so aus dem Staub machen. Wir zahlen unter Umständen den Preis eines Dritten Weltkriegs." Den Ausschlag geben letztlich jedoch die gescheiterte Niederschlagung des Aufstands und die vom Kongressabgeordneten Duncan geäußerte Angst, dass die USA, „wenn wir bleiben, … Milliarden Dollar wegwerfen".[60] Bei den Zwischenwahlen 1946 erringen die Republikaner einen klaren Sieg und streichen daraufhin die Finanzierung der amerikanischen Streitkräfte. Präsident Truman bleibt schließlich nichts anderes übrig, als die Truppen nach Hause zu holen.[61]

Diese Entscheidung erweist sich als wenig glücklich. Zwar haben die amerikanischen Truppen beim Rückzug aus Deutschland das Glück, auf einen jüdischen DP und Auschwitz-Überlebenden, Shmuel Birnbaum, zu treffen, der sich aufgrund seines Einsatzes als Zwangsarbeiter beim Tunnelbau an den Ort von Heydrichs Versteck in der Nähe von Bad Tölz erinnert und die amerikanischen Truppen dorthin führen kann. Dort beobachtet ein Soldat, Bernie Cobb, wie der Werwolf-Führer eines Nachts zu fliehen versucht, und tötet ihn mit einer Handgranate und einer Maschinenpistole.[62] Wie dieser Vorfall zeigt, war die amerikanische Präsenz in Deutschland nicht umsonst. So erklärt ein beschwingter Präsident Truman den Journalisten: „In ein paar Monaten hätten wir nicht mehr die Truppenstärke gehabt, um etwas gegen … Heydrich zu unternehmen [und er] säße noch immer da unten und würde uns eine lange Nase drehen."[63] Das Ende des Romans lässt freilich nichts Gutes erahnen. Nach Heydrichs Tod setzt sich sein designierter Nachfolger, der Waffen-SS-Offizier Jochen Peiper, an die Spitze des Aufstands und verübt eine Reihe spektakulärer Angriffe, die in der Entführung eines TWA-Flugzeugs in Richtung Spanien und eines sowjetischen Flugzeugs mit dem Ziel Prag gipfeln. Überzeugt, dass Beharrlichkeit sich auszahlt, ist Peiper zuversichtlich, dass die Amerikaner und Briten sich schließlich aus Westdeutschland zurückziehen werden und „ein freies, unabhängiges Nationalsozialistisches Deutsches Reich" wiederhergestellt wird, wenn auch die Sowjets nur schwer aus dem Osten zu verdrängen sein werden.[64] Am Ende des Romans beobachtet ein deutscher Zivilist, wie der letzte amerikanische Truppenkonvoi das Land verlässt; er blickt in die Ferne und zieht unter seinem Kragen ein verstecktes NSDAP-Abzeichen hervor, um es „wieder offen zu tragen": „Im weißen inneren Kreis" des Abzeichens „war ein schwarzes Hakenkreuz. Jedes Parteimitglied hatte so eines. Schon bald würden sie es auch alle offen tragen."[65]

Mit dem Szenario einer Rückkehr der Nazis an die Macht verteidigte Turtledove die tatsächliche historische Entscheidung der Vereinigten Staaten, in den Zweiten Weltkrieg eingetreten und sich nach Kriegsende am Wiederaufbau Deutschlands beteiligt zu haben. Er bestätigte damit, dass der Konflikt ein guter Krieg war. Diese Botschaft wurde durch die Rolle der Erinnerung im Roman noch verstärkt. Ein Schlüsselelement der Handlung ist die Tatsache, dass die Amerikaner Heydrich nur dank des guten Gedächtnisses des stillen Helden des Romans, des jüdischen Überlebenden Birnbaum, ausfindig machen und den RSHA-Chef töten können. Heydrichs „eigene Vergangenheit habe sich an ihm gerächt", bemerkt Präsident Truman; der Roman setzte somit Erinnerung mit Gerechtigkeit gleich.[66] Die wohlwollende Darstellung anderer jüdischer Figuren in dem Roman – Leutnant Lou Weissberg besteht zum Beispiel lautstark darauf, dass die US-Truppen in Deutschland bleiben, um ein Wiedererstarken der Nazis zu verhindern – deutete ebenfalls auf die Notwendigkeit der Erinnerung hin. Nicht zuletzt zeichnete der Roman ein negatives Bild der Amerikaner, die sich verunglimpfend über Juden äußern, welche angeblich die Vergangenheit nicht vergessen könnten und auf Rache an den Deutschen sännen. „Man kann von diesen Leuten keine Vernunft erwarten", äußert sich ein Antikriegsaktivist über einen von Bord gehenden jüdischen Soldaten, der sich über den Abzug aus Deutschland ärgert. „Die meisten Amerikaner wissen unser Tun zu schätzen."[67]

Turtledove bestätigte damit indirekt, dass die Entscheidung der USA zum Verbleib in Nachkriegsdeutschland richtig war, und bezog damit nicht nur zur Vergangenheit, sondern auch zur Gegenwart Position. Wie unzählige Anspielungen zeigten, war *The Man With the Iron Heart* eine kaum verhüllte Allegorie auf den Irakkrieg. Zahlreiche Handlungselemente und Romanfiguren waren direkt den Schlagzeilen der Zeit entnommen, darunter die Selbstmordattentate von irakischen Aufständischen, die Aktionen amerikanischer Friedensmütter wie Cindy Sheehan oder Verweise auf Colin Powells „Pottery-Barn-Regel" (an einer Stelle sieht Lou Weissberg in einem Schaufenster in Deutschland ein Schild mit der Aufschrift „YOU BREAK IT, YOU PAY FOR IT").[68] Unabhängig davon, ob Turtledove seinen Roman als Strategiepapier für das Vorgehen der Amerikaner im Irak verstanden wissen wollte oder nicht, kann man kaum umhin, seinen Roman nicht als konservatives Fazit zu betrachten – als Plädoyer nämlich für ein Festhalten am bisherigen Kurs und einen Verbleib um jeden Preis. Obwohl Turtledove die moralischen Kosten der Okkupation eines anderen Landes durchaus bewusst waren (im Roman setzen die USA brutale Methoden zur Bekämpfung der aufständischen Werwölfe ein, unter anderem foltern und erschießen sie Geiseln), schienen sie ihm letztlich zur Vermeidung eines noch schlimmeren Übels gerechtfertigt.[69] Dies wird am Ende des Romans deutlich, als Präsident Truman unheilvoll erklärt: „‚Wenn wir aus Deutschland weglaufen, werden die Nazis bei einer erneuten Machtergreifung als Erstes an einer Atombombe arbeiten. … Und als Zweites … werden sie an einer Rakete arbeiten, die von Deutschland aus die Vereinigten Staaten erreichen kann … [Dann] ist niemand mehr sicher.'"[70] Die Bemerkung, die auf die Ängste der Amerikaner hinsichtlich des iranischen Atomwaffenprogramms anspielte, schien Turtledove ebenfalls im konservativen Lager zu verorten.

Dennoch verfolgte Turtledove mit seinem Roman wahrscheinlich eher analytische als politische Ziele. Der 1949 geborene Historiker, der seine

Doktorarbeit über byzantinische Geschichte an der UCLA schrieb, begründet sein Interesse an Alternativgeschichte seit Langem mit seinem Interesse an den tieferen kausalen Kräften – wie der Akteur-Struktur-Debatte –, die historischen Wandel bewirken.[71] Er vermeidet es tunlichst, seine politischen Ansichten in öffentlichen Foren zu diskutieren, was bei vielen Lesern zu Verwirrung darüber geführt hat, ob er eher der sozialistischen Linken oder der libertären Rechten nahesteht.[72] Obwohl *The Man With the Iron Heart* (wie viele seiner anderen Geschichten) als politische Botschaft interpretiert werden könnte, bestand Turtledoves eigentliches Ziel wahrscheinlich darin, die historischen Parallelen zwischen der amerikanischen Besatzung Deutschlands und der des Irak zu untersuchen und spekulative Szenarien über den Ausgang der amerikanischen Besatzung in Deutschland zu entwickeln, wenn die USA dort mit den gleichen Herausforderungen wie im Irak konfrontiert gewesen wären.[73] In einem Interview gab Turtledove zu verstehen, dass sein Roman in erster Linie ein Gedankenexperiment gewesen sei, und wies eine konkrete politische Botschaft zurück: „Ich glaube nicht, dass [mein Roman] irgendwelche besonderen Lehren bereithält. Jeder und jede wird mit ihren vorgefassten Meinungen daran herangehen."[74] In jedem Fall schrieb Turtledove aus einer anderen politischen Perspektive als Walton und Saville. Sein Roman rekurrierte nicht etwa deshalb auf die NS-Vergangenheit, um die damalige interventionistische Außenpolitik der USA zu kritisieren, sondern um sie zu befürworten.

Dabei verallgemeinerte *The Man With the Iron Heart* jedoch die Bedeutung der NS-Zeit. Turtledove war keineswegs der erste Schriftsteller, der Parallelen zwischen der amerikanischen Besatzung Deutschlands und der des Irak zog.[75] Dabei verwischte er jedoch die wesentlichen Unterschiede zwischen ihnen, so etwa den unterschiedlichen Bedrohungsgrad für die USA (und die damit verbundenen Gründe für eine Invasion), das Ausmaß der Verbrechen der jeweiligen Regimes (und die damit einhergehenden moralischen Verpflichtungen für die Zeit nach dem Krieg) sowie die Bedeutung der beiden Länder für eine friedliche Nachkriegsordnung. Das NS-Erbe diente also einem besseren Verständnis des Irak und verlor damit seine Besonderheit.

In eine sehr ähnliche Richtung wie Turtledoves Roman ging Alan Glenns Alternativgeschichte *Amerikan Eagle* (2011).[76] Der Thriller spielt 1943 in

Portsmouth, New Hampshire, wo das mühselige Leben von Polizeiinspektor Sam Miller mit dem Fund einer mysteriösen Leiche aus den Fugen gerät. Auf den Handgelenken des Toten entdeckt er eine seltsame eintätowierte Zahlenreihe, doch noch bevor er diese entschlüsseln kann, bekommt er Order, den Fall fallen zu lassen. Sam, der einen Mord vermutet, fügt sich nur ungern, will aber seinen Job nicht aufs Spiel setzen. Es herrschen schließlich harte Zeiten. Amerika steckt in einer Wirtschaftskrise, die Arbeitslosigkeit liegt bei vierzig Prozent. Präsident Huey Long hat zwar bessere Zeichen versprochen, doch lassen diese auf sich warten.

Der Grund für diese desolate Situation liegt in der Ermordung von Präsident Franklin D. Roosevelt, der am schicksalsträchtigen 15. Februar 1933 einem Attentat zum Opfer fiel. Nach dieser Tragödie verzichtete Roosevelts Nachfolger John Nance Garner auf die Verabschiedung des New Deal, sodass die wirtschaftliche Misere der Nation anhielt und der Gouverneur von Louisiana, Huey Long, 1936 zum Präsidenten gewählt wurde. Long zerschlug daraufhin die Gewerkschaften, schränkte die Pressefreiheit ein und schuf einen Einparteienstaat, der von seinen sogenannten „Legionären" – Schlägern aus dem Süden – verteidigt wird. Zudem hat Long Arbeitslager für Linke und Dissidenten errichten lassen. Einer der dort einsitzenden Dissidenten ist Sams Bruder Tony, der die Werftarbeiter von Portsmouth aufzuwiegeln versuchte. Sam steht dem politischen Rechtsruck im Land zwar skeptisch gegenüber, doch wenn er Karriere machen will, hat er keine andere Wahl, als mit Longs Diktatur zusammenzuarbeiten.

Diese Zusammenarbeit gestaltet sich jedoch immer schwieriger, als Amerika mehr und mehr in den Faschismus abgleitet und in den Orbit von Nazideutschland gerät. Aufgrund von Longs Isolationismus verzichten die Vereinigten Staaten auf einen Eintritt in den Zweiten Weltkrieg – eine Entscheidung, von der Deutschland enorm profitiert. So kann es 1940 Großbritannien besiegen und dessen Empire übernehmen. Obwohl die Kampfhandlungen zwischen Deutschland und der Sowjetunion anhalten, scheinen die Nazis den Zermürbungskrieg zu gewinnen. Aufwind erhalten sie zudem, als Präsident Long sich zu einer kühnen außenpolitischen Initiative und einem neuen Handels- und Friedensvertrag mit dem Dritten Reich entschließt. Darin erklären sich die USA bereit, die Deutschen mit Waffen zu beliefern, um die amerikanische Rüstungsindustrie und die Beschäftigung anzukurbeln, sowie „kriminelle“ Elemente an das Reich auszuliefern.[77] Als Zeichen der Annäherung beschließt Hitler, zur Vertragsunterzeichnung nach Portsmouth zu reisen.

Sam gerät bald in den Strudel politischer Intrigen. Nach einigen verdeckten Ermittlungen findet er heraus, dass die Leiche die eines deutschen Juden ist, der aus einem von mehreren geheimen Konzentrationslagern geflohen ist, in denen jüdische Gefangene als Sklaven für die amerikanische Regierung arbeiten. Für diese Informationen zahlt Sam allerdings einen Preis, denn bei seinen Recherchen in einem der Lager – einem Marmorsteinbruch in Vermont, wo er für kurze Zeit als Häftling einsitzt – wird er von Longs Schlägertrupp gefangen genommen. Während seiner Internierung erfährt er von einem anderen Gefangenen, dass Long und Hitler sich darauf verständigt haben, entgegen dem US-Einwanderungsverbot europäische Juden auf beschlagnahmten britischen Schiffen heimlich in die USA zu bringen. Die Idee stammt von Longs Finanzminister Henry Morgenthau, der europäische Juden so vor dem Holocaust retten will. Zurück in Portsmouth erfährt Sam von einer Verschwörung linksgerichteter Dissidenten unter Führung seines Bruders Tony, die Hitler bei der Vertragsunterzeichnung ermorden wollen. Dank einer Verkettung glücklicher Zufälle gelingt es Sam jedoch, das Attentat auf Hitler und ein damit verbundenes Attentat auf Präsident Long zu vereiteln.

Am Ende bleibt die Frage, ob Sam ethisch korrekt gehandelt hat. Der Hauptgrund für sein Eingreifen war die Sorge um seine Frau und seinen Sohn, die als Geiseln in einem Arbeitslager festgehalten werden, um Sam bei der Jagd nach seinem Bruder zur Kooperation mit dem FBI zu zwingen. Sam verfolgt jedoch noch andere Ziele. Als seine Frau – sie ist Mitglied einer Widerstandsgruppe, die Flüchtlinge unterirdisch nach Kanada schleust – seine Entscheidung zur Vereitelung der Attentate auf die beiden Diktatoren infrage stellt, lässt Sam durchblicken, dass er ein höheres Ziel im Sinn hatte. Obwohl er nicht verraten kann, dass jüdische Flüchtlinge in geheimen amerikanischen Konzentrationslagern arbeiten, ist ihr Überleben – und damit auch die Kooperation zwischen Hitler und Long – für ihn das Einzige, was die Fortsetzung des Holocaust in Europa verhindert. So ist Sam zwar entsetzt über die Ausbeutung jüdischer Häftlinge in Amerika, kann aber nicht umhin, seinem Chef Hanson beizupflichten: „Es ist besser, hier überarbeitet und unterernährt zu sein, als in Europa brutal abgeschlachtet zu werden."[78] Aus diesem Grund erschießt Sam schließlich Longs potenziellen Attentäter, bevor dieser zur Tat schreiten kann. Sekunden vor seinem Eingreifen denkt Sam in einem Augenblick der Unentschlossenheit bei sich: „Soll doch der verdammte Kingfish ums Leben kommen. Warum nicht? Der Bastard hat es genauso verdient wie Hitler. Und doch ... gab es Tausende ... jüdischer Flüchtlinge, die wegen Long in den Vereinigten Staaten am Leben waren ... Und Tausende weitere waren auf dem Weg ... Bei einem Tod Longs würden Tausende mehr ... sterben."[79] Am Ende verteidigt Sam seine Unterstützung der beiden faschistischen Regimes, um größeres Übel zu verhindern.

Glenn hatte verschiedene Beweggründe für sein Albtraumszenario, in dem die Vereinigten Staaten zu einem Verbündeten Nazideutschlands werden. Zum einen wollte der Autor die reale historische Entscheidung der Vereinigten Staaten zum Eintritt in den Zweiten Weltkrieg rechtfertigen. Wie Turtledove führte Glenn die katastrophalen Auswirkungen eines möglichen Isolationismus der Vereinigten Staaten vor Augen. Seine politischen Motive waren jedoch andere. Während Turtledove den Isolationismus zu verurteilen und die Außenpolitik der Bush-Administration zu rechtfertigen schien, sah Glenn diese kritischer, wie an verschiedenen Stellen im Roman deutlich wurde. *Amerikan Eagle* spielt etwa auf Präsident Longs Zustimmung zu „verbesserten Verhörmethoden" und Waterboarding gegen Gewerkschafter und andere Dissidenten an – einige der umstrittensten Maßnahmen der Bush-Regierung im Irak. Glenns Roman kann somit als warnende Parabel über den Rechtsruck in den USA nach dem 11. September gelesen werden.[80] In einem Interview bestätigte Glenn 2012 in Ansätzen diese Vermutung. So bemerkte der sich selbst als „bärbeißiger New Hampshire Independent" beschreibende Autor (unter dem Pseudonym Brendan Dubois ist er ein erfolgreicher Krimiautor), er habe seinen Roman zwar nicht mit einer bestimmten politischen Agenda im Hinterkopf geschrieben, doch seien gewisse Vorbehalte gegenüber der Politik der Bush-Regierung wie etwa der Patriot Act „in einige meiner Handlungselemente eingeflossen".[81] Seine Befürchtungen hinsichtlich eines Machtmissbrauchs der Regierung „seien jedoch nicht auf eine Partei beschränkt"; ebenso besorgt sei er darüber, dass „die Obama-Regierung Guantanamo Bay noch immer nicht geschlossen hat". Wie dieser

Kommentar zeigte, handelte es sich bei *Amerikan Eagle* weniger um eine linksliberale Kritik an der Bush-Administration als vielmehr um eine libertäre Parabel über den Missbrauch staatlicher Macht.[82]

Doch auch wenn Glenn möglicherweise andere politische Motive als Turtledove hatte, universalisierte sein Buch ebenfalls das NS-Erbe. Zwar ließ der Autor wenig Zweifel an seiner Abneigung gegen den Nationalsozialismus. An einer Stelle des Romans erklärt Sams verständnisvolle Frau Sarah: „Die ganze Bande – Nazis, SS, Gestapo – sind das reine Böse."[83] Doch wenn Glenn das Dritte Reich im gesamten Roman negativ darstellte, so vor allem deshalb, um Amerika für seine Kollaboration mit den Nazis zu verurteilen. Zahlreiche Beispiele im Roman deuten auf Affinitäten zwischen den beiden Regimes hin; der deutlichste Hinweis dürfte die von der amerikanischen Regierung geschaffene Brigade „Waffen-SS George Washington" sein, die die Nazis im Kampf gegen die Sowjets unterstützen soll. Glenn ging jedoch über eine bloße Schilderung der Kollaboration hinaus und deutete eine Gleichwertigkeit zwischen den Vereinigten Staaten und Nazideutschland an. Nirgendwo zeigte sich dies besser als in einem Gespräch zwischen Sam und dem deutschen Gestapo-Agent Hans Groebke, der nach Portsmouth kommt, um die nötigen Sicherheitsvorkehrungen für Hitlers Besuch zu treffen. Als Sam ihm vorwirft, einem brutalen Regime zu dienen, entgegnet dieser:

> „Dann lassen Sie uns vom Tod sprechen, Sam. Wer hat im letzten Jahrhundert die Indianer massakriert, ihr Land gestohlen und sie in Reservate gesteckt? Wer erschießt Autoarbeiter in Detroit, Obstpflücker in Oregon, Streikende in Manhattan, ja? Ihre eige nen Hände, wie sauber sind sie, Herr Miller? Haben Sie nicht erst vor einigen Tagen an einer ... Säuberung [von] Flüchtlingen und unerwünschten Personen teilgenommen ...?"
> „Ich verurteile Sie nicht für das, was Sie tun ... Sie sind ähnlich, Sie und ich. Unsere Nationen. Wir haben beide Imperien auf dem Rücken anderer Völker geschaffen ... Sogar unsere Symbole sind gleich. Der Adler, ja? ... Unsere beiden Nationen, so ähnlich."[84]

Darauf kann Sam bezeichnenderweise keine Antwort geben. Obwohl er bis zu diesem Zeitpunkt nie um eine Antwort verlegen ist, scheint er Groebke stillschweigend recht zu geben. Unklar ist, ob Groebkes Behauptung Glenns persönlichen Ansichten entsprach, doch mit seiner Gleichsetzung von Nationalsozialismus und amerikanischem Imperialismus verwischte der Roman – wie sein Titel bereits andeutete – die deutlichen Unterschiede zwischen ihnen.

Sowohl Turtledoves als auch Glenns Roman wurden nur selten besprochen und erhielten, wenn überhaupt, gemischte Kritiken. Von konservativen Kritikern wurde *The Man With the Iron Heart* bezeichnenderweise gelobt. Die *Washington Times* bezeichnete den Roman als „außergewöhnlich", „erschreckend" und „nachdenklich stimmend"; er konfrontiere Leser mit der „äußerst relevanten" Frage, „wie weit [die] ... Besetzung eines Krieg führenden Landes durch eine demokratische westliche Macht ... gehen sollte".[85] Auch die *National Review* lobte Turtledoves Roman und versuchte, dem Autor in einem Online-Interview mehr über seine politische Botschaft zu entlocken, wogegen Turtledove sich weitgehend sträubte. Viele Leser empfanden Turtledoves Parabel hingegen als politisch leicht durchschaubar, plump und unglaubwürdig.[86] *Amerikan Eagle* erhielt vergleichsweise wenig Aufmerksamkeit in den Printmedien, und die Rezensionen im Internet waren eher kritisch. Einige Leser waren skeptisch, dass die Vereinigten Staaten ihre demokratischen Traditionen so leicht über Bord werfen würden.[87] Für andere war der Roman mit seiner „beklemmenden Atmosphäre" im Amerika der 1940er-Jahre zu weit gegangen.[88] Die meisten Leser lehnten damit die unterstellte Anfälligkeit Amerikas für den Nazismus ab; für sie war die historische Bedeutung des Dritten Reichs singulär.

Andere Alternativgeschichten beförderten hingegen eine normalisierte Sicht auf das Dritte Reich, indem sie das Szenario eines Siegs der Nazis im Zweiten Weltkrieg persiflierten. Am 15. Mai 2010 präsentierte die beliebte amerikanische Comedy-Show *Saturday Night Live* den Sketch „The Timecrowave". Ein fiktiver Erfinder, Gram Lamton (gespielt von Alec Baldwin) wirbt für ein Gerät, das es Käufern ermöglicht, Mahlzeiten schneller zuzubereiten, indem sie sie zu dem Zeitpunkt zurückschicken, an dem sie erwünscht sind.[89] Lamton warnt das Publikum im Studio davor, dass bei Fahrlässigkeit gelegentlich „kleine Unterschiede im Raum-Zeit-Kontinuum auftreten können". Er versichert den Gästen jedoch: „So etwas wird nie passieren!" An diesem Punkt setzt der Running Gag des Sketches ein: Lamton hat plötzlich einen Schnauzer (vorher hatte er keinen Bart) und verwandelt sich dann in einen Afroamerikaner. Bald darauf preist Lamtons Gehilfin Penny Schmeer (gespielt von Kristen Wiig) die Wunder der Maschine an, während an den Häusern hinter ihr Hakenkreuzfahnen wehen (Abb. 16). Dank der Timecrowave haben die Nazis offenbar den Zweiten Weltkrieg gewonnen und Amerika erobert. Der Gag sorgt beim Live-Publikum für schallendes Gelächter.

Das war nicht die einzige komische Darstellung eines Sieges der Nazis im Zweiten Weltkrieg. In dem amerikanischen Film *Hot Tub Time Machine* (2010) reagiert eine Figur verängstigt auf die möglichen Folgen einer Zeitreise in die Vergangenheit: „Wir werden etwas tun, um Hitler zum Präsidenten zu machen."[90] Die Person ist allerdings derart besessen von diesem möglichen Ergebnis, dass sie offenbar eher Gelächter als Gänsehaut hervorrufen soll. Dasselbe gilt für die YouTube-Parodie einer Szene aus dem Film *Der*

Abb. 16: In dem Saturday Night Live-Sketch „The Timecrowave" *(2010) schicken Alec Baldwin und Kristin Wiig Mahlzeiten zurück in die Vergangenheit, sodass die Nazis versehentlich Amerika erobern können. Man beachte die Hakenkreuzfahnen im Hintergrund.*

Untergang (2004), in der Hitler seinen Generälen im Berliner Bunker erklärt, er habe eine Zeitmaschine gebaut und wolle mit ihr „diesem Drecksloch entkommen und uns zu Siegern in diesem Krieg machen". Wie nicht anders zu erwarten, schlägt der Plan fehl, und Hitlers Bunker bricht über ihm zusammen; im Zorn schreit der Diktator immer wieder nach „Fegelein!"[91] Auch hier bietet das Szenario eines Siegs der Nazis Grund zum Lachen, denn Hitlers wütendes Rufen nach Hermann Fegelein (einem SS-Offizier und Eva Brauns Schwager) ist zu einem außerordentlich beliebten Internet-Mem geworden, das für maßlose Enttäuschung steht.[92] Schließlich karikieren verschiedene Webseiten einen Sieg der Nazis im Zweiten Weltkrieg, wobei die Seite TV Tropes das Szenario flink zur Grundlage eines neuen Universalgesetzes machte: „Mit zunehmender Dauer der Zeitreisen nähert sich die Wahrscheinlichkeit, dass Hitler den Zweiten Weltkrieg gewinnt, der Eins." Die Website erklärt das Gesetz wie folgt:

> Sie kehren von einem lustigen Zeitreise-Abenteuer nach Hause zurück … nachdem Sie die Welt gerettet haben und darauf achten, die Geschichte nicht durcheinander zu bringen und … Moment mal? Sind das Hakenkreuze?! Die da am Weißen Haus hängen?! Sieht so aus, als hätte Godwins Zeitreise-Gesetz zugeschlagen. Mit der falschen Person geredet? Nazi-Sieg! Technologie zurückgelassen, bevor die Dinosaurier ausstarben? Nazi-Sieg! Auf einen Käfer getreten? Nazi-Sieg! Den Wasserhahn laufen lassen? Nazi-Sieg! Einen Nazi-Sieg verhindert? Nazi-Sieg!

Wie die obigen Beispiele weist auch dieser Passus auf eine weitere Normalisierung der Erinnerung hin. Wenn die Website von TV Tropes erklärt: „Das Merkwürdigste an Zeitreisen ist wahrscheinlich, dass … ein Sieg der Nazis im Zweiten Weltkrieg die häufigste zufällige Verschiebung der Zeitachse ist", dann wird damit implizit klar, dass sich dieses Szenario überholt hat. Wenn die Webseite erklärt, dass „ein Sieg der Nazis in Wirklichkeit … unwahrscheinlich [war, da die] Alliierten tatsächlich *viel* mächtiger waren", zeigt dies, dass das Szenario inzwischen als unglaubwürdig gilt.[93] Wenn diese Kommentare in irgendeiner Weise repräsentativ sind, erklären sie vielleicht, warum sich ein ursprüngliches Schreckensszenario in eine Farce verwandelt hat. Wie in Großbritannien könnte die satirische Darstellung eines Sieges der Nazis in Amerika zunehmenden Überdruss mit dem Thema widerspiegeln.

Deutschland

Im Gegensatz zu Großbritannien und den Vereinigten Staaten gab es in Deutschland traditionell weniger Alternativgeschichten über einen Sieg der Nazis im Zweiten Weltkrieg. Da das Szenario offenkundig seinen eigenen Reiz für Neonazis hat, wurde es von den meisten Autoren aus streng moralischer Sicht behandelt. Dies ist bis heute so, wie das bedeutendste belletristische Werk der letzten Jahre, Siegfried Langers Roman *Alles bleibt anders* (2008), zeigt (Abb. 17).[94] In dem in der Gegenwart spielenden Roman irrt der Protagonist, ein junger Deutscher namens Frank Miller, der sein Gedächtnis verloren hat, wie betäubt durch die Straßen Berlins. Er erkennt kaum eines der Wahrzeichen der Stadt wieder und begegnet nur durch einen glücklichen Zufall einem Nachbarn, der ihm einen Hinweis gibt, wo er seine Mutter finden kann. Seine Mutter ist überglücklich, ihn nach drei Jahren wiederzusehen, zumal sie ihn tot glaubte – seine Leiche wurde 2005 verstümmelt auf den Gleisen des Görlitzer Bahnhofs in Berlin gefunden. Frank versucht, etwas über sein früheres Leben in Berlin zu erfahren – seine Familie, sein Studium, seine Verlobte – und so das Geheimnis seines Todes zu ergründen. Wie sich herausstellt, lebt er in einer seltsamen Welt, in der Deutschland von einem Kaiser regiert wird, Pferdekutschen das Straßenbild beherrschen und es zahllose Juden gibt. Dann kommt es jedoch zu seltsamen Vorfällen: Franks Verlobte weigert sich, ihn zu treffen, ihr neuer Ehemann ist schockiert, dass Frank wiederaufgetaucht ist, und ein Fremder versucht, ihn in der Nähe des Müggelsees anzugreifen.

Wie sich im Laufe des Romans herausstellt, stammt Frank aus einer parallelen Weltgeschichte. Um seinen Gedächtnisverlust zu erklären, schwenkt der Roman ins Jahr 2004 zurück, als Frank – in einer Parallelwelt – gerade ein Studium an der Universität Oxford in einem von den Deutschen besetzten England beginnt, nachdem er vier Jahre lang als Wehrmachtssoldat in der Nähe der Stadt des Endsiegs, einst bekannt als Stalingrad, gedient hat. In dieser Parallelwelt hat Nazideutschland den Zweiten Weltkrieg gewonnen

Abb. 17: In Siegfried Langers Roman Alles bleibt anders *(2008) haben die Nazis den Zweiten Weltkrieg gewonnen. Das Cover zeigt Albert Speers Große Halle in Berlin.*

und in ganz Europa drakonische Maßnahmen durchgesetzt. Polen wurde germanisiert und von der Landkarte gelöscht; die USA haben nach einem deutschen Atomschlag gegen ihre Truppen in Nordafrika 1945 den Rückzug angetreten; und die Sowjetunion ist zwar weiter eine Unruheregion, aber keine ernsthafte Bedrohung. Als Soldat hat Frank viele der Gräuel miterlebt, die zur Aufrechterhaltung dieser Ordnung notwendig sind, und freut sich nun, ins zivile Leben zurückzukehren.

In England angekommen, nimmt sein Leben jedoch eine dramatische Wende, da er in einen geheimen Zirkel von Kommilitonen gerät, die das NS-Regime stürzen wollen. Eines Abends ist Frank zu einer Versammlung bei seinem Physikprofessor Gothaer eingeladen und hört schreckliche Geschichten von „gestohlene[n] Organe[n], Gestapo, Versuche[n] an Kindern, Gewalt, zerfressene[n] Frau, Willkür, befohlene[n] Schwangerschaftsabbrüche[n], Terror, Staatsterror, Militär, besetzte[n] Gebiete[n], Vertreibung, Folterungen, Exekutionen, Völkermord“.[95] Zunehmend von der Grausamkeit des NS-Regimes überzeugt, wollen Frank und seine Freunde den Lauf der Geschichte umkehren und so das Regime zu Fall bringen. Mithilfe eines von Professor Gothaer erfundenen Geräts wollen sie sich in bestimmte Parallelwelten versetzen, in denen es bereits „Alter Egos“ ihrer selbst gibt (sind diese Alter Egos eingeschlafen, können sie dorthin reisen und ihr alternatives Ich ersetzen). Sobald der Professor eine Welt ausfindig macht, in der der Nationalsozialismus nicht existiert, hoffen sie, den Divergenzpunkt zu identifizieren, der die Entstehung des Nationalsozialismus ermöglichte, und die Informationen in ihre eigene Welt zurückzubringen. Durch eine Reihe komplizierter Berechnungen findet Professor Gothaer bald eine solche Welt, in der der Tod des Säuglings Johannes Gutenberg 1399 die Reformation, den Dreißigjährigen Krieg, Jahrhunderte deutscher Kleinstaaterei und schließlich den Aufstieg des Nationalsozialismus verhindert. Schon bald werden Frank und ein anderer Student namens Dieter in diese Welt in ihrer heutigen Form, im Wesentlichen das Kaiserreich von 2005, zurückgeschickt. Doch bevor Frank die Geheimnisse dieser Welt entschlüsseln kann, wird er verraten. Dieter entpuppt sich als ein Spion der Gestapo, der Frank auf dem Weg in diese Parallelwelt tötet, indem er ihn am Görlitzer Bahnhof vor einen einfahrenden Zug stößt. In einer raffinierten Wendung der Ereignisse ist jedoch der Frank, den Dieter tötet, nicht sein zeitreisender Begleiter, sondern

Franks Alter Ego (wie sich herausstellt, hat der andere Frank sich gerade verlobt und ist zu aufgeregt, um einzuschlafen, sodass der zeitreisende Frank ihn nicht ersetzen kann; so hält Dieter, der früher am Bahnhof eingetroffen ist, ihn irrtümlich für den Frank, den er töten will). Diese verblüffenden Umstände, die auch Franks Gedächtnisverlust zu Beginn des Romans erklären, bilden den Hintergrund für den dramatischen Höhepunkt des Romans, eine Schießerei alten Stils, bei der Dieter getötet und die von ihm geplante Gründung der NSDAP vereitelt wird.

Trotz dieses glimpflichen Ausgangs ist *Alles bleibt anders* alles andere als ein Feelgood-Roman mit Happy End. Da Franks langjährige Freundin Karen bei der Schießerei tödlich verletzt wird, beschließen Frank und Professor Gothaer, sie durch eine zweite Parallelwelt zu retten, in der der Nationalsozialismus nicht existiert. Bald stellen sie fest, dass eine solche Welt existiert – dank der Entscheidung von Dwight D. Eisenhower, die Alliierten am 6. Juni statt am 5. Juni 1944 in der Normandie landen zu lassen (dem Tag, an dem in Franks eigener Welt stürmisches Wetter die Landung der Alliierten verhindert, sodass die Nazis den Krieg gewinnen). Frank und sein Kommilitone Tristan erkunden kurz diese alternative – unsere – heutige Welt, besuchen Berlin und erleben die chaotische Mischung aus ethnischen Gruppen, Religionen und rebellischen Jugendlichen. Die beiden sind verwirrt über die multikulturelle Realität Berlins, beschließen jedoch, dass sie ihrer eigenen kriminellen Welt bei Weitem vorzuziehen ist; so planen sie eine Zeitreise in die Vergangenheit, um Eisenhowers Mitarbeiter davon zu überzeugen, mit der Landung der Alliierten in der Normandie noch einen Tag zu warten. In einer ernüchternden Wende der Ereignisse entdeckt Frank nach der Rückkehr in seine Welt jedoch, dass seine Änderung dieses zentralen Divergenzpunktes die Nazis nicht wirklich entmachtet hat. Vielmehr hat die Veränderung eines Ereignisses einfach eine unendliche Anzahl neuer Parallelwelten geschaffen, deren Existenz in der überforderten Maschine von Professor Gothaer rasch registriert wird. Die Vergangenheit „zu verändern, ist nicht unsere Bestimmung", stellt Marianne abschließend fest.[96]

Mit diesem nüchternen Fazit wollte *Alles bleibt anders* klare moralische Lehren über die NS-Zeit vermitteln. Wie frühere deutsche Alternativgeschichten von Schriftstellern wie Otto Basil und Ralph Giordano beschrieb

Langers Roman die nationalsozialistische Gewaltherrschaft mit schonungsloser Offenheit.[97] Neben detaillierten Schilderungen des rücksichtslosen Machtstrebens der Nazis präsentierte er den Gestapo-Agenten Dieter, der den Nationalsozialismus im ganzen Universum verbreiten will; sobald das NS-Regime die Kontrolle über Professor Gothaers Maschine erlangt habe, soll es laut Dieter „unendlich viele Welten" geben zur „Sicherung der eigenen Macht, zur Verbreitung unserer Ziele. ... Unsere eigene Welt wird nicht genug sein."[98] Der Roman lehnte außerdem eine Relativierung der deutschen Verantwortung für den Nationalsozialismus klar ab. Als Karen in der Mitte des Romans dafür plädiert, den Nationalsozialismus durch die Ermordung Hitlers als Säugling aus der Geschichte zu eliminieren, äußert sich Professor Gothaer skeptisch. Er bezweifelt, „dass ein früher Tod Adolf Hitlers den Nationalsozialismus verhindert hätte. ... Das Gedankengut entstand und wuchs teilweise unabhängig von Hitler. ... Hitler war zwar Hauptverantwortlicher, keinesfalls aber Alleinverantwortlicher."[99] Mit dieser Bemerkung unterstrich er die Mitverantwortung des deutschen Volkes an der Katastrophe. Da entsprechende Kommentare in deutschen Alternativgeschichten gewöhnlich vermieden werden (in angloamerikanischen Erzählungen sind sie weitaus geläufiger), war Langers Roman in dieser Hinsicht bemerkenswert.[100]

Über die Beschreibung des Horrors einer von den Nazis beherrschten Welt hinaus war *Alles bleibt anders* jedoch auch insofern beachtlich, da seine Figuren versuchen, diese Welt zu verändern. Der Roman schildert auf eindringliche Weise die emotionale Sogwirkung, die die Veränderung der Vergangenheit auf normale Deutsche ausübt. Frank und seine Freunde sind so verzweifelt, den Nationalsozialismus zu beseitigen und ihr Land zu erlösen, dass sie zu extremen Opfern bereit sind. Selbst als Franks Freund Tristan darauf hinweist, dass ein Sieg der Alliierten den Deutschen Leid bringen werde („die Ostgebiete [werden] abgetrennt [und] Millionen von Deutschen vertrieben"), antwortet Frank entschlossen: „Wir wollen ... keine Rasse, die sich zur Herrenrasse über die anderen erhebt ... Die Diktatur muss ausgetilgt [sic] werden. Unterdrückte Menschen in ganz Europa assoziieren Not, Elend, Willkür und Tod mit den Deutschen: das muss ein Ende haben. Ein für allemal. Kein Nationalsozialismus auf dem deutschen Boden des Jahres 2008."[101] Der Roman kokettierte zwar mit der Fantasie, die Vergangenheit ungeschehen zu machen, lehnte diese Vorstellung aber letztlich ab. Da Frank die deutsche Geschichte nicht zum Besseren zu ändern vermag, verweist *Alles bleibt anders* auf die Pflicht der Deutschen, sich an das Erbe der NS-Zeit zu erinnern. Marianne, eine Mitstreiterin von Frank, macht dies am Ende des Romans deutlich: „Auch wenn wir keine Schuld tragen, wir können uns vor der Verantwortung nicht davonstehlen … wir müssen mit der Vergangenheit leben, ob sie uns gefällt oder nicht; sie zu ändern, ist nicht unsere Bestimmung. Den Nationalsozialismus 1944 zu bekämpfen, oder 1933, ist unmöglich; nur in der Gegenwart, denn sie ist die einzige Zeit, die zählt."[102]

Für dieses Fazit hatte Langer moralische Gründe. 1966 geboren, war er zu jung, um die Ereignisse der NS-Zeit persönlich miterlebt zu haben. Er hatte jedoch ein eminentes Interesse an den ethischen Fragen, die mit dieser Phase der deutschen Geschichte verbunden waren. Die wichtigste Frage für ihn lautete: „Wie hätten Sie sich verhalten, wenn Sie 50 Jahre früher geboren worden wären?"[103] Bezeichnenderweise fand diese Frage bei deutschen Kritikern Widerhall. *Alles bleibt anders* wurde für mehrere Preise nominiert und sowohl auf deutschen Science-Fiction-Webseiten als auch in den Printmedien positiv besprochen.[104] Der Wiener *Standard* beispielsweise lobte ihn als „spannenden Debütroman", der „einen eigenen Zugang" zur Auseinandersetzung mit einem Sieg der Nazis im Zweiten Weltkrieg gefunden habe.[105] Andere Rezensenten schätzten den „zum Nachdenken" anregenden Umgang mit dem schwierigen Thema des „deutschen Ringens um die Aufarbeitung der NS-Vergangenheit".[106] Nicht wenige Kommentatoren bewunderten den Roman dafür, dass er „nüchtern" und ohne „erhobenen Zeigefinger" die alltägliche Brutalität des „Terrorstaates" ergründe.[107] Wieder andere lobten, dass er deutschen Lesern die Möglichkeit biete, moralische Lehren aus „einem fernen Kapitel der Geschichte zu ziehen, das nicht viel realer ist als das Römische Reich".[108] Deutsche Kritiker wehrten sich somit gegen eine Normalisierung.

Die deutschen Reaktionen auf ein anderes Werk der Alternativgeschichte, den Film *Iron Sky* (2012), waren dagegen gemischt (Abb. 18). Als multinationale Produktion mit erheblicher deutscher Beteiligung, was die Besetzung, Finanzierung, Drehorte und Dialoge anging, ist *Iron Sky* streng genommen weniger eine Alternativgeschichte als vielmehr eine Science-

Abb. 18: In dem Film Iron Sky *(2012) erobern Mond-Nazis die Erde, um ein Viertes Reich zu errichten.*

Fiction-Komödie.[109] Er schildert keinen Sieg der Nazis im Zweiten Weltkrieg, sondern parodiert vielmehr ihre Niederlage und wendet sie in die Chance für einen zukünftigen Sieg.[110] Der Film speiste sich jedoch aus vielen der Ängste, die traditionell das Szenario eines Siegs der Nazis im Krieg prägten. Er tat dies allerdings auf radikal neue Weise. Wie *Jackboots on Whitehall* bediente sich *Iron Sky* der Satire, um die Schwere des Szenarios zu untergraben, und machte aus den Kämpfen eine Klamotte.

Der Film spielt im Jahr 2018 und basiert auf der – von einigen Verschwörungstheoretikern ernsthaft geglaubten – grotesken Prämisse, dass eine Gruppe von Nazi-Wissenschaftlern am Ende des Zweiten Weltkriegs heimlich in fliegenden Untertassen fliehen konnte und eine Kolonie auf der dunklen Seite des Mondes gegründet hat. Im Film kommt die Existenz der Mond-Nazis zufällig ans Tageslicht, als zwei amerikanische Astronauten auf ihrer Mondmission auf die Kolonie stoßen, die eine riesige steinerne Festung in Form eines Hakenkreuzes bewohnt. Die Nazis nehmen einen der Astronauten gefangen, einen Afroamerikaner namens James Washington (Christopher Kirby), der bald auf die Führer des „Vierten Reiches“ trifft und von deren diabolischen Plänen zur Eroberung der Welt erfährt. Die Mond-Nazis erscheinen auf den ersten Blick als Inkarnation des Bösen. Hitlers Nachfolger Wolfgang Kortzfleisch (Udo Kier) wirkt kühl bedrohlich. Sein Rivale, der aufstrebende SS-Offizier Klaus Adler (Götz Otto), sorgt für sadistische Gewalteinlagen (zu Beginn des Films erschießt und tötet er den zweiten amerikanischen Astronauten). Ein verrückter Wissenschaftler, Dr. Richter, führt als moderne Version Josef Mengeles medizinische Experimente an einem hilflosen amerikanischen Gefangenen durch, und seine Tochter Renate (Julia Dietze), eine NS-Grundschullehrerin, führt ihre Schüler in die Überlegenheit der arischen Rasse ein. Hinzu kommt ein Arsenal Furcht einflößender Waffen in Gestalt eines riesigen Todesschiffs namens *Götterdämmerung*. Die Nazis von *Iron Sky* sind kurzum die perfekten Bösewichte.

Dieser Eindruck verstärkt sich zunächst noch, da die Nazis den Lauf der Geschichte komplett durcheinanderbringen. Adler und Washington reisen (zusammen mit Renate als blindem Passagier) zurück zur Erde, um eine Energiequelle für die *Götterdämmerung* zu finden. Mit Washingtons Hilfe arrangieren Adler und Renate ein Treffen mit der Präsidentin der Vereinigten Staaten, einer Sarah-Palin-ähnlichen Republikanerin (Stephanie Paul), die durchaus angetan ist von ihnen. Auf Anraten ihrer Wahlkampfmanagerin Vivian Wagner (Peta Sergeant) engagiert die Präsidentin die beiden, um die Kampagne für ihre bereits aussichtslos scheinende Wiederwahl in Schwung zu bringen. Kaum ist Adler zu den Hebeln der Macht vorgedrungen, setzt er seinen Komplott zum Sturz von Kortzfleisch fort, bringt diesen um und bereitet eine Invasion der Erde mit einer Armada von NS-Zeppelinen vor. Schon bald gerät die Erde unter Raketenbeschuss und die Großmächte des Planeten sind gezwungen, im Verbund die Invasion der Außerirdischen abzuwehren. Da alle Großmächte im Besitz von Atomwaffen sind (entgegen den UN-Bestimmungen haben sie Raumschiffe mit Atomwaffen gebaut), können die Alliierten die drohende Gefahr abwehren und die *Götterdämmerung* muss auf dem Mond bruchlanden. Dieser scheinbare Triumph der Alliierten ist jedoch von kurzer Dauer. Als die Nazis schließlich doch auf der Erde landen und bekannt wird, dass sie enorme Mengen des wertvollen (für die Kernfusion benötigten) Elements Helium-3 gehortet haben, befehden sich die Alliierten untereinander und entfesseln einen Weltkrieg. Am Ende des Films flackern Kernexplosionen auf der Erdoberfläche auf, woraufhin die Kamera aus dem Weltall vom Planeten Erde wegschwenkt. Es mag den Nazis nicht gelungen sein, die Kontrolle über den Planeten zu erlangen, doch es ist ihnen gelungen, die Erde in Schutt und Asche zu legen.

Iron Sky zeichnete letztlich zwar ein moralisierendes Porträt des Nationalsozialismus, doch war seine Handlung in vielerlei Hinsicht auffällig normalisiert. Erstens ästhetisierte der Film sein Thema durch das Mittel der Satire. Verglichen mit der melodramatischen Darstellung einer erneuten Machtergreifung der Nazis, wie sie frühe Nachkriegsfilme wie Alfred Hitchcocks *Berüchtigt* (1946) und Orson Welles' *Die Spur des Fremden* (1946) inszenierten, war die Handlung von *Iron Sky* ohne jegliche Spannung. Dem Film ging es in erster Linie um Gags und um die Parodie anderer Filme wie etwa *Der Untergang*: So echauffiert sich Vivian Wagner im Gespräch mit ihren Wahlkampfmitarbeitern im Stil von Bruno Ganz' Hitler, der seine Generäle im Bunker in Berlin abkanzelt. *Iron Sky* setzt zudem auf kruden Humor. Dass Dr. Richter zu Beginn des Films dem Afroamerikaner Washington ein „albinisierendes" Serum injiziert, um seine Haut für die Rückkehr auf die Erde weiß und sein Haar blond zu färben, erweist sich als Running Gag des Films – wenn etwa Washington in Nazi-Uniform eine Gruppe schwarzer Straßenkinder in New York nach dem Weg fragt, mit vorhersehbaren Folgen. Auch sexuelle Anspielungen und komische Gewalt kommen nicht zu kurz. In einer Szene hat Adler Sex mit Wagner, als Kortzfleisch den Raum betritt und ihn zwingt, aufzustehen und mit heruntergelassener Hose den Hitlergruß zu zeigen. Am Ende des Films tötet Renate Adler auf geradezu heroische Weise, indem sie ihm mit ihrem Stiletto in die Stirn sticht. Schließlich persiflieren zahlreiche Szenen die NS-Symbolik, wenn z. B. behelmte Nazi-Sturmtruppen ein Pornomagazin durchblättern und die rasierte Schamgegend auf dem Centerfold-Poster in der Heftmitte mit dem Bärtchen des Führers vergleichen. All diese Szenen relativieren den Schrecken einer erneuten Machtergreifung der Nazis.

Iron Sky normalisierte zudem die NS-Vergangenheit, indem er ihre Bedeutung universalisierte. Obwohl der Film eine einzige Farce war, enthielt er auch politische Elemente. Vor allem suggerierte er Parallelen zwischen dem Dritten Reich und der US-Regierung. Die amerikanische Präsidentin stellt zum Beispiel Adler und Renate als ihre Wahlkampfmanager ein, nachdem sie gehört hat, wie begeistert Renate von der Lebensweise und den Zielen der Nazis erzählt – diese wollten die Welt wieder gesund machen, „mit harter Arbeit. Mit Ehrlichkeit, Offenheit und Demut". Dass sich die Präsidentin umgehend und ungeachtet ihres ideologischen Kontextes für diese Werte begeistert, verrät, wie sehr sich faschistische Ideen und die konservative Innenpolitik gewisser Republikaner in den USA ähneln. Andere Szenen aus *Iron Sky* kritisieren implizit die amerikanische Außenpolitik. Als die Präsidentin von der Landung der Nazis auf der Erde erfährt, begrüßt sie diese in dem Glauben, dies steigere ihre Chancen auf eine Wiederwahl. Bei dem Versuch, das gesamte Helium-3 des Mondes für die Vereinigten Staaten in Beschlag zu nehmen, löst sie zudem einen Bürgerkrieg auf der Erde aus. Der Film zeigt sogar, wie die amerikanische Regierung Kriegsverbrechen begeht. Als der Kommandant des amerikanischen Raumschiffs, der *USS George W. Bush*, einen Atomangriff auf die Festung der Mond-Nazis befiehlt, erhebt ein rangniederer Offizier Einspruch und verweist auf die „Frauen und Kinder" dort, woraufhin der Kommandant antwortet: „Wir verhandeln nicht mit Terroristen." Die Nazis entfesseln also das kriegerische Verhalten der

Amerikaner; der Film unterstellte damit Affinitäten zwischen dem Dritten Reich und den USA.

Bezeichnenderweise bestätigte das Kreativteam hinter *Iron Sky* diesen Versuch einer Normalisierung. So erklärte der finnische Regisseur des Films, Timo Vuorensola, er habe sich bewusst für eine Parodie des Nazismus als Alternative zu den vorherrschenden moralisierenden Darstellungen entschieden. Obwohl der Nationalsozialismus für ihn „das ultimative Böse" sei, sei es „Zeit für einen humorvolleren Ansatz. Die finstere Seite ist vielleicht ein bisschen wie ästhetisches Rauschen geworden. Mit einem humorvollen Ansatz kann man, denke ich, vielleicht etwas zutage fördern, das bewusst macht, worum es hier ging."[111] Auch wenn der Film seine heiteren Seiten hat, war er also als „Politsatire" gedacht.[112] Der Nazismus, so seine Kernaussage, sei keineswegs 1945 untergegangen, sondern habe bis in die Gegenwart überlebt. In *Iron Sky* gehe es, so Vuorensola in einem anderen Interview, um „die Rhetorik, die Sprache des Faschismus, und wie wir sie auch in der aktuellen Weltpolitik hören können". Auf die Frage, ob der Film auf faschistische Elemente in der aktuellen amerikanischen Politik hinweisen solle, antwortete er: „Ja, aber nicht nur im heutigen Amerika … Es geschieht in ganz Europa, denn eine Finanzkrise war schon immer ein guter Nährboden für faschistische Ideologien. Sie benutzen jedes Mal die gleiche Sprache. Niemand lernt etwas dazu."[113] Das einzige Mittel gegen die Omnipräsenz des Faschismus sah er in Toleranz. Dies wird in der letzten Szene des Films deutlich, die eine, wie Vuorensola es nannte, „Hippie"-Botschaft von „Frieden und Liebe" vermittelte.[114] In dieser Szene küssen sich Renate und Washington, während hinter ihnen die Erde von der Feuersbrunst vernichtet wird, und deuten so an, dass Verständigung inmitten von Hass möglich ist.

Trotz dieser unverfänglichen Botschaft stieß *Iron Sky* auf ein gemischtes Echo. Obwohl der Film in Großbritannien und den USA vereinzelt besprochen wurde, fand er vor allem in Deutschland eine breite Resonanz.[115] Seine Premiere feierte *Iron Sky* bei den Berliner Filmfestspielen im Februar 2012 und löste ein enormes Medienecho aus. Viele Kritiker lobten den trashigen Humor des Films und werteten ihn als gelungene Satire auf die Ästhetik des Faschismus und abstruse Verschwörungstheorien.[116] Auch wenn der Film verpönt war, genossen sie die wirre Parodie. So bezeichnete ihn ein Journalist des *Stern* als „Trash-Spektakel, das man auf keinen Fall ernst nehmen darf".[117] Trotz seines kontroversen Themas wollten Kritiker ihn also wie jeden anderen Film sehen. Andere Rezensenten lobten die bewusste Ablehnung einer moralisierenden Darstellung des Nationalsozialismus. So erklärte Wolfgang Höbel im *Spiegel*, dem Film sei es gelungen, selbst „die nüchternsten Moralprediger zum Lachen zu bringen"; dieses Lachen über *Iron Sky* werde allerdings dadurch erleichtert, dass ein Nicht-Deutscher Regie führe. „Wären hier deutsche Filmemacher am Werk, müsste man sich bestimmt schlimme Sorgen machen, wie krank und bedenklich das denn sei, dass derartiger Schabernack getrieben wird mit der braunen deutschen Vergangenheit."[118] Das internationale Kreativteam des Films bot den Deutschen also eine Tarnung, um ihre Sehnsucht nach Normalität zu stillen. Oder wie es ein anderer *Spiegel*-Rezensent nach der Berlin-Premiere von *Iron Sky* formulierte: „Über Nazis lachen, das hat in der [deutschen] Hauptstadt etwas ganz besonders Befreiendes."[119]

Andere deutsche Kommentatoren brandmarkten dagegen die zahllosen Schwächen des Films. Daniel Erk bezeichnete ihn in *Die Zeit* als „langweilig, flach und mutlos": „So aber ist fast nichts an diesem Film gut: nicht die Handlung, nicht die Gags, nicht die Besetzung, nicht die Seitenhiebe und schon gar nicht der gewollte Tabubruch."[120] Andere bemängelten, der Film habe die Bedeutung der NS-Zeit verallgemeinert. In *Iron Sky* gehe es in Wirklichkeit gar nicht um den Nationalsozialismus, sondern vielmehr um die „Verlogenheit der alten Massenmedien, die als Handlanger der Mächtigen und ihrer PR-Strategen falsches Bewusstsein erzeugen".[121] Nach Ansicht anderer wollte er weniger den Nazismus verurteilen als „Seitenhiebe" in Richtung USA austeilen.[122] Diese Sticheleien verwässerten jedoch die Bedeutung des Nazismus. So bemerkte Henryk Broder: „Wenn aber das Werben um Wählerstimmen und der Wunsch, an der Macht zu bleiben, schon als Kriterien für eine faschistische Ideologie gelten, dann trifft das nicht nur für die jeweilige amerikanische Regierung zu, sondern für alle politischen Parteien, überall. Alles Faschos, außer uns natürlich."[123] Wie der Filmkritiker Michael Meyns beobachtete, ließen die Amerikaner in dem Film, die „in genau jener grobschlächtigen Manier agiert[en], die gerade unter der Bush-Regierung zum weltweiten Abbild Amerikas geworden ist", die Nazis „harmlos" wirken. „Zwar geht es ihnen wie meist um nicht weniger als die Weltherrschaft, doch mit ihren albernen Kostümen und überkandidelten Plänen wirken sie ungefähr so bedrohlich wie ein typischer James Bond-Bösewicht. Fast hat es den Anschein, dass die Nazis inzwischen zu Stereotypen im Inventar der Popkultur geworden sind, die mit ihrer markanten Ästhetik ähnlich leicht zu Parodien einladen wie Kreuzritter, Hunnen oder Wikinger."[124] Mit seiner Kritik an der Darstellung der Nazis, die sich nicht von der anderer historischer Bösewichte unterscheide, sprach sich Meyns gegen eine Normalisierung aus. Dieser Wunsch widersprach jedoch dem anderer Kritiker, die NS-Zeit zur Posse zu machen. Wie diese Uneinigkeit und die deutlich zweigeteilte Reaktion von Internetnutzern auf *Iron Sky* zeigten – man fand ihn komisch oder kindisch –, sahen die Deutschen die positiven Aspekte einer normalisierten NS-Vergangenheit zunehmend mit gemischten Gefühlen.[125]

Hitler kommt bei einem Attentat ums Leben

Nach einem Sieg der Nazis im Zweiten Weltkrieg war das Beseitigen Hitlers aus der Geschichte eines der beliebtesten Themen der Alternativgeschichte.[126] Zahlreiche Schriftsteller und Wissenschaftler haben sich vorgestellt, wie die Geschichte verlaufen wäre, wenn Hitlers Leben eine andere Richtung genommen hätte. Was, wenn er nie geboren worden wäre? Was, wenn er an der Kunstakademie angenommen worden wäre? Was, wenn er bei einem Attentat ums Leben gekommen wäre? Vor allem dieses letzte Szenario wurde in den letzten Jahren in Deutschland erkundet. Deutsche Autoren waren sich jedoch oft uneins darüber, wie die Geschichte ohne Hitler verlaufen wäre. Einige schilderten ihren Lauf als positiver, andere als negativer als in der Realität und offenbarten dabei unterschiedliche Sichtweisen der NS-Vergangenheit. Fantasieszenarien, in denen die Deutschen nach der Beseitigung Hitlers verantwortungsvoll handelten und ihr Land wieder auf den Weg der politischen Mäßigung brachten, relativierten die deutsche Schuld am Nationalsozialismus, die ihrer Ansicht nach vor allem beim Führer lag. Im Gegensatz dazu zeigten Albtraumszenarien, dass Deutschland auch ohne Hitler den Weg des politischen Extremismus eingeschlagen hätte, und betonten so die Verantwortung des deutschen Volkes für den Nationalsozialismus. Wie vorherzusehen, spiegelten diese Darstellungen unterschiedliche konservative und liberale Auffassungen des Nationalsozialismus wider.

Stellvertretend für die erste Gruppe stand die Anthologie kontrafaktischer Essays des renommierten deutschen Historikers Alexander Demandt, *Es hätte auch anders kommen können*. Der 2010 erschienene Band befasste sich mit einem breiten Spektrum kontrafaktischer Themen und beleuchtete unter anderem mehrere mögliche Attentatsversuche auf Hitler, die bei Gelingen den Lauf der Geschichte entscheidend verändert hätten.[127] Interessanterweise erfolgte der berühmteste dieser Versuche – das als Operation Walküre bekannte Attentat auf Hitler vom 20. Juli 1944 – in Demandts Augen viel zu spät, um den Lauf der Geschichte entscheidend zu verändern (es hätte Deutschland allerdings viel unnötige Zerstörung erspart). Stattdessen richtete Demandt seinen Blick auf die möglichen Folgen eines früheren, weniger bekannten Attentats – das des britischen Militärattachés Noël Mason-Macfarlane vom Frühjahr 1939. Hätte Mason-Macfarlane seinen Plan erfolgreich in die Tat umgesetzt und Hitler in Berlin mit einer Hochgeschwindigkeitswaffe erschossen, hätte sich der Lauf der Geschichte in Demandts Augen grundlegend geändert. Im Einklang mit früheren deutschen Historikern wie Joachim Fest und Sebastian Haffner erklärte Demandt, Hitler wäre als einer der „großen Deutschen" gefeiert und mit einer Büste im berühmten Walhalla-Denkmal bei Regensburg geehrt worden. Man hätte ihm den wirtschaftlichen Aufschwung der 1930er-Jahre zugutegehalten und Österreich wäre ein Teil Deutschlands geblieben. Die frühen Verbrechen des NS-Regimes wären als „Kinderkrankheiten" abgetan worden, und es wäre weder zum Zweiten Weltkrieg noch zum Holocaust gekommen.

Vor allem hätte das NS-Regime schließlich einem gemäßigteren Regime Platz gemacht. Zunächst, so Demandt, hätte es „Diadochenkämpfe unter Hitlers Paladinen" gegeben. Doch unabhängig davon, ob „der vergleichsweise gemäßigte Hermann Göring oder ein Radikaler wie Goebbels oder Himmler sich durchgesetzt hätten", hätte sich das Regime aufgrund von größeren geopolitischen Imperativen „bald wieder stabilisiert".[128] Ohne Hitler an der Spitze hätten die Nazis keinen Angriffskrieg im Osten geführt, und Stalins Sowjetunion wäre zur größten Bedrohung für die Westmächte geworden. Diese hätten ihrerseits die Angriffslust Stalins zu spüren bekommen und deshalb ein Bündnis mit Deutschland geschlossen, um den Kapitalismus zu verteidigen. Gegenüber dieser Einheitsfront hätte sich Stalin mit der bloßen Eroberung Polens begnügen müssen.[129] Ohne die massiven Gebietsgewinne Stalins im „Großen Vaterländischen Krieg" hätte „der bereits damals begonnene Kalte Krieg ... die Lebensdauer der Sowjetunion verkürzt, und Breslau, Danzig und Königsberg wären unzerstört und deutsch geblieben".[130] Die womöglich wichtigste Konsequenz war jedoch, dass das NS-Regime als solches nicht überlebt hätte. Ohne den „Ausnahmezustand eines äußeren Krieges", der die Macht des Polizeistaates stärkte, wäre „über eine Bildung von Splittergruppen dann doch eine [echte politische] Opposition, ja ein Mehrparteiensystem, eine Demokratie wiedererstanden ..., wenn auch vielleicht erst in den fünfziger oder sechziger Jahren". So wie andere europäische Militärdiktaturen wie Spanien und Griechenland nach dem Zweiten Weltkrieg demokratisiert wurden, hätte Deutschland „da keine Ausnahme gemacht", da die bürgerliche Mitte des Landes „Mitsprache" in der Regierung und „eine freiheitlich-demokratische Grundordnung" gefordert hätte.[131]

Mit diesem Fantasieszenario griff Demandt die Überlegungen früherer deutscher Schriftsteller auf, nach deren Einschätzung ein Tod Hitlers den Lauf der Geschichte verbessert hätte. Wie Hans Pleschinski und Sabine Wedemeyer-Schwiersch in ihren Erzählungen vertrat Demandt in seinem Essay die mit der „intentionalistischen" Schule verbundene Ansicht, Hitler sei die oberste Autorität innerhalb des NS-Systems gewesen. Damit vermieden die Intentionalisten zwar eine Verharmlosung der Gräuel Hitlers, machten den Diktator jedoch zum Hauptschuldigen und sprachen das deutsche Volk damit implizit von seiner Verantwortung frei.[132] Die Autoren britischer und amerikanischer Alternativgeschichten haben dagegen traditionell bezweifelt, dass ein Eliminieren Hitlers den Lauf der Geschichte verbessert hätte; ihrer Ansicht nach wären die nationalistischen Tendenzen des deutschen Volkes eine strukturelle Quelle der Instabilität geblieben. Demandts Aufsatz folgte dem traditionellen deutschen Muster, denn er setzte tiefes Vertrauen in die Fähigkeit der Deutschen, die Untaten der Nazis zu überwinden und das Land wieder auf den Weg einer normalen historischen Entwicklung zurückzuführen. Diese optimistische Sicht ist typisch für Konservative, die seit Langem für ein positives Nationalgefühl plädieren, und entsprach zudem den politischen Ansichten Demandts.[133] Gleichzeitig bewies dieser Standpunkt jedoch eine vergleichsweise wohlwollende Sicht des Nationalsozialismus, da er die Bedeutung seiner Verbrechen herunterspielte. Das deutlichste Indiz für diese Tendenz war Demandts Ausblenden der Judenverfolgung durch die Nazis. Demandt ging in seinem Aufsatz nicht darauf ein, wie die Novemberpogrome 1938 dem Ruf Hitlers nach seiner Ermordung hätten schaden können; er äußerte sich zudem nicht dazu, wie die mit der „Judenfrage" betrauten Institutionen, insbesondere die SS, in Abwesenheit des Führers zu deren Lösung vorgegangen wären. Dem einzigen lapidaren Hinweis Demandts auf das Schicksal der Juden – „die Mehrzahl allerdings wäre aus Deutschland verdrängt worden" – folgte keinerlei Beschreibung der möglichen Konsequenzen. Dieses eklatante Versäumnis war freilich vorhersehbar. Nur durch Ausblenden des Schicksals der Juden konnte Demandt sein optimistisches Bild der Deutschen nach Hitler aufrechterhalten.[134]

Ähnliche Überlegungen prägten den Erzählungsband des bekannten deutschen Schriftstellers Dieter Kühn, *Ich war Hitlers Schutzengel* (Abb. 19).[135] Der 2010 erschienene Band enthielt vier Fiktionen, von denen drei die Folgen eines Hitler-Attentats für die deutsche Geschichte behandelten. In „Elser jagt Hitler in die Luft" stellte Kühn sich vor, Georg Elsers berühmtes Attentat auf den Diktator am Abend des 8. November 1939 im Münchner Bürgerbräukeller wäre geglückt. In der Erzählung ignoriert Hitler demonstrativ eine Notiz seines persönlichen Adjutanten Julius Schwab, der ihn drängt, seine Rede zu beenden, um den wartenden Zug nach Berlin zu erreichen (sein Flug fällt wegen Nebels aus). Der Führer spricht weiter und wird getötet, als die von Elser in einer Säule hinter dem Podium platzierte Zeitbombe explodiert und einen Großteil des Gebäudes zerstört. Da in Kühns Erzählung auch Joseph Goebbels, Heinrich Himmler, Alfred Rosenberg, Martin Bormann und Wilhelm Frick ums Leben kommen, scheint der Nachfolger Hitlers festzustehen: Es ist der prominenteste noch anwesende Nazi, Hermann Göring. Wie Demandt spekulierte auch Kühn, dass Hitler als illustre Persönlichkeit der deutschen Geschichte gefeiert worden wäre. Dies ist vor allem Göring zu verdanken, der ein feierliches Begräbnis in der Münchner Feldherrnhalle organisiert und danach Pläne zur Bestattung von Hitlers Leichnam in einem riesigen Mausoleum auf seinem Anwesen in Carinhall außerhalb von Berlin ankündigt.

Abb. 19: In seinem Erzählungsband Ich war Hitlers Schutzengel *(2010) spekuliert Dieter Kühn über die Folgen eines erfolgreichen Hitler-Attentats.*

Kühn unterschied sich jedoch insofern von Demandt, als er die politische Entwicklung Deutschlands nach Hitlers Tod eingehender untersuchte. Symbolträchtig lässt sich Göring als neuer Reichskanzler im Berliner Hohenzollernschloss nieder und besetzt wichtige Positionen in Armee, Verwaltung und Auswärtigem Amt mit Mitgliedern der alten Eliten wie Ludwig Beck, Carl Goerdeler und Ulrich von Hassel. Unter dem Einfluss dieser gemäßigten Personen verfolgt Göring eine friedlichere Außenpolitik, stellt Pläne zum Angriff auf England und Frankreich vorerst zurück und sucht die diplomatische Annäherung. Innenpolitisch lockert Göring die Beschränkungen gegen Juden und überträgt die Leitung der Konzentrationslager der gemäßigten Schutzpolizei statt der fanatischen SS. Auf dem Gebiet der Kultur schließlich macht sich Göring zum führenden deutschen Ästheten, erweitert seine Sammlung Alter Meister und verfolgt Hitlers Traum von einem monumentalen Kunstmuseum in Linz. Die Geschichte endet mit den Worten:

> Die Popularität von Reichskanzler Göring wächst. Er lässt sich feiern als „Mann des Friedens", entfaltet Glanz als „letzter Renaissancefürst". Aufwendige Pressebälle … prunkvolle Neujahrsempfänge … opulent ausgestattete Aufführungen in „seiner" Staatsoper … große Flottenparaden, riesige Luftparaden vor zahlreichen Staatsgästen … Schlagzeile der „Times": „Ist das deutsche Reich zum Kaisertum zurückgekehrt?"[136]

Wäre Hitler bei einem Attentat ums Leben gekommen, hätte Deutschland somit dem Fanatismus der Nationalsozialisten abgeschworen und wäre zu früheren monarchischen Traditionen zurückgekehrt.

In einer weiteren Erzählung, „Auf Hitler folgt Rommel", nehmen die Ereignisse eine ähnliche Wendung. Diesmal kommt Hitler bei einem Flugzeugabsturz im März 1943 ums Leben, als eine von Wehrmachtsoffizier Henning von Tresckow auf dem Flug von Smolensk nach Berlin platzierte Bombe explodiert (in der realen Geschichte vereiste der Plastiksprengstoff in großer Höhe und zündete nicht). Nun da Hitler von der Bildfläche verschwunden ist, entbrennt ein Machtkampf zwischen SS und Wehrmacht. Himmler erweist sich zunächst als überlegen, da er den Tod des Führers der Wehrmacht anlastet (er macht sowjetische Jagdflugzeuge für den Abschuss verantwortlich).

Doch genau zu dem Zeitpunkt, als Himmler vorläufige Gespräche mit den Westmächten über einen möglichen Separatfrieden aufnimmt, benachrichtigt Abwehrchef Wilhelm Canaris Generalfeldmarschall Erwin Rommel, der Soldaten schickt, um den SS-Führer zu verhaften und seine gefürchtete Organisation gewaltsam der Wehrmacht unterzuordnen.

Wie in Demandts Essay nimmt die Geschichte auch in Kühns Fiktion einen moderateren Verlauf. Nach Verhandlungen zwischen Rommel und General Montgomery auf der Insel Guernsey erklärt sich Winston Churchill bereit, der Wehrmacht in ihrem Vorgehen gegen die Sowjetunion freie Hand zu lassen; kurz darauf schließen sich Briten und Amerikaner einem antikommunistischen Kreuzzug gegen die UdSSR an. Allerdings bestehen die Westmächte zunächst auf bestimmten Zugeständnissen Deutschlands: Das Land muss sich zu einer symbolischen „Okkupation" durch alliierte Truppen bereiterklären, die auf dem Weg in die Sowjetunion durch deutsches Gebiet marschieren; die NSDAP wird verboten; Himmler wird gehängt, und Köln wird die neue deutsche Hauptstadt. Insgesamt bleibt Deutschland jedoch vom Krieg im Westen verschont und entgeht einem Großteil der Zerstörungen, die es in der realen Geschichte erlitt. An der Spitze des Landes steht nun Erwin Rommel, der in seiner Funktion als Reichspräsident alte Eliten in Machtpositionen beruft und eine Rückkehr zum „Rechtsstaat" einleitet. Auch in der Kultur kehrt das Land zu konservativen Werten zurück; die Literatur ist von militaristischen Themen durchdrungen, und die Musik bleibt „[e]infache[n] Melodiebögen, gesunde[r] Harmonik, solide[r] Rhythmik" verpflichtet.[137] Rommel ist somit „‚der Mann der Stunde'", ein Held, der „die Restauration eines konservativen Europa" einleitet.[138]

Mit diesem optimistischen Porträt der deutschen Geschichte nach einem Hitler-Attentat ähneln Kühns Erzählungen der Darstellung Demandts und deuten auf eine ähnlich konservative Sicht hin. Ihre Darstellung einer Restaurationspolitik unter Führung von Göring und Rommel bekräftigte die gemäßigte Haltung der Deutschen, die sich erfolgreich vom Nationalsozialismus abzuwenden vermögen. Wie Demandts Szenario klingt jedoch auch Kühns optimistische Darstellung der Rückkehr Deutschlands auf einen Weg der politischen Mäßigung wenig überzeugend, da sie die Judenfrage nur am Rande streift. Keine der Erzählungen legt genauer dar, wie sich der Tod Hitlers auf das Schicksal der Juden ausgewirkt hätte. Da die Juden bereits vor der

Ermordung Hitlers massiv verfolgt werden, müssen Leser davon ausgehen, dass diese Verfolgung auch nach seinem Tod anhält; dies gilt insbesondere für das Szenario der dritten Erzählung Kühns, die 1943 spielt – zu einem Zeitpunkt, an dem die meisten Juden bereits im Holocaust ermordet worden waren. Es versteht sich von selbst, dass Kühn nicht das Schicksal der Juden behandeln und gleichzeitig die Prämisse seiner Erzählung aufrechterhalten konnte. Eine Auseinandersetzung mit dem Holocaust hätte die Deutschen in ein wenig schmeichelhaftes Licht gerückt und ihre Selbstrehabilitierung wenig plausibel erscheinen lassen, weil sie ihre Mitschuld am Völkermord aufgedeckt hätte. Da eine Beschäftigung mit dem Schicksal der Juden seine allohistorische Fantasie untergraben hätte, ignorierte Kühn sie kurzum und vermied damit eine Auseinandersetzung mit der deutschen Schuld am Holocaust.

Dieses bewusste Ignorieren wurde auch am Ende von „Auf Hitler folgt Rommel" deutlich. Winston Churchill sitzt im Freien und malt eine Landschaftsszene mit Blick auf den Rhein, „mit dem Rücken zum Geschehen an der Ostfront". Der britische Premierminister erwägt, „ein Bollwerk [zu] errichten gegen die rote Flut", mahnt sich jedoch selbst, sich „um den Krieg im Osten nicht weiter [zu] kümmern" und „alles endlich mal hinter sich [zu] lassen". Beim Malen kann er „gegenwärtige Plagen" vergessen und „den Geist reinigen"! Vor allem Ölfarben „haben den Vorteil: Man kann übermalen, kann verschwinden lassen". Die Geschichte endet mit dem Satz: „Es besteht derzeit ein riesiger Bedarf an Ölfarbe!"

Die Bedeutung dieses Endes ist unklar, doch sollte es wohl eine konservative Botschaft vermitteln. Da Churchill dem Osten den Rücken kehrt, ignoriert der britische Premier symbolisch das Leid der Menschen, das mit dem Überfall der Alliierten und Deutschen auf die Sowjetunion verbunden war. Kühn mag diesen Passus als einen Generalangriff auf die Realpolitik gemeint haben. Es war jedoch bezeichnend, dass er hierfür einen britischen und keinen deutschen Staatschef wählte. Da Churchill (und nicht etwa Rommel) das Gemetzel im Osten ignoriert, entließ Kühn die Deutschen großenteils aus der Verantwortung. Tatsächlich unterstellte er eine moralische Gleichwertigkeit zwischen dem Verhalten der Alliierten und dem der Deutschen. Dabei bediente er sich der bekannten konservativen Strategie, die Grenze zwischen Alliierten und Deutschen verschwimmen zu lassen, um die Schuld der Deutschen zu relativieren.

Dennoch kann man Kühns Erzählungen auch als selbstkritischen Kommentar zur deutschen Geschichte lesen. Obwohl der Autor vordergründig zeigte, wie sich die Deutschen durch die Ablehnung des Nationalsozialismus rehabilitieren, tauschen sie das NS-Regime letztlich gegen eine Monarchie und nicht gegen ein parlamentarisches System ein. Ihre politischen Instinkte sind also mitnichten demokratisch. Eine solche Lesart scheint Kühn am Schluss der zweiten Geschichte mit dem Titel „Ich war Hitlers Schutzengel" anzudeuten. Angesiedelt zwischen den beiden anderen kontrafaktischen Erzählungen – und damit intertextuell mit ihnen verbunden – war diese relativ lange Geschichte kein traditionelles Werk der Alternativgeschichte, das den Lauf der Geschichte verändert, sondern eine umgekehrte Geschichte, die zeigt, wie ein alternativer Geschichtsverlauf *verhindert* wird. So gesehen, glich sie eher einer „Geheimgeschichte", die unbekannte Ereignisse enthüllt, welche den Lauf der realen Geschichte bestimmen.

Die Geschichte wird aus der Sicht eines Engels – Hitlers Schutzengel – erzählt, der von seinen Aktionen zum Schutz des Diktators bei den verschiedenen Attentatsversuchen (durch Elser, Tresckow oder Stauffenberg) berichtet. Der Engel verteidigt sein Handeln damit, dass er einfach die Arbeit tue, die alle Schutzengel machten. Gleichzeitig ist ihm bewusst: „Solange ich Hitler am Leben erhielt, wurde das [von ihm entfesselte] Morden und Vernichten fortgesetzt."[139] Vom Erzengel Michael oder von Gott erhofft er sich ein Zeichen, dass sein Handeln Teil eines größeren Plans ist, doch vergebens. Trost findet er schließlich darin, dass er Hitlers Gegner zwar an einem Attentat hindert, sie aber bei der Verwirklichung ihrer Ziele wahrscheinlich ohnehin keinen großen Erfolg gehabt hätten. Seine Rolle im katastrophalen Verlauf der Geschichte deutet er schlussendlich so:

> Du überschätzt meinen Stellenwert, und zwar gewaltig! Die von mir begleiteten Attentatsversuche wären in den Folgeaktionen, in der jeweiligen Durchführung des Staatsstreichs ohnehin gescheitert! Jedes Mal zu wenig Personen, die von den Verschwörern ins Vertrauen gezogen werden konnten, und damit: zu wenig Helfer mit Machtbefugnis, Machtfülle. Kurzum: Mit den paar Männern des Widerstands war kein neuer Staat zu machen.[140]

Man kann nur spekulieren, ob die selbstrechtfertigenden Bemerkungen des Engels die Ansichten Kühns widerspiegeln, doch können sie in einer Beziehung plausibel als Ausdruck der Haltung des Autors interpretiert werden: In seinen Augen waren die Deutschen zu keinem Zeitpunkt in der Lage, sich vom Nationalsozialismus zu befreien und selbstständig eine echte Demokratie zu errichten. Wenn dem so ist, würde Kühn die Deutschen für die Verbrechen der NS-Zeit zur Rechenschaft ziehen, anstatt sie von jeglicher Verantwortung freizusprechen.

Die vieldeutigen Rückschlüsse, die man aus Kühns Erzählungen ziehen kann, waren auch dem eigenwilligen literarischen Stil des Autors geschuldet. Als überaus produktiver und preisgekrönter Schriftsteller ist Kühn bekannt für seine erfolgreichen Biografien berühmter deutscher Persönlichkeiten, darunter Wolfram von Eschenbach, Neidhart, Oswald von Wolkenstein und Ludwig van Beethoven.[141] Diese und andere Lebensgeschichten von nichtdeutschen historischen Persönlichkeiten wie Napoleon und Josephine Baker erreichen mit ihrer postmodernen Mischung aus Fakt und Fiktion seit Langem hohe Auflagen, lassen jedoch „jedem Historiker die Haare zu Berge stehen", weil sie sich Rezensenten zufolge kaum an die historischen Fakten halten.[142] Tatsächlich bewundern Kritiker zwar Kühns „gefälschte Geschichten", sind allerdings von der „Intention des Geschriebenen" verwirrt.[143] Angesichts seiner literarisch-historischen Grenzgänge ist schwer zu sagen, welche Botschaft die Geschichten in *Ich war Hitlers Schutzengel* vermitteln sollten, so es denn überhaupt eine Botschaft gab. Doch obwohl sie dem Nationalsozialismus eindeutig kritisch gegenüberstanden, loteten sie seine Abgründe nur widerwillig aus.

Dieser Widerwille dürfte auf Kühns Vita zurückzuführen sein. Der 1935 geborene Schriftsteller gehörte zur selben Generation wie Demandt – einer Generation, die den Krieg und seine zerstörerischen Auswirkungen am eigenen Leib erfuhr. Als Junge hatte er die alliierten Bombenangriffe auf seine Heimatstadt Köln miterlebt und war verständlicherweise geneigt, sich wie viele andere nach der Jahrtausendwende auf das Kriegsleid der Deutschen zu konzentrieren. Wie Demandt hat Kühn wehmütig spekuliert, wie die Kriegszerstörungen in deutschen Städten hätten vermieden werden können. In einem Interview bemerkte er, dass „uns [unter Führung von Göring] der Weltkrieg erspart geblieben" wäre und die deutschen Städte „anders aus[sähen]".[144] Ob Kühn bereit war, den politischen Preis für dieses Fantasieszenario zu akzeptieren, ist unklar. Im Interview spekulierte der Autor, dass die Deutschen unter Göring „einen Nationalsozialismus light" akzeptiert hätten, vor allem dann, wenn sie hätten vorhersehen können, dass unter Hitlers radikalerem Nationalsozialismus „zum Schluss alles kaputt ist".[145] In einem anderen Interview wurde er gefragt, ob die Erkenntnis, dass ein Attentat auf Hitler nicht zur Demokratie geführt hätte – dass die politische Rehabilitierung Deutschlands „erst durch den totalen Zusammenbruch von 1945 möglich wurde" –, „bitter" sei; Kühn antwortete ausweichend, das Attentat wäre es wert gewesen, „da es uns das Schlimmste erspart hätte. Wie viele Städte wurden nicht nach dem Attentat vom 20. Juli durch Bomben zerstört?"[146] Wie diese Bemerkungen andeuten, waren Kühns Alternativgeschichten eher darauf angelegt, den Deutschen auf fiktionale Weise im Umgang mit ihrem Kriegsleid zu helfen, als das Leid der Millionen nichtdeutscher Opfer der Nazis zu lindern. So übermächtig war die Fantasievorstellung von einem Deutschland, das der Zerstörung entgeht, dass sich das Bekenntnis zu einer freundlicheren und sanfteren Form des Nationalsozialismus lohnte. Unklar ist, ob Kühn politische Gründe für diese Botschaft hatte (der Schriftsteller tat seine politischen Ansichten selten in der Öffentlichkeit kund). Angesichts seiner langjährigen Zugehörigkeit zur Freien Demokratischen Partei (FDP) kann sein Interesse am deutschen Kriegsleid jedoch als Ausdruck der Ziele des Mitte-Rechts-Spektrums gesehen werden.[147] Kühn zeichnete ein optimistisches Bild der Entwicklung Deutschlands unter Göring und Rommel – und blendete den Holocaust dabei weitgehend aus. Damit relativierte er unterschwellig die Singularität der Verbrechen des Dritten Reiches.

Für diese Folgerung spricht auch ein Vergleich von Kühns Erzählungen und Demandts Essay mit einer kritischeren Darstellung eines Hitler-Attentats, Wolfgang Brenners *Führerlos* (Abb. 20). Der 2008 erschienene Roman ähnelte auf den ersten Blick Kühns Kurzgeschichte „Elser jagt Hitler in die Luft", da er ebenfalls auf Elsers Hitler-Attentat im Jahr 1939 zurückgriff. In Brenners Version tötete die Bombe jedoch nicht irgendwelche anderen Nazigrößen; vielmehr schildert *Führerlos* den erbitterten Machtkampf, der nach dem Tod des Führers zwischen Joseph Goebbels und Hermann Göring entbrennt. Qua seines Amtes als Reichspropagandaminister versucht Goebbels zunächst, den Tod Hitlers zu vertuschen, indem er ihn als Flugzeugab-

Abb. 20: In Wolfgang Brenners Roman Führerlos *(2008) entbrennt nach einem erfolgreichen Hitler-Attentat im Jahr 1939 ein erbitterter Machtkampf zwischen Hermann Göring und Joseph Goebbels.*

sturz nach dem erwarteten Sieg deklariert. Der Propagandaminister will angesichts des anstehenden Frankreichfeldzugs eine Demoralisierung der Bevölkerung verhindern. Offiziell designierter Nachfolger Hitlers ist indes Göring, der Goebbels' Manöver als Teil eines gemeinsam mit Himmlers SS ausgeheckten Komplotts entlarvt. Göring entsendet daraufhin eine Truppe von Offizieren der Luftwaffe, um Himmler festzunehmen, und überzeugt in kurzer Zeit Reinhard Heydrich, Himmler zu beseitigen und dessen Posten zu übernehmen (Himmlers Tod wird als Selbstmord dargestellt).

Göring scheint sich somit gegen Goebbels durchzusetzen und macht sich bald an die Konsolidierung seiner Macht. In einem ersten Schritt will er durch eine moderate Außenpolitik das Vertrauen des deutschen Volkes gewinnen und bietet den alten Eliten zur Versöhnung an, Kaiser Wilhelm II. aus dem niederländischen Exil nach Deutschland zurückzuholen. Als Nächstes weist Göring die deutsche Wehrmacht an, die Angriffe auf England und Frankreich einzustellen. Daneben verfolgt er eine Annäherungspolitik mit der Sowjetunion und weigert sich, nach dem Einmarsch der Sowjets in Finnland Partei zu ergreifen. Diese Schritte beruhigen das deutsche Volk – das inzwischen vereinzelte Antikriegsproteste organisiert hat – und steigern Görings Popularität.

Goebbels gibt sich in dem Machtkampf jedoch keineswegs geschlagen. Der Propagandaminister brütet bald einen ausgeklügelten Plan aus, in dem die Frau eine zentrale Rolle spielt, die er nun zur „Witwe“ Hitlers stilisiert, Eva Braun. Während Göring Macht anhäuft, behauptet Goebbels, Eva sei von Hitler schwanger. Sein langfristiges Ziel ist es, so lange als geheimer Regent Deutschlands aufzutreten, bis der Stammhalter – der vermutlich zur rechten Zeit „produziert“ wird – alt genug ist, um die Macht zu übernehmen. Kurzfristig hofft Goebbels, dass die Geschichte von Hitlers Spross den Führermythos fortleben lässt. (Dass nach Verkünden der Nachricht in Presse und Rundfunk tagelang von nichts anderem mehr die Rede ist, bestätigt seine Erwartungen.) Gleichzeitig verfolgt der Propagandaminister ein großes Filmprojekt, einen Film über das Leben des Führers, der Hitler wieder in den Mittelpunkt der Öffentlichkeit rücken und Görings Bestrebungen entgegenwirken soll, das deutsche Volk von seinem früheren Führerkult abzubringen.

Göring schafft es jedoch, Goebbels durch weitere innen- und außenpolitische Manöver weitgehend auszuschalten. Sein Geniestreich ist die Anbahnung von Kontakten zu dem in der Schweiz lebenden amerikanischen OSS-Chef Allen Dulles, den er davon überzeugt, einen deutschen Plan zur Sicherung der Grenzen Englands und Frankreichs im Westen in Erwägung zu ziehen; im Gegenzug sollen die Alliierten die von Deutschland eroberten Gebiete in Polen anerkennen und in einer gemeinsamen Kampagne das Vordringen der Sowjets in Osteuropa stoppen. Auf der Pariser Konferenz gelingt es Göring im Januar 1940, Roosevelt und Churchill zur Zustimmung zu diesen Bedingungen zu bewegen und damit die Gefahr eines Zweifrontenkriegs zu bannen. Göring geriert sich nun als „Friedenskanzler", der die Stabilität in Europa wiederherstellt.[148] Innenpolitisch erlaubt Göring unterdessen so etwas wie ein kulturelles Tauwetter: Deutsche Medien dürfen kritische Fragen zur „Ära Hitler", insbesondere zur waghalsigen Politik des Diktators Ende der 1930er-Jahre, stellen. Außerdem versammelt Göring ein Team von pragmatischen Beratern um sich, die ihm beim Aufbau eines „reformierten Nationalsozialismus" helfen sollen; dieser soll auf einer „rationale[n] und moderne[n] Politik" beruhen, vor allem einer „anständige[n] Konjunktur nach innen und völlige[n] Ruhe an den Grenzen des Reiches".[149] Hierzu greifen Görings Berater, darunter Ludwig Erhard, die Idee der Massenproduktion von VW-Käfern auf, um die aufgestaute Konsumnachfrage der Deutschen zu befriedigen. Dieser Plan sorgt landesweit für Schlagzeilen und scheint überaus Erfolg versprechend.

Doch trotz bester Absichten scheitern Görings Pläne an den immanenten Widersprüchen des nationalsozialistischen Systems. Görings Bemühungen um einen neuen Kurs scheitern angesichts der Langzeitfolgen der unter Hitler begonnenen Politik, vor allem des Germanisierungsprogramms der SS im besetzten Polen. Die seit dem Überfall der Wehrmacht im Herbst 1939 verfolgte gewaltsame Vertreibung polnischer Zivilisten setzt sich auch nach Hitlers Tod fort, da die für sie zuständigen SS-Funktionäre weiterhin zur Ausführung der ursprünglichen Führer-Befehle ermächtigt sind. Göring versucht auf Anraten seiner pragmatischen Berater zunächst, die Übergriffe der SS einzudämmen, und befiehlt Heydrich, die polnischen Zivilisten human zu behandeln. Die Probleme erweisen sich jedoch als unüberwindbar. Göring weiß nicht nur keine Antwort auf die Unruhen in Polen, er weiß auch nicht, wie er auf die anhaltende Aktion T4 reagieren soll, deren Existenz seine Berater schockiert. Vor allem hat Göring keine humane Lösung für die „Judenfrage". Während seine Berater ihm empfehlen, die antisemitischen Gesetze gegen deutsche Juden auszusetzen und sie als wirtschaftliche Katalysatoren wieder in die Volksgemeinschaft zu integrieren, weist Göring dies als politisch unmöglich zurück, zumal Radikale wie Julius Streicher ihm zunehmend Verrat vorwerfen. Gleichzeitig räumt Göring ein, dass das wachsende Chaos im besetzten Polen (aufgrund der anhaltenden Deportationen von Juden ins Landesinnere) die guten Beziehungen Deutschlands zum Westen zunichtemachen könnte. Göring steht vor einem Dilemma: Soll er die antisemitischen Maßnahmen einstellen, um den Frieden mit dem Westen zu wahren? Oder sich weiter zu Antisemitismus und Krieg bekennen? Am Ende folgt er Heydrichs Empfehlung und entscheidet sich für einen Einmarsch in die Sowjetunion; dieser scheint die einzige Möglichkeit, die Situation in Polen zu entschärfen und die sich zuspitzende Judenfrage zu lösen – und er ist ein Deckmantel für eine radikalere „Endlösung" durch Mord.

Führerlos demonstriert letztlich die Unmöglichkeit eines „reformierten" Nationalsozialismus. Brenner führte dies zum Teil auf das von Hitler geschaffene chaotische Herrschaftssystem zurück, das auch nach seinem Tod fortbesteht. Gegen Ende des Romans sinniert Göring, frustriert von den unablässigen Forderungen und Beschwerden seiner Untergebenen:

> Überall lauerten sie: die Geschöpfe des Führers. Präpotente Großmäuler, windige Opportunisten, aalglatte Funktionäre. Sie hatten keine Weltanschauung – außer der, für sich selbst das Optimale herauszuschlagen. Nun saßen sie in wichtigen Schaltstellen des neuen nationalsozialistischen Staates und streuten wie früher Sand ins Getriebe, wenn man sie nicht förderte und hofierte. Obwohl Hitler nun schon eine ganze Weile tot war, verhielten sie sich noch genauso wie zu seinen Lebzeiten.[150]

Brenner war demnach überzeugt, dass das von zahllosen Deutschen unterstützte NS-Regime seine eigene deterministische Logik besaß, die auch nach einem Sturz Hitlers überlebt hätte. Vom Führer aufgezogen und eingeschaltet, folgte es wie eine riesige mechanische Uhr seiner eigenen bösen Dynamik. Hitlers erfolgreiches Einschwören der nationalsozialistischen Wirtschafts-, Militär- und Polizeieinrichtungen auf eine Kriegspolitik bedeutete, dass auch nach seinem Tod zu viele Gruppen – insbesondere Wehrmacht und SS – ein starkes persönliches Interesse daran hatten, den Weg der Aggression fortzusetzen, und ihr Verhalten nicht änderten. Selbst reformbereite NS-Größen wie Göring hätten den bösen Geist nicht in die Flasche zurückbekommen.

Dies wird durch das tragische Schicksal Eva Brauns im Roman klar. Als Goebbels' eifersüchtige Frau Magda herausfindet, dass eine tschechische Schauspielerin und vermutliche Geliebte ihres Mannes in dem Biopic über Hitler Eva Braun spielen soll, bekommt sie einen Wutanfall. Eva Braun flieht nach München, weil der Schwindel um ihre angebliche Schwangerschaft aufgeflogen ist und Goebbels will, dass sie mit ihm oder einem arischen Angestellten ein Kind produziert. Da der Propagandaminister nicht riskieren kann, dass Eva Einzelheiten seines Plans verrät, lässt er sie festnehmen und in einem Sanatorium ruhigstellen. Als Göring sich jedoch zum Krieg entscheidet, versöhnt sich Gobbels mit ihm. Für Goebbels ist Eva nun entbehrlich. Am Ende des Romans wird sie im Rahmen der Aktion T4 in einem Gaswagen ermordet. So wie das Regime den Tod seines Schöpfers zu überleben vermag, vermag es auch ohne seine First Lady auszukommen.

Mit diesem düsteren Blick auf die deutsche Geschichte ohne Hitler widersprach Brenner den Fantasievorstellungen von Demandt und Kühn. In seinem fiktiven Szenario hätte das Attentat auf Hitler den Lauf der Geschichte nicht verbessert, sondern verschlimmert. Obwohl *Führerlos* nicht das Ergebnis des geplanten deutschen Einmarsches in die Sowjetunion schildert, deutet der Roman darauf hin, dass die Wehrmacht erfolgreich gewesen wäre. Dank Görings Separatfrieden mit den Alliierten muss Deutschland nur noch einen Einfrontenkrieg gegen die Sowjets führen, die nicht mehr von amerikanischer Wirtschafts- und Militärhilfe profitieren. Da die Alliierten den Deutschen im Roman zum Sieg verhelfen, könnte man Brenner theoretisch so verstehen, dass er – wie Kühn – versucht, von der alleinigen Verantwortung Deutschlands für den kommenden Krieg im Osten abzulenken. Brenner machte letztlich jedoch vor allem das deutsche Volk verantwortlich. Die Deutschen halten in *Führerlos* auch nach Hitlers Tod am NS-Staat fest und schlagen somit anders als in den optimistischeren Werken von Demandt und Kühn keinen Weg der politischen Mäßigung ein. Brenner bekannte sich somit zu einer anderen

Geschichtsphilosophie, nach der die Geschichte weniger durch große Persönlichkeiten als vielmehr von Tiefenstrukturen bestimmt wird. Die Beseitigung Hitlers hätte nach Ansicht des Autors wenig zur Verbesserung der Geschichte beigetragen, da die Übel des NS-Regimes fortbestanden und die Deutschen sich nach wie vor zu ihm bekannt hätten.

Dieses Urteil hatte auch mit Brenners Vita zu tun. 1954 geboren, gehört er einer jüngeren Generation als Demandt und Kühn an, die den Krieg noch hautnah miterlebten. Brenner dachte also nicht mit der gleichen Wehmut an eine verlorene Kindheit, die die Fantasien der älteren Generation anregte. Er gehörte zwar nicht zur 68er-Generation, wuchs aber in einem eher selbstkritischen linken politischen Umfeld auf, das sich mit den Verbrechen des NS-Regimes auseinandersetzte. Diese Haltung war auch in seinem übrigen Schaffen zu beobachten. Als Journalist identifiziert sich Brenner seit Langem mit den Opfern des deutschen Rechtsextremismus, wie seine einfühlende Biografie des 1922 von Rechtsfanatikern ermordeten Walther Rathenaus und sein Dokumentarfilm über das Mitglied des Kreisauer Kreises, den 1944 von den Nazis hingerichteten Widerstandskämpfer Adolf Reichwein, zeigen.[151] Angesichts dieser Werke wird deutlich, warum Brenner den Opfern der Nazis – ob Polen, Juden oder geistig und körperlich Behinderten – in *Führerlos* mehr Aufmerksamkeit schenkte. Im Gegensatz zu den Erzählungen von Demandt und Kühn, die diese Gruppen ignorierten und sich auf eine Rückkehr zu den Werten des Kaiserreichs konzentrierten, sorgte Brenner dafür, dass die Opfer weiter im Mittelpunkt der Erzählung standen. Nur so ließ sich das Ausmaß der nationalsozialistischen Gewaltherrschaft ermessen.

Das Echo auf die Werke von Demandt, Kühn und Brenner fiel geteilt aus. Die meisten Rezensenten von Demandts Band lobten sein „unterhaltsames historisches Divertimento“.[152] Seine Überlegungen zu einem Hitler-Attentat wurden jedoch eher ablehnend bewertet. Ein Rezensent bezeichnete Demandts Darstellung verglichen mit seinen kontrafaktischen Reflexionen über frühere Phasen der Geschichte als „ungewohnt schwammig“.[153] Ein anderer kritisierte seine konservativen politischen Implikationen und bezeichnete die Spekulation, Hitlers Tod hätte Stalin zu einem Überfall auf den Westen verleitet, als überholt: „Und zwischen den Zeilen wärmt er die längst entzauberte Legende vom notwendigen Präventivkrieg NS-Deutschlands im Juni 1941 zur Abwehr eines bevorstehenden sowjetischen Überfalls auf.“[154]

Ironischerweise bestätigten die positiven Reaktionen von Gruppen am äußeren rechten Rand den konservativen Tenor von Demandts Gedankenexperimenten: Sie lobten den Historiker dafür, dass er genau das gesagt habe, was das nationale Lager seit Jahren „in Hinterzimmern" gesagt habe – dass nämlich ein 1939 ermordeter Hitler als großer Staatsmann gefeiert worden wäre.[155] Die Rezensenten von Kühns Buch waren sich hingegen über die politischen Folgen uneins. Einige sahen in ihm eine Kritik an den Deutschen und behaupteten, es zeige, „wie viele in Deutschland sich mit einer Diktatur unter Göring oder Rommel arrangiert hätten".[156] So erklärte ein Kommentator, Kühns Erzählung komme „den Träumen der Rechten von einem anhaltenden Kampf gegen den Bolschewismus alarmierend nahe"; eine andere Kritikerin monierte, das idealisierte Porträt Görings hinterlasse bei ihr einen „schalen Nachgeschmack".[157] Brenners Buch stieß ebenfalls auf gemischte Reaktionen. Einige lobten es für seine „Authentizität" und seinen „radikalen Perspektivwechsel": „Dem Leser wird klar, dass mit dem Tod Hitlers nicht das ‚Böse' verschwunden ist und die Möglichkeit für einen ‚guten', im Sinne von wirtschaftlich erfolgreichem, Nationalsozialismus nicht besteht."[158] Andere stellten die Plausibilität eines Separatfriedens zwischen Alliierten und Deutschen infrage.[159] Die Leser waren somit geteilter Meinung, inwiefern die Texte einer Normalisierung Vorschub leisteten. Während linksliberale Deutsche schnell mit Kritik an Passagen bei der Hand waren, die die deutsche Verantwortung für die NS-Verbrechen zu relativieren schienen, lobten konservative Leser gerade diese Stellen. Letztlich spiegelte die gemischte Rezeption dieser Werke die anhaltende deutsche Debatte über die Verantwortung für das Dritte Reich wider.

Hitler überlebt

Noch an einem weiteren Band schieden sich die Geister: Timur Vermes' *Er ist wieder da* (Abb. 21).[160] Der 2012 erschienene Bestseller behandelte ein weiteres bekanntes kontrafaktisches Thema im Zusammenhang mit dem Dritten Reich – Hitlers Überleben nach dem Zweiten Weltkrieg. Seit 1945 haben viele Autoren sich ausgemalt, dass Hitler dem Tod entgangen und im lateinamerikanischen Dschungel oder in der Berliner Kanalisation untergetaucht wäre.[161] Vor der Jahrtausendwende beschäftigen sich die meisten Darstellungen mit der moralischen Frage, wie sich der Führer der Justiz entziehen konnte und die Nachkriegswelt ihn für seine Verbrechen zur Rechenschaft zu ziehen versuchte. Mit seiner Parodie dieses Szenarios verfolgte Vermes dagegen einen gänzlich anderen Ansatz. Obwohl er stellenweise moralisierte, lieferte sein durchweg satirischer Tenor – und seine Beliebtheit bei deutschen Lesern – einen weiteren Beleg für den wachsenden Wunsch der Deutschen nach einer Normalisierung der NS-Zeit.

Im Gegensatz zu früheren Alternativgeschichten zu dem Thema war *Er ist wieder da* insofern einzigartig, als der Roman in der ersten Person von Hitler ‚persönlich' erzählt wird. In dem umständlichen, pathetischen Stil, der Lesern von *Mein Kampf* bekannt vorkommen dürfte, schildert Hitler seine Verwirrtheit, in seiner noch benzingetränkten Uniform auf einem leeren Platz mitten in Berlin aufzuwachen. Der Roman erklärt nie die Hintergründe dieses Deus ex Machina, reizt sein komisches Potenzial jedoch geschickt aus. Während Hitler den anfänglichen Schock überwindet, erkundet der ehemalige Führer vorsichtig seine neue Umgebung und missversteht, vom Leben im heutigen Deutschland völlig verwirrt, dessen Abläufe auf komische Weise. Da er fast siebzig Jahre Nachkriegsgeschichte des Landes verpasst hat, nimmt er alles aus einer überholten Nazi-Perspektive wahr. Er glaubt zum Beispiel, dass die Türkei auf Betreiben seines Nachfolgers Karl Doenitz auf deutscher Seite in den Krieg eingetreten sei und daher so viele Türken auf den Straßen Berlins zu sehen seien. Das moderne Stadtbild Berlins ist in seinen Augen eine Folge seiner Politik der verbrannten Erde gegen Ende des Krieges. Und als er vom Internet hört, meint er irrigerweise, die sprachliche Nähe von „Wikipedia" und „Wikinger" deute auf die arischen

Abb. 21: In seinem Bestseller Er ist wieder da *(2012) lässt Timur Vermes Hitler im heutigen Berlin wiederauferstehen. Der Buchumschlag folgt dem aktuellen Trend, Hitlers Gesicht auf Seitenscheitel und Hitlerbärtchen zu reduzieren. Vgl. auch Abb. 45.*

Wurzeln der Webseite hin.[162] *Er ist wieder da* erlaubt Lesern also, direkt über Hitler zu lachen. Sie können über seine Ignoranz, sein Elend (er hat kein Geld, keine Arbeit, kein Zuhause) und über das aberwitzige Bild von ihm in Jeans und Turnschuhen lachen, die ihm ein mitfühlender Berliner Kioskbetreiber geschenkt hat.

Für Komik sorgt vor allem Hitlers Ringen mit seinem Machtverlust. Eines der lustigsten Elemente des Romans ist der Versuch des Ex-Diktators, seinen Größenwahn trotz seiner bescheidenen Verhältnisse aufrechtzuerhalten. Im gesamten Roman betont Hitler, die „Vorsehung" habe ihm erlaubt zu überleben, um Deutschland aus seiner desolaten Situation zu retten.

> Ich schlug mir mit der flachen Hand an die Stirne, es war so offensichtlich, dass ich mich selbst schalt, weil ich es nicht früher erkannt hatte. Zumal das Schicksal nicht zum ersten Male lenkend das Ruder an sich gerissen hatte. War es nicht 1919, auf dem tiefsten Punkt des deutschen Elends, genauso gewesen? War damals nicht ein unbekannter Gefreiter aus dem Schützengraben emporgekommen … und [hat] das Vaterland auf die höchsten Höhen des Ruhmes geführt? …
> Wenn das Schicksal zu einem solchen … Taschenspielertrick genötigt war. Dann musste die Lage … in Wirklichkeit noch verheerender sein als damals. Und das Volk in umso größerer Gefahr! … Hatte ich doch nunmehr Klarheit. Alleine hatte ich das Volk zu retten.[163]

Zu Hitlers Unglück ist seine neue historische Mission allerdings niemandem sonst bewusst. Nie wird der einstige Führer bei seinen Begegnungen von irgendwelchen Menschen erkannt. Der Kioskbesitzer hält ihn fälschlicherweise für einen Komiker, der sich dem *Method Acting* verschrieben hat, und eine Gruppe Jugendlicher in einem Waschsalon meint in ihm den Schauspieler und häufigen Hitler-Imitator Christoph Maria Herbst aus der Comedy-Serie *Stromberg* zu erkennen.

Er ist wieder da persifliert Hitler jedoch nicht um seiner selbst willen. Der Roman verweist auch auf die potenziellen Gefahren des Lachens über Hitler. Da der Kioskbesitzer Hitlers „Führer-Nummer" bewundert, stellt er den Ex-Diktator zu Beginn des Romans einem Freund vor, der für das Fernsehen arbeitet. Kurz darauf lädt der Sender Hitler als Gast in die Talkshow eines türkischen Komikers ein, um die Einschaltquoten zu erhöhen. In seinem kurzen Auftritt hebt Hitler zu einer wüsten Schimpftirade über Ausländer an („Der Deutsche der Gegenwart trennt seinen Abfall gründlicher als seine Rassen", moniert er unter anderem) und wird daraufhin zu einem wahren YouTube-Star.[164] Der Witz besteht darin, dass Hitler zwar todernst ist, seine Fans seine Aussagen aber für Ironie halten. Auch die erdrückendsten Beweise können die deutsche Öffentlichkeit nicht vom Gegenteil überzeugen. Journalisten versuchen, Hitler dazu zu bringen, seinen „wahren" Namen zu enthüllen und zu erklären, warum er nie aus der Rolle fällt. Niemand will in Betracht ziehen, dass seine rassistischen Tiraden echt sein könnten. Die Öffentlichkeit vermag ihn nur als avantgardistischen Komiker zu sehen. Ironischerweise steigern die deutschen Medien seine Popularität noch, da sie den Wunsch nach einem Lachen über Hitler immer wieder neu bedienen. Schon bald bekommt Hitler seine eigene Fernsehshow, außerdem bietet man ihm einen Buchvertrag an. Seine Kollegen gratulieren ironisch dem „Führer" und zeigen ihm scherzhaft den Hitlergruß. Gegen Ende des Romans mehren sich jedoch bedrohliche Anzeichen. Plakate für Hitlers bevorstehende Show werben mit dem Slogan „Es war nicht alles schlecht", und deutsche Parteien überbieten sich darin, ihn als Mitglied zu gewinnen. Über Hitler zu lachen, könnte also zu seiner Rehabilitierung beitragen und ihm die Rückkehr an die Macht erleichtern, scheint *Er ist wieder da* anzudeuten.

Mit dieser mahnenden Botschaft dämpfte Vermes den Slapstick seines Romans. Nach eigenen Angaben wollte der Autor und Journalist Lesern seines Debütromans keineswegs mit „erhobenem Zeigefinger" begegnen, sondern die menschlichen Seiten des Diktators aufzeigen und damit das traditionelle deutsche Bild von einem Unmenschen infrage stellen.[165] Dieser Impetus ging möglicherweise auf Vermes' Hintergrund zurück. Der Autor wurde 1967 als Sohn einer Deutschen und eines Ungarn geboren und gehört zu der Generation, die in den 1980er- und 1990er-Jahren erwachsen wurde – in einer Zeit also, als die Deutschen eine selbstkritischere Sicht auf die NS-Zeit vertraten. Er wehrte sich also gegen eine Dämonisierung Hitlers, weil diese „die offenkundige Attraktivität des Menschen Adolf Hitler" verschleiere, wegen der viele „ihn toll fanden". Darüber hinaus habe Hitler den

Deutschen ein einfaches Nachkriegsalibi verschafft, mit dem sie die Schuld für das Abgleiten ihres Landes ins Böse von sich weisen konnten. „Ein monströser Hitler", so Vermes, „macht es uns [Deutschen] einfach. Denn je unwiderstehlicher das Böse war, desto weniger Schuld scheinen diejenigen auf sich geladen zu haben, die ihm eifrig geholfen haben". Durch seine Darstellung Hitlers als Mensch, der „auch nette Seiten" hatte, wollte Vermes hingegen die Gründe aufzeigen, aus denen so viele Menschen mit ihm zusammenarbeiteten, und seine Leser daran erinnern, dass er auch heute noch „durchaus eine Chance hätte, Erfolg zu haben".[166]

Trotz dieser moralischen Zielrichtung leistete die Vermenschlichung Hitlers in Vermes' Roman der Normalisierung Vorschub, da sie die Deutschen zum Lachen über die NS-Zeit ermunterte. Im Gegensatz zum britischen und amerikanischen Publikum, das Hitler- und Nazisatiren seit Langem gewohnt ist, hatten die Deutschen traditionell eher Vorbehalte gegenüber satirischen Darstellungen. Über weite Strecken der Nachkriegszeit folgten sie einem unausgesprochenen Tabu – das aus dem nach wie vor heiklen Thema des deutschen Kriegsleids und aus der Sorge um das internationale Image Deutschlands rührte –, die Schrecken des Nationalsozialismus nicht zum Stoff der Satire zu machen. Seit den 1990er-Jahren nehmen komische Darstellungen der NS-Zeit in der deutschen Populärkultur jedoch zu. Wie Filme, Fernsehsendungen und Comics zeigen, geben die Deutschen ihre einstige moralische Haltung immer mehr zugunsten einer normalisierteren Sicht auf, die eher für ihre angloamerikanischen Nachbarn typisch ist.[167] *Er ist wieder da* spiegelte diesen Wunsch nach Normalität nicht nur wider, sondern förderte ihn zugleich, da er seine Leser über Hitler lachen ließ.

Damit lief er jedoch Gefahr, die Verbrechen der NS-Zeit zu verharmlosen. Wie einige umstrittene Comedy-Auftritte von Howard Stern und Comics von Robert Crumb gab *Er ist wieder da* bei aller Satire rassistischen Ideen auch eine Plattform.[168] Wenn Hitler im Roman das deutsche Wirtschaftswunder auf das „Verschwinden der jüdischen Parasiten" und die begrenzten Deutschkenntnisse der Türken auf die NS-Politik zurückführt, die den „beherrschte[n] Bevölkerungsgruppe[n]" eine umfassende Bildung verweigert, geht der Autor davon aus, dass Leser die Dümmlichkeit entsprechender Äußerungen schon von allein ohne eine explizite Distanzierung verstehen. Durch die Lockerung der moralischen Grenzen machte sich Vermes jedoch angreifbar für den Vorwurf der Verharmlosung des Nationalsozialismus.[169] Zwar sorgte der Autor dafür, dass Hitler am Ende des Romans nicht ungeschoren davonkommt und ausgerechnet von Neonazis verprügelt wird – sie halten ihn für einen Juden, der mit seiner Comedy-Nummer den Nationalsozialismus zu diskreditieren versucht. Doch selbst hier macht der Roman Hitler letztendlich zu einer sympathischen Figur, der die Unterstützung der deutschen Öffentlichkeit erhält (ihrer Ansicht nach kann ein Opfer von Neonazis nur ein guter Mensch sein, selbst wenn es Hitler ist). Es ist in der Tat bemerkenswert, dass die Leser zu Beginn des Romans *über* Hitler, am Ende aber *mit* ihm lachen. Hitler wettert permanent gegen Dinge, die viele von uns verachten: banale Fernsehshows, seelenlose Ladenketten, lärmende Laubblasegeräte und opportunistische Politiker. Wie die allgegenwärtigen *Untergangs*-Parodien auf YouTube (vgl. Kapitel 6) machte *Er ist wieder da* Hitler zu einem Sprachrohr für viele aktuelle Ärgernisse. Dabei verleitete er Leser nicht nur dazu, sich mit Hitler zu identifizieren (was durch die Perspektive des Ich-Erzählers noch verstärkt wurde), sondern universalisierte zudem Hitlers Bedeutung. Da er den Diktator in der Gegenwart und nicht in der Vergangenheit verortete, lenkte er von seiner Bedeutung in der realen Geschichte ab.

Letztlich verdeutlichte *Er ist wieder da* die nachlassende Furcht vor dem Nationalsozialismus. Bis vor Kurzem wurde das kontrafaktische Szenario einer Rückkehr Hitlers an die Macht als Albtraum dargestellt. Von den 1950er-Jahren bis in die 1990er-Jahre zeigten zahlreiche Romane, Filme und Fernsehsendungen, wie die Aussicht auf ein Viertes Reich unter Hitler die durchaus reale historische Angst zum Ausdruck brachte, der Nationalsozialismus sei womöglich nicht ganz aus der Geschichte verbannt.[170] In den letzten dreißig Jahren haben die Stabilität Deutschlands nach der Wiedervereinigung und das immer schnellere Tempo der organischen Normalisierung diese Ängste jedoch schwinden lassen. Dies erklärt, warum der einst in Alternativgeschichten so charakteristische Impetus, Hitler für seine Verbrechen zur Rechenschaft zu ziehen, in Vermes' Roman völlig fehlte. Je zufriedener die Deutschen mit der Gegenwart wurden, desto größer war ihr Wunsch nach einer normalisierten Vergangenheit, sodass sie die Tragödie der Vergangenheit mit Komik verquickten.

Die Verkaufszahlen bestätigten diesen Trend. *Er ist wieder da* war ein enormer kommerzieller Erfolg, der sich bis Ende 2013 über eine Million Mal in Deutschland verkaufte und den Spitzenplatz auf der *Spiegel*-Bestsellerliste belegte. Er wurde in über dreißig Sprachen übersetzt sowie verfilmt.[171] Diese überwältigende Resonanz schlug sich in unzähligen Leserkommentaren auf deutschen Webseiten nieder, die das Buch mehrheitlich als „unglaublich witzig" lobten.[172] Auch Kritiker bezeichneten den Roman als „irrsinnig komisch", „zum Brüllen" und „gelungene ... Satire".[173] Es gab jedoch auch andere Stimmen.[174] Einige Rezensenten fanden ihn zu langatmig und eintönig, andere wiederum erhoben den schwerwiegenderen Vorwurf, seine Beliebtheit signalisiere eine besorgniserregende Verschiebung in der deutschen Erinnerung. Ein Beobachter befürchtete, viele Fans bemerkten gar nicht den ironischen Ton des Romans; es sei „politisch überraschend naiv", zu erwarten, dass „sein [deutsches] Publikum schon auf der richtigen Seite stehen und in der Lage sein wird, das Gelesene zu reflektieren".[175] Ein anderer Kommentator befand, es sei für Vermes „brandgefährlich", die Leser in die Lage zu versetzen, „sich zumindest gelegentlich mit diesem Hitler zu identifizieren" – zumal es sie dazu bringe, „jede Menge nationalsozialistisches Gedankengut wiederzukäuen".[176] Dass sich viele Leser an verschiedenen Stellen des Romans mit Hitler einer Meinung zeigten, bestätigte diese Befürchtung.[177] Vermes selbst äußerte sich besorgt über den Wunsch vieler, „sich die Welt durch die Augen Hitlers anzuschauen"; es gebe ihm zu denken, warum sich so viele Leser einen zweiten Teil wünschten.[178] Man kann nur spekulieren, inwieweit die Beliebtheit von *Er ist wieder da* auf derartige Ansichten zurückzuführen war. Die Befürchtung mancher Rezensenten, das Buch könne eine fragwürdige Haltung gegenüber der NS-Vergangenheit fördern, zeigte jedoch, dass nicht alle Deutschen mit einer Normalisierung dieser Vergangenheit einverstanden waren.

Alternative Holocausts

Alternativgeschichten über den Holocaust entfachten ähnliche Debatten. Nach 1945 waren die meisten „Was wäre, wenn"-Erzählungen über den nationalsozialistischen Völkermord Fantasien. Einige entwarfen Szenarios, wie der Holocaust ungeschehen gemacht werden könne; andere malten sich härtere Strafen für die deutschen Täter aus.[179] Seit der Jahrtausendwende ist eine neue Form von Fantasie aufgetaucht, die sich mit einer zuvor nicht gestellten Frage beschäftigt: Wie wäre die Geschichte verlaufen, wenn es nie zum Holocaust gekommen wäre?

Die prominenteste Auseinandersetzung mit diesem Szenario war der Roman *Die Vereinigung jiddischer Polizisten* (2007) des amerikanischen Schriftstellers Michael Chabon (Abb. 22).[180] Wie *Amerikan Eagle* kam auch *Die Vereinigung jiddischer Polizisten* in Form eines traditionellen Kriminalromans daher, dessen kontrafaktische Elemente allerdings eher am Rande als im Zentrum der Erzählung standen. Seine Handlung scheint auf den ersten Blick simpel: Zwei Detektive versuchen, einen Mord aufzuklären. Der Schauplatz und Hintergrund der Figuren verleihen der Geschichte jedoch eine besondere Note. Der Roman spielt in der abgelegenen Stadt Sitka im heutigen Alaska, wo zwei jüdische Detektive, Meyer Landsman und Berko Shemets, den Mord an einem vermeintlichen ehemaligen Schach-Wunderkind aufzuklären versuchen. Wie diese Figuren an diesen Ort gerieten, ist zunächst unklar. Allmählich stellt sich jedoch heraus, dass *Die Vereinigung Jiddischer Polizisten* in einer alternativen Welt spielt, in der die US-Regierung 1940 beschloss, jüdischen Flüchtlingen aus Europa Zuflucht in Alaska zu gewähren.

Diese auf dem realen (1939 vom amerikanischen Innenministerium erstellten) *Slattery Report* basierende, schicksalhafte politische Entscheidung verändert die Geschichte in vielerlei Hinsicht. Dank der Verabschiedung des *Alaska Resettlement Act* durch Präsident Roosevelt 1940 können zwei Millionen Juden aus dem kriegszerrütteten Europa auf amerikanisches Territorium fliehen (Alaska ist noch kein Bundesstaat) und eine sozial, kulturell und religiös lebendige und vielfältige Gemeinschaft gründen. Der Roman besticht vor allem durch die detaillierte Figurenzeichnung der Juden dieser alternativen Welt – seien es säkulare Proletarier oder fromme Chassidim. Im Hintergrund lauert jedoch stets das Wissen, dass der Holocaust (zumindest der, den wir aus der realen Geschichte kennen) niemals stattfindet. Obwohl zwei Millionen Juden der Vernichtung der Nazis anheimfallen, bleiben vier Millionen Juden in Europa verschont. (Chabon erklärt nie den Grund für diese Entscheidung der Nazis, sie scheint jedoch eine Folge der frühen Niederlage Deutschlands gegen die Sowjetunion 1942 zu sein). Dessen

Abb. 22: In Michael Chabons Roman Die Vereinigung jiddischer Polizisten *(2007) konnten europäische Juden dem Holocaust entfliehen und eine neue Heimstatt in Alaska finden.*

ungeachtet scheint *Die Vereinigung jiddischer Polizisten* zunächst zu bestätigen, dass eine Abwendung des Holocaust – oder zumindest eine deutliche Eindämmung seines Ausmaßes – die Geschichte zum Besseren gewendet hätte.

In Wirklichkeit lässt der Roman jedoch Zweifel daran aufkommen, ob der Verlauf der alternativen Geschichte dem der realen Geschichte überlegen gewesen wäre. Einerseits überleben deutlich mehr europäische Juden die Barbarei der Nazis und haben meist das Privileg, an der Schaffung einer jiddischsprachigen Heimat in Alaska teilzuhaben. Darüber hinaus bedeutet der sowjetische Sieg über Deutschland, dass es keinen Kalten Krieg gibt, worauf der Roman mit Bezeichnungen wie der „Dritten Russischen Republik" und der „Freien Polnischen Staatsuniversität" anspielt.[181] Andererseits kommt es nie zu einer Gründung des Staates Israel, da die Juden den Unabhängigkeitskrieg von 1948 verlieren und von den Arabern „ins Meer getrieben" werden.[182] Darüber hinaus befinden sich selbst die Juden Alaskas in einer prekären Situation. Die Regierung Roosevelt hat ihnen die Unabhängigkeit zunächst nur für sechzig Jahre gewährt; nach Ablauf dieser Zeit soll der Sonderstatus erneut geprüft werden. Im Roman – der in unserer Gegenwart spielt – ist der amerikanische Präsident geneigt, das Gebiet an die USA zurückfallen zu lassen und damit den jüdischen Traum von politischer Autonomie zu beenden. Darüber hinaus nehmen die Spannungen zwischen der einheimischen Bevölkerung Alaskas und den Juden von Sitka zu, was Letztere noch verwundbarer macht.

Vor diesem politischen Hintergrund spielt sich die Haupthandlung des Romans ab, eine komplizierte Verschwörung jüdischer Fundamentalisten und christlicher Zionisten – zu denen auch der Präsident gehört –, die den Felsendom in Jerusalem zerstören wollen und eine messianisch inspirierte Rückkehr der Juden nach Palästina vorsehen. Am Ende des Romans entdecken die Detektive Landsman und Shemets den Grund für die Ermordung des vermeintlichen Schachgroßmeisters – er musste sterben, weil er nicht die Rolle des Messias in der Verschwörung spielen wollte. Sie erhalten zudem die erschütternde Nachricht, dass der Felsendom tatsächlich bombardiert wurde. Auch ohne den Holocaust sieht die Zukunft somit düster aus. Die sich abzeichnenden Auseinandersetzungen zwischen Juden und Arabern muten geradezu apokalyptisch an. So klagt Ester Malke, Shemets Frau:

> Landsmann, ich will dir mal was sagen … Die Leute, die da im Fernsehen überall in Syrien, Bagdad, Ägypten und so randalieren. In London, ja? Autos brennen. Botschaften werden angesteckt. Oben in Yakovy … Die haben getanzt, die bescheuerten Irren, die haben sich so über diesen ganzen Wahnsinn gefreut, dass der Fußboden durchgebrochen ist und sie in die Wohnung darunter gefallen sind. Zwei kleine Mädchen schliefen im Bett, die wurden zerquetscht. Das ist die Scheiße, auf die wir uns jetzt freuen dürfen. Brennende Autos und mörderische Tänze.[183]

Mit diesem unheilvollen Ende universalisierte *Die Vereinigung jiddischer Polizisten* die Bedeutung der NS-Vergangenheit und normalisierte sie unterschwellig. Er spiegelte auch die politischen Motive Chabons wider, der sich mit seinem Roman gegen die konservative Wende in Israel und in den Vereinigten Staaten nach der Jahrtausendwende wandte. Als überzeugter Linker stellte sich der 1963 geborene Chabon vehement gegen den harten Kurs von Premierminister Ariel Sharon (insbesondere die Ausweitung jüdischer Siedlungen im Westjordanland) und zog die uneingeschränkte Unterstützung des israelischen Staatschefs durch Präsident George W. Bush in Zweifel.[184] Diese Bedenken spiegelten sich in der Handlung des Romans wider, vor allem in seiner wenig schmeichelhaften Darstellung der ungebührlichen und letztlich katastrophalen Allianz zwischen extremistischen Zionisten und fundamentalistischen Christen.[185] *Die Vereinigung jiddischer Polizisten* schien auch insofern den zeitgenössischen Zionismus zu kritisieren, als der Roman offenbar die unter Linken beliebte kontrafaktische Behauptung teilte, ohne den Holocaust gäbe es heute keinen Staat Israel.[186] Chabon war jedoch kein Antizionist. Er anerkannte und verteidigte die Notwendigkeit einer Heimat der Juden. In einem Interview erläuterte er:

> In dieser Geschichte … geht es um den Status quo der Juden, die immer kurz davor sind, rausgeworfen zu werden, vor die Tür gesetzt zu werden …
> Weil Israel in meinem Buch … nicht vorkommt, sind die Juden in der Position … der Gäste … Ich hatte das Gefühl, mich mit … der sehr realen Möglichkeit der Ausweisung auseinandersetzen zu

> müssen. … Mir wurde klar, dass dies für uns heute noch immer der Status quo ist. Wir fühlen uns vielleicht sicher, da Israel über die fünftgrößten Streitkräfte der Welt verfügt. Aber dieses Gefühl der Fragilität, immer kurz vor der Ausweisung zu stehen, ist etwas … mit dem wir nach wie vor leben, selbst wenn wir lieber nicht darüber nachdenken.[187]

Chabon schrieb seinen Roman aus einem tiefen Bewusstsein für die Dilemmata des modernen Zionismus heraus. Obwohl er das uralte jüdische Gefühl der Verwundbarkeit teilte und an die Notwendigkeit eines jüdischen Staates glaubte, erkannte er die tragischen Folgen der zionistischen Bemühungen um die Überwindung dieser Verwundbarkeit. Mit seiner Darstellung des prekären Lebens der Juden in Alaska machte er deutlich, dass die Schaffung einer nationalen jüdischen Heimat auch ohne den Holocaust und unabhängig von ihrem Ort Probleme verursachen musste. Diese Botschaft war eindeutig von moralischen Überlegungen geprägt. Damit behandelte Chabon den Holocaust letztlich allerdings als Mittel zu einem größeren politischen Zweck; er universalisierte seine Bedeutung und trug zu einer weiteren Normalisierung bei.

Gleiches galt für den Essay „Disraelia: A Counterfactual History, 1848–2008" des Historikers Walter Laqueur.[188] Wie Chabon malte Laqueur sich einen Geschichtsverlauf ohne den Holocaust aus, um so zu den aktuellen Problemen Israels Stellung zu nehmen. In Laqueurs Essay kommt es dank der Schaffung einer jüdischen Heimat im Osmanischen Reich 1848 nie zum nationalsozialistischen Völkermord. Um den zunehmenden Antisemitismus einzudämmen und das untergehende türkische Regime zu stützen, überzeugt eine Koalition unter der Führung von Benjamin Disraeli und der Familie Rothschild den türkischen Großwesir, in seinem eigenen finanziellen Interesse eine große Welle Juden nach Palästina einwandern zu lassen. Als antijüdische Gewalt in Teilen Mittel- und Osteuropas während der Revolutionen von 1848 neu aufflammt, schieben die Juden ihre Bedenken beiseite. Zwischen 1849 und 1855 wandern etwa zwei Millionen europäische Juden in das Osmanische Reich aus und lassen sich in „acht Kantonen … von Jaffa bis Kirkuk" nieder.[189] Diese Zuwanderung hat weitreichende historische Folgen. In dem als „Disraelia" bekannten jüdischen Siedlungsgebiet setzt nach den 1860er-Jahren eine intensive Industrialisierung ein, es wird „die reichste und mächtigste Region“ des Osmanischen Reiches.[190] Nach dem Zusammenbruch des Reiches im Ersten Weltkrieg erlangt es die vollständige Unabhängigkeit und gewinnt in den folgenden Jahren an Stärke. Die wichtigste Errungenschaft des Landes ist die Entwicklung der Kerntechnologie, dank der die Disraelische Regierung Adolf Hitler in den 1930er-Jahren unter Druck setzen kann, seine antisemitische Hetze gegen die 200 000 Juden in Deutschland einzustellen. Somit kommt es weder zum Zweiten Weltkrieg noch zum Holocaust. Zum krönenden Abschluss spekuliert Laqueur, Disraelia …

> … würde zu Beginn des 21. Jahrhunderts rund sechzig Millionen Einwohner haben. Es hätte fortschrittliche Industrien … Es wäre der fünftgrößte Ölproduzent der Welt, in wirtschaftlicher Hinsicht … könnte es mit Europa, Amerika und sogar Asien mithalten. Es hätte mächtige Streitkräfte und würde in Frieden mit seinen Nachbarn leben … Niemand würde es wagen, sein Existenzrecht infrage zu stellen.[191]

Wie dieser Schluss zeigte, war Laqueurs Fiktion von der aktuellen Nahostpolitik geprägt. Im Gegensatz zu Chabon steht der Historiker eher dem rechten Flügel nahe.[192] Dennoch gab es in seinem Aufsatz gewisse Anzeichen für ein linkes Bewusstsein. Die Andeutung, dass die Geschichte besser verlaufen wäre, wenn die Suche nach einer jüdischen Heimat in eine weniger partikularistische Richtung verlaufen wäre, ähnelte der Position, die seit Langem von den (meist linken) Anhängern der Zweistaatenlösung vertreten wird. Disraelia wird nicht als jüdischer, sondern als multiethnischer Staat gegründet, in dem Juden, Araber, Kurden und andere „bei der Verwaltung der Region absolute Gleichstellung“ genießen.[193] Das Land hat zwei Hauptstädte, Tel Aviv und Mossul, und der Präsident wird nach dem „Rotationsprinzip“ gewählt, „auf einen Juden folgt stets ein Kurde oder Araber“. Jerusalem wird aus Respekt vor den „führenden Weltreligionen“ in eine „internationalisierte Stadt“ verwandelt.[194] Die Amtssprachen sind „Hebräisch, Türkisch und Arabisch“. Vor allem werden nach der Ermordung des jüdischen Präsidenten des Landes 1929 separatistische Bestrebungen

„jüdischer Fanatiker", die das Land zu spalten und alle Nichtjuden zu vertreiben drohen, gnadenlos niedergeschlagen.[195] Laqueur zufolge wäre die Geschichte besser verlaufen, wenn sich der jüdische Nationalismus in einem multiethnischen Gefüge entwickelt hätte.

Im Vergleich zu Chabons düsterem Roman war Laqueurs Version eines nicht-erfolgten Holocaust eher eine utopische Fantasie. Wie er mit der Bemerkung andeutete, Disraelia sei „zum Vorbild einer friedlichen Koexistenz der muslimischen Welt und der Menschen des Buches" – und zum Zufluchtsort für „namhafte politische Flüchtlinge" wie Ayatollah Khomeini und „den saudischen Unternehmer Osama bin Laden" – geworden, war seine kontrafaktische Erzählung von dem Wunsch geleitet, viele der realen historischen Probleme Israels zu umgehen.[196] Dies legte auch ihr Schluss nahe: Israels Tragödie bestehe darin, so Laqueur, achtzig Jahre zu spät geboren worden zu sein – nach der Tragödie des Holocaust und dem Erwachen des arabischen Nationalismus. Dieser zeitliche Abstand sei entscheidend dafür, ob diese jüdische Heimstatt nun ein „starker und reicher Staat, allgemein geachtet, oder ein kleines und relativ schwaches Land, isoliert, ohne wichtige natürliche Ressourcen" sei. Die aktuelle moralische Verurteilung Israels sei weitgehend auf seine geringe Größe zurückzuführen: „Was in ... einem Staat mit sechzig Millionen Einwohnern als normales Verhalten gilt, gilt als verwerflich, wenn es von einem kleinen Land ausgeht."[197] Laqueur entlarvte die Kritik an Israel als Doppelmoral und verteidigte im Wesentlichen den jüdischen Staat. Sein Essay deutete daher eine konservativere Haltung an als Chabons Roman. Gleichzeitig universalisierte er jedoch die Bedeutung des Holocaust, indem er ihn zur Stellungnahme zu aktuellen politischen Realitäten heranzog.

Kritiker nahmen diese unterschwelligen Botschaften durchaus wahr. *Die Vereinigung jiddischer Polizisten* wurde größtenteils gelobt und von vielen Rezensenten als „Blockbuster" und „wunderbares literarisches Werk" bezeichnet.[198] Einige konservative Kritiker kritisierten jedoch den liberalen Tenor. So machte sich James Lewis über den Autor als „linken, atheistischen Jiddischisten ... [aus] Berkeley" lustig und bezeichnete seinen Roman als Ausdruck „jüdischen Selbsthasses", der sicherlich „paranoiden Antisemiten" gefalle.[199] Dieser Eindruck war nach Ansicht der *New York Post* weitgehend dem unsympathischen Porträt der chassidischen Juden geschuldet, die in

Chabons Roman „im Namen des Zionismus zu allem bereit sind, und sei es das Abschlachten anderer Juden".[200] John Podhoretz empfand das Bild der Juden als „Umkehrbild fanatischer Muslime" und zog die von Chabon bekundeten zionistischen Sympathien in Zweifel.[201] Für Samuel Freedman war Chabon ein klarer Antizionist und anscheinend derart „von dem Glauben erfüllt, dass Israel ein kolonialer, imperialistischer Unterdrücker ist", dass es ihm „Freude bereitet, es zumindest auf dem Papier verschwinden zu lassen".[202] Interessanterweise stieß Laqueurs Essay auf ähnliche Kritik. Obwohl er weniger rezipiert wurde, geriet er wegen seiner vermeintlichen linken politischen Agenda unter Beschuss. So beschuldigte der Historiker Martin Kramer den Autor, den jüdischen Staat mit einem Fantasieszenario, das angesichts der Realitäten im Nahen Osten offenkundig unrealistisch sei, „entisraelisiert" zu haben.[203] Auffällig war der scharfe Ton dieser und anderer Kommentare; inwieweit sie für das Thema Normalisierung relevant waren, ist schwer zu sagen, da sie sich hauptsächlich auf die Darstellung Israels in den zwei genannten Werken konzentrierten und nicht auf die Universalisierung des Holocaust eingingen. Aller Wahrscheinlichkeit nach deutete ihr Unmut über die Darstellung Israels jedoch eine Ablehnung der Universalisierung an. Wieder einmal stieß das Bemühen um Normalisierung auf Widerstand.

Zusammenfassung

Insgesamt haben die jüngsten Alternativgeschichten die Erinnerung an den Nationalsozialismus auf verschiedene Weise normalisiert. Die meisten haben in ihren Kommentaren zu den Krisen der Welt nach dem 11. September die Bedeutung des Dritten Reiches universalisiert. Diese Werke stammten größtenteils von politisch links stehenden Autoren, die mit der konservativen Politik von Präsident George W. Bush und seinen europäischen Verbündeten ins Gericht gingen. Dies galt insbesondere für britische und amerikanische Spekulationen über einen Sieg der Nazis im Zweiten Weltkrieg. Die Albtraumszenarien von Walton, Sansom, Sheers, Saville und Glenn, in denen Großbritannien und die USA mit dem Hitlerregime zusammenarbeiteten, waren eine scharfe Kritik an der aktuellen angloamerikanischen Außenpolitik. Auch der Roman von Michael Chabon und der Aufsatz von Walter Laqueur universalisierten die NS-Vergangenheit, indem sie mit dem Szenario eines ungeschehenen Holocaust das Augenmerk auf die sich verschärfende Krise des Zionismus lenkten. Mit seiner Verteidigung des Staates Israel schrieb Laqueur jedoch aus einer eher konservativen Perspektive; wie Turtledoves Roman zeigte sein Essay, dass Bemühungen um eine Universalisierung nicht immer liberalen Zielen dienten. Allerdings instrumentalisierten auch diese beiden Autoren die NS-Vergangenheit für aktuelle Zwecke.

Andere Alternativgeschichten relativierten die NS-Zeit. Dies galt vor allem für Autoren in Deutschland, wie sich an den Spekulationen von Alexander Demandt und Dieter Kühn über ein geglücktes Hitler-Attentat zeigte; in ihren konservativen Fantasieszenarien rehabilitierten sich die Deutschen nach dem Tod des Führers, indem sie das Land auf einen gemäßigteren politischen Kurs brachten. Damit entbanden diese Autoren die Deutschen von ihrer Verantwortung für das Dritte Reich und zeichneten ein normalisiertes Bild der NS-Zeit. Ihre Erzählungen zeugten vom anhaltenden Bemühen deutscher Konservativer, die schändliche Vergangenheit ihres Landes hinter sich zu lassen und selbstbewusster als Nation aufzutreten – eine Entwicklung, die sich ebenfalls in der Welt nach dem 11. September beschleunigte. Selbstverständlich verfolgten nicht alle deutschen Alternativgeschichten dieses Ziel. Die Romane von Siegfried Langer und Wolfgang Brenner widersetzten sich dem Normalisierungstrend, indem sie die Verbrechen des Dritten Reiches betonten und die NS-Zeit aus einer stark moralischen Perspektive darstellten.

Wieder andere Erzählungen ästhetisierten die NS-Vergangenheit durch Ironie und Satire. Dieser Trend war in den Filmen *Jackboots on Whitehall* und *Iron Sky*, der Fernsehsendung *Saturday Night Live*, dem Roman *Er ist wieder da* und auf verschiedenen Internetseiten zu beobachten. Wie die humorvolle Darstellung der NS-Vergangenheit zeigte, wurden bestimmte, einst erschreckende kontrafaktische Prämissen (ein Sieg der Nazis im Zweiten Weltkrieg und das Überleben Hitlers) nun bereitwillig parodiert. Dieser satirische Impetus zeigte, wie ältere Albträume verblassten und sich zunehmend ein Gefühl des Überdrusses – vielleicht sogar der Langeweile – mit den immer gleichen Szenarien einstellte. Er spiegelte damit den natürlichen Prozess der organischen Normalisierung wider.

Schließlich bestätigen neuere britische, amerikanische und deutsche Alternativgeschichten, dass nationale Unterschiede in der Erinnerung an den Nationalsozialismus fortbestehen. Britische und amerikanische Autoren waren eher geneigt, die NS-Vergangenheit zu universalisieren, um vor allem liberale politische Ziele voranzutreiben. Deutsche Autoren beschäftigten sich hingegen mehr mit der Relativierung der NS-Zeit, die Konservative befürworteten und Liberale ablehnten. Eins allerdings verbindet alle drei Länder, nämlich die wachsende Bereitschaft, durch humorvolle Werke über das NS-Erbe zu lachen. Die Rezeption der jüngsten Alternativgeschichten bestätigt diese unterschiedlichen Muster. Britische Rezensenten haben Erzählungen, die die NS-Zeit universalisieren, zumeist gelobt; amerikanische Rezensenten waren geteilter Meinung, während deutsche Kritiker die kontrafaktischen Bemühungen um eine Relativierung der NS-Verbrechen im Allgemeinen kritisierten. Wie diese Muster zeigen, neigen die Briten nach wie vor am ehesten dazu, die NS-Vergangenheit zu normalisieren, während Amerikaner und Deutsche weiterhin gespalten sind. Die jüngsten Alternativgeschichten bestätigen somit, dass Normalisierung und Moralismus weiter in einem dialektischen Verhältnis zueinander stehen.

5 Die Vermenschlichung Hitlers: Der Führer im zeitgenössischen Film

„Es ist wahnsinnig schwer, Sie zu mögen, Hitler, aber ich werd's versuchen."

Die verzweifelte Bemerkung des deutsch-jüdischen Kunsthändlers Max Rothman in dem Film *Max* (2002) verweist auf einen wichtigen neuen Trend in neueren filmischen Darstellungen des NS-Diktators. Seit der Jahrtausendwende hat die Zahl der Filme mit oder über Hitler deutlich zugenommen. Amerikanische wie europäische Filmemacher haben die verschiedensten Aspekte des Lebens des Führers beleuchtet. Werke wie *Hitler – Aufstieg des Bösen* (2003) und *Mein Kampf* (2009) konzentrierten sich wie *Max* auf die frühen Jahre. Andere wie *Der Untergang* (2004), *Mein Führer* (2007) und *Inglourious Basterds* (2009) nahmen die letzten Tage Hitlers in den Blick und untersuchten die Umstände vor seinem Tod. Stilistisch könnten sie unterschiedlicher kaum sein. Einige zielten auf dokumentarische Authentizität, andere entschieden sich für die historische Fiktion. Einige bevorzugten den Modus der Tragödie, andere schlugen den Weg der Komödie ein. Ungeachtet ihres Themas oder ihrer Darstellungsweise einte die meisten Filme jedoch der Versuch, Hitler auf die eine oder andere Weise zu vermenschlichen. Wie Max Rothman versuchten die Regisseure dieser Filme, ihre Abneigung gegen den NS-Diktator zu überwinden und ihn zu verstehen.

Damit entfernten sie sich deutlich von früheren filmischen Darstellungen Hitlers. Vor der Jahrtausendwende stellten die meisten Filme den Diktator aus einer stark moralischen Perspektive dar. Mal schilderten sie seinen kometenhaften Aufstieg, dann wieder seinen katastrophalen Fall, doch stets verteufelten sie ihn als Inbegriff des Bösen. Jüngere Filme stellen Hitler dagegen weniger wertend als Menschen dar, der in konventionellen historischen

Begriffen verstanden werden kann. Diese Kinofilme haben die zunehmende Normalisierung der Nazizeit somit nicht nur widergespiegelt, sondern sie unter anderem durch eine Ästhetisierung auch befördert. Mit dokumentarischem Realismus, Satire oder einer Kombination aus beidem haben sie die menschliche Seite des Führers in den Vordergrund gerückt und damit seine Bösartigkeit heruntergespielt. Darüber hinaus haben diese Filme die Bedeutung des Dritten Reiches universalisiert. Bei dem Versuch, Hitler zu verstehen, haben sie seine abnorme Entwicklung als das Ergebnis allgemeiner moderner Kräfte gedeutet und damit die spezifischen Umstände seiner Verbrechen unterschlagen. Schließlich haben die Filme der letzten Jahre auch die Verbrechen der NS-Zeit relativiert, denn in ihnen steht Hitler zu Beginn und am Ende seiner politischen Laufbahn in enger Beziehung zu fiktiven jüdischen Figuren. Die Filme haben so die Grenze zwischen deutschen Tätern und jüdischen Opfern verschwimmen lassen und einen Teil der Schuld von den Deutschen auf die jüdischen Opfer abgewälzt. Mit dieser Darstellung sind sie auf scharfe Kritik gestoßen und haben in Westeuropa und den Vereinigten Staaten heftige Debatten ausgelöst. Die dabei entstandene Kontroverse konterkarierte paradoxerweise genau den Normalisierungsprozess, den die Filme beförderten.

Hitler im Film des 20. Jahrhunderts

Im Film spielt Hitler seit Langem eine führende Rolle.[1] Sein filmisches Debüt in Deutschland gab er Ende der 1920er-Jahre, als er in zahlreichen UFA-Wochenschauen und Dokumentarfilmen der NSDAP auftrat.[2] Diese Filme waren vorhersehbar propagandistisch – ein Trend, der sich nach 1933 fortsetzte, als das nationalsozialistische Propagandaministerium das Bild des Diktators in der *Deutschen Wochenschau* kontrollierte. Ähnlich inszeniert war Hitlers Auftritt in Filmen wie Leni Riefenstahls *Sieg des Glaubens* (1933), *Triumph des Willens* (1935) und *Olympia* (1938). Diese Werke stilisierten den Führer so effektvoll zu einer omnipotenten Gestalt, dass in der Folge keine weiteren Filme über ihn in Auftrag gegeben wurden.[3] Obwohl Filmaufnahmen von Hitler in dem ein oder anderen Dokumentarfilm auftauchten, war er während der Kriegsjahre in keinem anderen großen deutschen

Film zu sehen.[4] Seine Abwesenheit auf den Kinoleinwänden war Teil einer bewussten Politik, um den „Führermythos" aufrechtzuerhalten und seine Aura der Autorität zu betonen.[5] Die Nationalsozialisten zeigten stattdessen Spielfilme über politische Vorväter wie Friedrich den Großen und Otto von Bismarck.[6] Zu Kriegsende signalisierte Hitlers fehlende Leinwandpräsenz seinen Rückzug aus dem öffentlichen Leben. Bei seinem letzten Wochenschau-Auftritt im März 1945 deutete rein optisch nichts darauf hin, dass er seine letzten Wochen im Führerbunker unter der Erde verbringen würde, weit vom Auge der Kamera entfernt.

Außerhalb Deutschlands waren Filme über Hitler deutlich kritischer. Hier erschien der Diktator erstmals in Propagandafilmen der Alliierten und wurde in Werken wie dem britischen Kinofilm *The Lion Has Wings* (1939) als blutrünstiger Kriegstreiber dargestellt, ein Image, das sich in nachfolgenden Wochenschauen der Alliierten verfestigte. In abendfüllenden Spielfilmen wurde Hitler dagegen meist zur Zielscheibe von Spott und Satire. Le-

Abb. 23: In der berühmten Szene aus Ernst Lubitschs Sein oder Nichtsein *(1942) kontert der polnische Schauspieler und Hitler-Darsteller Frederick Bronski den Hitlergruß mit „Ich heil mich selbst".*

gendär waren Charlie Chaplins *Der große Diktator* (1940) und Ernst Lubitschs *Sein oder Nichtsein* (1942). Chaplin machte sich in seiner klassischen Darstellung von Anton Hynkel, der verträumt auf seinen Fingern die Weltkugel balanciert, über die größenwahnsinnigen Pläne des Führers lustig, während ein polnischer Hitler-Imitator in Lubitschs Film den Personenkult des Diktators mit dem denkwürdigen „Ich heil mich selbst" verhöhnte (Abb. 23).

Beide Filme waren zweifellos komisch, stellten ihren Humor jedoch in einen klaren moralischen Kontext. *Der große Diktator* endet mit einem Plädoyer des jüdischen Barbiers für Toleranz, während *Sein oder Nichtsein* mit Shylocks flammender Toleranzrede aus Shakespeares *Kaufmann von Venedig* aus dem Mund eines polnisch-jüdischen Schauspielers schließt. Insgesamt nutzten diese und andere Filme aus Kriegszeiten – seien es die Slapstick-Filme der *Three Stooges* oder Zeichentrickfilme von Walt Disney – Humor als Waffe, um Hitlers mythische Aura der Allmacht zu entzaubern.[7] In gewissem Maße waren sie durchaus erfolgreich. In den Ländern der Alliierten stießen sie erwartungsgemäß auf Widerhall und waren vielleicht sogar nicht ohne Wirkung auf Hitler. Der Diktator hasste es, verhöhnt zu werden, und schwor Rache an den Spöttern.[8] Hitlers Reaktion machte nicht zuletzt klar, dass Humor in den Filmen der Alliierten keineswegs harmlos, sondern eine Fortsetzung des Kriegs mit anderen Mitteln war.

Nach Kriegsende waren komische Darstellungen Hitlers jedoch tabu. Als die Verbrechen der Nationalsozialisten im Holocaust ans Tageslicht kamen, wurde es nahezu unmöglich, den Diktator in einer Weise darzustellen, die als unbeschwert gedeutet werden konnte. Jeder Versuch, die NS-Vergangenheit zu humoristischen oder Unterhaltungszwecken zu nutzen, galt als Ästhetisierung dieses verbrecherischen Erbes und war verpönt. Charlie Chaplin machte dies nach dem Krieg mit seiner Bemerkung deutlich, er hätte sich in *Der große Diktator* „über den mörderischen Wahnsinn der Nazis nicht lustig machen können", wenn er „von den Schrecken in den deutschen Konzentrationslagern gewusst" hätte.[9] Angesichts dieser Stimmung waren neue filmische Darstellungsweisen gefragt.

Schon bald entschieden sich die Regisseure für einen realistischen, dokumentarischen Stil, der sich ihrer Ansicht nach am besten zur Darstellung Hitlers eignete.[10] Dieser nüchterne Ansatz ging auf die Kriegsjahre und

Werke wie John Farrows *The Hitler Gang* (1944) zurück und setzte sich bis weit in die 1960er-Jahre fort. G. W. Pabsts *Der letzte Akt* (1955) ließ mit seiner Darstellung eines geistesgestörten Mannes, der sich in seinem Berliner Bunker nicht um die drohende Zerstörung Deutschlands schert, keinen Zweifel an der Böswilligkeit des Diktators, während der amerikanische Low-Budget-Film *The Private Life of Adolf Hitler* (1962) sein gestörtes Liebesleben und seinen mentalen Zusammenbruch im Bunker in den Blick nahm (Abb. 24).[11]

Weitere Dokumentarfilme über den Diktator erschienen während der „Hitlerwelle" der 1970er-Jahre. Einige, wie zum Beispiel Ennio De Concinis *Hitler: The Last Ten Days* (1973), George Schaefers *The Bunker* (1980) und Marvin J. Chomskys *Inside the Third Reich* (1982), konzentrierten sich auf den Untergang Hitlers, wobei die Schauspielerlegenden Alec Guinness und Anthony Hopkins ihn als hysterischen Wahnsinnigen darstellten. Andere, wie etwa Joachim Fests *Hitler: Eine Karriere* (1977), weiteten den Blick und untersuchten den Aufstieg und Fall des Führers in all seinen

Abb. 24: In dieser Szene aus G. W. Pabsts Der letzte Akt *(1955) diktiert der Führer trotzig sein politisches Testament.*

Facetten. Höhepunkt dieser dokumentarischen Herangehensweise war in den 1990er-Jahren die Dokumentarfilmreihe des deutschen Fernseh-Impresarios Guido Knopp, die den Führer als das böse Genie des NS-Staates darstellte.[12]

Nach 1945 erschienen fantasievollere, fiktionalisierte Darstellungen Hitlers. Ihre Zahl war zwar geringer, dafür bevorzugten diese Filme statt realistischer nun hypothetische Szenarien. Ein bekanntes Subgenre dieser Filme fokussierte sich auf den „Überlebensmythos" – ein kontrafaktisches Szenario, in dem Hitler nach dem Zweiten Weltkrieg in ein ausländisches Versteck flieht und sich so dem Zugriff der Justiz entzieht. Auf dieser Prämisse beruhten Pulp-Klassiker wie *They Saved Hitler's Brain* (1963) und *Flesh Feast* (1967) sowie in abgewandelter Form der Hollywood-Blockbuster *The Boys From Brazil* (1978).[13] Sie ließen Hitler überleben, um sich dann in Tötungsfantasien zu ergehen und ihn für seine Vergehen zur Rechenschaft zu ziehen.[14] Spätere Beispiele für dieses Genre waren Armin Mueller-Stahls *Gespräch mit dem Biest* (1996) und Barry Hersheys *The Empty Mirror* (1996), die ebenfalls von einem Überleben Hitlers ausgingen und für eine Form von kruder oder symbolischer Gerechtigkeit sorgten. Dabei stellten sie den Diktator im Einklang mit der filmischen Tradition weiter als Symbol des Bösen dar.

Ungeachtet dieses Festhaltens am Moralismus ließen einige dieser Filme Normalisierungstendenzen erkennen. Filme wie *Hitler: The Last Ten Days* und *The Bunker* deuteten eine neue Bereitschaft zur Vermenschlichung Hitlers an. Die beiden Stars Alec Guinness und Anthony Hopkins stellten ihn weniger als dämonischen Wahnsinnigen denn als demoralisierten Gestrigen dar.[15] Ähnlich betonten *Gespräch mit dem Biest* und *The Empty Mirror* Hitlers menschliche Seiten, indem sie den Diktator als komischen bzw. introspektiven Menschen schilderten, der Vergebung für seine Verbrechen suchte.[16] Wieder andere Filme normalisierten die NS-Vergangenheit durch Ästhetisierung. Das beste Beispiel dafür war Hans Jürgen Syberbergs postmodernes Spektakel *Hitler, Ein Film aus Deutschland* (1977), dessen bühnenhafte Collage aus konkurrierenden Führerbildern sich eines moralischen Kommentars enthielt und einen Großteil der mythischen, irrationalistischen Bilder des NS-Regimes reproduzierte.[17] Dasselbe galt für Joachim Fests Film *Hitler: Eine Karriere* und die Dokumentarfilme Guido Knopps, die mit verführerischem Filmmaterial aus der NS-Zeit, dramatischer Filmmusik und geschickten Nachstellungen die Faszination der faschistischen Ästhetik reproduzierten und das Dritte Reich in eine quotenträchtige Form des „Dokutainment"[18] verwandelten.

Trotz dieser Anzeichen der Normalisierung traten die meisten Hitlerfilme vor der Jahrtausendwende mit erhobenem Zeigefinger auf, wie ihre Rezeption bestätigte. Seit Kriegsende haben sie große Aufmerksamkeit erregt. Die meisten von ihnen wurden positiv aufgenommen, wobei Rezensenten oftmals den ethisch grundierten Blick auf das historisch brisante Thema des Dritten Reiches lobten. Selbst wenn es negative Kritiken gab, bestätigten auch sie den moralischen Konsens über die Darstellung Hitlers. Am häufigsten bemängelten Rezensenten, dass bestimmte Filme den Verbrechen des Diktators nicht genügend Beachtung schenkten. Aus diesem Grund wurden die satirischen Darstellungen Hitlers aus der Kriegszeit nun weithin kritisiert. Lubitschs *Sein oder Nichtsein* habe das Leid der Polen verharmlost, monierten britische und amerikanische Kritiker.[19] Spätere Filme wie die von Fest und Syberberg wurden vor allem in Deutschland bezichtigt, den Gründen für Hitlers Popularität mehr Aufmerksamkeit zu schenken als seinen Verbrechen. Diese Einseitigkeit, so wurde befürchtet, könne das Verständnis der Nazizeit in der jüngeren Generation verzerren.[20] Sogar die Hitler-Biopics der 1970er-Jahre wurden gelegentlich dafür kritisiert, in ihrer Vermenschlichung zu weit gegangen zu sein.[21] Wie diese Reaktionen zeigten, herrschte nach wie vor der Wunsch nach einem moralisch grundierten Blick auf die NS-Vergangenheit.

Dennoch gab es gelegentlich Anzeichen von Dissens. Vor allem in den USA und England empfanden Kritiker den moralischen Tenor bestimmter Hitler-Filme als vorhersehbar und langweilig. Einer bezeichnete G. W. Pabsts *Der letzte Akt* als „ermüdend"; De Concinis *Hitler – Die letzten zehn Tage* sei „so aufregend wie ein elterlich genehmigter Comic"; *The Bunker* galt als Beweis dafür, dass „selbst das Böse langweilig sein kann".[22] Diese Kritiker fühlten sich zwar verpflichtet, den Filmen „einen gewissen düsteren Respekt" zu zollen, taten dies aber nur widerwillig.[23] In Deutschland hingegen beanstandeten Kritiker den moralisierenden Ton bestimmter Hitlerfilme aus einem ganz anderen Grund. Ihrer Ansicht nach lenkten Fest und Knopp mit ihrer Dämonisierung Hitlers und ihrer Betonung seiner zentralen Rolle im NS-Staat von der Schuld der Deutschen an den Verbrechen des Regimes ab und dienten damit der Selbstentlastung.[24] Insgesamt deuteten diese Reaktionen auf eine zunehmende Sättigung mit moralisierenden Darstellungen Hitlers hin, die immer häufiger als suspekt galten. Diese Stimmung war vor der Jahrtausendwende eher die Ausnahme, wurde danach jedoch bald die Regel.

Hitlerfilme seit 2000

Seit der Jahrtausendwende hat die filmische Darstellung Hitlers einen bemerkenswerten Wandel vollzogen. Während bestimmte Kinofilme nach wie vor mit erhobenem Zeigefinger auftreten, verfolgen die meisten einen eher normalisierten Ansatz. Neuere Filme über Hitler haben sich auf verschiedene Aspekte seines Werdegangs konzentriert. Einige zeichnen seine frühen Jahre nach. Andere thematisieren die Geschehnisse unmittelbar vor seinem Tod. Diese Filme entstammen den unterschiedlichsten Gattungen, neben realistischen, dokumentarischen Werken sind auch Satiren und kontrafaktische Darstellungen vertreten. Sie alle haben jedoch die NS-Vergangenheit durch Ästhetisierung, Universalisierung und Relativierung normalisiert und damit eine Kontroverse über die Zukunft der Erinnerung entfacht.[25]

Der junge Führer: Die frühen Jahre

Nicht alle seit der Jahrtausendwende erschienenen Kinofilme zielten auf eine Normalisierung Hitlers. Eine Ausnahme war der Fernsehfilm *Hitler Aufstieg des Bösen* des frankokanadischen Regisseurs Christian Duguay (Abb. 25).

Wie sein Untertitel bereits ankündigte, verfolgte der Film in seiner Darstellung des Diktators einen moralisierenden Ansatz. Der Zweiteiler wurde im Mai 2003 auf CBS ausgestrahlt und war ein konventionelles Biopic in der realistischen Tradition der Hitlerfilme der 1970er- und 1980er-Jahre. Anstatt sich jedoch auf die letzten Tage im Führerbunker zu konzentrieren, untersuchte *Hitler – Aufstieg des Bösen* den Wandel vom brotlosen österreichischen Bohemien zum monomanischen Diktator. Die moralische Zielrichtung war

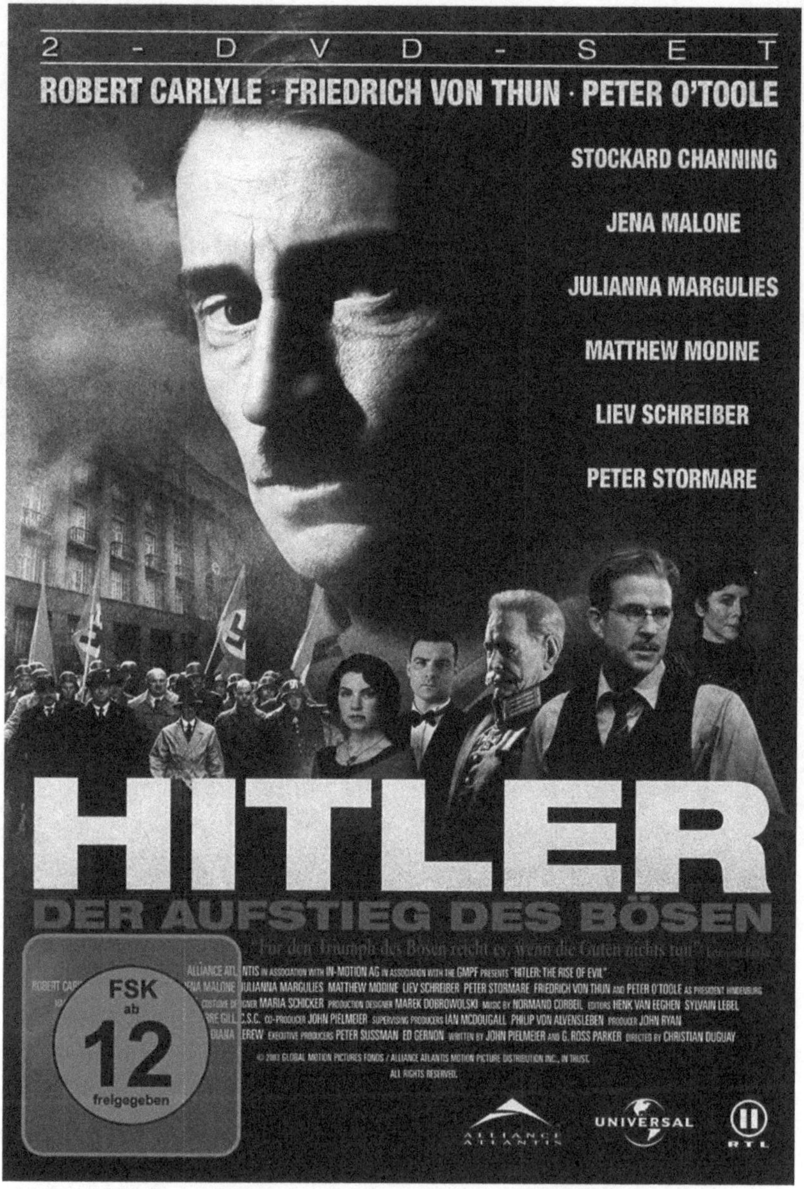

Abb. 25: Der CBS-Fernsehfilm Hitler – Aufstieg des Bösen *(2003) schildert den Aufstieg Hitlers auf traditionell moralisierende Weise.*

von Anfang an klar, denn der Film beginnt mit einem Zitat von Edmund Burke: „Für den Triumph des Bösen reicht es, wenn die Guten nichts tun." Über drei Stunden vermittelt das Biopic daraufhin eine einfache Botschaft: Hitler war von Anfang an böse. Bereits als Kind ist Hitler im Film mürrisch und boshaft (in einer der ersten Szenen steckt er die Bienenstöcke seines Vaters in Brand) und wird deswegen regelmäßig geschlagen. Sein Vater verzweifelt angesichts des abnormen Verhaltens seines Sohnes und deutet dies als „Gottes Strafe, weil ich meine Nichte geehelicht habe"; Hitlers Charakter scheint also genetisch bedingt zu sein. In seiner Darstellung von Hitlers Kindheit und Jugend folgt das Doku-Drama den Stationen, die Hitler in seiner selbstherrlichen Autobiografie *Mein Kampf* skizziert. Der erwachsene Hitler (gespielt von Robert Carlyle) hat mit dem Tod seiner Mutter, den nicht bestandenen Aufnahmeprüfungen zur Kunstakademie sowie wachsendem Elend zu kämpfen und entwickelt einen immer größeren Hass auf die ethnischen und religiösen Minderheiten Wiens. In der Hauptstadt der Habsburger begeistert er sich für antisemitisches Gedankengut, radikalisiert es während seines Militärdienstes im Ersten Weltkrieg und vertieft es nach seiner Rückkehr nach München 1918. Zurück in seiner Wahlheimat wird er nur noch fanatischer und erklärt seinem Vorgesetzten, Hauptmann Karl Mayr: „Jede nationale Zielsetzung muss das Ausmerzen der Juden beinhalten." Als Mayr kontert, das sei nicht machbar, erwidert Hitler sinister: „Einfach vertreiben. Deportieren, wenn nötig. Stellen Sie sich eine Welt ohne sie vor. Sie wäre rein, fast heilig."

Hitler entscheidet sich daraufhin für die Politik und beginnt seinen Aufstieg zur Macht. Nach dem Eintritt in die DAP (Deutsche Arbeiter Partei) gewinnt der angehende Führer in Wirtshäusern und auf illustren Abendgesellschaften die Unterstützung des Kleinbürgertums und Bürgertums, bevor er in dem verhängnisvollen Putsch von 1923 die Berliner Regierung zu stürzen versucht (Abb. 26). Nach der Verurteilung wegen Hochverrats und der Inhaftierung in der Festung Landsberg beginnt Hitler eine Liebelei mit seiner Nichte Geli Raubal, die seine Boshaftigkeit bestätigt und seinem Chauffeur Emil Maurice gegenüber bemerkt: „Er sperrt mich ein. Er kann manchmal so eigenartig sein." Eingestreut in diese Schilderung von Hitlers politischem Werdegang sind Szenen, in denen der Münchner Journalist Fritz Gerlich (Matthew Modine) als „Stimme der Vernunft" seine Mitbürger

Abb. 26: Mit seinem demagogischen Talent schart der angehende Führer (Robert Carlyle) in Hitler – Aufstieg des Bösen *(2003) Anfang der 1920er-Jahre politische Anhänger um sich.*

auffordert, sich gegen Hitlers „Partei der Intoleranz und des Hasses" zu stellen. Gerlich bestätigt ebenfalls Hitlers Bösartigkeit und dämonisiert ihn an einer Stelle mit den Worten: „Er hat nichts Menschliches; er hat die Menschen studiert, um menschlich zu wirken." Seine Bemühungen sind jedoch gänzlich umsonst. Inmitten der politischen Krise wählen immer mehr Deutsche NSDAP, sodass Hitler von Präsident Hindenburg zum Reichskanzler ernannt wird. Nach dem Reichstagsbrand, der Verabschiedung des Ermächtigungsgesetzes und der gewaltsamen Abrechnung der NSDAP mit ihren politischen Gegnern (im Film wird Gerlich in Dachau zu Tode geprügelt) konsolidiert Hitler rasch seine Macht und verkündet feierlich den Beginn des tausendjährigen Reichs. Mit diesem Höhepunkt bestätigt der Film das Böse Hitlers, hält jedoch eine letzte moralische Lektion bereit. So zeigt der Abspann dokumentarische Aufnahmen der Nürnberger Rassengesetze, der Novemberpogrome 1938, des Zweiten Weltkriegs und des Holocaust und blendet die schrecklichen Zahlen der Toten in Europa ein. In der letzten

Einstellung erscheint erneut Burkes Zitat über die Guten, die „nichts" tun. Hitler, so scheint der Film anzudeuten, war nicht allein; andere Menschen waren an seinem Aufstieg zur Macht und den anschließenden Verbrechen seines Regimes beteiligt.

Für diese Botschaft gab es verschiedene Gründe, vor allem wollte das Kreativteam jedoch dem Vorwurf einer Vermenschlichung des Diktators zuvorkommen. Der Titel des Films sollte ursprünglich *Hitler: Die frühen Jahre* lauten und den Weg des Diktators in die Politik nachzeichnen. Unter Verweis auf die große Anzahl von Filmen über Hitlers Untergang erklärte CBS-Präsident Leslie Moonves 2002: „Wir wissen, wie die Geschichte endet, aber wir wissen nicht, wie die Geschichte beginnt."[26] Die Produzenten des Films betonten dabei ihr Bemühen um Geschichtstreue; so diente der erste Band von Ian Kershaws erfolgreicher Hitler-Biografie, *Hitler: 1889–1936* (1998) als Drehbuchvorlage. Der Regisseur Christian Duguay unterstrich unterdessen den kritischen Blick auf den Diktator: „Wer den Film sieht, wird nie vergessen, dass dies ein dämonischer Mann ist."[27] Trotz dieser Zusicherungen befürchteten verschiedene Kommentatoren eine allzu menschelnde Sicht Hitlers. Der Leiter der Anti Defamation League, Abraham Foxman, machte keinen Hehl aus seiner Enttäuschung, dass „die Menschen Talent, Zeit und Geld aufwenden, um diesen Mann menschlich zu machen".[28] Der Historiker Michael Berenbaum warnte: „Wenn [der Film] … uns Hitlers menschliche Seiten zeigt und ihn zu einer sympathischen Figur macht, ist das ein totaler Skandal."[29] Schließlich beklagte das Simon Wiesenthal Center, dass der Film nur die Geschichte des Dritten Reiches bis 1935 abdecke, also „nur die Hälfte einer schrecklichen Geschichte erzählt" und die späteren Verbrechen des Regimes ignoriere.[30] Als Reaktion auf diese und andere Kritikpunkte überarbeitete CBS das Drehbuch und plante eine Spende an eine jüdische oder mit dem Holocaust verbundene Gruppe.[31] Der Sender erarbeitete außerdem einen „Leitfaden für Pädagogen" mit Diskussionsthemen für Lehrer und Schüler.[32] Vor allem gab er dem Film einen neuen Untertitel, *Aufstieg des Bösen*, um seine moralischen Absichten zu bekräftigen.

Diese Bemühungen hatten zwiespältige Auswirkungen auf die Rezeption des Films. Einerseits war *Hitler – Aufstieg des Bösen* ein bescheidener Kritikererfolg; er gewann zwei Emmys und brachte Carlyle großes Lob für seine schauspielerische Leistung ein.[33] Viele Kritiker bezeichneten den Film als „brillant" und „fesselnd", „geschmackvoll und verantwortungsbewusst" und waren erleichtert, dass er Hitler nicht sympathisch mache.[34] Viele begrüßten die moralisierende Darstellung des Diktators. Der Film zeige, so ein Beobachter, dass „Hitler wahnsinnig geboren wurde und immer schlimmer wurde"; ein anderer empfand ihn „eher als satanische Macht denn als Menschen".[35] Kommentatoren kritisierten jedoch die Vorhersehbarkeit des Films, dem es „an Spannung, Dramatik und Leidenschaft" fehle; der Zweiteiler sei letztlich kein „großes Fernsehen".[36] Das Problem sei unter anderem, dass *Hitler – Aufstieg des Bösen* eine „politisch korrekte Darstellung" sei, die „sich allergrößte Mühe gab, harmlos zu sein".[37] Ein anderer Kommentator bemerkte, die Furcht der Produzenten, „einer ‚sympathischen' Darstellung Hitlers beschuldigt zu werden", habe eine Auseinandersetzung mit „Hitlers menschlichen Seiten" verhindert sowie eine Konfrontation mit dem „unbestreitbaren Reiz, den er auf Menschen ausübte und mit dem er sie zwang, ihm zu folgen".[38] „In seiner Weigerung, Hitler als etwas anderes als einen Unmenschen zu betrachten", sei der Film am Ende „nichts weiter als politisches Puppentheater mit Hakenkreuzen".[39]

Andere Kritiker betonten hingegen die wichtigen moralischen Fragen, die der Film aufwerfe. Nicht wenige lobten die kontrafaktischen Spekulationen darüber, wie der Aufstieg der Nazis hätte verhindert werden können. Zwar stellte *Hitler – Aufstieg des Bösen* keine expliziten „Was wäre, wenn"-Fragen. Kritiker sahen in dem Burke-Zitat jedoch eine implizite kontrafaktische Lektion, wonach zu viele Menschen es versäumten, Hitler auf seinem Weg an die Macht aufzuhalten. Für Abraham Foxman zeigte der Film, „wie oft [Hitler] … hätte gestoppt werden können und es nicht wurde".[40] „Hitlers Karriere hätte ein Dutzend Mal enden können … [doch] es gelang ihm immer wieder, ungestraft davonzukommen", bemerkte der Produzent des Films, Peter Sussman, zustimmend.[41] Der Schauspieler Robert Carlyle pflichtete ihm bei: „Er hatte Glück, dass er im Ersten Weltkrieg nicht ein paar Mal in die Luft gesprengt wurde … Sonst hätte die Welt vielleicht ganz anders ausgesehen."[42]

Während diese Kommentare von einem moralisch grundierten Blick auf die NS-Vergangenheit zeugten, deuteten andere auf eine Normalisierung ebenjener Vergangenheit hin. Dies zeigte sich darin, wie der Film und seine

Rezeption die Bedeutung der Nazizeit universalisierten. Da *Hitler – Aufstieg des Bösen* in der turbulenten Zeit zwischen dem 11. September 2001 und dem Beginn des Irakkriegs entwickelt, gedreht und ausgestrahlt wurde, deuteten ihn viele als Parabel über die Gefahr der Beschwichtigung von Al-Kaida und Saddam Hussein. Der CBS-Präsident 2002 beförderte eine solche Interpretation mit der Bemerkung, der Film spreche „ein sehr aktuelles Thema an – wie die Bösen an die Macht kommen".[43] Verschiedene Journalisten äußerten sich ähnlich; sie empfanden die filmische Darstellung des Bösen angesichts „jeder neu entdeckten Ungeheuerlichkeit, die unter Saddam Hussein im Irak stattfand" als besonders relevant.[44] Andere Beobachter wiesen dies zurück. Der Historiker Charles Maier bemängelte, der Film „hypostasiere" das Konzept des Bösen und befördere den in Amerika grassierenden Trend, „das Böse (wie in der Achse des Bösen) … zu einem wichtigen historischen Akteur zu machen".[45] Der Historiker Nathan Stolzfus stimmte ihm zu: „Wenig in dieser Serie widerspricht unserer Vorstellung … dass Saddam Hussein von 2003 mit Hitler verglichen werden sollte".[46]

Liberale Kritiker wiesen jedoch nicht nur Vergleiche zwischen Hitler und Saddam Hussein zurück, sondern stellten ihrerseits Vergleiche zwischen dem Führer und Präsident George W. Bush an. Kein Geringerer als der Executive Producer des Films, Ed Gernon, zog Parallelen zwischen dem Aufstieg Hitlers und der Entschlossenheit Bushs, in den Irakkrieg zu ziehen: „Im Grunde läuft es darauf hinaus, das sich eine ganze Nation vor lauter Angst schließlich entschloss, seine Bürgerrechte aufzugeben, und die ganze Welt in den Krieg stürzte … Ich kann mir keinen besseren Zeitpunkt für eine Untersuchung dieser Geschichte vorstellen als jetzt."[47] Konservativere Beobachter lehnten diesen Vergleich empört ab und bezeichneten ihn als „Verleumdung des Präsidenten der Vereinigten Staaten".[48] Dieser Vorwurf war zwar übertrieben, doch wie Ron Rosenbaum scharfsinnig bemerkte, enthielt *Hitler – Aufstieg des Bösen* durchaus tendenziöse Verweise auf die aktuellen Geschehnisse. In einer Szene verwendet Hitler das Wort „Terroristen", um die Brandstifter des Reichstags zu beschreiben; in anderen Szenen setzt der Diktator die bürgerlichen Freiheiten außer Kraft. Der Film spielt damit in kaum verhohlener Form auf den von Präsident Bush nach den Terroranschlägen vom 11. September ausgerufenen Patriot Act an.[49] Gernon wurde schließlich gefeuert, und die Konservativen waren beruhigt. Die Debatte zeigte jedoch, wie selbst ein moralisches Porträt Hitlers anfällig für den Vorwurf der Universalisierung der Nazizeit sein konnte.

Ganz im Gegensatz zu *Hitler – Aufstieg des Bösen* vertrat ein anderer großer, etwa zeitgleich erschienener Film mit seinem Porträt des Führers eine normalisiertere Sicht: *Max* (2002) (Abb. 27). Regisseur und Drehbuchautor des Films war der Oscar-nominierte niederländisch-amerikanische Filmemacher Menno Meyjes. Im Mittelpunkt seines Films steht die umstrittene historische Frage, warum Hitler seine künstlerischen Ambitionen aufgab und in die Politik ging. Der Film überschritt bisweilen die Grenze zur kontrafaktischen Geschichte und spekulierte, wie die historischen Ereignisse anders verlaufen wären, wenn Hitler tatsächlich Maler geworden wäre. Er regte die Zuschauer somit zum Nachdenken über mögliche andere Geschichtsverläufe an und ermunterte sie, für den zukünftigen Diktator Partei zu nehmen und auf einen anderen als den in der realen Geschichte katastrophalen Weg zu hoffen. Am Ende enttäuscht *Max* zwar die Hoffnungen der Zuschauer, machte mit seiner Aufforderung zur Empathie jedoch einen bemerkenswerten Schritt in Richtung einer Vermenschlichung Hitlers.

Zu Beginn des Films kehrt Hitler (gespielt von Noah Taylor) finanziell und psychisch angeschlagen aus dem Ersten Weltkrieg nach München zurück. Entmutigt steuert er eine Suppenküche an, wo er mit anderen Obdachlosen mürrisch auf eine warme Mahlzeit wartet. Er hofft noch immer, Künstler zu werden, obwohl die Aussichten zunächst düster scheinen. Kurz darauf trifft er einen Mann, der seinen Ehrgeiz neu weckt, den (fiktiven) jüdischen Kunsthändler Max Rothman. Rothman (gespielt von John Cusack), selbst ein verwundeter Kriegsveteran, erklärt sich bereit, Hitlers Mappe durchzuschauen und seine künstlerische Eignung zu beurteilen. Hitlers realistische Kohleskizzen findet Rothman – der sich eher für moderne Kunst interessiert – zwar vielversprechend, spürt aber auch gewisse Defizite. „Ich glaube, Sie können noch tiefer gehen", bemerkt Rothman. „Mir fehlt eine eigene Stimme … Man hat den Eindruck, dass Sie etwas unterdrücken." Hitlers antwortet gefasst, aber offensichtlich verletzt: „Als ich aus diesem Krieg heimkehrte, kehrte ich zu nichts zurück. Wirklich nichts. Keine Heimat. Kein Zuhause. Keine Eltern. Keine Familie. Keine Verlobte. Kein Beruf. Keine Arbeit. Kein Essen. … Nicht einmal eine Adresse. Alles, was ich in dieser

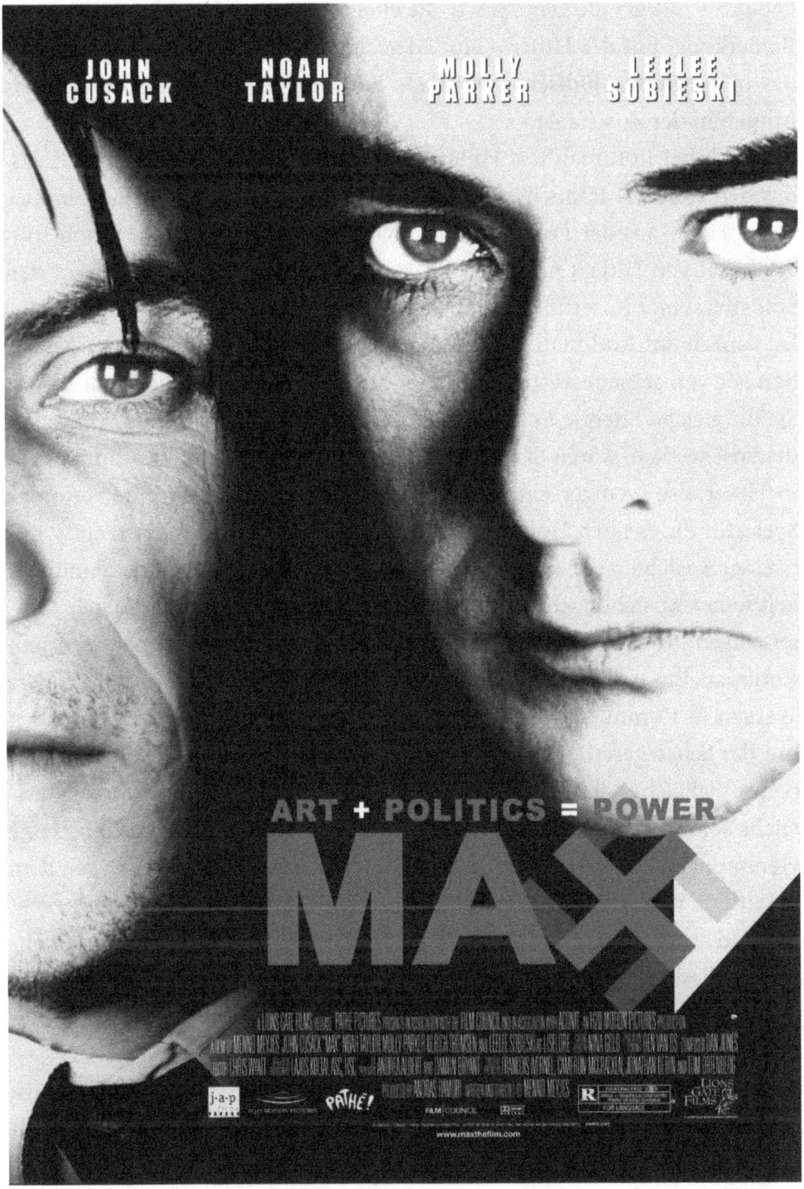

Abb. 27: Max *(2002) schildert Hitlers Scheitern als Künstler und seine Hinwendung zum politischen Extremismus im München der 1920er-Jahre.*

Welt habe, ist die Überzeugung, dass ich ein großer Künstler bin … Und das haben Sie mir gerade genommen, die eine Sache, die mir gehört." Mit dieser Bemerkung, mit der Hitler – ein Jedermann – sich gegen das elitäre Urteil des privilegierten jüdischen Kritikers Rothman wehrt, sichert er sich das Mitgefühl der Zuschauer.

Auch bei Rothman löst Hitler ein Gefühl von Schuld und Mitleid aus, das den Rest des Films bestimmt. Der Kunsthändler versucht nun immer mehr, Hitler aus der Politik weg in Richtung Kunst zu lenken. Schon früh erfährt er von Hitlers Abstecher ins rechte Milieu und sieht, wie er vor den Soldaten seiner Kaserne eine unbeholfene antisemitische Rede hält. Als Hitler danach auf Rothman zugeht und ihn schüchtern fragt, was der Kunsthändler von seinem Auftritt hält, gibt dieser ihm geduldig den Rat: „Wenn Sie die gleiche Energie in Ihre Kunst stecken würden, wie Sie sie in Ihre Redekunst stecken, wären Sie vielleicht auf einem guten Weg." Rothman sieht in Hitler also weniger eine ernste Bedrohung als vielmehr eine verlorene Seele, für die es noch Hoffnung gibt. Er stellt Hitler wegen dessen antisemitischen Ansichten zur Rede und gibt ihm zu verstehen, dass Judenfeindlichkeit seiner Ansicht nach ein Sammelbecken für Menschen ist, die sich „hintergangen" fühlen. Als Hitler entsprechende Gefühle leugnet, versucht Rothman, ihn „von der Politik" abzubringen, indem er einen Teil von Hitlers Werken in Kommission nimmt und ihm einen Vorschuss gibt. „Sie haben mir das Leben gerettet", bedankt sich Hitler. „Wissen Sie, vielleicht haben Sie recht. Vielleicht habe ich meine eigene Stimme noch nicht gefunden. Vielleicht sollte ich moderner werden." Rothman rät Hitler daraufhin, seine Hemmungen zu überwinden; er solle „all das aufgestaute Zeug, wegen dem Sie zittern, nehmen und … es auf die Leinwand schleudern … Es muss nicht gut und schön sein, es muss nur wahr sein" (Abb. 28). Die Zuschauer können zu diesem Zeitpunkt nur hoffen, dass Rothman mit seiner gut gemeinten Strenge Erfolg haben und Hitler eine künstlerische Laufbahn einschlagen wird.

Doch Hitler verspielt seine Chance. Derart bemüht, sich in seiner Kunst auszudrücken, leidet er unter einer Malblockade und zertrümmert schließlich in einem Wutanfall seine Leinwand. Vor lauter Selbstmitleid und Ressentiments beschließt er, politisch aktiv zu werden. Als er Rothman das nächste Mal sieht, verkündet er ihm: „Politik ist die neue Kunst! ‚Gehen Sie

Abb. 28: In Max *(2002) ermuntert der jüdische Kunsthändler Max Rothman (John Cusack, rechts) den erfolglosen Hitler (Noah Taylor, links), sich künstlerisch ehrlicher auszudrücken.*

tiefer', sagten Sie. Nun, ich ging … tiefer als irgendein Künstler zuvor. Ich bin die neue Avantgarde!" Eigentlich sollte Rothman an diesem Punkt jede Hoffnung auf eine künstlerische Zukunft Hitlers aufgeben. Doch als er Hitler ein letztes Mal besucht und neue Skizzen von bombastischen Bauten, ledergekleideten SA-Männern und drallen nordischen Frauen sieht, wird ihm klar, dass Hitler tatsächlich eine „zusammenhängende Vision" hat, die in einer paradoxen Form von „Zukunftskitsch" wurzelt, und er beschließt, eine Ausstellung seiner Werke zu organisieren. Hitler ist von dieser Aussicht begeistert und erklärt sich bereit, Rothman später am Abend in einem Café zu treffen, um die Einzelheiten zu besprechen. Zuvor stimmt er jedoch widerwillig der Bitte seines Offiziers zu, eine letzte antisemitische Rede im Namen der noch jungen NSDAP zu halten. Diese Entscheidung erweist sich als verhängnisvoll. Hitlers Schmährede begeistert die Menge und verursacht eine solche Welle von Antisemitismus, dass mehrere Matrosen aus dem Publikum nach der Versammlung beschließen, Juden zu verprügeln; eines der Opfer ist Rothman, der auf dem Weg zu seinem Treffen mit Hitler brutal zusammengeschlagen wird. Hitler wartet vergebens im Café auf Rothman und ist bei Schließung davon überzeugt, dass dieser ihn versetzt hat. Rothman verblutet schließlich im Schnee; sein Einsatz für Hitler war vergeblich. Hitlers Karriere als Künstler ist zwar beendet, doch seine Karriere als Politiker hat gerade erst begonnen.

Trotz dieses tragischen Endes bewies *Max* eine auffallend normalisierte Sicht der NS-Vergangenheit. Dies zeigte sich vor allem an den Intentionen, die hinter der filmischen Vermenschlichung Hitlers standen. Viele der am Film Beteiligten erklärten, sie lehnten die herrschenden moralisierenden Porträts des Diktators ab und wollten ihn nicht bloß verurteilen, sondern verstehen. Regisseur Meyjes und Produzent András Hámori begründeten dies mit der Zurückhaltung ihrer Eltern, offen über ihre Erfahrungen in der NS-Zeit zu sprechen; daher wollten sie als jüngere Generation mit dem Tabu brechen und den Diktator als Mensch darstellen. Der 1954 in Amsterdam geborene Meyjes erläuterte, sein Vater sei in einem NS-Zwangsarbeitslager interniert gewesen; seine Großeltern seien im „Hungerwinter" 1945 gestorben; daher habe seine Familie Hitler lange Zeit „als eindimensionale Bestie" betrachtet.[50] Ähnlich erklärte der gebürtige Ungar Hámori, angesichts des Todes vieler seiner Familienangehörigen im Holocaust sei „das bloße Wort Hitler … in meiner Familie tabu" gewesen.[51] Mit diesen Verboten wollten beide Männer brechen. So bekannte Meyjes: „Was Hitler getan hat, war so schrecklich, dass wir uns alle eine extreme Erhabenheit um ihn herum wünschen. Wir möchten glauben, dass er als Kraft in einer Schwefelwolke geboren wurde, die in einer Benzinwolke verschwand, und jetzt sind wir ihn, Gott sei Dank, für immer los. Aber … Hitler war ein Mensch, und die Tatsache, dass er sich entschied, ein Monster zu werden, ist für ein Verständnis seiner Person wesentlich."[52] Noah Taylor stimmte dem zu: „Ich finde es viel zu bequem, Hitler als satanische Gestalt zu betrachten, der einfach grundlos auftauchte … Was ihn wirklich beängstigend macht … ist die Tatsache, dass er völlig menschlich ist … Die Menschen entscheiden [letztlich] selbst, ob sie sich gut oder schlecht benehmen."[53] John Cusack erklärte: „Die Tatsache, dass [Hitler] … ein Mensch ist, macht ihn nicht weniger, sondern mehr schuldig. Wenn er kein Mensch ist, dann bewegt er sich jenseits der menschlichen Vorstellungskraft."[54]

Max ästhetisierte zudem die NS-Vergangenheit. Um Hitler zu vermenschlichen und ein unbeschwertes Bild des zukünftigen Diktators zu zeichnen, setzte der Film auf schwarzen Humor. Wenn Rothman den erfolglosen Künstler zu Beginn des Films mit den Worten: „Na komm schon, Hitler, ich lade dich auf eine Limonade ein" aufmuntert, so wirkt dies befremdlich, weil eine Einladung an den berüchtigtsten Verbrecher des 20. Jahrhunderts so absurd scheint. In anderen Szenen zeigt sich ein abgründigerer Humor, der sich ironisch das Wissen der Zuschauer um Hitlers politische Zukunft zunutze macht.[55] In seiner Galerie macht Rothman den Maler George Grosz mit Hitler bekannt. Als Grosz den Namen Hitler hört, gesteht er, er habe „noch nie von ihm gehört", worauf Rothman zuversichtlich antwortet: „Das werden Sie noch." In einer anderen Szene sitzt Hitler mit Rothman umringt von weiblichen Gästen in einer Kneipe und beginnt, sich über reines Blut auszulassen. Rothman versichert den Damen, dass „Hitler sich sehr mit Blut beschäftigt. Wir denken – wir hoffen – es ist eine Metapher". Als Rothman schließlich die Idee einer Ausstellung in den Raum stellt, ist Hitler Feuer und Flamme: „Ich würde für Sie töten, wenn Sie mir eine Ausstellung gäben", worauf Rothman ängstlich warnt: „Töten Sie bitte nicht für mich." Der Sarkasmus dieser Szenen rührt daher, dass die Zuschauer um die künftigen Entwicklungen wissen. Dennoch sorgt er für Schmunzeln.

Max zog zudem allgemeine Lehren aus der NS-Erfahrung. Der Film schildert Hitlers Hinwendung zum Nationalsozialismus nicht als Ergebnis von Faktoren, die in der besonderen Situation Deutschlands nach dem Ersten Weltkrieg begründet sind, sondern erklärt sie in allgemeineren Begriffen: „Letzten Endes sind die Wurzeln des Faschismus immer die gleichen: Angst, Wut, Neid und Enttäuschung", so Meyjes.[56] Die Ursprünge des Nationalsozialismus in derart universellen Begriffen zu fassen, entsprach der Absicht des Regisseurs, „eine historische Fabel" zu schaffen, eine Erzählung, die allgemein anwendbare Lehren bereithält.[57] Meyjes konnte so zudem die Relevanz seines Films für die Gegenwart betonen. Bei den Vorbereitungen zum Film habe er „viel über [den serbischen Diktator Slobodan] Milošević nachgedacht", bemerkte der Regisseur. „Heute drängt sich ganz besonders die Frage auf, wie Gestalten wie Hitler entstehen können."[58] Aktuell lauerten „Hitler der Zukunft, und wenn man verstehen will, wie das Böse tickt, muss man mit ganz gewöhnlichen menschlichen Emotionen beginnen".[59] Auch Cusack bemerkte, dass die Botschaft des Films „heute Widerhall findet": „Es wäre viel einfacher für mich, wenn Osama bin Laden keine Mutter oder keinen Vater hätte … Aber er ist ein Mensch wie du und ich.“[60] Hitlers Synthese aus Ästhetik und Politik hatte laut Cusack Auswirkungen auf die Regierung von George W. Bush, dessen Politik nach 9/11 „erfolgreichem Schwindel“ gleichkomme und dessen „Propagandamaschine uns auf einen Krieg vorbereitet“.[61]

Schließlich kam *Max* einer Relativierung der NS-Verbrechen nahe. Bis zu einem gewissen Grad ließ der Film die Grenze zwischen deutschen Tätern und jüdischen Opfern verschwimmen, da er die Frage aufwarf, ob Rothman an Hitlers Hinwendung zur Politik mitschuldig war. Schließlich enttäuscht Rothman den zukünftigen Diktator permanent und beschleunigt offenbar seine Abkehr von der Kunst. Er demütigt Hitler, indem er ihn als künstlerisch rückständig bezeichnet, und versucht dann, ihn zu neuen Möglichkeiten des kreativen Ausdrucks zu ermutigen. Doch wann immer Rothman Hitlers Erwartungen weckt, enttäuscht er sie am Ende: Er ist schuld an Hitlers gescheitertem Versuch, sich in moderner Kunst zu versuchen; da er nicht zum vereinbarten Treffen über die anstehende Ausstellung erscheint, kehrt Hitler der Kunst den Rücken. Rothmans Handeln steht somit im Vordergrund, während die Verbrechen Hitlers unerwähnt bleiben. Durch Rothmans Vorgehen wird Hitler zum Opfer, an seiner Hinwendung zur Politik trägt Rothman eine Mitschuld. Zudem wird Rothman zum Kollaborateur des Bösen. Zwar ist sich der Kunsthändler dieser Kollaboration nicht bewusst, doch seine Verkennung von Hitlers politischem Potenzial und sein naiver Glaube, ihn retten zu können, machen ihn zum Mitschuldigen. *Max* kam somit einer Täter-Opfer-Umkehr nahe.

Allerdings entlastete der Film seine titelgebende Figur letztlich vom Vorwurf der Kollaboration. Tatsächlich zeigt *Max* deutlich, dass Rothman wenig Möglichkeiten hatte, auf Hitlers Schicksal einzuwirken. Im gesamten Film steht Hitlers Handeln unter dem Einfluss der konkurrierenden Kräfte von Kontingenz und Unvermeidbarkeit. Gewiss zieht *Max* die kontrafaktische Möglichkeit in Betracht, dass Rothman – wenn er zu dem geplanten Treffen mit Hitler gekommen wäre – ihn von der Politik weg zur Kunst hätte lenken können. Gleichzeitig deutet der Film aber auch an, dass Hitlers Hinwendung zur Politik möglicherweise unvermeidlich war. Da das von Rothman versäumte Treffen auf Hitlers antisemitische Rede zurückgeht, versperrt das wachsende politische Engagement des jungen Künstlers jeden alternativen Entwicklungsweg. Indem er Hitlers letzten Rettungsanker in eine bessere Zukunft in Form von Rothman beseitigte, zeigte *Max*, wie der Antisemitismus des zukünftigen Diktators zwangsläufig zu einer Abkehr von der Kunst und einer Hinwendung zur Politik führte. Hitler war somit möglicherweise von vornherein nicht zu retten. Gleichwohl betonte *Max*, dass Hitlers Weg in die Politik letztlich eine freiwillige Entscheidung war, und unterstrich damit die menschliche Seite Hitlers. Im Gegensatz zu *Hitler – Aufstieg des Bösen* lehnte *Max* die Vorstellung von einem als Dämon geborenen Diktator ab. Unter den gegebenen Umständen traf Hitler bewusste Entscheidungen, die sein Schicksal und das der Welt besiegelten.

Angesichts der menschelnden Darstellung Hitlers fiel das Echo auf den Film erwartungsgemäß geteilt aus. Kommerziell war *Max* ein Flop. Die Produktionskosten betrugen rund elf Millionen Dollar, der Film spielte knapp über 500 000 Dollar ein.[62] Noch während der Produktion schien die angestrebte Vermenschlichung Hitlers vielen suspekt, und der Produzent Hámori hatte Schwierigkeiten, die Finanzierung zu sichern: „Wir bekamen nur Absagen … vor allem von den Europäern … Niemand wollte an dem Thema rühren."[63] Bekannte Filmemacher, die als Regisseure angefragt wurden, darunter Steven Spielberg, sagten ab mit der Begründung, sie könnten es sich nicht leisten, mit dem Film in Verbindung gebracht zu werden. Dieses Misstrauen verstärkte sich kurz vor dem Filmstart in Nordamerika. Die rechtsgerichtete Jewish Defense League bezeichnete den Film als „psychischen Angriff auf Holocaust-Überlebende" und drängte den Verleiher Lions Gate Films, den Film zurückzuziehen: „Es gibt nichts Menschliches … an dem barbarischsten … Mörder der Weltgeschichte."[64] Auch die Anti-Defamation League äußerte zunächst Bedenken, der Film könne die Nazizeit bagatellisieren, zog diese später jedoch zurück.[65] Ausgerechnet das Museum of Tolerance in Los Angeles lehnte es ab, den Film zu zeigen.[66] *Max* fand zudem nie einen Verleih in Deutschland.

Diese Reaktionen spiegelten den heftigen Widerstand gegen eine Normalisierung Hitlers wider, der sich auch in der kritischen Rezeption des Films niederschlug. Verschiedene Kritiker waren von der Erzählhaltung des Films verwirrt und bemängelten, er könne sich nicht zwischen Farce und Drama entscheiden.[67] Andere kritisierten die heiteren Elemente als

„unangemessen komisch“ und fanden, *Max* komme einer Mel-Brooks-Satire „unangenehm nah“.[68] Wieder andere beanstandeten, dass Hitler in dem hypothetischen Szenario nicht für seine Verbrechen zur Rechenschaft gezogen werde. Ein Kritiker bemängelte die leichtfertige Andeutung, Hitlers Karriereweg sei „eine Frage puren Zufalls“; für einen anderen reduzierte „der Film die tragische Geschichte des 20. Jahrhunderts auf ein Paradox schlechten Timings“.[69] Der Film scheine Hitler aus aller Verantwortung zu entlassen, kritisierte ein anderer, frei nach dem Motto: „Er war nicht böse, er war nur ein unentdeckter Künstler.“[70]

Für andere Kritiker war *Max* ein filmischer Triumph. So bezeichneten ihn manche Kommentatoren als „intelligent“, „fesselnd“ und „provokativ“ und lobten die bewussten Tabubrüche,[71] vor allem den Versuch, Hitler als Mensch darzustellen. Angesichts „seiner menschlichen Darstellung Hitlers“ sei der Film „mutig“, „forsch erfinderisch“ und „revolutionär“. „Was uns hier geboten wird, kommt einem menschlichen Porträt Hitlers so nahe, … wie wir es bisher in keiner Kunstform gesehen haben“.[72] Andere Beobachter sahen in dieser Vermenschlichung ein gesundes Korrektiv zur traditionellen Dämonisierung. Für Roger Ebert bedeutete die Entmenschlichung Hitlers, „dem Zauber zu verfallen, der ihn zum Führer erhob, einem mythischen Wesen, das die Deutschen in Bann schlug“.[73] Diese Vermenschlichung spreche ihn keineswegs von seinen Verbrechen frei. Ein Kommentator räumte zwar ein, der Film mache Hitler zu einer „bemitleidenswerten“ Gestalt; dem widersprach jedoch ein anderer: „[W]ahrscheinlich wird niemand, der diesen Film sieht, … auch nur einen Anflug von Mitgefühl für Hitler … empfinden. Tatsächlich vollbringt *Max* mit seinem eher menschlichen Bild Hitlers das erstaunliche Kunststück, ihn damit auch zu einem schuldhafteren Wesen zu machen.“[74] Die positiven Reaktionen auf die Vermenschlichung Hitlers in *Max* signalisierten somit, dass der moralische Konsens über seine filmische Darstellung bröckelte.

Nach *Max* war *Mein Kampf* (2009) der nächste große Kinofilm, der sich auf die frühen Jahre Hitlers konzentrierte (Abb. 29). Die deutschsprachige Produktion unter der Regie des Schweizer Filmemachers Urs Odermatt kam 2011 in die Kinos und basiert auf dem Theaterstück des berühmten ungarisch-jüdischen Dramatikers George Tabori von 1987. *Mein Kampf* unterschied sich insofern von *Max* und *Hitler – Aufstieg des Bösen*, als er sich auf

Abb. 29: Mein Kampf *(2009) schildert Hitlers elende Jahre in Wien und seinen zunehmenden Judenhass.*

das Leben Hitlers in Wien vor dem Ausbruch des Ersten Weltkriegs konzentrierte. Er behandelte jedoch ähnliche Themen: Wann und warum wurde Hitler zum politischen Fanatiker? Wie zwangsläufig oder zufällig geriet er auf den Weg zum Extremismus? Inwieweit sollte er als Dämon oder Mensch dargestellt werden? In seiner Beschäftigung mit diesen Fragen ähnelte *Mein Kampf* Meyjes' *Max*, da er in seiner spekulativen und fantasievollen Darstellung Drama mit schwarzem Humor verband. Aus diesem Grund löste auch er eine Kontroverse über die angemessene Darstellung des Diktators aus.

Wie *Max* zeichnete *Mein Kampf* ein empathisches und menschelndes Porträt des zukünftigen Führers. Der Film beginnt im Jahr 1910, Hitler (gespielt von Tom Schilling) fährt mit dem Zug von Linz nach Wien und ist vom Pech verfolgt: Zunächst wird er vom Schaffner aus dem Abteil geworfen, weil er irrtümlich in der ersten Klasse Platz genommen hat, dann verliert er seine Mappe mit Zeichnungen und muss, um sie wieder aufzusammeln, aus dem Zug springen und zu Fuß nach Wien gehen. Von der monumentalen Architektur der Habsburgermetropole beeindruckt, kehrt er an seiner neuen Wohnstätte schnell auf den Boden der Tatsachen zurück: Das heruntergekommene Männerwohnheim wird von einer bunten Schar älterer Obdachloser bewohnt. Diese einleitenden Szenen wecken Sympathie für den 21-Jährigen, der trotz aller Widrigkeiten Künstler werden möchte.

Schon bald gewährt *Mein Kampf* jedoch weniger schmeichelhafte Einblicke in Hitlers Charakter. So begegnet er in der Unterkunft zwei älteren, dort lebenden Juden, einem umherziehenden ungarisch-jüdischen Bibelverkäufer namens Schlomo Herzl (Götz George) und seinem Klarinette spielenden Begleiter Lobkowitz (Bernd Birkhahn) (Abb. 30). In einem von vielen Gesprächen, die ironisch spätere historische Ereignisse vorwegnehmen, betritt Hitler das Männerasyl, als Schlomo Lobkowitz von seinen Memoiren erzählt. Er suche noch nach einem Titel, erklärt Schlomo und merkt ironisch an, dass er „Memoiren", „Schlomo und Isolde" und „Die Leiden des jungen Schlomo" bereits ausgeschlossen habe. Als er Lobkowitz fragt, was er von „Mein Kampf" hält, erwidert der gerade eintretende Hitler: „Jetzt haben Sie's!" Anstatt jedoch für den Vorschlag dankbar zu sein, rügt Schlomo Hitler: „Wer hat Sie gefragt?" Hitler entwickelt fortan ein gespanntes Verhältnis zu Schlomo, das seine weniger angenehmen Eigenschaften offenbart. Er erweist sich als rebellisch und egozentrisch und berichtet Schlomo von seiner

„tief verwurzelten Abneigung Autoritäten gegenüber"; er sei fest entschlossen, „in der Stadt des Walzers mein Glück zu suchen, eine Bestimmung, die durch mein beträchtliches zeichnerisches Talent vorgegeben ist". Mit Verweisen auf den Konflikt mit seinem Vater – in einer Rückblende droht dieser seinem Sohn bei einem schlechten Zeugnis mit Totschlag – gewinnt er jedoch Schlomos Mitgefühl. Auch wenn Hitler diese Anteilnahme zum Teil durch seine unverhohlenen Vorurteile verspielt (in einem der ersten Gespräche beschimpft er Schlomo als „Ausländer"), scheint er noch nicht hoffnungslos verloren.

Schlomo zumindest ist entschlossen, positiv auf Hitler einzuwirken. Wie Max Rothman in *Max* fungiert Schlomo als das jüdische Symbol kontrafaktischer Möglichkeiten, ein Mensch, der Hitler – egal wie naiv – zu retten und auf einen Pfad der Mäßigung und des Anstands zu lenken versucht. Am ersten Abend in der Unterkunft bietet Schlomo Hitler seinen Mantel als Decke an. Er behandelt den zukünftigen Diktator geradezu väterlich und weckt

Abb. 30: In Mein Kampf *(2009) schließt der junge Hitler (Tom Schilling) Freundschaft mit zwei umherziehenden Juden, Schlomo Herzl (Götz George, rechts) und seinem Klarinette spielenden Gefährten, Lobkowitz (Bernd Birkhahn, links).*

ihn an einem Morgen mit einem munteren (und für die Zuschauer höchst irritierenden) „Morgen Hitler! Aufstehen, mein kleiner Künstler." Als Hitler sich auf die Aufnahmeprüfung an der Wiener Kunstakademie vorbereitet, spricht Schlomo ihm Mut zu. Da sich die Zuschauer naturgemäß mit Schlomos wohlmeinenden Absichten identifizieren, können sie nur hoffen, dass es ihm gelingt, Hitler von seinem Fanatismus abzubringen. *Mein Kampf* versetzt die Zuschauer also in eine Position der Empathie und vermenschlicht Hitler auf diese Weise.

Zudem macht der Film den künftigen Diktator an zahllosen Gelegenheiten zum Gegenstand des Gespötts. Wie in den Filmen aus Kriegszeiten sollen die satirischen Szenen in *Mein Kampf* den Führermythos entzaubern. In einer Szene begleitet Schlomo Hitler freundlicherweise zur Akademie, als der junge Künstler plötzlich in ein Geschäft stürzt, um sich nach dem Preis eines Buches im Schaufenster zu erkundigen. Wie sich herausstellt, befindet sich im Laden das Büro des örtlichen jüdischen Mohels (des rituellen Beschneiders), der Hitler für einen Juden hält. Hitler verlässt den Laden gedemütigt: „Mein Blut ist rein wie Treibschnee", empört er sich gegenüber Schlomo. In einer späteren Szene witzeln Schlomo und Lobkowitz über Hitlers vermeintliche jüdische Herkunft: „Im Wiener Meldebuch stehen 23 Hitler, alle aus Odessa und Mukatschewe." In einer anderen Szene verdächtigen die nationalistischen Schläger des Viertels Hitler, ein Jude zu sein, nachdem er ihnen von seinen künstlerischen Interessen erzählt hat („Maler, Musiker, Vegetarier – das sind oft Juden"). Hitler wird somit zur Witzfigur, über den die Zuschauer lachen können. Zugleich erscheint er als bemitleidenswerte Gestalt und erfährt damit eine Normalisierung.

Bald schon fällt Hitler jedoch in seine alten Gewohnheiten zurück und wird zusehends unsympathischer. Er verbündet sich mit den Nationalisten des Viertels, die ihn mit ihren antisemitischen Ansichten vertraut machen, ihm propagandistische Literatur zu lesen geben und seine Ressentiments bestätigen. So artikuliert Hitler seine hasserfüllten Ansichten immer offener. Er zitiert frei sozialdarwinistische Theorien, erklärt Gretchen, einer jungen blonden Angestellten in dem Männerasyl, jedes Tier paare sich nur mit einem Genossen der gleichen Art, und bezeichnet Schlomo als „Mörder Jesu Christi". Als Hitler später die vernichtende Nachricht erhält, dass er die Aufnahmeprüfung an der Kunstakademie nicht bestanden hat, führt er sein

Pech auf „eine weltweite Verschwörung der Ahnen Zions“ zurück! In immer stärkerer Bedrängnis wird er zum Kleinkriminellen, stiehlt einem Mädchen das Brot und bettelt auf der Straße als Kriegsinvalide um Geld.

Hitlers zunehmende Hinwendung zum Bösen bereitet den Weg für die letzte Form der Normalisierung, bei der die Grenzen zwischen deutschen Tätern und jüdischen Opfern verschwimmen. Hitler legt immer weniger schmeichelhafte Charaktereigenschaften an den Tag, wobei Schlomo sich als Katalysator dieser Verwandlung erweist. Der Bibelverkäufer setzt seine Bemühungen um eine Rettung Hitlers fort, obwohl sich die Beweise für deren Vergeblichkeit mehren. Schlomo versucht zudem immer wieder, Hitler zu einer ernsthaften Tätigkeit zu motivieren, und verkauft sogar einige der von Hitler gemalten Ansichtskarten, um ihn zu unterstützen. Vor allem bewahrt er ihn vor dem Tod, als Hitler an einem Seil von einer Brücke springt und mit blauen Flecken davonkommt. Dann überzeugt Schlomo in einer höchst metaphorischen Szene Frau Tod, eine ältere Postangestellte aus der Nachbarschaft, Hitlers Namen von ihrer Liste der nächsten Opfer zu streichen. Doch trotz all dieser Bemühungen gelingt es Schlomo nicht, seinen jungen Freund zu retten.

Tatsächlich bereitet Schlomo in einer ironischen Wendung der Ereignisse den Weg für Hitlers Einstieg in die Politik. Nach einer von Hitlers Tiraden erklärt Schlomo frustriert: „Du bist ein mieser Schauspieler. Du solltest in die Politik gehen.“ Bald darauf trainiert Hitler seine öffentlichen Auftritte mit Armgesten, die an Schlomos theatralische Gestik als fliegender Bibelverkäufer erinnern. Schlomo inspiriert indirekt auch den Titel von Hitlers noch nicht geschriebener Autobiografie *Mein Kampf*. Und er verhilft ihm zu seiner charakteristischen Erscheinung, da er ihm zur Vorbereitung auf die Aufnahmeprüfung an der Kunstakademie den Oberlippenbart stutzt und die Haare zur Seite streicht. Hitler bedankt sich bei ihm mit der schicksalhaften Bemerkung: „Jude, ich schätze deine Handreichungen. Wenn meine Zeit gekommen ist, werde ich dich angemessen entlohnen. Wenn du richtig alt bist, finde ich eine saubere Lösung für dich.“ Diese Anspielung auf die „Endlösung“ unterstreicht erneut, dass Schlomo sich mit seinen Besserungsversuchen selbst etwas vormacht. So wirft ihm Lobkowitz vor: „Deine Güte zu diesem Grafiker grenzt an mütterlichen Masochismus.“ Dennoch besteht Schlomo darauf, dass „die Heilige Schrift sagt, wir sollen unseren Feind lieben wie uns selbst. Hitler ist nicht mal mein Feind. Nein, er ist nur sehr jung … und dumm. … Was weiß ich, was aus Hitler werden wird? Vielleicht auch ein Gerechter? Und vielleicht ist gerade das meine Aufgabe, dass er das wird." Frau Tod kontert hierauf vielsagend: „Und wenn er das wird, dann tragen Sie Mitschuld." Schlomos humanitäre jüdische Gesinnung bereitet schließlich den Weg für den Totalitarismus der Nationalsozialisten.

Trotz dieser Anzeichen der Normalisierung endet *Mein Kampf* mit einer moralischen Botschaft, da er Hitlers Bösartigkeit bekräftigte. Als Schlomo schließlich die Geduld mit Hitler verliert und sich beschwert: „Du missbrauchst meine Menschlichkeit", plant der gescheiterte Künstler den Untergang des ältlichen Juden. Zunächst überredet er Schlomos langjährige Freundin Gretchen, ihn zu verlassen; daraufhin fingiert er eine Anklage wegen Kindesmissbrauchs, sodass Schlomo zusammen mit Lobkowitz im Gefängnis landet. Während die beiden Männer in ihrer Zelle einschlafen, schließt der Film mit einer surrealen Traumsequenz, die die kommenden Ereignisse vorwegnimmt. Darin pöbelt Hitler gegen Schlomo und fordert ihn auf, seine Memoiren aufzugeben, um nicht mit möglichen Schilderungen der Existenznöte Hitlers dessen Ruf zu gefährden. Schlomo lehnt ab, woraufhin Hitler und sein nationalistischer Schlägertrupp die Männerpension nach den Memoiren durchsuchen – ohne Erfolg. Schließlich holen sie Schlomo aus dem Gefängnis, um ihm das Buch abzupressen. „Was soll ich bloß mit dir tun, Schlomo? Hättest du eine schöne Tätowierung, könnte man wenigstens einen Lampenschirm aus dir machen", bedroht ihn Hitler. In einer der letzten Szenen wehrt sich Hitler gegen Frau Tod: „Dem Tod bringen wir das Handwerk schon selbst bei", erklärt er. „Der Anfang einer wundervollen Freundschaft." Was dies bedeutet, wird in der Schlussszene klar, als Schlomo und Lobkowitz in gestreiften Häftlingsuniformen aus ihrer Zelle in Richtung eines geheimnisvollen weißen Lichts marschieren, das den Holocaust symbolisiert. Hitler ist kurzum zum Meister des Todes geworden.

Mit diesem Ende erwies sich *Mein Kampf* als ungewöhnliches Beispiel der Normalisierung. Da das Drehbuch auf einem Theaterstück basierte, ist unklar, ob der Film die Prioritäten seines Regisseurs Odermatt oder die des ursprünglichen Autors Tabori widerspiegelte. Bezeichnenderweise schrieb

Tabori *Mein Kampf* ursprünglich als Farce, die die Schrecken des Holocaust mit Witz aufarbeitete. Dieser eigenwillige Ansatz spiegelte die persönlichen Erfahrungen des Dramatikers wider. Der 1914 in Budapest geborene Tabori zog 1932 nach Deutschland und floh 1936 nach England. Seine Eltern hatten weniger Glück. Sein Vater kam in Auschwitz ums Leben, seine Mutter entging nur knapp der Deportation. In den meisten seiner dramatischen Werke nach 1945 trat Tabori für die „Heiterkeit der Verzweiflung" ein, überzeugt, dass man „zuweilen lachen muss, um nicht zu verzweifeln".[75] Daher wollte er *Mein Kampf* als Satire verstanden wissen, die den Mythos Hitler entzauberte, indem sie die Absurdität seines Antisemitismus entlarvte.[76] Taboris Geniestreich war die fiktive ironische Prämisse, ein Jude habe Hitler zu seinem Einstieg in die Politik und seiner charakteristischen Physiognomie verholfen. Der satirische Ton von *Mein Kampf* hatte letztlich jedoch eine moralische Zielrichtung. Da sich Schlomos Altruismus nicht gegen Hitlers Antisemitismus durchsetzen kann, ist das Theaterstück eine düstere Parabel über die Unfähigkeit des Guten, sich gegen das Böse durchzusetzen.[77] Für eine vergleichsweise heitere Annäherung an das Thema Nazismus sorgte dagegen das Mittel der Persiflage, das die Verfremdungsstrategien von Beckett und Brecht miteinander verquickte.[78] Wie Taboris Beschreibung seines Dramas als „theologischen Schwank" und sein erklärter Widerstand gegen „Tabus und Klischees" deutlich machten, entschied er sich für eine höchst unkonventionelle Herangehensweise.[79]

Odermatt bemühte sich allem Anschein nach, Taboris Beispiel zu folgen. Auch er verfolgte aufgrund seines persönlichen Hintergrunds eine eher normalisierte Herangehensweise. Während Tabori als Jude schwarzen Humor als Alternative zum platten Moralismus verwendete, tat Odermatt dies aufgrund seiner schweizerischen Herkunft. „Als Schweizer", sagte er einem Interviewer, „habe ich nicht den gleichen historischen Hintergrund wie ein Deutscher oder Österreicher. Vielleicht bin ich etwas weniger historisch belastet und neugieriger, vielleicht habe ich etwas mehr Distanz und kann mich leichter über eine Haltung der demonstrativen Betroffenheit hinauswagen."[80] Odermatt bemühte sich, viele von Taboris ursprünglichen Dialogen sowie den Grundtenor einer „Parabel vom Guten, das dem Bösen dient" beizubehalten. Gleichzeitig verlagerte er den Schwerpunkt von Schlomo auf Hitler, da es ihm um ein „Psychogramm" des Diktators ging.[81]

Die Reaktionen auf Odermatts Film waren jedoch nicht die gleichen wie die auf Taboris Stück. Als *Mein Kampf* in den späten 1980er- und 1990er-Jahren in Deutschland erstmals gespielt wurde, war es ein Riesenerfolg und erntete begeisterte Kritiken. Die Resonanz auf Odermatts Film war dagegen gemischt und eher kritisch. Die positivsten Besprechungen gab es in Großbritannien und den USA, wo Beobachter den Film wegen seiner „wohlwollenden … Vermenschlichung Hitlers" als „bemerkenswert mutig" bezeichneten.[82] In Deutschland und Österreich hingegen waren die Kritiken durchweg negativ. Die meisten Kommentatoren kritisierten die Ästhetik des Films und beklagten, Odermatt habe die satirische Farce in ein realistisches Drama verwandelt und ihm damit den beißenden Humor von Taboris Stück genommen. Wie schon *Max* wurde auch Odermatts Film dafür kritisiert, sich nicht zwischen Satire und Realismus entscheiden zu können.[83] Ein Beobachter bemängelte, dass der Film „für eine Komödie … nicht komisch genug" sei – ein Manko, das andere der pathetischen Gestik und Sprache zuschrieben.[84] Die Ernsthaftigkeit des Films treibe ihm jeglichen Witz aus, schrieb ein Rezensent, während eine Kritikerin monierte, der Film traue sich „nicht so recht ins Absurde, ins Surreale oder Anarchische".[85] Dies lag laut dem *Spiegel* an Odermatts unsinnigem Versuch, Taboris „hanebüchene Story" als „historisches Drama" darzustellen.[86] Einige Kommentatoren kritisierten die Authentizitätshörigkeit des Film und mokierten sich über die Bemühungen der Schauspieler, den österreichischen Dialekt zu lernen bzw. den Versuch des Regisseurs, naturalistische Kostüme und historische Drehorte zu finden.[87] Im Endergebnis schrumpfe der Film „das Tabori-Universum nahezu auf Guido-Knopp-Historismus runter".[88]

Neben diesen ästhetischen Mängeln beklagten die Kritiker den ihrer Ansicht nach moralisierenden Unterton des Films. Wie bei *Hitler – Aufstieg des Bösen* kritisierten sie seine allzu plumpe Botschaft. Eine Rezensentin empfand die Darstellung Hitlers im Film als „schulunterrichtstauglich".[89] Ein anderer kritisierte das schlichte Bild Hitlers, das ihn als „genmäßig von vornherein böse" erscheinen lasse; er vermisse die Entwicklung, die der Protagonist bei Tabori durchmache.[90] Diese Kritiken waren angesichts des satirischen, vermenschlichten Hitlerporträts von *Mein Kampf* überraschend. Dennoch könnten sie eine logische Reaktion auf die Abweichungen von der Vorlage gewesen sein. Ein Grund für die ursprüngliche Popularität von Taboris Stück war die Tatsache, dass es dem deutschen Publikum eine der ersten Gelegenheiten bot, über die NS-Vergangenheit zu lachen. Angesichts von Taboris jüdischer Herkunft empfand es das deutsche Publikum als zulässig, Hitler auf eine Weise zu verspotten, die unmöglich gewesen wäre, wenn es sich um das Stück eines nichtjüdischen Dramatikers gehandelt hätte. Die Deutschen konnten sich so von ihrer Verantwortung für die Verbrechen Hitlers distanzieren.[91] Der Film von Odermatt bot jedoch weniger Gelegenheit zum Lachen. Sein realistischer Ansatz mag dem Publikum sogar Unbehagen bereitet haben, da er an die tieferen gesellschaftlichen Wurzeln von Hitlers Hass erinnerte. Aus diesem Unbehagen rührte möglicherweise die Bemerkung eines enttäuschten Rezensenten, Odermatts Film sei die „entjudete Fassung von Taboris Theaterstück" – ihm fehle der spezifisch „jüdische" Witz des Originals.[92] Ohne ihn verlor der Film seine transgressive, kathartische Wirkung. Unklar ist, ob andere Kritiker den fehlenden Witz von Taboris Stück aus dem gleichen Grund vermissten.[93] Wenn ja, dann signalisierten auch sie eine deutsche Sehnsucht nach Normalität.

Abschied vom Führer: Hitlers Tod

Während sich *Hitler – Aufstieg des Bösen*, *Max* und *Mein Kampf* auf die frühen Jahre Hitlers konzentrierten, beschäftigten sich andere mit seinen letzten Tagen. Einer der prominentesten war *Der Untergang* (2004) (Abb. 31). Der Film unter der Regie von Oliver Hirschbiegel wurde produziert von Bernd Eichinger, der auch das Drehbuch schrieb, und glich insofern den Biopics der 1970er-Jahre, als er die bekannten Geschehnisse der letzten Tage Hitlers in Berlin schilderte. Obwohl *Der Untergang* damit keine neuen Wege beschritt, ließ er Hitler in einem sehr viel menschlicheren Licht erscheinen und löste damit erhebliche Kontroversen aus.

Gleich zu Beginn zeigt Hitler (gespielt von Bruno Ganz) seine menschliche Seite. Im November 1942 trifft eine Gruppe junger Frauen mitten in der Nacht im Führerhauptquartier Wolfsschanze in Ostpreußen ein, um sich als Sekretärin des Führers zu bewerben. Hitler begrüßt die Bewerberinnen in einem Vorzimmer, spürt ihre Nervosität und versucht, sie zu beruhi-

Abb. 31: Der Untergang *(2004) schildert Hitlers letzte Tage im Bunker der Reichskanzlei.*

gen: Er fragt sie nach ihrer Heimatstadt und bittet sie, auf förmliche Begrüßungen zu verzichten. Zudem liebkost und küsst er seinen Hund Blondi, der einen „ausgesprochen scharfen Verstand" habe. Der erste Eindruck von Hitler ist somit der eines Tierliebhabers und Charmeurs. Dieses wohlwollende Bild setzt sich fort, als der erfolgreichen Anwärterin, Traudl Junge (Alexandra Maria Lara), unmittelbar nach ihrer Anstellung zahlreiche Tippfehler in einem Diktat unterlaufen. Hitler verliert jedoch nicht die Beherrschung und beruhigt sie: „Ich würde sagen, dass probieren wir gleich noch mal."

Diese menschelnde Darstellung hält an, während der Film zweieinhalb Jahre in die Zukunft – in den schicksalhaften April 1945 – springt. Inzwischen ist Berlin von den Sowjets umzingelt, und angesichts der drohenden Niederlage verliert Hitler im Führerbunker zunehmend die Nerven. Seine linke Hand zittert unkontrolliert, ein Zeichen für seinen zunehmenden körperlichen Verfall. Daneben hat er mit militärischem und politischem Verrat an allen Fronten zu kämpfen. Seine Generäle können ihre Positionen nicht halten, und seine langjährigen Unterstützer Göring und Himmler ergreifen ohne seine Erlaubnis einseitige diplomatische Initiativen. Hitler ist überzeugt, von „Feiglinge[n], Verräter[n] und Versager[n]" umzingelt zu sein. Den verbleibenden Unterstützern erklärt er fatalistisch: „Der Krieg ist verloren … Tun Sie, was Sie wollen." *Der Untergang* versucht nicht, Hitler in diesen Szenen sympathisch zu machen, da er davon ausgeht, dass die Zuschauer um die Hybris des Führers wissen. Dennoch schildert er Hitlers Reaktion auf Misserfolg aus menschlicher Sicht. Nachdem Eva Braun (Juliane Köhler) Hitler versichert hat: „Aber du weißt doch, dass ich bei dir bleibe. Ich lasse mich nicht wegschicken", zeigt er sich gerührt und dankt ihr mit einem langen Kuss (Abb. 32). Bevor er sich zum Selbstmord entschließt, sieht er gutmütig zu, wie die Goebbels-Kinder Volkslieder singen, und macht seinem Koch höfliche Komplimente für seine Henkersmahlzeit.

Doch auch wenn *Der Untergang* Hitler als menschlichen Charakter zeigte, blendete er seine böse Seite nicht aus. So bemerkt Traudl gegenüber Eva am Ende des Films: „Er [Hitler] kann so fürsorglich sein. Und dann wieder sagt er so brutale Sachen." Die Brutalität Hitlers erklärt sich zum Teil aus der drohenden Niederlage Deutschlands. Seine berühmten Wutanfälle aus dem Film (die inzwischen in unzähligen YouTube-Videos parodiert wurden) erscheinen als menschliche Reaktion auf Misserfolg. *Der*

Abb. 32: In dieser Szene aus Der Untergang *erwidert Hitler (Bruno Ganz) die Zuneigung Eva Brauns (Juliane Köhler).*

Untergang zeigt jedoch auch, dass das Böse Hitlers in der NS-Ideologie begründet liegt, wenn Hitler zum Beispiel kaltschnäuzig und sozialdarwinistisch das Leid der Deutschen im Krieg kommentiert. Als Albert Speer sich gegen Ende des Films gegen Hitlers Politik der verbrannten Erde wendet, weil sie Deutschland „ins Mittelalter" zurückschleudern werde, antwortet Hitler: „Wenn der Krieg verloren geht, ist es vollkommen wurscht, wenn auch das Volk verloren geht. … Denn das Volk hat sich als der Schwächere erwiesen, und es ist nur ein Naturgesetz, dass es dann eben ausgerottet wird." Diese Gnadenlosigkeit zeigt sich auch in der vom Führer angeordneten Hinrichtung von Eva Brauns Schwager Hermann Fegelein, der der Kollaboration mit Himmler beschuldigt wird. Seiner entsetzten zukünftigen Braut erklärt Hitler lapidar: „Mit Verrätern gibt es kein Mitleid." Andere Szenen, in denen deutsche Zivilisten unnötig bei der Verteidigung Berlins sterben und von fanatischen SS-Mitgliedern hingerichtet werden, bestätigten die Grausamkeit von Hitlers Ideologie. Diese Episoden ergänzen das Bild des NS-Diktators im Film und bilden ein Gegengewicht zu seiner sonst menschlichen Darstellung.

Wie sich am Handlungsverlauf zeigte, waren Hirschbiegel und Eichinger um dokumentarische Präzision und größtmögliche Authentizität bemüht. Dieses Streben äußerte sich in ihrer Anlehnung an historische Texte, vor allem an den Band *Der Untergang* (2002) des Journalisten Joachim Fest und die Autobiografie *Bis zur letzten Stunde* (2002) von Traudl Junge.[94] Mit dem Rückgriff auf diese Quellen versuchten Hirschbiegel und Eichinger, historische Ereignisse auf der Leinwand so darzustellen, wie sie sich im wirklichen Leben zugetragen hatten. Eichinger zum Beispiel behauptete, sein Film sei „authentischer als alle vorherigen", da er Melodrama vermeide und Hitler in seiner ganzen menschlichen Komplexität zeige.[95] Eine Dämonisierung Hitlers hielt er für falsch. „Natürlich ist Hitler ein Mensch", sagte er. „Aber er ist nicht menschlich. Er kann zwar freundlich und sogar zuvorkommend sein ...".[96] Das Beispiel Hitler beweise, dass „auch das Unmenschlichste von einem Menschen ausging".[97]

Eichinger sehnte sich somit nicht nur nach Wahrhaftigkeit, sondern lehnte auch eine tabubehaftete Darstellung der Nazizeit ab. „Die Moral hat noch niemandem gutgetan", erklärte er und verwarf damit die Vorbehalte von Filmemachern der Nachkriegszeit, Nazis zu den Protagonisten ihrer Filme zu machen; Eichingers Ansicht nach sollten sie als „Menschen mit einem dreidimensionalen Charakter [dargestellt werden], Menschen, die man in Momenten vielleicht sogar sympathisch finden kann."[98] Auf den Vorwurf der Relativierung des Bösen antwortete er: „Ich dämonisiere es nur nicht." Ähnlich leugnete Eichinger zwar jegliche Sympathie für Hitler, räumte aber ein, dass man „an bestimmten Stellen dieses Films ... durchaus so was wie Mitgefühl empfinden" kann.[99] Eichinger war also eher daran interessiert, „zu erzählen ... als zu kommentieren".[100] Anstatt den Film als politisches Lehrstück zu nutzen, verwies er auf die „ganz wichtige Message", die der Film in seinen Augen vermitteln sollte: „Wer sich nicht von irgendwelchen Ideologien einfangen lassen will, muss sich seine eigene Meinung bilden. Und auch, wenn die sich später als falsch herausstellen sollte, ist das noch immer besser, als wenn andere über einen bestimmen."[101] Eichinger plädierte somit für eine unvoreingenommene Form von filmischem Historismus, die nach einer objektiven Konzentration auf die historischen Fakten strebte.[102]

In seiner Ablehnung eines moralisierenden Blickes spiegelte sich der konservative Wunsch nach einer normalisierten Sicht der deutschen Geschichte. Wie Hirschbiegel und Fest stand Eichinger dem konservativen Flügel nahe und „verachtete" die moralisierende Sicht der Linken auf die Geschichte des Landes.[103] Auch ärgerte er sich darüber, dass nicht-deutsche, insbesondere Hollywood- oder angloamerikanische Fernsehproduktionen die Darstellung Hitlers an sich rissen.[104] Eichinger forderte eine spezifisch deutsche Perspektive auf die NS-Zeit: „Das Empfinden der Deutschen ist ja ein völlig anderes, als das der Amerikaner, die sich als Befreier fühlen." Der Regisseur Hirschbiegel betonte:

> Wir müssen überhaupt erst wieder eintreten in unsere Geschichte, statt sie einfach ‚abzuwickeln'. Über die Tätervolkdebatte ist das nicht möglich. Als Volk haben wir eine Schuld auf uns geladen, die wir nie werden tilgen können. [...] Wir brauchen dennoch eine neue Haltung und eine nationale Identität. Sonst stagnieren wir auch kulturell. Mit diesem Film fällt es mir leichter zu sagen, dass ich ein Deutscher bin – und dass mir das nicht peinlich ist.[105]

Die menschelnde Darstellung Hitlers in *Der Untergang* war also Teil eines größeren Versuchs, deutsche Geschichte, Erinnerung und Identität zu normalisieren.

Wie zu erwarten, löste der Film eine lebhafte Debatte aus. Kritiker in Großbritannien und den USA lobten einerseits die Ziele der Filmemacher und die Tatsache, dass ihm „das übliche Moralisieren, Predigen und die Selbstgeißelung fehlt, die mit diesem traurigen Kapitel [der deutschen Geschichte] verbunden sind".[106] Der Film fördere den „unaufhaltsamen Prozess, die Hitlerzeit als Geschichte zu sehen", und zeige, „wie weit die Deutschen dabei gekommen sind, die Gespenster der Vergangenheit zu begraben".[107] Derartige Reaktionen waren insbesondere unter konservativen Kritikern in Deutschland verbreitet. Der Journalist Eckhart Fuhr zum Beispiel bemerkte zustimmend, dass der Film eine freiere Sicht auf die NS-Zeit eröffne, die sich durch ein größeres „Verständnis" für die „Tätergeneration" auszeichne: „Die Deutschen haben heute ihre Geschichte, aber sie haben sie nicht mehr am Hals. Das erlaubt ihnen auch, Hitler in die Augen zu schauen."[108] Eine noch enthusiastischere Kritik verfasste Frank Schirrmacher in der *Frankfurter Allgemeinen Zeitung*, der den Film als „Meisterwerk" bezeichnete; Eichinger habe Hitler so dargestellt, dass er „kontrollierbar“ geworden sei. Dem Regisseur sei es gelungen, Hitler mit seinen eigenen künstlerischen Methoden darzustellen, ohne sich sein Bild postum von den dokumentarischen Spuren des Diktators – in Wochenschauaufnahmen, Reden oder Schriften – diktieren zu lassen. Für Schirrmacher bedeutete dies einen Durchbruch. Auf die rhetorische Frage „Ist das schon die ‚Normalität‘?“ erklärte er: „Da Eichinger in der Tat der erste Künstler ist, der sich von Hitler nichts mehr vorschreiben lässt, ist es ein Akt von Normalisierung.“ Diese Errungenschaft mache *Der Untergang* zu einem „wichtige[n] Datum unserer Verarbeitungsgeschichte“.[109]

Für andere Kritiker gab der Film dagegen jede moralische Perspektive auf und ließ ein Urteil über die Nazizeit vermissen.[110] Der Soziologe Harald Welzer bezeichnete den Anspruch des Films auf Neutralität und Authentizität als problematisch; damit unterstelle er, dass der Nationalsozialismus ohne Kontextualisierung und Wertung erzählt werden könne, als ob die Fakten für sich selbst sprechen könnten.[111] Andere Kritiker vermissten eine klare Haltung. So erklärte der Historiker Götz Aly, „analytisch weist der Film ins Nichts“, während der Filmemacher Wim Wenders bemerkte: „Der Film hat von allem keine Meinung, vor allem nicht von Faschismus oder von Hitler. Er überlässt den Zuschauern die Haltung, die er selbst nicht hat oder höchstens vortäuscht.“[112] Diese politische Enthaltsamkeit ließ andere Beobachter über die Botschaft des Films spekulieren.[113]

Kritiker beklagten zudem, dass die Vermenschlichung Hitlers die mythische Aura des Führers eher festschreibe als demontiere. So wies der Journalist und Medienkritiker Georg Seesslen darauf hin, dass „*Der Untergang* … in seinem Bemühen um historische Genauigkeit [einerseits] auf das Gegenteil der Mythologisierung“ abziele, andererseits schaffe sein neutrales Streben nach Authentizität lediglich „das Paradox eines ‚authentischen Mythos‘“.[114] Das starre filmische Streben nach Objektivität vermochte Hitler also nicht zu erklären und hinterließ das Bild einer mythischen Chiffre. Diese Re-Mythologisierung rührte nach Ansicht verschiedener Kritiker vor allem daher, dass der Film sich weigere, Hitlers Tod darzustellen. Diese Scheu und die gleichzeitige Darstellung des Todes unzähliger deutscher Zivilisten bewog Wim Wenders zu der Frage: „Warum auf einmal dieses dezente Nichtzeigen, warum die plötzliche Prüderie? … Warum nicht zeigen, dass das Schwein endlich tot ist? Warum dem Mann diese Ehre erweisen, die der Film sonst keinem von denen erweist, die da reihenweise sterben müssen?“[115] Das von Wenders befürchtete „Nichtzeigen“ von Hitlers Tod mache ihn erst recht zu einer „mythischen“ Figur. Tatsächlich erfülle der Film den Wunsch Hitlers, so der Historiker Michael Wildt, nicht so zu enden „wie Mussolini, dessen Leiche öffentlich aufgehängt und zur Schau gestellt wurde“.[116]

Kommentatoren kritisierten *Der Untergang* nicht zuletzt dafür, die Grenze zwischen Tätern und Opfern zu verwischen. So empfand der Historiker Jost Dülffer den Film als „Tabubruch“, da er die Opferrolle der Deutschen in den Mittelpunkt stelle und von ihrer Mitschuld ablenke.[117] Für den Historiker Hannes Heer spiegelte diese entlastende Wirkung des Films eine wachsende Tendenz innerhalb der deutschen Gesellschaft wider, allein Hitler die Schuld an der Katastrophe zu geben.[118] Den Hang, die Deutschen von der historischen Verantwortung zu entbinden, bemerkte auch Welzer: „Wenn nämlich nur das Ende des Dritten Reiches erzählt wird und die Geschichte des Untergangs … nicht weiter von Interesse ist, rückt das ‚Menschliche‘ der Akteure plötzlich in den Vordergrund – und nicht mehr das, was sie getan haben.“[119] Das eifrige Bestreben, den Deutschen Absolution zu erteilen, zeigte sich dem amerikanischen Filmkritiker David Denby zufolge auch in seinem Fokus auf dem „noblen Verhalten“ der „stoischen Verteidiger Berlins, die trotz der sicheren Niederlage ausharren“; der Film würdige sogar den „guten SS-Arzt, der sich um die Verletzten kümmert“.[120] Das Problematische an dieser Darstellung war für verschiedene Historiker, dass die im Film so „guten Deutschen“, die die Destruktivität von Hitlers Befehlen zu relativieren versuchten, in Wirklichkeit keineswegs so unbescholten waren; viele von ihnen seien glühende Nazis gewesen, an deren Händen nicht wenig Blut klebte.[121] Der tragische Ton des Films sei also verlogen. *Der Untergang* identifiziere sich nicht nur mit den Tätern, sondern ignoriere auch die Opfer. Nur eine einzige Dialogzeile verweise auf den Holocaust.[122] Der Film zeige Hitler in allen möglichen menschlichen Situationen, aber er zeige ihn nicht als Massenmörder.[123] *Der Untergang* hülle sich also in den Mantel der Tragödie, indem er unter dem Vorwand der Objektivität die Verbrechen des Dritten Reiches zu einer Randnotiz mache.

Der nächste große Film nach *Der Untergang*, der die letzten Tage Hitlers darstellte, war *Mein Führer – Die wirklich wahrste Wahrheit über Adolf Hitler*

Abb. 33: In Dani Levys Mein Führer *(2007) kämpft ein clownesker Hitler mit Depressionen, während sich das NS-Regime verzweifelt gegen die herannahenden Alliierten wehrt.*

(2007) (Abb. 33). Der Film unter der Regie des schweizerisch-jüdischen Filmemachers Dani Levy war in mehrfacher Hinsicht bahnbrechend. Erstens definierte er sich offen als Komödie. Im Gegensatz zu *Max*, der nur vereinzelt Humor durchscheinen ließ, machte *Mein Führer* aus seiner Komik keinen Hehl und knüpfte damit an die satirischen Filme der 1940er-Jahre an. Sein Ziel war jedoch ein anderes. Während die Filme der damaligen Zeit den Führer aus politischen Gründen, nämlich zur Untergrabung seiner Macht, parodierten, tat *Mein Führer* dies aus moralischen und ästhetischen Gründen. Levy nutzte die Komödie, um Hitlers Verwandlung in eine tragische Figur in *Der Untergang* zu konterkarieren. Sein Humor hätte schwärzer nicht sein können, wurde allerdings durch Elemente einer kontrafaktischen Rachefantasie gedämpft. Neuartig war der Film insofern, als er die erste deutschsprachige Komödie über Hitler war. Wenn *Der Untergang* die Frage aufwarf, ob die Deutschen Hitler vermenschlichen durften, so stellte *Mein Führer* zur Debatte, ob es ihnen erlaubt sein sollte, über ihn zu lachen.[124]

Abb. 34: Unter Anleitung des jüdischen Schauspiellehrers Adolf Grünbaum (Ulrich Mühe) absolviert Hitler (Helge Schneider) Atemübungen.

Auf den ersten Blick ähnelte *Mein Führer* dem Film *Der Untergang*, da er den Diktator in tiefer Verzweiflung zeigt. Im Dezember 1944 ist Hitler (Helge Schneider) vom Niedergang Deutschlands derart demoralisiert, dass Propagandaminister Joseph Goebbels (Sylvester Groth) befürchtet, er könne den Kampfgeist des deutschen Volks schwächen. Um keinen Defätismus aufkommen zu lassen und die Redekunst des Führers neu zu beleben, beschließt Goebbels, Hitlers alten Schauspiellehrer aus den 1920er-Jahren, Adolf Grünbaum (Ulrich Mühe), zurate zu ziehen. Grünbaum, ein Jude, sitzt allerdings mit seiner Familie im KZ Sachsenhausen ein. Goebbels, der sich von Hindernissen nicht abschrecken lässt, sorgt dafür, dass Grünbaum freikommt und Hitler hilft, „das Feuer von 1939 wieder [zu] entzünden"; schließlich soll Hitler fünf Tage später in Berlin das deutsche Volk in einer Brandrede zum Kampf um den Sieg mobilisieren. Goebbels verschweigt Grünbaum allerdings, dass er bei der Begegnung mit dem jüdischen Schauspiellehrer insgeheim von einem Hassausbruch Hitlers und einer automatischen Wiederbelebung von dessen Redekunst ausgeht. (Goebbels verschweigt außerdem einen noch perfideren Plan: Zusammen mit Heinrich Himmler will er Hitler mit einer im Rednerpult versteckten Bombe töten, den Anschlag den Juden in die Schuhe schieben und dann die Macht an sich reißen).

Vor diesem Hintergrund politischer Intrigen bringt der Film Grünbaum und Hitler in mehreren Begegnungen zusammen, die den Führer in ein sehr menschliches Licht stellen. Als Grünbaum zum ersten Mal auf Hitler trifft, starrt dieser aus dem Fenster der Reichskanzlei. Auf die Frage, wie es ihm gehe, antwortet Hitler: „Heilen Sie mich … Mir geht es nicht gut." Er bezeichnet sich als „Ausfall, ein Krisenfall", und hat sämtliches Selbstvertrauen verloren. Nicht verloren hat er hingegen seinen Stolz: So verweigert er zunächst Grünbaums Hilfe bei der bevorstehenden Rede und wirft ihn aus dem Büro. Grünbaum erklärt Goebbels daraufhin, er könne den Auftrag nicht annehmen, da Hitler ein „gebrochener" Mann sei, dem nicht mehr zu helfen sei. Als der Propagandaminister jedoch auf Grünbaums Forderung eingeht, die gesamte Familie aus Sachsenhausen zu holen, besinnt sich der Schauspiellehrer eines Besseren und bemüht sich von nun an, Hitler zu seiner alten Tatkraft zu verhelfen.

Nach dieser unerwarteten Wendung lässt der Film den Realismus hinter sich und schlägt in Satire um. Der Führer erklärt sich bereit, Grünbaums erstem Rat zu folgen, seine steife Armeeuniform abzulegen und bei Dehn- und Atemübungen einen senfgelben Trainingsanzug zu tragen (Abb. 34). Das aberwitzige Bild des Diktators in Freizeitkleidung bei Liegestütz und Schattenboxen ist an Lächerlichkeit kaum zu überbieten. So auch die folgende Szene, in der der Führer Grünbaum zunächst eine Reihe provokanter Fragen stellt – „Warum wehrt der Jude sich nicht? Warum lasst ihr Juden euch ohne Widerstand deportieren?" – und daraufhin von dem beleidigten jüdischen Schauspiellehrer niedergeschlagen wird. Ähnlich macht sich der Diktator in anderen Szenen zum Narren, wenn er zum Beispiel auf Händen und Knien einen bellenden Hund imitiert und von seinem deutschen Schäferhund Blondi bestiegen wird; beim Versuch, mit Eva Braun Sex zu haben, leidet er an einer erektilen Dysfunktion; und vor seiner großen Rede wird ihm von einer ungeschickten Friseurin versehentlich die Hälfte seines Bärtchens abrasiert. All diese Szenen sollen Hitlers mythische Aura erschüttern. Doch indem sie ihn als Pechvogel darstellen, vermenschlichen sie ihn auch und wecken potenziell Mitgefühl mit ihm.

In anderen Szenen geschieht dies noch offensichtlicher, wenn Grünbaum z. B. mithilfe psychoanalytischer Methoden versucht, Hitler zu seinem alten Kampfgeist zu verhelfen. In einer Szene erklärt Grünbaum dem auf einer Couch liegenden Hitler: „Ich möchte Sie bitten, mit Ihren Gedanken in einen Moment zu gehen, der Sie wütend gemacht hat. Spüren Sie diese Wut noch einmal. Fühlen Sie, wie diese Wut in Ihren Körper kriecht." Hitler reagiert wortlos mit geballten Fäusten, worauf Grünbaum das Thema wechselt und ihn bittet, einer Erinnerung nachzuspüren, die ihn glücklich gemacht hat. Als Grünbaum genauer nach dieser Erinnerung fragt, erläutert Hitler: „Mein Herr Vater … hat mir eine Steinschleuder geschenkt." Später stottert Hitler während eines Albtraums im Schlaf: „Danke, Vater, danke, Vater." Als Grünbaum Hitler im weiteren Verlauf hypnotisiert, lebt der Diktator ältere Kindheitserinnerungen – diesmal Missbrauchserinnerungen – noch einmal durch und schreit: „Fassen Sie mich nicht an, Herr Vater! … Sagen Sie ihm das, er soll damit aufhören. Sagen Sie es ihm!" An Grünbaum gerichtet ruft er dann: „Wissen Sie, wie oft er mich geschlagen hat, mein Vater? … Täglich." Der Diktator beginnt zu schluchzen, erregt so das Mitleid Grünbaums und vielleicht auch das der Zuschauer.

Diese wohlwollende Erzählhaltung gegenüber Hitler zeigte sich am deutlichsten daran, dass er den Diktator nicht sterben lässt. Eines der Themen, das sich wie ein roter Faden durch *Mein Führer* zieht, sind die zahlreichen ungenutzten Gelegenheiten Grünbaums, den Führer zu ermorden. Im Gegensatz zu Max Rothman und Schlomo Herzl, die keine Kenntnis von Hitlers politischem Schicksal haben und nie an ein Attentat auf Hitler denken, weiß Grünbaum, dass er durch ein solches Attentat den Lauf der Geschichte verändern kann. In der Szene, in der Grünbaum den Führer bewusstlos schlägt, entdeckt er auf dem Schreibtisch des Diktators einen scharfen Brieföffner und überlegt kurz, Hitler zu erstechen. Doch bevor er zur Tat schreiten kann, kommt Hitler wieder zu Bewusstsein. Als seine Frau ihn später fragt, ob er vorhabe, Hitler zu töten, antwortet Grünbaum zögerlich: „Das muss ich doch. Oder?" Überdies hindert Grünbaum seine Frau an dem Mord an Hitler. In einer absurden Szene kurz vor Ende des Films klettert der an Schlaflosigkeit leidende Hitler mit dem jüdischen Ehepaar ins Bett und schläft prompt ein. Sofort versucht Grünbaums Frau, den Diktator mit einem Kissen zu ersticken, doch als sie auf Hitlers Kopf sitzt, hält ihr Mann sie zurück: „Du tötest einen wehrlosen Menschen." Diese Szenen unterstreichen die normalisierte Perspektive des Films. Wenn die popkulturelle Fantasie einer Ermordung Hitlers (und einem besseren Verlauf der Geschichte) traditionell auf seinem Ruf als Inbegriff des Bösen beruhte, so deutete die fehlende Umsetzung dieser Fantasie in *Mein Führer* auf ihren schwindenden Reiz hin. Von nun an konkurrierte der Mensch Hitler mit dem Dämon Hitler.

Dieser Wandel erklärt, warum Grünbaum dem Beispiel von Rothman und Schlomo folgt und sich letztlich für eine Rettung Hitlers entscheidet. Wenn Grünbaum anfangs Goebbels' Bitte nachkommt und den Diktator unterrichtet, dann nur, um seine Familie zu retten. Im Laufe des Films empfindet der Schauspiellehrer jedoch Mitleid mit seinem Schüler. Grünbaum wird klar, dass Hitler ein psychisch gestörter, therapiebedürftiger Mensch ist, und greift daher auf die (jüdische) Wissenschaft der Psychoanalyse zurück, um Hitler zu neuen Erkenntnissen über seine Kindheit zu verhelfen und ihm seine Stimme zurückzugeben. Tatsächlich nahm *Mein Führer* das zentrale Thema des Oscar-prämierten Films *The King's Speech* (2011) vorweg, in dem ein Sprachtherapeut und verhinderter Schauspieler dem englischen König George VI. hilft, seine schwierige Vaterbeziehung aufzuarbeiten und dadurch sein Stottern zu überwinden. In *Mein Führer* ist Hitler durchaus kein hoffnungsloser Fall, der Film stellt ihn als Menschen und nicht als Dämon dar; als einen Mann, dessen Bösartigkeit diesseitige und nicht jenseitige Gründe hatte. Grünbaum scheint Hitler so vollständig zur alten Form zu verhelfen, dass der Diktator ihn fröhlich als „meinen jüdischen Freund" und sogar als „meinen Führer" bezeichnet. In einer Verdrehung des Filmtitels wird der Jude Grünbaum ironischerweise zum „Führer", der die Nazis zu einer neuen Toleranz anleitet. Im Gegensatz zu Rothman und Schlomo scheint Grünbaum bereit, die kontrafaktischen Möglichkeiten des jüdischen Projekts der Rettung des Führers zu erkennen.

Mein Führer endet schließlich auf tragische Weise. Obwohl der Diktator gut auf seine Rede vorbereitet ist, verliert er kurz vor seinem Auftritt seine Stimme, nachdem er die ungeschickte Friseurin lautstark wegen des versehentlich abrasierten Barts beschimpft hat. Hitler bittet Grünbaum daraufhin, unter dem Podest stehend mit einem versteckten Mikrofon die Rede zu halten, während der Diktator oben nur die Lippen für die Menge bewegt. Grünbaum weicht jedoch vom vorgesehenen Skript ab und richtet stattdessen eine subversivere Botschaft an die dicht gedrängten Zuschauer. „Ich danke Euch für Euer blindes Vertrauen in mich. Treu und deutsch seid Ihr mir gefolgt, die Welt zu Sauerkraut zu machen. Heute liegt unser geliebtes Vaterland in Schutt und Asche. Ihr seid alle arschblond und blauäugig. Trotzdem jubelt ihr mir zu. Heilt Euch selbst." Nach einem „Heil!" der Menge fährt Grünbaum fort: „Warum tut ihr das? Ich bin Bettnässer, drogenabhängig. Ich kriege keine Erektion! Ich wurde von Vater so oft geprügelt, … und so quäle ich das Wehrlose, wie ich einst wehrlos gequält wurde. Ich räche mich an den Juden, den Schwulen und Kranken in ganz Europa für die Qualen und Demütigungen in meinem Kinderzimmer." Als Grünbaum weitermachen will, stürmen mehrere Nazis, angeführt von Albert Speer, in sein Versteck und schießen mehrmals auf ihn. Unter Qualen stammelt er seine letzten Worte an das deutsche Volk: „Heilt euch selbst!" Hitler blickt verwirrt auf Grünbaum hinunter, dem das Blut am Kopf herunterläuft, und ergreift dann die Flucht. Kurz darauf explodiert die von Goebbels auf dem Podium versteckte Bombe. Ob der Diktator dem Attentat entgeht, bleibt offen.

Die Bedeutung dieses Endes ist unklar. Das Hauptproblem besteht darin, dass *Mein Führer* die kontrafaktischen Folgen von Grünbaums Handeln nie näher erläutert. Einerseits scheint sich Grünbaums Besänftigungsstrategie als richtig zu erweisen. Statt Hitler zu ermorden, verfolgt Grünbaum die Strategie der Fürsprache – die altehrwürdige jüdische Tradition des *Shtadlanut* –, indem er die Nazibestie mit Worten bezähmt. Außerdem appelliert er an die Massen zu erkennen, wie töricht ihr blinder Gehorsam gegenüber dem Führer war. Diese Strategie der Gewaltlosigkeit ermöglicht es Grünbaum, seine moralischen Werte und seine Würde zu wahren. Sie erlaubt ihm außerdem, sich Hitlers Loyalität zu sichern. Zudem bietet sie den Juden eine bescheidene Form der Rache für ihr Leid. Letztlich freilich scheitert diese Beschwichtigung Hitlers. Grünbaum wird nicht nur erschossen, sondern seine Familie wird vermutlich erneut nach Sachsenhausen deportiert. Grünbaums Entscheidung, Hitler nicht zu ermorden, wird zudem keine positiven Auswirkungen auf den Lauf der Geschichte haben. Das Ende des Films lässt unterschiedliche Lesarten zu, die jedoch dasselbe Ergebnis zu haben scheinen: Kommt Hitler bei der Explosion ums Leben, nehmen Goebbels und Himmler seinen Platz ein und die Nazis bleiben an der Macht. Überlebt Hitler, wird Goebbels den Attentatsversuch nutzen, um noch stärkere antisemitische Ressentiments zu schüren und die aussichtslosen Kriegsanstrengungen neu anzufachen. Ein hoffnungsvolles Ende scheint nicht in Sicht. *Mein Führer* stellt damit die – auch in *Max* und *Mein Kampf* angedeutete – Möglichkeit zur Debatte, dass die jüdischen Bemühungen um eine Rettung Hitlers auf Kollaboration hinauslaufen. Der Film verwischt die Grenze zwischen nationalsozialistischen Tätern und jüdischen Opfern und kommt damit einer Relativierung der NS-Verbrechen nahe.

Wie auch immer man das vieldeutige Ende des Films interpretieren mag – es signalisierte Levys Ablehnung moralisierender Darstellungsformen des Dritten Reiches. Wie das Kreativteam hinter *Max*, Hámori und Meyjes, wuchs der Regisseur in einer Familie auf, die den Nationalsozialismus direkt miterlebte (seine Mutter floh in den 1930er-Jahren aus Berlin in die Schweiz und entschied sich, „nicht über dieses Thema zu sprechen“). Levy lehnte dieses „knallharte“ Tabu ab: „Ich finde es wichtig, dass man sich aufmacht für das Unerlaubte, für das, was moralisch als tabu gilt. Nur dadurch kann es doch zu einer wirklichen Auseinandersetzung [mit der Vergangenheit] kommen."[125] Auch aus ästhetischen Gründen wandte er sich gegen „eine moralische Auseinandersetzung mit der NS-Vergangenheit". Filme über das Dritte Reich seien „in einer Sackgasse" angelangt, weil sie ihr Thema meist aus einer realistischen, dokumentarischen Perspektive darstellten. Als Beispiele für eine Tradition „autoritärer Geschichtsschreibung", die sich durch ein „dogmatisches" Vertrauen in die Darstellungsmöglichkeiten des Mediums definiere, verwies er auf *Schindlers Liste* und die Dokumentarfilme von Guido Knopp.[126] Für Levy war der Film als Medium eine „Lüge", da der Holocaust nicht abbildbar sei. Filme wie *Schindlers Liste* verkauften Zuschauern „die nachgebildete Realität als Wahrheit".[127] Das in dieser Hinsicht abschreckendste Beispiel war für ihn *Der Untergang*, dessen Objektivitätsanspruch Levy zurückwies: „Dieser Bierernst, der sich so versklavt an die Realitätshörigkeit, ist einfach grotesk."[128] Zudem beklagte er sich über die krude Didaktik des Films – „dramatische Musik" und eine „Guido-Knopp-Erzählerstimme", um zu zeigen, „wer die Bösen sind", rüttele die Zuschauer nicht auf, sondern bestätige sie in ihrer „moralisch ganz gesicherten" Haltung.[129] Levys Abneigung gegen Tabus, Moralismus und Realismus in Filmen über die NS-Zeit ließ ihn somit einen anderen Zugang zum Thema suchen.

Genauer gesagt bewog sie ihn, das Dritte Reich aus einer komischen Perspektive zu erzählen. Die typischen Dokumentationen hätten ihn „immer mehr fast geärgert, auf jeden Fall aber … naja gelangweilt": „Als ich hörte, Oliver Hirschbiegel dreht einen Film über die letzten Tage des ‚Führers' [*Der Untergang*], hatte ich die Lust und ein Jucken im Finger, einen Gegenfilm zu machen."[130] Er habe gehofft, mit einem humoristischen Ansatz die Dinge aufzurütteln: Die Komödie „darf die Moral auf den Kopf stellen, sie darf verunsichern, sie darf Fragen hinterlassen".[131] Insbesondere die Vermenschlichung Hitlers in *Der Untergang* habe er parodieren wollen, da sie seiner Ansicht nach die Selbstdarstellung des Diktators für bare Münze nahm. „Ich wollte dieses zynische, psychologische Wrack nicht mit einem realistischen Porträt honorieren", erklärte Levy, sondern es komödiantisch überzeichnen.[132] Der Regisseur wollte zudem den Anspruch von *Der Untergang* karikieren, wahrheitsgetreuer als frühere filmische Porträts des Diktators zu sein – daher der sarkastische Untertitel *Die wirklich wahrste Wahrheit über Adolf Hitler*. Da Levy eine realistische Darstellung Hitlers für unmöglich hielt, sollte sein Untertitel die „selbstironischen Züge" des Films andeuten.[133]

Levys Skepsis gegenüber dem Realismus zeigte sich außerdem darin, dass der Film seine eigene Authentizität unterläuft. Am Ende des Films spricht Grünbaum als Erzähler aus dem Off und rahmt die Handlung nach dem Zusammenbruch des Dritten Reiches aus einem nicht näher erläuterten Blickwinkel heraus ein. Für die Zuschauer, die überzeugt waren, gerade Grünbaums Tod miterlebt zu haben, ist diese Stimme irritierend. Es bleibt ihnen überlassen zu folgern, dass Grünbaum irgendwie überlebt hat oder aber eine deutsche Version von Joe Gillis aus *Boulevard der Dämmerung* ist, der die Geschichte seines eigenen Todes posthum erzählt. Dies wird in dem Film nie vollständig geklärt. Die Mehrdeutigkeit sollte Grünbaum wahrscheinlich als unzuverlässigen Erzähler entlarven, der seine Geschichte – wie der wahre Schauspieler, der er ist – frei erfindet. Auf diese Möglichkeit deuten Grünbaums letzte Worte im Film hin: „Das war sie, meine Geschichte. Sie ist hundert Prozent wahr, das kann ich Ihnen versichern. Gut, vielleicht habe ich an einigen Stellen etwas übertrieben. Das kann sein. Sie glauben mir nicht?" Grünbaum blickt daraufhin in den April 1945 und berichtet, dass sich der Führer „mit Zyankali und Kopfschuss aus dem Leben stehlen wird". Der Film gesteht somit ein, dass er die Zuschauer hinters Licht geführt hat. Warum *Mein Führer* seinen Wahrheitsanspruch untergräbt, ist unklar. Wahrscheinlich wollte Levy mit seinem unzuverlässigen Erzähler seine Skepsis darüber zum Ausdruck bringen, historische Wahrheit lasse sich über das Medium Film erlangen. So erklärt Grünbaum am Ende des Films: „In hundert Jahren noch werden Autoren über [Hitler] schreiben … Warum? Weil wir verstehen wollen, was wir nie verstehen werden." Der Film endet also mit der ironischen Feststellung, dass das Ziel aller Hitlerfilme – ein Geschichtsverständnis – unerreichbar ist.

Eine größere Ironie bestand jedoch darin, dass *Mein Führer* seine eigene Erklärung für den Hass des Diktators vorlegte – eine Erklärung, die zudem stark moralisch geprägt war. Levy verfolgte mit seinem Film zweifellos eine moralische Botschaft, um akzeptierte Wahrheiten infrage zu stellen. Er sei ein „menschelnder Moralist", bekannte er: „Das Schöne an einer Komödie ist, dass sie moralische Fragen aufwerfen darf. Dass sie provozieren darf."[134] Sein konkretes Ziel war es, mithilfe der Komödie das vorherrschende dämonische Bild des Führers durch eine menschlichere Version, mit der sich die Zuschauer identifizieren konnten, zu hinterfragen. *Mein Führer* solle eine „unerwartete Nähe zu Adolf Hitler“ herstellen, die mit „Mitgefühl oder [sogar] Mitleid“ zu tun habe, so der Regisseur.[135] Daher zeigte er den Diktator als unschuldiges Opfer von Kindesmissbrauch. Bei der Abfassung seines Drehbuchs stützte sich Levy auf die Thesen der Schweizer Psychoanalytikerin Alice Miller, für die die mitteleuropäische Erziehungstradition des 19. Jahrhunderts, die sogenannte „Schwarze Pädagogik“, ein wichtiger Faktor für die Entstehung des Nationalsozialismus war. (Die Betonung von körperlicher Züchtigung hatte laut Miller eine traumatische Wirkung auf Kinder, weswegen sie blindlings Autorität gehorchten und aufgrund ihres Schmerzes und Leids Rachefantasien entwickelten.)[136] Für Levy bestand kein Zweifel, dass Hitler stark von dieser Tradition geprägt war. Hitler sei „eine gespaltene Persönlichkeit, *manisch depressiv*, sexuell unfähig und emotional hochgradig verkrüppelt“ gewesen: „Die Schwarze Pädagogik jener Zeit hatte einen direkten Einfluss auf den Nationalsozialismus, da bin ich mir sicher.“[137]

Mit dieser Erklärung weckte Levy jedoch nicht nur die Empathie der Zuschauer, sondern gab der deutschen Kultur auch eine Mitschuld am Dritten Reich. Wohlwissend, dass viele Deutsche die NS-Erfahrung allein Hitler zuschrieben, zeigte Levy, dass das Verhalten des Diktators auch in der missbräuchlichen Erziehung der Zeit begründet lag. *Mein Führer* konterkarierte so das Narrativ von *Der Untergang*, in dem die Verantwortung für das Kriegsleid einzig bei Hitler lag und die Deutschen sich ihrer Schuld am NS-Regime entziehen konnten. Zugleich aber universalisierte Levys Erklärung die NS-Vergangenheit auf unterschwellige Weise. Wenn der Film den Nationalsozialismus unter anderem mit einer gewalttätigen Erziehung erklärte, konzentrierte er sich auf einen Faktor allgemeiner Natur und spielte die spezifische politische Situation Deutschlands nach dem Ersten Weltkrieg herunter.[138] Er verwässerte damit den Fokus, der auf den spezifisch deutschen Ursprüngen des Dritten Reiches lag.

Wie das Ende von *Mein Führer* zeigte, war Levy jedoch der Ansicht, dass der Nationalsozialismus als deutsches Phänomen betrachtet werden sollte. Da Hitlers Tod ungewiss bleibt, scheint der Diktator für den Regisseur grundsätzlich irrelevant gewesen zu sein. Unabhängig vom Schicksal des

Führers wird der Nationalsozialismus überleben. Grünbaums vermeintliche „Wahl" zwischen der Kollaboration oder dem Mord an Hitler ist mitnichten eine solche. Denn das tiefere, hartnäckigere Problem ist das deutsche Volk. Ihr blinder Gehorsam gegenüber den Nazis ermöglicht es dem Regime im Film, seine zerstörerische Politik fortzusetzen. *Mein Führer* unterstreicht dies mit den letzten Worten, die der gerade erschossene Grünbaum an die Schaulustigen richtet: „Heilt euch selbst." Mit dieser Mahnung bekennt sich Levy zu einer Historiografie, der zufolge der Nationalsozialismus nicht das Ergebnis eines historischen Unfalls war, sondern tiefe Wurzeln in der deutschen Geschichte hatte. Die Vermenschlichung Hitlers in *Mein Führer* – wie auch die Weigerung des Films, ihn zu töten – bekräftigten diesen größeren Punkt. Der Film gab implizit zu verstehen, dass Hitlers hypothetische Rettung und sein Tod keine positiven Auswirkungen auf die Geschichte gehabt hätten, und verwies so auf die tieferen Quellen des Nazismus. Levys Vermenschlichung Hitlers war also das Gegenteil dessen, was sie zu sein schien. Obwohl sie von früheren moralisierenden Darstellungen des Diktators abwich, diente sie ironischerweise höheren moralischen Zielen.

In einer weiteren ironischen Wendung übersahen die meisten Kritiker jedoch die moralischen Anliegen von *Mein Führer* und deuteten sie als Normalisierung der NS-Vergangenheit. Dies galt insbesondere für Beobachter in Deutschland, die den Film wegen seiner unbekümmerten Darstellung Hitlers attackierten. Der Generalsekretär des Zentralrats der Juden in Deutschland, Stephan Kramer, nannte *Mein Führer* „oberflächlich, überflüssig und sogar gefährlich"; Hitler habe die „Mitleidsgefühle des Publikums" nicht verdient.[139] Für andere vermenschlichte der Film den NS-Diktator zu sehr. So erklärte der Journalist Ralph Giordano, die filmische Auseinandersetzung mit Hitler könne „Schaden an[richten], wenn das Publikum denkt, Hitler sei eine Witzfigur".[140] Vertreter der katholischen Kirche sahen in dem Film eine „Verharmlosung" Hitlers, während der Dramatiker Rolf Hochhuth ihn als „Verklärung" deutete.[141] Ein anderer Kritiker sprach stellvertretend für viele, als er dem Film vorwarf, mit „Adolf auf der Couch" eine übermäßig mitfühlende Sicht des Diktators zu präsentieren: „Für die These, dass jedes Verbrechen Ursachen in einer verkorksten Kindheit hat, ist Hitler nicht unbedingt der ideale Kronzeuge. … Irgendwo hört das Verstehen auf, aber echt."[142] Entsprechende Reaktionen kamen nicht nur von Journalisten und offiziellen Vertretern. Laut Umfragen lehnten 56 Prozent der Deutschen den Film ab, nur 35 Prozent der Befragten befürworteten eine Komödie über Hitler.[143] Diese Reaktionen wurden höchstwahrscheinlich durch Umfrageergebnisse verstärkt, denen zufolge Besucher des Films eine verständnisvollere Sicht auf den Diktator entwickelt hatten.[144]

Sicherlich gab es Verteidiger, die die moralische Zielrichtung des Films zu würdigen wussten. Selbst sie sahen diese Agenda allerdings durch den satirischen Grundton geschwächt und bemängelten, *Mein Führer* könne sich nicht zwischen Komödie und Tragödie entscheiden.[145] So bemerkte der Journalist Henryk Broder, der Film bestehe „aus zwei Teilen, einem absurden und einem moralischen", und habe Schwierigkeiten, diese miteinander in Einklang zu bringen: „So fällt der Film auseinander: in einen absurden Teil, der nicht absurd genug, und einen moralischen, der zu moralisch ist. Aber aus einer Schweinshaxe wird keine koschere Delikatesse, sosehr sich der Koch darum bemüht."[146] Außerhalb Deutschlands wurde ähnliche Kritik laut. Kommentatoren in den USA lehnten den Film zumeist ab, weil er weder „zum Brüllen komisch" noch provokativ sei. Das einzige Tabu, das er verletzte, sei das Gebot „Du sollst das Publikum nicht langweilen".[147] Andere empfanden Levys vermenschlichtes Porträt als übermäßig normalisiert. So schrieb der Filmkritiker Stephen Holden in der *New York Times*: „Die Monstrosität Hitlers auf eine jämmerliche Kindheit zu schieben, ist eine ungeheuer sentimentale Erklärung für den Nazi-Horror."[148]

Ungeachtet dieser Kritiken bezeichneten andere Kommentatoren den Film als Meilenstein in der deutschen Normalisierung der NS-Vergangenheit. Einige begrüßten die Vorstellung einer deutschen Komödie über Hitler und empfanden das Lachen über den Diktator als Zeichen für die demokratische Mündigkeit Deutschlands.[149] „Mit Witzen lassen sich also Dämonen bannen", befanden andere und prognostizierten eine kathartische Wirkung auf die Deutschen.[150] Der Journalist Horst von Buttlar prophezeite, dass Deutschland Levy für seine Sätze „umarmen wird", weil er „Deutschland etwas Lustiges über [die Nazis] gezeigt habe", denn „es war an der Zeit, dass auch die Deutschen über Adolf Hitler lachen konnten".[151] *Mein Führer* wurde kurzum für das gelobt, was Odermatts heftig kritisierter *Mein Kampf* nicht leistete – eine kathartische Reinigung. Andere Kommentatoren waren jedoch skeptischer.

Ein deutscher Kritiker behauptete, über Hitler zu lachen, sei für ihn „kein Zeichen deutscher Normalität"; das Thema Nazismus sei „zu ernst" für „Geschichtsvermittlung durch Narretei".[152] Andere deuteten die Bereitschaft, über Hitler zu lachen, als Ausdruck anderer Beweggründe. Laut einer Kritikerin werde es „in Deutschland, dem Land der Täter, … als moralische Legitimation für den Film *Mein Führer* empfunden, dass sein Regisseur Jude ist. Das ist eine subtile Form von Antisemitismus, gegen die Levy sich wehren müsste." Zugleich deutete sie die Rezeption des Films in Deutschland als Hang zu einer „Schlussstrichpolitik".[153] Für einen anderen Kritiker war es typisch deutsch, Levy als „moralische Instanz" zu betrachten: „Für jede nicht ganz koschere Haltung findet man im deutschen Geistlosenleben einen Vorzeigejuden".[154] Diese unterschiedlichen Reaktionen bestätigten die Beobachtung, die Bundesrepublik gehe „alles andere als entspannt" mit Hitler und den Nazis um.[155] Für diese Kritiker blieb die Normalität ein fernes Ziel.

Der letzte Film, der sich mit Hitlers Tod beschäftigte, war Quentin Tarantinos *Inglourious Basterds* (2009) (Abb. 35). Wie *Mein Führer* lehnte auch er den realistischen Stil von *Der Untergang* ab und verfolgte in seiner Darstellung der NS-Zeit einen eher hybriden Ansatz. Die lose auf dem Film *The Inglourious Bastards* (1978) des italienischen Regisseurs Enzo G. Castellari basierende Fantasie vermischte realistisches Drama, groteske Farce und kontrafaktische Geschichte. Der Film machte sogar Anleihen bei der Literatur, da er in fünf Kapitel unterteilt ist. Nur in einem Kapitel ging es konkret um Hitler, doch dieses war insofern wichtig, als es den Tod des Führers explizit darstellte. Im Gegensatz zu *Der Untergang*, der dies nicht tat, und zu *Mein Führer*, der Hitlers Tod nicht eindeutig schilderte, zeigte *Inglourious Basterds* ihn in allen Details. Er setzte sich damit von der Mythologisierung Hitlers in *Der Untergang* und seiner Humanisierung in *Mein Führer* ab und verteufelte ihn moralisch als entscheidendes Element einer größeren Rachefantasie. Damit schien der Film jede Normalisierung der nationalsozialistischen Vergangenheit abzulehnen. Mit seiner Ästhetisierung von Gewalt und dem Verwischen der Grenze zwischen jüdischen Opfern und deutschen Tätern untergrub *Inglourious Basterds* jedoch seinen moralischen Anspruch und förderte den Normalisierungsprozess auf eigene Weise.

Der Film verknüpfte mehrere parallele Handlungsstränge, die in einem explosiven Schluss aufeinanderprallen. Der erste handelte von den Versu-

Abb. 35: In Quentin Tarantinos Film Inglourious Basterds *(2009) fällt Hitler dem Mordkomplott einer Gruppe jüdischer amerikanischer Killer zum Opfer.*

chen Hans Landas, eines brutalen SS-Majors (gespielt von Christoph Waltz), Juden im nationalsozialistisch besetzten Frankreich ausfindig zu machen. Als Landa 1941 einen nervösen französischen Bauern verhört, um von ihm etwas über die Juden in der Region zu erfahren, bemerkt er die im Keller versteckte jüdische Familie und befiehlt seinen SS-Männern daraufhin, durch die Dielen seines Hauses zu schießen. Nur eine junge Frau namens Shoshanna (Mélanie Laurent) überlebt. Sie steht im Mittelpunkt des zweiten Handlungsstrangs, in dem sie sich für den Mord an ihrer Familie rächen will. Shoshanna flieht nach Paris, wo sie 1944 unter einem Decknamen ein Kino eröffnet. Bald lernt sie einen jungen Wehrmachtssoldaten namens Fredrick Zoller kennen, dessen heldenhafter Einsatz als Scharfschütze ihm eine Hauptrolle in einem neuen Propagandafilm namens „Stolz der Nation" von Joseph Goebbels beschert hat. Da Shoshanna weiß, dass Zoller in sie verliebt ist, nutzt sie ihn für ihre eigenen Pläne: Zoller soll den Propagandaminister überreden, die Filmpremiere in Anwesenheit hochrangiger Nazi-Funktionäre in Shoshannas Kino zu feiern. Während der Vorstellung will sie das Kino in Brand setzen und alle Anwesenden in den Flammen sterben lassen. Im Mittelpunkt des dritten Handlungsstrangs steht eine Gruppe junger amerikanischer Soldaten, die kurz vor dem D-Day hinter den feindlichen Linien in Frankreich abgesetzt werden, um Wehrmachts-Soldaten mit sadistischen Racheanschlägen zu terrorisieren. Die Gruppe, auch bekannt als „Basterds", steht unter der Leitung eines Hinterwäldlers aus Tennessee namens Aldo Raine (Brad Pitt) und umfasst mehrere jüdische Mitglieder, die ihre Opfer nach der Ermordung skalpieren (ein Mitglied, Donnie Donowitz – der „Bärenjude" –, erschlägt sie mit einem Baseballschläger).

Diese Figuren treffen in Paris aufeinander, wo es zum filmischen Höhepunkt und der Ermordung Hitlers kommt. Als Teil der „Operation Kino" der Alliierten werden die Basterds zu Shoshanna geschickt, um sie bei dem Brandanschlag zu unterstützen. Hitler ist bei der Premiere anwesend, und so finden sich auch die Basterds im Smoking ein. An diesem Punkt ändert der Film unvermittelt seinen Stil, um das große Finale zu ästhetisieren. Bis dahin wurde *Inglourious Basterds* aus einer überwiegend realistischen Perspektive mit dramatischer Spannung erzählt. Die Szenen im Pariser Filmtheater kippen jedoch ins Grotesk-Komische. Als Shoshanna die Premierengäste vom Balkon aus beobachtet, erscheinen neben einem Nazibonzen auf der Leinwand plötzlich die Worte „Hermann“ und „Göring“ in weißen Druckbuchstaben, ein weißer Pfeil zeigt auf den korpulenten Luftwaffenminister. Eine ähnliche Grafik mit dem Namen „Martin Bormann“ identifiziert später Hitlers Sekretär und Chef der Parteikanzlei. Diese Verfremdungseffekte, die Text und Bild miteinander verquicken, konterkarieren den Realismus des Films und begeben sich auf das Terrain des Comics. Der satirische Ton dieses Kapitels zeigt sich auch darin, dass Raine und seine beiden Basterd-Kollegen sich stümperhaft als italienische Kameramänner ausgeben und sich durch fehlende Italienischkenntnisse, einen grauenhaften Akzent und absurd stereotype Handbewegungen gründlich blamieren.

Der Film kehrt für Hitlers Tod kurzzeitig zum Realismus zurück, doch auch diese Szene ist hochgradig ästhetisiert. Während das Kinopublikum Goebbels' Film verfolgt, verrät ein von Shoshanna einmontierter Streifen Einzelheiten ihres Racheplans. Ihr Gesicht ist übergroß auf der Leinwand zu sehen, sie offenbart dem Publikum, dass sie „alle sterben werden“, und gibt ihrem afrikanischen Assistenten Marcel das Signal: „Brenne es nieder.“ Marcel schnippt eine brennende Zigarette in Zeitlupe auf einen riesigen Stapel hochentzündlicher Filmkanister, die zum Entsetzen des Publikums in Flammen aufgehen. Zwei der Basterds drängen sich sodann in Hitlers Privatloge und durchlöchern ihn und Goebbels mit Kugeln (Abb. 36). Zu Shoshannas hämischem Lachen – „Das ist das Gesicht der jüdischen Rache“ – schießen die Basterds in die panische Menge, auch diese Szenen gibt der Film in Zeit-

Abb. 36: Hitler (Martin Wuttke) wird in Inglourious Basterds *(2009) als cholerischer, fanatischer Antisemit dargestellt.*

lupe wieder. Die Feuersbrunst erreicht ihren Höhepunkt, als die von den Basterds zurückgelassenen Dynamitstangen explodieren und das Theater in Flammen aufgeht.

Die Zuschauer sollen den Tod Hitlers bejubeln, was durch die Darstellung des Führers – und der Nazis im Allgemeinen – als Inkarnation des Bösen im Film noch verstärkt wird. Obwohl Hitler (gespielt von Martin Wuttke) nur in wenigen Szenen zu sehen ist, erscheint er als fanatischer Antisemit. Vom jüngsten Angriff der Basterds unterrichtet, schreit er wütend: „Was alles soll ich von diesen Judenschweinen noch ertragen?" und verlangt ihre Festnahme, damit er sie „nackt an ihren Füßen am Eiffelturm aufhängen" kann. Im Gegensatz zu *Der Untergang* und *Mein Führer* zeigt *Inglourious Basterds* wenig von Hitlers menschlicher Seite und umso mehr vom Sadismus der Nationalsozialisten. Raine zum Beispiel erklärt seinen Männern in aller Deutlichkeit: „Ich weiß ja nicht, wie es euch geht, aber ich komm doch nicht extra von den scheiß Smoky Mountains runter …, um den Nazis einzutrichtern, was Menschlichkeit ist. Nazis kennen keine Menschlichkeit. Sie sind die Fußsoldaten eines judenhassenden, massenmordenden Psychopathen und gehören vernichtet."

Mit dieser nachdrücklichen Betonung der nationalsozialistischen Gräuel wollte der Film nicht nur die Genugtuung der Zuschauer über Hitlers Tod steigern, sondern auch ihre Erwartungen an die kontrafaktischen Folgen erfüllen. Im Gegensatz zu *Mein Führer*, der den Zuschauern die Freude darüber verweigerte, wie sich ein möglicher Tod Hitlers auf den Lauf der Geschichte auswirkte, deutete *Inglourious Basterds* einen besseren Gang der Dinge an. Im Film geht der Zweite Weltkrieg dank der Ermordung Hitlers und anderer Nazigrößen sowie der vorgezogenen Kapitulation Deutschlands früher als in Wirklichkeit zu Ende. (Zur Kapitulation bereit ist ironischerweise Hans Landa, der dem Komplott der Basterds zwar auf die Schliche kommt, ihm aber seinen Lauf lässt und sich opportunistisch mit einer Bootsladung Belohnungen von der US-Regierung und der amerikanischen Staatsbürgerschaft bestechen lässt.) *Inglourious Basterds* befriedigte ferner den Wunsch nach ausgleichender Gerechtigkeit, da sich Landa der Verantwortung für seine früheren Verbrechen nicht entziehen kann. Am Ende des Films ritzt Raine ihm ein Hakenkreuz auf die Stirn und sorgt so dafür, dass der SS-Mann sich nicht anonym in die amerikanische Nachkriegsgesellschaft eingliedern kann. Damit übte der Film ein Minimum an Vergeltung für Landas Opfer und setzte einen moralischen Schlusspunkt.

Doch während *Inglourious Basterds* die NS-Zeit vor allem moralisierend darstellte, normalisierte er sie in einer wichtigen Hinsicht. Wie *Der Untergang*, *Max*, *Mein Kampf* und *Mein Führer* verwischte auch er die Grenze zwischen nationalsozialistischen Tätern und jüdischen Opfern. *Inglourious Basterds* tat dies jedoch auf neuartige Art und Weise. Während *Der Untergang* die Deutschen als Opfer und *Max*, *Mein Kampf* und *Mein Führer* die Juden als Kollaborateure darstellten, stammen sie in *Inglourious Basterds* aus dem Reich der Täter. In ihren Racheakten wenden die jüdischen Figuren des Films ein Maß an Gewalt an, das dem der Nazis in nichts nachsteht. Shoshannas Rachegelüste veranlassen sie beispielsweise, einem unschuldigen französischen Filmentwickler mit dem Tod zu drohen, sollte er ihren Racheplan nicht unterstützen. So verteidigt sie ihre Tat im Originaldrehbuch mit den Worten: „In einem Kampf unter Wölfen frisst man entweder den Wolf, oder der Wolf frisst dich. Wenn wir die Nazis vernichten wollen, müssen wir ihre Taktik anwenden."[156] Ähnlich kehren die sadistischen Morde der Basterds die Behandlung um, die den Juden durch die Nazis widerfuhr. Zwar zeigt der Film keine völlig amoralische jüdische Gewalt und verweist durchaus auf ihre negativen Folgen. Shoshanna wird von Zoller getötet, bevor sie ihre Rache genießen kann. Und zwei der an der „Operation Kino" beteiligten jüdischen Basterds, Hirschberg und Donowitz, sterben nach Zündung ihrer Dynamitstangen vermutlich in den Flammen. Da ihre Handlungen letztlich jedoch zu einem besseren Verlauf der Geschichte beitragen, befürwortete der Film den jüdischen Rachefeldzug.

Wenn Tarantino das Verhalten der Juden auf eine Stufe mit dem der Nazis stellte, strebte er keine bewusste Normalisierung der NS-Vergangenheit an. Im Gegensatz zu den meisten Regisseuren oder Produzenten von Hitler-Filmen der jüngeren Vergangenheit interessierte er sich weder für Politik noch für Geschichte.[157] Wo andere Filmemacher einen persönlichen Bezug zum historischen Erbe der NS-Zeit hatten, war seine Haltung neutraler; statt ethischer Gesichtspunkte interessierten ihn ästhetische. Tarantinos vor allem durch Komik erzielte Ästhetisierung von Gewalt spiegelte die für den Regisseur typische Art wider, „Menschen über Dinge lachen zu lassen, die eigentlich nicht lustig sind".[158] Die historische Verortung im Zweiten Weltkrieg signalisierte vor allem seine langjährige Faszination für Genrefilme und kein besonderes geschichtliches Interesse. Rache und Vergeltung waren schließlich in vielen seiner Filme wie *Reservoir Dogs*, *Pulp Fiction* und *Kill Bill* ein Thema. In *Inglourious Basterds* habe er, so Tarantino, „etwas anderes" machen und nicht nur Juden als Opfer darstellen wollen, sondern „Deutsche, die Angst vor Juden haben".[159] Seine Motive waren dabei jedoch weniger moralischer als vielmehr filmischer Natur. Im Kern war *Inglourious Basterds* ein Film über das Kino.[160] Wenn Tarantino sich überhaupt für die deutsche Geschichte interessierte, dann für die Geschichte des deutschen Kinos. Sein Film gebe dem Kino die Schuld am Tod der Nazi-Elite – in Form der Filmstreifen, die Shoshanna in ihrem Kino in Flammen steckt –, erklärte der Regisseur. Es gebe ihm „einen Kick", dass „die Macht des Kinos das Dritte Reich zu Fall bringe". Weiter spekulierte Tarantino genüsslich, dass sich unter den in Brand gesetzten Filmen Werke befunden hätten, „die von den Nazis verboten wurden, Lubitsch, Chaplin, Pabst …, die das Dritte Reich in die Luft fliegen lassen".[161]

Doch während Tarantinos Normalisierung der NS-Vergangenheit wenig mit Politik zu tun hatte, waren die kritischen Reaktionen auf *Inglourious Basterds* hochpolitisiert. Viele Kritiker kommentierten die Ästhetisierung der NS-Zeit. Einerseits lobten sie den künstlerischen Wert des Films, seine Ästhetik und die bewussten filmischen Anspielungen.[162] So bemerkten sie anerkennend, Tarantino habe „die Klischees des Kriegsfilms abgeschafft und den Juden aus seiner filmhistorischen Opferrolle befreit".[163] Vor allem deutsche Kritiker hoben nach Historienfilmen wie *Der Untergang* die „befreiende" Wirkung des Films hervor.[164] Der von vielen als „Meisterwerk" gepriesene Film wurde für acht Oscars nominiert und war ein beeindruckender Kassenerfolg.[165] Doch *Inglourious Basterds* erntete auch Kritik für seine Instrumentalisierung der NS-Zeit, die tiefer gehenden Fragen ausweiche. So verglich Jens Jessen den Film mit einem Porno, da Handlung und Schauplatz nur Beiwerk seien, „um zur Sache [zu] kommen" und sich in grundloser Gewalt zu ergehen.[166] Andere Kritiker fanden es übertrieben, von Tarantino „irgendeine substanzielle Auseinandersetzung mit der Geschichte" zu erwarten, da er sich in seinen vorherigen Filmen als „der talentierteste Filmemacher Amerikas [erwiesen habe], der sich rühmt, absolut gar nichts zu sagen zu haben".[167]

Für wieder andere ästhetisierte *Inglourious Basterds* die nationalsozialistische Gewalt nicht nur, sondern relativierte sie auch, da der Film die Trennlinie zwischen Nazis und Juden verwischte. Viele Kritiker lehnten die fiktive Handlung ab, in der die Juden den Nazis das antun, was sie in der realen Geschichte erleiden mussten.[168] Ob nun Juden die Nazis in Gebäuden verbrennen lassen oder ihnen Hakenkreuze auf die Stirn ritzen – nach Ansicht des Schriftstellers Daniel Mendelsohn forderte Tarantino das Publikum auf, „der Umkehrung … Beifall zu klatschen … [und] tiefe emotionale Befriedigung darüber zu empfinden, den Spieß gegen die Bösen umzudrehen". Dabei ermuntere der Regisseur die Zuschauer jedoch dazu, „eine Rache zu bejubeln, die die Juden zu Abziehbildern der Nazis macht".[169] Der Filmkritiker J. Hoberman ging noch weiter und deutete die Darstellung von „Juden, die sich wie Nazis aufführen", als „gerechten Holocaust" gegen die Deutschen.[170] Für diese Kommentatoren beförderte der Film eine normalisierende Dynamik. Nach Ansicht des Filmkritikers Neil Gabler „konventionalisierte" er die Juden, da sie wie „alle anderen" ihrer Rachgier erlägen.[171] Ein österreichischer Kommentator empfand „das rachelustige Jubilieren der Zuseher" als „Ausdruck des Danks und der Erleichterung, dass man in diesem Film kein schlechtes Gewissen über die Judenverfolgung zu haben braucht. Die Nazis waren brutal, die Juden ebenso – man muss sich also nicht weiter schämen, muss keine Trauerarbeit leisten, entschädigen, sich Asche aufs Haupt streuen".[172] Andere Kritiker beunruhigte vor allem das normalisierte Bild der Nazis. Die Darstellung von sadistisch folternden Juden könne „Mitleid" mit den Nazis als Opfern wecken, so die Befürchtung.[173] Ein anderer kritisierte, Tarantino habe den SS-Mann Landa zur attraktivsten Figur des Films gemacht; dieser „höchst bezaubernde Nazi" habe kein Gegenstück aufseiten der Alliierten.[174]

Für wieder andere Beobachter verallgemeinerte die Darstellung jüdischer Gewalt die Bedeutung der NS-Zeit. Jüdische Kritiker befürchteten beunruhigende Auswirkungen auf die Gewaltbereitschaft von Juden im heutigen Nahen Osten. So ärgerte sich der Journalist Jeffrey Goldberg darüber, dass verschiedene Mitglieder des Filmteams sich auf eine „jüdische Rachefantasie" freuten, insbesondere der Schauspieler Eli Roth, der mit seiner Bezeichnung des Films als „koscherer Porno" für Furore sorgte.[175] Träten Juden als Rächer auf, so könne dies als Rechtfertigung einer aggressiven Politik

Israels gegenüber den Palästinensern dienen, befürchtete Goldberg.[176] In der Tat räumte Tarantino ein, in seiner Darstellung der Basterds unterschwellig von „Vorstellungen von … post-israelischen Juden" beeinflusst gewesen zu sein. In einem Interview aus dem Jahr 2010 berichtete er von einer Reise nach Israel, auf der er von der „Wahnsinns-Armee" des Landes erfahren habe; beeindruckt habe ihn das „geniale" Konzept, dass „jeder junge Mensch … erfährt, was es heißt, ein Krieger zu sein". Für Kritiker wie Goldberg konnte die Lektion, die Tarantino von seiner Reise über die israelische Selbstverteidigung mitgenommen hatte – „Uns wird man nie wieder schlafend erwischen" –, jedoch genau die Art von Gewalt legitimieren, die zu Vergleichen zwischen Israelis und Nazis aufforderte.[177]

Wieder andere Beobachter befürchteten, Tarantinos Darstellung von gewalttätigen Juden stelle diese weniger in eine Reihe mit sadistischen Nazis als vielmehr mit arabischen Terroristen. Eine Szene deutete tatsächlich eine solche Verbindung an. Beim großen Finale im Pariser Kino sitzen zwei der Basterds mit Dynamitstangen an den Beinen im Publikum. Bei diesem Bild – und Tarantinos Beschreibung der beiden als „Selbstmordattentäter" – drängten sich Parallelen zu radikalen Islamisten heute auf, was die Juden in ein wenig schmeichelhaftes Licht rückte. Sie drohte sogar, den Status der Juden als historische Opfer infrage zu stellen. So erklärte die Journalistin Danielle Berrin: „Wenn Juden ihre Rache bekommen, haben sie weniger Anspruch auf eine Opferrolle. Das bedeutet weniger Verständnis für die zahlreichen existenziellen Bedrohungen Israels."[178] Einige deutsche Kritiker deuteten den Film als Anzeichen dafür, „dass die israelische Falken … in Hollywood angekommen sind"; sie waren bereit, Juden als aggressive Täter statt als unschuldige Opfer zu sehen.[179] Ähnlich versuchten andere jüdische Rezensenten, Tarantinos Vision als „unjüdisch" abzutun; sie befürchteten, die filmische Darstellung jüdischer Gewalt könne sich negativ auf die Einstellung zu Israel auswirken.[180] Obwohl der Film also nicht politisch motiviert war, trug *Inglourious Basterds* seinen Anteil zur politisierten Debatte bei.

Zusammenfassung

In den letzten fünfzehn Jahren ist das filmische Bild Hitlers ein immer normaleres geworden. Unabhängig davon, ob sich Hitler-Filme auf seine frühen Jahre in Wien oder seine letzten Tage in Berlin konzentrierten, ob sie seinen Weg in die Politik oder deren katastrophale Auswirkungen nachzeichneten – neuere Filme haben mit der herrschenden Praxis gebrochen und ihn nicht verurteilt, sondern ihn zu verstehen versucht. Sie lehnen die moralisierende Tradition der Dämonisierung ab und verfolgen eine Normalisierungsstrategie der Vermenschlichung, bei der sie auf Verfahren der Ästhetisierung, Universalisierung und Relativierung zurückgegriffen haben. Mit dieser Normalisierung sind sie allerdings auf Widerstand gestoßen und haben eine Debatte über die Folgen für die Erinnerung an die NS-Zeit ausgelöst. Auch haben sie einmal mehr die Dialektik der Normalisierung bestätigt. Und sie haben gezeigt, dass *alle* Darstellungen Hitlers und des Dritten Reiches – ob normalisiert oder moralisierend – förderliche wie schädliche Auswirkungen auf die Erinnerung haben.

Seit der Jahrtausendwende haben viele Filme versucht, Hitler auf dem Wege der Ästhetisierung zu vermenschlichen. Sie haben die Aufmerksamkeit beispielsweise auf die zwei Phasen seines Lebens gelenkt, in denen er sich am Tiefpunkt seiner Macht befand: die frühen Jahre, als er um seinen Platz in der Welt kämpfte, und die letzten Tage, in denen er seinen Selbstmord plante. Durch die Konzentration auf diese beiden Zeitabschnitte haben sie den NS-Diktator auf Normalgröße zurückgestutzt und ihn so zu einem menschlichen Wesen gemacht; anstatt ihn zum bedrohlichen, omnipotenten Herrscher zu stilisieren, haben sie ihn als mitleiderregenden, gebrechlichen alten Mann gezeigt. In *Max* und *Mein Kampf* zum Beispiel muss der junge Hitler tiefe Kränkungen durch bittere Armut und zerplatzte Träume hinnehmen. Der altersschwache Diktator in *Der Untergang* und *Mein Führer* ist gesundheitlich angegriffen und wittert überall Verrat. In ihrer Fokussierung auf die menschlichen Seiten des Führers nutzten diese Filme verschiedene Darstellungsweisen. *Der Untergang* orientierte sich am Realismus und schilderte Hitler als Jedermann, der wie alle anderen zu Abend isst und seine Frau küsst. *Max, Mein Kampf* und *Mein Führer* entschieden sich für die Satire, die ihn zur bemitleidenswerten Zielscheibe des Spotts machte. Mit ihrer Ablehnung moralisierender Darstellungen vermenschlichten und normalisierten sie ihn jedoch alle. In den meisten Fällen taten sie dies mit lauteren Absichten, nämlich dem Wunsch nach Entmythologisierung – um seine Statur von überlebensgroß auf Normalgröße zu schrumpfen, damit er nie wieder als Objekt der Faszination oder Anziehung dienen konnte. Dieses Bemühen hatte jedoch seinen Preis. Realistische Darstellungen laufen Gefahr, die ästhetische Wirkung zu reproduzieren, auf denen Hitlers ursprüngliche Faszination gründete. Humoristische Darstellungen hingegen riskieren eine Verharmlosung seiner Verbrechen und ein Ablenken von seiner Bösartigkeit. Beide Formen der Ästhetisierung haben somit ihre Vorzüge und Nachteile und werfen ein Schlaglicht auf die unvermeidlichen Ambiguitäten der Normalisierung.

Dasselbe gilt für das filmische Bemühen, Hitler auf dem Weg der Universalisierung zu vermenschlichen. Verschiedene neuere Filme über Hitler haben nach universellen Lehren in der NS-Vergangenheit gesucht. Einige haben bei der Erklärung von Hitlers politischem Extremismus den Einfluss allgemeiner Kräfte geltend gemacht, anstatt auf die besonderen Umstände der Zeit zu verweisen. So deutete der Regisseur von *Max*, Menno Meyjes, Hitlers Hinwendung zum Nationalsozialismus als Folge grundlegender menschlichen Emotionen wie Wut und Enttäuschung. Dani Levys *Mein Führer* hingegen führte Hitlers politische Wende auf missbräuchliche Erziehungspraktiken aus dem 19. Jahrhundert zurück. Andere Filme verallgemeinerten das Erbe des Nationalsozialismus, indem sie Parallelen zwischen dem Dritten Reich und den politischen Geschehnissen der Gegenwart zogen. Die Regisseure und Produzenten der Filme *Hitler –Aufstieg des Bösen* und *Max* verwiesen in ihrer Darstellung von Hitlers Aufstieg zur Macht auf die politischen Gefahren, die von Saddam Hussein, Slobodan Milošević und sogar George W. Bush ausgingen. Kritiker von *Inglourious Basterds* wie auch der Regisseur Quentin Tarantino stellten unterdessen Bezüge zur prekären Lage Israels im Nahen Osten her. Wie im Falle der Ästhetisierung waren auch diese Beispiele der Universalisierung von ehrenwerten Motiven geleitet. Es ist grundsätzlich nichts Verwerfliches daran, universelle Lehren aus der NS-Zeit zu ziehen. Zu zeigen, wie eine bestimmte geschichtliche Phase größere Einsichten über unser Menschsein vermittelt, erweitert ihre historische Relevanz und macht sie für ein breiteres Publikum interessant. Zugleich besteht dabei die Gefahr, die spezifische Eigenart dieser Periode zu vernachlässigen und ihre Realität zu verzerren. Da die jüngsten Filme die Rolle der kulturellen und politischen Traditionen Deutschlands beim Aufstieg Hitlers ignorierten, versäumten sie die Gelegenheit, das geschichtliche Verständnis zu vertiefen.

Ähnliche Ambiguitäten prägten das Phänomen der Relativierung. Neuere Filme über Hitler relativierten die NS-Vergangenheit, indem sie die Unterscheidung zwischen nationalsozialistischen Tätern und jüdischen Opfern verschwimmen ließen. *Der Untergang* tat dies, indem er die Deutschen zu Opfern und das jüdische Leid zu einer Randnotiz machte. *Inglourious Basterds* tat dies durch seine Darstellung von Juden, die sich wie ihre Nazi-Peiniger verhielten. Die meisten Filme ließen jedoch die Trennlinie zwischen beiden verschwimmen, indem sie die Fähigkeit der Juden zur Kollaboration mit den Nazis andeuteten. Die jüdischen Protagonisten der Filme *Max*, *Mein Kampf* und *Mein Führer* versuchen, mit Hitler zu kooperieren und ihn zu retten. Aus Mitgefühl für Hitlers verzweifelte Lage gehen Max Rothman, Schlomo Herzl und Adolf Grünbaum bis an ihre Grenzen. Sie alle verfehlen jedoch ihr Ziel und bezahlen dafür mit dem Leben. Trotz ihres tragischen Schicksals scheinen sie mit dem naiven Versuch, Hitler zu retten, auch zu ihrem eigenen Untergang beizutragen. Indem sie Juden in ein so kritisches, Hitler dagegen in ein menschlicheres Licht rückten, haben die jüngsten Filme die NS-Verbrechen unterschwellig relativiert. Diese normalisierende Wirkung war freilich weitgehend ein unbeabsichtigter Nebeneffekt der Entscheidung, der kontrafaktischen Fantasie entgegenzuwirken, Hitler hätte mit der richtigen Unterstützung gerettet werden können. Indem die Filme diesen Wahnwitz entlarven, werfen sie unweigerlich ein negatives Licht auf die Juden, die Hitler von seinem historischen Schicksal abzubringen versuchen. Gleichzeitig verweisen sie unfreiwillig auf einen positiven Aspekt der Relativierung. Sie zeigen, dass Relativierung als Korrektiv zum moralischen Absolutismus fungieren und ein größeres Verständnis für die Komplexität der Geschichte wecken kann. Sie zeigen, dass die Nazis bei aller Bösartigkeit auch ihre Helfer hatten – sogar jüdische, wie wir aus dem berüchtigten Beispiel der Judenräte wissen –, was ein differenzierteres Verständnis der NS-Zeit erlaubt. Relativierung kann zwar, muss aber nicht zu Verharmlosung führen und sollte deshalb nicht pauschal verurteilt werden. Auch sie verweist mit anderen Worten auf die Ambiguitäten der Normalisierung.

Letztlich gibt es keine einfachen Antworten auf die Frage, wie Hitler und die NS-Vergangenheit filmisch dargestellt werden sollten. Das geteilte Echo auf neuere Hitler-Filme macht dies umso deutlicher. Während viele Filme von der Kritik gefeiert wurden und Publikumserfolge waren, warfen einige Kommentatoren ihnen den Bruch mit moralisierenden Darstellungsformen vor. Diese zwiespältige Rezeption verdeutlicht, wie schwer Normalität zu erreichen ist. Zugleich unterstreicht sie die Krise des Moralismus. Es gibt nicht nur weniger Filme, die an ethisch grundierten Darstellungstraditionen festhalten, sondern diejenigen, die dies – wie *Hitler – Aufstieg des Bösen* – tun, sind weithin in die Kritik geraten. Dass sich der Moralismus erschöpft hat, hat zum Teil damit zu tun, dass er den überwiegenden Teil der Nachkriegszeit die übliche Darstellungsweise Hitlers war. Es liegt aber auch daran, dass er das historische Verständnis nicht zu fördern vermochte. Solange Filme über Hitler ihn nicht als Menschen, sondern als Dämon darstellen, werden sie nur schwer ein Verständnis seiner Person fördern können. Das Ziel der moralischen Bewertung steht dem der Aufklärung entgegen. Gleichzeitig aber bringt eine Ablehnung des Moralismus ihre eigenen Probleme mit sich. Je mehr Filme auf den menschlichen Seiten Hitlers beharren – mit welchen ästhetischen Mitteln auch immer –, desto größer die Gefahr einer Banalisierung.

Es ist schwer zu sagen, was die größere Gefahr für die Erinnerung an die NS-Zeit ist: ein rigider Moralismus oder eine schleichende Normalisierung. Die Einschätzungen darüber gehen in den verschiedenen Teilen der Welt auseinander. Viele Beobachter in Deutschland beunruhigen die moralisierenden Darstellungen Hitlers als Dämon. Mit Verweis auf *Der Untergang* und die Dokumentationen von Guido Knopp geben sie zu bedenken, dass der Fokus auf Hitlers Bösartigkeit von der Rolle der Deutschen als Beihelfern zu seinen Verbrechen ablenke. Diese Kommentatoren unterstützen daher das filmische Bemühen um eine Vermenschlichung Hitlers, da diese ihrer Ansicht nach den Blick auf die Gründe lenke, aus denen die Deutschen ihn ursprünglich unterstützten; sie betone somit die historische Verantwortung der Deutschen für den Aufstieg Hitlers. Angesichts dieses höheren Ziels sind diese Kritiker unbesorgt, was eine mögliche Verharmlosung Hitlers angeht. In den Vereinigten Staaten und England hingegen ist das Gegenteil der Fall. In beiden Ländern geben inflationäre Verweise auf Hitler im politischen Diskurs und seine zunehmend satirische Darstellung in der Populärkultur Anlass zur Sorge, er könne damit den Ruch des Bösen verlieren. Da es nach Ansicht vieler angloamerikanischer Kommentatoren wichtig ist, Hitler als Maßstab des Bösen in der westlichen Kultur zu erhalten, haben sie auf moralisierende Darstellungsweisen gedrängt. Mit dieser Position verbunden ist die Erkenntnis, dass solche Darstellungsweisen zwar repetitiv, vorhersehbar und abgestanden werden können – und von der Schuld des deutschen Volkes ablenken können –, dass aber sie allein Hitlers Aura der Bedrohung bewahren können, ohne die das Dritte Reich als historische Epoche unverständlich ist. Natürlich ist es nur schwer möglich, Hitler gleichzeitig zu dämonisieren und zu vermenschlichen. Dass neuere Filme vor allem Letzteres tun, deutet jedoch darauf hin, dass sich – solange die Dialektik der Normalisierung anhält – eine Rückkehr zum Moralismus abzeichnen könnte.

6 Zwischen Tragödie und Farce: Nationalsozialismus im Internet

Adolf Hitler … war ein deutscher Politiker und Vorsitzender der Nationalsozialistischen Deutschen Arbeiterpartei … Unter Hitlers Führung und seiner rassistisch motivierten Ideologie war das NS-Regime für den Völkermord an etwa 6 Millionen Juden und Millionen anderer Opfer verantwortlich, die er und seine Anhänger als Untermenschen oder sozial unerwünscht betrachteten.[1]

Wikipedia

Hitler gab sein Bestes für sein Volk. Er war nur ein Mann, und ein Mann kann nur sein Bestes geben. Es waren die Verräter, die sich an die Spitze weißer Nationen gegen Hitler setzten und es den Weißen vermasselten, nicht Hitler. Hitler war für die Weißen, und seine Feinde waren geen [sic] Weiße. Hitler verdient unseren Respekt.[2]

Stormfront

Alle Katzen wollen die Welt regieren, das liegt in der Natur der Spezies, doch um ein echter Kitler zu sein, muss es noch eine andere Ähnlichkeit geben … mit diesem stets beliebten deutsch-österreichischen Diktator. Wir suchen nach dem Zahnbürstenbart … Oder der Möwenschwarm-Frisur. Vielleicht ein böses Funkeln in den Augen … Natürlich haben die besten Kitlers alle diese Eigenschaften.[3]

catsthatlooklikehitler.com

Wer sich im Internet über die Geschichte des Dritten Reiches informiert, sollte auf der Hut sein. Gibt man Schlagworte der Geschichte Nazideutschlands wie „Hitler“, „Nationalsozialismus“ oder „Holocaust“ in Suchmaschinen wie Google oder Yahoo ein, erhält man augenblicklich eine Kakofonie an Ergebnissen. Die ersten Treffer erscheinen auf weitgehend seriösen Webseiten wie Wikipedia, Encyclopedia Britannica und Answers oder auf den Seiten der großen Forschungseinrichtungen wie dem United States Holocaust Memorial Museum und Yad Vashem. Ein paar weitere Klicks führen ahnungslose Internetnutzer jedoch zu rechtsextremen Webseiten wie Stormfront, Committee for Open Debate on the Holocaust und Institute for Historical Review. Noch mehr Klicks führen in eine eher humorige Richtung – zur satirischen Enzyklopädie Uncyclopedia mit ihren Pseudo-Einträgen zu Hitler und zum Nationalsozialismus; zu Hipster Hitler mit kurzen Bildergeschichten des bebrillten Führers, der ironische T-Shirts mit Nazi-Sprüchen trägt; und zu YouTube mit seinen unzähligen Videoparodien des Führers. Und schließlich gelangt der unerschrockene Web-Surfer zu Seiten, die man nur als bizarr bezeichnen kann, wie Cats That Look Like Hitler, die possierliche Fotos von faschistisch aussehenden Katzen zeigt, und – noch eine Stufe extremer – Things That Look Like Hitler, das angeblich das Gesicht des Führers auf Fotos von beliebigen Objekten erkennt, von Rauchmeldern bis zu gebratenen Zucchini. Das Surfen im Internet offenbart kurzum eine grundlegende Wahrheit über den Platz des Nationalsozialismus im Internet: Was einem zunächst begegnet – die reinen Fakten über das Dritte Reich sowie extremistische Verzerrungen dieser Tatsachen –, vermittelt ein Gefühl der Tragödie der NS-Zeit; das, worin man schließlich versinkt – freche Satire, infantile Parodie und bizarrer Kitsch –, ist eine einzige Farce.

Die Darstellung des NS-Erbes im Internet ist ein weiterer Beleg für die Normalisierung der Erinnerung. Wie die zahlreichen Romane, Erzählungen, Essays und Filme, die die Geschehnisse des Dritten Reiches in den letzten Jahren thematisiert haben, spielen Internet-Inhalte (in textlicher oder bildlicher Form) eine wichtige Rolle für unser Verständnis der NS-Vergangenheit. Von anderen kulturellen Artefakten unterscheiden sich Texte und Bilder im Internet jedoch grundlegend. Ihre Darstellung des Nationalsozialismus wird maßgeblich von den einzigartigen Merkmalen des Mediums Internet beeinflusst. Da das Internet ein Ort zur Äußerung aller Ideen – unabhängig von ihrer Qualität – ist und neue Lese-, Denk- und Erinnerungsgewohnheiten fördert, schenkt es spektakulären und trivialen Informationen beispiellose Aufmerksamkeit. Webseiten, die ein Bewusstsein für die Geschichte des Dritten Reichs fördern wollen, sehen sich daher zunehmender Konkurrenz von Webseiten ausgesetzt, deren Ziel die Verfälschung und Verulkung dieser Geschichte ist. Da sich die Online-Darstellung des Nationalsozialismus um Historie, Hass und Humor erweitert hat, hat sie eine Verschiebung vom Moralismus zur Normalität begünstigt. Wie kaum anders zu erwarten, hat dieses neue Darstellungsmuster empörte Reaktionen und eine hitzige Debatte ausgelöst. Doch sein gewaltiges Ausmaß und seine grenzenlose Reichweite scheinen alle Bemühungen um Widerstand zum Scheitern zu verurteilen.

Internet und Gedächtnis

Der Aufstieg des Internets hat tiefgreifende Auswirkungen auf unsere Erinnerung gehabt. Seit sich das Internet in den 1990er-Jahren als Massenmedium etabliert hat, hat es – zusammen mit anderen Innovationen wie PCs, Mobiltelefonen, Digitalkameras, drahtlosen Netzwerken, Breitband, E-Mail, Textnachrichten und Ähnlichem – die Fähigkeit der Menschen zur Produktion, zur Übermittlung und zum Zugriff auf Informationen revolutioniert.[4] Da es Zugang zu Informationen ermöglicht, die sonst vielleicht im Verborgenen geblieben (oder ganz in Vergessenheit geraten) wären, ist das Internet zu einer Art Lebensversicherung für die Erinnerung geworden. Im Internet stirbt nichts. Facebook-Profile existieren noch Jahre, nachdem ihre Nutzer verstorben sind. Alte Blogs und Online-Kommentare sind noch lange nach ihrer ursprünglichen Veröffentlichung zugänglich. Dank der Wunder der Digitalisierung sind Informationen gegen Vernichtung nahezu immun geworden. Ihre Fähigkeit, online unbegrenzt reproduziert, gespeichert und verbreitet zu werden, bietet einen beispiellosen Schutz vor Katastrophen wie der Zerstörung der antiken Bibliothek von Alexandria, bei der der Menschheit unersetzliche Texte verloren gegangen sind.

Die Rolle des Internets beim Erhalt und Schutz von Informationen ist für die Verbreitung geschichtlichen Wissens unerlässlich. Aus offensichtlichen Gründen ist das Internet für jeden, der etwas über die Vergangenheit erfahren möchte, ein Geschenk des Himmels. Denn mit ihm sind alle möglichen historischen Quellen jederzeit online verfügbar. Auf Webseiten wie dem (1996 gegründeten) Internet History Sourcebooks Project der Fordham University findet man unzählige Primärquellen, die Materialien zu sämtlichen historischen Epochen von der Antike bis zur Neuzeit bereitstellen. Sekundärquellen sind leicht auf den Webseiten von Bibliotheken, Archiven und Museen sowie auf großen Portalen wie http://besthistorysites.net zugänglich.[5] Die meisten dieser Seiten ermöglichen eine Stichwortsuche, die den Zugang zu Informationen erheblich vereinfacht. Dasselbe gilt für Webseiten wie Google Books, die schwer auffindbare historische Bücher und Artikel digitalisiert und den Zugriff auf sie erweitert haben. Über die Forschungsförderung hinaus hat das Internet es Historikern und interessierten Laien ermöglicht, sich in Diskussionsforen wie z. B. dem 1995 gegründeten Diskussionsnetzwerk H-Net (Humanities and Social Sciences Online) mit den Ideen anderer auseinanderzusetzen.[6] All diese Entwicklungen haben dazu geführt, dass Historiker webbasierte Möglichkeiten für historische Forschung, Lehre und Lernen ausdrücklich begrüßt haben.[7] Da das Internet Forschern und Lesern beispiellosen Zugriff auf historisches Wissen ermöglicht, ist es ein Segen für die historische Erinnerung.

Gleichzeitig hat das Internet aber auch unerwünschte Begleiterscheinungen gehabt, die sich negativ auf die Erinnerung ausgewirkt haben. Verschiedene Beobachter haben in den letzten Jahren auf die schädlichen Folgen des Internets für das menschliche Denken hingewiesen. In seinem Buch *Wer bin ich, wenn ich online bin … und was macht mein Gehirn solange?* erläutert Nicholas Carr, dass das Internet Informationen in einer Weise vermittelt, die „oberflächliches Lesen, hastiges und zerstreutes Denken und flüchtiges Lernen" fördere.[8] Diese negativen Auswirkungen resultieren ironischerweise aus einigen der größten Vorzüge des Internets. Obwohl es den ungehinderten Zugang zu unendlich vielen Informationen ermöglicht, führt das Internet bei vielen Nutzern zu einem Gefühl der Informationsüberflutung. Um der Datenflut Herr zu werden, entwickeln wir laut Carr neue Formen des Lesens wie etwa Überfliegen und Scannen und opfern Tiefgang zugunsten von Geschwindigkeit.[9] Ähnliche Vor- und Nachteile hat das Multitasking im Internet. Dank Interaktivität, Hyperlinks, Suchfunktionen und Multimedia können wir gleichzeitig auf mehreren Webseiten surfen, während wir E-Mails erhalten, Videoclips ansehen, Musik hören und mit Freunden skypen.[10] Dieses intensive Multitasking kann befreiend sein, es kann das Internet aber auch zu einem „Unterbrechungssystem" machen, das uns ständig ablenkt.[11] Das Internet beeinträchtigt unsere Konzentrationsfähigkeit und kann unsere Aufmerksamkeitsspanne verkürzen. Der durchschnittliche US-amerikanische Internetnutzer verbringt laut Carr zwischen 20 und 30 Sekunden auf einer Website, bevor er weiterklickt.[12] Kein Wunder, dass wir daher dazu neigen, kleine, leicht verdauliche und aufmerksamkeitsstarke Informationen – Klappentexte, Überschriften und Zusammenfassungen – gegenüber längeren und differenzierteren Texten zu bevorzugen. Das Visuelle und das Akustische – sei es in Form von Fotos, Videos, Audiotracks oder multimedialen Kombinationen aller drei – scheinen das Textliche immer mehr abzulösen. Letztendlich haben wir auf unserer Jagd nach dem Unmittelbaren und Trivialen begonnen, tiefer gehende Formen des Lesens, Denkens und Reflektierens aufzugeben.[13]

All diese Entwicklungen haben potenziell besorgniserregende Folgen für das Gedächtnis. Da unsere Konzentrationsfähigkeit abnimmt, sind wir vielleicht nicht mehr in der Lage, Informationen so effektiv zu speichern wie früher.[14] Unsere Erinnerungsfähigkeit könnte daher in Gefahr sein. Studien haben gezeigt, dass der Informationsfluss im Web so groß und schnell ist, dass wir das Gelesene nicht ohne Weiteres aus unserem Arbeitsgedächtnis in unser Langzeitgedächtnis transferieren können.[15] Das hat unter anderem zur Folge, dass wir die Erinnerung an das Internet auslagern und es so zu einem „externen Speichersystem" machen.[16] Neuere wissenschaftliche Untersuchungen zum „Google-Effekt" haben gezeigt, dass Menschen sich Informationen nicht mehr aktiv merken, wenn sie glauben, sie könnten sie leicht im Web nachschauen. Zwar haben andere Beobachter festgestellt, dass Menschen in früheren Zeiten mit ähnlichen Herausforderungen des Outsourcings zu kämpfen hatten – vor allem beim Übergang von der mündlichen zur schriftlichen Kultur in der Antike – und diese Anpassung erfolgreich gemeistert haben.[17] Doch so wie frühere technische Veränderungen die menschliche Erinnerung vor Herausforderungen gestellt haben, tut dies zweifellos auch das Internet.

Verantwortung und Gedächtnis: Die Geschichte des Nationalsozialismus im Internet

Diese Entwicklungen haben wichtige Folgen für die Erinnerung an den Nationalsozialismus. Zunächst hat das Internet unbestreitbar dazu beigetragen, das Bewusstsein für die Geschichte Nazideutschlands zu fördern.

Im Netz gibt es umfangreiches historisches Quellenmaterial zum Dritten Reich, sei es zur Geschichte der NS-Diktatur, zum Zweiten Weltkrieg oder zum Holocaust. Außerdem bieten zahllose Webseiten in den Vereinigten Staaten, Europa und anderswo geschichtliche Abrisse zu all diesen Themen. Die größte und allgemeinste ist Wikipedia mit Tausenden von Einträgen über den Nationalsozialismus, von bekannten bis zu obskuren. Man kann entweder den ausführlichen Eintrag über den „Zweiten Weltkrieg" lesen oder ebenso leicht einen der fast 6000 Einzeleinträge über unbedeutendere NSDAP-Mitglieder wie Max Erwin von Scheubner-Richter oder Jakob Grimminger überfliegen.[18] Neben Wikipedia widmen sich viele andere Websites ausschließlich dem Thema Nationalsozialismus. Einige sind Universitäten angeschlossen, so z. B. das 1997 von der University of South Florida eingerichtete Portal A Teacher's Guide to the Holocaust.[19] Andere sind mit Holocaust-Museen verbunden, so das United States Holocaust Memorial Museum in Washington DC oder Museen in New York, Chicago, Houston und Los Angeles.[20] Daneben haben private Forschungs- und Advocacy-Institutionen ihre eigenen Webauftritte eingerichtet, von denen die bekanntesten Facing History and Ourselves, das Simon Wiesenthal Center und die Anti-Defamation League sind.[21] Auch in Europa sind verschiedene Webseiten mit kulturellen und politischen Institutionen verbunden. In Deutschland bieten die KZ-Gedenkstätten und Dokumentationszentren in Berlin, München, Nürnberg und Köln umfangreiche Internetangebote, ebenso Museen und Forschungseinrichtungen wie das Deutsche Historische Museum, das German Historical Institute Washington und das Goethe-Institut.[22] Auch Regional- und Stadtmuseen stellen ähnliche, wenn auch eingeschränktere Dienste zur Verfügung.[23] Darüber hinaus gibt es osteuropäische Seiten unter anderem in Polen, Ungarn und den Ländern des ehemaligen Jugoslawiens,[24] nicht zu vergessen wichtige Webseiten in Israel, vor allem die Homepage der Holocaust-Gedenkstätte Yad Vashem.[25]

Auch Privatpersonen haben eigene Webseiten zum Thema Nationalsozialismus erstellt. Zu ihnen gehören unter anderem der emeritierte Professor für Kommunikation des Calvin College, Randall Bytwerk, der das „German Propaganda Archive" mit einer umfangreichen Sammlung von NS-Propagandaplakaten und vielem mehr betreibt.[26] Andere Webseiten stammen von Laien, die ein persönliches Interesse an der NS-Zeit haben. Seiten wie z. B. World War II Remembered und Lost Images of World War II wurden von den Enkeln amerikanischer Kriegsveteranen eingerichtet und präsentieren Fotos aus Kriegszeiten.[27] Andere wie Third Reich Locations, Third Reich in Ruins und The Hitler Pages enthalten zahllose Archivfotos und zeitgenössische Fotografien von architektonischen Stätten mit Bezug zur NS-Zeit.[28]

All diese Seiten bieten gelegentlichen Webnutzern die Möglichkeit, viel über den Nationalsozialismus, den Zweiten Weltkrieg und den Holocaust zu erfahren. Im Gegensatz zu traditionellen gedruckten Quellen verwenden sie unterschiedliche Darstellungsformen und nutzen die Vorteile von Multimedia und Interaktivität. Links zu Ausschnitten aus Dokumentarfilmen, Bildern, Tonaufnahmen und anderen ergänzenden Materialien verleihen dem, was wir von diesen Webseiten über die Vergangenheit lernen können, eine beispiellose Tiefe. Wer etwa auf die Webseite des Deutschen Historischen Museums LeMO (Lebendiges Museum Online) geht und auf „Adolf Hitler“ klickt, erfährt nicht nur Fakten über den Diktator, sondern hat auch Zugriff auf Audiolinks zu seinem Appell an die Nation – seiner Rede zu den Reichstagswahlen im Juli 1932 – sowie auf Videomaterial zum Tag von Potsdam am 21. März 1933.[29] Wer die Webseite Third Reich in Ruins besucht, erhält unterdessen einen ganz anderen Blick auf die NS-Vergangenheit, da er oder sie das Erscheinungsbild der vielen physischen Stätten des Dritten Reichs zur Zeit ihrer (auf Fotos, Postkarten und Karten dokumentierten) Entstehung mit dem Bild fünfzig Jahre später vergleichen kann. Auf diese und andere Weise hat das Internet das Geschichtsbewusstsein gefördert und die Nazizeit stärker im kulturellen Gedächtnis verankert.

Unklar ist allerdings, ob die Fülle von verfügbaren Informationen über die NS-Vergangenheit tatsächlich zu einer aktiveren Erinnerung führt. Wenn Skeptiker recht haben, verinnerlichen Internetnutzer das Wissen über die NS-Zeit möglicherweise weniger und verlassen sich eher auf das Internet als externen Speicher für leicht abrufbare Informationen. Das Internet mag den Zugang zu Wissen erweitert haben, es macht dieses Wissen möglicherweise aber auch oberflächlicher. Noch lässt sich nicht absehen, ob dies einen Fortschritt oder einen Rückschritt gegenüber der Zeit vor dem Internet darstellt. In der alten Welt der gedruckten Texte war Wissen auf diejenigen beschränkt, die Zugang zu Bibliotheken und Zugriff auf Bücheretats hatten. Es gab wahrscheinlich weniger Personen mit Grundkenntnissen über die NS-Zeit, allerdings waren diese möglicherweise besser über das Thema informiert. Mittlerweile verfügen wahrscheinlich mehr Menschen denn je zuvor über gewisse Kenntnisse der Geschichte des Dritten Reiches, doch sind diese möglicherweise flüchtiger und oberflächlicher. Mit dem Aufstieg des internetbasierten Geschichtswissens ist es somit zu klaren Zielkonflikten gekommen. Während wir jetzt statt weniger Menschen viele ausbilden können, opfern wir vielleicht auch Tiefgang zugunsten von Breite.

Und das ist nicht das einzige potenzielle Problem. Die oben vorgestellten Websites haben unbestreitbare Vorzüge, sind aber nicht ohne Mängel. Es liegt in der Natur der Sache, dass Webseiten sich ständig anpassen müssen, doch sind sie nicht immer auf dem neuesten Stand. Die Einträge auf Wikipedia mögen auf den ersten Blick ausführlich erscheinen, entsprechen aber oft nicht den neuesten wissenschaftlichen Erkenntnissen. Sie enthalten zum Teil unbelegte Informationen (was sie unzuverlässig macht) sowie Links zu nicht mehr existierenden Webseiten.

Viele dieser Mängel zeigen sich in dem kurzen englischen Wikipedia-Eintrag zur „Einzigartigkeit" des Holocaust. Der Eintrag (ein Unterabschnitt im größeren Eintrag zum „Holocaust") ist knapp 300 Wörter lang und erwähnt noch nicht einmal die meisten wichtigen Diskussionsbeiträge zum Thema. Zitiert wird eine sehr kleine und nicht repräsentative Auswahl von Wissenschaftlern (einer davon ist ein Sonderfall, Norman Finkelstein), wobei Zusammenfassungen ihrer Werke in keiner bestimmten chronologischen oder thematischen Reihenfolge erscheinen. Der größere „Holocaust"-Eintrag, zu dem der Unterabschnitt „Einzigartigkeit" gehört, enthält außerdem einige fragwürdige Behauptungen. In einem Unterabschnitt mit dem Titel „Vernichtungslager" heißt es: „[D]ie Verwendung von Lagern mit Gaskammern zum Zwecke der systematischen Massenvernichtung von Völkern war ein einzigartiges Merkmal des Holocaust und in der Geschichte beispiellos".[30] Diese Behauptung ist nicht nur nicht belegt, an keiner Stelle wird zudem die Bedeutung des Wortes „Einzigartigkeit" definiert. Ihr folgt die irreführende, ebenfalls unbelegte Behauptung, dass Gaskammern „in Auschwitz, Belzec, Chełmno, Jasenovac, Majdanek, Maly Trostenets, Sobibór und Treblinka eingerichtet wurden".[31] Holocaust-Forscher könnten geneigt sein, die Erwähnung von Jasenovac und Maly Trostenets in dieser Liste infrage zu stellen, da Vergasungen dort in weitaus geringerem Umfang stattfanden als in den Lagern der Aktion Reinhardt und in Auschwitz.[32] (Nicht erwähnt werden zudem die vereinzelten Vergasungsaktionen in Lagern wie Sachsenhausen und Mogiljew sowie die zahlreichen Vergasungen, die im Rahmen der Aktion T4 in Deutschland stattfanden und deren Relevanz für die Frage der Einzigartigkeit nicht einmal angesprochen wird.) Trotz dieser irreführenden Behauptungen sind sie jedoch im Wikipedia-Eintrag enthalten. Ähnliche Mängel bestimmen sicherlich auch andere Wikipedia-Einträge. Es wäre für Wissenschaftler ein Leichtes, auf derartige Fehler hinzuweisen und sie zu korrigieren. Die meisten haben jedoch wenig Anreiz, dies zu tun, da eine solche redaktionelle Bearbeitung zeitaufwendig ist und nicht in ihr Publikationsverzeichnis Eingang findet. Dies hat mehrere Konsequenzen: Es führt zu einer Arbeitsteilung, bei der Laien – und nicht Wissenschaftler – in Sachen Internet-Informationen den Ton angeben; es trägt zum Niedergang des Peer-Review-Verfahrens bei, das in der Welt vor dem Internet höhere professionelle Ansprüche an Informationen stellte; es mindert die Zuverlässigkeit internetbasierter Informationen; und es versetzt Nutzer beim Zugriff auf diese Informationen in eine Position der kognitiven Skepsis.

Dieses Gefühl der Skepsis wird durch die ungewissen Motive hinter bestimmten Webseiten zum Nationalsozialismus noch verstärkt. Während institutionell geförderte Seiten relativ unverdächtig sind, gilt dies nicht für die Internetseiten von Privatpersonen. Die Motive hinter der Erstellung dieser Seiten sind oft unklar. Zwar erklären fast alle, dass sie „nicht politisch" und „nur für den rein historischen Gebrauch" seien.[33] Für den normalen Internetnutzer ist jedoch nicht immer leicht erkennbar, ob solche Behauptungen ernst gemeint sind oder nicht. In manchen Fällen ist leicht zu erkennen, dass eine Website moralische Ziele verfolgt. Wer zum Beispiel auf die umfangreiche Fotosammlung von The Hitler Pages zugreift, erfährt gleich am Ende der ersten Seite, dass die Website „nichts mit zweifelhaften politischen Ideen oder rechten Bewegungen zu tun hat". Danach werden Nutzer auf Fotos von Auschwitz verwiesen, die „die beste Warnung überhaupt" seien, um zu verstehen, „was Hitler Europa gebracht hat".[34]

Auf anderen Webseiten fehlen hingegen solche Warnungen. Third Reich Locations kommentiert seine zeitgenössischen Fotografien von nationalsozialistischen Stätten zum Beispiel nur selten. Viele der Bildunterschriften sind streng neutral gehalten. In der Beschreibung des Münchner Hofbräuhauses zum Beispiel wird lediglich darauf hingewiesen, dass Hitler hier „oft gesprochen hat". Andere Gebäude wie das Hotel Elephant in Weimar und das Hotel Deutscher Hof in Nürnberg werden als Orte beschrieben, an denen „Hitler übernachtete". Solche Erläuterungen sind zwar sachlich korrekt, doch erscheinen sie Webnutzern, die erläuternde Hinweise zu nationalsozialistischen Dokumenten gewöhnt sind, unter Umständen zu wenig kritisch. Dies gilt insbesondere für Bilder, deren erläuternde Texte geradezu als Aufforderung zum Besuch nazistischer Orte verstanden werden könnten. Die Beschreibung des Landgasthauses Ottens Hof in der Nähe von Heinrich Himmlers Wewelsburg als „alter Treffpunkt der SS" ist so banal, dass sie den Ort möglicherweise einladend erscheinen lässt (Abb. 37); die Beschreibung des von Albert Speer für den NS-Bildhauer Josef Thorak gebauten Ateliers vor den Toren Münchens als „erstaunliches Bauwerk" grenzt an Bewunderung; und die Darstellung der

Abb. 37: Die Website Third Reich Locations präsentiert aktuelle Fotos von Orten, die einen Bezug zur NS-Geschichte haben. Das Landgasthaus Ottens Hof wird ohne irgendwelche erläuternden Hinweise als „alter Treffpunkt der SS" beschrieben.

Grabstätte von Rudolf Heß im fränkischen Wunsiedel lässt (trotz ihrer Auflösung durch die Behörden 2011) befürchten, dass das Bild Neonazis zu virtuellen „Pilgerreisen" zu den wichtigen physischen Überresten des Dritten Reiches animieren könnte.[35] Da die Website anonym betrieben wird, drängt sich schließlich der Verdacht auf, sie könne insgeheim andere Interessen verfolgen. Im Falle von Third Reich Locations erweist sich dieser Verdacht als unbegründet. Der Betreiber der Webseite, Jon Reffs, hat erklärt, sein Interesse an Nazi-Orten sei „rein dokumentarischer Natur"; er verfolge keine „geheime Agenda", sondern wolle vor allem zeigen, wie wichtige Orte des NS-Regimes sich im Laufe der Zeit verändert hätten.[36] Dennoch zeigt der Fall von Third Reich Locations, dass fehlende einordnende Hinweise zu NS-Stätten Anlass zu Spekulationen geben können.

Hass und Geschichte: Neonazismus im Internet

Diese Skepsis ist umso verständlicher, da dass das Internet zu einem idealen Medium für neonazistische und rechtsextreme politische Organisationen geworden ist. Neonazismus im Internet stellt den negativen Kontrapunkt zu zahlreichen Webseiten dar, die ein Bewusstsein für das Dritte Reich fördern wollen. Er ist so etwas wie eine tragische Entwicklung, da er das Internet für die Verbreitung von Fehlinformationen genutzt und damit das aufklärerische Potenzial in sein Gegenteil verkehrt hat. Ironischerweise trägt das Internet selbst eine Mitschuld an dieser Entwicklung. Über Jahrzehnte blieben die Schriften von Neonazis, Antisemiten und Holocaust-Leugnern weitgehend im Verborgenen. Dank des demokratischen Charakters des Internets ist dieses einst marginale Material nun zum Mainstream geworden.[37] Während extremistische Abhandlungen früher nur unter Schwierigkeiten von seriösen Verlagen veröffentlicht wurden, können sie heute bei Online-Verlagen erscheinen oder einfach auf Webseiten hochgeladen werden. Darüber hinaus können Leser, die früher vielleicht zögerten, entsprechende Schriften öffentlich zu kaufen, heute privat über ihren Computer darauf zugreifen. Schließlich hat das Internet extremistischen Texten größere Legitimität verliehen. Dank der Offenheit des World Wide Web – insbesondere seines Bekenntnisses zur freien Meinungsäußerung und seines Widerstands gegen

Zensur – können sich eklatante Lügen mit objektiven Tatsachen vermischen. Das generische Format der Suchergebnisse erschwert es zudem häufig, die beiden voneinander zu unterscheiden. Da somit toxische Fehlinformationen in den bestehenden Strom historischen Wissens einfließen können, sind Online-Angebote in moralischer Hinsicht mit Vorsicht zu genießen.

Die genaue Zahl extremistischer Webseiten ist unklar, doch hat sie seit dem Aufkommen des Internets in den 1990er-Jahren erheblich zugenommen. Neonazistische und andere rechtsextreme Gruppen gehörten zu den ersten Nutzern der Webtechnologie, um ihre Ansichten zu verbreiten.[38] Heute dürfte ihre Zahl in die Hunderte gehen.[39] Die ersten großen extremistischen Webseiten wurden Mitte bis Ende der 1990er-Jahre erstellt, darunter Stormfront (1995), das Committee for Open Debate on the Holocaust (1996) und Jew Watch (1998). Bekannte Holocaustleugner wie David Irving und Ernst Zündel richteten etwa zur gleichen Zeit ihre privaten Internetseiten ein.[40] Diese bekannten Websites sind häufig mit kleineren verknüpft. Die meisten von ihnen spielen keine große Rolle; die 2007 gegründete Online-Enzyklopädie Metapedia erhebt jedoch den Anspruch, ein allumfassender Wissensspeicher der Rechten zu sein.[41] Unabhängig von ihrer Größe verbreiten alle diese Seiten vorhersehbare Behauptungen: dass Nazideutschland nicht für den Zweiten Weltkrieg verantwortlich sei; dass der Holocaust ein Nachkriegsmythos sei; dass die Juden die Welt regierten und so weiter – nichts davon muss hier weiter vertieft werden. Eher „gemäßigte" neonazistische Seiten wie die der Nationaldemokratischen Partei Deutschlands (NPD) sind mit solchen extremen Behauptungen zwar vorsichtiger, doch macht ihr Parteiprogramm ihr Bekenntnis zu nationalsozialistischem Gedankengut deutlich.[42]

Es ist schwierig, den Einfluss dieser Seiten auf gängige Ansichten über den Nationalsozialismus zu bewerten. Einige Websites verzeichnen erheblichen Besucherverkehr. Stormfront z. B. gehört zu dem einen Prozent der am meisten frequentierten Internetseiten und zieht angeblich jeden Tag über 40 000 Nutzer an.[43] Andere rangieren weit dahinter. Tatsächlich ist Neonazismus im Internet vielleicht nicht so präsent, wie man zunächst annehmen möchte. Die Website Directory of Nazi Websites listet fast 300 Internetseiten auf, von denen viele jedoch inaktiv sind.[44] Nichtsdestoweniger sind neonazistische Sites weiter in der Lage, erheblichen Schaden anzurichten. Dass die Täter jüngerer Fälle von Hasskriminalität – der berüchtigtste ist wohl Anders Breivik in Norwegen – aktiv neonazistische Internetforen besuchten, zeigt, dass solche Seiten zu Gewalttaten beitragen können.[45]

Rechtsextreme haben außerdem versucht, ihre Behauptungen auf etablierte Webseiten einzuschmuggeln. Da das Internet allen offensteht, haben sie vor allem Einträge auf Wikipedia zu beeinflussen versucht. Die Wikipedia-Betreiber sind natürlich auf der Hut vor solchen Versuchen und löschen häufig extremistische Behauptungen. Als ein Nutzer 2008 beispielsweise versuchte, tendenziöse Inhalte auf die Wikipedia-Seite zur rechtsextremen „Liberty Lobby" – gegründet von dem Holocaust-Leugner Willis Carto – hochzuladen, wurde er daran von einem Wikipedia-Sichter gehindert, der bemerkte: „Dieser Artikel ist das größte Desaster an unbelegten rassistischen Behauptungen, das ich je gesehen habe."[46] Der englischsprachige Wikipedia-Eintrag zur Liberty Lobby enthält wie viele andere daher Warnungen bezüglich seiner Vertrauenswürdigkeit, wobei die häufigste lautet: „Die Neutralität dieses Artikels oder Abschnitts ist umstritten." Dieser Hinweis findet sich in zahlreichen Einträgen zum Thema Nationalsozialismus, in der Regel zu kontroversen Themen wie „Vergleich von Nationalsozialismus und Stalinismus", „Bombardierung Dresdens" und „Flucht und Vertreibung der Deutschen (1944–1950)".[47] Wohlwollend betrachtet, bestätigen diese Warnungen die Realität des historiografischen Dissenses. Sie können jedoch sämtliche Informationen im Internet unter Generalverdacht stellen und sie potenziell fehlerhaft erscheinen lassen. Tatsächlich ist in den letzten Jahren häufig der Verdacht aufgekommen, dass Neonazis das Internet aktiv manipulieren. 2004 zum Beispiel waren Webnutzer schockiert, dass die Eingabe des Wortes „Jew" bei Google als ersten Treffer die antisemitische Website „Jew Watch" lieferte. Obwohl Google behauptete, solche Ergebnisse seien die unbeabsichtigte Folge von Computeralgorithmen (die durch die häufige Verwendung des Wortes „Jude" in antisemitischen Zusammenhängen beeinflusst seien), befürchteten Skeptiker die Manipulation von Online-Informationen durch Rechtsextreme.[48]

Zum erfolgreichsten Versuch der Verbreitung neonazistischer Ansichten im Internet kam es Ende 2013, als der als „Quenelle" bekannte antisemitische Gruß auf Internetseiten wie YouTube, Twitter und Facebook plötzlich rasante Verbreitung fand. Die unter europäischen, insbesondere französischen Rechtsextremen beliebte Geste ist ein umgekehrter Nazi-Gruß, bei dem ein Arm steif nach unten gehalten wird und der andere mit gebeugtem Ellenbogen demonstrativ auf die gegenüberliegende Schulter greift. Popularisiert wurde der Quenelle-Gruß von dem französischen Komiker und bekennenden Antizionisten Dieudonné M'Bala M'Bala, der ihn bei seiner Kandidatur für die Wahlen zum Europäischen Parlament 2009 erstmals zeigte (Abb. 38). In den letzten Jahren hat sich die Geste viral im Internet verbreitet, wobei viele Menschen – in Form von „Selfies", der narzisstischen Praxis des digitalen Zeitalters – provozierende Selbstporträts mit dem Gruß vor Synagogen, Holocaust-Gedenkstätten und sogar Konzentrationslagern gepostet haben. Für diejenigen, die dies aus Häme tun, besteht das Ziel darin, an Orten von religiöser Bedeutung oder historischem Leid von Juden demonstrativ ihre Sympathien für nationalsozialistisches Gedankengut zu bekunden und sich so über Juden lustig zu machen. Ihre Selbstbildnisse sind sogar zu so etwas wie einem Internet-Spiel geworden, bei dem die Teilnehmer sich gegenseitig in der Unverfrorenheit ihrer Ortswahl für den Gruß zu überbieten versuchen. Einige haben sich angewöhnt, den Quenelle-Gruß (dessen rechtsradikale Bedeutung bis vor Kurzem unbekannt war) ostentativ in Gegenwart von ahnungslosen Juden, ob orthodoxe Chassidim oder israelische Soldaten, zu zeigen.[49] Während der Gruß Verwirrung gestiftet hat, da Prominente (insbesondere Sportler) ihn als „Anti-Establishment-Geste" verteidigt haben, weist er unbestreitbar antisemitische und pro-nazistische Züge auf. Noch vor einer Generation wäre er ein Kultzeichen mit einer begrenzten Anhängerschaft geblieben. Dank des Internets ist er jedoch zu einem weitverbreiteten Symbol für Hass und Intoleranz geworden.

Dabei gab es durchaus Bemühungen, Rechtsextremismus im Internet zu bekämpfen. Bereits Ende der 1990er-Jahre äußerte die Anti-Defamation League öffentlich ihre Besorgnis über die Verbreitung von Hassreden im Internet und versuchte, durch Bildungs- und Lobbyarbeit das Bewusstsein für dieses Problem zu schärfen. Auch an der Basis gab es Versuche, dem Neonazismus im Internet Einhalt zu gebieten, so etwa in Form allgemeiner antifaschistischer Websites oder spezifischer Twitter-Seiten gegen den Quenelle-Gruß.[50] Diese populistischen Bemühungen sind jedoch auf

Abb. 38: Auf diesem Plakat zeigt der französische Komiker und bekennende Antizionist Dieudonné M'Bala M'Bala den umstrittenen umgekehrten Hitlergruß namens Quenelle.

große Hindernisse gestoßen. Eines davon ist der demokratische Charakter des Internets. 2005 organisierten die Gegner von Jew Watch eine Online-Petition, die von 125 000 Menschen unterzeichnet wurde, um die Webseite aus der Google-Suche zu entfernen. Unter Berufung auf die Meinungsfreiheit weigerte Google sich jedoch, dieser Forderung nachzukommen. Damit stand Jew Watch bei der Suche nach dem Wort „Jew" noch 2015 ganz oben auf der Liste.[51] Andere Bemühungen sind am globalen Charakter des Internets gescheitert. Weil das World Wide Web die Grenzen des Nationalstaates überschreitet, entzieht es sich nationalen Gesetzgebungen, die den Informationsfluss einzuschränken versuchen. Neonazistische Webseiten können von der Regierung eines bestimmten Landes geschlossen werden, ihr Inhalt kann jedoch auf ausländischen Seiten wiederauftauchen. Dieses Problem betrifft auch den Online-Handel mit nationalsozialistischer Literatur, Nazi-Artefakten und -Devotionalien. Der Verkauf solcher Artikel war in den letzten Jahren ein großes Geschäft, nicht jedoch in Ländern wie Deutschland, wo er nur eingeschränkt möglich ist.[52] Doch obwohl kein Exemplar von *Mein Kampf* auf einer deutschen Website verfügbar ist, ist es leicht bei ausländischen Anbietern erhältlich.[53] Dabei gab es durchaus erfolgreiche Versuche, diesen Entwicklungen entgegenzuwirken. Im Jahr 2001 verboten Yahoo Auctions und eBay den Verkauf von Nazi-Devotionalien, nachdem sich das Simon-Wiesenthal-Zentrum über den Verkauf von Artikeln auf ihren Webseiten beschwert hatte, die „Hass symbolisieren" und „den Nationalsozialismus verherrlichen".[54] 2012 startete die Hackergruppe Anonymous zudem eine Reihe von Angriffen auf neonazistische Webseiten und schloss erfolgreich rund fünfzehn Seiten, die mit der NPD in Verbindung standen.[55] Trotzdem bleibt der Neonazismus im Internet ein Problem.

Wie sich extremistische Webseiten auf die Erinnerung an den Nationalsozialismus auswirken, ist weiter unklar. Sie könnten jedoch die Skepsis von Internetnutzern hinsichtlich der Zuverlässigkeit des Internets als Informationsspeicher verstärken. Während Wissenschaftler und andere Spezialisten vielleicht ohne größere Probleme legitime Informationen von falschen Angaben über den Nationalsozialismus im Internet unterscheiden können, tun Laien sich damit möglicherweise schwerer. Einige reagieren vielleicht mit Rückzug, da das Thema ihrem Eindruck nach hoffnungslos einseitig dargestellt wird. Der schwindende Glaube an die Objektivität kann zu einem wachsenden Glauben an die Relativität der Wahrheit und damit zu einer Beschleunigung der Normalisierung führen. Allerdings werden die Proteste von Watchdog-Gruppen gegen neonazistische Webseiten die Geschichte des Dritten Reiches immer wieder ins Blickfeld der Öffentlichkeit rücken und möglicherweise verhindern, dass sie in die Bedeutungslosigkeit abgleitet.

Ironie und Internet: Die unerträgliche Leichtigkeit des Nationalsozialismus

Der Normalisierungsprozess beschleunigt sich jedoch nicht nur durch Hass schürende, sondern auch durch humoristische Inhalte im Internet. In den letzten Jahren hat die Darstellung des Nationalsozialismus im Internet eine Wende hin zum Komischen vollzogen. Diese Entwicklung zeigt sich in vielerlei Form, angefangen von Videoparodien, Comics und Hitler-Bildern bis hin zur rasant angestiegenen Zahl von nationalsozialistisch gefärbten Wortspielen im Internet. Diese humoristische Wende ist ein weiteres Nebenprodukt des demokratischen Charakters des Internets. Die meisten scherzhaften Seiten gehen auf die Initiative von Einzelpersonen zurück. Menschen haben schon immer versucht, eigenwillige Ideen öffentlich kundzutun, doch erst seit dem Aufkommen des Internets haben sie eine Plattform, um sie einem größeren Publikum zu präsentieren. Diese Ideen mögen befremdlich oder beleidigend sein, sorgen aber garantiert für Aufmerksamkeit. Da das Internet kurze Aufmerksamkeitsspannen und oberflächliche Lektüre begünstigt, dürften Nutzer auf der Suche nach der nächsten Ablenkung mit großer Sicherheit an ungewöhnlichen Darstellungen der NS-Vergangenheit hängen bleiben. Dies erklärt, warum die häufigsten dieser Darstellungen die traditionelle Bedeutung des Nationalsozialismus ironisch unterlaufen. Denn wie ließe sich besser Aufmerksamkeit erzielen als mit der scherzhaften Verwendung des klassischen Symbols des Bösen in der westlichen Welt?

Der Aufstieg des „Hitler-Mems"

Der deutlichste Beweis für diesen Trend ist die Verwandlung Hitlers in ein Internet-„Mem". Wissenschaftler und Journalisten haben sich in den letzten Jahren zunehmend dieses Neologismus bedient, um aktuelle kulturelle Trends zu verstehen. Vereinfacht gesagt bezeichnet ein Mem eine Idee, die wie ein Gen die Verfahren der Selbstreplikation, Mutation und Mimikry nutzt, um sich in den Köpfen Einzelner und schließlich der Gesellschaft als Ganzes festzusetzen. Den gängigen Beschreibungen zufolge entwickeln sich Meme in einem Evolutionsprozess, der ihnen eine beherrschende Stellung in der Kultur ermöglicht. Sie können sich in Form von Videos, Schlagwörtern oder Bildern manifestieren und über sämtliche Medien verbreiten. Besonders rasante Verbreitung aber erfahren sie im Internet. Da Online-Informationen im Internet in kürzester Zeit eine große Zahl von Empfängern erreichen können, haben sich „Internet-Meme" über E-Mails, Blogs, soziale Netzwerke und andere Übertragungswege verbreitet. Unter ihnen sind virale Videos wie KONY 2012 (über den brutalen ugandischen Guerilla-Führer Joseph Kony); Ausdrücke wie LOL („laughing out loud" und seine Varianten ROFL und lulz); *Rage Comics* (kurze Comics mit primitiv gezeichneten „Wutgesichtern"); Bild-Makros (Fotos mit ironischen Texten); und die als Emoticons bekannten getippten Symbole.[56]

Unter den vielen Memen, die in den letzten Jahren in den Fokus geraten sind, ist das Hitler-Mem eines der überraschendsten. Seit 2008 zum ersten Mal über sein Erscheinen berichtet wurde, ist die Existenz eines „Hitler-Mems" weithin anerkannt, wenn sie auch nie klar definiert wurde.[57] Vereinfacht gesagt ist das Hitler-Mem ein Konzept, das die Verwandlung des Nazi-Diktators in ein praktisches Symbol für beliebig viele Zwecke ermöglicht. Ob in Online-Videos oder auf Fotos im Netz, ob als Aufhänger für platte Kalauer oder als Anlass für stupide Spiele – Hitler ist zu einem unendlich dehnbaren Symbol geworden. Man findet ihn auf den unterschiedlichsten Webseiten, die jedoch alle ihr Humor verbindet. Diese Seiten nutzen verschiedene Formen von Humor wie Ironie, Parodie und Satire und setzen diese zu verschiedenen Zwecken ein: Einige zielen auf Kritik, andere heischen nach Zustimmung.[58] Dank sozialer Netzwerke wie Facebook, Twitter und Tumblr und Nachrichtenseiten wie CNN und Huffington Post haben sich die Hitler-Bilder dieser Seiten in kürzester Zeit verbreitet und dabei erhebliche Beachtung gefunden, positive wie negative.[59]

Der Aufstieg des Hitler-Mems spiegelt den fortschreitenden Normalisierungsprozess wider. Zwar finden sich humoristische Hitler-Darstellungen nicht nur im Internet, sondern haben sich in der gesamten westlichen Populärkultur immer mehr durchgesetzt. So dient Hitler in zahlreichen Filmen, Fernsehsendungen und Comics in den USA, Deutschland, Großbritannien und anderswo als Witzfigur.[60] Das Internet hat diesen Trend jedoch demokratisiert und ihn für die breite Masse geöffnet, sodass jeder halbwegs motivierte Nutzer Hitler online verspotten, verulken oder parodieren kann.

Die tieferen Beweggründe bleiben jedoch die gleichen: die Symbolik, die den Diktator traditionell umgibt, zu untergraben und umzukehren. Als Internet-Symbol hat Hitler eine doppelte semiotische Bedeutung erlangt. Er ist nicht nur zu einem Sinnbild des Bösen, sondern auch zu einem Sinnbild der Komik geworden. Tatsächlich ist er gerade deshalb zu einem Sinnbild der Komik geworden, weil er seit Langem ein Sinnbild des Bösen ist. Wie Humortheorien betonen, resultiert Lachen aus Inkongruenz – der „gleichzeitigen Aktivierung zweier widersprüchlicher Wahrnehmungen". Das Gleiche gilt für die Verunglimpfung, die darin besteht, „etwas Erhabenes … mit etwas Trivialem oder Zwielichtigem in Kontakt zu bringen", um ein Gefühl der Überlegenheit zu erzeugen.[61] Beide Theorien erklären den Reiz des Hitler-Mems. Denn wie ließe sich besser Gelächter erzeugen als mit einem Symbol des Bösen, das durch aberwitzige Verunglimpfung untergraben wird? Darüber hinaus kann Humor auch eine positive politische Funktion haben. Wie aus Hans Christian Andersens berühmtem Märchen „Des Kaisers neue Kleider" bekannt ist, schwächt Spott die Macht. Humor kann auch eine wichtige emotionale Funktion erfüllen. Da er angenehme Gefühle hervorruft und Spannungen abbaut, ist Humor ein notwendiger Bestandteil einer guten psychischen Gesundheit.[62] All diese Behauptungen erklären zumindest in Teilen, warum der NS-Zeit mit Humor begegnet wird. Für die Nachkommen der Täter wie auch für die der Opfer – für Deutsche, Juden und andere – verspricht das Lachen über Hitler eine Befreiung von einer emotional belastenden Vergangenheit.[63] Allerdings ist das Lachen über Hitler nicht unproblematisch. Es läuft Gefahr, die NS-Vergangenheit zu ästhetisieren, ihre Bedeutung zu instrumentalisieren und zu universalisieren und die nationalsozialistische Gewaltherrschaft zu relativieren. Die Verwandlung Hitlers in ein Mem befördert somit den Normalisierungsprozess.

Die bekannteste Verkörperung des Hitler-Mems sind wohl die Parodien einer Szene aus dem Film *Der Untergang*. Seit das erste Beispiel im August 2006 auf YouTube hochgeladen wurde, sind Tausende Videoclips von Bruno Ganz' berühmtem Wutausbruch mit humorvollen Untertiteln zu völlig anderen Themen erschienen.[64] Das erste dokumentierte Beispiel mit dem Titel „Sim Heil" war eine spanischsprachige Kritik am Microsoft-Videospiel *Flugsimulator X*, in dem sich Hitler über die Mängel des Produkts ausließ („Sogar das Installationsprogramm hat Fehler", ruft der Führer seinen Generälen wütend zu).[65] Diese Parodie nahm ein relativ enges Thema in den Blick; die folgenden Parodien wandten den zugrunde liegenden Impetus jedoch auf ein breiteres Themenspektrum an.

Tatsächlich sind derart viele Videoparodien aufgetaucht, dass sie in verschiedene Kategorien unterteilt werden können. Einige konzentrieren sich auf politische Themen, darunter die Videos „Hitler schimpft über den ehemaligen Präsidenten George W. Bush", „Hitler schimpft über Obama Health Care" und „Hitler findet heraus, dass Osama bin Laden tot ist". Andere greifen auf popkulturelle Themen zurück, darunter „Hitler gefällt das Ende von *Harry Potter* nicht", „Hitler reagiert auf die Scheidung von Kim Kardashian" und „Hitler findet heraus, dass Kanye West Taylor Swift bei den MTV Musiv Video Awards disst". Viele Videos thematisieren das aktuelle Geschehen, darunter „Hitler reagiert auf Joe Paterno und Penn State" und „Hitler echauffiert sich über das Casey-Anthony-Urteil". Wieder andere machen ihrem Alltagsfrust Luft: „Hitler wird informiert, dass seine Pizza verspätet eintrifft" und „Hitler telefoniert mit einem Callcenter in Indien".[66] Alle diese Beispiele stammen aus Amerika, doch gibt es ähnliche Parodien in anderen Ländern, von Israel (wo sich Hitler über fehlende Parkplätze in Tel Aviv empört) bis zu den Philippinen (wo er sich über die Wahlen 2010 beschwert).[67]

Als die Zahl derartiger Videos im Jahr 2008 zunahm, wurden auch die Mainstream-Medien auf sie aufmerksam, was den Bekanntheitsgrad der Videos wiederum erhöhte.[68] Entsprechende Medienberichte riefen allerdings auch die Anwälte der Constantin Film AG – der Produktionsfirma des Films *Der Untergang* – auf den Plan, die die Videos wegen Verletzung des Urheberrechts aus YouTube entfernen ließ.[69] Trotz dieser juristischen Intervention verschwanden die Parodien keineswegs, sondern vervielfältigten sich sogar noch. Die meisten davon sind auf YouTube zu finden. Andere wurden auf eigens dafür vorgesehenen Webseiten veröffentlicht, wo sie nach verschiedenen Kriterien aufgelistet sind.[70] Mittlerweile haben die *Untergangs*-Parodien einen so kanonischen Status im Internet erlangt, dass sie eine Metaebene der Selbstreferenzialität einnehmen. So kursieren Parodien, in denen Hitler über das Entfernen von Hitler-Parodien von YouTube wettert.[71] Zugleich gibt es intertextuelle Parodien verschiedener filmischer Hitler, die sich über die Existenz des jeweils anderen beschweren (in einem Mashup-Video beklagt sich der Hitler von *Inglourious Basterds*, dass ihm Bruno Ganz' „Dumpfbacken-Bunker-Hitler" die Schau stehle).[72]

Trotz dieser Varianten resultiert ihr Humor aus der Inkongruenz zwischen dem verzweifelten Pathos von Bruno Ganz' ursprünglichem Wutausbruch und der Nichtigkeit des kommentierten Themas. Von den unzähligen Beispielen seien hier nur zwei stellvertretend genannt. Das eine ist das Video „Hitler wettert über Rebecca Black – Friday". Darin sitzt Hitler mit Joseph Goebbels im Bunker, als ein Offizier den Raum betritt und verkündet: „Mein Führer, wir haben Musik für Sie." Der Offizier spielt daraufhin eine Aufnahme des mit viel Häme überzogenen Popsongs „Friday", den der Teenie-Star Rebecca Black 2011 veröffentlichte. Über dreißig Sekunden erklingt im Hintergrund Blacks peppige Musik und der belanglose Text – „sieben Uhr morgens aufwachen … muss meine Cornflakes haben" –, während Hitlers teilnahmsloses Gesicht langsam säuerlich wird. Seine linke Hand beginnt zu zittern, schließlich explodiert der Führer: „Das muss die schlechteste Musik sein, die ich je gehört habe!" Die Kamera schwenkt hinüber zu Albert Speer, der Hitlers Sekretärin, Traudl Junge, vor dem Büro des Diktators begrüßt. Drinnen hört man Hitler wüten: „Ihr seid alle Idioten. Stellt den Mist sofort ab." Traudl Junge erklärt Speer: „Er hasst dieses … Lied wirklich", worauf der Rüstungsminister antwortet: „Ich habe sie gewarnt, diese Musik nicht vor dem Führer zu spielen."[73] Ein weiteres Video ist „Hitler schimpft über Carmageddon". In dieser Parodie erfährt Hitler von seinen Generälen, dass die Bauarbeiten am Freeway 405 in Los Angeles noch den Juni andauern „und viele Pendler davon betroffen sein werden". Hitler reagiert gelassen: „Solange sie mit diesem Unsinn bis zum 17. Juni fertig sind. Ich muss meinen Cousin vom Flughafen abholen." Bei dieser Bemerkung sehen sich seine Generäle nervös an und offenbaren ihm das volle Ausmaß, dass „die Stadt die 405 … für zwei volle Tage sperrt. Die Leute nennen es Carmaggedon." Hitler braucht eine Sekunde, um die Nachricht zu verdauen, und explodiert dann vor Wut: „Das ist ein verdammter Skandal! Wie soll ich zum LAX kommen?" Nachdem er sich weiter über den unzureichenden öffentlichen Verkehr ausgelassen hat, bricht Hitler schließlich resigniert zusammen und zieht die traurige Bilanz: „Vielleicht werde ich meinen Cousin bitten, seine Reise zu verschieben. Es wäre so viel einfacher, wenn er nach Burbank fliegen könnte."[74]

Wie diese und viele andere Beispiele zeigen, haben die *Untergangs*-Parodien die NS-Vergangenheit dramatisch verwandelt. Über die Motive der verschiedenen Urheber dieser Videos lässt sich nur spekulieren. Die Schöpfer dieser *Untergangs*-Parodien sind eine einzigartige Gruppe von Personen, die in einer eingeschworenen Gemeinschaft von „Untergänglern" aktiv sind, darunter unglaublich produktive Personen (einer von ihnen hat über 600 Videos gepostet, die über 31 Millionen Mal abgerufen wurden). Sie wahren jedoch ihre Anonymität und verraten in der Regel weder ihre Namen noch ihre Ansichten zur NS-Zeit.[75] Dennoch weisen ihre Werke verschiedene Gemeinsamkeiten auf. Erstens lenken die Parodien mit ihrer Persiflage des im Westen bestimmenden Symbols des Bösen von Hitlers Verbrechen ab und vermenschlichen den Diktator auf dramatische Weise. Sie tun dies vor allem, indem sie ihn zu einem Fürsprecher der Entrechteten machen. Hinter allen *Untergangs*-Parodien steht der Wunsch, Frust über ein bestimmtes Thema abzulassen. Als Ausdruck des „menschlichen Es" sind sie Inbegriff der Beschwerdekultur des Internets und seines Hangs zum „Flaming" und „Trolling".[76] Indem sie Hitler jedoch zu einem Sprachrohr für verschiedene Missstände machen, universalisieren diese Parodien seine Bedeutung. Wenn sie ihn zum Medium der Auseinandersetzung mit aktuellen Themen machen, verlegen sie seine Bedeutung in die Gegenwart und lenken damit von seiner historischen Bedeutung ab. Gewiss kann man es niemandem vorwerfen, sich mittels eines der charismatischsten Demagogen der Geschichte über ein bestimmtes Thema auszulassen und seinem Unmut Luft zu machen. Wer dies jedoch tut, macht – wie auch Timur Vermes' Roman *Er ist wieder da* – den Diktator zu einem Sympathieträger. Da viele von Hitlers Klagen legitim sind, wird er zu jemandem, hinter den sich das Publikum stellt. Jeder, der Rebecca Blacks Lied „Friday" oder Verkehrsstaus oder verspätete Pizzas oder irgendetwas anderes hasst, dürfte innerlich den designierten Wüterich Hitler anfeuern, der bei beliebigen Enttäuschungen psychische Entlastung verschaffen kann. Die Gefahr besteht natürlich darin, dass die Normalisierung umso rascher voranschreitet, je häufiger wir diese Perspektive einnehmen.

Einige der *Untergangs*-Parodien hüten sich jedoch davor und bekräftigen eine moralisch grundierte Sicht auf die Erinnerung. In dem Video „Hitler findet heraus, dass die Amerikaner sich gegenseitig als Nazis bezeichnen" informieren die Generäle den Führer, dass sein Name in weiten Teilen der Welt „für das reine Böse" steht. „Das ist mir scheißegal", antwortet Hitler, „ich will wissen, was die Amerikaner über mich denken." Seine Generäle zögern zunächst und überbringen ihm dann die schlechte Nachricht, dass „die Menschen in Amerika jeden, der anderer Meinung ist, als ‚Hitler' bezeichnen, sodass die Bezeichnung völlig banal und bedeutungslos geworden ist". Hitler braucht einige Sekunden, um die Nachricht zu verarbeiten, und platzt dann vor Wut: „Haben Sie eine Ahnung, wie hart ich gearbeitet habe, um der bösartigste Mensch aller Zeiten zu werden? Sagen Sie mir, was die Amerikaner sagen! Ich bin der Fürst der Finsternis! Ich wurde aus den feurigen Tiefen der Hölle ausgespien!" Einer seiner Offiziere entgegnet daraufhin: „Die Demokraten bezeichnen konservative Aktivisten als ‚Braunhemden' und behaupten, sie trügen Hakenkreuze. Und jeder zeichnet Ihren kleinen Schnurrbart auf seine politischen Gegner", woraufhin Hitler in die Luft geht:

> Das kann nicht Ihr verdammter Ernst sein. Ich trage dieses lächerliche Ding seit Jahren, damit es das Symbol des Bösen schlechthin ist und nicht irgendein praktischer Talisman für gedankenlose Amerikaner. … Wenn ich mir vorstelle, dass ich die ganze Zeit einen normalen Schnauzer wie Stalin hätte haben können! Ich habe die Nase voll von diesen Amerikanern. Wenn sie nicht zwischen einem völkermörderischen Verrückten und diesen verdammten Teabaggers unterscheiden können, können sie alle zur Hölle fahren![77]

Mit diesem cleveren Monolog verurteilt das Video die Instrumentalisierung Hitlers für politische Zwecke und bekräftigt die Notwendigkeit, die spezifischen Umstände seiner Verbrechen nicht aus dem Blick zu verlieren.

Dasselbe gilt für das Video „Hitler erhält einen Bericht über seinen Tod". Darin erstattet einer seiner Offiziere nüchtern Bericht: „Mein Führer, wie es scheint, sind Sie tot. Sie haben sich erschossen und wurden dann gegrillt. Die Welt feierte Ihren Tod … Seit 2006 wurden Sie in Tausenden von *Untergangs*-Parodien verhöhnt. Ich bitte um Entschuldigung … Ich wusste nicht, dass Sie noch am Leben sind." Hitler stockt kurz und platzt dann heraus: „Wie oft muss ich noch beweisen, dass ich verdammt noch mal nicht tot bin?" Die Kamera schwenkt auf Albert Speer, der Traudl Junge vor Hitlers Büro begrüßt, während der Führer drinnen vor Wut tobt: „Sehen die Leute nicht, dass ich lebe? Das ist doch der absolute Wahnsinn." Junge fragt Speer, ob er gewusst habe, dass Hitler lebt, was dieser verneint: „Ich dachte immer, der Führer sei der Untote." An dieser Stelle schaltet sich ein anderer Offizier ein: „Manchmal sieht er wirklich wie ein Zombie aus."[78] Der Dialog zeigt auch, wie Satire in bestimmten Fällen Hitlers Bösartigkeit hervorheben konnte.

Insgesamt beförderten die meisten *Untergangs*-Parodien die Universalisierung der NS-Vergangenheit, wie auch ihre Rezeption bestätigte. Medienberichte über die Welle von Parodien waren mehrheitlich positiv, die meisten Beobachter empfanden sie als harmlosen Scherz. Wenn sie den Videos irgendeine Bedeutung beimaßen, dann eine urheberrechtliche, für die Erinnerung an den Nationalsozialismus schienen sie in keiner Weise relevant.[79] Die Reaktionen im Internet fielen sogar noch positiver aus. Obwohl die Flut von Kommentaren zu einzelnen Videos schwer zu verallgemeinern ist, waren die meisten Kommentatoren begeistert.[80] Zwar lösten bestimmte Videos gelegentlich heftige Schlagabtäusche zwischen Webnutzern aus, die meisten äußerten sich jedoch positiv über den Humor und die Kreativität der Videos.[81] Einige Posts unterstützten sogar indirekt die Normalisierung des NS-Erbes. Bestimmte Reaktionen auf die „Friday"-Parodie zeigten zum Beispiel, dass Internetnutzer sich mit Hitler als einem Sprachrohr für berechtigte Beschwerden identifizierten. So schrieb ein Kritiker: „Ich hätte nie gedacht, dass ich das einmal sagen würde, aber ich stimme dem Führer zu!" Ein anderer bemerkte: „Es erstaunt mich, wie recht Hitler hat mit Friday."[82]

Ähnliche Kommentare posteten Nutzer zum Video „Hitler echauffiert sich über das Casey-Anthony-Urteil“: „U GO HITLER!!! ICH BIN GANZ DEINER MEINUNG!!!!“[83] Andere Kommentatoren zeigten Verständnis für Hitler als Person. Zum aufgeschobenen Besuch seines Cousins in dem Video „Hitler schimpft über Carmageddon“ schrieb ein Nutzer: „Hitler tut mir leid.“[84] Sicherlich gab es auch andere Ansichten. Als Reaktion auf Hitlers Tobsuchtsanfall zum Freispruch von Casey Anthony schrieb ein Nutzer: „Dieses Video sagt also, dass Hitler nach allem, was er Millionen von Menschen angetan hat, das Recht hat, ein solches Urteil zu fällen? Gilt Hitler inzwischen als ein guter Mensch? Die Person, die dieses Video gemacht hat, ist krank.“[85] Solche Kommentare waren jedoch die Ausnahme.

Untergangs-Parodien waren nicht die einzigen Videos, die sich über Hitler lustig machten. In zahllosen Musikvideos wurden Bilder von Hitler mit bekannten Songs unterlegt.[86] Eines der bekannteren war „Hitler Disco“, das 2009 auf YouTube hochgeladen wurde und dokumentarische Fotos und Filmaufnahmen des Diktators mit dem Techno-Song „Heut' ist mein Tag“ (1999) der Popsängerin Blümchen untermalte.[87] In bestimmten Szenen werden Farbaufnahmen Hitlers (aus Eva Brauns Amateurfilmen von 1938 in Berchtesgaden) wiederholt vorwärts und rückwärts gespielt, sodass der Diktator zu tanzen scheint. In einem anderen Beispiel wackelt Hitlers digital bearbeiteter und mit Kopfhörern versehener Kopf (Abb. 39) zu hämmernden Techno-Beats (auch die Köpfe von Rudolf Heß und Heinrich Himmler wippen im Takt). Im weiteren Verlauf des Lieds werden die Arme des Diktators animiert, sodass er den „Sieg Heil“-Gruß im Rhythmus der Musik gibt.[88] Ähnlich haben dokumentarische Aufnahmen (ebenfalls aus Berchtesgaden) Eingang in YouTube-Videos wie „Hitler is the Scatman“, „Hitler – Born to Be Alive“ (der Song von Patrick Hernandez aus dem Jahr 1979 unterlegt mit Filmmaterial verschiedener Hitlerreden) und „Hitler is Walking on Sunshine!“ (das Schlagzeug und die Trompeten aus dem 1983er-Hit von Katrina and the Waves werden zu einem Mashup mit manisch trommelnden HJ-Mitgliedern aus dem Film *Triumph des Willens*) gefunden.[89]

Das wohl bekannteste Hitler-Musikvideo war jedoch das animierte Video „Ich hock' in meinem Bonker“ des deutschen Comic-Autors Walter Moers. Der Clip, Bonusmaterial zu seinem Comic *Der Bonker* (2006), schaffte es schnell ins Internet, wo er zu einer Web-Sensation wurde und

Abb. 39: „Hitler Disco" ist eins von zahllosen satirischen Musikvideos des Diktators im Internet.

von Millionen von Menschen angeklickt wurde.[90] In dem Video harren ein knollennasiger Adolf und sein Hund Blondi inmitten der anhaltenden Luftangriffe der Alliierten im Führerbunker aus. Zu Beginn sitzt Hitler nackt auf der Toilette (Abb. 40) und rappt zu einem Reggae-Sound ein lächerliches Lied, in dem er den Krieg kommentiert. „Ich hock in meinem Bunker mitten in Berlin. Ich habe Blausäurekapseln und genug Benzin. Die

Abb. 40: In diesem Standbild aus Walter Moers' animiertem Musikvideo „Ich hock' in meinem Bonker" (2006) sinniert der knollennasige Diktator auf der Toilette über den Krieg.

Luftwaffe ist futsch, die Marine, das Heer. Der Zweite Weltkrieg macht keinen Spaß mehr." Ein weiblicher Chor fordert ihn auf: „Adolf, du alte Nazi-Sau, kapitulier doch endlich", worauf Hitler monoton antwortet: „Das habt ihr euch so gedacht, dass ich kapituliere. Ich kapituliere niemals." Trotz der „Bombenteppiche" der Alliierten verweigert Hitler hartnäckig die Kapitulation und tröstet Blondi mit der Aussicht: „Wir könnten den Krieg vielleicht sogar noch gewinnen." Die Videobilder sind allesamt grotesk überzeichnet: Hitler steht mit gut sichtbarem Hinterteil nackt vor dem Arzneischrank oder nimmt ein Schaumbad mit Blondi und hitlerbärtigen Quietscheentchen. Im Gegensatz zu den meisten *Untergangs*-Parodien verspottete Moers den Diktator jedoch aus einer eindeutig moralischen Perspektive. In dem Video schwenkt die Kamera nachts gelegentlich aus dem Inneren des Bunkers auf das zerstörte Berlin, in dem Scheinwerfer alliierte Flugzeuge am Himmel aufspüren sollen. Die Außenseite des Bunkers ist mit den Graffiti „Nazis raus!“, „Peace“ und „Make Love Not War“ besprüht. Angesichts dieser Verweise auf die zerstörerischen Folgen konnte man Moers nicht vorwerfen, Hitlers Einfluss auf die Geschichte zu verharmlosen.

Tatsächlich trugen diese Verweise dazu bei, dass das Video in Deutschland im Allgemeinen positiv aufgenommen wurde. Die meisten Rezensionen lobten seinen heiteren Grundton: „Es darf gelacht werden, der Führer ist als Witzfigur zum Abschuss per Pointe freigegeben“, kommentierte der *Spiegel*.[91] Die Kommentare in Chat-Foren waren ebenso positiv, wobei unzählige Nutzer das Video als „geil“ und „den Hammer“ beschrieben.[92] Allerdings gab es auch negative Reaktionen; für einen Kommentator war das Video „lustig, aber makaber“; ein anderer tat es als „geschmacklos“ ab.[93] Gegen diese Kritik wehrten sich wiederum andere: „warum geschmacklos? in den lied wird nur adolf h. verarscht. nach 61 jahren nationalsoziallismus, der richtige weg der vergangenheitsbewältigung. oder willst du nazis heute noch ernst nehmen. das ist die sprache der jugend und schütz vor den braunen bauernfänger.“[94] Ein anderer fand, das Video mache „Hitler so lächerlich, dass man ihn unmöglich … als Vorbild betrachten kann.“[95] Wieder andere fühlten sich durch die spöttischen Kommentare dazu aufgerufen, ihre eigenen Beleidigungen beizusteuern, und nannten ihn einen „Bettnässer“, einen „Hurensohn“ und eine „Missgeburt“.[96] Wie die meisten Kommentare zeigten, bedienten sich die Deutschen in ihrem Umgang mit dem NS-Erbe gerne verschiedener Humorstrategien, insbesondere der der Verunglimpfung. So stellte ein Kommentator abschließend fest: „Hitler wird nie vergessen werden … [Aber] ein wenig Humor angesichts dieses düsteren Kapitels tut Deutschland gut.“[97] Wie diese Meinung und die Popularität anderer satirischer deutschsprachiger Videos der Zeit zeigten, sehnten sich die Deutschen zunehmend danach, über Hitler zu lachen.[98]

Nicht nur in Videos, sondern auch auf diversen Internetseiten machte sich dieser Wunsch bemerkbar. Eine der bekanntesten war Hipster Hitler. Die 2010 gegründete Webseite präsentiert Comicstrips, deren Protagonist eine Hipster-Version des Diktators ist (Abb. 41). Hitler trägt Hornbrille, Röhrenjeans und weiße T-Shirts mit Nazi-Sprüchen und interagiert in kurzen, acht bis zehn Bilder umfassenden Geschichten mit anderen Nazigrößen wie Goebbels, Göring und Himmler. Die Handlungen sind relativ banal, im

Allgemeinen aber eine Karikatur der Hipster-Kultur. In einer der ersten Geschichten mit dem Titel „Juice" trägt Hitler ein T-Shirt mit der Aufschrift „I ♥ Juice". Irritiert fragt Göring: „Mein Führer, ist Ihnen klar, dass es so aussieht, als würden Sie Juden lieben?", worauf Hitler antwortet: „Verflixt! Ja, ich weiß. Das nennt man Ironie, Göring."[99] Eine andere Geschichte mit dem Titel „Typewriter" macht sich über Hipster-Mode lustig. Goebbels bringt

Abb. 41: Im Internet-Comic der Website „Hipster Hitler" trägt der Führer Hornbrille und Röhrenjeans.

Hitler eine Schreibmaschine, mit der er die Titelseite seines neuesten Textes tippt: „Mein Kampf II, oder wie ich es schaffte, meine Brieftasche herauszuholen, ohne meine Röhrenjeans aufzureißen."[100] Andere Geschichten machen sich über Geschäfte für Vintage-Kleidung (auf der Suche nach einer neuen SS-Uniform holt sich Hitler Anregung in einem Secondhandladen), Kunstakademien (Hitler wird nicht angenommen, dafür aber Winston Churchill) und Intimrasur lustig (Hitler verlagert sein charakteristisches Bärtchen in den Schritt und verkündet: „Rasurbrand ist so avantgardistisch!").[101] In jeder Geschichte trägt Hitler zudem T-Shirts mit Slogans, die Musik- („Under Prussia" und „You Make Me Feel Like Danzig") oder Filmtitel („Back to the Führer" und „Reign Man") verballhornen.

Die Hintergründe der Comics erschließen sich nicht auf den ersten Blick, doch erklärt ein Link auf der Homepage die Entstehungsgeschichte. Hipster Hitler sei mit dem Ziel gegründet worden, sich

> sowohl über die Hipster-Kultur als auch die Großtaten des Dritten Reichs mit einer Mischung aus Wortspielen, Parodie, schwarzem Humor, Anachronismen und visuellen Gags lustig zu machen … Mit unserer Darstellung Hitlers als Hipster bieten wir eine neue Art der Abneigung gegen Hitler und eine neue Art des Lachens über den „faulen Diktator", der er war … Mit der Persiflage von Hitlers Gedanken, Handlungen und Logik sticheln wir gegen eine zeitgenössische Subkultur der urbanen Mittelschicht-Jugend, die das „Authentische" fetischisiert und sich dem Nonkonformismus anpasst.[102]

Entgegen dieser wortreichen Erläuterung entstand die Webseite ursprünglich als Scherz. Ins Leben gerufen wurde sie 2010 von zwei australischen College-Absolventen, James Carr und Archana Kumar. Carr lebte damals in Williamsburg, Brooklyn, und ärgerte sich über die dortige Hipster-Szene. Über Skype klagte er Kumar sein Leid, der zu dieser Zeit in Berlin lebte. In einem Gespräch dachten sich die beiden neue Beleidigungen für Hipster aus, eine davon war „Hipster Hitler". Ausgehend von dieser zufälligen Wortschöpfung begannen Carr und Kumar mit kurzen Bildergeschichten (Carr schrieb die Texte, Kumar malte die Bilder) und entwickelten bald darauf eine ganze Website, die sich über die Hipster-Kultur mokierte. In ihren Augen gab es verschiedene Parallelen zwischen der Hipster-Kultur und Hitlers Vergangenheit als Bohemien. Darunter seien, so Carr in einem Interview, Hitlers Identität als „gescheiterter Künstler, sein Vegetarismus, seine Faulheit und sein Engagement für den Tierschutz". Carr vermutete außerdem, dass andere seinen Hass auf die Hipster-Kultur teilten. „Alle … hassen Hipster", weil sie „gegen den Mainstream sind und … den niederen Geschmack des gemeinen Volkes verachten".[103] Was als persönliches Ärgernis begann, entwickelte sich bald zu einer beliebten Website. Ende 2010 hatte hipsterhitler.com 65 000 Facebook-Fans und fand zunehmend Beachtung.[104] Diese Aufmerksamkeit nahm sogar noch zu, als die Gründer mit dem Verkauf von Merchandising-Artikeln wie T-Shirts auf der Basis ihrer Bildergeschichten begannen.

Die Popularität von Hipster Hitler ist ein anschauliches Beispiel für die Dynamik der Normalisierung. Auf der einen Seite ästhetisierte die Website die NS-Vergangenheit, indem sie ihren Schrecken durch Scherz ersetzte. Auf der anderen verallgemeinern die Comics die Bedeutung Hitlers, da sie ganz in der Tradition der *Untergangs*-Parodien Hitler benutzten, um ihrem Unmut über andere Themen Luft zu machen. Durch den Vergleich Hitlers mit der Hipster-Kultur relativierte die Webseite zudem seine Gräuel. Man mag sich über die Hipster-Kultur aufregen, wie man will, doch lässt sie sich wohl kaum mit der Kultur von Tod und Zerstörung in Nazideutschland vergleichen. Sicherlich bemühten sich die Ersteller der Webseite, sich gegen Vorwürfe der Verteidigung Hitlers zu verwahren, und erklärten nachdrücklich: „Wir verherrlichen oder huldigen Hitler selbstverständlich nicht, sondern machen uns über ihn lustig."[105] „Wir sehen … das Lachen über einen grausamen und entsetzlichen Mann wie Hitler eher als einen kathartischen Prozess."[106] Es ist jedoch zweifelhaft, ob irgendeiner der jugendlichen, zwischen 20- und 30-jährigen Besucher der Webseite das Bedürfnis nach Katharsis hat. Da die NS-Zeit achtzig Jahre zurückliegt – und sie sie unmöglich persönlich erlebt haben konnten –, besuchen sie die Seite wahrscheinlich nur, um sich zu erheitern. Andere Disclaimer wirkten ebenfalls wenig glaubwürdig. So behaupteten die Betreiber: „Dieser Comic wird nicht in der Absicht geschrieben, Menschen zu beleidigen, und er sieht davon ab, den Holocaust oder ein anderes ähnlich entsetzliches Ereignis … zum Thema eines

Comicstrips zu machen." Mit diesem Prinzip brachen die Betreiber jedoch offenkundig, da sie ebenfalls T-Shirts mit den Aufschriften „East Side, West Side, Genocide" und „Death Camps for Cutie" druckten.[107]

Wie vorherzusehen, fiel die Reaktion auf Hipster Hitler geteilt aus. Einige Nutzer bezeichneten die Webseite auf der entsprechenden Facebook-Seite als „super witzig" und „absolut genial".[108] Einzelne Bildgeschichten erhielten Hunderte von Likes und Dutzende von Kommentaren, die meisten davon positiv. Viele Kommentatoren lobten die Entmythologisierung des NS-Diktators. So schrieb ein deutscher Nutzer: „Sich über Hitler lustig zu machen … nimmt denjenigen die Macht, die junge Leute zu seiner Verherrlichung … verleiten wollen."[109] Ein anderer schrieb, der Comic habe Hitler „in eine nicht-bedrohliche Katze oder einen nicht-bedrohlichen Weichling verwandelt".[110] Wieder andere Kommentatoren erklärten verständnisvoll, die Seite sei eine verständliche Reaktion junger Menschen auf die „Überflutung mit Holocaust-Erziehung".[111] Andere Stimmen äußerten Bedenken, was insbesondere den Verkauf von Artikeln mit nationalsozialistischen Sprüchen anging. Einige deutsche Blogger empfanden dies als „respektlos gegenüber den vielen Opfern" des Nationalsozialismus.[112] Andere befürchteten, die Webseite könne Neonazis anziehen, die sich von den provokanten T-Shirts angesprochen fühlten.[113] So erklärte ein Nutzer: Ein „objektiver Betrachter …, der die T-Shirts außerhalb des Kontextes … des Comics sieht, versteht die Satire/Parodie nicht" – er oder sie könnte sogar den Eindruck gewinnen, dass ihre Slogans „neonazistischer Ideologie Vorschub leisten".[114] Ein anderer war besorgt, dass die Kommerzialisierung Hitlers in Form von T-Shirts den Diktator nicht nur „lulzy", sondern auch „cool" machte.[115] Diese Ängste gipfelten 2011 in der Protestaktion der australischen B'nai B'rith-Anti-Diffamierungskommission gegen die australische Website Red Bubble; deren T-Shirts propagierten in den Augen der Kommission „Pro-Hitler-Artikel". Kurz darauf nahm die Website die Produkte vom Markt (heute sind sie allerdings wieder erhältlich).[116]

Eine weitere scherzhafte Seite, die für Kontroversen gesorgt hat, war Cats That Look Like Hitler. Wie der Name schon sagt, handelt es sich um eine Seite mit Amateurfotos von Katzen, die angeblich Hitler ähneln (Abb. 42). Die Webseite umfasst Tausende von Fotos und ist eine Fundgrube für Katzenliebhaber auf der ganzen Welt (wenngleich Nicht-Katzenbesitzer sie viel-

Abb. 42: Dieses Foto der Webseite Cats That Look Like Hitler ist nur eines von vielen Bildern der sich hier tummelnden faschistischen Katzen.

leicht als repetitiv empfinden).[117] Die Gründe für ihre Existenz werden auf der Startseite erläutert, die Webbesucher mit der Frage konfrontiert: „Sieht Ihre Katze aus wie Adolf Hitler? Wachen Sie jede Nacht schweißnass auf und fragen sich, ob er aufstehen und in Polen einmarschieren wird? Steckt er ständig seine rechte Pfote in die Luft und macht dabei ein Geräusch, das verdächtig nach ‚Sieg Miau' klingt? Wenn ja, dann ist dies die richtige Website für Sie."[118] Nach dieser nicht ganz ernst gemeinten Einführung werden die meisten Besucher wahrscheinlich von den ersten Katzenfotos entzückt sein. Vielleicht finden sie auch, dass die Katzen Hitler ähneln, weil sie „unmodische schnurrbartähnliche Markierungen unter … [der] Nase haben". Wie sie jedoch auf die Bezeichnung dieser Katzen als „Kitler" reagieren werden, ist reine Spekulation. Glücklicherweise bietet Cats That Look Like Hitler andere Ablenkungen für Internetnutzer, die irgendwann müde werden, endlose Fotos von Katzen mit Bärtchen anzuschauen. Sie können auch Rucksäcke, T-Shirts, Kaffeetassen und Kalender mit dem kultigen Kitler-Logo der Website sowie Poster mit Wortspielen zum Thema Katze (wie etwa „Das pelzige Reich“) kaufen.[119]

Wie Hipster Hitler entstand Cats That Look Like Hitler ursprünglich nur zum Spaß. Die Seite wurde 2006 von einem Niederländer namens Koos Plegt ins Leben gerufen, der Fotos von mehreren Kitlers veröffentlichte, denen Internetnutzer mäßige Aufmerksamkeit schenkten. Ein Besucher, ein Brite namens Paul Neve, war von ihnen jedoch hellauf begeistert und erhielt die Erlaubnis, das volle Potenzial der Website zu entfalten.[120] Von diesem Zeitpunkt an war es nur noch eine Frage der Zeit, bis die Website – dank der Tendenz des Internets, dem Bizarren Aufmerksamkeit zu verschaffen – zu einer Web-Sensation wurde.

Dass die Reaktionen auf die Seite geteilt ausfielen, überrascht nicht. Sowohl in Europa als auch in den USA fand sie ein erhebliches Echo in den Mainstream-Medien. Die britische Presse, die stets reflexartig auf das Thema Nazi reagiert, berichtete in *The Sun*, der *Daily Mail* und in mehreren Fernsehsendungen über die Website.[121] In den USA wurde die Internetseite 2010 im *Colbert Report* und auf CNN vorgestellt.[122] Ein Großteil dieser Medienberichte war rein beschreibend und wollte Leser und Zuschauer vor allem zum Schmunzeln bringen. Die Reaktionen von Nutzern auf die Website Cats That Look Like Hitler waren ebenfalls positiv; viele schätzten den Humor der Website als „so verkorkst, dass er schon wieder brillant ist“.[123] Andere Kommentatoren äußerten sich hingegen kritischer. Einige empfanden die Website als Beleidigung der Opfer des Nationalsozialismus. „Ich finde nichts an Hitler lustig und ich denke, ich spreche im Namen der MILLIONEN von Juden, die er gefoltert und getötet hat (von denen einige Angehörige meiner Familie waren)“, lautete ein Kommentar. Andere fanden die Seite respektlos gegenüber Tieren und schrieben: „Keine Katze verdient irgendeine Verbindung zu Hitler.“[124] Natürlich beeilte sich der Ersteller der Webseite, Paul Neve, zu versichern, dass er an einer „Verherrlichung Hitlers“ kein Interesse habe: „Damit wir uns richtig verstehen. Hitler war ein Arschloch. Hitler war ein ekelhafter, eiternder Kotklumpen aus dem After des Teufels … Daher halte ich es für völlig angemessen, seine äußere Erscheinung und seine Frisur mit flauschigen, süßen Katzen zu vergleichen und ihn so der Lächerlichkeit preiszugeben.“ [125] Es gibt keinen Grund, an der Aufrichtigkeit dieser Erklärung zu zweifeln. Aber es besteht auch kein Zweifel daran, dass der komische Grundtenor der Website das NS-Erbe verharmloste.

Es gibt jedoch Webseiten, die die Gesichtszüge Hitlers nicht nur in Katzengesichtern, sondern in unzähligen anderen Objekten entdecken. In den letzten Jahren haben europäische und amerikanische Medien zahlreiche Geschichten über das Gesicht des Diktators an unerwarteten Orten veröffentlicht. Im Jahr 2011 berichtete die Presse über die Entdeckung eines „Fisches, der wie Hitler aussieht".[126] Bald darauf folgte eine Baumwanze mit Markierungen auf der Schale, die Hitler ähnele.[127] Es gab auch ein „Haus, das wie Hitler aussieht" – sein Schrägdach und seine Haustür erinnerten an den Seitenscheitel und Bart des Diktators (Abb. 43).[128] 2013 meinten manche, Ähnlichkeiten zwischen Hitler und einer von Michael Graves entworfenen Teekanne der amerikanischen Kaufhauskette JC Penney zu entdecken.[129] Was den Anstoß für diese Geschichten gab, ist unklar. Möglicherweise handelt es sich dabei um Berichte, die aus früheren Artikeln über die Entdeckung „versteckter" Hakenkreuze an unerwarteten Orten hervorgegangen waren. So berichtete die deutsche Presse im Jahr 2000 von einem Kiefernhain in Brandenburg, in dem Lärchen aus der Luft gesehen ein Hakenkreuz ergaben.[130] 2006 berichtete die amerikanische Presse (dank Google Earth) von einem Gebäudekomplex der US-Marine in San Diego, der die Form eines Hakenkreuzes habe.[131] Was – abgesehen von der anhaltenden Beliebtheit von „kuriosen Meldungen" – zur Veröffentlichung dieser Geschichten führte, ist unklar. Unbestreitbar ist jedoch, dass der Drang, Zeichen des Nationalsozialismus in der natürlichen oder gebauten Umwelt zu sehen, so etwas wie eine Modeerscheinung geworden ist.

Tatsächlich gibt es sogar eine neue Website, Things That Look Like Hitler, die diese Praxis dokumentiert und propagiert.[132] Wer auf die Seite mit nutzergenerierten Inhalten klickt, findet eine riesige Anzahl von Fotos von Menschen, Tieren und beliebigen Gegenständen, die angeblich Anzeichen der Physiognomie des Führers aufweisen, insbesondere seinen Bart, seinen Seitenscheitel und den senkrecht ausgestreckten Arm. Darunter sind Hunde, Katzen, Pferde, Schafe, Fische, sogar Frettchen mit dunklen Flecken unter der Nase, Kleinkinder mit verschmierter Babynahrung über dem Mund, japanische Anime-Karikaturen, Lichtschalter, Rauchmelder, Bauchnabel, Lotionsflaschen, Kühlergrills, Blumen, eine

Abb. 43: Britischen Medien zufolge sieht dieses Reihenhaus im walisischen Swansea so aus „wie Hitler". Es ist nur ein Beispiel für den breiteren Trend, Hitlers Gesicht in beliebigen Dingen zu sehen.

Vielzahl von Gemüse und diverser Krimskrams. Die naheliegende Frage ist, warum Menschen so viele Fotos von gewöhnlichen Gegenständen machen, die angeblich Ähnlichkeit mit Hitler haben. Die Website selbst gibt hierüber kaum Aufschluss. Im Gegensatz zu Hipster Hitler oder Cats That Look Like Hitler, die ihre Hintergründe auf ihren Homepages erläutern, gibt Things That Look Like Hitler keinerlei Hinweise auf seinen Daseinszweck. Die Website wurde im März 2012 erstellt und enthält nur einen einzigen erläuternden Text: „Hitler ist wieder da. Und wir müssen die Welt warnen. Sagen Sie es allen, die Sie kennen. Verlinken Sie zur Facebook-Seite. Twittern Sie darüber. Bloggen Sie über seine Existenz. Drucken Sie Plakate und hängen Sie sie auf, wo immer Sie sind. Tätowieren Sie die URL auf Straßenhunde. Schreiben Sie sie auf die Rückseite von schmuddeligen Fahrzeugen. Danke und Heil (Things That Look Like) Hitler."[133] Trotz des fragwürdigen Geschmacks dieses Textes ist die Seite eindeutig als Witz gedacht. Dies wird in einigen der Bildunterschriften deutlich. Die meisten sind rein beschreibend: „Dieser Hund sieht aus wie Hitler", „Dieses Baby sieht aus wie Hitler", „Dieses Haus sieht aus wie Hitler" und so weiter. Gelegentlich machen sich jedoch Anzeichen von Sarkasmus bemerkbar. In einem Text heißt es über eine Hausfassade: „Dieses Haus sieht aus wie Hitler. Wenn auch nicht so sehr wie das andere Haus, das wie Hitler aussieht, wie Hitler aussieht."[134] Zur Erläuterung einer Stoffpuppe hieß es: „Diese gestrickte Figur sieht aus wie Hitler. Na ja, Knitler."

Abgesehen davon, dass das Inkongruente Anlass zum Lachen gibt und die Webseite somit den Wunsch nach Unterhaltung befriedigt, ist rätselhaft, warum man in zufälligen Objekten nach Anzeichen von Hitler suchen sollte. Zum Teil lässt sich dies jedoch als Teil eines größeren Internet-Phänomens erklären. Viele Websites widmen sich heute der Auflistung von „Dingen, die wie andere Dinge aussehen".[135] Dazu gehören Menschen, die wie andere Menschen aussehen (z. B. Männer, die wie Kenny Rogers, oder Lesben, die wie Justin Bieber aussehen); Dinge, die wie Menschen aussehen (Things That Look Like Brits); und die stets beliebte Kategorie Dinge, die wie Genitalien aussehen (Things That Look Like Penises, Things That Look Like Buttholes, Vegetables That Look Like Genitals). Die Tendenz, gewisse Dinge in anderen Dingen zu erkennen, geht auf den uralten menschlichen Hang zum Anthropomorphismus zurück, von dem so unterschiedliche

Dinge wie Giuseppe Arcimboldos Gemüseporträts aus der Renaissance bis hin zu getoasteten Käsesandwiches mit dem Antlitz von Jesus zeugen.[136] Es ist wahrscheinlich auch ein Symptom obskurer Wahrnehmungsphänomene wie Pareidolie – die menschliche Neigung, Figürliches in abstrakten Formen wie z. B. Wolken zu entdecken.[137]

Die Tendenz, Hitler in zufälligen Objekten zu sehen, kann auch als Spiel fungieren. So wie die Spieler bei Scrabble gefordert sind, Wörter aus zufälligen Buchstaben zusammenzusetzen, so ist es für manche Internetnutzer eine Herausforderung, in den unterschiedlichsten Objekten eine Ähnlichkeit mit dem Führer zu erkennen. Und so wie die Menschen auf einer Schnitzeljagd um die Wette nach versteckten Objekten suchen, kann das Posten von Fotos mit Hitler-ähnlichen Gegenständen leicht zu einem Wettstreit der kreativsten Köpfe werden. Einige der Fotos auf Things That Look Like Hitler sind in der Tat recht kreativ. Nehmen Sie zum Beispiel das Foto einer einfachen Flasche Lotion. Wer erkennt, dass die schräge schwarze Kappe Hitlers Seitenscheitel, der waagerechte Strichcode auf der Rückseite Hitlers Oberlippenbart und der beschreibende Text seinen Augen ähnelt, dem gebührt Anerkennung für seine oder ihre Fähigkeit, Hitlers Gesicht in einer so abstrakten Form zu „sehen". So wie das Lösen eines kniffligen Kreuzworträtsels Genugtuung bereitet, verschafft das Erkennen von Hitlers Gesicht in wahllosen Gegenständen ein Gefühl der intellektuellen Befriedigung. Da er mit diesen Objekten nicht das Geringste zu tun hat, ist dieses Erkennen außerdem zutiefst komisch und befriedigt den ewigen Wunsch nach einer Entmythologisierung des Diktators. Wie schließlich der Medienrummel um die Hitler-Teekannen-„Kontroverse" 2013 gezeigt hat, verschafft ein Verweis auf Hitler Bloggern und anderen unmittelbare Aufmerksamkeit.[138] Davon abgesehen wird Hitler durch die Verwandlung in ein Spiel von einem Sinnbild des Bösen zu einem Symbol der Belustigung.

Das spielerische Element von Things That Look Like Hitler fand seinen Widerhall in tatsächlichen Internetspielen mit Bezug zum Nazi-Diktator, von denen „Six Degrees of Hitler" das bekannteste ist.[139] Ausgehend von der Wikipedia-Startseite muss man bei diesem Spiel mit möglichst wenigen Klicks von einem Zufallseintrag auf den Eintrag zu Hitler gelangen. Zu Beginn gehen alle Spieler auf die linke Menüleiste von Wikipedia und klicken auf „Zufälliger Artikel". Erscheint zum Beispiel das Wort „Kontamination (Sprachwissenschaft)", besteht die Herausforderung darin, ein anderes verlinktes Wort im entsprechenden Eintrag zu finden, das schnell zu Hitler führt. Schon bald findet man im Kontaminations-Eintrag die Kategorie „Verwendungsumgebung". Hier erscheint „Erich Kästner", der ein bekanntes Kofferwort geprägt hat. Klickt man auf diesen Link, gelangt man zu Kästners Biografie, in der sich bereits im zweiten Absatz Verweise auf Begriffe finden, die mit dem Nationalsozialismus in Verbindung stehen und selbstverständlich Verweise auf „Hitler" enthalten. Mit drei Klicks landet man kurzum von „Kontamination (Sprachwissenschaft)" bei „Hitler" – eine ansehnliche Leistung. Andere zufällig ausgewählte Artikel erscheinen auf den ersten Blick schwieriger. Was macht man zum Beispiel mit „Erbse"? Tatsächlich sind es nur fünf Klicks bis zu Hitler. Zuerst klickt man auf „Hummel" (die sich vom Nektar der Erbsenblüten ernähren), dann auf „Europa" (das als Teil der „Verbreitung" der Hummel aufgeführt ist), dann auf die Insel „Guernsey" (wo Französisch gesprochen wird), und schon gelangt man über „Wehrmacht" zu „Hitler" (die Insel wurde im Zweiten Weltkrieg von der Wehrmacht besetzt und von Hitler geradezu besessen gegen die Alliierten verteidigt).

Die Ursprünge von „Six Degrees of Hitler" gehen auf einen Artikel mit demselben Titel zurück, den der Journalist Timothy Noah 2008 im *Slate Magazine* veröffentlichte.[140] Als die Konservativen den damaligen Präsidentschaftskandidaten Barack Obama im US-Wahlkampf wegen seiner angeblichen Verbindung zu radikalen Persönlichkeiten wie William Ayers kritisierten, wies Noah darauf hin, dass eine solche Kontaktschuld absurd sei, weil jeder schließlich mit jedem verbunden sei. Als Beleg zitierte er John Guares bekanntes Theaterstück *Six Degrees of Separation* (1990) und das daraus abgeleitete Spiel „Six Degrees of Kevin Bacon". In ihm versuchen die Mitspielenden, einen zufällig ausgewählten Schauspieler durch so wenige Filme wie möglich mit dem allgegenwärtigen Filmstar Kevin Bacon in Verbindung zu bringen. Noah mokierte sich über das Prinzip der Kontaktschuld und forderte die Leser scherzhaft auf, „den Führer … mit einem der drei verbleibenden Präsidentschaftskandidaten in Verbindung zu bringen". Wer es schaffe, einen Kandidaten um möglichst wenig Ecken mit Hitler in Verbindung zu bringen, habe gewonnen. Nach dem Erscheinen von Noahs Artikel spöttelten die Komiker Lewis Black und Stephen Colbert über den Sport, Menschen über gewisse gemeinsame Elemente mit Hitler in Verbindung zu bringen; kurz darauf wurde die Idee zu einem Internetspiel.[141] 2009 schnellten die Google-Suchen nach Hitler und Kevin Bacon in die Höhe, Kommentare zu Wikipedia-Suchen nach Hitler tauchten in Chat-Foren auf, und die Mainstream-Medien berichteten über das Spiel.[142] 2012 wurde eine App für das Spiel auf Google Play verfügbar.[143] (Inzwischen gibt es eine Website namens Hitler Hops, die automatisch ermittelt, wie viele Einträge notwendig sind, um von einem zufällig gewählten Wort zu Hitler zu gelangen – und die damit den ganzen Spaß verdirbt.)[144]

Die verschiedenen Varianten von „Six Degrees of Hitler" verfolgten keine größere Agenda und dienten hauptsächlich der Unterhaltung. Der Reiz des Spiels liegt auf der Hand. Es ist nur eine von zahllosen Möglichkeiten, im Internet zu prokrastinieren. Wie das Aktualisieren des eigenen Facebook-Status oder das Spielen von „Words With Friends" vertreibt es die Langeweile und verschafft Genugtuung, wenn man sieht, mit wie wenigen Klicks man zu Hitlers Wikipedia-Eintrag gelangt. Man braucht wohl nicht extra darauf hinzuweisen, dass Hitler so aus seinem historischen Kontext herausgelöst und zu einem Symbol des Banalen wurde.

Dennoch ist „Six Degrees of Hitler" geschmackvoller als ein anderer Zeitvertreib im Internet, der humorvolle Bildmakros mit Bezug zum Diktator erstellt. In den letzten Jahren sind Bildmakros zu einem allgegenwärtigen Internet-Phänomen geworden. Klassische Beispiele dafür sind LOLcats (Fotos von Katzen mit verballhornten Slogans wie „I Can Has Cheezburger?"); Scumbag Steve (Fotos eines bekifft aussehenden jungen Mannes mit seitlich sitzender Baseballkappe, begleitet von rüden Bildunterschriften wie „Hey, Can I Borrow – Everything?"); und Musically Oblivious 8th Grader (ein Teenager, die keine Ahnung von Popmusik hat und Bemerkungen wie „John Lemon ist mein Lieblings-Beetle" von sich gibt).[145] Seither sind zahlreiche Bildmakros über oder mit Hitler erschienen. Viele davon sind Parodien bestehender Mems, so zum Beispiel das Bild eines Kitlers mit der Bildunterschrift „I Can Has Poland?", das sich über LOLcats lustig macht.[146] Andere beruhen auf platten Wortspielen, so das Bild eines springenden Delfins mit einem Foto von Hitlers Kopf und der Zeile „Hey Look Adolfin!"[147] All diese Elemente sind auf Webseiten wie Meme Generator mit ihren Zehntausenden Bildmakros des Diktators in Hülle und Fülle zu finden. Am beliebtesten ist die Kategorie „Advice Hitler", die über 35 000 Bilder mit Ausdrücken wie „I Can Haz Europe?" und „Wall Street Boring. Occupy France" enthält.[148] Meme Generator präsentiert außerdem Tausende Bilder von „Disco Hitler", „Bedtime Hitler", „Successful Hitler" und „Hitler Says Nyan", die alle von einer Vielzahl spaßiger und sinnfreier Slogans begleitet sind.

Diese und zahllose ähnliche Bilder deuten darauf hin, dass wir möglicherweise die Entstehung eines neuen Internet-Gesetzes erleben, das da lautet: Je populärer das Mem, desto wahrscheinlicher seine Hitlerisierung.[149] Dieses Gesetz der ironischen Hitlerisierung, wie man es nennen könnte, erfüllt eine ähnliche Funktion wie das Würzen von Speisen. Das Hinzufügen eines Hitlerbärtchens, eines Seitenscheitels oder einer Nazi-Uniform verleiht einem Mem automatisch eine gute Portion Ironie, Effekthascherei und Geschmacklosigkeit. Diese wahrscheinlich aus *Untergangs*-Parodien hervorgegangene Praxis hat sich zu einer reflexartigen Reaktion auf alle möglichen Themen entwickelt. Wie bei den Advice-Dog- und LOLcat-Parodien gehören Bildmakros zu den Internet-Memen, die am ehesten hitlerisiert werden.[150] Meme in anderen Formaten haben jedoch eine ähnliche Behandlung erfahren. Eine wichtige Kategorie sind animierte Videos. Das allgegenwärtige Nyan-Cat-Video (in dem eine animierte Katze mit einem Pop-Tart-Körper zu einem repetitiven computergenerierten Soundtrack durch den Raum fliegt) ist in verschiedenen parodistischen „Hitler-Editionen" erschienen. In einer dieser Versionen wurde der Körper der Katze durch eine Hakenkreuzfahne ersetzt, in einer anderen durch den Kopf Hitlers (in beiden ertönt statt des synthetischen „nyan nyan nyan nyan"-Sounds eine wütende Männerstimme, die „Nein Nein Nein" schreit).[151] Auch Emoticons haben eine Hitlerisierung erfahren. Nur wenige Anschläge auf der Tastatur – zwei umgekehrte Schrägstriche, ein Doppelpunkt, ein Gleichheitszeichen und ein vertikaler Balken – erzeugen einen „typischen Hitler": //:=|. (Als Varianten gibt es unter anderem einen „bekifften Hitler": //8= und einen „bombastischen Hitler": //:=O).[152] Schließlich wurden neben Internet-Mems auch andere bekannte Bilder im Internet hitlerisiert. Als Quelle dienten häufig Animationsfiguren für Kinder wie die im Übrigen unbescholtenen My Little Pony, Hello Kitty, Pikachu (aus der Pokémon-Reihe) und die vier Teletubbies, die digital mit

Hitlerbärtchen und Nazi-Uniformen versehen wurden.[153] Auch Firmenlogos und Produkte wurden im Geiste der „Wacky Packages" hitlerisiert: Aus Burger King wurde „Führer King"; die Margarine „I Can't Believe It's Not Butter!" wurde zu „I Can't Believe It's Not Hitler!" und die Mundspülung „Listerine" zu „Hitlerine".[154] Schließlich gibt es Fälle versehentlicher Hitlerisierung – Fotopannen, bei denen Persönlichkeiten des öffentlichen Lebens einen Hitlerbart zu tragen scheinen. In einem Fall erschien der britische Rechtspopulist Nigel Farage im BBC-Fernsehen aufgrund eines geschwärzten Pixels vor seinem Gesicht wie der Nazi-Diktator; in einem anderen Fall warf der Finger des israelischen Premierministers Benjamin Netanjahu einen derartigen Schatten auf die Oberlippe von Bundeskanzlerin Angela Merkel, dass sie ihrem berüchtigten Vorgänger ähnelte.[155] Dass diese Beispiele im Internet rasch viral werden und endloses Gelächter auslösen, bestätigt eine einfache Wahrheit: Fügt man einem Bild Hitler hinzu, steigert dies seine komische Wirkung dramatisch.

Dieses Prinzip bestätigen auch die nach wie vor bestehenden eher traditionellen Hitlersatiren im Netz. So wie altehrwürdige Satiremagazine wie *National Lampoon* und das *Mad Magazine* vor dem Aufstieg des Internets mit dem Diktator ihren Spaß trieben, tun dies auch Online-Satiremagazine.[156] Die Online-Version von *The Onion* zum Beispiel beruft sich in ihren Fake News häufig auf Hitler und veröffentlicht Artikel über sein Leben nach dem Krieg („Mein kostbares Deutschland wird wiederauferstehen", erklärt der entschlossene Altenheimbewohner in einem Artikel) und malt sich aus, er habe den Zweiten Weltkrieg mit Hilfe einer „Vortex-Kanone" gewonnen.[157] Andere Satire-Seiten veröffentlichten ähnliche Artikel, wobei die britische *Daily Mash* Schlagzeilen titelte wie „Frankreich ist im Grunde genommen Hitler, sagen alle", „Sind Sie deutscher als Hitler?" und „Deutsche nutzen [Gordon] Brown-Video für Hitler-Parodie".[158] Sogar College-Zeitungen haben sich über Hitler mokiert, wobei die Zeitung *The Medium* der Rutgers University 2012 mit dem spöttischen Kommentar „Was ist eigentlich mit den guten Taten Hitlers?" eine Kontroverse auslöste und den Text fälschlicherweise einem jüdischen Studentenaktivisten zuschrieb.[159]

Einer der elaboriertesten parodistischen Texte über Hitler findet sich auf der Website „Uncyclopedia". Die sogenannte „inhaltsfreie Enzyklopädie" ist so etwas wie eine Mischung aus Wikipedia und *The Onion* und enthält Tausende von Einträgen zu allen möglichen Themen, darunter auch der Geschichte des Dritten Reichs. Auf der amerikanischen Website (es gibt sie in verschiedenen Sprachen) gibt es einen umfangreichen Eintrag zu Hitler, der rund 7500 Wörter umfasst.[160] Wie ein Großteil der Inhalte der Webseite ist auch der über Hitler von respektlosem und oft krudem Humor geprägt, der in den seltensten Fällen wirklich witzig ist. Die biografischen Informationen geben einen Überblick über das Leben von „Adolf *kicher* Hitler" von seiner Geburt bis zu seiner zwölfjährigen Amtszeit als „Kanzler von Deutschland (und Fücker) von 1933–1945". Der Inhalt ist leidlich amüsant. In ironischer Anspielung auf die obsessive Beschäftigung mit Hitlers Stammbaum heißt es in dem Eintrag, sein Vater, „Alois Hitler, … war ein Zollbeamter in Australien-Ungarn … seine Mutter, Gretta Pölzl, Alois' Cousine zweiten Grades, war die dritte Frau seines Vaters, die auch ihre eigene Großmutter war." Andere biografische Details laufen hingegen vor allem wegen ihrer obsessiven Wortspiele ins Leere. In den Informationen zu Hitlers Jugend heißt es zum Beispiel, der junge Hitler habe nach dem Gymnasium eine „kleine Garagenband" gegründet und Songs wie „Dachau Side of the Moon", „Kampftown Races" und „Hitler Baby One More Time" geschrieben. Andere Details wirken willkürlich. Man erfährt zum Beispiel, dass Hitler während des Ersten Weltkriegs Banjo spielen lernt und in einem Männerchor singt, was ihn dazu bewegt, ins Showgeschäft einzusteigen. Nach dem Krieg kehrt er nach München zurück und macht nach Einnahme von LSD eine religiöse Erfahrung, die ihn zum Eintritt in die Politik veranlasst. Dann beginnt sein langsamer Aufstieg, bei dem er einen politischen Rivalen, Adolf Schmittler von Knorring, besiegt, dessen Memoiren *My Cough* nicht mit Hitlers eigener Autobiografie konkurrieren können. Der Eintrag enthält zudem zahlreiche detaillierte, zum Teil ironische Angaben zu Hitlers Privatleben. Hitler dient zum Beispiel eine Zeitlang als „Vizepräsident der Anti-Defamation League", wird jedoch „aus dem Amt entfernt, als sich herausstellte, dass er seine Mitgliedsbeiträge nicht zahlte". Andere Details sind schlicht absurd, so zum Beispiel die Tatsache, dass Hitler ein „Wassermelonen-Fan" mit einer „irrationalen Angst vor Apfelmus" ist. Daran schließt sich ein oberflächlicher Überblick über den Zweiten Weltkrieg an, den Hitler entfesselt, nachdem ihn polnische Generäle mit „Bildern von Brad Pitt mit bloßem Oberkörper" verspottet haben. Über den Krieg erfährt man nur wenig, der Eintrag schließt mit der Erklärung, dass Deutschland besiegt wird, als „die Soviet Onion sich von Osten und die anderen Alliierten sich Berlin von Westen zu nähern begannen, während Mittelerde von Süden her eindrang". Am Ende geht Hitler zu „seinem McDonald's vor Ort", wo er an einer „Lebensmittelvergiftung" stirbt.[161]

Der Uncyclopedia-Eintrag über Hitler kann als infantiles Beispiel für Internet-Humor abgetan werden, ist aber in einer Hinsicht bedeutsam. Gegen Ende gibt es einen kleinen Abschnitt über den Holocaust, der ein Schlaglicht auf den schmalen Grat zwischen Normalisierung und Moralismus wirft. Auf den ersten Blick wirkt der 500 Wörter umfassende Abschnitt wie ein geschmackloses Beispiel für den Holocaust. Die ersten Sätze lauten:

> Das angebliche Abschlachten von 12 Millionen Juden und zahllosen anderen Minderheitengruppen in Europa durch Hitler und das NS-Regime diente als Rechtfertigung für die Entstehung Israels. Wenig bekannt ist hingegen die Tatsache, dass Hitler die Gründung einer jüdischen Heimstatt unterstützte und als Erster auf die Idee kam. Er wollte die 12 Millionen Juden mit dem Zug an einen Ort in Palästina bringen. Allerdings musste er bald feststellen, dass eine Zugfahrkarte in einen so entlegenen Ort über 500 Dollar kostete ... und Zyklon-B-Tabletten 3 Dollar ... Hitler rechnete sich alles durch, und was uns blieb, waren ein paar tote, bewusstlose, aber völlig intakte Juden.

Obwohl sich dieser Abschnitt zunächst wie eine Holocaustleugnung liest, kritisiert er sie in Wirklichkeit. „Die fehlenden Leichen", heißt es weiter, „sind der Beweis dafür, dass diese Ereignisse nicht stattgefunden haben. Manche mögen zwar sagen, dass die Leichen in den großen, in Auschwitz gefundenen Leichenverbrennungsöfen verbrannt wurden ... in Wirklichkeit handelte es sich um große Öfen, in denen viele köstliche Backwaren für die jüdische Bevölkerung gebacken wurden. ... Angesichts der Größe der Verbrennungsöfen konnte die SS unter Berücksichtigung der Größe, des Gewichtsverhältnisses und der durchschnittlichen Dauer bis zur vollständigen Verbrennung eines Leichnams bei der Temperatureinstellung der Verbrennungsöfen täglich etwa 400 Judenleichen verbrennen. Alles in allem wäre es unmöglich gewesen, auch nur ¼ der Juden in der angegebenen Zeit, in der der vermeintliche Holocaust stattfand, zu verbrennen. Folglich fand er nie statt." Diese Aussage, die sich über das krude Vokabular („Judenleichen") und die pseudowissenschaftliche Logik von Holocaustleugnern mokiert, macht deutlich, dass der Eintrag zumindest teilweise moralisch motiviert ist. Dennoch bewegt er sich mit seiner saloppen Ausdrucksweise und den gedankenlosen Seitenleisten – in einer sind jubelnde KZ-Häftlinge bei der Befreiung mit der Zeile „Konzentrationslager waren eigentlich schöne Orte zum Leben" zu sehen – hart an der Grenze zur Geschmacklosigkeit.[162]

Tatsächlich zeigt der Beitrag, wie sich Humor im Internet mit Hass überschneiden kann. Während das Hitler-Mem vielerlei Gelegenheiten bietet, sich über den Diktator lustig zu machen, kann es auch als Sprachrohr für seine Ideen dienen. Viele Online-Bilder von Hitler sind von Antisemitismus und Rassismus durchsetzt. Es ist schwer zu sagen, wann genau ein Ausdruck die Grenze von der Satire zum Hass, von der Beleidigung zur Bosheit überschreitet. Unzählige Beispiele des Hitler-Mems erweisen sich jedoch als aussichtsreiche Kandidaten für Letzteres. Die ungeheuerlichsten Beispiele betreffen den Holocaust. Eines der bekanntesten frühen Bildmakros mit Bezug zum Nationalsozialismus war das eines heutigen Kleinkinds in Nazi-Uniform, das einen leeren Becher mit der Aufschrift „I have eliminated all the juice" hält.[163] Ähnliche Versionen haben sich auch in anderen Formaten verbreitet, so gibt es z. B. ein Advice-Hitler-Makro mit dem Spruch „Ich sage, es ist Zeit für die Juden zu vergeben und zu vergessen. Und lassen wir Zyklon B ruhen".[164] Andere beleidigende Ausdrücke zu Hitler-Makros lauteten „Gas Bill? I Wondered When It Was Jew", „Was in Auschwitz passiert, bleibt in Auschwitz" und „Lasst uns bis zum letzten Juden feiern".[165] Nur wenige Menschen außerhalb rechtsextremer Kreise würden irgendeinen dieser Ausdrücke auch nur annähernd lustig finden. Leider sind sie keineswegs selten. Es gibt zudem zahllose Beispiele für Bilder, die sich lediglich in Invektiven (d. h. „Fuck Jews" und Schlimmeres) ohne Anspruch auf Satire ergehen. Neben Bildmakros sind ebenso abstoßende Parodien populärer Produkte im Geiste der „Wacky Packages" entstanden. Dazu gehören eine Hitler-Version des Colonel Sanders von Kentucky Fried Chicken, der in einen Hitler mit Halsbinde verwandelt wurde und mit dem Slogan „Kentucky Fried Jews" wirbt, sowie eine Pseudo-Werbung für Microsoft Windows, die die „Nazi Soft Vindows: Final Solution

Edition" ankündigt.[166] Wieder andere Hitler-Bildmakros attackieren mit Sprüchen wie „Verfluchte Mexikaner, geht zurück nach Mexiko", „Fuck! Hab die Koreaner vergessen" oder „Fucking Niggers" verschiedene Minderheitengruppen.[167]

Diese Bilder sind offenkundige Hassbotschaften. Sie ahmen die intolerante Haltung nach, die in Kommentaren auf YouTube und anderen Videoportalen zum Ausdruck kommt, wo oft routinemäßig über Juden und andere geätzt wird. Diese Kommentare zeigen, wie verschwommen die Grenze zwischen Hass und Humor sein kann. Tatsächlich scheint das Internet mit dem Hitler-Mem einen Raum geschaffen zu haben, in dem Hass und Humor eins werden. Normale Webnutzer können solche Meme natürlich leicht ignorieren. Es kann jedoch zu einem kaum merklichen kumulativen Effekt dieser Meme kommen. Wenn zum Beispiel auf der Website Meme Generator neonazistische Bildmakros neben harmloseren erscheinen, verschwimmen die Unterschiede zwischen den ihnen zugrunde liegenden Absichten, sodass das Unrechtmäßige auf kaum merkliche Weise legitimiert wird. Dieser Nivellierungseffekt ist nur eine weitere beunruhigende Begleiterscheinung des populistischen Charakters des Internets. Er macht es unmöglich, das an den Rand zu drängen, was offenkundig dorthin gehört. Wenn Humor sich mit Hass paart, macht Intoleranz sich weiter im Mainstream breit.

All diese Entwicklungen zeigen sich schließlich auch im Gebrauch der Sprache, die zur Auseinandersetzung mit dem Nationalsozialismus im Internet dient. Wie Wissenschaftler wie Victor Klemperer und George Steiner vor Jahrzehnten festgestellt haben, schufen die Nazis während des Dritten Reiches eine neue Sprache – eine Lingua Tertii Imperii –, die zur Verschleierung der brutalen Politik des Regimes Superlative und Euphemismen verwendete.[168] Heute ist ein anderes Phänomen am Werk, allerdings mit ähnlichen Folgen. Das Internet hat einen Netzjargon – einen „Internet-Sprech" – mit Neologismen, Slang und Abkürzungen hervorgebracht, die einen Großteil des Netzdiskurses bestimmen.[169] Dabei wurden Wörter mit Bezug zum Dritten Reich vereinnahmt, inflationiert und universalisiert. Anders als in der NS-Zeit erfüllen sie keinen konkreten politischen Zweck, sondern dienen den unterschiedlichsten – kritischen bis komischen – Zielen. Im Endergebnis verschleiern sie alle jedoch das historische Übel des Nationalsozialismus.

Das erste Beispiel für diesen Trend ist die Inflationierung des Wortes „Nazi" zu einem universellen Schimpfwort. Am deutlichsten zeigte sich dies in Neologismen (entweder Kofferwörter oder Komposita) mit dem Wort „Nazi". Typische Beispiele sind: „feminazi", „grammar Nazi", „gym Nazi", „Kinderwagen-Nazi", „stillender Nazi" und so weiter (Abb. 44). Viele dieser Begriffe stammen aus der Zeit vor dem Internet und erschienen zuerst in Radio und Fernsehen.[170] Ihr Erscheinen wurde zudem durch das polarisierte politische Klima in den Vereinigten Staaten befördert, das ebenfalls bereits vor dem Internet existierte. Allerdings hat das Internet die inflationäre Verwendung des Begriffs „Nazi" beschleunigt. Da das Medium dem „Flaming" Vorschub leistet, werden Begriffe mit Bezug zum Nationalsozialismus zu bevorzugten Waffen in Online-Disputen. Die beispiellose Fähigkeit des Internets, neue Wörter gleich nach ihrem Erscheinen zu verbreiten, war ebenfalls ein entscheidender Faktor. Laut Urban Dictionary hat sich der Begriff „Nazi" zu „einem Slangwort entwickelt, das Menschen bezeichnet, die (auf ungesunde Weise) penibel sind und andere bei jeder Gelegenheit korrigieren möchten. Besonders deutlich zeigt sich dies in Internetforen, auf Blogs und auf YouTube."[171] Diese Definition verweist nicht nur auf die Rolle des Internets bei der Inflation des Begriffs „Nazi", sondern zeigt auch, wie der heutige Gebrauch die Bedeutung des Begriffs verwässert hat. Wenn die meisten den Begriff „Nazi" inzwischen lediglich als „Bezeichnung von kontrollsüchtig scheinenden Menschen" verstehen (wie ihn ein weiteres Online-Nachschlagewerk, Wikipedia Wiktionary, definiert), dann ist auch dies ein Zeichen der Normalisierung.[172] Wenngleich die als „Nazis" bezeichneten Gruppen mitunter dominant auftreten mögen, muss man wohl nicht extra erwähnen, dass Feministinnen, Fitnesssüchtige und Kinderwagenmütter keine Ähnlichkeit mit den führenden Politikern des Dritten Reiches haben.

Weiter befördert wurde der Normalisierungstrend im Internet durch nationalsozialistisch gefärbte Wortspiele, die zumeist in Bildmakros aufgetaucht sind. Eines der bekanntesten ist der Ausdruck „I did Nazi that coming" – eine Verballhornung von „I did not see that coming" –, der oft als Ausruf der Überraschung verwendet wird. In einer Karikatur berichten Hitlers Untergebene ihm beispielsweise: „Mein Fuhr! [sic] Die Alliierten sind in der Normandie einmarschiert", woraufhin Hitler antwortet: „Wow, I did nazi that coming."[173] In einer anderen Verballhornung dient der Name Anne

Abb. 44: Wie der Ausdruck „grammar Nazi" – hier mit eigener, hakenkreuzähnlicher Flagge – zeigt, macht sich der Normalisierungsprozess auch im gewöhnlichen Sprachgebrauch bemerkbar.

Frank als Ausruf der Verärgerung, so etwa in: „I hate it when people joke about the Holocaust, Anne Frankly, I won't stand for it."[174] (Die Facebook-Seite mit dem Titel „Anne Frankly I did Nazi That Coming" kombiniert sogar beide Ausdrücke.[175]) Einige dieser Wortspiele scheinen zuerst in Facebook-Nachrichten aufgetaucht zu sein und wurden in der Folge auf dem parodistischen Pendant Lamebook gepostet.[176] Von dort aus haben sie sich endlos reproduziert und auf Social-Media-Seiten wie Twitter, Tumblr, 4chan und Reddit verbreitet.[177]

Eine ähnliche Entwicklung sind kalauernde Neologismen mit Bezug zum Nationalsozialismus. Ein Beispiel hierfür ist „Lolocaust", das den Begriff „LOL" mit dem Suffix „caust" verschmilzt und im Urban Dictionary als „lustig in einem Ausmaß, das sechs Millionen Menschen tötet" definiert wird, so etwa in dem Ausdruck: „man that joke cause da lolocaust."[178] Andere Webnutzer verwenden das Suffix „caust" für eher humorvolle Verunglimpfungen; so kommentierte ein Kritiker das Musikvideo von Rebecca Black mit „Zeit für die Endlösung: Rebeccacaust".[179] Ähnlich verbreitete sich die Frage „How much does the challah cost?", die von der (halb-jüdischen) Komikerin Chelsea Handler popularisiert wurde.[180] Andere Wortspiele haben mit Auschwitz zu tun. So wurde der Begriff „Cowschwitz" zur Kritik von Rinderfarmen verwendet.[181] In einem anderen Bildmakro erklärt ein lächelnder Hitler: „They told me caffeine causes anxiety, so then I said Auschwitz [I switch] to Decaf."[182]

Die Verballhornung von nationalsozialistisch gefärbten Wörtern zu Wortspielen ist Ausdruck breiterer kultureller Trends. Sie rührt zum Teil aus ähnlichen Wortspielen in literarischen Werken wie etwa Art Spiegelmans Begriff „Mauschwitz" in seiner Graphic Novel „Maus" oder John Boynes Neologismus „Aus-Wisch" in seinem Roman *Der Junge im gestreiften Pyjama*. Zusammen mit älteren Beispielen wie dem Begriff „Shoah business" zur despektierlichen Bezeichnung der Holocaust-Studien haben diese Fälle möglicherweise zur Legitimation nationalsozialistisch gefärbter Wortspiele beigetragen und den Weg für ihre Entwicklung zu einem Internet-Phänomen geebnet. Bei ihrer Übernahme durch die Massen haben diese Wortspiele jedoch ihren ursprünglichen moralischen Zweck verloren und sind zum Selbstzweck bzw. zu so etwas wie einem Spiel geworden. Humorforscher gehen davon aus, dass Wortspiele ihren Ursprung in „uralten ‚Geistesduellen' haben, bei denen Menschen ihre intellektuelle Überlegenheit durch sprachliche Gewandtheit unter Beweis zu stellen versuchten".[183] Dies scheinen die Überbietungswettbewerbe zu bestätigen, bei denen Internetnutzer die NS-Zeit als Arsenal verbaler Waffen nutzen.[184] In der jüngsten Hitler-Teekannen-Kontroverse duellierten sich beispielsweise Reddit-Nutzer um die besten Tee-bezogenen Nazi-Wortspiele und erfanden Ausdrücke wie „Schindlers Minze", „Ceylon B" und „Nacht der Oolong-Messer".[185] Mit ihrer unbekümmerten Verwendung historisch belasteter Wörter und Ausdrücke zeigen die heutigen Wortspiel-Meister jedoch auch, dass die moralische Perspektive auf die NS-Vergangenheit langsam schwindet.

Es hat durchaus Versuche gegeben, sich dieser sprachlichen Form der Normalisierung zu widersetzen. Einer der wichtigsten war die Schaffung einer Regel, die als „Godwins Gesetz der Nazi-Vergleiche" bekannt ist.[186] Das von dem Rechtsanwalt und Blogger Mike Godwin konzipierte „Gesetz" besagt, dass „sich die Wahrscheinlichkeit eines Nazi- oder Hitler-Vergleichs mit zunehmender Dauer einer Online-Diskussion der eins nähert". Zu dieser Erkenntnis gelangte Godwin in der Frühphase des Internets im Jahr 1990, als er feststellte, dass viele Online-Diskussionen von Kommentaren durchsetzt waren, die die Ideen anderer als „Hitler-ähnlich" abtaten. Obwohl Godwin dies nicht ausdrücklich erklärte, deutete sein Gesetz indirekt an, dass leichtfertige Vergleiche mit Hitler diese Behauptungen automatisch entkräfteten (in späteren Korollaren zu dem Gesetz wurde dies explizit formuliert).[187] Godwins Gesetz war moralisch motiviert. Nach Lektüre der Werke von Primo Levi entwickelte er ein, wie er sagte, „größeres psychologisches Verständnis dafür, warum der Holocaust geschah", und konnte „die oberflächlichen Vergleiche [nicht länger] ertragen, auf die ich im Internet stieß". So entwickelte er das Gesetz aus einer „moralischen Empörung" heraus, um „Leute, die leichtfertig einen anderen Menschen mit Hitler oder den Nazis verglichen, dazu zu bringen, sich ernsthaftere Gedanken über den Holocaust zu machen".[188] Bezeichnenderweise blieb seine Regel nicht ohne Wirkung. Als Godwin sein Gesetz in Usenet- und Chatroom-Diskussionen als „Gegen-Mem" präsentierte, stellte er fest, dass Webnutzer danach verantwortungsbewusster und ohne rhetorische Entgleisungen debattierten.[189] Seitdem hat das „berühmteste Gesetz des Internets" kanonischen Status erlangt.[190]

Tatsächlich hat es andere dazu inspiriert, der Nazifizierung des Netzjargons entgegenzuwirken. Viele Journalisten, Blogger und andere Experten haben sich auf das Godwin'sche Gesetz berufen, um den rasanten Anstieg von Nazi-Vergleichen zu kritisieren. 2010 berichtete *Media Matters*, der

Fox-News-Kommentator Glenn Beck habe in den achtzehn Monaten nach dem Amtsantritt von Präsident Obama im Jahr 2009 über 500 Bezüge zum Nationalsozialismus, zu Hitler oder zum Faschismus hergestellt. Die Watchdog-Organisation schlug daraufhin vor, „Godwins Gesetz in Becks Gesetz umzubenennen“.[191] Derart große Verbreitung fand Godwins Regel, dass der Name ihres Urhebers zu einem Verb wurde (ein Online-Kommentator, der wegen eines Nazi-Vergleichs getadelt worden war, beklagte sich darüber, „ge-Godwinned“ worden zu sein).[192] Sicherlich wehrten sich viele Kritiker auch ohne Rückgriff auf Godwins Gesetz gegen entsprechende Vergleiche.[193] Die Anti Defamation League, das American Jewish Committee und andere wenden sich seit Langem gegen die Nazifizierung des öffentlichen Diskurses. Darüber hinaus haben sich Vertreter der Unterhaltungsindustrie, insbesondere die Nachrichtensatiren *The Daily Show with Jon Stewart* und *The Colbert Report*, über die übertriebene Verwendung von NS-Terminologie im kulturellen Leben der USA lustig gemacht.[194] Wie die Bemühungen dieser Gruppen (die alle ihre eigenen Homepages haben) zeigen, wird das Internet auch dazu genutzt, sich der Trivialisierung des Nationalsozialismus zu widersetzen.

Es ist jedoch fraglich, ob diese Bemühungen große Wirkung gehabt haben. Weder Godwins Gesetz noch die Mahnungen von Watchdog-Gruppen haben das Internet von Nazi-Vergleichen befreit, ganz im Gegenteil boomen diese weiter. Vielleicht ist dies der Grund dafür, dass immer mehr Kommentatoren eine gewisse Ungeduld mit dem Thema Nationalsozialismus an den Tag legen. Als Reaktion auf die allgegenwärtigen Hitler-Verweise hat eine Beobachterin sarkastisch erklärt: „Selbst Hitler muss die Nase von sich voll haben.“[195] Ein anderer Kommentator beklagte, der NS-Diktator sei zu einer Kurzform für das „personifizierte Böse“ geworden und habe das Bewusstsein der Menschen für frühere historische Bösewichte verdrängt.[196] Wieder andere Beobachter hatten den Eindruck, der Verweis auf Hitler fungiere inzwischen als Panikmache und habe jegliche Glaubwürdigkeit verloren. „In einer Kultur, in der Hitler der Spielball von Werbetreibenden, Filmemachern und Experten ist“, schrieb ein Journalist, „haben die Nazis keine … warnende Wirkung.“[197] Das „hoch empfindliche Alarmsystem“ seines Landes habe bei der Verfolgung wiederauflebenden nazistischen Gedankenguts versagt, beklagte ein deutscher Kommentator, da es sich auf triviale Rückfälle konzentriert habe: „Das ist die Quittung für eine übertreibende Geschichtsdidaktik. Wo überall Parallelen zur Nazizeit gezogen werden, sind aber am Ende gar keine mehr sichtbar. Wir brauchen nicht mehr, sondern weniger öffentliche Rede über Hitler."[198] Für diese und andere Beobachter war die Erinnerung zu einer Belastung geworden, die am besten heruntergespielt, wenn nicht gar ganz aufgegeben werden sollte. So verurteilte Leon Wieseltier die von jüdischen Kommentatoren leichtfertig angestellten Vergleiche zwischen den Ereignissen im Nahen Osten und denen im Dritten Reich und forderte die Juden auf, ein für alle Mal anzuerkennen, dass „Hitler tot ist".[199] Ein anderer Blogger ging noch weiter und erklärte ganz unverblümt: „Es ist an der Zeit, Hitler nicht mehr mietfrei in unseren Köpfen leben zu lassen. … Hitler hat ausgedient. Es ist an der Zeit, ihn wieder in seinen Bunker zu sperren und die Trümmer über ihm zu planieren."[200] Zwar beharrten andere weiterhin auf der Legitimität bestimmter Vergleiche mit Hitler und den Nazis, die nicht von vornherein verboten werden sollten.[201] Für immer mehr Kommentatoren war es jedoch an der Zeit, das Kind der Erinnerung mit dem schmutzigen Bade auszuschütten.

Letztendlich bestätigt der Aufstieg des Hitler-Mems und seiner Ableger die Rolle des Internets bei der Normalisierung der Erinnerung. Skeptiker mögen bezweifeln, dass eine konsequente Untersuchung der Herkunft, Verbreitung und Funktion des Mems aufgrund seines häufig extremen Charakters irgendeinen Wert hat. Für sich betrachtet, ist natürlich jeder einzelne Ausdruck eines Mems kaum mehr als eine triviale, flüchtige Erscheinung. In ihrer Gesamtheit können diese Meme jedoch erhebliche Auswirkungen haben. Dank der exponentiellen Kräfte der digitalen Vervielfältigung hat das Hitler-Mem unzählige Millionen von Menschen weltweit mit unbekannter kumulativer Wirkung erreicht. Die meisten berufstätigen Erwachsenen verbringen wahrscheinlich nicht genug Zeit im Internet, um mit den unzähligen Memen vertraut zu sein, die ironisch hitlerisiert wurden. In Ermangelung der nötigen kulturellen Kompetenz werden sie sie wahrscheinlich als belanglos und einer ernsthaften Betrachtung nicht würdig abtun. Die Netzgemeinde versteht jedoch intuitiv, dass das Hitler-Mem ein ironisches, selbstreferenzielles Beispiel für Intertextualität ist. Sie formulieren es vielleicht nicht als solches, doch nehmen viele junge Webnutzer Hitler mittlerweile wahrscheinlich als eine vertraute, amüsante und beruhigende Internetpräsenz wahr. Die Begeisterung normaler Webnutzer für die ironische Hitlerisierung deutet auf die Ablehnung moralischer Darstellungsweisen der NS-Vergangenheit hin. Zwar gibt es wenig belastbare Daten, die diese Vermutung untermauern, doch ist eine Tatsache ernüchternd. Gibt man auf der Website What Does the Internet Think? die Begriffe „Nazis" und „Adolf Hitler" ein, erhält man für Hitler erheblich positivere Bewertungen als für die Nazis.[202] Ob diese Bewertungen der Realität entsprechen oder repräsentativ sind, ist unklar, doch deuten sie darauf hin, dass die Begriffe „Nazi" und „Hitler" möglicherweise immer unterschiedlichere Konnotationen erfahren. Während der Begriff „Nazi" in unserer Kultur immer mehr als Beleidigung wahrgenommen wird, entwickelt sich „Hitler" zu etwas Harmloserem.

Zusammenfassung

Die Darstellung des Nationalsozialismus im Internet liefert ein widersprüchliches Bild. Während ein Großteil der Online-Informationen über das Dritte Reich eine klare Vorstellung von dessen tragischen Dimensionen vermittelt, ist ein erheblicher Teil dieser Informationen schlicht grotesk. Dieses Nebeneinander zeugt vom demokratischen Charakter des Internets und den damit einhergehenden Vor- und Nachteilen. Einerseits sind durch den freien Zugang zu Informationen neue Möglichkeiten der Bildungsförderung und der Sensibilisierung für die NS-Vergangenheit entstanden. Andererseits ist ein Großteil der Informationen von fragwürdiger Qualität, da jeder normale Bürger diese Informationen ohne die Vorteile eines elitären Gatekeepers gestalten kann. Anders ausgedrückt: Freier Zugang hat die extremen Auswüchse noch verstärkt.[203] Das ist freilich nichts Neues. Seit Platon steht die Demokratie im Verdacht, Mittelmäßigkeit zu fördern. Trotz all der hervorragenden Möglichkeiten, sich auf Webseiten mit Links zu Universitäten, Museen und Forschungseinrichtungen über das NS-Erbe zu informieren, gibt es ebenso viele Möglichkeiten, sich von Schund ablenken zu lassen. Ob es sich um die Hass-Seiten von Neonazi-Gruppen oder die Spott-Seiten selbst ernannter Satiriker handelt – das Internet bietet unzählige Möglichkeiten der Ablenkung und der Verdummung. Dies gilt umso mehr, als die bizarreren Darstellungen des Nationalsozialismus in den gängigen sozialen Netzwerken und Nachrichtenseiten weite Verbreitung finden. Diese Seiten haben nicht nur ansonsten abseitigen Informationen Legitimation verschafft, sondern sie haben uns gelehrt, nach diesen zu gieren. Weil das Internet unsere Aufmerksamkeitsspanne und Konzentrationsfähigkeit beeinträchtigt, macht es uns anfällig für Informationen, die vereinfachend, oberflächlich und reißerisch sind. Diese Dynamik hat zu bisher noch nie dagewesenen Phänomenen wie dem Hitler-Mem geführt, dem wohl deutlichsten Beleg für die Beschleunigung der Normalisierung durch das Internet.

Es bleibt die Frage, welche Auswirkungen dieses neue Darstellungsmuster auf Bemühungen haben wird, den Nationalsozialismus aus einer ernsthaften moralischen Perspektive darzustellen. Droht die Normalität die Moral zu untergraben? Oder können die beiden nebeneinander bestehen? Einerseits gibt es keinen Grund, warum dies nicht der Fall sein sollte. Wenn beide Formen der Darstellung des Nationalsozialismus bislang im Internet koexistiert haben, sollten sie dies auch in Zukunft tun können. Wenn das Internet irgendetwas ist, dann offen für alle. Gleichzeitig können jedoch normalisierte Darstellungen des Nationalsozialismus stärker moralisch grundierte untergraben. Je mehr Menschen sich daran gewöhnen, über den Nationalsozialismus zu lachen, desto mehr kann seine Aura der Ernsthaftigkeit leiden, bis sie schließlich völlig verschwindet. Genau wie ein störender Schüler das Lernklima in einer Klasse ruinieren kann, kann die Gegenüberstellung von ironischem und ernsthaftem Online-Material zum Nationalsozialismus das gesamte Thema infrage stellen. Wenn bei jeder Online-Suche zum Dritten Reich Text- und Bildmaterial auftaucht, das scherzhaft statt ernsthaft ist – und wenn sich die Menschen der Anziehungskraft dieses Materials nicht entziehen können –, dann kann konzentriertes Lernen in seichte Unterhaltung umschlagen. Je mehr Menschen an dieser Seichtheit Geschmack finden, desto mehr vernachlässigen sie den Lernaspekt. Einige mögen einwerfen, dass Webnutzer schon intelligent genug sind, um diese Herangehensweisen voneinander zu trennen und an beiden Darstellungsformen teilzuhaben. In der Tat können sogar Bildungsbeflissene es genießen, Kenner des schlechten Geschmacks zu sein. Es ist jedoch schwer vorstellbar, dass Menschen regelmäßig ernsthafte und scherzhafte Informationen konsumieren und dies keine tiefer gehenden Auswirkungen auf sie hat. Menschen, die in Chatforen gedankenlose Nachrichten über die NS-Vergangenheit posten, respektlose Bildmakros erstellen und über *Untergangs*-Parodien lachen, werden wohl kaum im nächsten Moment Webseiten besuchen, die nüchternere Geschichtslektionen vermitteln. Letztlich könnte es für diese zwei gegensätzlichen Darstellungsweisen der NS-Vergangenheit einfach zwei verschiedene Zielgruppen geben. Obwohl sie in einem digitalen Medium existieren, könnten sie ebenso gut in parallelen Welten existieren. Eines ist gewiss: Keine Kritik der Welt kann die Normalisierungswelle stoppen, die ihren eigenen populistischen Prinzipien gehorcht. Zumindest im Internet ist der neue Diskurs über den Nationalsozialismus ausgesprochen demokratisch.

Schlussbetrachtung

[Es ist] die unbestreitbare und schreckliche Wahrheit des Universums. Gehen Sie in sich … Sie wissen, dass es wahr ist. Es nützt weder Flehen noch Leugnen. Je eher Sie die Wahrheit akzeptieren, desto eher kann die wirkliche Arbeit beginnen. Jeder ist Hitler.[1]

uncyclopedia

Nun, vielleicht nicht jeder. Aber manchmal scheint es so, wenn man bedenkt, wie oft Menschen heute mit dem Diktator verglichen werden. Seit der Jahrtausendwende haben sich die Hitler-Vergleiche weltweit vervielfacht. In den USA wurden die Präsidenten George W. Bush und Barack Obama ebenso wie zahllose andere Politiker, von prominenten nationalen Persönlichkeiten wie Sarah Palin, John McCain und Hillary Clinton bis hin zu lokalen Regierungsvertretern, wiederholt mit Hitler verglichen.[2] Ähnlich erging es verschiedenen internationalen Staatsoberhäuptern, darunter den europäischen Regierungschefs Angela Merkel, Silvio Berlusconi und Wladimir Putin, Staatschefs im Nahen Osten wie Ariel Sharon, Mahmud Ahmadinedschad und Baschar al-Assad sowie nicht-westlichen Politikern wie Hugo Chavez, Hu Jintao und der Dalai Lama.[3] Nicht nur Politiker, sondern auch Prominente wurden mit Hitler verglichen, darunter religiöse Führer, Komiker, Sportler und Hollywood-Regisseure.[4] Derartige Vergleiche sind so üblich geworden, dass im Internet inzwischen mehrere Listen von „Menschen …, die mit Hitler verglichen worden sind", kursieren.[5] Zwar enthalten diese Listen nicht „jeden", wie die satirische Webseite Uncyclopedia behauptet. Aber sie sind derart umfassend, dass sie ziemlich nah daran herankommen.

Während jeder zu Hitler geworden zu sein scheint, scheint Hitler überall zu sein. Sein Name und sein Bild, seine Ideen und sein Vermächtnis sind wiederholt beschworen, reproduziert und zu unzähligen Zwecken instrumentalisiert worden. In den Vereinigten Staaten und in Europa haben

Abb. 45: Die Kommerzialisierung der NS-Vergangenheit ist ein immer weiter verbreitetes Phänomen. Mit diesem Hitlerkopf wirbt ein südafrikanisches Unternehmen für Hühnereier. Man vergleiche die Darstellung mit Abb. 21.

Prominente und andere Persönlichkeiten des öffentlichen Lebens wie Hank Williams Jr., Joan Rivers, Megan Fox, Kanye West, Tom Coughlin, G. Gordon Liddy, Oliver Stone, Boris Johnson, Lars von Trier und John Galliano in den letzten Jahren wegen unüberlegter Äußerungen über den Führer Schlagzeilen gemacht.[6] Werbeanzeigen, die mit dem Image des Diktators Wein in Italien, Kondome in den Niederlanden, Fernseher in Indien, Eier in Südafrika, Pizza in Neuseeland und Tee in der Türkei anpreisen, haben weltweit Kontroversen ausgelöst (Abb. 45).[7] In den Vereinigten Staaten haben Journalisten, Experten und Aktivisten vom liberalen wie vom konservativen Flügel die Gemüter erhitzt, indem sie sich bei so unterschiedlichen Themen wie Stammzellenforschung, Umweltschutz, der US-Steuerbehörde, Krankenversicherung, Evolution, Waffengesetzen, Abtreibung, Rauchverboten, der Trennung von Kirche und Staat, dem „Filibustering", dem Patriot Act und dem Militärgefängnis von Guantanamo Bay auf das Erbe Hitlers berufen haben.[8] In so unterschiedlichen Ländern wie Nordkorea, Indien, Venezuela, der Ukraine und Südafrika diente dieses Vermächtnis dazu, Politiker und ihre Politik zu verurteilen.[9] Darüber hinaus ist das Dritte Reich weiterhin im zeitgenössischen Kultur- und Geistesleben präsent, sei es in der Literatur, in Film und Fernsehen, in der Musik, im Schauspiel, in der Kunst und in der Wissenschaft. Wohin man auch schaut, Hitler und die Nazis sind überall.

Und doch ist nicht alles so, wie es scheint. Obwohl Hitler und die Nazis auf den ersten Blick überall zu sein scheinen, sind sie in einem tieferen Sinne nirgendwo. Denn die inflationäre Instrumentalisierung des NS-Erbes für tendenziöse Zwecke droht ihm einen Großteil seiner historischen Besonderheit zu nehmen und es zu einem leeren Signifikanten zu machen.[10] Diese Entwicklung markiert einen bemerkenswerten Wandel im westlichen Bewusstsein über das Dritte Reich. Einst galten Hitler und die Nazis als mahnende Symbole des Extremen. Heute sind sie aufgrund ihrer Allgegenwart von einer Aura der Normalität umgeben. Für immer mehr Menschen hat die NS-Zeit ihre historische Besonderheit verloren. Sie bedeutet inzwischen fast alles. Wenn Hitler und die Nationalsozialisten einst Angst und Schrecken verbreiteten, lösen sie heute genauso leicht Gelächter aus. Sollte sich der gegenwärtige Trend fortsetzen, könnten sie Kommentatoren bald nur noch ein müdes Gähnen entlocken.

Diese Verwandlung des NS-Erbes ist das Ergebnis einer mächtigen Normalisierungswelle, die seit der Jahrtausendwende weite Teile der Welt erfasst hat. Den überwiegenden Teil der Nachkriegszeit wurden das Dritte Reich und der Zweite Weltkrieg aus einer moralischen Perspektive betrachtet. Obwohl es von Zeit zu Zeit Versuche gab, das NS-Erbe zu normalisieren, waren diese keine wirkliche Bedrohung des moralischen Konsenses der Zeit. Seit der Jahrtausendwende haben sich die Bemühungen um eine Normalisierung jedoch verstärkt. Sie gestalten sich zwar je nach Ort unterschiedlich, versuchen aber im Allgemeinen, die NS-Vergangenheit zu relativieren, zu universalisieren und zu ästhetisieren. Die Befürworter dieser Strategien haben die Verbrechen des Nationalsozialismus relativiert, indem sie die Unterscheidung zwischen Tätern und Opfern des Dritten Reiches verwischt haben; sie haben die Bedeutung des Nationalsozialismus universalisiert, indem sie Bezüge zu aktuellen Problemen hergestellt haben; und sie haben die NS-Zeit ästhetisiert, indem sie ihr durch unkonventionelle Erzählstrategien wie Humor ihren Schrecken genommen haben. Diese Tendenzen haben sich in verschiedenen Teilen der Welt unterschiedlich manifestiert. Wo immer sie aufgetreten sind, haben sie jedoch moralische Erinnerungsmuster infrage gestellt und die Aura der Einzigartigkeit der NS-Zeit untergraben.

Ihren Ursprung hat die neue Normalisierungswelle in den jüngsten gesellschaftlichen, politischen und kulturellen Entwicklungen. Zunächst ist sie ein Spiegel der immer rascher voranschreitenden organischen Normalisierung. Mit dem Verschwinden von Augenzeugen der tatsächlichen Geschehnisse des Dritten Reiches wird das kommunikative Gedächtnis dieser Zeit inzwischen zunehmend vom kulturellen Gedächtnis abgelöst. Vertreter der älteren Generation können zwar noch von ihren persönlichen Erfahrungen während der NS-Zeit berichten, sind aber nicht mehr so zahlreich, als dass sie älteren moralischen Sichtweisen der Vergangenheit Nachdruck verleihen könnten. Folglich wird das heutige kulturelle Gedächtnis vor allem von Menschen geprägt, die nach 1945 geboren wurden. Vertreter dieser Generation haben zum Beispiel historiografischen Normalisierungsformen erheblichen Vorschub geleistet. Viele Wissenschaftler, die die Idee der Einzigartigkeit des Holocaust und die Vorstellung vom „guten Krieg“ infrage gestellt haben, wurden in den 1960er-Jahren oder später geboren.[11] Da sie in einer zunehmend globalisierten Welt geprägt vom Ende des Kalten Krieges, vom

Erinnerungsboom und vom „Krieg gegen den Terror“ aufwuchsen, haben sie häufig die Relevanz der NS-Zeit für aktuelle Probleme betont und sie damit universalisiert.[12] Diese jüngere Generation hat außerdem Anstoß zu einer Ästhetisierung der Vergangenheit gegeben. Jüngere Wissenschaftler sind in ihrer Forschung eher zu kontrafaktischen Spekulationen bereit; im literarischen Genre der Alternativgeschichte betätigen sich vor allem jüngere Schriftsteller; und junge Regisseure zeichneten für viele der neueren Hitler-Filme verantwortlich.[13] Schließlich haben junge Leute – insbesondere Jugendliche und Menschen zwischen 20 und 30 – die NS-Vergangenheit im Internet radikal verändert. Der Aufstieg des Hitler-Mems und zahlloser anderer komischer Darstellungen des Nationalsozialismus wäre ohne den Beitrag der Facebook-Generation unvorstellbar. In all diesen Fällen haben junge Menschen die traditionellen moralisierenden Darstellungen der NS-Zeit direkt in Zweifel gezogen. Über ihre Beweggründe kann man letztlich nur spekulieren, doch scheinen sie die Kanonisierung der Erinnerung, wie sie noch in der Vorgängergeneration vorherrschte, abzulehnen. Seit den 1980er-Jahren haben die wachsende staatliche Unterstützung der Holocaust-Erziehung in Europa und in den Vereinigten Staaten, die Verbreitung hochgradig ritualisierter Gedenkfeiern an wichtigen Jahrestagen der Geschichte des Dritten Reiches und die Explosion des Erinnerungsbooms junge Menschen im Westen wie nie zuvor mit der NS-Vergangenheit konfrontiert. Möglicherweise fühlen sich einige von dieser Konfrontation erschlagen und rebellieren mit unkonventionellen Darstellungen des Themas.[14] Vor allem ihr Humor zeugt von ihrer skeptischen und respektlosen Haltung gegenüber der NS-Zeit. Tatsächlich bestätigt diese Entwicklung die Bedeutung der organischen Normalisierung. „Komödie ist Tragödie plus Zeit“, behaupten Komiker.[15] Wenn dem so ist, dann ist die komische Wende in der Darstellung der NS-Zeit nur folgerichtig. Während die Ereignisse der Vergangenheit in immer weitere Ferne rücken, dürfte die Gravitas immer mehr durch Gelächter ersetzt werden.

Begünstigt wurde die neue Normalisierung auch durch die politischen Umstände nach dem 11. September. Während der relativ friedlichen 1990er-Jahre galt das NS-Erbe als Fundus moralischer Lehren und als Mittel zur Förderung der internationalen Verständigung. Seit der Jahrtausendwende hat die Rückkehr der Krise jedoch zu einer weitaus pessimistischeren

Einschätzung geführt, was die Wirkmacht der Erinnerung angeht. Die Anschläge vom 11. September, die Kriege im Irak und in Afghanistan, die anhaltenden Spannungen zwischen Israel und seinen arabischen Nachbarn, die wachsende Bedeutung Chinas und Indiens und die Weltfinanzkrise von 2008 haben die Tendenz zur Universalisierung und Relativierung der Bedeutung des Dritten Reiches befördert und sich entsprechend auf westliche Ansichten über den Nationalsozialismus ausgewirkt. Die erste Strategie wurde im Allgemeinen von Vertretern des linken Spektrums befürwortet, die mit Parallelen zur NS-Zeit auf aktuelle Geschehnisse aufmerksam machen wollten. Diese Universalisierung manifestierte sich in revisionistischen Geschichten des Zweiten Weltkriegs, in der wissenschaftlichen Infragestellung der Einzigartigkeit des Holocaust, in Alternativgeschichten über die NS-Zeit und in Filmen über Hitler. Die revisionistische Kritik an der Vorstellung vom Zweiten Weltkrieg als einem „guten Krieg“, in der die Unterschiede zwischen dem Verhalten der Alliierten und dem der Nazis verschwammen und beide als Ergebnis kapitalistischer und imperialistischer Kräfte gedeutet wurden, zielte unter anderem auf die aktuelle Außenpolitik der USA. Eine ähnlich kritische Agenda hatten Alternativgeschichten, die eine Kollaboration der USA oder Großbritanniens mit dem Dritten Reich andeuteten und ein Universum schilderten, in dem die Nazis den Zweiten Weltkrieg gewannen. Unterdessen zielte der Versuch von Wissenschaftlern, die Einzigartigkeit des Holocaust infrage zu stellen und ihn als Folge universeller moderner Kräfte wie Nationalismus und Imperialismus zu deuten, auf eine Kritik an der gegenwärtigen Politik Israels. In Filmen über Hitler wurde sein Eintritt in die Politik als Folge universeller Faktoren dargestellt. Eine Relativierung der NS-Vergangenheit wurde dagegen im Allgemeinen von Vertretern des rechten Flügels betrieben, die die Bedeutung des Dritten Reiches herunterzuspielen versuchten. Auch diese Bemühungen standen unter dem Eindruck der jüngsten politischen Entwicklungen. Angriffe auf den „guten Krieg“ – sei es von Konservativen in den Vereinigten Staaten oder in Großbritannien – haben die Bedrohung durch das Dritte Reich heruntergespielt, um so von einer neo-isolationistischen Warte aus Kritik an der heutigen angloamerikanischen Außenpolitik zu üben. In konservativen Alternativgeschichten aus Deutschland verlief die deutsche Geschichte nach einem erfolgreichen Hitler-Attentat besser als in der Realität, um so die

Verantwortung der Deutschen für den Nationalsozialismus herunterzuspielen und ihren Nationalstolz in der Welt nach dem 11. September zu stärken.

Begünstigt wurde die neue Normalisierung auch durch die Informationsrevolution. Der Aufstieg der neuen digitalen Technologien und vor allem des Internets hat die Ästhetisierung der NS-Vergangenheit beschleunigt. Zunächst erleichterte er die Verbreitung kontrafaktischen Denkens. Daneben beförderte die virtuelle Welt des Cyberspace auch die Bereitschaft zu virtuellen, von der Realität losgelösten Geschichtsvisionen. Seit der Jahrtausendwende hat sich in der Darstellung der NS-Zeit immer mehr ein spekulatives „Was wäre, wenn"-Denken durchgesetzt. Dies wurde zum einen in der revisionistischen Kritik am „guten Krieg" deutlich: Historiker behaupteten, die Geschichte wäre besser verlaufen, wenn die Alliierten auf den Kampf gegen die Nazis verzichtet hätten. Zum anderen machte sich ein „Was wäre, wenn"-Denken in zahllosen wissenschaftlichen Studien über den Holocaust, insbesondere seiner Einzigartigkeit, bemerkbar: Historiker waren sich uneins darüber, ob ein Sieg der Nazis im Zweiten Weltkrieg die Singularität des nationalsozialistischen Völkermords betont oder relativiert hätte. Kontrafaktisches Denken zeigt sich selbstverständlich in den stetig neu erscheinenden Alternativgeschichten über die NS-Zeit. Und es macht sich in den jüngsten Hitler-Filmen bemerkbar, die häufig über den Beginn und das Ende der politischen Karriere des Führers spekulierten. Die Informationsrevolution hat die NS-Vergangenheit zudem ästhetisiert, indem sie humorvolle Darstellungen befördert hat. Alternativgeschichten, Hitler-Filme und zahllose Webseiten haben das Dritte Reich karikiert und verhöhnt. Diese humorigen Werke sind zwar keine direkte Folge der Informationsrevolution, fanden aber durch deren Hauptprodukt – das Internet – weite Verbreitung. Die virale Verbreitung des Hitler-Mems und anderer satirischer Darstellungen der NS-Vergangenheit wäre ohne das Internet und andere digitale Technologien unvorstellbar.

Die neue Normalisierungswelle hat unterschiedliche Formen in unterschiedlichen Ländern angenommen. Am deutlichsten zeigte sie sich in den Vereinigten Staaten. Ein Großteil der Forschung zum „guten Krieg", zur Einzigartigkeit des Holocaust und zu kontrafaktischen Themen im Zusammenhang mit dem Dritten Reich stammte ebenso wie Hitler-Filme und Webseiten zum Thema Nationalsozialismus von Amerikanern. Sie alle versuchten aus unterschiedlichen Gründen, die NS-Vergangenheit zu normalisieren. Einige verfolgten dabei politische Ziele, so etwa Autoren, die triumphierende Darstellungen der Rolle Amerikas beim Sieg über die Nazis umkehrten oder die Zentralität des Holocaust im amerikanischen Geschichtsbewusstsein infrage stellten. Andere Darstellungen normalisierten die NS-Vergangenheit schlicht, um Aufmerksamkeit zu erregen, Gelächter zu provozieren und Kontroversen zu entfachen – das beste Beispiel hierfür sind die verschiedenen Erscheinungsformen des Hitler-Mems. Ähnlich verlief die Entwicklung in Großbritannien, wo die Normalisierung auf den Erlösungsmythos der „schönsten Stunde" abzielte. Britische Historiker haben diesen Mythos in revisionistischen Schilderungen des Zweiten Weltkriegs hinterfragt; Schriftsteller und Filmemacher haben ihn in ihren Alternativgeschichten parodiert; und Internetnutzer (und die Massenmedien) haben ihn auf Webseiten über Dinge, die „wie Hitler aussehen", zu humoristischen Zwecken genutzt. In Deutschland hingegen bedeutete Normalisierung weniger die Demontage eines triumphierenden Narrativs als vielmehr die Umkehrung eines schuldbeladenen Blicks auf die Vergangenheit. Hier machte sich die Normalisierung meist in Form von Bemühungen um eine Relativierung und Ästhetisierung der NS-Zeit bemerkbar. Revisionistische Filme über den Zweiten Weltkrieg und konservative Alternativgeschichten über ein geglücktes Hitler-Attentat versuchten, die deutsche Verantwortung für den Nationalsozialismus herunterzuspielen. In deutschsprachigen Filmen, Romanen, satirischen Musikvideos und Hitler-Comics machte sich währenddessen das Verlangen bemerkbar, über die NS-Zeit zu lachen.[16] Dass sich die Deutschen nun mutig genug fühlen, dem Beispiel ihrer angloamerikanischen Nachbarn zu folgen und sich über das Dritte Reich lustig zu machen, bedeutet, dass auch sie wie alle anderen werden. Sie werden mit anderen Worten normal.

Trotz all dieser Entwicklungen verlief die Normalisierung der NS-Vergangenheit nicht ohne Widerstand. Das Bemühen um Normalisierung weckte bei anderen die Entschlossenheit, auf der Einzigartigkeit der Vergangenheit zu beharren. Die Verteidiger eines Moralismus haben sich vehement gegen die revisionistische Kritik am „guten Krieg", gegen Zweifel an der Einzigartigkeit des Holocaust, gegen kontrafaktische Interpretationen und Alternativgeschichten der NS-Zeit, gegen Hitler-Filme und scherzhafte Webseiten gewehrt. Sie haben sie für ihre Relativierung, Universalisierung und Ästhetisierung der NS-Vergangenheit kritisiert, für ihre Banalisierung und Bagatellisierung der Aura des Bösen und für das Leugnen ihrer historischen Singularität verurteilt. Die Befürworter einer moralischen Sicht haben die neue Normalisierungswelle nicht nur kritisiert, sondern ihr auch eigene Werke entgegengesetzt. In ihren wissenschaftlichen Studien haben sie den „guten Krieg" und die Besonderheit des Holocaust verteidigt; in ihren Alternativgeschichten haben sie den Horror einer nationalsozialistisch regierten Welt beschrieben; und auf ihren Webseiten haben sie die verbrecherische Realität des Dritten Reichs dokumentiert. All diese Werke zeugen von dem anhaltenden Wunsch, die NS-Vergangenheit aus einer moralischen Perspektive zu betrachten, sie immer wieder in den Mittelpunkt der Öffentlichkeit zu rücken und aus ihr zu lernen.

Was folgt daraus für die Zukunft der NS-Vergangenheit im neuen Jahrtausend? Angesichts der jüngsten Entwicklungen ist es verlockend, zu spekulieren, dass wir in eine neue Phase des Normalisierungsprozesses eingetreten sind. Angesichts gewisser extremer Darstellungen des Nationalsozialismus im Internet ist man versucht zu mutmaßen, dass wir uns bestimmten Grenzen der Normalisierung nähern, jenseits derer die NS-Vergangenheit nicht weiter normalisiert werden kann. In Anbetracht der Befunde scheint es jedoch wahrscheinlich, dass die Dialektik der Normalisierung uns noch einige Zeit begleiten wird. Wenn die gegenwärtigen Muster Bestand haben, wird jeder Versuch, die NS-Vergangenheit zu normalisieren, Verteidiger ihrer Einzigartigkeit auf den Plan rufen. Die Debatten zwischen den Vertretern von Normalität und Moral werden anhalten. Eine Lösung ist nicht in Sicht. Dynamischer Stillstand könnte zum Normalzustand der Erinnerung werden.

Sollte die Dialektik der Normalisierung schließlich als normal gelten, so entbehrt dies nicht einer gewissen Ironie, denn bislang bedeutete sie das Gegenteil. Die gesamte Nachkriegszeit haben die durch das NS-Erbe ausgelösten Debatten gezeigt, dass diese Vergangenheit anders als die meisten anderen ist. Dennoch liegt in der Normalisierung des Abnormalen eine gewisse Logik. Schließlich ist Normalität ein schwer zu fassendes, relativistisches Konzept, dessen Bedeutung auf seinem „Anderen", dem Anormalen, beruht. Die Bedeutung beider Begriffe kann sich leicht umkehren; das Anormale kann als normal und das Normale als anormal erachtet werden. Passenderweise zeigt sich diese Dynamik in der jüngeren deutschen Geschichte. Die anormale Teilung Deutschlands nach dem Krieg wurde schließlich von den meisten Bürgern als normal betrachtet. Die Rückkehr des Landes zu einer „normalen" Einheit nach 1990 hingegen empfanden die meisten Deutschen zunächst als alles andere als normal.[17] Ähnlich gilt das einst als anormal betrachtete Ringen Deutschlands mit der Erinnerung seit dem Erinnerungsboom als normativ, wobei andere Länder dem Beispiel Deutschlands folgen und intensiv über ihre eigene schmerzliche Vergangenheit diskutieren.[18] So gesehen könnte die Dialektik der Normalisierung ein Zeichen von Normalität statt fehlender Normalität sein. Wie auch immer man es nennen mag, es gibt keine Garantie dafür, dass das gegenwärtige Kräfteverhältnis zwischen den Befürwortern der Normalisierung und den Verteidigern des Moralismus anhält. Es kann zu jedem beliebigen Zeitpunkt in der Zukunft gestört werden. Erinnerungsmuster ändern sich stets infolge neuer Ereignisse. Die heutige Definition von Normalität ist vielleicht nicht die von morgen.

Der Versuch, die Zukunft der NS-Vergangenheit vorherzusagen, ist schließlich noch in einer weiteren Hinsicht ironisch. Allein die Überlegung, ob wir einen Punkt der Normalität erreicht haben, kann das Erreichen eines solchen Punktes verhindern. Isaiah Berlin hat einmal gesagt: „Normal zu sein, bedeutet, dass man sich nicht beobachtet fühlt."[19] Es bedeutet, sich nicht von anderen überprüft zu fühlen. Es kann auch bedeuten, sich nicht endloser Kontrolle zu unterwerfen. In beiden Fällen bedeutet Normalität, nicht in einem permanenten Zustand der Befangenheit darüber zu leben, ob man überhaupt normal ist. Aus diesem Grund bedeutet allein die Frage, ob die NS-Vergangenheit je wirklich normalisiert werden wird, dass diese Normalisierung nie eintreten wird. In gewisser Hinsicht machen sich Historiker des „Beobachtereffekts" schuldig, da sie ihren Forschungsgegenstand im Laufe der Untersuchung beeinflussen. Wenn sie die Normalisierung des Nationalsozialismus nachzeichnen, ihre Entwicklung skizzieren und nach ihrem endgültigen Ziel fragen, tragen sie zu ihrem endlosen Aufschub bei. Unklar ist, inwieweit dieser Effekt beabsichtigt ist. Alle Historiker wollen ein Interesse an der Vergangenheit wecken und ihren Widerhall in der Gegenwart verstärken. Dies gilt insbesondere für Erinnerungs- und Gedächtnisforscher und vor allem für Wissenschaftler, die sich auf die Erinnerung an die NS-Zeit spezialisiert haben. Sie alle untersuchen sie, kommentieren sie und rücken sie immer wieder ins Zentrum der öffentlichen Wahrnehmung, damit sie nicht in Vergessenheit gerät. (Einige haben sogar behauptet, sie täten dies, um als geschickte Beobachter eines Phänomens, das sie selbst am Leben erhalten, im Geschäft zu bleiben.)[20] Dennoch sind Historiker keineswegs die Einzigen, die den Eintritt der Normalität hinauszögern. Ebenso daran beteiligt sind die Befürworter der Normalisierung. Wann immer deutsche Beobachter die NS-Vergangenheit als bewältigt erklärt haben, wann immer sie Deutschland zu einem normalen Land erklärt haben, haben sie die anhaltende Anomalie unterstrichen. Menschen, die wirklich normal sind, laufen schließlich nicht herum und verkünden, wie normal sie sind. Erst wenn wir uns keine Gedanken mehr um das Thema Normalisierung machen, erst wenn wir das Interesse an der Erinnerung an die NS-Zeit verlieren, erst dann wird sie wirklich normalisiert sein.[21]

Ob die Leser dieses Buches diese Vorhersage akzeptieren werden, hängt davon ab, ob sie einer Analyse vertrauen, die selbst in solche interpretatorischen Fragen verstrickt ist. Zweifellos hat sich dieses Buch des Beobachtereffekts schuldig gemacht. Seine Analyse hält sein Thema am Leben, anstatt es verschwinden zu lassen. Sein Fazit – dass das Ringen um die Erinnerung wahrscheinlich auch in Zukunft anhalten wird – hat eine Spur von einer sich selbst erfüllenden Prophezeiung. Dieses Buch ist kurzum daran beteiligt, genau die Normalität zu verhindern, deren Zukunft es vorauszusagen versucht. Das ist freilich kaum vermeidbar. Als Werk der Geschichte ist es nicht in der Lage, die einzige Voraussetzung der Normalität zu erfüllen – die Vergangenheit in Ruhe zu lassen. Es kann nicht anders, als die Vergangenheit der gleichen kritischen Prüfung zu unterziehen, die Isaiah Berlin als die Negierung der Möglichkeit von Normalität bezeichnet hat. Das einzige, was es im Gegenzug anzubieten hat, ist das offene Eingeständnis, dass es zutiefst von der Untersuchung des Phänomens der Normalisierung beeinflusst ist.

So gesehen, ist es angebracht, mit einer Metapher der Selbstreflexivität zu schließen. Das Thema dieses Buches – die NS-Vergangenheit – ist im Laufe der Jahre mit vielen Dingen verglichen worden: einem Arbeitsunfall, einer Weggabelung, einer verstopften Toilette. Nun am Ende des Buches, wo wir zum Anfang zurückkehren, kommt einem jedoch ein anderes Bild in den Sinn: das Möbiusband. Dieses passenderweise von einem deutschen Wissenschaftler in der Mitte des 19. Jahrhunderts entdeckte, verwirrende Phänomen ist seit jeher ein Symbol unendlicher Vergeblichkeit. Man kann nur mit den Ameisen auf der berühmten Zeichnung von M. C. Escher mitfühlen, die dazu bestimmt sind, unendlich lange auf dem Streifen zu laufen, nie anzuhalten und nie an ein Ziel zu gelangen. Obwohl das Bild keineswegs vollkommen ist, kommt es der Beschreibung der nie endenden Debatte über die NS-Vergangenheit nahe. Es erinnert uns daran, dass die Wege der Erinnerung nicht linear verlaufen und das Ziel der Normalität zwar in Sichtweite, aber jenseits eines gekrümmten Horizonts für immer außer Reichweite ist.

Dank

Dieses Buch enthält eine Fülle von „Was wäre, wenn"-Fragen. Die erste hat mit der Ironie der Dankbarkeit zu tun. Im Jahr 2008 reichte ich bei einer der führenden geschichtswissenschaftlichen Zeitschriften einen Aufsatz über die revisionistische Wende in der jüngsten Historiografie des Zweiten Weltkriegs ein und erhielt umgehend Rückmeldung, dass die Zeichenzahl des Aufsatzes die nach den Richtlinien der Zeitschrift vorgesehene Länge um das Doppelte übersteige. Da mich die Aussicht, so viel Material zu streichen, schreckte, war ich unsicher, ob ich das Angebot des Herausgebers annehmen sollte, den Aufsatz zu überarbeiten und erneut einzureichen. Nach einem kurzen Gespräch mit meinem Vater lehnte ich jedoch ab. Er schlug mir vor, den Aufsatz so zu belassen, wie er war, und ihn in eine größere Studie über die Erinnerung an die NS-Vergangenheit seit der Jahrtausendwende einzubinden. Auf sein Anraten hin weitete ich meine Analyse auf verschiedene verwandte Themen aus, die alle in diesem Band enthalten sind. Im Nachhinein ist mir klar, dass mein Buch – so denn mein Artikel zur Veröffentlichung angenommen worden wäre – wahrscheinlich nie zustande gekommen wäre. Meine Danksagung beginnt also mit einem ironischen Dank an die ungenannte wissenschaftliche Zeitschrift, die das Gesetz der unbeabsichtigten Folgen bestätigt und die Veröffentlichung dieses Buches ermöglicht hat.

Erfreulicherweise habe ich auch traditionellere Danksagungen an Freunde und Kollegen zu richten. Ich möchte Alvin H. Rosenfeld, Saul Friedlander, Alon Confino und Catherine Epstein für ihre Lektüre von

Teilen des Manuskripts und für ihr konstruktives Feedback danken. Mein herzlicher Dank gilt auch Guy Saville, Brendan Dubois, Dirk Moses, Omer Bartov und Jon Reffs für die Beantwortung von Fragen und die Bereitstellung von Material im Zusammenhang mit ihrer eigenen Arbeit. Danken möchte ich außerdem den Kollegen, die an Konferenzpanels teilgenommen haben, auf denen ich Material aus dem Buch vorgestellt habe, darunter Michael Berkowitz, Doris Bergen, Eugene Sheppard und Steve Zipperstein. Besonders dankbar bin ich meinem Agenten Andrew Stuart, der dem Buch zur Veröffentlichung verholfen hat. Mein tiefer Dank gilt auch meinem Lektor bei der Cambridge University Press, Michael Watson, für viele Jahre kongenialer Zusammenarbeit bei vergangenen und aktuellen Buchprojekten. Ferner danke ich Kaiya Shang und Amanda George von der Cambridge University Press für ihr kompetentes Einholen von Genehmigungen für den Abdruck der Bilder dieses Buches, Laurence Marsh für sein sachkundiges Lektorat und Joanna Breeze für die Unterstützung bei der Erstellung des Registers. Robbin Crabtree, dem Dekan des College of Arts and Sciences der Fairfield University, gebührt ebenfalls Dank für die großzügige Bereitstellung zusätzlicher Gelder zum Abdruck der Bilder des Buches. Schließlich möchte ich mich bei engen und weiteren Familienangehörigen bedanken. Besonderen Dank schulde ich meiner Schwägerin Miranda Banks, die mich vor einigen Jahren auf die Existenz des „Hi Hitler!"-Mems aufmerksam gemacht hat, das sie in der Abschlussprüfung eines ihrer Studenten entdeckte. Meine Frau, Erika Banks, braucht inzwischen keine formelhaften Dankesbezeigungen mehr, um meine Forschungsprojekte zu unterstützen. Sie weiß ganz genau, dass meine Liebe und Zuneigung zu ihr weit außerhalb des Bereichs der Geschichte liegen. Meine Kinder, Julia und Benjamin, interessieren sich mit zunehmendem Alter immer mehr für alles, was mit Geschichte zu tun hat. Obwohl sie nach wie vor in der Welt des Internets und seiner permanenten Verherrlichung der Gegenwart zu Hause sind, hat ihr Kontakt mit den vielen bizarren Darstellungen des Nazismus im World Wide Web (Beispiele, von denen ich ihnen, wie ich gestehen muss, bei vielen Gelegenheiten erzählt habe) ihre Neugier auf die Vergangenheit geweckt. Ihnen widme ich dieses Buch in der Hoffnung, dass sich ihr Interesse an Geschichte weiterentwickele.

Anmerkungen

Die verlinkten Webseiten in den Anmerkungen berufen sich auf den Stand des Jahres 2015. Kopien von nicht mehr aktiven Webseiten befinden sich im Besitz des Autors.

Einleitung

1 Viele der Fotos befinden sich im Bildarchiv Hoffmann der Bayerischen Staatsbibliothek: www.fotoerbe.de/bestandanzeige.php?bestnr=1948.

2 Hitler versuchte, wie Hoffmann später schrieb, anhand der Fotos seine Gesten und Ausdrucksformen zu überprüfen. Hitler habe zudem die Veröffentlichung von weiteren Bildern, auf denen er unter anderem in Lederhosen und mit Brille zu sehen ist, untersagt. Vgl. Heinrich Hoffmann, *Hitler, wie ich ihn sah. Aufzeichnungen seines Leibfotografen* (München, 1974). Der Band erschien ursprünglich 1955 in London. Vgl. auch Frederick Spotts, *Hitler and the Power of Aesthetics* (New York, 2004), S. 45–47.

3 Wie eine Google-Suche ergibt, wurde das erste „Disco Hitler"-Bild zwischen 2011 und 2012 auf Meme Generator hochgeladen. Es handelte sich um ein animiertes Bild, auf dem es aussieht, als „tanze" Hitler im Rhythmus der Diskokugel; das Bild wurde als Teil der Video-Persiflage „Hitler Disco" von einem Nutzer mit dem Alias Lizard2176 2009 auf YouTube hochgeladen. E-Mail von Lizard2176 an den Autor, Sommer 2013. Vgl. www.youtube.com/watch?v=-ghm0Pn_b6I&skipcontrinter=1.

4 http://knowyourmeme.com/memes/image-macros.

5 Vgl. http://memegenerator.net/Disco-Hitler.

6 Die Gesamtzahlen können tabularisch auf http://memegenerator.net/memes/search?q=hitler und http://memegenerator.net/Advice-Hitler/images/popular/alltime/page/5 angezeigt werden; zu anderen Webseiten vgl.: www.memes.com; www.cheezburger.com; www.memecenter.com; www.quickmeme.com/.

7 Vgl. http://memegenerator.net/Bed-Time-Hitler und www.quickmeme.com/Chilling-Hitler.

8 Für eine Werbeanzeige von Christian Dior wurde der Kopf Hitlers per Photoshop auf den Körper eines Supermodels montiert, „Hitler j'adore." https://lh6.googleusercontent.com/-Nhsn6HzHaDs/TW5aOFYjvtI/AAAAAAAAC4M/jc5jLKnJc-U/gal1.jpg'; außerdem erschien Hitlers Gesicht auf dem Kopf der Popsängerin Adele (http://www.funnyjunk.com/channel/4chan/Adelef+Hitler/TXrBGGK/) und auf dem Körper des Rappers/Schauspielers Will Smith, http://nonciclopedia.wikia.com/wiki/File:Hitler_rapper.jpg.

9 http://memegenerator.net/instance/34200265; www.memes.com/advice-hitler/6.

http://desmotivaciones.es/438818/Hi-Hitler; www.keepcalmandposters.com/poster/keep-calm-and-hi-hitler; http://cheezburger.com/1007243008; http://cheezburger.com/1223610624; https://i.chzbgr.com/maxW500/2089963776/h93B88308/; https://i.chzbgr.com/maxW500/2512920320/hC629780D/.

10 Vgl. Ian Kershaw, *Der Hitler-Mythos: Führerkult und Volksmeinung*. Aus dem Englischen von Klaus Kochmann (München, 2018).

11 Vgl. etwa die Frage eines Webnutzers aus dem Jahr 2010, was der Ausdruck „Hi Hittler" (sic) bedeute: www.godlikeproductions.com/forum1/message1034211/pg1. 2012 verhaftete die litauische Polizei einen Jugendlichen, weil er die Worte „Hi Hitler" auf ein Holocaust-Mahnmal gesprüht hatte: *Baltic News Service*, 23. August 2012.

12 Virginia Heffernan, „The Hitler Meme", *New York Times*, 24. Oktober 2008: www.nytimes.com/2008/10/26/magazine/26wwln-medium-t.html?pagewanted=all. Allgemein erörtert wird die Wiederkehr Hitlers in der zeitgenössischen westlichen Populärkultur in Daniel Erk, *So viel Hitler war selten: Die Banalisierung des Bösen, oder Warum der Mann mit dem kleinen Bart nicht totzukriegen ist* (München, 2012).

13 Viele Studien zur Normalisierung stammen von deutschen Wissenschaftlern. Vgl. etwa Stefan Berger, *The Search for Normalcy: National Identity and Historical Consciousness in Germany Since 1800* (Providence, 1997); Jeffrey K. Olick, „What Does It Mean to Normalize the Past?" *Social Science History*, Winter 1998, S. 547–571; Aleida Assmann und Ute Frevert, *Geschichtsvergessenheit, Geschichtsversessenheit: Vom Umgang mit deutschen Vergangenheiten nach 1945* (Stuttgart, 1999), S. 59–63; Stuart Taberner und Paul Cooke, Hg., *German Culture, Politics, and Literature into the Twenty-First Century: Beyond Normalization* (Rochester, NY, 2006).

14 Vgl. Emile Durkheims Kapitel „Regeln zur Unterscheidung des Normalen und des Pathologischen", in: *Die Regeln der soziologischen Methode* (Frankfurt, 1984), S. 141–164.

15 Auf diese Gefahren wies der berühmte deutsche Historiker Leopold von Ranke hin, der eine objektive, um Verständnis bemühte Sicht der Vergangenheit empfahl; Historiker sollten diese eher aus sich selbst heraus und nicht nach ihren eigenen subjektiven moralischen Maßstäben bewerten.

16 Der Begriff „offizielles" Gedächtnis ist implizit enthalten in Maurice Halbwachs' undifferenziertem Begriff des „kollektiven" Gedächtnisses und wird von Pierre Nora in seinen Ausführungen zur Rolle des Nationalstaats bei der Gestaltung des Gedächtnisses im Hinblick auf die Bedürfnisse der nationalen Identität näher erläutert. Maurice Halbwachs, *Das kollektive Gedächtnis* (Frankfurt, 1991); Pierre Nora, „Between Memory and History: Les Lieux de Mémoire", *Representations*, 26, Frühjahr 1989, S. 7–25. Der Begriff des Gegengedächtnisses geht zurück auf Michel Foucault, „Nietzsche, die Genealogie, die Historie", in: *Von der Subversion des Wissens* (Frankfurt a. M., 1987), S. 69–90.

17 Jan Assmann, „Kollektives Gedächtnis und kulturelle Identität", in: Jan Assmann und Tonio Holscher, Hg., *Kultur und Gedächtnis* (Frankfurt a. M., 1988), S. 10–13.

18 Relativierung und Universalisierung stellen verschiedene Formen tendenziöser historischer Vergleiche dar. Vereinfacht kann man sagen, dass die Relativierung die Bedeutung des Vergleichsgegenstands herunterzuspielen versucht, während die Universalisierung sie zu überhöhen versucht.

19 In der traditionellen Geschichtsschreibung des Westens hat das wissenschaftliche Streben nach Realismus zur Suche nach der objektiven Wahrheit über die Vergangenheit geführt. In historischen Romanen spielen der Realismus und sein Ableger, der Naturalismus, seit dem 19. Jahrhundert eine wichtige Rolle. Vgl. Donald Drew Egbert, *Social Radicalism and the Arts* (New York, 1970). Zur Bedeutung des Realismus in historischen Filmen, vgl. Robert Rosenstone, *History on Film, Film on History* (Harlow, UK, 2012), S. 17–22, 53.

20 Meine Verwendung dieses Begriffs unterscheidet sich von der von Jürgen Habermas, der mit dem Begriff einer abnormen nationalen Identität das paradoxe Erlangen einer Nachkriegsnormalität in der Bundesrepublik bezeichnete. Jürgen Habermas, *Vergangenheit als*

Zukunft: Das alte Deutschland im neuen Europa? Ein Gespräch mit Michael Haller (Zürich, 1991). Meine Verwendung unterscheidet sich auch von Caroline Pearces enger gefasster Vorstellung einer „Dialektik der Normalität". Caroline Pearce, *Contemporary Germany and the Nazi Legacy: Remembrance, Politics and the Dialectic of Normality* (London, 2008). Pearce spricht von einem „Konflikt zwischen dem so empfundenen Bedürfnis nach Erinnerung und dem Wunsch nach ‚Normalität'" (S. 2).

21 Aleida Assmann zufolge hat „bisher jede Forderung nach einem Ende, einem Schlussstrich unter die monströse Summe der deutschen Schuld noch immer das genaue Gegenteil bewirkt und eine Wiederbelebung der Erinnerung ausgelöst", in: Assmann und Frevert, *Geschichtsvergessenheit, Geschichtsversessenheit*, S. 53.

22 So schreibt Salomon Korn: „Normalität lässt sich genauso wenig herbeireden, wie man Spontaneität befehlen kann." Salomon Korn, *Geteilte Erinnerung* (Berlin, 1999), S. 239.

23 Zu den wichtigsten Werken zum Thema Vergangenheitsbewältigung gehören: Charles Maier, *The Unmasterable Past: History, Holocaust, and German National Identity* (Cambridge, MA, 1988); Jeffrey Herf, *Divided Memory: The Nazi Past in the Two Germanys* (Cambridge, MA, 1997); Ulrich Brochhagen, *Nach Nürnberg: Vergangenheitsbewältigung und Westintegration in der Ära Adenauer* (Hamburg, 1994); Manfred Kittel, *Die Legende von der zweiten Schuld: Vergangenheitsbewältigung in der Ära Adenauer* (Berlin, 1993); Helmut Dubiel, *Niemand ist frei von der Geschichte* (München, 1999); Bill Niven, *Facing the Nazi Past: United Germany and the Legacy of the Third Reich* (London, 2002).

24 Zu vergleichenden Studien des Phänomens vgl. Ian Buruma, *The Wages of Guilt: Memories of War in Germany and Japan* (New York, 1994); Elazar Barkan, *The Guilt of Nations: Restitution and Negotiating Historical Injustices* (Baltimore, 2000); John Torpey, Hg., *Politics and the Past: On Repairing Historical Injustices* (Lanham, MD, 2003); Richard Ned Lebow, Wulf Kansteiner und Claudio Fogu, Hg., *The Politics of Memory in Postwar Europe* (Durham, NC, 2006); Małgorzata Pakier und Bo Stråth, Hg., *A European Memory? Contested Histories and Politics of Remembrance* (New York, 2010).

25 Diese vier Strategien skizziert Martha Minow in ihrem Buch *Between Vengeance and Forgiveness: Facing History after Genocide and Mass Violence* (Boston, 1999).

26 1966 formulierte Theodor Adorno „einen neuen kategorischen Imperativ", dass „Auschwitz nicht sich wiederhole". Theodor W. Adorno, *Negative Dialektik* (Frankfurt, 1966), S. 358.

27 Einen Überblick liefert mein Artikel „A Looming Crash or a Soft Landing? Forecasting the Future of the Memory ‚Industry'", *Journal of Modern History*, März 2009, S. 122–158.

28 Eric Langenbacher spielt in seinem Artikel „Changing Memory Regimes in Contemporary Germany?" auf diese Dynamik an, *German Politics and Society*, Sommer 2003, S. 52.

29 Mit dieser Strategie setzte sich Adenauer gegen die Forderung seines SPD-Rivalen Kurt Schumacher durch, die Deutschen sollten Verantwortung für die Verbrechen der Nationalsozialisten übernehmen. Vgl. Herf, *Divided Memory*; Robert Moeller, *War Stories: The Search for a Usable Past in the Federal Republic of Germany* (Berkeley, 2003); Norbert Frei, *Vergangenheitspolitik: Die Anfänge der Bundesrepublik und die NS-Vergangenheit* (München, 1996); Y. Michal Bodemann, *In den Wogen der Erinnerung: Jüdische Existenz in Deutschland* (Berlin, 2002).

30 Hermann Lübbe, „Der Nationalsozialismus im politischen Bewusstsein der Gegenwart", in: Martin Broszat, Hg., *Deutschlands Weg in die Diktatur* (Berlin, 1983), S. 333 f.

31 Einen hervorragenden Überblick liefert Hans Kundnani, *Utopia or Auschwitz?: Germany's 1968 Generation and the Holocaust* (New York, 2009).

32 Niven, *Facing the Nazi Past*, S. 186.

33 Diesem Vorstoß zur Normalisierung der Vergangenheit durch die konservative CDU gingen die vorsichtigen Bemühungen des pragmatischen SPD-Kanzlers Helmut Schmidt voraus. In die Schlagzeilen geriet Schmidt mit der Äußerung, die deutsche Außenpolitik dürfe nicht länger von Auschwitz überschattet werden. Vgl. Olick, „What Does It Mean to Normalize the Past?", S. 550.

34 Zu den Auswirkungen der deutschen Teilung auf die deutsche Erinnerungskultur, vgl. Herf, *Divided Memory*, und Niven, *Facing the Nazi Past*.

35 Die Gedenkstätte Neue Wache verschleierte die Unterschiede zwischen den Opfern des Ersten und des Zweiten Weltkriegs und zwischen denen der nationalsozialistischen und kommunistischen Diktatur. Vgl. Andrew Beattie, „The Victims of Totalitarianism and the Centrality of Nazi Genocide: Continuity and Change in German Commemorative Politics", in: Bill Niven, Hg., *Germans as Victims: Remembering the Past in Contemporary Germany* (Houndmills, UK, 2006), S. 147–163. Der Gedenktag für die Opfer des Nationalsozialismus wurde 1996 eingeführt und wird am 27. Januar, dem Tag der Befreiung von Auschwitz, begangen.

36 Dubiel, *Niemand ist frei von der Geschichte*, S. 290, 292. Vgl. auch Barkan, *The Guilt of Nations*, S. xi.

37 Karl Wilds, „Identity Creation and the Culture of Contrition: Recasting ‚Normality' in the Berlin Republic", *German Politics*, April 2000, S. 95, 94–98. RuthWittlinger und Martin Larose, „No Future for Germany's Past: Collective Memory and German Foreign Policy", *German Politics*, 4, 2007, S. 481–495. Ruth Wittlinger und Steffi Boothroyd, „A ‚Usable' Past at Last? The Politics of the Past in United Germany", *German Studies Review*, 3, 2010, S. 492.

38 Wie Alvin H. Rosenfeld schreibt, ist eine „deutsche ‚Normalisierung' nur mit Zustimmung der Juden zu erreichen". Alvin Rosenfeld, „Feeling Alone, Again: The Growing Unease of Germany's Jews", *American Jewish Committee Global Jewish Advocacy*, 2002. www.ajc.org/site/apps/nlnet/content3.aspx?c=ijITI2PHKoG&b=846637&ct=875099.

39 Zum Begriff der „doppelten Vergangenheit" aus dem Dritten Reich und der kommunistischen Diktatur in Ostdeutschland, vgl. Niven, *Facing the Nazi Past*, Kapitel 2. Andere Wissenschaftler warnten vor einer derartigen Relativierung der NS-Verbrechen. Vgl. Bernd Faulenbach, Markus Meckel und Hermann Weber, Hg., *Die Partei hatte immer recht: Aufarbeitung von Geschichte und Folgen der SED-Diktatur* (Essen, 1994). Zur Verwendung der Idee der Moderne, vgl. Uwe Backes, Eckhard Jesse und Rainer Zitelmann, Hg., *Die Schatten der Vergangenheit: Impulse zur Historisierung des Nationalsozialismus* (Berlin, 1990); Michael Prinz und Rainer Zitelmann, Hg., *Nationalsozialismus und Modernisierung* (Darmstadt, 1991).

40 Niven, *Facing the Nazi Past*, Kapitel 7.

41 Henryk M. Broder, „Ende der Schonzeit", *Der Spiegel*, 23, 2002, S. 26–27.

42 Zu allgemeinen Untersuchungen, vgl. Mark Connelly, *We Can Take It! Britain and the Memory of the Second World War* (Harlow, UK, 2005); Malcolm Smith, *Britain and 1940: History, Myth and Popular Memory* (London, 2001). Vgl. auch Geoff Eley, „Finding the People's War: Film, British Collective Memory, and World War II", AHR, Juni 2001, S. 818–838.

43 Vgl. Churchills Nachkriegserinnerungen, *The Second World War: Vol. II: Their Finest Hour* (Boston, 1949), S. 225 f. [dt.: *Der zweite Weltkrieg: Band II, Englands größte Stunde* (Bern, 1949–1954)]. Wie Connelly bemerkt, konzentriert sich die britische Erinnerung an den Krieg auf die Frühphase, insbesondere das Jahr 1940, als Großbritannien von den Nazis angegriffen wurde, nicht jedoch auf die mittlere und spätere Phase, als Großbritannien zum Angriff überging und deutsche Städte bombardierte: Connelly, *We Can Take It!* S. 14. Großbritannien erinnere sich also lieber aus der Opfer- als aus der Täterperspektive an die Vergangenheit.

44 Die britische Geschichtsschreibung zur Appeasement-Politik ist ein hervorragendes Beispiel für das gängige Verständnis der „größten Stunde". Vgl. Kapitel 1, Fußnote 4, der vorliegenden Studie. Auch in Filmen wie *The Dam Busters* (1955), *Dunkirk* (1958) und *Sink the Bismarck* (1960) wurde die Kriegserfahrung verarbeitet. Vgl. Connelly, *We Can Take It!*, passim. Roger Manvell, *Films and the Second World War* (New York, 1974). Vgl. auch Noel Cowards Theaterstück *Peace in Our Time* (1947). Im Mittelpunkt der Sitcom *Dad's Army* (1968–1977) stand die British Home Guard. Connelly, *We Can Take It!*, S. 76. Reenactments zum Gedenken an die Evakuierung von Dünkirchen finden seit den 1960er-Jahren alle fünf Jahre statt: ebd., S. 89. Symbolische Gesten der jüngeren Vergangenheit, die den Zweiten Weltkrieg als Englands schönste Stunde bekräftigen, sind die Errichtung eines Denkmals für Arthur „Bomber" Harris vor der Londoner RAF-Kirche St. Clement Dane im Jahr 1992, die offizielle Ernennung des 27. Januar zum Holocaust-Gedenktag 2001 und die Errichtung des Bomber Command Memorial in Green Park/Hyde Park Corner 2012.

45 Verschiedene Werke der Alternativgeschichte stellten die Nazis als Inbegriff des Bösen dar. Vgl. etwa Sarban, *The Sound of His Horn* (1949), und Comer Clarke, *England Under Hitler* (1961). Die NS-Zeit wird in britischen Filmen und Fernsehkomödien regelmäßig persifliert. Diesem Phänomenon widmet sich Jacques Perretti in seinem Dokumentarfilm *Hitler: The Comedy Years* (2007). Beispiele sind der Monty Python Sketch „Hitler in England" (1970) https://www.dailymotion.com/video/x33m3pb und „The Germans", eine Folge der BBC-Sitcom *Fawlty Towers* (1975). https://www.youtube.com/watch?v=1IMlhu9fjVI.

46 In manchen literarischen und filmischen Alternativgeschichten kollaborierten die Briten nach einer Invasion Englands durch die Nazis mit den Deutschen. Vgl. etwa Kevin Brownlow und Andrew Mollos Film *It Happened Here* (1966), Ewan Butlers Roman *Without Apology* (1968), die BBC2 TV-Miniserie *An Englishman's Castle* (1978). Vgl. Rosenfeld, *The World Hitler Never Made*, Kapitel 1. Ein ähnlicher Trend machte sich in Mainstream-Filmen wie *The Battle of Britain* (1969) und *The Eagle Has Landed* (1976) bemerkbar, die beide zwischen „guten" Deutschen und bösen Nazis unterschieden.

47 Connelly, *We Can Take It!*, S. 275–277. In ihren Kampfansagen an die britischen Gewerkschaften, allen voran Arthur Scargills National Union of Mineworkers, zog auch Thatcher Parallelen zum Zweiten Weltkrieg. Smith, *Britain and 1940*, S. 126. Diese konservative Form der Verallgemeinerung geht auf die 1950er-Jahre zurück, als Politiker wie Hugh Gaitskell und Anthony Eden Gamel Abdel Nasser mit Hitler verglichen.

48 Der Nationalismus der Thatcher-Jahre befeuerte die Dämonisierung Deutschlands zur Zeit der Wiedervereinigung. In der Folge nahm die Zahl revisionistischer Geschichten, die die „schönste Stunde" infrage stellten, stark zu. Vgl. Ruth Wittlinger, „British-German Relations and Collective Memory", *German Politics and Society*, Herbst 2007, S. 46–48.

49 Vgl. hierzu Kapitel 1 der vorliegenden Studie.

50 Hugo Young, „Germano-phobia Grips Us as the British Refuse to Forget the War", *The Guardian*, 16. Februar 1999, S. 16; Jason Cowley, „Forgotten Victims", *The Guardian*, 26. März 2002.

51 Hasia Diner, *We Remember With Love and Reverence: American Jews and the Myth of Silence after the Holocaust, 1945–62* (New York, 2009); Jeffrey Shandler, *While America Watches: Televising the Holocaust* (New York, 1999); James E. Young, *The Texture of Memory: Holocaust Memorials and Meaning* (New Haven, 1993); Edward Linenthal, *Preserving Memory: The Struggle to Create America's Holocaust Museum* (New York, 1995).

52 Rosenfeld, *The World Hitler Never Made*, Kapitel 2.

53 In den 1960er-Jahren bezeichnete James Baldwin Amerika als das „Vierte Reich", während Paul Goodman die Familie mit „amerikanischem Faschismus" gleichsetzte. Zitiert in Benjamin DeMott, „The Age of Overkill", *New York Times*, 19. Mai 1968. In ihrem Buch *The Feminine Mystique* (1963) verglich Betty Friedan die Vorstadthäuser amerikanischer Hausfrauen mit „gemütlichen Konzentrationslagern." Zitiert in: Kirsten Fermaglich, *American Dreams and Nazi Nightmares: Early Holocaust Consciousness and Liberal America, 1957–1965* (Waltham, MA, 2007), S. 58 (und Kapitel 2 allgemein). Zu einer Kritik an diesem Sprachgebrauch, vgl. Edward Alexander, „Stealing the Holocaust", *Midstream*, November 1980, S. 46–50.

54 Die katholische Kirche berief sich bei ihrer Ablehnung von Abtreibungen auf die NS-Zeit, die US-Waffenlobby NRA führte bei ihrer Ablehnung der Reglementierung von Waffenbesitz das NS-Regime ins Feld. Vgl. „Bishop Rebuts Criticism of a Holocaust Analogy", *New York Times*, 14. März 1984, S. B3; „An Angry Bush Ends His Ties to Rifle Group", *New York Times*, 11. Mai 1995, S. 1.

55 Tony Judt, „The Past Is Another Country: Myth and Memory in Postwar Europe", *Daedalus*, Herbst 1992, S. 83–118.

56 Dieses Dilemma ist ein wichtiges Thema der Studie von John-Paul Himka und Joanna Beata Michlic, Hg., *Bringing the Dark Past to Light: The Reception of the Holocaust in Postcommunist Europe* (Lincoln, NE, 2013).

57 Zur Tötung von Juden im polnischen Jedwabne 1941, vgl. Jan Gross, *Neighbors: The Destruction of the Jewish Community in Jedwabne, Poland* (New York, 2002); Antony Polonsky, *The Neighbors Respond: The Controversy over the Jedwabne Massacre in Poland* (Princeton, NJ, 2003). Zum Versuch Kroatiens, die Tötungen von Serben und Juden im Konzentrationslager Jasenovac durch das kollaborierende Ustascha-Regime mit den späteren Morden an Ustascha-Soldaten durch kommunistische Partisanen im österreichischen Bleiburg 1945 in Einklang zu bringen, vgl. Ljiljana Radonic, „Transformation of Memory in Croatia", in: Eric Langenbacher, Bill Niven und Ruth Wittlinger, Hg., *Dynamics of Memory and Identity in Contemporary Europe* (New York, 2012), S. 166–179. Andere Beispiele aus Osteuropa werden in Kapitel 1 des vorliegenden Bandes vorgestellt.

58 Tom Segev, *Die siebte Million: Der Holocaust und Israels Politik der Erinnerung* (Reinbek, 1995), S. 609 f.; Idith Zertal, *Israel's Holocaust and the Politics of Nationhood* (Cambridge, UK, 2005).

59 Über Jahrzehnte gab es in Israel enormen Widerstand gegen die Übersetzung der umstrittenen Schriften von Hannah Arendt und Raul Hilberg sowie Adolf Hitlers Manifest *Mein Kampf*; Segev, *Die siebte Million*, S. 609 f.; Zertal, *Israel's Holocaust*, S. 132; Amos Goldberg, „Filling the Gaps in Israel's Holocaust Reading List", *Haaretz*, 13. Dezember 2012. Vgl. auch Amos Elon, „The Politics of Memory", *New York Review of Books*, 7. Oktober 1993.

60 „‚Hitler' Heater Ads Draw Fire From All Quarters", *Taipei Times*, 23. November 1999. http://www.taipeitimes.com/News/local/archives/1999/11/23/11877; David Cohen, „The Rise and Fall of the Third Reich Café", *The Jerusalem Report*, 22. Mai 2000, S. 42; „Manga Version of Hitler's ‚Mein Kampf' a Hit in Japan", *The Telegraph*, 30. September 2009, http://www.telegraph.co.uk/news/worldnews/asia/japan/6247568/Manga-version-of-Hitlers-Mein-Kampf-a-hitin-Japan.html; „Bangkok's ‚Hitler Chic' Trend Riles Tourists, Israeli Envoy", *CNNGo*, http://www.cnngo.com/bangkok/life/hitler-chic-trend-138530.

1 Ein „guter Krieg"? Der neue Nachkriegsrevisionismus

1 Norman Davies, *Die große Katastrophe: Europa im Krieg 1939–1945*. Aus dem Englischen von Thomas Bertram und Harald Stadler (München, 2009), S. 125 f.

2 Zur „finest hour", vgl. Connelly, *We Can Take It!* und Smith, *Britain and 1940*. Zur Situation in der Sowjetunion, vgl. Nina Tumarkin, *The Living and the Dead: The Rise and Fall of the Cult of World War II in Russia* (New York, 1995); zu Frankreich, vgl. Henry Rousso, *The Vichy Syndrome: History and Memory in France since 1944* (Cambridge, MA, 1991), S. 10.

3 In Großbritannien verwendeten sowohl Tories als auch Labour den Begriff der „schönsten Stunde", um um Unterstützung für ihre jeweiligen Regierungen zu werben; in der Sowjetunion nutzten Hardliner wie Joseph Stalin und Reformer wie Nikita Chruschtschow die Vorstellung vom „Großen Vaterländischen Krieg", um ihr Regime zu stärken; in Frankreich stilisierten sowohl die gaullistisch als auch die sozialistisch geführten Regierungen den Krieg zu einem nationalen Triumph, der sich heroischem Widerstand verdanke. Smith, *Britain and 1940*, S. 111–113; Tumarkin, *The Living and the Dead*, Kapitel 4–5; Rousso, *The Vichy Syndrome*, Kapitel 1–2.

4 Britische, französische und sowjetische Kriegsnarrative unterschieden sich im Hinblick auf die Unterstützung von Hitlers Kriegsplänen durch die Westalliierten bzw. die UdSSR (Erstere betonten den Hitler-Stalin-Pakt von 1939, Letztere die Appeasementpolitik). Trotz dieser Differenzen stand in ihren Narrativen die deutsche Schuld im Vordergrund. Insgesamt dienten die Nachkriegsnarrative dazu, das Vorkriegs- und Kriegsverhalten der jeweiligen Regierungen zu rechtfertigen. Britische Studien verteidigten den Interventionismus und kritisierten die Appeasementpolitik. Vgl. Winston Churchill, *Der Zweite Weltkrieg*: Bd. I, *Der Sturm zieht auf* und Bd. II, *Die schönste Stunde* (1948); John Wheeler-Bennett, *Munich: Prologue to Tragedy* (New York, 1948); Alan Bullock, *Hitler: A Study in Tyranny* (London, 1952); Lewis Namier, *In the Nazi Era* (New York, 1952). In Frankreich vermieden Historiker zunächst politisierte Debatten über die Vichy-Zeit, um das nationale Selbstwertgefühl zu stärken. Vgl. Charles De Gaulle, *Mémoires de guerre: L'Appel 1940–1942* (Paris, 1954); Robert Aron und Georgette Elgey, *Histoire de Vichy* (Paris, 1956); Henri Amouroux, *La Grande Histoire des Français sous l'Occupation*, acht Bände (Paris, 1976–1993). Sowjetische Studien, allen voran Stalins *Falsifiers of History* (1948), erklärten den Krieg zum Nebenprodukt eines kapitalistisch motivierten Imperialismus und des Versagens der Westmächte, Deutschland die Stirn zu bieten. Vgl. Patrick Finney, *Remembering the Road to World War Two: International History, National Identity, and Collective Memory* (London, 2011), Kapitel 1; Teddy J. Uldricks, „War, Politics and Memory: Russian Historians Reevaluate the Origins of World War II", *History & Memory*, 2, Herbst/Winter 2009, S. 62–65; Sergei Kudryashov, „Erinnern und

Erforschen des Krieges: Die sowjetische und russische Erfahrung", in: Jörg Echternkamp und Stefan Martens, *Experience and Memory: The Second World War in Europe* (New York, 2010), S. 86–115.

5 Die ersten wichtigen Studien stammten von Militärs wie Dwight D. Eisenhower mit *Crusade in Europe* (Garden City, NY, 1948) und Lucius Clay mit *Decision in Germany* (Garden City, NY, 1950). Spätere Autoren waren unter anderem William Shirer, *The Rise and Fall of the Third Reich* (New York, 1960), Gerhard L. Weinberg, *The Foreign Policy of Hitler's Germany* (2 Bände, 1971, 1980), und Norman Rich, *Hitler's War Aims* (New York, 1973).

6 Studs Terkel, *Der gute Krieg. Amerikaner erleben den Zweiten Weltkrieg. 49 Porträts.* Aus dem Englischen von Christiane Buchner, Brigitte Gerlinghoff, Nora Jensen, Leopardi & Eckstein, Regina Rawlinson und Rainer Schmidt (Leipzig, 1991). Wie Terkel erläuterte, hatte ihn der Journalist Herbert Mitgang auf den Ausdruck aufmerksam gemacht; die Formel sei „von seiner und meiner Generation oft benutzt" worden. Terkel, S. 6. Erst in den 1990er-Jahren ging der Begriff in den allgemeinen Sprachgebrauch über. Wie eine Lexis-Nexis-Recherche zeigt, gab es zwischen 1984 (dem Jahr des Erscheinens des Buches) und 1989 im Kontext des Zweiten Weltkriegs nur 175 Verweise auf den „guten Krieg". Zwischen 1990 und 1999 hingegen fiel der Begriff etwa 764 Mal.

7 Wie Michael C. C. Adams in seiner Studie *The Best War Ever: America and World War II* (Baltimore, 1994) bemerkt, galt „der Gute Krieg … mit schwindender amerikanischer … Macht als beinahe über alle Kritik erhaben" (S. 6).

8 Den Mainstream-Revisionismus in der amerikanischen Geschichtswissenschaft untersucht Peter Novick in *That Noble Dream: The „Objectivity Question" and the American Historical Profession* (Cambridge, UK, 1988).

9 Zahlreiche Holocaustleugner haben zum Beispiel versucht, ihre Arbeiten durch das Etikett „revisionistisch" zu legitimieren. Diese Begriffsaneignung ist in gewissen Kreisen in Verruf geraten. Dessen ungeachtet gibt es keinen Grund, den Revisionismus grundsätzlich für suspekt zu halten.

10 Von der Kategorie des „Revisionismus" schließe ich Studien aus, die die Ursachen und Folgen des Krieges neu bewerten, aber seine grundlegende Legitimität und Moral anerkennen. Amerikanische Historiker sind sich zum Beispiel uneins darüber, wann und warum sich Präsident Roosevelt letztlich zur Intervention in den europäischen Konflikt entschloss; britische Historiker haben über Ursachen und Wirksamkeit der Appeasemenpolitik und deutsche Historiker über die treibenden Kräfte hinter Hitlers Außenpolitik gestritten. Vgl. Justus Doenecke, „U. S. Policy and the European War, 1939–1941", *Diplomatic History*, 4, Herbst 1995, S. 669–698; Keith Robbins, *Appeasement* (Oxford, 2001); Andrew David Stedman, *Alternatives to Appeasement: Neville Chamberlain and Hitler's Germany* (New York, 2011); Ian Kershaw, *The Nazi Dictatorship: Problems and Perspectives of Interpretation* (London, 2000), Kapitel 6.

11 Charles A. Beard, *President Roosevelt and the Coming of the War, 1941* (New Haven, 1948); Harry Elmer Barnes, Hg., *Perpetual War for Perpetual Peace: A Critical Examination of the Foreign Policy of Franklin D. Roosevelt and its Aftermath* (Caldwell, 1953); William Henry Chamberlin, *America's Second Crusade* (Chicago, 1950). David Hoggans *Der erzwungene Krieg: Die Ursachen und Urheber des 2. Weltkrieges* (Tübingen, 1977) erschien 1955 ursprünglich als Doktorarbeit und 1961 als Buch. Zur breiteren Diskussion, vgl. Warren I. Cohen, *The*

American Revisionists: The Lessons of Intervention in World War I (Chicago, 1967). Wie Deborah Lipstadt in: *Denying the Holocaust: The Growing Assault on Truth and Memory* (New York, 1993) zeigt, tendierten einige Revisionisten später zur Holocaustleugnung.

12 In seiner Rezension von *President Roosevelt and the Coming of the War, 1941* kritisierte Robert Gale Woolbert die „Verfälschung von Tatsachen" in Beards Buch, *Foreign Affairs*, Oktober 1948, S. 157. In seiner Rezension von *Perpetual War for Perpetual Peace* attackierte Julius Pratt Barnes' Sammelband als „vorurteilsbehaftet", vgl. *Political Science Quarterly*, März 1955, S. 135–137. William McNeill bezeichnete Chamberlins *America's Second Crusade* als „Zerrbild der Geschichte", *International Affairs*, Oktober 1951, S. 537 f. Laut Doeneckes Artikel „U. S. Policy and the European War, 1939–1941" waren die frühen 1960er-Jahre vom „Niedergang der anti-interventionistischen Rechten … und … dem damit einhergehenden Revisionismus" geprägt (S. 671).

13 A. J. P. Taylor, *Die Ursprünge des Zweiten Weltkrieges*. Deutsch von Dieter Werner (Gütersloh, 1962).

14 Bruce M. Russett, *No Clear and Present Danger: A Skeptical View of the U. S. Entry into World War II* (New York, 1972). Melvin Small, *Was War Necessary? National Security and U. S. Entry into War* (Beverly Hills, CA, 1980).

15 Als Linker engagierte sich Taylor in der Abrüstungsbewegung der Nachkriegszeit; sein Buch könnte daher als Verurteilung des westlichen Antikommunismus der Nachkriegszeit gemeint gewesen sein. Mit seiner Darstellung Hitlers als rationaler, nicht-ideologischer Führerfigur wollte der britische Historiker Nikita Chruschtschow in einem ähnlichen Licht erscheinen lassen und westliche Politiker zu einer weniger feindseligen diplomatischen Haltung gegenüber der Sowjetunion bewegen. William Roger Louis, Hg., *The Origins of the Second World War: A. J. P. Taylor and His Critics* (New York, 1972), S. 103 f. Laut Taylor war die vom Westen nur zögerlich verfolgte Versöhnungspolitik gegenüber der UdSSR nach 1945 auf „die Erinnerung an die Appeasementpolitik gegenüber Deutschland [zurückzuführen], die vor einem Jahrzehnt gescheitert ist". Gordon Martel, „Introduction", in: *The Origins of the Second World War Reconsidered* (London, 1986), S. 14. Russett lehnte das Eingreifen der Amerikaner in Vietnam ab, das er auf die im Zweiten Weltkrieg entstandene interventionistische Tradition zurückführte. Nicht alle revisionistischen Studien dieser Zeit stammten von Linken, wie das Buch des konservativen britischen Wissenschaftlers Maurice Cowling, *The Impact of Hitler: British Politics and British Policy, 1933–1940* (Cambridge, UK, 1975), zeigte. Der Autor machte die britische Intervention gegen die Nazis für den Niedergang des Landes nach dem Krieg verantwortlich.

16 Am stärksten kritisiert wurde Taylors Studie, die als Reinwaschen Hitlers empfunden wurde – ein Eindruck, der durch das Lob von rechten und neonazistischen Organisationen in Deutschland noch verstärkt wurde. In Wahrheit sollte Taylors vergleichsweise milde Darstellung Hitlers (er beschrieb ihn als „nicht bösartiger als … andere Staatsmänner der Zeit") die Rolle der deutschen Bevölkerung bei Kriegsausbruch unterstreichen (laut Taylor war „Hitlers Außenpolitik die seiner Vorgänger und … die praktisch aller Deutscher"). Wie diese Äußerungen zeigten, vertrat Taylor seit Langem eine antideutsche Haltung und erklärte die Ursachen des Dritten Reichs mit der Sonderwegsthese. Vgl. Louis, *A. J. P. Taylor and His Critics*, S. 8 f. Zu kritischen Reaktionen auf Russetts Buch, vgl. Rosenfeld, *The World Hitler Never Made*, S. 138. Smalls Buch erhielt respektvollere Rezensionen. Vgl. Lawrence S. Kaplan, *American Historical Review*, Juni 1981, S. 673 f.; David S. Patterson, *The Journal of American History*, Dezember 1981, S. 642 f.

17 Paul Fussell, *Wartime: Understanding and Behavior in the Second World War* (New York, 1989); Adams, *The Best War Ever*.

18 James Bacque, *Other Losses: An Investigation into the Mass Deaths of German Prisoners at the Hands of the French and Americans After World War II* (Toronto, 1989). Alfred-Maurice De Zayas, *A Terrible Revenge: The Ethnic Cleansing of the East European Germans, 1944–1950* (New York, 1994). Dieses Buch basierte auf De Zayas' früherer Studie *Nemesis at Potsdam: The Anglo-Americans and the Expulsion of the Germans. Background, Execution, Consequences* (Boston, 1977). *A Terrible Revenge* erschien zuerst in gebundener Form unter dem Titel *The German Expellees: Victims in War and Peace* (New York, 1993).

19 Als Beispiel dafür, dass die Lehren aus dem Zweiten Weltkrieg – insbesondere die Gefahren der Appeasementpolitik – in einem neuen Umfeld falsch angewandt wurden, nannte Adams die von den USA geführte Invasion im Irak 1991: *The Best War Ever*, S. 4. Bacque scheint sich aufgrund seiner Empathie mit ehemaligen deutschen Kriegsgefangenen mit ihnen beschäftigt zu haben. Vgl. S. P. Mackenzie, „Essay and Reflection: On the ‚Other Losses' Debate", *The International History Review*, November, 1992, S. 727. Den langjährigen Menschenrechtsaktivisten De Zayas bewogen die ethnischen Säuberungen im Jugoslawienkrieg, das Leid der Volksdeutschen in den Fokus zu nehmen.

20 Bacques Buch wurde für seine empirischen Mängel kritisiert, während De Zayas' Band weitenteils ignoriert wurde. Mackenzie, „Essay and Reflection: On the ‚Other Losses' Debate", S. 717–731. In dem Sammelband *Eisenhower and the German POWs: Facts against Falsehood* (Baton Rouge, LA, 1992) widerlegten Stephen Ambrose und Günter Bischof großenteils Bacques Ausführungen. Bemerkenswerterweise kamen sowohl Bacques als auch De Zayas' Buch bei einer rechten Leserschaft, die das Leid der Deutschen als Mittel zur Relativierung der deutschen Kriegsschuld sah, gut an.

21 Correlli Barnett, *The Audit of War* (London, 1986); John Charmley, *Churchill: The End of Glory: A Political Biography* (New York, 1993). Beide Bücher wurden auch für ihr Fazit kritisiert, das Land hätte sich im Konflikt besser neutral verhalten. Wie diese Texte zeigten, haderten die Briten mit dem Verlust ihres Großmachtstatus – ein Niedergang, der durch den neuen Status der USA als Supermacht nach 1989 noch verstärkt wurde.

22 Clive Ponting, *1940: Myth and Reality* (London, 1990); Madeline Bunting, *The Model Occupation: The Channel Islands under German Rule* (New York, 1995). Zu Kritiken vgl. Rosenfeld, *The World Hitler Never Made*, S. 71, 88. Andere Bücher, die Kriegsmythen infrage stellten, waren Angus Calders *The Myth of the Blitz* (London, 1995) und Stuart Hyltons *Their Darkest Hour: The Hidden History of the Home Front 1939–1945* (London, 2001). Beide deckten die im Inland herrschenden sozialen Spannungen während des Krieges auf.

23 John Bodnar, *The „Good War" in American Memory* (Baltimore, 2010), Kapitel 2.

24 Denise Youngblood, *Russian War Films: On the Cinema Front, 1914–2005* (Lawrence, KS, 2006), S. 117 f.

25 Die meisten Werke stellten trotz der Kritik an der Gewalt und Brutalität des Krieges „nicht den Kreuzzug gegen den Faschismus infrage" und „unterstützten das Ziel der Zerstörung von Hitlers Regime", so Bodnar in: *The „Good War" in American Memory* (S. 131, 135).

26 Im Falle der Vereinigten Staaten verweist Bodnar auf Filme wie *White Christmas* (1954), *The Longest Day* (1962) und *Patton* (1970), die die gängige Sicht des Krieges unterstützten, sowie auf Gedenkstätten wie das US Marine Corps Memorial (1954) und das USS-Arizona

Memorial (1962), die im Krieg gefallene Soldaten ehrten (ebd., S. 142–145, 87–90). Im Falle Großbritanniens zeugte die große Anzahl von Kriegsfilmen in den 1950er- und 1960er-Jahren von dem Einfluss, den die schönste Stunde auf das nationale Gedächtnis Großbritanniens ausübte. In der Sowjetunion schließlich blieb der „Kult" des Zweiten Weltkriegs unangefochten bestehen. Vgl. Tumarkin, *The Living and the Dead.*

27 Wie ihre europäischen und amerikanischen Kollegen machten auch deutsche Historiker Hitler für den Kriegsausbruch verantwortlich. Vgl. unter anderem Friedrich Meinecke, *Die deutsche Katastrophe* (1946); Karl Dietrich Bracher, *Die deutsche Diktatur* (1969); Eberhard Jäckel, *Hitlers Weltanschauung. Entwurf einer Gesellschaft* (1969); Klaus Hildebrand, *Deutsche Außenpolitik 1933–1945. Kalkül oder Dogma?* (Stuttgart, 1970); Andreas Hillgruber, *Hitlers Strategie: Politik und Kriegführung, 1940–1941* (Bonn, 1975). Eine Ausnahme waren die Studien des rechten Historikers Dirk Bavendamm, *Roosevelts Weg zum Krieg. Amerikanische Politik 1914–1939* (Frankfurt a. M., 1983) und *Roosevelts Krieg 1937–45 und das Rätsel von Pearl Harbor* (München, 1993); Bavendamm machte Roosevelt für den Zweiten Weltkrieg verantwortlich.

28 Hans-Ulrich Wehler verwies auf „eine verbreitete emotionale Hemmung" unter deutschen Historikern, das Thema aufzugreifen. „Die Debatte wirkt befreiend", *Der Spiegel,* 25. März 2002, S. 62.

29 Dies zeigte sich in der kritischen Reaktion auf Andreas Hillgrubers *Zweierlei Untergang* (Berlin, 1986), das das Leid der deutschen Zivilisten an der Ostfront in der letzten Kriegsphase in den Blick nahm. Vgl. Perry Anderson, „On Emplotment: Two Kinds of Ruin", in: Saul Friedlander, Hg., *Probing the Limits of Representation: Nazism and the ‚Final Solution'* (Cambridge, MA, 1992), S. 54–65.

30 Bill Niven, „Introduction: German Victimhood at the Turn of the Millennium", in: Bill Niven, Hg., *Germans as Victims,* S. 7.

31 Vgl. Niven, *Facing the Nazi Past,* Kapitel 4.

32 1984 reagierte Helmut Kohl gekränkt, als er von den Alliierten nicht zu den Feierlichkeiten zum 40. Jahrestag des D-Day – dem Tag der Landung der Alliierten in der Normandie – eingeladen wurde. Am 8. Mai 1985 sprach Bundespräsident Richard von Weizsäcker vom 8. Mai 1945 als einem Tag der Befreiung Deutschlands. In Städten wie München wurden Gedenkstätten zur Befreiung vom Nationalsozialismus errichtet. Vgl. Gavriel Rosenfeld, *Architektur und Gedächtnis: München und Nationalsozialismus: Strategien des Vergessens* (Hamburg, 2004).

33 Außenminister Joschka Fischer erinnerte an Auschwitz, um den deutschen Militäreinsatz im Kosovo zu rechtfertigen. Bundeskanzler Gerhard Schroeder rechtfertigte die deutsche Teilnahme am NATO-Einsatz in Afghanistan als Teil des Kampfes gegen die „totalitäre Herausforderung" durch Al Kaida. Kundnani, *Utopia or Auschwitz?,* S. 270; Wittlinger und Larose, „No Future for Germany's Past?", S. 481–495.

34 Niven, *Facing the Nazi Past,* S. 114 f.

35 Hans Erick Nossacks *Der Untergang* (Frankfurt a. M., 1996) erschien ursprünglich 1948 (die englische Übersetzung 2004); W. G. Sebald, *Luftkrieg und Literatur* (München, 1999); Jörg Friedrich, *Der Brand: Deutschland im Bombenkrieg, 1940–1945* (Berlin, 2002).

36 Günter Grass, *Im Krebsgang* (Göttingen, 2002).

37 Anonymous, *Eine Frau in Berlin, Tagebuch-Aufzeichnungen vom 20. April bis 22. Juni 1945* (München, 2005).

38 Zum Museumsprojekt, vgl. Samuel Salzborn, „The German Myth of a Victim Nation: (Re-)presenting Germans as Victims in the New Debate on their Flight and Expulsion from Eastern Europe", in: Helmut Schmitz, Hg., *A Nation of Victims? Representations of German Wartime Suffering from 1945 to the Present* (Amsterdam, 2007), S. 91 f. 2011 kam zudem die Forderung auf, zum Gedenken an die Kriegsgeschehnisse einen neuen „Nationalen Gedenktag für die Opfer von Vertreibung" einzuführen: „Ein fatal falsches Signal", *Süddeutsche Zeitung*, 2. Februar 2011.

39 Vgl. A. O. Scott, „A History Lesson, Airbrushed", *New York Times*, 14. Januar 2014.

40 Friedrich, *Der Brand*, S. 110. Sebalds ursprünglicher deutscher Begriff der „Vernichtungsaktion" wurde im Englischen mit dem neutraleren Wort „destruction" übersetzt. Vgl. Annette Seidel Arpaci, „Lost in Translation? The Discourse of ‚German Suffering' and W. G. Sebald's Luftkrieg und Literatur", in: Schmitz, Hg., *A Nation of Victims*, S. 164 f.

41 „So muss die Hölle aussehen", *Der Spiegel*, 2, 2003, S. 50, vgl. auch S. 5. *Der Spiegel* bezeichnete die alliierten Bomber zudem als „fliegende Terroristen", S. 46. Luke Harding, „German Tabloid Demands Apology from Queen for Wartime Air Raids", *The Guardian*, 2. November 2004.

42 Bis Ende 2003 wurden 200 000 Exemplare von Friedrichs fast 600 Seiten langem Buch verkauft. www.spiegel.de/spiegel/print/d-29410542.html. Grass' Novelle verzeichnete bis Ende 2006 rund 400 000 verkaufte Exemplare. www.rp-online.de/kultur/buch/grass-buch-ist-schon-einbestseller-aid-1.2039388. Seinen Höchststand erreichte der Fernsehfilm *Dresden* mit über zwölf Millionen Zuschauern und einem Marktanteil von 32 Prozent. „‚Dresden'-Quote: Feuersturm mit Millionenpublikum", *Spiegel Online*, 7. März 2006. *Die Flucht* verzeichnete elf Millionen Zuschauer und einen Marktanteil von 29 Prozent: https://www.presseportal.de/pm/29876/966297 Über 7,5 Millionen Zuschauer verfolgten *Unsere Mütter, Unsere Väter*, der Marktanteil lag bei 24 Prozent: Primetime-Check: Mittwoch, 20. März 2013, www.quotenmeter.de/n/62772/primetime-check-mittwoch-20-maerz-2013.

43 „Die Debatte wirkt befreiend", *Der Spiegel*, 25. März 2002, S. 62.

44 Peter Schneider, „The Germans Are Breaking an Old Taboo", *New York Times*, 18. Januar 2003.

45 Nikolaus von Festenberg, „Von der Couch in die Hölle", *Der Spiegel*, 25. Februar 2006.

46 Frank Schirrmacher, „Die Geschichte deutscher Albträume", *FAZ*, 15. März 2013. Auch der Historiker Götz Aly befand, der Film könne das Eis zwischen den Generationen brechen: „Vereiste Vergangenheit", *Die Zeit*, 14. März 2013. Vgl. auch Eckhard Fuhr, „Wie der Zweite Weltkrieg wirklich war", *Die Welt*, 24. Januar 2014.

47 In einem Interview mit dem *Spiegel* spricht (der 1959 geborene) Hofmann über seine linksliberalen Ansichten sowie die persönlichen Beweggründe für seine Filmreihen über den Zweiten Weltkrieg: „Töten oder getötet werden", *Der Spiegel*, 11. März 2013. Kolditz (Jahrgang 1956) wuchs in Ostdeutschland auf. Vgl. „Mit den Kategorien Gut und Böse kommst du nicht weit", *FAZ*, 19. März 2013.

48 Vgl. Pearce, *Contemporary Germany and the Nazi Legacy*; Wilds, „Identity Creation and the Culture of Contrition"; Wittlinger und Larose, „No Future for Germany's Past?"; Niven, *Germans as Victims*, S. 8; Linke sahen keinen Anlass, sich länger mit den Verbrechen der Nazis auseinanderzusetzen, da sie diese als gegeben ansahen. Ian Buruma, „Many German Civilians Died in the Second World War", *The Guardian*, 26. November 2002, S. 6. Vgl. auch Wolfgang Sofsky, „Die halbierte Erinnerung", *SZ*, 5. Dezember 2002, S. 13.

49 Christopher Rhoads, „Behind Iraq Stance in Germany: Flood of War Memories", *Wall Street Journal*, 25. Februar 2003; Mariam Lau, „Bücherverbrennung nie da gewesenen Ausmaßes", *Die Welt*, 9. Januar 2003.

50 So Corelli Barnett, zitiert in „Schillerndes Ungeheuer", *Der Spiegel*, 49, 2002, S. 156. Kritische Rezensionen von Sebalds Buch verfassten unter anderem Daphne Merkin, „Cordoning off the Past", *New York Times*, 6. April 2003, S. 14, und Ruth Franklin, „Rings of Smoke", *New Republic*, 22. September 2002, insbes. S. 37 f. Vgl. auch Bartosz Jalowiecki, „Lies the Germans Tell Themselves", *Commentary*, Januar 2004, S. 43–46. In Großbritannien befürchtete Tony Blair, in Deutschland werde sich nun eine Opferkultur entwickeln. Niven, *Germans as Victims*, S. 8.

51 Pawel Lutomski, „The Debate about a Center against Expulsions: An Unexpected Crisis in German-Polish Relations?" *German Studies Review*, 3, Oktober, 2004, S. 449–468. Die Reaktion Israels auf das Zentrum gegen Vertreibungen wird erörtert in: Margalit, „Increased German ‚Suffering'", 16. Juni 2004, https://www.haaretz.com/1.4715852.

52 Evelyn Finger, „Der englische Pilot", *Die Zeit*, 2. März 2006. Vgl. auch David Crossland, „World War II: German Film Recalls Dresden Bombing", *Spiegel International*, 13. Februar 2006. Zu *Die Flucht*, vgl. Christian Buß, „Go West, Gräfin!" *Der Spiegel*, 2. März 2007.

53 In seinem Artikel „Nazis sind immer die anderen", *taz*, 21. März 2013, monierte Ulrich Herbert, der Film habe nicht gezeigt, wie gerade die Generation der (unrealistisch unpolitischen) Protagonisten des Films stark von der ideologischen Indoktrination durch die Nazis beeinflusst gewesen sei. Vgl. auch Stefan Schmitz und Matthias Weber, „Das gespaltene Urteil der Historiker", *Stern*, 23. März 2013. Der polnische Botschafter in Deutschland protestierte offiziell gegen die einseitige Darstellung des polnischen Widerstands, dessen Antisemitismus übertrieben und dessen Unterstützung der Juden unterbelichtet worden sei. „Vollkommen falsches Bild", *SZ*, 27. März 2013.

54 Auf diese Gefahr wiesen insbesondere deutsche Kritiker hin. Vgl. Norbert Frei, *1945 und Wir: Das Dritte Reich im Bewusstsein der Deutschen* (München, 2005), insbes. S. 7–22, und Aleida Assmann, *Das neue Unbehagen an der Erinnerungskultur: Eine Intervention* (München, 2013).

55 Vgl. „NPD-Mann spricht von Dresdner ‚Bomben-Holocaust'", *Der Spiegel*, 21. Januar 2005. Dieser rechte Trend wurde noch verstärkt durch die Veröffentlichung von Büchern wie Klaus-Rainer Röhls *Verbotene Trauer* 2002. Niven, *Germans as Victims*, S. 11 f.

56 Vgl. Salzborn, „The German Myth of a Victim Nation", S. 91 f. Die rechtsextreme NPD unterstützte das Zentrum gegen Vertreibungen lautstark. 2011 versuchte Steinbach, die deutsche Kriegsschuld mit dem Argument zu relativieren, Polen sei 1939 auf einen Kampf mit Deutschland aus gewesen. „How Far to the Right Can Germany's Conservatives Go?" *Der Spiegel*, 9. Oktober 2010. „Charges of Historical Revisionism Stir Up Berlin", *Der Spiegel*, 8. April 2010.

57 „Warum ich nach sechzig Jahren mein Schweigen breche", *FAZ*, 11. August 2006, www.faz.net/aktuell/feuilleton/debatten/guenter-grass-im-interviewwarum-ich-nach-sechzig-jahren-mein-schweigen-breche-1357691.html.

58 Ruth Wittlinger, „The Merkel Government's Politics of the Past", *German Politics and Society*, 4, Winter, 2008, S. 9–27. Unter der Schirmherrschaft des Deutschen Historischen Museums rief Merkels Regierungskoalition 2008 die „Stiftung Flucht, Vertreibung, Versöhnung" ins Leben, die die Planung des neuen Dokumentationszentrums vorantreiben sollte. Ihr

Sitz befindet sich im ehemaligen Deutschlandhaus in Kreuzberg. Dagmar Kift, „Neither Here nor There? The Memorialization of the Expulsion of Ethnic Germans", in: Bill Niven und Chloe Paver, Hg., *Memorialization in Germany since 1945* (New York, 2010), S. 78–90.

59 Die Glastnost-Politik Michael Gorbatschows förderte eine neue geschichtsrevisionistische Stimmung. 1988 forderten baltische Demonstranten die Veröffentlichung des geheimen Zusatzprotokolls des Hitler-Stalin-Pakts, das der Sowjetunion die Annexion Ostpolens und der baltischen Staaten gestattete. Der russische Historiker Dmitiri Wolkogonow war der erste Wisenschaftler in der UdSSR, der sich kritisch mit dem Pakt auseinandersetzte. Finney, *Remembering the Road to World War Two*, S. 48–52.

60 Die drei baltischen Staaten setzten ihre Kommissionen 1998 ein.

61 Die lettische Kommission verwendete den Begriff „Völkermord", während die estnische davon absah. Eva-Clarita Onken, „The Politics of Finding Historical Truth: Reviewing Baltic History Commissions and Their Work", *Journal of Baltic Studies*, März 2001, S. 113.

62 Der Text der Erklärung dieser OSZE-PV ist einsehbar auf http://old.oscepa.org/documents/all-documents/annual-sessions/2009-vilnius/declaration-6/263-vilnius-declaration-german/file.

63 https://www.webcitation.org/64otCtAyz?url=http://www.victimsofcommunism.org/media/article.php?article=3849.

64 „Estonia to Remove Soviet Era Memorial", *BBC News*, 12. Januar 2007, http://news.bbc.co.uk/2/hi/europe/6255051.stm; „Georgia Smashes History for New Parliament Site", RT, 17. Dezember 2009, https://www.rt.com/russia/georgia-parliament-monument-outrage/; „Russia Outraged by Desecration of Monument to Soviet Soldiers in Bulgaria", *RT*, 22. Juni 2011, http://rt.com/politics/russia-bulgaria-monument-ministry/. In der estnischen Stadt Parnu entbrannte 2002 ein Streit um die Errichtung und spätere Entfernung eines Denkmals zu Ehren der estnischen Soldaten, die mit der Waffen-SS gegen die UdSSR kämpften. „Estonia Removes SS Monument", *BBC News*, 24. Juli 2002, http://news.bbc.co.uk/2/hi/europe/6255051.stm.

65 Efraim Zuroff, „Eastern Europe: Anti-Semitism in the Wake of Holocaust-Related Issues", Jerusalem Center for Public Affairs, Frühjahr 2005.

66 „Estonia's PM Denies Waffen-SS Parade Tied to Nazi Ideology", *Ria Novosty*, 21. Juli 2011, http://en.rian.ru/world/20110722/165327473.html; in Estland und Lettland durften Neonazi-Gruppen zur Unterstützung der örtlichen SS-Veteranengruppen aufmarschieren. „David Cameron's Rightwing ‚Allies' March in Riga to Commemorate the SS", *The Guardian*, 13. März 2010, www.guardian.co.uk/world/2010/mar/14/latvia-divided-communists-nazis. 2010 und 2011 fanden Zeremonien zu Ehren des faschistischen Ustascha-Führers Ante Pavelic in Kroatien und des Nationalisten Stepan Bandera in der Ukraine statt. Efraim Zuroff, „Don't Rehabilitate the Guilty", *Haaretz*, 13. Januar 2012. https://www.haaretz.com/1.5164461.

67 Finney, *Remembering the Road to World War Two*, S. 2.

68 „Russia Rebukes Estonia for Moving Soviet Statue", *New York Times*, 27. April 2007.

69 „Vladimir Putin Condemns Appeasement of Hitler on 70th Anniversary of WW2 Outbreak", *The Telegraph*, 1. September 2009, www.telegraph.co.uk/news/newstopics/world-war-2/6122748/Vladimir-Putin-condemnsappeasement-of-Hitler-on-70th-anniversary-of-WW2-outbreak.html. Die drei baltischen Staaten boykottierten auch die Feierlichkeiten zum 60. Jahrestag des Endes des Zweiten Weltkriegs 2005 in Moskau.

70 „Putin Blames Britain for Russia's Invasion of Poland on the 70th Anniversary of WWII", *Daily Mail*, 2. September 2009, www.dailymail.co.uk/news/article-1210264/Putin-condemns-Moscow-signing-1939-treaty-Berlin–blames-Britain-wartime-pacts-Nazi-Germany.html.

71 „The War? Nothing To Do With Stalin, Says Russia's President, Dmitry Medvedev", *The Guardian*, 30. August 2009, www.guardian.co.uk/world/2009/aug/30/war-stalin-russia-medvedev.

72 Elizabeth Wood, „Performing Memory: Vladimir Putin and the Celebration of WWII in Russia", *The Soviet and Post-Soviet Review* 38, 2011, S. 172–200.

73 „Russia: OSCE Distorts History", *Pravda*, 10. Juli 2009, http://english.pravda.ru/russia/politics/10-07-2009/108043-russiaoscetruth-0/; „OSCE Resolution: The case against Estonia", *Pravda*, 14. Juli 2009, http://english.pravda.ru/russia/politics/14-07-2009/108127-esceestonia-0/

74 Oleg Kozlovsky, „Medvedev Imposes Control Over Russian History", *Huffington Post*, 19. Mai 2009, www.huffingtonpost.com/oleg-kozlovsky/medvedev-imposes-control_b_205349.html.

75 Efraim Zuroff, „Right of Reply: A Threat to Holocaust Memory", 27. August 2010, www.jpost.com/LandedPages/PrintArticle.aspx?id=186060. Vgl. auch die Texte von Dovid Katz auf: https://defendinghistory.com.

76 Vgl. Timothy Snyder, „Fascism, Russia, and Ukraine", *NewYork Review of Books*, 20. März 2014.

77 Nicholson Baker, *Menschenrauch: Wie der Zweite Weltkrieg begann und die Zivilisation endete*. Deutsch von Sabine Hedinger und Christiane Bergfeld (Reinbek, 2009; das englische Original erschien 2008); Patrick Buchanan, *Churchill, Hitler und der unnötige Krieg: Wie Großbritannien sein Empire und der Westen die Welt verspielte.* Aus dem Amerikan. von Jochen Fürst (Selent, 2009).

78 Baker, *Menschenrauch*, S. 521 f.

79 Ebd., S. 122.

80 Ebd., S. 232.

81 Ebd., S. 231.

82 Ebd., S. 262.

83 Ebd., S. 367, 380, 442.

84 Ebd., S. 437, 132, 504.

85 Ebd., S. 232, 455.

86 www.radioopensource.org/nicholson-bakers-human-smoke/.

87 Baker übersah zudem, dass die Nazis selbst bei Neutralität der Briten nicht genügend Schiffe gehabt hätten, um die europäischen Juden nach Madagaskar zu transportieren, und dass Hitler die Tragfähigkeit des Madagaskarplans auch dann noch ernsthaft in Erwägung zog, als klar war, dass England einem Separatfrieden nicht zustimmen würde. Vgl. Peter Longerich, *Holocaust: The Nazi Persecution and Murder of the Jews* (Oxford, 2010), S. 161–164.

88 „Ich habe den zweiten Weltkrieg nie wirklich verstanden", räumte Baker ein, „aber ich habe das immer auf meine Unkenntnis der Geschichte zurückgeführt." www.radioopensource.org/nicholson-bakers-human-smoke/.

89 Dazu zählten die Werke von Maurice Cowling, A. J. S. Taylor, Correlli Barnett, William Henry Chamberlin, John Charmley, Alan Clark und Niall Ferguson.

90 Buchanan, *Churchill, Hitler und der unnötige Krieg,* S. 198, 201 (Hier zitiert Buchanan Niall Ferguson, Anm. d. Übers.).

91 Ebd., S. 216.

92 Ebd., S. 202.

93 Ebd., S. 251, 274 f.

94 Ebd., S. 241.

95 Ebd., S. 255.

96 Ebd., S. 289.

97 Ebd., S. 12.

98 Ebd., S. 224.

99 Ebd., S. 230.

100 Ebd., S. 238.

101 Vgl. hierzu Rosenfeld, *The World Hitler Never Made,* S. 149–151, 157 f.

102 Buchanan, *Churchill, Hitler und der unnötige Krieg,* S. 312.

103 Ebd., S. 14, 316.

104 Ebd., S. 15.

105 Ebd., S. 15.

106 Ebd.

107 Ironischerweise vertrat A. J. P. Taylor, an den sich Buchanan in vielen Punkten anlehnte, die gegenteilige Position: „Ich war überzeugt … dass die sowjetische Vorherrschaft in Osteuropa die einzige Alternative zur deutschen war, und mir war die sowjetische lieber." Zitiert in: Norman Rich, „Hitler's Foreign Policy", in: Martel, *The Origins of the Second World War Reconsidered,* S. 127.

108 Buchanan, *Churchill, Hitler und der unnötige Krieg,* S. 245. Buchanan übernahm diese These von A. J. P. Taylor.

109 Ebd., S. 277.

110 Alexander B. Rossino, *Hitler Strikes Poland: Blitzkrieg, Ideology, and Atrocity* (Lawrence, KS, 2005); Phillip T. Rutherford, *Prelude to the Final Solution: The Nazi Program for Deporting Ethnic Poles, 1939–1941* (Lawrence, KS, 2007). In seinem wichtigen Buch *Ökonomie der Zerstörung. Die Geschichte der Wirtschaft im Nationalsozialismus* (München, 2007) behauptet Adam Tooze, Hitlers Außenpolitik sei von der Überzeugung geprägt gewesen, dass die Vereinigten Staaten Deutschlands gefährlichster langfristiger Rivale seien und dass man sich ihnen schließlich stellen müsse.

111 Jacques Pauwels, *Der Mythos vom guten Krieg: Die USA und der Zweite Weltkrieg.* Aus dem Flämischen übersetzt von Renate Heike van der Laan (Köln, dritte, verbesserte und erweiterte Auflage 2001). (Der Autor ist in Belgien geboren, Anm. d. Übers.).

112 Ebd., S. 15.

113 Ebd., S. 56–59.

114 Ebd., S. 35 f.

115 Ebd., S. 38, 67 f.

116 Ebd., S. 135, 129.

117 Ebd., S. 252.

118 Ebd., S. 63.

119 Ebd., S. 39.

120 Ebd., S. 90.

121 Ebd., S. 266.

122 Ebd., S. 252.

123 Ebd., S. 251. Mit dieser These ignorierte Pauwels das umfangreiche, im völkischen Denken wurzelnde geopolitische Gedankengut der Deutschen.

124 Norman Davies, *Die große Katastrophe: Europa im Krieg 1939–1945*. Aus dem Englischen von Thomas Bertram und Harald Stadler (München, 2009.) Das englische Original erschien 2006.

125 Davies, S. 29.

126 Ebd., S. 49 f.

127 Ebd., S. 749 f.

128 Ebd., S. 787 f.

129 Ebd., S. 40–42.

130 Ebd., S. 124, 790 f.

131 Ebd., S. 697.

132 Ebd., S. 698.

133 Ebd., S. 16, 778.

134 In seinem Mammutbuch *The Isles: A History* (Oxford, 2000) brach Davies mit der vorherrschenden anglozentrischen Sicht der britischen Geschichte.

135 Davies erinnert sich empört an ein Abendessen Mitte der 1980er-Jahre, bei dem A. J. P. Taylor und seine Frau, eine ehemalige ungarische Kommunistin, die Beteiligung der Sowjets am Massaker von Katyn bestritten. Davies, *Die große Katastrophe*, S. 34. Vgl. auch Anne Applebaums Rezension von Davies' umstrittenem Buch *Europe: A History*, in: *The New Criterion*, Mai 1997: www.newcriterion.com/articles.cfm/oldcliches-applebaum-3340.

136 Vgl. etwa das Interview auf www.bbc.co.uk/radio3/johntusainterview/davies_transcript.shtml.

137 Davies, *Die große Katastrophe*, S. 35.

138 Ebd., S. 489. Man beachte, dass Davies von 6 Millionen „Unschuldigen“ und nicht von „Juden“ sprach.

139 Ebd., S. 755.

140 Ebd., S. 755.

141 Ebd., S. 794.

142 Michael Bess, *Choices Under Fire: Moral Dimensions of World War II* (New York, 2008). Das Buch erschien ursprünglich 2006.

143 Ebd., S. 17.

144 Ebd., S. 69.

145 Ebd., S. 71.

146 Ebd., S. 71.

147 Ebd., S. 72–74.

148 Ebd., S. 74.

149 Ebd., S. 75.

150 Ebd., S. 110.

151 Ebd., S. 108 f.

152 Ebd., S. 110.

153 Ebd., S. 106–108.

154 Ebd., S. 166.

155 Ebd., S.168, 170.

156 Ebd., S. 177.

157 Ebd., S. 172.

158 Ebd., S. 40 f.

159 Ebd., S. 340.

160 Ebd., S. 340.

161 Tatsächlich widmete Bess der moralischen Frage des tatenlosen Zusehens der Zuschauer während des nationalsozialistischen Völkermords ein ganzes Kapitel seines Buches.

162 In seinen früheren wissenschaftlichen Werken zeigte Bess Interesse an Pazifismus und Ökologie, allerdings nicht aus einer dogmatischen Perspektive. Vgl. etwa *Realism, Utopia, and the Mushroom Cloud: Four Activist Intellectuals and their Strategies for Peace, 1945–1989* (Chicago, 1993) und *The Light-Green Society: Ecology and Technological Modernity in France, 1960–2000* (Chicago, 2003).

163 Niall Ferguson, *Krieg der Welt: Was ging schief im 20. Jahrhundert?* Aus dem Englischen von Klaus-Dieter Schmidt und Klaus Binder (Berlin, 2006).

164 Ebd., S. 53. Hervorhebung im Original.

165 Ebd., S. 52.

166 Ebd., S. 412.

167 Ebd., S. 412, 414.

168 Ebd., S. 420.

169 Ebd., S. 492.

170 Ebd., S. 420.

171 Ebd., S. 469, 474.

172 Ebd., S. 474, 477.

173 Ebd., S. 474.

174 Ebd., S. 640.

175 Ebd., S. 646.

176 Ebd., S. 644.

177 Ebd., S. 652.

178 Ebd., S. 306.

179 Ebd., S. 637.

180 Ebd., S. 638 f.

181 Ebd., S. 369.

182 Ebd., S. 664.

183 Ebd., S. 682.

184 Ebd., S. 702, 707, 704.

185 Ebd., S. 710.

186 Ebd., S. 640, 737.

187 Ebd., S. 665.

188 Diese Auffassung kam klar in seinen Büchern *Empire: The Rise and Demise of the British World Order and the Lessons for Global Power* (New York, 2004) und *Der falsche Krieg* (Stuttgart, 1998) zum Ausdruck.

189 Rosenfeld, *The World Hitler Never Made*, S. 90 f.

190 Ashley Smith, „World War II: The Good War?", *International Socialist Review*, 10, Winter 2000.

191 Carl Lesnor, „The ‚Good' War", *The Philosophical Forum*, Frühjahr 2005, S. 84 f., 77. Lesnor (1933–2011) war freier Wissenschaftler und Mitherausgeber des *Philosophical Forum*; er stand der linken *Radical Philosophy Association* nahe.

192 David Hoogland Noon, „Operation Enduring Analogy: World War II, the War on Terror, and the Uses of Historical Memory", *Rhetoric & Public Affairs*, 3, Herbst 2004, S. 340.

193 Giles MacDonogh, *After the Reich: The Brutal History of the Allied Occupation* (New York, 2007). MacDonogh legte in seinem Buch verstörende Fakten über das Leid der deutschen Zivilbevölkerung vor, bediente sich aber einer Sprache, die die Alliierten nicht besser erscheinen ließ als die Nazis. Wertend (aber fälschlicherweise) sprach MacDonogh von einer alliierten „Politik" der „Kollektivschuld" gegenüber den Deutschen (S. xiv); die Alliierten seien „im Hass" nach Deutschland gekommen (S. 3), hätten die Deutschen für „Untermenschen" gehalten (S. 235), „Massenvernichtungswaffen" gegen sie eingesetzt (S. 46) und beim Verhör von NS-Kriegsverbrechern „SS-Methoden" angewandt (S. 406).

194 William Hitchcock, *The Bitter Road to Freedom: A New History of the Liberation of Europe* (New York, 2008), S. 367–369. In Anspielung auf das politische Klima nach dem Irakkrieg behauptete Hitchcock, Befreiungskriege gegen Diktatoren seien immer mit unermesslichem menschlichem Leid verbunden. Die Bombenangriffe der Alliierten seien jedoch letztlich „ein ehrenwerter Kampf … [gegen] ein abscheuliches und barbarisches Regime" gewesen (S. 373).

195 Keith Lowe, *Savage Continent: Europe in the Aftermath of World War II* (New York, 2012), S. 57. Lowe setzte mitunter das Verhalten der Nazis und das der Alliierten gleich, so etwa auf S. 59.

196 Timothy Snyder, *Bloodlands: Europa zwischen Hitler und Stalin*. Aus dem Englischen von Martin Richter (München, 2011). Im Klappentext hieß es: „Die Amerikaner bezeichnen den Zweiten Weltkrieg als ‚Den guten Krieg'. Doch noch bevor er begann, hatte Amerikas Kriegsverbündeter Joseph Stalin Millionen seiner eigenen Bürger umgebracht – und setzte

dieses Morden während des Krieges fort. Bevor Hitler besiegt war, hatte er sechs Millionen Juden und fast ebenso viele andere Europäer ermorden lassen.“ Snyder schrieb, dass „der Pakt mit Stalin Hitler den Angriff auf Polen erlaubt[e]“ (S. 12).

197 Max Hastings, *All Hell Let Loose: The World At War, 1939–1945* (London, 2011), S. 675.

198 Antony Beevor, *Der Zweite Weltkrieg*. Aus dem Englischen von Helmut Ettinger (München, 2014), S. 888.

199 In *All Hell Let Loose* bezeichnete Hastings Hitlers Verbrechen an den Juden als „satanisch“; die Sache der Alliierten habe zu Recht gesiegt“ (S. 674, xix). In *Der Zweite Weltkrieg* schreibt Beevor: „[E]s kann kein Zweifel daran bestehen, dass Adolf Hitler der Architekt dieses neuen … Weltenbrandes war“ (S. 22).

200 Um die Erinnerung zu verstehen, muss man sowohl die Darstellungen der Vergangenheit als auch die Reaktionen darauf untersuchen. Vgl. Alon Confino, „Collective Memory and Cultural History: Problems of Method“, *American Historical Review*, Dezember 1997, S. 1386–1403.

201 Deutsche Rezensenten schlossen sich in ihrer Kritik angloamerikanischen Kritikern an. Repräsentativ war Gustav Seibts Reaktion auf Bakers *Menschenrauch*: „Menschen mögen Krieg“, *Süddeutsche Zeitung*, 3. März 2009. Buchanans Buch wurde ins Deutsche übersetzt, aber seltener rezensiert. Eine der wenigen Rezensentinnen war Franziska Augstein, „Hitler? Harmlos!“ *SZ*, 5. September 2008.

202 Mark Kurlansky, Rezension von *Human Smoke* [Menschenrauch], *Los Angeles Times*, 9. März 2008. Peter Wilby, „The Last Excuse For The Iraq War Is Founded On A Myth“, *The Guardian*, 25. April 2008.

203 Sam Leith, „Were We any Better than the Nazis?“ *Spectator*, 26. April 2008, S. 32–33. Colm Tóibín, „Their Vilest Hour“, *New York Times*, 23. März 2008.

204 „How Good Was the Good War“, *American Conservative*, 14. Juli 2008.

205 Eric Margolis, „Churchill's Great Mistake“, *Toronto Sun*, 16. November 2008. https://web.archive.org/web/20090105173633/http://www.ericmargolis.com/political_commentaries/deflating-the-churchill-myth.aspx; Margolis' Lob für Buchanans Buch erklärte sich unter anderem daraus, dass er einer der Mitbegründer und Redakteure von Buchanans Magazin *American Conservative* war. Vgl. auch Eric Margolis, „Don't Blame Hitler Alone for World War II“, 7. September 2009, https://web.archive.org/web/20090927063859/http://www.ericmargolis.com/political_commentaries/dont-blame-hitler-alone-for-world-war-ii.aspx.

206 Vgl. etwa Mark Webers gleichnamigen Aufsatz auf der Website des Institute for Historical Review, www.ihr.org/news/weber_ww2_may08.html. In der „weiterführenden Literatur“ verweist Weber auf die Studien von Baker, Davies und MacDonogh. Rezensionen von Baker und MacDonogh finden sich auf den Webseiten von Stormfront, Codoh und Inconvenienthistory.com.

207 Anne Applebaum, „The Blog of War“, *New Republic*, 28. Mai 2008, S. 41–44. Andrew Roberts, „Historical Method“, *History Today*, September 2008, S. 1. Vgl. Roberts' Rezension „Up in Smoke“, *New Criterion*, Juni 2008. Ähnlich kritisiert wurden Bakers schlampige Recherchen von Jeffrey Herf, „Nicholson Baker's Human Smoke“, *Chicago Tribune*, 29. März 2008; David Cesarani, „Human Smoke, by Nicholson Baker“, *The Independent*, 25. April 2008.

208 Christopher Hitchens, „A War Worth Fighting“, *Newsweek*, 23. Juni 2008.

209 David Pryce-Jones, „Human Smoke by Nicholson Baker“, *Commentary*, März 2008; William Rubinstein, Rezension von *Human Smoke*, *History Today*, Juli 2008, S. 65.

210 Christopher Hitchens, „Just Give Peace a Chance?“, *New Statesman*, 19. Mai 2008, S. 54 f.

211 Jeffrey Record, Rezension von *Churchill, Hitler, and ‚The Unnecessary War‘*, in: *Parameters*, Herbst 2008, S. 150–152.

212 Katha Pollitt, „Blowing Smoke“, *The Nation*, 3. April 2008.

213 Jack Fischel, „Questioning the Good War“, *Virginia Quarterly*, Sommer 2008. www.vqronline.org/articles/2008/summer/fischel-human-smoke/.

214 Rezension von *The Myth of the Good War* auf www.historycooperative.org/journals/llt/55/br_23.html. Vgl. auch die Rezension des linken deutschen Historikers Kurt Pätzold in *Junge Welt*, 14. Dezember 2001.

215 Frederic Smoler bezeichnete sie als brilliant, aber „ärgerlich“. Fredric Smoler, „How Good Was the Good War, Really?“ *American Heritage*, 27. November 2006, www.american-heritage.com/events/articles/web/20061127-world-war-iihoward-zinn-kamikaze-battle-midway-atomic-bomb-hiroshima-crimes.shtml. Antoine Capet lobte seine Komplexität: Rezension von Michael Bess' *Choices Under Fire*, http://hnn.us/roundup/entries/33697.html. R. Werner bezeichnete es in seiner Rezension als „undurchsichtig“, *Choice*, April 2007. Der linke Historiker Robert Westbrook empfand die Kritik am Guten Krieg als „zu zaghaft“. „Not So Good War“, *Christian Century*, 29. Mai 2007, S. 36–38.

216 Es gab jedoch einige Ausnahmen, da verschiedene Rezensenten dem Autor sachliche Fehler und überzogene Interpretationen vorwarfen. So beklagte Gerhard Weinberg die „eklatanten Fehler“ in Fergusons Buch, das „die Belege verfälsche … um mit seinen Vorurteilen übereinzustimmen“. Gerhard L. Weinberg, „The War of the World“, *The Historian*, Frühjahr 2008, S. 188–190. Vgl. auch Paul Johnson, „Niall's Saga“, *National Review*, 25. September 2006, S. 48–50, und Edward Luttwak, „The Variability of Violence“, *Commentary*, März 2007, S. 74–76.

217 Simon Sebag Montefiore, „Century of Rubble“, *New York Times*, 12. November 2006; Tristram Hunt, „Massy Ferguson“, *The Guardian*, 3. Juni 2006, teilte die Ansicht, dem Buch fehle „eine nachdrückliche polemische Aussage“. Vgl. auch Rana Mitter, „A Post-Modern History?“ *Times Higher Education Supplement*, 30. Juni 2006. Wieder andere kritisierten, „Fergusons Argumente sind vielleicht in einem schwer zu fassenden Sinne revisionistisch … neu sind sie aber wohl kaum.“ Peter Paterson, „The History of Celebrity“, *Daily Mail*, 22. Juli 2006, S. 55.

218 Noel Malcolm, „Review of No Simple Victory“, *Sunday Telegraph*, 12. November 2006, S. 44; Jan Morris, „All Trite on the Western Front“, *The Observer*, 3. Dezember 2006, S. 24.

219 „The Madness of Myths; Rewriting History“, *The Economist*, 11. November 2006; Hew Strachan, „War by Numbers“, *The Times*, 19. November 2006, S. 48. Strachan fügte hinzu, das Buch sei „im Eiltempo verfasst“ worden und voller Fehler, was Jan Morris bekräftigte, vgl. „All Trite on the Western Front“, S. 24. Andere Kritiker verglichen Davies' These von der Ignoranz der Engländer und Amerikaner gegenüber den Gräueln Stalins mit einem „Strohmann“. Philip H. Gordon, Rezension von *No Simple Victory* [Die große Katastrophe] in *Foreign Affairs*, März–April, 2007, S. 173. Piers Brendon, „Eyes on the East“, *The Guardian*, 11. November 2006, S. 8. Davies trete „zum großen Teil … Offensichtliches“ breit, so Brendon.

220 Susan Rubin Suleiman, „Eastern Front“, *New York Times*, 9. September 2007, S. 16.

221 Michael Burleigh, *Moral Combat: Good and Evil in World War II* (New York, 2011), S. viii–xi. Burleigh bemerkte abschließend, dass „einige patriotische Mythen nicht nur nützlich, sondern wahr sind."

222 Avishai Margalit, *Über Kompromisse – und faule Kompromisse*. Aus dem Englischen von Michael Bischoff (Berlin, 2011), S. 22.

223 Andrew Roberts, *The Storm of War: A New History of the Second World War* (New York, 2010); Mark Mazower, *Hitler's Empire: How the Nazis Ruled Europe* (New York, 2008); Richard Evans, *The Third Reich at War* (New York, 2008); Richard Bessel, *Germany, 1945: From War to Peace* (New York, 2010).

2 Von der Geschichte zur Erinnerung und zurück: Debatten über die Einzigartigkeit des Holocaust

1 Donald Bloxham, *The Final Solution: A Genocide* (Oxford, 2010), S. 319.

2 Alon Confino, *Foundational Pasts: The Holocaust as Historical Understanding* (Cambridge, UK, 2012), S. 155, Anm. 25.

3 A. Dirk Moses, „The Fate of Blacks and Jews: A Response to Jeffrey Herf", *Journal of Genocide Research*, Juni 2008, S. 271.

4 Dan Stone, *Histories of the Holocaust* (Oxford, 2010), S. 212.

5 Jürgen Matthäus, „The Precision of the Indefinite", *Journal of Genocide Research*, März–Juni 2011, S. 107.

6 Doris Bergen, „Challenging Uniqueness: Decentring and Recentring the Holocaust", *Journal of Genocide Research*, März–Juni 2011, S. 107.

7 Bereits in den 1960er-Jahren beschrieb David Ben-Gurion den Holocaust als „Verbrechen, das in der Geschichte beispiellos dasteht." Zitiert in Segev, *Die siebte Million*, S. 435.

8 Eine ausführliche Auseinandersetzung ist zu finden in Gavriel D. Rosenfeld, „The Politics of Uniqueness: Reflections on the Recent Polemical Turn in Holocaust and Genocide Scholarship", *Holocaust and Genocide Studies*, 1, Frühjahr 1999, S. 28–61.

9 Seit der Entstehung des Begriffs kursieren zahlreiche Definitionen von Einzigartigkeit. In seinem Buch *Identity Politics in the Age of Genocide: The Holocaust and Historical Representation* (London, 2008), Kapitel 2, hat David B. MacDonald fünfzehn verschiedene Varianten der Einzigartigkeitsthese identifiziert.

10 Für Yehuda Bauer lag die „Einzigartigkeit des Holocaust" in der „geplanten totalen Vernichtung ... und der ... apokalyptischen Ideologie, die den Mord motivierte." Yehuda Bauer, „Whose Holocaust?", *Midstream*, November 1980, S. 45.

11 Rosenfeld, „The Politics of Uniqueness", S. 35–37.

12 Ebd., S. 38–42.

13 Ebd., S. 181, 184.

14 Ebd., S. 49.

15 David Stannard, „Uniqueness as Denial: The Politics of Genocide Scholarship", in: Alan Rosenbaum, *Is the Holocaust Unique? Perspectives in Comparative Genocide* (Boulder, 1996), S. 198.

16 Ward Churchill, *A Little Matter of Genocide: Holocaust and Denial in the Americas, 1492 to the Present* (San Francisco, 1997), S. 64.

17 Norman Finkelstein, *Die Holocaust-Industrie: Wie das Leiden der Juden ausgebeutet wird.* Aus dem Amerikanischen von Helmut Reuter (München, 2001), S. 55. Die These von der Einzigartigkeit kritisierte Finkelstein erstmals in seinem mit Ruth Bettina Birn verfassten Buch *Eine Nation auf dem Prüfstand. Die Goldhagen-These und die historische Wahrheit* (Hildesheim, 1998).

18 Finkelstein, *Die Holocaust-Industrie*, S. 55 f.

19 Ebd., S. 55.

20 Peter Novick, *Nach dem Holocaust. Der Umgang mit dem Massenmord.* Aus dem Amerikanischen von Irmela Arnsperger und Boike Rehbein (Stuttgart, 2001), S. 22, 256 f. Die amerikanische Ausgabe erschien 1999.

21 Ebd., S. 257 f.

22 In Deutschland gab es keine vergleichbare Kritik an der Einzigartigkeit des Holocaust. Nach dem Historikerstreit von 1986 war die Infragestellung der Einzigartigkeit des Holocaust bei den deutschen intellektuellen und politischen Eliten gründlich diskreditiert. Vgl. Maier, *The Unmasterable Past.*

23 Stéphane Courtois, u. a., Hg., *Das Schwarzbuch des Kommunismus: Unterdrückung, Verbrechen und Terror.* Aus dem Französischen von Irmela Ansperger u. a. (München, 1998), S. 35.

24 Carolyn J. Dean, *Aversion and Erasure: The Fate of the Victim After the Holocaust* (Ithaca, 2010), S. 76.

25 Ebd., S. 93–96.

26 Zitiert in Elhanan Yakira, *Post-Zionism, Post-Holocaust: Three Essays on Denial, Forgetting, and the Delegitimation of Israel* (Cambridge, UK, 2010), S. 63, 64. Diese Zitate stammen aus Ophirs Buch *The Worship of the Present: Essays on an Israeli Culture for our Time*, das 2001 auf Hebräisch erschien.

27 Alvin H. Rosenfeld, „The Assault on Holocaust Memory", *American Jewish Year Book*, 2001, S. 5 f.

28 Zu den Reaktionen auf Stannard und Churchill, vgl. Rosenfeld, „The Politics of Uniqueness", S. 42. Vgl. auch Omer Bartov, „A Tale of Two Holocausts", *New York Times*, 6. August 2000; Michael Berenbaum, „Is the Memory of the Holocaust Being Exploited?" *Midstream*, April 2004, S. 2–8. In ihrer Rezension „Vexing New Book" warf Michiko Kakutani Novick „bewussten Zynismus" in seinem Umgang mit der Holocaust-Erinnerung vor, *New York Times*, 17. August 1999. Laut Paul Bogdanor verfälschte Finkelsteins Buch „systematisch Zitate und Quellenangaben", vgl. „The Finkelstein Phenomenon", *Judaism*, Herbst 2002, S. 505; David Roskies, „Group Memory", *Commentary*, September, 1999, S. 62–65. Novick selbst kritisierte Finkelsteins Buch und bezeichnete es als „hasserfüllte Tirade eines Fanatikers", vgl. „Finkelstein hat meine Arbeit ausgebeutet", *Die Welt*, 8. Februar 2001, S. 30. Die Rezeption Finkelsteins in Deutschland beleuchtet der von Ernst Piper herausgegebene Sammelband *Gibt es wirklich eine Holocaust-Industrie? Zur Auseinandersetzung um Norman Finkelstein* (Zürich, 2001). Zum israelischen Standpunkt, vgl. „The Finkelstein Polemic", *Ha'aretz Magazine*, 30. März 2001. Es gab auch positive Kritiken, so z. B. Jon Wiener, „Holocaust Creationism", *The Nation*, 12. Juli 1999, und Lilian Friedberg, „Dare to Compare: Americanizing the Holocaust", *American Indian Quarterly*, 24:3, Sommer 2000, S. 356.

29 Zur nachhaltigsten Kritik an den Reaktionen in Frankreich, vgl. Dean, *Aversion and Erasure*, Kapitel 2. Martin Malia erörtert den Hintergrund der französischen Debatte im Vorwort zum *Schwarzbuch des Kommunismus*. Omer Bartov verweist in seinem Aufsatz „Extreme Opinions" auf einige der wichtigsten Beiträge zur Debatte, vgl. *Kritika: Explorations in Russian and Eurasian History*, 3:2, Frühjahr 2002, S. 296 f.

30 Kurt Jonassohn verwies in seiner Rezension auf Churchills „einseitige ... Quellennutzung", *The American Historical Review*, Juni 1999, S. 867 f. Paul Bogdanor verglich Churchill und Stannard 2004 mit Holocaustleugnern, www.paulbogdanor.com/antisemitism/wardchurchill.html. Oren Baruch Stier bezeichnete Finkelsteins Ausführungen als „zynisch": „Holocaust, American Style", *Prooftexts*, 22:3, Herbst 2002, S. 387. Laut Tobias Abse ähnelte Finkelsteins Buch einem „neonazistischen Traktat" und erging sich in „klischeehaften antisemitischen Zuordnungen": „Finkelstein's Follies: The Dangers of Vulgar Anti-Zionism", *New Interventions*, 2, 2000. Vgl. auch Yair Sheleg, „The Finkelstein Polemic," *Haaretz Magazine*, 30. März 2001. Auf neonazistischen Webseiten wurde *Die Holocaust-Industrie* gelobt, vgl. www.codoh.com/revisionist/review/tr05holoind.html.

31 Eine wichtige Ausnahme war John Connellys Aufsatz „Nazis and Slavs: From Racial Theory to Racist Practice", *Central European History*, 1, 1999, S. 1–33. Vgl. auch Guenter Lewy, „Were American Indians the Victims of Genocide?" *Commentary*, September 2004, S. 55–63.

32 „From the Editor: A Reply to Fackenheim", *Journal of Genocide Research*, 2000, 2, S. 9.

33 Berel Lang, „On Peter Novick's The Holocaust in American Life", *Jewish Social Studies*, Frühjahr/Sommer 2001, S. 151 f. Ähnlich konstatierte Tony Judt, Novick liefere kein Maß dafür, „wie viel Holocaust-Bewusstsein ... angemessen ist und in welcher Form?" „The Morbid Truth", *New Republic*, 19.–26. Juli 1999, S. 36–40. Hillel Levine kritisierte, Novick führe keine großen Belege für seinen Standpunkt an, vgl. „The Decline of the Incredible", *New Leader*, 14. Juni 1999, S. 23–25. Vgl. auch Bogdanor, „The Finkelstein Phenomenon", S. 506.

34 Siehe: Gavriel D. Rosenfeld, „A Looming Crash or a Soft Landing?", S. 122–158.

35 A. Dirk Moses, „Conceptual Blockages and Definitional Dilemmas in the ‚Racial Century': Genocides of Indigenous Peoples and the Holocaust", *Patterns of Prejudice*, 4, 2002, S. 7–36.

36 Ebd., S. 10, 18.

37 Ebd., S. 18.

38 Ebd., S. 22–27.

39 Ebd., S. 28.

40 Ebd., S. 33.

41 Ebd., S. 36.

42 Ben Kiernan, *Erde und Blut: Völkermord und Vernichtung von der Antike bis heute*. Aus dem Englischen von Udo Rennert (München, 2009); Michael Mann, *The Dark Side of Democracy: Explaining Ethnic Cleansing* (Cambridge, UK, 2004); Adam Jones, *Genocide: A Comprehensive Introduction* (New York, 2007); Eric Weitz, *A Century of Genocide: Utopias of Race and Nation* (Princeton, NJ, 2005); Martin Shaw, *What is Genocide?* (Cambridge, UK, 2007); William D. Rubinstein, *Genocide: A History* (Harlow, UK, 2004); A. Dirk Moses, Hg., *Genocide and Settler Society: Frontier Violence and Stolen Indigenous Children in Australian History* (New York, 2004); A. Dirk Moses und Dan Stone, Hg., *Colonialism and Genocide* (London, 2006).

43 In seinem Buch *Genocide* lehnte Jones die Vorstellung von der Einzigartigkeit des Holocaust ab (S. 162f.). In *A Century of Genocide* beschrieb Weitz den Holocaust als beispiellos, aber nicht einzigartig (S. 12). In *What is Genocide* kritisierte Shaw zwar die Einzigartigkeit, widmete den Großteil seiner Analyse jedoch der Entwicklung eines „allgemeinen Rahmens" zur Erörterung von Völkermord, anstatt „Vergleiche von Fall zu Fall" anzustellen (S. 39). In *Genocide* vermied es Rubinstein, zur Frage der Einzigartigkeit des Holocaust Stellung zu beziehen, und bemerkte lediglich, das Ereignis verdeutliche die Schwierigkeit, Völkermord zu definieren (S. 1–2). Andere Wissenschaftler plädierten stärker für die Einzigartigkeit, taten dies allerdings meist nur am Rande. Mann schreibt in *The Dark Side of Democracy*: „Die Endlösung war der am stärksten zielgerichtete Versuch eines Völkermords, den die Welt je gesehen hat" (S. 188). Kiernan bezeichnete den Holocaust in *Erde und Blut* als „bis heute beispiellos" (S. 588).

44 Shaw, S. 46.

45 Samantha Power, „To Suffer by Comparison?" *Daedalus*, 2, Frühjahr 1999, S. 31–66.

46 Ebd., S. 32.

47 Ebd., S. 50–51.

48 Ebd., S. 52.

49 Ebd., S. 32.

50 Ebd., S. 57–58.

51 Ebd., S. 61.

52 Ebd., S. 61.

53 Alan Steinweis, „The Auschwitz Analogy: Holocaust Memory and American Debates over Intervention in Bosnia and Kosovo in the 1990s", *Holocaust and Genocide Studies*, Herbst 2005, S. 276–289.

54 Ebd., S. 282f.

55 „Nur weil der Kosovo weder Warschau noch Auschwitz ist, entbindet uns das nicht von der Pflicht zu reagieren", so Michael Berenbaum. Ebd., S. 284.

56 Ebd., S. 284f.

57 Ebd., S. 286.

58 John Torpey, „Making Whole What Has Been Smashed: Reflections on Reparations", *The Journal of Modern History*, Juni 2001, S. 333–358.

59 Ebd., S. 337.

60 Ebd., S. 341.

61 Ebd., S. 337f.

62 Ebd., S. 337f.

63 Ebd., S. 338.

64 Ebd., S. 341.

65 Ebd., S. 341.

66 Daniel Levy, Natan Sznaider, *Erinnerung im globalen Zeitalter: Der Holocaust*. Aktualisierte Neuausgabe (Berlin, 2007). Ihre Ideen formulierten sie später auch in „Memory Unbound: The Holocaust and the Formation of Cosmopolitan Memory", *European Journal of Social Theory* 5:1, 2002, S. 87–106.

67 Levy und Sznaider, *Erinnerung im globalen Zeitalter*, S. 11, im Vorwort zur englischen Ausgabe.

68 Ebd., S. 189ff.

69 Sie wiesen zum Beispiel darauf hin, dass amerikanische Juden aufgrund ihres Festhaltens an der Einzigartigkeit des Holocaust die Politik der US-Regierung während des Vietnamkrieges nicht als genozidal betrachteten. Ebd., S. 130f.

70 Auch dieser Satz stammt aus dem speziell für die englische Übersetzung verfassten neuen Vorwort und ist in der deutschen Ausgabe nicht enthalten.

71 William F. S. Miles, „Third World Views of the Holocaust", *Journal of Genocide Research*, September 2004, S. 371–393.

72 Ebd., S. 371, 379.

73 Ebd., S. 380, 381.

74 Ebd., S. 389.

75 Ebd., S. 386.

76 Michael Rothberg, *Multidirectional Memory: Remembering the Holocaust in the Age of Decolonization* (Palo Alto, CA, 2009).

77 Ebd., S. 179. 11. Rothberg lehnte die Einzigartigkeit ab, weil sie eine „Hierarchie des Leidens" schaffe (S. 9).

78 Ebd., S. 6.

79 Als Beispiele für Werke, in denen die Algerienkrise mit dem Holocaust verglichen wurde, nennt Rothberg den Film *Chronique d'un été* (1961) von Jean Rouch und Edgar Morin, Marguerite Duras' Aufsatz „Les deux ghettos" (1961) und die Berichterstattung über das Massaker an algerischen Demonstranten in Paris vom 17. Oktober 1961.

80 Ebd., S. 244. Hervorhebung im Original.

81 Jeffrey Alexander, *Remembering the Holocaust: A Debate* (Oxford, 2009).

82 Ebd., Anm. 57, S. 85–88.

83 Ebd., S. 3, 35.

84 Ebd., S. 49, 52.

85 Ebd., S. 58–59.

86 Mark Levene betonte, dass die Idee der Einzigartigkeit zwar zu einem „Maßstab für … das Böse" geworden sei, aber in einer Weise benutzt werde, die Vergleiche mit anderen Fällen von Völkermord verhindere: *Genocide in the Age of the Nation State: The Meaning of Genocide* (London, 2005), S. 2. Martin Shaw klagte in *What is Genocide?* über die „lähmende Wirkung des Holocaust-Paradigmas", das „Genozid auf das Töten beschränkt" habe (S. 46).

87 Vgl. etwa Avraham Burg, *The Holocaust Is Over; We Must Rise From its Ashes* (New York, 2008), S. 56f. Israelische Politiker haben sich ausgiebig mit der Bedrohung auseinandergesetzt, die der Iran in Bezug auf den Holocaust für Israel darstellt. Jones, *Genocide*, S. 253. Ein Beispiel aus jüngerer Zeit ist „By Conjuring the Holocaust, Netanyahu Brought Israel Closer to War with Iran", *Haaretz*, 6. März 2012.

88 Tony Judt, „The Morbid Truth", *New Republic*, 19.–26. Juli 1999, S. 39.

89 Ebd., S. 40.

90 Tony Judt, „Goodby to All That", *The Nation*, 3. Januar 2005.

91 Tony Judt, „The ‚Problem of Evil' in Postwar Europe", *New York Review of Books*, 14. Februar 2009.

92 Alexander, *Remembering the Holocaust*, S. 177. Er reagierte damit auch auf die Kritik von Robert Manne und Bernard Giesen im gleichen Band.

93 Ebd.

94 Ebd., S. 185.

95 Ebd., S. 177 f.

96 Dan Stone, „Beyond the Auschwitz Syndrome: Holocaust Historiography after the Cold War", *Patterns of Prejudice*, 44:5, 2010, S. 466. Im Rahmen dieser breiteren Bestrebungen erörterten deutsche Historiker, inwieweit die Wurzeln des Holocaust als Beispiel für kolonialen Völkermord – insbesondere die kolonialen Verbrechen des deutschen Kaiserreichs in Deutsch-Südwestafrika zu Beginn des 20. Jahrhunderts – zu sehen seien. Die Debatte zwischen den Vertretern dieser These wie Jürgen Zimmerer und ihren Kritikern wird rekapituliert in Dan Stone, *Histories of the Holocaust*, S. 222–224. Ich gehe im vorliegenden Kapitel nicht auf sie ein, da die Frage nach der Einzigartigkeit des Holocaust nicht expliziter Gegenstand der Debatte war.

97 Donald Bloxham, *The Final Solution*. In dem zusammen mit Tony Kushner verfassten Band *The Holocaust: Critical Historical Approaches* (Manchester, 2005) hatte Bloxham bereits zuvor den Versuch einer Historisierung des Holocaust unternommen. Interessanterweise standen Bloxham und Kushner wie Judt und Alexander der Idee der Einzigartigkeit ursprünglich positiv gegenüber. Die „frühe Forschung zum Exzeptionalismus" habe klare Verdienste gehabt, denn „in einer Welt, die dazu neigte, … das Schicksal der Juden unter die größere Tragödie des Kriegs zu subsumieren", habe sie den „wertvollen historischen … Dienst geleistet, die Rassenpolitik der Nazis zu differenzieren." „Ohne dies wäre es die Pflicht heutiger Historiker dieser Zeit, dies zu tun. Die Juden nahmen in der NS-Ideologie … einen überragenden Platz ein … und die Unerbittlichkeit der ‚Endlösung' war, als sie im Gange war, zweifellos größer als in anderen Nazi-Programmen" (S. 83).

98 Bloxham, *The Final Solution*, S. 33.

99 Bloxham beschrieb diese Kräfte als „grenzenlose Hochfinanz, internationaler Minderheiten-‚Schutz' und die Grenzabkommen der Großmächte" nach militärischen Konflikten. Ebd., S. 332.

100 Ebd., S. 78–91.

101 Ebd., S. 130.

102 Ebd., S. 316 f.

103 Ebd., S. 218. Seiner Ansicht nach war die Ausweitung des Völkermords ebenso sehr von „kontingenten" Faktoren wie von antisemitischen ideologischen Absichten bestimmt. Ebd., S. 317.

104 Ebd., S. 330 f.

105 Ebd., S. 221.

106 Ebd., S. 221 f.

107 Ebd., S. 180.

108 Ebd., S. 181.

109 Ebd., S. 187.

110 Ebd., S. 241, 237.

111 Ebd., S. 188.

112 Ebd., S. 244 f.

113 Ebd., S. 252 f.

114 Ebd., S. 316.

115 Ebd., S. 318.

116 Ebd., S. 318.

117 Ebd., S. 318.

118 Timothy Snyder, *Bloodlands.*

119 Ebd., S. 16.

120 Ebd., S. 382.

121 Ebd., S. 10.

122 Ebd., S. 16, 385. Wie Snyder feststellte, starben nur ein Prozent der sowjetischen Juden und sieben Prozent der polnischen Juden in Auschwitz.

123 Ebd., S. 385. Snyder behauptete zudem, dass der Einsatz von Giftgas keineswegs modern, sondern bereits in der Antike bekannt gewesen sei. Snyder, S. 16.

124 Ebd., S. 407. Hervorhebung im Original.

125 Ebd., S. 92 f.

126 Ebd., S. 419.

127 Ebd., S. 127.

128 Laut Snyder mussten die Polen als Sündenböcke für das *Scheitern* der sowjetischen Maßnahmen herhalten. Ebd., S. 107–109.

129 Ebd., S. 175 f.

130 Ebd., S. 200, 224–226.

131 Ebd., S. 225.

132 Ebd., S. 389.

133 Ebd., S. 394. (Snyder zitiert hier François Furet. Anm. d. Übers.)

134 Ebd., S. 249.

135 Ebd., S. 407.

136 Ebd., S. 404.

137 Ebd., S. 408 f.

138 Zu den eher wohlwollenden Rezensionen gehörten die Beiträge von Matthäus und Shaw im *Journal of Genocide Research*, März–Juni 2011, S. 107–120. Vgl. auch Larry Eugene Jones, Rezension von *The Final Solution* in *English Historical Review*, Juni 2010, S. 776; David Cesarani, Rezension von *The Final Solution* in *History Today*, April 2010, S. 56; Eric Ehrenreich, Rezension von *The Final Solution* in *The American Historical Review*, Oktober 2010, S. 1244. Mark Mazower bezeichnete Bloxhams Buch in „God's Grief" als „Denkanstoß", *TLS*, 17. September 2010; Jutta Helm, Rezension von *The Final Solution* in *German Politics and Society*, Winter 2010, S. 109.

139 Cesarani stimmte zwar zu, dass es Bloxham gelungen sei, das Fundament der Einzigartigkeitsthese zu untergraben, doch erklärte er zugleich: „[E]r ficht erneut einen alten Kampf und viele seiner Ziele sind für die Geschichtswissenschaft heute kaum repräsentativ." Laut Eric Ehrenreich hatte Bloxham zwar „erfolgreich Ähnlichkeiten" zwischen dem Holocaust und anderen Völkermorden aufgezeigt, „aber nicht ausreichend auf die Unterschiede" verwiesen, wie etwa den Grund, warum die Nazis sich zur Vernichtung der Juden entschieden, obwohl „zwischen den Haupttätern und den Opfern kein ethnischer Konflikt" bestand.

140 Bergen, „Challenging Uniqueness: Decentring and Recentring the Holocaust", S. 129.

141 Ebd., S. 134.

142 Ebd.

143 Omer Bartov, „Locating the Holocaust", *Journal of Genocide Research*, März–Juni 2011, S. 123, 127.

144 Ebd., S. 127.

145 Omer Bartov, „Genocide and the Holocaust: What Are We Arguing About?", in: Uffa Jensen u. a., Hg., *Gewalt und Gesellschaft: Klassiker modernen Denkens neu gelesen* (Göttingen, 2011), S. 382, 392. Bartov widersprach auch Dirk Moses und Mark Mazower.

146 Donald Bloxham, „Response – Discussing Genocide: Two Moralities and Some Obstacles", *Journal of Genocide Research*, März–Juni 2011, S. 138.

147 Ebd., S. 138, 143.

148 Ebd., S. 137.

149 Ebd., S. 140.

150 Ebd., S. 143.

151 Ebd., S. 147 f.

152 Ebd., S. 148. A. Dirk Moses empfand Bartovs Unterstellung, dass diejenigen, die den Holocaust im Kontext des Kolonialismus betrachteten, zwangsläufig Israel als siedlerkolonialen Völkermörder einordneten, ebenfalls als Überreaktion, vgl. „Revisiting a Founding Assumption of Genocide Studies", *Genocide Studies and Prevention*, Dezember 2011, S. 293.

153 Ebd., S. 293.

154 Ebd., S. 290.

155 Ebd., S. 291 f.

156 Ebd., S. 297.

157 Ebd., S. 298.

158 Ebd., S. 299.

159 A. Dirk Moses, „Paranoia and Partisanship: Genocide Studies, Holocaust Historiography, and the ‚Apocalyptic Conjuncture'", *The Historical Journal*, 2, 2011, S. 553–583.

160 Ebd., S. 554.

161 Ebd., S. 555.

162 Ebd., S. 572.

163 Ebd., S. 573 f. Hervorhebung im Original.

164 Ebd., S. 574.

165 A. Dirk Moses, „Genocide and the Terror of History", *Parallax*, 4, 2011, S. 90–108.

166 Ebd., S. 91.

167 Ebd., S. 93.

168 Ebd., S. 95 f.

169 Ebd., S. 96.

170 Ebd., S. 102.

171 Ebd., S. 103.

172 Ebd., S. 104.

173 *The Economist* bezeichnete Snyders Buch als „fesselnd", „History and its Woes", *The Economist*, 14. Oktober 2010. Andrew Moravcsik nannte es „richtungsweisend", *Foreign Affairs*, Januar/Februar 2011. „Erschütternd" lautete die Beschreibung von Istvan Deak in „The Charnel Continent", *New Republic*, 2. Dezember 2010. Anne Applebaum bezeichnete es als „mutig und originell", „The Worst of the Madness", *New York Review of Books*, 11. November 2010, S. 8. Christopher Browning bezeichnete es in der H-Diplo Roundtable Discussion zu *Bloodlands*, 1, 2011, als einen „wichtigen Beitrag". Eine vollständige Liste der Rezensionen ist abrufbar auf www.yale.edu/history/faculty/snyder-book-reviews.html.

174 Vgl. www.yale.edu/history/faculty/snyder-book-reviews.html.

175 Ein gutes Beispiel für diesen ausgewogenen Ansatz war Samuel Moyn, „Between Hitler and Stalin", *The Nation*, 17. November 2010. Moyn zufolge liefere das Buch insgesamt „vielleicht keine umfassende Erklärung" des Holocaust, sei aber dennoch „eine bemerkenswerte Leistung".

176 Mark Roseman, „Bloodlines", *Journal of Genocide Research*, September 2011, S. 326; Omer Bartov, Rezension von *Bloodlands* in *Slavic Review*, Sommer 2011, S. 425. Anne Applebaum schrieb: „Wissenschaftler werden nichts bahnbrechend Neues in *Bloodlands* finden", vgl. „The Worst of the Madness", S. 10. Vgl. auch Mark Mazower, „Timothy Snyder's Bloodlands", *Contemporary European History*, 21.2, 2012, S. 121.

177 James Sheehan, „Europe's Darkest Hours", *Commonweal*, 25. Februar 2011 und Richard Evans, „Who Remembers the Poles?" *London Review of Books*, 4. November 2010, S. 22. Zuroff bezeichnete die Bloodlands in „The Equivalency Canard", S. 1, als „künstliche geografische Einheit". Laut Bartov mangelte es den Bloodlands „an historischer Existenz", vgl. seine Rezension von *Bloodlands*, S. 425. Connelly war ebenfalls der Ansicht, dass der Ort der Tötungen für deren ideologische Erklärung keine große Rolle spielte: „Gentle Revisionism", *Journal of Genocide Research*, September 2011, S. 313–320, S. 316. Laut Roseman war Snyders Fokus zu regional und ließ die kontinentalen politischen Ziele außer Acht (S. 325).

178 Jürgen Zarusky, „Timothy Snyders ‚Bloodlands'", *Vierteljahreshefte für Zeitgeschichte*, 1, 2012, S. 27 f. (https://www.ifz-muenchen.de/heftarchiv/2012_1_1_zarusky.pdf.). Snyder ignoriere zum Beispiel den Zusammenhang zwischen der ukrainischen Hungersnot 1932/33 und Hungersnöten in anderen Regionen der Sowjetunion außerhalb der Bloodlands (28); die Auswirkungen der Kämpfe des Zweiten Weltkriegs auf die russische Bevölkerung außerhalb der Bloodlands (23–25); und die Reichweite des stalinistischen Terrors bis in „den letzten Winkel des sowjetischen Riesenreiches" (11).

179 Evans, „Who Remembers the Poles?", S. 22.

180 Dan Diner, „Topography of Interpretation: Reviewing Timothy Snyder's Bloodlands", *Contemporary European History*, 21.2, 2012, S. 129 f. Hervorhebung im Original.

181 Efraim Zuroff, „The Equivalency Canard“, *Haaretz Books*, Mai 2011, S. 4.

182 Dovid Katz, „Why Red Is Not Brown in the Baltics“, *The Guardian*, 30. September 2010, http://www.guardian.co.uk/commentisfree/cifamerica/2010/sep/30/baltic-nazi-soviet-snyder.

183 Felix Wemheuer, „Nolte Mortale“, *Jungle World*, 1. Dezember 2011. http://jungle-world.com/artikel/2011/48/44446.html. So bemerkte Omer Bartov in seiner Rezension von *Bloodlands* in *Slavic Review*: „Die NS-Herrschaft wäre für Länder und Kulturen noch zerstörerischer gewesen und hätte wahrscheinlich die Wiederbelebung Osteuropas … nach dem Fall des Kommunismus unmöglich gemacht.“ Ähnlich urteilte Yehuda Bauer noch vor dem Erscheinen von Snyders Buch in „Remembering Accurately on International Holocaust Remembrance Day“, *Jerusalem Post*, 25. Januar 2010.

184 Katz, „Why Red Is Not Brown in the Baltics.“

185 Zuroff, „The Equivalency Canard“, S. 4.

186 Vgl. auch Jonathan Freedland, „I See Why ‚Double Genocide‘ Is a Term Lithuanians Want. But it Appalls Me“, *The Guardian*, 14. September 2010.

187 Bartov, Rezension von *Bloodlands*, S. 428. Meine Hervorhebung.

188 Katz, „Why Red Is Not Brown in the Baltics.“

189 Zuroff, „The Equivalency Canard“, S. 4.

190 Bloxham, „Response“, S. 146.

191 Bartov, „Genocide and the Holocaust“, S. 128.

192 Für Mazower manifestierte sich das Erbe der ethnischen Säuberungen und NS-Bevölkerungspolitik in „ethnischer Vertreibung in Palästina und der dortigen Gründung eines jüdischen Nationalstaates“ (S. 597). Er stellte zudem einen Zusammenhang her zwischen den israelischen Siedlungsstrategien der Nachkriegszeit und den Planungsideen der SS-Theoretiker, die an der Ausarbeitung von Himmlers Generalplan Ost beteiligt gewesen waren, vgl. *Hitler's Empire: How the Nazis Ruled Europe*, S. 599.

193 Bloxham, „Response“, S. 147.

194 Bergen, „Challenging Uniqueness: Decentring and Recentring the Holocaust“, S. 131.

195 Moses, „Paranoia and Partisanship“, S. 583.

196 Sie erfolgte auch als Reaktion auf Jeffrey Herf. Vgl. A. Dirk Moses, „The Fate of Blacks and Jews: A Response to Jeffrey Herf“, *Journal of Genocide Research*, Juni 2008, S. 269–287.

197 Moses, „Genocide and the Terror of History“, S. 24.

198 Yosef Yerushalmi, *Zachor: Erinnere Dich! Jüdische Geschichte und jüdisches Gedächtnis*. Aus dem Amerikanischen von Wolfgang Heuß (Berlin, 1988).

199 Moses, „Paranoia and Partisanship“, S. 576. Zu den „materiellen Bedingungen der politischen Paranoia“ gehören „ausländische Besatzung und sozialer Niedergang“.

200 Connelly, „Gentle Revisionism“.

201 Browning, H-Diplo Roundtable Discussion of zu *Bloodlands*, 1, 2011, S. 11.

202 James Kirchick, „The Butchery of Hitler and Stalin“, *Policy Review*, 1. Juni 2011, www.hoover.org/publications/policy-review/article/80201; Adam Kirsch, „Devastated“, *Tablet*, 30. November 2010, www.tabletmag.com/arts-and-culture/books/51671/devastated/.

203 So in einem Interview mit Klaus Wiegrefe, „Ein Apparat effizienten Tötens", *Der Spiegel*, 11. Juli 2011. Timothy Snyder, „The Fatal Fact of the Nazi-Soviet Pact", *The Guardian*, 5. Oktober 2010, www.guardian.co.uk/commentisfree/cifamerica/2010/oct/05/holocaust-secondworldwar/print.

204 Einige Wissenschaftler haben diesen Punkt zwar angesprochen, ohne jedoch seine Relevanz für die Einzigartigkeit zu thematisieren. Evans beispielsweise erklärte in „Who Remembers the Poles?", Snyders These, wonach der Holocaust aus „Hitlers Zorn und Frustration darüber [entstanden sei], dass er den Krieg gegen die Sowjetunion nicht gewinnen konnte, hält einer Überprüfung nicht stand". Evans, „Who Remembers the Poles?" S. 21–22. In „Europe's Darkest Hours" wies auch Sheehan das „Argument zurück, die Ermordung der europäischen Juden sei ein Ersatz für einen militärischen Sieg gewesen – eine Behauptung, für die es kaum Beweise zu geben scheint".

205 Vgl. Snyder, *Bloodlands*, S. 224 f.

206 Auf diesen Punkt hat auch Peter Longerich in seiner wichtigen Studie *Holocaust: The Nazi Persecution and Murder of the Jews* hingewiesen. Longerich geht davon aus, dass die Nationalsozialisten ihr Ziel einer Rassenutopie stets über „die … Vernichtung der Juden" (S. 4) zu verwirklichen gedachten. Die sogenannte „territoriale Lösung" der Judenfrage, die mit Vertreibung verbunden war, „war immer als eine ‚Endlösung' gedacht, weil … ihr Ziel die Vernichtung der großen Mehrheit der Juden war". Schon vor Beginn des Zweiten Weltkriegs „begannen daher die für die Judenpolitik Verantwortlichen, sich für die Vernichtung der europäischen Juden zu rüsten" (S. 424). Vgl. auch Dan Stone, *Histories of the Holocaust*, S. 67, und allgemein Alon Confino, *Foundational Pasts*.

207 Snyder, *Bloodlands*, S. 199, 270.

208 Connelly ist einer der wenigen Wissenschaftler, die den Widerspruch zwischen einer Sicht des Holocaust als Ersatzsieg und als Selbstzweck bemerkte. Connelly, „Gentle Revisionism", S. 317.

209 Snyder, *Bloodlands*, S. 54.

210 Ebd., S. 103.

211 Eine Ausnahme bilden die ungarischen Juden, da sie zahlenmäßig bedeutend waren, aber auf Territorium lebten, das die Nazis für ihre Kolonialpläne im Osten beanspruchten.

212 Snyder, *Bloodlands*, S. 11.

213 Jüdische Wissenschaftler befürchten seit Langem, dass Zweifel an der Einzigartigkeit des Holocaust auf antisemitische Motive zurückzuführen sein könnten. In „Whose Holocaust?" schreibt Yehuda Bauer, weil der Holocaust „eine pro-jüdische Reaktion unter zahlreichen Nichtjuden bewirkte … erfordert eine Rückkehr zur ‚Normalität' hinsichtlich der Juden die Zerstörung der auf den Holocaust zurückgehenden Haltung des Mitgefühls … Dies wird durch die Behauptung erreicht, der Holocaust sei eigentlich nichts Einzigartiges gewesen, sondern etwas, das vielen Millionen anderen widerfuhr … der Holocaust wird dann … verflacht, ein sinnentleerter Begriff, und eine ‚normale' Haltung des Anti-Judentums wird wieder möglich" (S. 45).

214 Ihre Erklärung verwies vage auf „die Opfer des Holocaust, [die] … in der finstersten Periode europäischer Geschichte brutal ermordet wurden", und führte ihr Schicksal allgemein auf „Vorurteile und Rassismus" statt auf Antisemitismus zurück: „Ashton's Lapse", *Jerusalem Post*, 29. Januar 2014, www.jpost.com/Opinion/Editorials/Ashtons-lapse-339781. Als Reaktion darauf beschuldigte die *Post* Ashton, „den Holocaust seiner Einzigartigkeit zu berauben" und

seine Bedeutung zu verallgemeinern, um Europas Muslime zu besänftigen, die „sich über ein Holocaust-Gedenken ärgern, aus Angst, es könne rein theoretisch Verständnis für die Juden implizieren".

215 „Progressive Kristallnacht Coming?" *Wall Street Journal*, 24. Januar 2014, http://online.wsj.com/news/articles/SB10001424052702304549504579316913982034286.

216 Jodi Rudoren, „Israel's Efforts to Limit Use of Holocaust Terms Raise Free-Speech Questions", *New York Times*, 15. Januar 2014.

3 An den Grenzen der Spekulation: Kontrafaktische Geschichtsschreibung und der Holocaust

1 Milton Himmelfarb, „No Hitler, No Holocaust", *Commentary*, März 1984, S. 37–43.

2 Henry Turner, „Hitler's Impact on History", in: David Wetzel, Hg., *From the Berlin Museum to the Berlin Wall: Essays on the Cultural and Political History of Modern Germany* (Westport, CT, 1996), S. 118.

3 Zitiert in Michael Shermer und Alex Grobman, *Denying History: Who Says the Holocaust Never Happened and Why Do They Say It?* (Berkeley, 2009), S. 49.

4 E. H. Carr tat „Was wäre, wenn"-Fragen als nichts weiter als ein „Gesellschaftsspiel" ab; E. P. Thompson bezeichnete sie als „„Geschichtswissenschlopf, unhistorischer Scheiß". Zitiert in: Niall Ferguson, Hg., *Virtual History: Alternatives and Counterfactuals* (New York, 1999). Zur Kritik von Evans, vgl. Richard Evans, „Telling It Like It Wasn't", in: Donald A. Yerxa, Hg., *Recent Themes in Historical Thinking: Historians in Conversation* (Columbia, SC, 2008), S. 77–84. Vgl. auch Richard Evans, *Altered Pasts: Counterfactuals in History* (Waltham, MA, 2014).

5 Eine erweiterte Definition des Begriffs „counterfactuals" ist zu finden in Richard Ned Lebow, *Forbidden Fruit: Counterfactuals and International Relations* (Princeton, NJ, 2010), Kapitel 2.

6 Natürlich haben Historiker „Was wäre, wenn"-Annahmen nie kategorisch abgelehnt. So schreibt Johan Huizinga: „[D]er Historiker muss … immer … einen unbestimmten Standpunkt wahren … und unterschiedliche Ergebnisse in Betracht ziehen. Wenn er über Salamis schreibt, dann so, als ob die Perser noch gewinnen könnten". Zitiert in: John Lukacs, *The Legacy of the Second World War* (New Haven, 2010), S. 14.

7 Detailliertere Ausführungen zu diesen und anderen Faktoren sind zu finden in: Rosenfeld, *The World Hitler Never Made*, S. 6–10.

8 Vgl. Lebows *Forbidden Fruit and Ferguson's Virtual History* sowie die von Robert Cowley herausgegebenen Bände *What If? The World's Foremost Military Historians Imagine What Might Have Been* (New York, 1999), *What If 2: Eminent Historians Imagine What Might Have Been* (New York, 2001) und *What Ifs? of American History* (New York, 2003). Vgl. auch Alexander Demandt, *Es hätte auch anders kommen können* (Berlin, 2010); Karen Hellekson, *The Alternate History: Refiguring Historical Time* (Kent, OH, 2001); Philip E. Tetlock, Richard Ned Lebow und Geoffrey Parker, Hg., *Unmaking the West: ‚What-If?'-Scenarios That Rewrite World History* (Ann Arbor, MI, 2006); Johannes Bulhof, „What If? Modality and History", *History and Theory*, 2, 1999, S. 145–168.

9 Richard Ned Lebow, „Counterfactuals, History and Fiction", in: *Historical Social Research*, 2, 2009, S. 57.

10 Gelegentlich zeichnen kontrafaktische Szenarien auch ein mehr oder weniger gleiches Bild wie historische Quellen. Tetlock und Parker bezeichnen diese Fälle in *Unmaking the West* als „umkehrbare kontrafaktische Annahmen" (S. 19).

11 Fantasieszenarien sind eher liberal, denn mit ihrer Annahme einer besseren Vergangenheit kritisieren sie die Gegenwart; aus ihnen spricht der Wunsch nach Veränderung. Albträume hingegen sind eher konservativ, denn durch die negative Darstellung einer alternativen Vergangenheit bestätigen sie die Gegenwart als die beste aller möglichen Welten und versuchen, nötige Veränderungen zu verhindern. Diese politischen Implikationen sind jedoch nicht starr und sollten nicht deterministisch betrachtet werden. Albtraumszenarien können auch für den liberalen Zweck der Kritik verwendet werden, während Fantasieszenarien eine konservative Unzufriedenheit mit der Gegenwart ausdrücken können.

12 Wie im Folgenden gezeigt wird, können kontrafaktische Annahmen jedoch ebenso gut zur Verteidigung der Lehrmeinung dienen.

13 Die beliebtesten Ereignisse in den USA sind unter anderem die Amerikanische Revolution und der Bürgerkrieg. Zur Amerikanischen Revolution vgl. die Klassiker von Robert Sobel, *For Want of a Nail: If Burgoyne Had Won at Saratoga* (Greenhill Books, 1997) und Richard Dreyfuss und Harry Turtledove, *The Two Georges* (New York, 1996). Zum Bürgerkrieg vgl. Ward Moore, *Bring the Jubilee* (New York, 1953) und MacKinlay Kantor, „If the South Had Won the Civil War", *Look Magazine*, 22. November 1960, S. 30–62.

14 In *Roads to Extinction: Essays on the Holocaust* (New York, 1980) zog Philip Friedman historische Beschreibungen Werturteilen vor; Letztere müssten seiner Meinung nach bis zum Abschluss weiterer Forschungen warten (S. 379, 564 f.). In seiner berühmten Studie *Theory and Practice of Hell* (New York, 1964) machte Eugen Kogon eine kurze kontrafaktische Bemerkung und spekulierte: „[E]s kann kaum Zweifel daran geben, dass es Himmler bei einem Sieg Deutschlands gelungen wäre … ein dauerhaftes … Netzwerk … zu schaffen, das Deutschland und Europa fest im Griff gehabt hätte". (S. 28). In seinem Buch *The Final Solution* (London, 1953) verwies Gerald Reitlinger auf die Schwierigkeiten der Nazis bei der Deportation niederländischer Juden aus Mischehen und mutmaßte: „[W]enn Deutschland den Krieg gewonnen hätte, wäre das Klima … ungünstig für die Verlängerung der Endlösung gewesen" (S. 179). Leon Poliakovs *Harvest of Hate: The Nazi Program for the Destruction of the Jews of Europe* (New York, 1951) und Raul Hilbergs *Die Vernichtung der europäischen Juden* (Frankfurt a. M., 1990, im Original erschienen 1961) enthalten einige wenige kontrafaktische Überlegungen. Im Gegensatz zu den kontrafaktischen Behauptungen späterer Werke löste allerdings keine von ihnen größere historiografische Debatten aus.

15 Poliakov, *Harvest of Hate*, S. 264.

16 Richard Ned Lebow, „Counterfactual Thought Experiments: A Necessary Teaching Tool", *The History Teacher*, Februar 2007, https://historycooperative.org/journal/counterfactual-thought-experiments-a-necessary-teaching-tool/.

17 Hannah Arendt, *Eichmann in Jerusalem: Ein Bericht von der Banalität des Bösen* (München, 1964; ursprünglich erschienen 1963), S. 162.

18 Arendt stützte sich dabei maßgeblich auf Raul Hilbergs kritische Darstellung der Judenräte in *Die Vernichtung der europäischen Juden*, das 1961, also zwei Jahre zuvor, in den USA erschienen war.

19 Arendt, *Eichmann in Jerusalem*, S. 160.

20 Vgl. auch Michael Marrus, „Eichmann in Jerusalem: Justice and History", in: Steven Aschheim, Hg., *Hannah Arendt in Jerusalem* (Berkeley, 2001), S. 205.

21 Lionel Abel, „The Aesthetics of Evil", *The Partisan Review*, Sommer 1963, S. 212 f. Ähnlich argumentierte Harold Weisberg in: „Arguments", *The Partisan Review*, Frühjahr 1964, S. 259.

22 Für Jacob Robinson war die Position der jüdischen Führer „unsäglich tragisch". Vgl. *And the Crooked Shall Be Made Straight: The Eichmann Trial, the Jewish Catastrophe, and Hannah Arendt's Narrative* (New York, 1965), S. 226.

23 Ebd., S. 211.

24 Zitiert in: Michael Ezra, „The Eichmann Polemics: Hannah Arendt and Her Critics", *Democratiya*, 9, Sommer 2007, S. 148, 153.

25 Ebd., S. 146.

26 Mary McCarthy, „The Hue and Cry", *The Partisan Review*, Winter 1964, S. 86.

27 Dwight Macdonald, „Arguments", *The Partisan Review*, Frühjahr 1964, S. 269.

28 Eine wichtige Ausnahme war Isaiah Trunks Studie *Judenrat: The Jewish Councils in Eastern Europe under Nazi Occupation* (1972), die die minimale Handlungsfreiheit der Juden gegenüber den NS-Behörden betonte. In dieser Studie verteidigte Trunk kontrafaktisch die Haltung der Judenräte, die die Juden so lange wie möglich am Leben zu erhalten versucht hätten. So schrieb er: „Wäre der Krieg früher zu Ende gegangen, hätte eine beträchtliche Zahl an Arbeitskräften [in den Ghettos] möglicherweise überlebt … Als die sowjetische Armee im August 1944 bereits vor Warschau stand, lebten noch rund 70 000 Juden in Lodz … Hätte die sowjetische Armee ihren Vormarsch nicht bis Januar 1945 gestoppt, wäre eine große Zahl dieser 70 000 Menschen sicher den Gaskammern von Auschwitz entkommen" (S. 413). Ähnlich hat Gerhard Weinberg spekuliert, dass „ein erheblicher Teil der Ghettobewohner von der vorrückenden Roten Armee befreit worden wäre, wenn die deutsche Mittelfront bereits im Januar–Februar 1942 und nicht erst im Juni–Juli 1944 zusammengebrochen wäre" (S. 413): Gerhard Weinberg, „Two Separate Issues? Historiography of World War II and the Holocaust", in: David Bankier und Dan Michman, Hg., *Holocaust Historiography in Context: Emergence, Challenges, Polemics, and Achievements* (Jerusalem, 2008), S. 385. In: *The War Against Jews* (New York, 1976) erklärte Dawidowicz ebenfalls: „[S]elbst wenn die Ghetto-Bürokratien effizienter gewesen wären, hätten sie den von den Deutschen in Gang gesetzten Lauf der Dinge nicht aufhalten können" (S. 473).

29 Einige der wichtigsten Studien waren Karl-Dietrich Bracher, *Die deutsche Diktatur: Entstehung, Struktur, Folgen des Nationalsozialismus* (Köln, 1969); Martin Broszat, *Der Staat Hitlers: Grundlegung und Entwicklung seiner inneren Verfassung* (München, 1969); Ralf Dahrendorf, *Society and Democracy in Germany* (New York, 1967); David Schoenbaum, *Hitler's Social Revolution: Class and Status in Nazi Germany, 1933–1939* (New York, 1967); Ernst Nolte, *Der Faschismus in seiner Epoche: Action française – italienischer Faschismus – Nationalsozialismus* (München, 6. Aufl., 2000).

30 Albert Speer, *Erinnerungen* (Berlin, 1969); Werner Maser, *Hitler* (New York, 1973); Joachim Fest, *Hitler* (Berlin, 1973). Vgl. auch Peter Wyden, *The Hitler Virus: The Insidious Legacy of Adolf Hitler* (New York, 2001).

31 Diese Auffassung wurde in früheren Holocaust-Studien bereits allgemein anerkannt, so etwa in Poliakovs *Harvest of Hate*, in dem der Autor erklärte: „[Z]weifellos war es der Meister selbst, Adolf Hitler, der das Todesurteil für die Juden unterschrieb" (S. 108).

32 Die funktionalistische Behauptung, die Endlösung sei Ende 1941 aufgrund einer unerwarteten Situation in der von den Nazis besetzten Sowjetunion entstanden, maß der Kontingenz historischer Ereignisse eine zentrale Rolle bei.

33 Himmelfarb, „No Hitler, No Holocaust", S. 37.

34 Henryk Grynberg, „Appropriating the Holocaust", *Commentary*, November 1982; Hyam Maccoby, „Theologian of the Holocaust", *Commentary*, Dezember 1982, S. 33–37.

35 Himmelfarb, „No Hitler, No Holocaust", S. 37, 40, 43.

36 Ebd., S. 40, 43.

37 Walter Laqueur, *A History of Zionism* (New York, 1972), S. 381; Fest, *Hitler*, S. 25. Dieser Meinung schloss sich Lucy Dawidowicz in *A Holocaust Reader* an (New York, 1976): „[O]hne Adolf Hitler … wäre die Endlösung nicht geplant … und bis an ihr unwiderrufliches Ende geführt worden" (S. 26).

38 Randolph L. Braham schreibt: „Aller Wahrscheinlichkeit nach wäre ein jüdischer Holocaust in Deutschland zu dieser Zeit ohne Hitler nicht geschehen": Randolph L. Braham, Hg., *Perspectives on the Holocaust* (Houten, 1983), S. 20. Für Sebastian Haffner galt: „Nach 1933 wäre ohne Hitler wahrscheinlich so etwas wie ein Führerstaat entstanden … Nicht aber die Ermordung von Millionen von Juden": *The Ailing Empire: Germany from Bismarck to Hitler* (New York, 1989), S. 216. Philippe Burrin spekulierte: „Wenn Hitler im Sommer 1941 gestorben wäre, … hätte der Endlösung … wahrscheinlich der entscheidende Schub gefehlt": *Hitler and the Jews: The Genesis of the Holocaust* (New York, 1994), S. 150. Doris Bergen erklärte: „Ohne Hitler … hätten der Zweite Weltkrieg und der Holocaust ganz andere Formen angenommen, wenn es sie überhaupt gegeben hätte": *War and Genocide: A Concise History of the Holocaust* (Lanham, MD, 2009), S. 30. Inga Clendinnen bemerkte: „[H]ätte es Hitler nicht gegeben, hätte es keinen Holocaust gegeben": *Reading the Holocaust* (Cambridge, UK, 2002), S. 95, 111. Jonathan Frankel schreibt: „[W]äre Hitler am 7. Oktober 1916 getötet und nicht verwundet worden … hätte der Holocaust mit ziemlicher Sicherheit nicht stattgefunden": *The Fate of the European Jews, 1939–1945: Continuity or Contingency?* (New York, 1997), S. 27. Daniel Goldhagen betonte: „Ohne Hitler … hätte es keinen Holocaust gegeben": *Worse Than War: Genocide, Eliminationism, and the Ongoing Assault on Humanity* (New York, 2009), S. 268 f. Richard L. Rubenstein und John K. Roth schrieben: „Ohne Hitler hätte es keine Endlösung gegeben": *Approaches to Auschwitz: The Holocaust and its Legacy* (Atlanta, 1987), S. 194. William D. Rubinstein erklärte: „Wäre Hitler 1933 … ermordet worden … hätte sein Nachfolger bald die … mörderisch antisemitischen Aspekte des [Nazismus] abgeschwächt." *The Myth of Rescue: Why the Democracies Could Not Have Saved More Jews From the Nazis* (New York, 1997), S. 70. Henry Turner bemerkte: „[W]äre Hitler 1930 gestorben … wäre die Welt vom Holocaust verschont geblieben": „Hitler's Impact on History" in: David Wetzel, Hg., *From the Berlin Museum to the Berlin Wall*, S. 115, 111 f. Auch für John Connelly hätte es „ohne Hitler keinen Holocaust gegeben": „Gentle Revisionism", *Journal of Genocide Research*, 13:3, 2011, S. 320.

39 Ian Kershaw, „Hitler and the Uniqueness of Nazism", *Journal of Contemporary History*, 2, 2004, S. 245.

40 Peter Longerich, *Der ungeschriebene Befehl. Hitler und der Weg zur „Endlösung“* (München, 2001), S. 12f.

41 Lucy Dawidowicz, „How They Teach the Holocaust“, in: Lucy Dawidowicz, Hg., *What is the Use of Jewish History?* (New York, 1992), S. 71.

42 John Weiss, *Ideology of Death: Why the Holocaust Happened in Germany* (Chicago, 1997), S. 389, 155.

43 Longerich, *Der ungeschriebene Befehl*, S. 13.

44 Kershaw, *Der NS-Staat. Geschichtsinterpretationen und Kontroversen im Überblick.* Deutsch von Jürgen Peter Krause (Reinbek, 1988, überarbeitet 1999), S. 204.

45 Robert Paxton, *Anatomie des Faschismus.* Aus dem Englischen von Dietmar Zimmer (München, 2006), S. 232. Andere Wissenschaftler haben kontrafaktisch beschrieben, wie der Holocaust durch das Fehlen anderer Faktoren verhindert worden wäre. Für Zygmunt Bauman galt: „Ohne die moderne Zivilisation … hätte es den Holocaust nie gegeben.“ Vgl. *Dialektik der Ordnung: Die Moderne und der Holocaust.* Aus dem Englischen übersetzt von Uwe Ahrens (Hamburg, 1992), S. 102. Und John Roth erklärte: „kein Christentum … ist gleich kein Holocaust“, *Holocaust Politics* (Atlanta, 2001), S. 191.

46 1943 gab die Bergson-Gruppe eine Anzeige in verschiedenen Zeitungen auf, in der es hieß: „Gibt es etwas, das Sie hätten tun können, um Millionen unschuldiger Menschen zu retten?“: Zitiert in: Deborah Lipstadt, *Beyond Belief: The American Press and the Coming of the Holocaust, 1933–1945* (New York, 1986), S. 224. Wissenschaftler haben gezeigt, dass viele der damaligen Beobachter erkannten, dass das War Refugee Board mehr Juden hätte retten können, wenn es früher gegründet worden wäre: Arthur Morse, *While Six Million Died: A Chronicle of American Apathy* (New York, 1968), S. 383; Henry Feingold, *The Politics of Rescue: The Roosevelt Administration and the Holocaust, 1938–1945* (New York, 1970), S. 292.

47 Hilberg, *Die Vernichtung der europäischen Juden*, Band 3, S. 1118. Bereits 1951 erklärte Poliakov: „[D]ie Bombardierung der Todesfabriken … hätte die gesamte Vernichtungsmaschinerie durcheinandergebracht“: *Harvest of Hate*, S. 261.

48 Laut Morse hätte die „Entrüstung der Alliierten angesichts der … Brutalität der Nazis größeren Widerstand … unter den Satelliten der Achse hervorrufen können … und … die Opposition … in Deutschland stärken können“: *While Six Million Died*, S. 338. Feingold spekulierte, dass die Gefahr von „Vergeltungsschlägen“ der Alliierten gegen Deutschland und seine Verbündeten „rationalere Führer in der NS-Hierarchie zu einer Neubewertung der Endlösung hätte führen können“: *The Politics of Rescue*, S. 320f. In: *The Terrible Secret: Suppression of the Truth about Hitler's „Final Solution“* (Boston, 1980) erklärte Laqueur: „einige [Juden] hätten gerettet werden können, wenn Hitlers Satelliten bedroht worden wären … und viele … hätten … 1944 durch die Bombardierung der Eisenbahnlinien, die zu den Vernichtungszentren führten, gerettet werden können“ (S. 208). In: *Beyond Belief* erklärte Lipstadt: „Möglicherweise hätte sich Washington anders verhalten, wenn die amerikanische Öffentlichkeit verlangt hätte, dass dieses Land nicht ‚tatenlos‘ zusieht, während unschuldige Menschen vernichtet werden“ (S. 2). In: *American Jewry and the Holocaust: the American Jewish Joint Distribution Committee* (Detroit, 1981) kritisierte Yehuda Bauer die US-Einwanderungspolitik; die Ausschöpfung des Kontingents für Juden aus Deutschland, Österreich und der Tschechoslowakei „hätte möglicherweise einen beträchtlichen Teil von [ihnen] … zwischen 1939 und 1941 retten können“ (S. 50). In jüngerer Zeit hat Rafael Medoff in: *FDR and the Holocaust: A Breach of Faith* (Washington, DC, 2013) viele der Argumente geteilt, die Wyman ursprünglich vorlegte.

49 David Wyman, *Das unerwünschte Volk: Amerika und die Vernichtung der europäischen Juden.* Aus dem Amerikanischen von Karl Heinz Siber (München, 1990). Vgl. auch David Wyman, *Paper Walls: America and the Refugee Crisis, 1938–1941* (New York, 1985).

50 Wyman, *Das unerwünschte Volk*, S. 349 f.

51 Ebd., S. 351.

52 Ebd., S. 378, 380.

53 Das Buch erschien auf der Bestsellerliste der *New York Times* und verkaufte sich über 100 000 Mal, www.jewishbookcenter.com/abandonmentofthejewsamericaandtheholocaust1941–1945paperbackbydavidswyman.aspx. Zu den positiven Rezensenten zählte John Gross, der in der *New York Times* vom 23. November 1984, S. C25, schrieb: „Viel hätte getan werden können, um Leben zu retten". Ähnlich lobte Leonard Dinnerstein: „[I]m gesamten Buch … überwiegt das ‚wenn'", *The Journal of American History*, 72:1, Juni 1985; vgl. auch Henry L. Feingold, *Annals of the American Academy of Political and Social Science*, Juli 1980, S. 120, und Paul B. Miller, „David S. Wyman and the Controversy over the Bombing of Auschwitz", *Journal of Ecumenical Studies*, Herbst 2003, S. 370–380.

54 Vgl. etwa John S. Conways Rezension in: *German Studies Review*, 8:2, Mai 1985, S. 356, der Wymans Rettungsmaßnahmen als „Wunschdenken" bezeichnete.

55 Rubinstein, *The Myth of Rescue*, S. xxiv, xxvi, 180 f., 206, 210, 216. Vgl. auch Robert Joseph White, „Target Auschwitz. Historical and Hypothetical German Responses to Allied Attack", *Holocaust and Genocide Studies*, 16:1, 2002, S. 54–76.

56 Diese Literatur befasst sich auch mit einigen Entscheidungen des Vorgängers von Pius XII., Pius XI., die die Enzyklika *Mit brennender Sorge* von 1937 und die „geheime" Enzyklika *Humani Generis Unitas*, „Über die Einheit des Menschengeschlechts", betreffen.

57 Guenter Lewy, *Die katholische Kirche und das Dritte Reich.* Aus dem Amerikanischen von Hildegard Schulz (München, 1965), S. 350. Ähnlich argumentierte Carlo Falconi in: *Das Schweigen des Papstes* (München, 1966), Pius XII. hätte die deutschen Katholiken vom „Gehorsam gegenüber dem Staat" entbinden und als starke Geste den gelben Stern tragen können. Falconi, S. 111. Im Gegensatz zu diesen beiden Werken verfolgte Saul Friedlanders *Pius XII. und das Dritte Reich* (2011) einen empirischen Ansatz und vermied kontrafaktische Überlegungen. Im Nachwort zu Rolf Hochhuths berühmtem Theaterstück *Der Stellvertreter* (1964) hieß es: „Wer könnte … behaupten, die Nazis wären nicht zurückgeschreckt, wenn Pius sie im Krieg mit dem Interdikt bedroht hätte?" (S. 237)

58 John Cornwell, *Hitler's Pope* (New York, 1999); Garry Wills, *Papal Sin: Structures of Deceit* (New York, 2001); Michael Phayer, *The Catholic Church and the Holocaust, 1930–1965* (Bloomington, IN, 2001); Susan Zuccotti, *Under His Very Windows: The Vatican and the Holocaust in Italy* (New Haven, 2002); Daniel J. Goldhagen, *Die katholische Kirche und der Holocaust. Eine Untersuchung über Schuld und Sühne.* Aus dem Englischen von Friedrich Giese (Berlin, 2002). Cornwell kritisierte Pius' zaghafte Weihnachtsansprache 1942 gegen den Rassismus: „[O]ffene Worte hätten [für die Juden] etwas bewirken können": *Hitler's Pope*, S. 268. Phayer spekulierte: „[Wenn] Pius XI. fünf Jahre länger gelebt hätte" oder „wenn Angelo Roncalli [der spätere Johannes XXIII.] 1939 statt 1959 zum Papst gewählt worden wäre", „hätten die Historiker für die Geschichte der Kirche zur Zeit des Holocaust mehr lobende Worte und weniger Worte des Bedauerns übrig": *The Catholic Church and the Holocaust*, S. xv, 224. Laut Zuccotti wäre „eine öffentliche päpstliche Verurteilung eine Warnung für die Juden gewesen … sich zu verstecken, und hätte mehr Christen überzeugt, ihnen ihre Türen zu

öffnen“: Zuccotti, *Under His Very Windows*, S. 97, 310. Goldhagen fragte: „Man stelle sich vor, Pius XII. hätte alle Bischöfe und Priester in ganz Europa einschließlich Deutschlands angewiesen, 1941 zu erklären, dass ... die Ermordung von Juden zu den schlimmsten Vergehen zählt und eine Todsünde ist ... Glaubt irgendjemand im Ernst, dass dann nicht sehr viel mehr Juden gerettet worden wären?“: *Die katholische Kirche und der Holocaust*, S. 76.

59 Phayer, *The Catholic Church and the Holocaust*, S. 110.

60 Michael O'Carroll, *Pius XII, Greatness Dishonored* (Chicago, 1980); Pierre Blet, *Papst Pius XII. und der Zweite Weltkrieg: Aus den Akten des Vatikans*. Aus dem Französischen von Birgit Martens-Schöne (Paderborn/München, 2000); Margherita Marchione, *Pope Pius XII: Architect for Peace* (New York, 2000); José M. Sánchez, *Pius XII. und der Holocaust: Anatomie einer Debatte*. Aus dem Amerikanischen von Karl Nicolai (Paderborn, 2003); David G. Dalin, *The Myth of Hitler's Pope: How Pope Pius XII Rescued Jews from the Nazis* (Washington, DC, 2005).

61 Dalin, *The Myth of Hitler's Pope*, S. 80.

62 Sánchez, *Pius XII. und der Holocaust*, S. 144.

63 Pius selbst wurde mit den Worten zitiert: „Zweifellos hätte mir ein Protest das Lob und den Respekt der zivilisierten Welt eingebracht, aber er hätte die armen Juden einem noch schlimmeren Schicksal ausgesetzt.“ Zitiert in Rychlak, *Hitler, the War, and the Pope* (Columbus, MS, 2000), S. 270.

64 Marchione, *Pope Pius XII*, S. 21, 71.

65 J. P. Stern, *Hitler: The Führer and the People* (Berkeley, 1975), S. 104.

66 Nathan Stolzfus, *Resistance of the Heart: Intermarriage and the Rosenstrasse Protest in Nazi Germany* (New York, 1996), S. 248.

67 Goldhagen, *Hitlers willige Vollstrecker: Ganz gewöhnliche Deutsche und der Holocaust*. Aus dem Englischen von Klaus Kochmann (Berlin, 1996), S. 151.

68 Vgl. unter anderem Tom Segev, *Die siebte Million*; Shlomo Aronson, *Hitler, the Allies, and the Jews* (Cambridge, UK, 2004); Saul S. Friedman, *No Haven for the Oppressed: United States Policy Toward Jewish Refugees, 1938–1945* (Detroit, 1973); Haskell Lookstein, *Were We Our Brothers' Keepers? The Public Response of American Jews to the Holocaust, 1938–1944* (New York, 1985); Rafael Medoff, *The Deafening Silence: American Jewish Leaders and the Holocaust* (New York, 1986).

69 Yehuda Bauer, *Freikauf von Juden? Verhandlungen zwischen dem nationalsozialistischen Deutschland und jüdischen Repräsentanten von 1933 bis 1945*. Aus dem Englischen von Klaus Binder und Jeremy Gaines (Frankfurt a. M., 1996).

70 Ebd., S. 13, 14.

71 Ebd., S. 400.

72 Ebd., S. 192.

73 Ebd., S. 408.

74 Michael Marrus, Carol Rittner und John K. Roth, Hg., *Pope Pius XII and the Holocaust* (Leicester, 2002), S. 53.

75 Laut Studien wie Cornwells *Pius XII. Der Papst, der geschwiegen hat*, Garry Wills' *Papal Sin, Structures of Deceit* und James Carroll Constantines *Sword, The Church and the Jews* (New York, 2001) geht die seit der Nachkriegszeit bestehende Zentralisierung päpstlicher Macht auf das starke Papsttum von Pius XII. zurück. Vgl. auch Philip Jenkins, *The New Anti-Catholicism: The Last Acceptable Prejudice* (Oxford, UK, 2003).

76 Rubinstein, *Myth of Rescue*, S. 5; Deborah Lipstadt, „The Failure to Rescue and Contemporary American Jewish Historiography of the Holocaust: Judging from a Distance", in: Michael J. Neufeld und Michael Berenbaum, Hg., *The Bombing of Auschwitz: Should the Allies Have Attempted It?* (Lawrence, KS, 2003), S. 227–237; Laurence Zuckerman, „FDR's Jewish Problem", *The Nation*, 17. Juli 2003.

77 Phayer, *The Catholic Church and the Holocaust*, S. 55, 94; Cornwell, *Hitler's Pope*, S. 287; Wills, *Papal Sin*, S. 67–68; Goldhagen, *Die katholische Kirche und der Holocaust*, S. 69. Sie haben auch gezeigt, dass die Verteidiger des Papstes die Zahl der Menschenleben, die der Papst durch den Protest verloren glaubte, stark übertrieben haben (normalerweise werden 40 000 statt „nur" 92 genannt, darunter Edith Stein). Diese Zahl nennt Marchione, *Pope Pius XII*, S. 23.

78 Sánchez, *Pius XII und der Holocaust*, S. 93, 143.

79 Ronald J. Rychlak, *Hitler, the War, and the Pope* (Columbus, MS, 2000), S. 272; Doris Bergen, „An Easy Target?", in: Marrus, Rittner und Roth, Hg., *Pope Pius XII and the Holocaust*, S. 109.

80 Steven T. Katz, „The ‚Unique' Intentionality of the Holocaust", *Modern Judaism*, 1:2, 1981, S. 162.

81 Yehuda Bauer, *Rethinking the Holocaust* (New Haven, 2001), S. 49.

82 Rubinstein, *Genocide: A History*, S. 168.

83 Zum Falle Englands und der Vereinigten Staaten, vgl. die Arbeiten von Comer Clarke, Adrian Gilbert, Madeleine Bunting und William Shirer, wie erläutert in: Rosenfeld, *The World Hitler Never Made*, Kapitel 1 und 2.

84 Jeffrey Herf, *Nazi Propaganda for the Arab World* (New Haven, 2009), S. 138. In: David G. Dalins und John Rothmanns *Icon of Evil: Hitler's Mufti and the Rise of Radical Islam* (New York, 2008) gibt es ein ganzes Kapitel mit dem Titel „The Mufti's Reflection: What If Germany Had Conquered Palestine and Britain?", das das Szenario eines Holocaust in Palästina untersucht. Vgl. auch Edwin Black, *Farhud: Roots of the Arab-Nazi Alliance in the Holocaust* (New York, 2010).

85 Klaus-Michael Mallmann und Martin Cüppers, *Halbmond und Hakenkreuz. Das Dritte Reich, die Araber und Palästina* (Darmstadt, 2006), S. 147.

86 Ebd., S. 182.

87 Ebd., S. 193.

88 Bezeichnenderweise haben nicht alle Wissenschaftler das Thema zu diesem Zweck genutzt. In seinem Buch *Erde und Blut* erörterte Ben Kiernan den Generalplan Ost, ohne zu betonen, wie sich ein Sieg der Nazis auf die Slawen hätte auswirken können. Kiernan, Kapitel 11.

89 Poliakov, *Harvest of Hate*, S. 264.

90 Arendt, *Eichmann in Jerusalem* [englische Ausgabe], S. 217 (dt. Übers.: C.K.). Der polnische Wissenschaftler Karol Marian Pospieszalski erklärte 1958: „Wären die Nazis an der Macht geblieben … hätten sie vielleicht auch versucht, die Polen zu vernichten." Zitiert in Lucy S. Dawidowicz, *The Holocaust and the Historians* (Boston, 1981), S. 103. Nicht alle Wissenschaftler haben kontrafaktisch argumentiert, vgl. etwa Czesław Madajczyks wegweisenden Aufsatz „General Plan Ost", *Polish Western Affairs*, 2, 1962, S. 391–442.

91 Die Werke von Snyder, Tooze und Bloxham werden im Folgenden erörtert. Catherine Epstein schreibt in ihrem Buch *Model Nazi: Arthur Greiser and the Occupation of Western Poland* (Oxford, 2010): „Bei einem Sieg der Nazis im Zweiten Weltkrieg wäre es im Dritten Reich zu einem Massenmord an vielen nicht-deutschen Völkern gekommen." (S. 12). Für Dan Stone galt: „Es gibt Anhaltspunkte dafür, dass die slawischen Länder Europas bei einem Sieg Deutschlands ebenfalls dazu bestimmt waren, Opfer eines systematischen Massenmords zu werden." *Histories of the Holocaust* (Oxford, 2010), S. 2.

92 Snyder, *Bloodlands*, S. 11.

93 Tooze, *Ökonomie der Zerstörung. Die Geschichte der Wirtschaft im Nationalsozialismus.* Aus dem Englischen von Yvonne Badal (München, 2007), S. 540.

94 Ebd., S. 550 f.

95 Ebd., S. 556. Eine ähnliche These wie Tooze hatte Christopher Browning in seinem Buch *The Path to Genocide* (Cambridge, UK, 1992) aufgestellt, S. ix. Zu Beginn seines Vorworts schreibt Browning: „Hätte das NS-Regime im Frühjahr 1942 plötzlich zu existieren aufgehört … so hätte seine historische Infamie auf dem ‚Vernichtungskrieg' gegen die Sowjetunion beruht. Der Massentod von etwa zwei Millionen Kriegsgefangenen in den ersten neun Monaten dieses Konflikts hätte noch stärker herausgeragt als die Ermordung von etwa einer halben Million Juden im gleichen Zeitraum." Angesichts des unwahrscheinlichen Verschwindens der Nazis dienten Brownings kontrafaktische Überlegungen – wie die von Tooze – natürlich hauptsächlich rhetorischen Zwecken.

96 Bloxham, *The Final Solution*, S. 246.

97 Bloxham zufolge speist sich die Vorstellung von der ununterbrochenen Judenvernichtung durch die Nazis aus der irrigen Vorstellung von einer „konstanten Kurve" des Tötens; in Wirklichkeit habe diese Schwankungen unterlegen. Ebd., S. 245.

98 Ebd., S. 250.

99 Ähnlich behauptete Michael Marrus: „Wäre der Krieg ein Jahr früher zu Ende gegangen … hätten die ungarischen Juden möglicherweise überlebt; hätte er noch etwa ein weiteres Jahr angedauert, wären in ganz Europa zu wenige Juden am Leben geblieben, um nennenswerte ‚nationale Unterschiede' darzustellen": *The Holocaust in History* (New York, 1987), S. 57 f. Dan Stone hat spekuliert: „Hätte Ungarn Anfang 1944 nicht versucht, die Seiten zu wechseln, wäre es wahrscheinlich nicht zur Besatzung vom März 1944 gekommen und … die Juden … wären verschont geblieben": *Histories of the Holocaust*, S. 47.

100 Bloxham, *The Final Solution*, S. 250.

101 Für Snyder ist die Vergasung von Juden in Auschwitz „als Leitfaden zum Holocaust … irreführend". Snyder, *Bloodlands*, S. 384. „Als der Gaskammer- und Krematorienkomplex in Birkenau im Frühjahr 1943 die Arbeit aufnahm, waren über *drei Viertel der im Holocaust ermordeten Juden schon tot. Auch die überwältigende Mehrheit der Menschen, die vom Sowejt- und vom NS*-Regime bewusst ermordet wurden, über 90 Prozent, waren bereits tot" (S. 385). „[U]nabhängig davon, ob es in Auschwitz ein Lager gab oder nicht, hätte der

Holocaust stattgefunden". Vgl. Timothy Snyder, „The Causes of the Holocaust", *Contemporary European History*, 21:2, 2012, S. 155. Andere Wissenschaftler verteidigen weiterhin die Zentralität von Auschwitz; Richard Evans hat sie in jüngster Zeit als „das größte Massenvernichtungszentrum der Weltgeschichte" bezeichnet: *The Third Reich at War* (New York, 2008), S. 297.

102 Mazower, *Hitler's Empire*, Kapitel 7, insbes. S. 217–220; John Connelly, „Nazis and Slavs", S. 27–32.

103 Der Arbeitskräftemangel ließ auch den Hungerplan in den Hintergrund treten, da es der Wehrmacht an der nötigen Truppenstärke fehlte, um die Blockade sowjetischer Städte durchzusetzen. Tooze, *Ökonomie der Zerstörung*, S. 557.

104 Connelly, „Nazis and Slavs", S. 20–24, 27.

105 So schrieb Dan Stone: „Man vermutet, dass ein siegreiches Drittes Reich früher oder später erfolgreich auf die Deportation von Juden in allen … [verbündeten Staaten] gedrängt hätte, so wie es bei den Juden von Rhodos oder Thessaloniki der Fall war und wie es die Nazis [vergeblich] in Albanien versuchten." Stone, *Histories of the Holocaust*, S. 50. Gerhard Weinberg stimmt dem zu: „Nach dem Sieg über die Alliierten konnte Deutschland jede widerspenstige Regierung leicht dazu zwingen, ihre Juden auszuliefern". Weinberg, „Two Separate Issues?", S. 392.

106 www.guardian.co.uk/commentisfree/2008/apr/25/foreignpolicy.iraq.

107 Patrick Buchanan, „Was the Holocaust Inevitable?", *Human Events*, 20. Juni 2008. http://www.humanevents.com/article.php?id=27107.

108 Peter Hitchens, „If We Hadn't Fought World War 2, Would We Still Have a British Empire?", *Daily Mail*, 31. August 2009, www.dailymail.co.uk/debate/article-1209890/PETER-HITCHENS-If-hadnt-fought-World-War-2-British-Empire.html.

109 Barry Rubin, „Those Who Neglect Their Past Have No Future", *Jerusalem Post*, 13. August 2010.

110 Eric Herschth, „The Limits of Pacifism", *The Jewish Week*, 21. Juni 2011. www.thejewishweek.com/arts/books/limits_pacifism.

111 Winston Groom, „Apparently, the Good War was a Bad Idea", *Weekly Standard*, 11.–18. August 2008.

112 Vgl. auch Adam Kirsch, „Patrick J. Buchanan's Know-Nothing History", *New York Sun*, 11. Juni 2008.

113 Vgl. die Rezension von Roberts, „Up in Smoke", in: *New Criterion*, Juni 2008.

114 2009 betonte Ahmadinedschad, die westliche Staatengemeinschaft hätte den „Mythos des Holocaust … [als] Vorwand für die Errichtung des zionistischen Regimes lanciert": https://www.adl.org/news/article/iranian-president-mahmoud-ahmadinejad-in-his-own-words?Multi_page_sections=sHeading_8. Zu Helen Thomas' kontroversen Bemerkungen im Jahr 2010, vgl. www.ynetnews.com/articles/0,7340,L-3899361,00.html. Vgl. auch die Rede von Rabbi Yisroel Dovid Weiss von Neturei Karta auf der Holocaustleugnungs-Konferenz 2006 in Teheran: www.nkusa.org/activities/Speeches/2006Iran-WeissSpeech.cfm.

115 http://forum.codoh.com/viewtopic.php?f=2&t=3720.

116 So bemerkt Gilbert Achcar: „Ohne den Holocaust und ohne den Aufstieg der Nazis wäre das zionistische Projekt meines Erachtens nicht verwirklicht worden." www.israeli-occupation.org/2010–05-13/gilbert-achcar-interview-the-league-against-denial/. Wissenschaftler,

die arabischen Interessen aufgeschlossen gegenüberstehen, äußern sich ähnlich. So schreibt Lance Selfa: „Ohne den Holocaust wäre der Staat Israel wahrscheinlich nicht gegründet worden": Lance Selfa, *The Struggle for Palestine* (Chicago, 2002), S. 15. Ein arabischer Befragter in: Samar Dahmash-Jarrahs und Kirt M. Dresslers Band *Arab Voices Speak to American Hearts* (Charles City, VA, 2005) erklärt: „Ohne den Holocaust wäre Israel nicht gegründet worden" (S. 83). Bernard Avishai hat bemerkt: „ohne den Holocaust wäre Israel 1948 vielleicht nicht entstanden", in: *The Tragedy of Zionism: How Its Revolutionary Past Haunts Israeli Democracy* (New York, 2002), S. 168.

117 In: *The Meaning of Hitler* (Cambridge, MA, 1983), S. 100, schreibt Sebastian Haffner: „ohne Hitler gäbe es kein Israel". Henry Turner hat spekuliert: „Ohne den Holocaust gäbe es kein Palästina-Problem, weil es keinen Staat Israel gäbe", vgl. „Hitler's Impact on History", S. 118. Jeffrey Herf hat erklärt: „Hätten die Nazis keinen Völkermord an den europäischen Juden verübt, hätte es in den Vereinigten Staaten und anderswo weit weniger politische Unterstützung für die Verwirklichung der zionistischen Hoffnungen in Palästina gegeben." *Nazi Propaganda for the Arab World*, S. 212.

118 Michael Wolffsohn, *Ewige Schuld? 40 Jahre deutsch-jüdisch-israelische Beziehungen* (München, 1988), S. 10–20.

119 Ebd., S. 13, 14, 15.

120 Ebd., S. 16.

121 Tom Segev, *Es war einmal ein Palästina: Juden und Araber vor der Staatsgründung Israels*. Aus dem Amerikanischen von Doris Gerstner (München, 2006), S. 539.

122 Efraim Karsh, *Israel: The First Hundred Years*, Band 1 (New York, 2001), S. 2.

123 „If Not For The Holocaust, There Could Have Been 32 Million Jews In The World Today, Expert Says", *Science Daily*, 24. April 2009, www.sciencedaily.com/releases/2009/04/090422121852.htm. Der israelische Journalist Sever Plocker hat bemerkt: „Wenn es den Holocaust nie gegeben hätte, hätte die Masseneinwanderung europäischer Juden nach Palästina-Israel in den 1950er-Jahren begonnen … und kein arabischer Protest hätte dies verhindern können … Der Holocaust hat Israel nicht erzeugt; vielmehr hat der Holocaust die Begründung des Landes fast vereitelt … Ohne den Holocaust wäre Israel heute dichter besiedelt und stärker": Sever Plocker, „It wasn't the Holocaust", *YNetNews*, 27. März 2005, www.ynetnews.com/articles/0,7340,L-3063943,00.html. Evyatar Friesel schließt sich ihm an: „Israel ging physisch und geistig gesehen kleiner und ärmer hervor, als es der Fall gewesen wäre, wenn das riesige Reservoir an Arbeitskräften und Talenten innerhalb des europäischen Judentums bei ihrer Geburt dabei gewesen und über ihre Wiege gewacht hätte": Evyatar Friesel, „The Holocaust: Factor in the Birth of Israel?" Shoah Resource Center, The International School for Holocaust Studies, S. 25, www1.yadvashem.org/odot_pdf/Microsoft%20Word%20-%203575.pdf.

124 Weinberg, „Two Separate Issues?", S. 384.

125 Bauer, *Rethinking the Holocaust*, S. 258.

126 Ebd., S. 249–251.

127 Ebd., S. 257. „Wenn die Vereinigten Staaten ihre Tore für jüdische Einwanderer geöffnet hätten … wäre mit großer Wahrscheinlichkeit ein viel größerer Teil der jüdischen DPs in die Vereinigten Staaten gegangen [als nach Palästina]", so Bauer, ebd., S. 258.

128 So Premierminister Benjamin Netanjahu in seiner außenpolitischen Grundsatzrede an der Bar Ilan Universität am 14. Juni 2009. Moshe Philips, „The Land of Israel: Is There an Alternative?“, www.renewamerica.com/columns/phillips/090626.

129 Lucy Dawidowicz, *What is the Use of Jewish History*, S. 177 f. In: *The Future of the Holocaust* (Ithaca, 1999) stimmte Berel Lang ihr zu: „die Existenz eines jüdischen Staates hätte einen Unterschied gemacht“, denn sie hätte dazu beigetragen, „die ‚Endlösung‘ zu verhindern“ (S. 187 f).

130 Bauer, *Rethinking the Holocaust*, S. 259.

131 Rubinstein schrieb: „Rommel hatte nur zehn Divisionen in Nordafrika; mit der Zerstörung Israels und der Vernichtung von vielleicht einer Million Juden dort als Ziel, wäre Hitler vielleicht bereit gewesen, ihm 20, 30 oder so viele Achsen-Divisionen zu geben, wie für einen erfolgreichen Vorstoß … nach Palästina notwendig waren.“ Rubinstein, *The Myth of Rescue*, S. 216.

132 Janet Landman, *Regret: The Persistence of the Possible* (New York, 1993), S. 37 f.; Igor Gavanski, Paula M. Niedenthal und June Price Tangney, „‚If Only I Weren't‘ Versus ‚If Only I Hadn't‘: Distinguishing Shame and Guilt in Counterfactual Thinking“, *Journal of Personality and Social Psychology*, Oktober 1994.

133 Saul Friedlander, *Probing the Limits of Representation: Nazism and the ‚Final Solution‘* (Cambridge, MA, 1992).

134 Whites Aufsatz „Die Politik der historischen Interpretation: Disziplin und Entsublimierung“, der in: *Die Bedeutung der Form* (Frankfurt am Main, 1990) erschien, wurde außerdem für folgende These kritisiert: „Wenn es um das Verstehen historischer Quellen geht, [findet man] in der historischen Quelle selbst keine Gründe für die Bevorzugung der einen oder der anderen Art von Sinnkonstituierung“ (S. 98).

135 Hayden White, „Historische Modellierung (*emplotment*) und das Problem der Wahrheit“, in: Rainer Maria Kiesow und Lorraine Daston, Hg. *Auf der Suche nach der verlorenen Wahrheit: Zum Grundlagenstreit in der Geschichtswissenschaft* (Frankfurt a. M., 2000), S. 142–167, hier S. 148.

136 Zitiert in Friedlander, *Probing the Limits of Representation*, S. 40, 10.

137 Wissenschaftler, die untersucht haben, was den Juden im Nahen Osten bei einem Sieg der Nazis in der Schlacht von El Alamein 1942 hätte widerfahren können, wenn sie gewonnen hätten, sind ernsthaft besorgt, dass es bei einem zukünftigen Konflikt zwischen Israel und seinen arabischen und muslimischen Nachbarn einen „zweiten Holocaust“ geben könnte.

4 Die Nazis, die es nie gab: Neue Alternativgeschichten des Dritten Reiches

1 Guy Saville, *The Afrika Reich* (London, 2011), S. 127.

2 Rosenfeld, *The World Hitler Never Made*, Kapitel 1.

3 Jo Walton, *Die Stunde der Rotkehlchen* (Berlin, 2014); *Der Tag der Lerche* (Berlin, 2015); *Das Jahr des Falken.* (Berlin, 2016). Alle aus dem Englischen von Nora Lachmann.

4 Walton, *Der Tag der Lerche.*

5 Ebd., S. 77.

6 Ebd., S. 190.

7 Ebd., S. 157–158.

8 Walton, *Das Jahr des Falken*, S. 15.

9 Ebd., S. 81.

10 Ebd., S. 286–287.

11 Lyda Morehouse, „Subversive Pixel-Stained Technopeasant: An Interview with Jo Walton", *The Internet Review of Science Fiction*, März 2008. http://www.irosf.com/q/zine/article/10407.

12 C. J. Sansom, *Feindesland*. Deutsch von Christine Naegele (München, 2020); Sansom ist vor allem für seine Bestseller mit dem Anwalt Matthew Shardlake bekannt, die im England des 16. Jahrhunderts spielen. Vgl. www.cjsansom.com/Homepage.

13 Ebd., S. 79, 56.

14 Ebd., S. 188.

15 Ebd., S. 736.

16 Zitiert in: „A Life in Books: C. J. Sansom", *The Guardian*, 12. November 2010, www.guardian.co.uk/culture/2010/nov/15/cj-sansom-interview. Bevor Sansom Schriftsteller wurde, arbeitet er als Anwalt für Benachteiligte. Seinen Roman *Winter in Madrid* (2006) über den spanischen Bürgerkrieg kommentierte er mit den Worten: „Ich habe eine persönliche Haltung zu den Geschehnissen … [und Leser] werden schnell merken, dass ich weder Franco noch sein Regime mag": www.bookbrowse.com/author_interviews/full/index.cfm/author_number/1517/cj-sansom; www.cjsansom.com/Homepage.

17 Sansom, *Feindesland*, S. 762.

18 C. J. Sansom, „My Nightmare of a Nazi Britain", *The Guardian*, 19. Oktober 2012, https://www.theguardian.com/books/2012/oct/19/sansom-dominion-nightmare-nazi-britain.

19 *Feindesland.*, S. 765.

20 Owen Sheers, *Resistance* (New York, 2007). Vgl. auch den Roman *Collaborator* (London, 2003) des walisischen Schriftstellers Murray Davies, in dem die Briten ebenfalls mit ihren deutschen Besatzern kollaborieren, bis sie sich schließlich selbst befreien. Davies' Roman wurde 2003 mit dem Sidewise Award for Alternate History ausgezeichnet, www.uchronia.net/sidewise/complete.html#2003.

21 Sheers, *Resistance*, S. 33.

22 Ebd., S. 111.

23 Ebd., S. 56.

24 Ebd., S. 159.

25 Ebd., S. 236.

26 Als langjähriger Mitarbeiter des linken *Guardian* brachte Sheers seine pazifistische Grundhaltung in den Theaterstücken *If I Should Go Away* (2007), *The Two Worlds of Charlie F.* (2011) und in seinem Prosagedicht *Pink Mist* (2013) zum Ausdruck. Vgl. www.owensheers.co.uk/index.html. Für einige dieser Werke interviewte Sheers britische Veteranen, die in Afghanistan und im Irak gedient hatten. Owen Sheers, „Rescued From Hell: The War Veterans Who Took to the Stage", *The Guardian*, 18. Januar 2012.

27 Susan Mansfield, „The Valley of the Lost Men", *The Scotsman*, 14. August 2007. Owen Sheers, „Hay Festival: When the Nazis came to Hay", *The Telegraph*, 23. Mai 2011, www.telegraph.co.uk/culture/hay-festival/8523902/Hay-Festival-When-the-Nazis-came-to-Hay.html. Während seiner Recherchen zu möglichen Widerstandsaktionen der walisischen Bevölkerung gegen die Nazis sei er davon fasziniert gewesen, so Sheers, „vor welche moralischen Fragen und Dilemmata uns diese Situation … gestellt hätte. Zum damaligen Zeitpunkt hatte das Geschehen im Irak bereits begonnen." Karen Price, „Old Memories of How Country People Were Armed to Resist a Nazi Invasion Sow the Seeds", *The Western Mail*, 2. Juni 2007.

28 Alice Jones, „A Writer Who's Hard to Resist", *The Independent*, 24. November 2011, www.independent.co.uk/news/people/profiles/a-writer-whos-hard-toresist-6267092.html.

29 Sheers, *Resistance*, S. 270. Allerdings stammen derartige Bemerkungen im Roman im Allgemeinen von Figuren, die ihre Kollaboration mit den Deutschen zu rechtfertigen versuchen.

30 Saville, *The Afrika Reich*, S. 34.

31 Ebd., S. 52.

32 Ebd., S. 234.

33 Ebd., S. 265.

34 Ebd., S. 55, 129.

35 http://networkedblogs.com/ltha8.

36 Interview des Autors mit Guy Saville, 31. August 2011.

37 *Dominion* stand auf der Bestsellerliste der *Sunday Times*, 20. Januar 2013. *The Afrika Reich* war ebenfalls ein beachtlicher kommerzieller Erfolg und verkaufte sich in den ersten sechs Monaten über 10 000 Mal. Interview des Autors mit Guy Saville, 31. August 2011.

38 Douglas Barbour, „Government by Fear", *The Gazette* (Montreal), 28. Oktober 2008, S. I13. Frida Murray, Rezension von *Farthing* [*Die Stunde der Rotkehlchen*] in: *Booklist*, 1. Oktober 2007, 104:3, 40; Kelly McManus, „Ghosts of SF Past", 31. März 2007, *The Globe and Mail*, D27. Vgl. auch Brian Bethue, „A Very Unpleasant Kind of ‚Cozy'", *Maclean's*, 29. September 2008, 64; Saul Austerlitz, „Reshuffling History's Deck", *The Forward*, 9. März 2007, B6.

39 www.economist.com/blogs/prospero/2011/09/how-911-changed-fiction.

40 Graeme Blundell, Rezension von *The Afrika Reich*, *Daily Australian*, 11. Juni 2011, S. 20; „A Clever What-If", *The Economist*, 17. Februar 2011; vgl. auch Peter Millar, Rezension von *The Afrika Reich*, *The Times*, 29. Januar 2011; Millar lobte das Buch für seine „erschreckende Neuinterpretation des Dunklen Kontinents".

41 Marcel Berlins, Rezension von *Dominion*, *The Times*, 20. Oktober 2012; Matthew Denison, „Nightmare of a Nazi Britain", *The Express*, 2. November 2012, S. 55; Pam Norfolk, Rezension von *Dominion*, *The Visitor*, 12. November 2012.

42 Barbour, „Government by Fear"; Adrienne Martini, „Heil Britannia", *Baltimore City Paper*, 12. Dezember 2007, https://web.archive.org/web/20071215204419/www.citypaper.com/arts/story.asp?id=14955. Walton habe mit *Farthing* [*Die Stunde der Rotkehlchen*] „etwas über unsere Zeit sagen" wollen, bemerkte ein Rezensent. Ronni Philips, „Crimes Past, Present", *Canberra Times*, 13. September 2009. Für eine andere Rezensentin las sich das Buch, „als ob es erst heute morgen geschrieben worden wäre". Lisa Goldstein, Rezension von *Farthing* [*Die Stunde der Rotkehlchen*] in: *Locus*, Mai 2006, https://web.archive.org/web/20060615072945/www.brazenhussies.net/Goldstein/Review-Farthing.html.

43 Laura Miller, „Guerrillas Rise up in Nazi-occupied Britain", *Salon.com*, 18. März 2008, www.salon.com/2008/03/18/owen_sheers/ ; Andrew Connelly, „Resistance – and the Irresistible Owen Sheers", *Hackney Citizen*, 9. Januar 2012, http://www.hackneycitizen.co.uk/2012/01/09/resistance-film-owen-sheers/.

44 Der Rezensent von *The Afrika Reich* in *Kirkus Review* empfand die „Realpolitik" als „glaubwürdig": https://www.kirkusreviews.com/book-reviews/guy-saville/afrika-reich/; Allan Massie, Rezension von *Dominion*, *The Scotsman*, 3. November 2012.

45 www.theartsdesk.com/film/resistance.

46 „The Germans are Coming", *Washington Post*, 27. April 2008; Craig Seligman, „Nazism Triumphs Yet Evil Is Missing", *Windsor Star* (Ontario), 8. März 2008.

47 Paul Muir, „A Difficult-to-imagine Dystopian Europe", *The National* (Abu Dhabi), 10. November 2012.

48 Vgl. Rosenfeld, *The World Hitler Never Made*, Kapitel 1.

49 Vgl. „Interview With the Crew", *Jackboots on Whitehall*-DVD.

50 Tim Robey, Kritik von *Jackboots on Whitehall* in: *The Telegraph*, 7. Oktober 2010; Allan Hunter, Kritik, www.screendaily.com/reviews/latest-reviews/jackboots-on-whitehall/5015200.article, 18. Juni 2010; Philip French, Kritik in: *The Observer*, 10. Oktober 2010.

51 French, Rezension von *Jackboots on Whitehall.*

52 www.timeout.com/film/reviews/89299/jackboots-on-whitehall.html.

53 Ebd.

54 John Patterson, „Jackboots On Whitehall is a Reich Royal Riot of a What-If War Movie", *The Guardian*, 2. Oktober 2010.

55 Vgl. Rosenfeld, *The World Hitler Never Made*, Kapitel 2.

56 Harry Turtledove, *The Man With the Iron Heart* (New York, 2009).

57 Ebd., S. 10.

58 Ebd., S. 20–23, 59.

59 Ebd., S. 33.

60 Ebd., S. 258.

61 Ebd., S. 316, 438.

62 Ebd., S. 480.

63 Ebd., S. 489.

64 Ebd., S. 520.

65 Ebd., S. 528.

66 Ebd., S. 488.

67 Ebd., S. 440 f.

68 Ebd., S. 325.

69 Ebd., S. 79.

70 Ebd., S. 419.

71 Vgl. Turtledoves Interview mit Darrell Schweitzer, *Speaking of the Fantastic III: Interviews with Science Fiction Writers* (Rockville, MD, 2011), S. 128–138. Er sei sich sowohl der Rolle des „Großen Mannes“ als auch der „breiter sozioökonomischer Kräfte“ in der Geschichte bewusst, so Turtledove (ebd., S. 135).

72 Vgl. etwa die Diskussionsbeiträge auf http://rec.arts.sf.written.narkive.com/ELPzWOGV/turtledove-s-politics und https://www.alternatehistory.com/forum/threads/the-man-with-the-iron-heart.98047/.

73 Turtledove warnte die Leser seiner 2007 erschienenen Erzählung „News From the Front“ (in der er F. D. Roosevelt kritisierte), die Handlung nicht als Ausdruck seiner politischen Ansichten zu sehen, http://turtledove.wikia.com/wiki/News_From_the_Front.

74 „Between the Covers“, Interview mit Harry Turtledove, *National Review Online*. Ohne Datum (wahrscheinlich 2008). https://web.archive.org/web/20080831011754/http://radio.nationalreview.com/betweenthecovers/post/?q=ZjdjNjFlZGRjYjhjOGQyMDY2NmM2NmViYWQyODMxMDE=. So bemerkte Turtledove: „Jede Ähnlichkeit zwischen dem Geschehen hier und … dem Geschehen im Irak ist nicht ganz zufällig. Ich habe mich gefragt, wie wir mit asymmetrischer Kriegführung umgegangen wären, wenn wir Ende der 1940er-Jahre mit ihr konfrontiert gewesen wären.“

75 Jeffrey Herf, „Liberalism, Germany and the War in Iraq“, *Front Page Magazine.com*, 26. Mai 2003, http://www.archive.frontpagemag.com/readArticle.aspx?ARTID=18055.

76 Alan Glenn, *Amerikan Eagle* (New York, 2011).

77 Ebd., S. 176 f., 211.

78 Ebd., S. 362.

79 Ebd., S. 473 f.

80 Ebd., S. 274, 504.

81 Dubois’ populäre Alternativgeschichte über die Kubakrise, *Resurrection Day* (1999), war eine leidenschaftliche Verteidigung der Regierung John F. Kennedys, die die Sympathien des Autors für den demokratischen Präsidenten verriet.

82 E-Mails von Brendan Dubois (Alan Glenn) an den Autor, 22. und 24. Februar 2012.

83 Glenn, *Amerikan Eagle*, S. 174.

84 Ebd., S. 384 f.

85 Martin Sieff, „If Reinhard Heydrich Had Lived“, *Washington Times*, 19. Oktober 2008.

86 Vgl. www.amazon.com/The-Iron-Heart-Harry-Turtledove/dp/0345504348.

87 So schrieb ein Leser: „Ich glaube einfach nicht, dass die Amerikaner bereit wären, die über hundertjährige Geschichte einer demokratischen Grundordnung zu ignorieren.“ http://alternatehistoryweeklyupdate.blogspot.com/2011/08/review-amerikan-eagle.html.

88 http://davebuttoned.blogspot.com/.

89 https://www.youtube.com/watch?v=VUVPx09BCBE.

90 http://www.tgrantphoto.com/blog/archives/107.

91 Der Titel des Videos lautet „Hitler Plans to Time Travel“, www.youtube.com/watch?v=QtcSNEN0Xl0/.

92 http://hitlerparody.wikia.com/wiki/Hermann_Fegelein.

93 http://tvtropes.org/pmwiki/pmwiki.php/Main/GodwinsLawOfTimeTravel.

94 Siegfried Langer, *Alles bleibt anders* (Stolberg, 2008).

95 Ebd., S. 104.

96 Ebd., S. 239.

97 Vgl. Rosenfeld, *The World Hitler Never Made*, Kapitel 3.

98 Langer, *Alles bleibt anders*, S. 189.

99 Ebd., S. 122.

100 Vgl. Rosenfeld, *The World Hitler Never Made*, Kapitel 6.

101 Langer, *Alles bleibt anders*, S. 224.

102 Ebd., S. 239.

103 https://web.archive.org/web/20110509050126/www.buechertitel.de/Von_70_Absagen_zum_Spitzentitel.html.

104 Der Roman wurde 2009 für den Kurd-Laßwitz-Preis für deutschsprachige Science-Fiction sowie für den Deutschen Phantastik Preis nominiert. https://web.archive.org/web/20090723044640/www.pirandot.de/dpp/?Jahr=2009.

105 „Unschöne Dinge", *Der Standard*, 28. Februar 2009, http://derstandard.at/1231151768805/Rundschau-Unschoene-Dinge?sap=2&_slideNumber=3&_seite=1.

106 Marco Behringer, Rezension von *Alles bleibt anders*, 1. Juli 2010, http://suite101.de/article/buch-rezension-alles-bleibt-anders-siegfried-langer-a79996. Vgl. auch die Rezension von geisterspiegel, zitiert auf: http://siegfriedlanger.blogspot.com/2010/09/alles-bleibt-anders-neue-rezension_29.html. (Die angegebenen Links sind Stand November 2020 nicht mehr aktiv. Kopien befinden sich im Besitz des Autors.)

107 www.siegfriedlanger.de/fileadmin/user_upload/Alles_bleibt_anders/Allesbleibtanders-Rezensionphantastisch.jpg. Ein Rezensent lobte das Schreckensszenario des Romans als „zurückhaltend": www.siegfriedlanger.de/fileadmin/user_upload/Alles_bleibt_anders/Kritik-0003.jpg. (Der Link ist Stand November 2020 nicht mehr aktiv. Eine Kopie befindet sich im Besitz des Autors.) Ein anderer bemerkte, der Roman zeige, „dass man nicht immer lauten Kanonendonner braucht, um warnend seine Leser zu mahnen, ob der Gefahr … der Intoleranz, der Indoktrination und des Radikalismus". www.phantastik-news.de/modules.php?name=Reviews&rop=showcontent&id=2696.

108 www.siegfriedlanger.de/fileadmin/user_upload/Alles_bleibt_anders/abaRezension-DeutschunterrichtOriginal.jpg. (Der Link ist Stand November 2020 nicht mehr aktiv. Eine Kopie befindet sich im Besitz des Autors.)

109 *Iron Sky* fand vor allem für seine Finanzierung Beachtung, da er zum Teil durch Crowdfunding finanziert wurde; Internetnutzer trugen zehn Prozent zum Budget bei. Andere Förderer waren HessenInvestFilm. Der Film wurde zum großen Teil in Frankfurt a. M. gedreht.

110 Eine Comic-Prequel zum Film mit dem Titel „Bad Moon Rising" fungiert als „Geheimgeschichte", die erklärt, wie in der Antarktis lebende Nazi-Wissenschaftler mit Raumschiffen den Flug von der Erde zum Mond planen, www.ironsky.net/sneakpeek/issueone/.

111 „Back To The Führer: Iron Sky Director Interviewed", *The Quietus*, 7. März 2012. http://thequietus.com/articles/08177-iron-sky-interview-timovuorensola.

112 http://mancave.cbslocal.com/2012/03/26/interview-iron-sky-director-timovuorensola/.

113 http://thequietus.com/articles/08177-iron-sky-interview-timo-vuorensola .

114 „Interview: Iron Sky Director Timo Vuorensola", *Man Cave Daily*, 26. März 2012, www.fffyeah.com/2012/02/interview-with-timo-vuorensola-from-ironsky/.

115 Britische und amerikanische Rezensenten beschränkten ihre Kritik auf die ästhetischen Mängel des Films; er zeichne sich zwar durch aufwendige CGI-Spezialeffekte aus, sei aber „plump konstruierter ... chaotischer Unsinn", dessen „klägliches Drehbuch ... das Potenzial seiner eigenen brillanten Prämisse nicht verstehe", Alex von Tunzelmann, „Iron Sky Loses the Nazi Plot on a Cheap Moon Set", *The Guardian*, 24. Mai 2012, https://www.theguardian.com/film/2012/may/24/iron-sky-nazi-plot-moon; Jeff Shannon, „‚Iron Sky': Out-of-this-world Nazi plot lands in chaos", *Seattle Times*, 23. August 2012, http://seattletimes.com/html/movies/2018978802_mr24iron.html; Matthew Turner, Kritik von *Iron Sky*, *The View London Review*, 25. Mai 2012, https://web.archive.org/web/20120527035241/http://www.viewlondon.co.uk/films/iron-sky-film-review-45691.html. Andere empfanden den Film als kein bisschen lustig. So schrieb *Variety*, der Film sei „weder gut genug, um ein unvermuteter Publikumserfolg zu sein, noch schlecht genug, um Kultstatus zu erlangen. Er ist einfach irgendwie lahm, die schlechteste aller möglichen Welten": Leslie Felperin, Rezension von *Iron Sky*, *Variety*, 12. Februar 2012.

116 Vgl. die Rezension in der Online-Zeitschrift *Das Manifest*: www.dasmanifest.com/01/ironsky.phS. Zahlreiche andere Kritiker bezeichneten den Film als „trashig", aber im positiven Sinne. Vgl. Peter Zander, Rezension von *Iron Sky*, *Berliner Morgenpost*, 5. April 2012; „Nazis kommen vom Mond", *Berliner Kurier*, 5. April 2012; Joachim Mischke, „Kommt ein Nazi geflogen", *Hamburger Abendblatt*, 5. April 2012.

117 „Nazis im Weltall", *Stern*, 2. April 2012, www.stern.de/kultur/film/iron-skyneu-im-kino-nazis-im-weltall-1808472.html.

118 Wolfgang Höbel, „Nazis im Weltall", *Der Spiegel*, 12. Februar 2012.

119 Andreas Borcholte, „Fahr zur Hölle, Mönch!", *Der Spiegel*, 13. Februar 2012.

120 Daniel Erk, „Kryptofaschistischer Weltraumschrott", *Die Zeit*, 14. Februar 2012. Andere kritisierten die „uninspirierte Regie" und verglichen den Film mit einer „Ohrfeige": Markus Keuschnigg, „Trashfilm ‚Iron Sky' Mond! Nazis! Udo Kier!" *Die Presse*, 3. April 2012. Die meisten empfanden ihn als schlicht nicht lustig. „Die Nazis vom Arsch der Welt", *Der Tagesspiegel*, 5. April 2012.

121 Ulrich Gutmair, „Nazis leben hinterm Mond", *taz*, 5. April 2012.

122 Rüdiger Suchsland, „Hart wie Kruppstahl und dumm wie Hitler", www.artechock.de/film/text/kritik/i/irsky.htm. Vgl. auch Ciprian David, Kritik von *Iron Sky* in: *Negativ*, 12. Februar 2012, www.negativ-film.de/2012/02/ironsky-berlinale-2012-panorama-special.

123 Henryk Broder, „Nazis herrschen auf dem Mond", Die Welt: https://www.welt.de/kultur/kino/article106146929/Nazis-herrschen-auf-dem-Mond-toeten-mit-Langeweile.html.

124 Michael Meyns, Kritik von *Iron Sky*, https://www.programmkino.de/filmkritiken/iron-sky/. Ein anderer Kritiker bestätigte, dass die Nazis im Vergleich zu den Amerikanern derart „sympathisch" wirkten, dass man ihnen „den Sieg in der Weltraumschlacht zuweilen gönnen würde": Markus Hesselmann, „Iron Sky: Nazi-Trash, Crowdfunding und mehr", *Der Tagesspiegel*, 11. Februar 2012, www.tagesspiegel.de/kultur/kino/berlinale/premiere-bei-der-berlinaleiron-sky-nazi-trash-crowdfunding-und-mehr/6199700.html.

125 Vgl. die Kommentare auf www.amazon.de/product-reviews/B007YPTTME/ref=dp_db_cm_cr_acr_txt?ie=UTF8&showViewpoints=1 und www.imdb.de/title/tt1034314/reviews.

126 Vgl. Rosenfeld, *The World Hitler Never Made*, Kapitel 6.

127 Alexander Demandt, *Es hätte auch anders kommen können* (Berlin, 2010).

128 Ebd., S. 217 f.

129 So Demandt in einem in: *Die Welt* veröffentlichten Auszug aus seinem Buch: „Was, wenn 1939 ein Hitler-Attentat geglückt wäre", *Die Welt*, 31. Januar 2011, www.welt.de/kultur/history/article12371067/Was-wenn-1939-ein-Hitler-Attentat-geglueckt-waere.html.

130 Demandt, *Es hätte auch anders kommen können*, S. 222.

131 Ebd., S. 219 f.

132 Die Werke von Pleschinski und Wedemeyer-Schwiersch werden erörtert in: Rosenfeld, *The World Hitler Never Made*, S. 278–285.

133 Demandt tut seine politischen Ansichten selten in aller Öffentlichkeit kund, doch sein Beitrag für einen Sammelband zum 80. Geburtstag von Ernst Nolte und sein Festvortrag über Oswald Spengler zur Eröffnung der Bibliothek des Konservatismus in Berlin zeigen klar seine Orientierung. Vgl. Helmut Fleischer und Pierluca Azzaro, Hg., *Das 20. Jahrhundert: Zeitalter der tragischen Verkehrungen. Forum zum 80. Geburtstag von Ernst Nolte* (München, 2003). „Bibliothek des Konservatismus in Berlin eröffnet", *Junge Freiheit*, 26. November 2012, http://jungefreiheit.de/kultur/2012/bibliothek-des-konservatismusin-berlin-eroeffnet/.

134 S. 218. Demandt übersah zudem, dass neben Hitler zahllose Deutsche an den Verbrechen des Regimes beteiligt waren. Dies zeigte sich am Ende des Kapitels, als er über die Reaktionen der Deutschen auf das Bekanntwerden des Holocaust spekuliert. Demandt geht von einem „‚Aufschrei der Empörung'" aus und von „Entsetzen, … Scham und … Reue". Demandt, *Es hätte auch anders kommen können*, S. 230 f.

135 Dieter Kühn, *Ich war Hitlers Schutzengel* (Frankfurt a. M., 2010).

136 Ebd., S. 54.

137 Ebd., S. 165.

138 Ebd., S. 156.

139 Ebd., S. 93.

140 Ebd., S. 124.

141 Kühn ist Träger der Carl-Zuckmayer-Medaille, des Hermann-Hesse-Preises und des Großen Literaturpreises der Bayerischen Akademie der Schönen Künste, www.fischerverlage.de/autor/dieter_kuehn/3069.

142 Christoph Driessen, „Ich war Hitlers Schutzengel", *Kölnische Rundschau*, 26. Januar 2010.

143 Vgl. etwa Gregor Keuschnig, „Dieter Kühn: Den Musil spreng ich in die Luft", Begleitschreiben (Blog), 11. Juli 2012, https://www.begleitschreiben.net/dieter-kuehn-den-musil-spreng-ich-in-die-luft/.

144 Vgl. das Interview mit Jürgen König im Deutschlandradio, www.dradio.de/dkultur/sendungen/thema/1135034/.

145 Ebd.

146 Bücherwelt: Hitlers Schutzengel. https://web.archive.org/web/20100521025406/http://www.podster.de/episode/1290249.

147 Kühn war mehrere Jahre für die FDP Stadtverordneter in Düren. Walter van Rossum, „In die Labyrinthe der eigenen Erinnerung", *Deutschlandfunk*, 22. Dezember 2013, www.deutschlandfunk.de/buch-der-woche-in-die-labyrinthe-der-eigenen-erinnerung.700.de.html?dram:article_id=272648.

148 Brenner, *Führerlos*, S. 203.

149 Ebd., S. 178 f.

150 Ebd., S. 273.

151 Wolfgang Brenner, *Walther Rathenau: Deutscher und Jude* (München, 2008) und *Der Mut des Fliegers – Adolf Reichwein, Pädagoge im Widerstand* (1998).

152 Johannes Willms, *SZ*, 7. Dezember 2010, zitiert auf: https://www.ullstein-buchverlage.de/nc/buch/details/es-haette-auch-anders-kommen-koennen-9783549073681.html.

153 Vgl. Martin Munos Rezension des Buches für die *Deutsche Welle*, 24. Juli 2011.

https://web.archive.org/web/20110120151341/www.dw-world.de/dw/article/0,,6366747,00.html.

154 Vgl. Herbert Geberts Kritik des Buches auf: www.wiesentbote.de/2011/01/10/herbert-geberts-buchkritik-alexander-demandt-es-hatte-anders-kommen-konnen/.

155 So die Ansicht des äußerst rechten National Journal und Globalfire Information and News Service, https://web.archive.org/web/20110216084410/http://www.globalfire.tv/nj/11de/zeitgeschichte/ah_groesster_staatsmann.htm.

156 Rudolf von Bitter, „Dieter Kühn, Ich war Hitlers Schutzengel", 12. Juli 2010, www.br-online.de/bayerisches-fernsehen/lesezeichen/dieter-kuehn-ich-war-hitlers-schutzengel-lesezeichen-2010–07-12-ID1278598569949.xml.

157 Maria Renhardt, „Haben die Schutzengel der Opfer versagt?" *Die Furche*, 2. Juni 2010, www.furche.at/system/downloads.php?do=file&id=1751. (Der angegebene Link ist Stand November 2020 nicht mehr aktiv. Eine Kopie befindet sich im Besitz des Autors.)

158 Rezension in *Die Welt*, 27. September 2008; Thomas Neumann, „Hitler starb in Bürgerbräukeller", Literaturkritik.de, Dezember, 2008, www.literaturkritik.de/public/rezension.php?rez_id=12511.

159 Stefan Sase, Rezension von *Führerlos* in: *Roter Dorn*, 1. August 2010, www.roterdorn.de/inhalt.php?xz=rezi&id=16447. (Der angegebene Link ist Stand November 2020 nicht mehr aktiv. Eine Kopie befindet sich im Besitz des Autors.)

160 Timur Vermes, *Er ist wieder da* (Köln, 2012).

161 Vgl. Rosenfeld, *The World Hitler Never Made*, Kapitel 5.

162 Vermes, *Er ist wieder da*, S. 19, 87, 133.

163 Ebd., S. 44–46, 52.

164 Ebd., S. 24, 160, 190.

165 Fabian Röger, „10 Fragen an Timur Vermes", 12. August 2013, https://web.archive.org/web/20201009101658/http://www.koeselsche.de/index.php?option=com_content&view=article&id=236.

166 „Wir haben zu viel vom gleichen Hitler", *SZ*, 13. Dezember 2012. Tony Patterson, „Hitler's Return: Timely Satire or a Joke Too Far?", *The Independent*, 24. Februar 2013.

167 Darunter waren die Filme *Schtonk!* (1992) und *Goebbels und Geduldig* (2001), die Harald Schmidt Show und Comics wie Walter Moers' dreibändige Geschichte *Adolf, die Nazi-Sau* (1998–99) sowie Achim Gresers *Der Führer Privat* (2000).

168 In Sterns Show lief oft ein Beitrag mit dem Titel „Raten Sie mal, wer der Jude ist?", moderiert von einem Kurt-Waldheim-Imitator. https://www.youtube.com/watch?v=mO-EDqTsWDhY. Vertreter der Überlegenheit der Weißen machten sich Crumbs bissige Karikatur „When the Niggers Take Over America!" (1993) zu eigen, www.newyorker.com/archive/1994/11/14/1994_11_14_048_TNY_CARDS_000370902.

169 Vermes, *Er ist wieder da*, S. 148, 121 f.

170 Hierzu gehörten unter anderem die Filme *Berüchtigt* (R: Alfred Hitchcock, 1949), *Verboten!* (R: Samuel Fuller, 1959), *Europa* (R: Lars von Trier, 1990) sowie die Romane *Die Akte Odessa* (1972) und *Der Holcroft-Vertrag* (1978).

171 „Er ist wieder da – bald auch im Film", *Börsenblatt*, 28. Juni 2013, https://web.archive.org/web/20131013162329/http://www.boersenblatt.net/628021/.

172 Vgl. etwa die Rezension „Mein Freund, der Führer" (22. Oktober 2012) auf amazon.de, wo es über 800 positive Kommentare gab. Insgesamt verzeichnete die Seite über 1 300 Kundenrezensionen.

173 Vgl. „Stimmen zum Buch", www.luebbe.de/Eichborn/Details/Id/978-3-8479-0517-2; Stefan Reckziegel, Rezension von *Er ist wieder da*, *Hamburger Abendblatt*, 22. November 2012.

174 Einige Rezensenten bezeichneten das Buch als zu lang, andere sogar als „totlangweilig": Marc Reichwein, „Er ist wieder da – Eine Hitler-Satire mit Überlänge", *Die Welt*, 20. Juli 2013; Volker Surman, „Lustig-blöder Hitlerkrampf", *taz*, 27. März 2013.

175 Cornelia Fiedler, „Ha ha Hitler", *SZ*, 9. Januar 2013.

176 Stefan Schmitz, „Heiße Ware unter dem Weihnachtsbaum", *Stern*, 13. Dezember 2012; Surman, „Lustig-blöder Hitlerkrampf".

177 Vgl. „Mein Freund, der Führer" (22. Oktober 2012); „Unheimlich gut" (12. September 2012); „Fiktion und Wahrheit" (25. August 2013) und viele andere auf amazon.de.

178 Hermann Weiss, „Ein unheimlicher Erfolg", *Welt am Sonntag*, 27. Januar 2013.

179 Vgl. Rosenfeld, *The World Hitler Never Made*, Kapitel 7.

180 Michael Chabon, *Die Vereinigung jiddischer Polizisten*. Aus dem Amerikanischen von Andrea Fischer (Köln, 2008).

181 Ebd., S. 110, 133.

182 Ebd., S. 42.

183 Ebd., S. 484.

184 2003 unterzeichnete Chabon eine Petition zum Abzug der israelischen Siedler aus dem Westjordanland und für einen Staat Israel in den Grenzen von 1967. www.btvshalom.org/pressrelease/041404.shtml.

185 In einem Interview bekannte Chabon 2007, er fürchte sowohl den Wunsch der Ultraorthodoxen, einen Dritten Tempel in Jerusalem zu bauen, als auch die Unterstützung amerikanischer Evangelikaler bei der Zucht einer roten Färse, die eine Voraussetzung für die Rückkehr des Messias ist. „Arctic Jews: An Interview with Michael Chabon", 14. April 2007, www.dissentmagazine.org/online.php?id=10.

186 Vgl. Kapitel 3 der vorliegenden Studie.

187 Zitiert in: Sarah Goldstein, „Jews on Ice", *Salon.com*, 4. Mai 2007, https://www.salon.com/2007/05/04/chabon_5/.

188 Walter Laqueur, „Disraelia: A Counterfactual History, 1848–2008", *Middle East Papers: Middle East Strategy at Harvard*, 1. April 2008, S. 1–21. Der Aufsatz erschien später in dem Band *Harvest of a Decade: Disraelia and Other Essays* (New York, 2011).

189 Ebd., S. 14.

190 Ebd., S. 16.

191 Ebd., S. 20.

192 Vgl. sein Buch *The Last Days of Europe: Epitaph for an Old Continent* (New York, 2007) und www.laqueur.net.

193 Laqueur, *The Last Days of Europe*, S. 16.

194 Ebd., S. 9.

195 Ebd., S. 16.

196 Ebd., S. 17.

197 Ebd., S. 20.

198 Sam Anderson, „The Frozen People", *New York Magazine*, 7. Mai 2007; Mark Oppenheimer, „Jewish Noir", *The Forward*, 20. April 2007; vgl. auch Benjamin Lytal, „The Zany Integrity of Chabon", *New York Sun*, 18. April 2007; Michiko Kakutani, „Looking for a Home in the Limbo of Alaska", *New York Times*, 1. Mai 2007.

199 James Lewis, Rezension von *The Yiddish Policemen's Union*, *The American Thinker*, 5. Juli 2008, www.americanthinker.com/2008/07/the_ultimate_pc_novel.html.

200 „Novelist's Ugly View of Jews", *New York Post*, 22. April 2007, https://nypost.com/search/Novelist's+Ugly+View+of+Jews",+/.

201 John Podhoretz, „Zion on Ice", *Weekly Standard*, 25. Juni 2007: „Wie alle diejenigen, die eine große sentimentale Liebe zu ihrem ‚Erbe' bekunden, liebt Chabon sein Erbe nur so lange, wie es im Rückspiegel zu sehen ist."

202 Samuel Freedman, „In the Diaspora: Chabon's Choice", *Jerusalem Post*, 12. Juli 2007. Das Lob liberaler Kritiker bestätigte zudem den liberalen Grundtenor von Chabons Roman. Vgl. etwa Joshua Furst, „A Long Way from Zion", *Zeek Magazine*, Juli 2007, www.zeek.net/707zion/.

203 http://sandbox.blog-city.com/disraelia.htm.

5 Die Vermenschlichung Hitlers: Der Führer im zeitgenössischen Film

1 In seinem Buch *The Hitler Filmography: Worldwide Feature Film and Television Miniseries Portrayals, 1940 through 2000* (Jefferson, NC, 2002) erörtert Charles Mitchell 100 Filme mit oder über Hitler und verweist auf viele weitere.

2 David Welch, *Propaganda and the German Cinema, 1933–1945* (Oxford, 1983), S. 6–7.

3 Erwin Leiser, *Nazi Cinema* (London, 1974), S. 29.

4 Einer dieser Dokumentarfilme war *Feuertaufe* (1940), in dem er als Mann des Friedens erscheint, der Deutschland gegen einen Angriff der Polen verteidigt.

5 Vgl. Jo Fox, *Film Propaganda in Britain and Nazi Germany* (Oxford, 2007), S. 200–206. David Welch schreibt in *Propaganda and the German Cinema*: „Jede Dramatisierung einer so gottgleichen Figur auf den Kinoleinwänden würde als Blasphemie gelten" (S. 147).

6 Darunter waren *Der große König* (1942) und *Bismarck* (1940).

7 Zu den Filmen der Three Stooges zählten Kurzfilme wie *You Nazty Spy* (1939) und *I'll Never Heil Again* (1941). Der berühmteste Walt-Disney-Zeichentrickfilm war *The Führer's Face* (1943). Eine andere Kriegskomödie war Gordon Douglas' *The Devil With Hitler* (1942), in der Hitler mit Luzifer in der Hölle umhertollte (Mitchell, *The Hitler Filmography*, S. 8). Diese Filme wollten eine moralische Botschaft vermitteln. So bekannte Charlie Chaplin, er habe mit *Der große Diktator* unbedingt Hitlers „mystischen Unsinn über eine reinblütige Rasse … zum Gespött werden lassen" wollen. *Die Geschichte meines Lebens*, S. 400. Vgl. auch den britischen Film, *Let George Do It!* (der spätere Titel lautete *To Hell With Hitler*, 1940), in dem ein britischer Ukulelespieler, gespielt von dem Komiker George Formby, dem NS-Diktator mit der Faust ins Gesicht schlägt. Zu während des Krieges gedrehten Anti-Nazi-Filmen, vgl. Sabine Hake, *Screen Nazis: Cinema, History, and Democracy* (Madison, 2012), Kapitel 1.

8 Kurz vor seiner Entfesselung des Zweiten Weltkriegs und erneut während des Konflikts soll Hitler von Juden ausgelacht worden sein und hämisch geschworen haben, dass denjenigen, die damals gelacht hätten, „das Lachen überall vergehen" werde. Zitiert in Claudia Schmölders, „Der Führer privat – aber für wen?" *Frankfurter Rundschau*, 16. Januar 2007. Vgl. auch Andreas Platthaus, „Der Diktator als Prügelknabe", *FAZ*, 6. Januar 2007.

9 Chaplin, *Geschichte meines Lebens*, S. 399 f.

10 In der frühen Nachkriegszeit gab es mit Ausnahme von Mel Brooks' Film *The Producers* (1968) und seinem Remake von Lubitschs *To Be Or Not To Be* (1983) kaum satirische Darstellungen Hitlers. Die beiden genannten Filme beschäftigten sich allerdings nicht vordringlich mit Hitler.

11 *Hitler – Die letzten zehn Tage* zeigt Hitler am Tiefpunkt seiner teuflischen Macht und sollte die Botschaft vermitteln, dass alle Diktaturen schließlich sang- und klanglos untergehen. Vgl. Michael Töteberg, „‚Hitler's Shadow Still Looms over Us': G. W. Pabst's The Last Ten Days as Film and Event", in: Karolin Machtans und Martin A. Ruehl, Hg., *Hitler Films from Germany: History, Cinema and Politics since 1945* (New York, 2012), S. 63–64. Die moralische Zielrichtung des Films wurde bereits im Vorspann deutlich: „Dieser Film erzählt die Geschichte einer Zeit, wie sie war und nie mehr wiederkehren darf." www.youtube.com/watch?v=6vdBxwmDpAU.

12 Zu Knopps zahlreichen Filmen zählten unter anderem *Hitler: Eine Bilanz*, *Hitlers Helfer* und *Hitlers Krieger*. Vgl. Wulf Kansteiner, *In Pursuit of German Memory: History, Television, and Politics after Auschwitz* (Athens, OH, 2006), S. 160–180.

13 *The Boys From Brazil* schildert zwar nicht das Überleben Hitlers, allerdings das seines Genmaterials in Form von geklonten Kindern.

14 Donald McKale, *Hitler: The Survival Myth* (New York, 1981).

15 Nach eigenen Aussagen versuchte Guinness bewusst, Hitler „menschlich zu machen": „Alec Guinness: ‚I Cannot Possibly Make Hitler Sympathetic'", *New York Times*, 10. September 1972, S. D19.

16 Rosenfeld, *The World Hitler Never Made*, S. 256–259.

17 Mit seinem Experimentalfilm wollte Syberberg zeigen, wie sehr Hitler als Projektionsfläche für die Wünsche, Ängste und Hoffnungen der Deutschen diente: Anton Kaes, *From Hitler to Heimat: The Return of History as Film* (Cambridge, MA, 1989), S. 51; Vgl. auch Annette Insdorf, *Indelible Shadows: Film and the Holocaust* (Cambridge, UK, 2003), S. 187–192.

18 Kaes, *From Hitler to Heimat*, S. 6–7; Kansteiner, *In Pursuit of German Memory*, S. 382.

19 Insdorf, *Indelible Shadows*, S. 67–68.

20 Michael Getler, „Germans Confront the Führer Again", *Washington Post*, 1. August 1977, S. A12.

21 Wie ein Kritiker von *The Bunker* schrieb, mache Anthony Hopkins Hitler „ein wenig zu begreifbar" und „annehmbarer als … historische Figur": John O'Connor, „‚Bunker': On Hitler's Last Days", *New York Times*, 27. Januar 1981, S. C19. Für einen anderen Kritiker machte der Film Hitler zu einer „Gestalt des Pathos, Zitterns und Nuschelns in seinem unterirdischen Hauptquartier": Tom Shales, „Back in the Bunker", *Washington Post*, 27. Januar 1981, S. B1.

22 Bosley Crowther, „Screen: ‚Last Ten Days': German Film Tells of Hitler's Downfall", *New York Times*, 12. April 1956, S. 26; Vincent Canby, „Screen: ‚Last Ten Days'", *New York Times*, 10. Mai 1973, S. 57; Rick Groen, „Hitler Saga Proves Even Evil Can Be Dull", *Globe and Mail*, 27. Januar 1981; Roger Ebert war von Alec Guinness' schauspielerischer Leistung „gelangweilt", http://rogerebert.suntimes.com/apps/pbcs.dll/article?AID=/19730522/REVIEWS/305220301/1023.

23 Tom Shales, „Back in the Bunker".

24 Diese Kritik deutete sich bereits in den Reaktionen auf *Hitler – Eine Bilanz* an, vgl. Kansteiner, *In Pursuit of German Memory*, S. 169, 380, Anm. 73. Vor allem war Knopp wenig geneigt, die Deutschen für die Verbrechen Hitlers zur Verantwortung zu ziehen, was erklärt, warum die geplante Serie *Hitlers Volk* nie zustande kam (ebd., S. 172).

25 Neuere Filme wie die Hollywood-Produktion *Operation Walküre – Das Stauffenberg-Attentat* (2008) und der deutsche Fernsehfilm *Speer und Er* (2005), in denen Hitler eine vergleichsweise marginale Rolle spielt, werden in diesem Kapitel nicht behandelt.

26 Gayle MacDonald, „The Furor over Hitler", *Globe and Mail* (Kanada), 14. Mai 2003, S. R1.

27 Ebd.

28 Gayle MacDonald, „The Fuhrer on Screen", *Globe and Mail* (Kanada), 27. Juli 2002.

29 Sally Ogle Davis und Ivor Davis, „Making Hitler human", *Ottawa Citizen*, 14. August 2002. Nach Ansicht des kanadischen Historikers Irving Abella verlieh der Film Hitler „ein Maß an Normalität, das von der Ungeheuerlichkeit seiner Verbrechen ablenken könnte". Zitiert in: MacDonald, „The Fuhrer on Screen."

30 „Furore over the Fuehrer", *Ottawa Citizen*, 28. August 2002, S. A14.

31 „CBS Revises Script for Hitler Miniseries", *AP Online*, 13. Januar 2003. Maureen Dowd warf CBS vor, die NS-Zeit nur für die Einschaltquote auszunutzen: „Swastikas For Sweeps", *New York Times*, 17. Juli 2002, S. A19.

32 www.cbs.com/specials/rise_of_evil.

33 David Wiegand, „An Attempt to Fathom Hitler", *San Francisco Chronicle*, 16. Mai 2003; Linda Stasi, „Fuhrer – Don't Be Afraid of the Hitler You Never Knew – He's Still a Monster", *New York Post*, 15. Mai 2003, S. 83; Tom Shales, „CBS's ‚Hitler', Digging at the Roots of Evil", *Washington Post*, 18. Mai 2003.

34 Charlie McCollum, „Drama About Early Years of Hitler Wins Over Skeptics", *San Jose Mercury News*, 18. Mai 2003, S. 6 E; Alessandra Stanley, „Architect of Atrocity: The Formative Years", *New York Times*, 16. Mai 2003, S. E1; „ADL endorses ‚Hitler' miniseries", *United Press International*, 2. Mai 2003.

35 Robert Bianco, „Ultimate Lessons Redeem ‚Hitler'", *USA Today*, 16. Mai 2003, S. 9E; Andy Smith, „Nothing New in This TV Movie Look at Hitler", *Providence Journal-Bulletin*, 18. Mai 2003.

36 Stanley, „Architect of Atrocity: The Formative Years."

37 David Kronke, „‚Hitler' Rarely Takes Risks", *Daily News of Los Angeles*, 18. Mai 2003, S. U11.

38 Ken Tucker, „Review of Hitler – The Rise of Evil", *Entertainment Weekly*, 16. Mai 2003.

39 Steve Murray, „Caricature of a Monster", *Atlanta Journal-Constitution*, 17. Mai 2003, S. 4C.

40 www.adl.org/PresRele/HolNa_52/4258_52.htm.

41 Mike Hughes, „Producers Found Fascinating Facts in Making ‚Hitler' Miniseries", *Gannett News Service*, 2. Mai 2003.

42 MacDonald, „The Furor over Hitler."

43 MacDonald, „The Fuhrer on Screen."

44 Shales, „CBS's ‚Hitler', Digging at the Roots of Evil."

45 Charles Maier, Kommentare zu „Hitler: The Rise of Evil", H-German, 23. Mai 2003. http://h-net.msu.edu/cgi-bin/logbrowse.pl?trx=vx&list=hger-man&month=0305&week=d&msg=FwwJsiTcjpOy5f/6K1SXMA&user=&pw=.

46 Nathan Stolzfus, Kommentare zu „Hitler: The Rise of Evil", *H-German*, 23. Mai 2003. http://h-net.msu.edu/cgi-bin/logbrowse.pl?trx=vx&list=h-german&month=0305&week=d&msg=1TY007gH/9%2bLuZqfMzGqFg&user=&pw=.

47 Zitiert in Howard Rosenberg, „He Fought Our Fear, and the Fear Won", *Los Angeles Times*, 14. April 2003.

48 John Podhoretz, „A Hitler Miniseries Meant to Bash Bush", *New York Post*, 9. April 2003.

49 Ron Rosenbaum, „It's Sweepstime For Hitler, but Winter for Truth", *New York Observer*, 12. Mai 2003.

50 Naomi Pfefferman, „‚Max' Paints Hitler as Human", *Jewish News of Greater Phoenix*, 10. Januar 2003; Jamie Malanowski, „Human, Yes, But No Less a Monster", *New York Times*, 22. Dezember 2002, Section 2, S. 1.

51 www.culture.com/articles/1866/max-production-notes.phtml.

52 „Interviews: Max: What if Hitler was a Successful Artist", www.emanuellevy.com/interview/max-what-if-hitler-was-a-successful-artist-4/.

53 www.culture.com/articles/1866/max-production-notes.phtml.

54 https://web.archive.org/web/20070115181006/http://www.movies.about.com/library/weekly/aamaxinta.htm.

55 Hierauf verweist Ed Gonzalez: http://celebritywonder.ugo.com/movie/2002_Max_ed_gonzalez.html.

56 „Interviews: Max: What if Hitler was a Successful Artist", www.emanuellevy.com/interview/max-what-if-hitler-was-a-successful-artist-4/.

57 Anita Schwarz, Kritik von *Max, Detroit Metro Times*, 12. Februar 2003. www2.metrotimes.com/screens/review.asp?rid=1971[5]

58 Max Gross, „Portrait of Der Führer as a Young Man", *Forward*, 20. Dezember 2002, S. 13.

59 „Interviews: Max: What if Hitler was a Successful Artist", www.emanuellevy.com/interview/max-what-if-hitler-was-a-successful-artist-4/.

60 Pfefferman, „‚Max' Paints Hitler as Human."

61 www.beliefnet.com/Entertainment/Movies/2003/01/Is-Art-Mightier-Than-War.aspx?p=3.

62 www.imdb.com/title/tt0290210/business?ref_=tt_dt_bus.

63 David Talbot, „Was Hitler Human?" www.salon.com/2002/09/09/cusack_3/.

64 Malanowski, „Human, Yes, But No Less a Monster."

65 Andrew Gumbel, „Portrait of the Fascist as a Young Man", *The Independent*, 24. September 2002, S. 4–5. Vgl. auch „Cusack's Hitler Film Finds Jewish Ally", *New York Daily News*, 22. Dezember 2002.

66 Pfefferman, „‚Max' Paints Hitler as Human."

67 Terry Teachout, „Sympathy for the Devil", *Sight & Sound*, 6. Juni 2003.

68 Gumbel, „Portrait of the Fascist as a Young Man"; Dan Gire, „Naive Premise Fails to Take Hitler Drama to the ‚Max'", *Chicago Daily Herald*, 24. Januar 2003.

69 Todd McCarthy, Kritik von *Max, Variety*. 11. September 2002. www.variety.com/review/VE1117918685?refcatid=31; J. Hoberman, „Portraits of the Artist", *Village Voice*, 24. Dezember 2002, www.villagevoice.com/2002-12-24/film/portraits-of-the-artist/2/.

70 Stephen Hunter, „‚Max': Tenderizing Adolf", *Washington Post*, 7. Februar 2003, S. C5.

71 Mick LaSalle, „A Bemusing What-If About Adolf Hitler", *San Francisco Chronicle*, 24. Januar 2003, S. D5; Rex Reed, „Adolf Hitler, Wannabe Artist", *New York Observer*, 13. Januar 2003; Martin Knelman, „Max Takes History Down a Treacherous Road", *Toronto Star*, 14. September 2002.

72 Lou Lumenick, „Think Time For Hitler In ‚Max'", *New York Post*, 27. Dezember 2002, S. 46; Stephen Holden, „Hitler Before the Führer", *New York Times*, 27. Dezember 2002, http://movies.nytimes.com/movie/review?res=9904E1DA113CF934A15751C1A9649C8B63. Teachout, „Sympathy for the Devil."

73 Roger Ebert, Kritik von *Max, Chicago Sun-Times*, 24. Januar 2003, http://rogerebert.suntimes.com/apps/pbcs.dll/article?AID=/20030124/REVIEWS/301240303/1023.

74 Peter Bradshaw, Kritik von *Max, The Guardian*, 19. Juni 2003, www.guardian.co.uk/culture/2003/jun/20/artsfeatures3.; Malanowski, „Human, Yes, But No Less A Monster."

75 So schreibt Klaus L. Berghahn, für Tabori sei das „Lächerlichmachen Hitlers also auch eine Art Selbsttherapie, Teil seiner Überlebenskunst": „‚Hitler und sein Jude': Anmerkungen zu George Taboris ‚Mein Kampf'" in: *Modern Austrian Literature*, Bd. 36, Nr. 1/2 (2003), S. 1–16, hier S. 5; Claire Horst, „Die Katastrophe als Witz", www.kino-zeit.de/filme/mein-kampf.

76 Berghahn, „‚Hitler und sein Jude'; Michael Ranze, „Mein Kampf", *Hamburger Abendblatt*, 3. März 2011.

77 Berghahn, „‚Hitler und sein Jude'".

78 Ebd., S. 12.

79 Einen bequemen Moralismus lehnte Tabori ab: „Wenn wir nicht über Tabus und Klischees hinwegsehen und einander als Menschen und nicht als Abstraktionen betrachten können, dann kann man genauso gut die Öfen wieder anzünden." Jörn Seidel, „Trittbrettfahrer der Hitlerei", *Die Zeit*, 2. März 2011.

80 „Interview mit Regisseur Urs Odermatt", *Mein Kampf*, Presseheft.

81 www.nordwestfilm.ch/mein_kampf_inhalt.html.

82 Liam Trim, „Review of Dawn of Evil: Rise of the Reich", https://www.flickeringmyth.com/2011/02/dvd-review-dawn-of-evil-rise-of-reich/. Nach Ansicht des Rezensenten war *Mein Kampf* letztlich „eine mittelmäßige Geschichte" mit einem „verblüffenden … Ende". Eine andere Rezensentin fand es zwar richtig, dass Odermatt versuche, „einen ‚menschlicheren' Hitler zu zeigen", empfand den Film letztlich jedoch als „unstrukturiert und ungewollt ironisch": Jodie Sims, „Rezension von Dawn of Evil: Rise of the Reich", www.thefilmpilgrim.com. *The Economist* beschrieb den Film als „einen sehr ernsthaften Versuch, die Pathologie eines zutiefst kranken und gebieterischen Mannes einmal mehr zu verstehen". „Imagining a Young Hitler", *The Economist*, 24. März 2011. *The Hollywood Reporter* bezeichnete den Film als „fantasielos" und verglich ihn mit einem „gefilmten Theaterstück": Karstein Kastelan, Kritik von *Mein Kampf*, *Hollywood Reporter*, 20. Juli 2010.

83 Seidel, „Trittbrettfahrer der Hitlerei."

84 Claire Horst, „Die Katastrophe als Witz", http://www.kino-zeit.de/kritikdruck/14111/kritik1.

85 Axel Schock, „Wahnwitz im Männerheim", *Stuttgarter Nachrichten*, 3. März 2011; Sonja M. Schultz, „Mein Kampf", https://web.archive.org/web/20110123100544/https://www.critic.de/film/mein kampf 2192.

86 Wolfgang Höbel, „Als Hitler noch Klein-Adolf war", *Der Spiegel*, 3. März 2011.

87 Jörn Seidel, „Trittbrettfahrer der Hitlerei."

88 Jan Schulz-Ojala, „Sein Krampf", *Der Tagesspiegel*, 3. März 2011.

89 Anke Westphal, „Schulunterrichtstauglich", *Frankfurter Rundschau*, 2. März 2011.

90 Dietrich Kuhlbrodt, „Mein Kampf", *Filmgazette*, https://filmgazette.de/2017/07/10/mein-kampf/. Der Text erschien zuerst in: *Konkret* 03/2011.

91 Berghahn, „‚Hitler and His Jew'", S. 211.

92 Kuhlbrodt, „Mein Kampf".

93 Andere Rezensenten bemerkten, wer „abgründigen jüdischen Humor erwartet, wird enttäuscht werden": https://web.archive.org/web/20110305171913/www.news.de/medien/855135667/verfilmung-von-taboris-mein-kampf/1/.

94 Joachim Fest, *Hitler und das Ende des Dritten Reiches* (Berlin 2002); Traudl Junge, *Bis zur letzten Stunde* (Berlin 2002).

95 Michael Wildt, „Der Untergang: Ein Film inszeniert sich als Quelle", *Zeithistorische Forschungen*, 1, 2005, www.zeithistorische-forschungen.de/site/40208312/default.aspx.

96 John Bendix, „Facing Hitler: German Responses to Downfall", *German Politics and Society*, 1, 2007, S. 76.

97 Hellmuth Karasek, „Der jämmerliche Diktator", *Der Tagesspiegel*, 11. September 2004.

98 Marian Blasberg/Jörg Hunke. „Hitler ist greifbarer geworden", *Frankfurter Rundschau*, 11. September 2004, www.filmportal.de/node/69095/material/544449.

99 Ebd.

100 Bendix, „Facing Hitler", S. 74.

101 „Hitler ist greifbarer geworden."

102 David Bathrick, „Whose Hi/story Is It? The U. S. Reception of Downfall", *New German Critique*, Herbst 2007, S. 9.

103 Ebd., S. 9.

104 Bendix, „Facing Hitler", S. 73.

105 Eichinger in: „Hitler ist greifbarer geworden"; Hirschbiegel in: „Daher kommen wir". Interview von Anke Westphal mit Oliver Hirschbiegel, in: *Berliner Zeitung*, 11. September 2004, S. 31/33.

106 Gina Thomas, „Bunker Mentality", *The Guardian*, 26. August 2004.

107 Ian Kershaw, „The Human Hitler", *The Guardian*, 16. September 2004; Mark Landler, „The All-Too-Human Hitler, on Your Big Screen", *New York Times*, 15. September 2004, S. A4.

108 Zitiert in: Wildt, „Der Untergang."

109 Frank Schirrmacher. „Die zweite Erfindung des Adolf Hitler", *FAZ*, 14. September 2004.

110 Wildt, „Der Untergang"; Hans-Georg Rodek, „Das Ende des Schwarzweiß-Phantoms", *Die Welt*, 15. September 2004.

111 Harald Welzer, „Der erratische Führer", *Frankfurter Rundschau*, 18. September 2004, S. 15.

112 Goetz Aly, „Ich bin das Volk", *SZ*, 1. September 2004; Wim Wenders. „Tja, dann wollen wir mal. Warum darf man Hitler in ‚Der Untergang' nicht sterben sehen? Kritische Anmerkungen zu einem Film ohne Haltung", *Die Zeit*, 44, 21. Oktober 2004.

113 Jens Jessen, „Stilles Ende eines Irren unter Tage", *Die Zeit*, 26. August 2004, S. 33.

114 Georg Seesslen, „Das faschistische Subjekt", *Die Zeit*, 16. September 2004.

115 Wenders, „Tja, dann wollen wir mal".

116 Wildt, „Der Untergang".

117 Zitiert in: Sven Felix Kellerhoff, „Die deutschen Historiker sahen ‚Der Untergang'", *Die Welt*, 17. September 2004; Joachim Frank, „Täter, die am Ende zu Opfern werden", *Kölner Stadt-Anzeiger*, 18. September 2004.

118 Vgl. Hannes Heer, *Hitler war's: Die Befreiung der Deutschen von ihrer Vergangenheit* (Berlin, 2005). Dieser Trend sei auch in Guido Knopps Hitler-Dokumentationen zu beobachten.

119 Welzer, „Der erratische Führer".

120 David Denby, „Back in the Bunker", *New Yorker*, 14. Februar 2005.

121 Vgl. Heer, *Hitler war's*, S. 14–17; David Cesarani und Peter Longerich, „The Massaging of History", *The Guardian*, 7. April 2005.

122 Julia Anspach, „Der Untergang - ein Tauerspiel", *Kritische Ausgabe*, 2, 2004.

123 Ebd.

124 Jutta Brückner, „Das späte Kind", *Freitag*, 12. Januar 2006.

125 Anke Westphal, „Jedes Volk sucht sich seinen Diktator", *Berliner Zeitung*, 6. Januar 2007; Bert Rebhandl, „Adolf Hitler? Hast du das denn nötig?" *Der Standard* (Österreich), 10. Januar 2007; Johanna Adorján, „Dürfen wir über Hitler lachen?" *FAZ*, 17. Dezember 2006.

126 Ebd. Moritz Holfelder, „Das Dritte Reich ist Kabarettstoff", *Frankfurter Rundschau*, 8. Januar 2007.

127 Bert Rebhandl, „Adolf Hitler? Hast du das denn nötig?"

128 Ebd.

129 Adorján, „Dürfen wir über Hitler lachen?"

130 Peter Zander, „Levy: Der Kontext von Sex und Macht ist sehr interessant", *Die Welt*, 5. Januar 2007.

131 Holfelder, „Das Dritte Reich ist Kabarettstoff."

132 Thomas Stephens, „Swiss Directs Controversial Führer Farce", 12. Januar 2007. www.swissinfo.ch/eng/Home/Archive/Swiss_directs_controversial_Fuehrer_farce.html?cid=5661024.

133 Rebhandl, „Adolf Hitler? Hast du das denn nötig?"

134 Adorján, „Dürfen wir über Hitler lachen", *FAZ*. Vgl. auch https://www.faz.net/aktuell/feuilleton/debatten/filmkomoedie-mein-fuehrer-duerfen-wir-ueber-hitler-lachen-1100652.html?printPagedArticle=true#pageIndex_4.

135 Ebd.

136 Vgl. http://docplayer.org/20723743-Materialien-fuer-den-unterricht.html.

137 Ebd.

138 Levy habe „die moralische Tragödie einer Zeit" erzählen wollen. „In was für einer Zeit, mit welchen ethischen Werten sind diese Menschen aufgewachsen, die im Nationalsozialismus geführt haben und ihm gefolgt sind?" Ebd.

139 Stephan J. Kramer, „‚Mein Führer' - oberflächlich, überflüssig, gefährlich", *Der Tagesspiegel*, 11. Januar 2007, S. 8; „Weitere Kritik an ‚Mein Führer'", *Die Welt*, 10. Januar 2007.

140 Jan Schulz-Ojala, „Alles auf Adolf", *Der Tagesspiegel*, 6. Januar 2007; „Giordano: Neuer Hitler-Film kann Schaden anrichten", *Die Welt*, 3. Januar 2007.

141 „Weitere Kritik an ‚Mein Führer'", *Die Welt*, 10. Januar 2007; „Massive Kritik an Levys Hitler-Satire", *Der Spiegel*, 9. Januar 2007.

142 Harald Martenstein, „Adolf auf der Couch", *Die Zeit*, 4. Januar 2007.

143 DPA-Meldung, *Der Tagesspiegel*, 11. Januar 2007, S. 26. http://archiv.tagesspiegel.de/archiv/11.01.2007/3014546.asp.

144 Wilhelm Hofmann und Anna Baumert, „Hitler als Figur der psychologischen Medienforschung", in: Rainer Rother und Karin Herbst-Meßlinger, Hg., *Hitler Darstellen: Zur Entwicklung und Bedeutung einer filmischen Figur* (München, 2008), S. 140–142.

145 Christian Ihle und Horst Motor, „Rezension: Mein Führer", *taz*, 12. Januar 2007. Vgl. auch Holden, „Hitler Before the Führer."

146 Henryk Broder, „Der Jud tut gut", *Der Spiegel*, 8. Januar 2007.

147 Derek Elley, Kritik von *Mein Führer, Variety*, 22. Januar 2007, S. 25. Vgl. auch Eric Hansen, Kritik von *Mein Führer, Hollywood Reporter*, 9. Januar 2007, www.ethansen.de/Pro/THRReviews.html; Nick Pinkerton, „My Führer Lacks Gall", *Village Voice*, 11. August 2009, www.villagevoice.com/2009-08-11/film/my-f-uuml-hrer-lacks-gall/.

148 Stephen Holden, „Some Unexpected Behavior Therapy for the Not-So-Great Dictator", *New York Times*, 13. August 2009.

149 Schmölders, „Der Führer privat – aber für wen?", S. 15.

150 Elmar Krekeler, „Adolf Hitler einfach wegzaubern", *Die Welt*, 13. Januar 2007.

151 Horst von Buttlar, „Hi- Hi- Hitler", *Financial Times Deutschland*, 5. Januar 2007, S. 1–2.

152 Manfred Funke zitiert in Regina Krieger, „Lizenz zum Lachen über Peinlichkeiten", *Handelsblatt*, 10. Januar 2007.

153 Jutta Brückner, „Das späte Kind", *Freitag*, 12. Januar 2006.

154 Alan Posener, „Juden an die Front: ‚Mein Führer' und kein Ende", *Die Welt*, 19. Januar 2007. Levy erkannte selbst, dass er „für die nicht jüdischen Deutschen ein willkommener Tabubrecher" war: „Wie soll man Hitler verharmlosen?" *Jüdische Allgemeine*, 11. Januar 2007.

155 Christiane Peitz, „Kennen sie den?", *Der Tagesspiegel*, 12. Januar 2007.

156 www.imsdb.com/scripts/Inglourious-Basterds.html.

157 „Der Fingerabdruck des Joseph Goebbels", *FAZ*, 20. August 2009.

158 „Glorious Bastard", *Forward*, 4. Dezember 2009.

159 Jeffrey Goldberg, „Hollywood's Jewish Avenger", *The Atlantic*, September 2009.

160 Daniel Mendelsohn, „‚Inglourious Basterds': When Jews Attack", *Newsweek*, 13. August 2009; Manohla Dargis, „Tarantino Avengers in Nazi Movieland", *New York Times*, 20. August 2009.

161 J. Hoberman, „Quentin Tarantino's Inglourious Basterds Makes Holocaust Revisionism Fun", *Village Voice*, 18. August 2009; „Ich bin ja kein Nazi", *SZ*, 17. August 2009; Andreas Hartmann, „Die Rache an Guido Knopp", *Jungle World*, 20. August 2009, http://jungle-world.com/artikel/2009/34/37577.html.

162 Roger Ebert, Kritik von *Inglourious Basterds*, 19. August 2009. http://rogerebert.suntimes.com/apps/pbcs.dll/article?AID=/20090819/REVIEWS/908199995/1023; Peter Travers, Kritik von *Inglourious Basterds* in: *Rolling Stone*, 20. August 2009; Stephanie Zacharek, Kritik von *Inglourious Basterds* in: *Salon.com* 21. August 2009, www.salon.com/2009/08/21/inglourious_basterds/.

163 Sophie Albers, „Mehr als eine jüdische Rachefantasie", *Stern*, 20. August 2009.

164 Hartmann, „Die Rache an Guido Knopp".

165 Jan Schulz-Ojala, „Das schönste Attentat der Welt", *Der Tagesspiegel*, 20. Mai 2009. In den ersten vier Monaten spielte der Film weltweit über 300 Millionen Dollar ein, www.imdb.com/title/tt0361748/.

166 Jens Jessen, „Skalpiert die Deutschen!", *Die Zeit*, 20. August 2009.

167 http://articles.boston.com/2009-08-21/ae/29264139_1_christoph-waltzm-lanie-laurent-tarantino-film/3.

168 Mendelsohn, „Inglourious Basterds"; Jessen, „Skalpiert die Deutschen!"

169 Mendelsohn, „Inglourious Basterds."

170 Hoberman, „Quentin Tarantino's Inglourious Basterds Makes Holocaust Revisionism Fun."

171 Goldberg, „Hollywood's Jewish Avenger."

172 Martin Engelberg, „Märchen aus vergangenen Zeiten", *Die Presse*, 22. August 2009, http://diepresse.com/home/meinung/debatte/503491/Maerchen-ausvergangenen-Zeiten.

173 Goldberg, „Hollywood's Jewish Avenger."

174 Dargis, „Tarantino Avengers in Nazi Movieland."

175 Karine Cohen-Dicker, „Jewish Revenge Porn", *Forward*, 12. Juni 2009.

176 Goldberg, „Hollywood's Jewish Avenger."

177 Danielle Berrin, „Quentin Tarantino Calls Israeli Army Service ‚Awesome'", *Jewish Journal of Los Angeles*, 9. Februar 2010.

178 Danielle Berrin, „Oscar Buzz: The impact of ‚Inglourious Basterds' on the Jews", *Jewish Journal*, 24. Februar 2010. www.jewishjournal.com/hollywoodjew/item/oscar_worthy_the_impact_of_inglourious_basterds_on_the_jews_20100224/.

179 Albers, „Mehr als eine jüdische Rachefantasie."

180 Für Liel Leibowitz zeugte der Film von einer nicht-jüdischen Sensibilität: „Inglorious Indeed", *Tablet*, 21. August 2009. Daniel Mendelsohn teilte diese Ansicht: „[E]ine alternative und moralisch überlegene Form der Rache an den Juden bestünde darin, genau das zu tun, was die Juden seit dem Ende des Zweiten Weltkriegs getan haben: nämlich die Erinnerung an die ihnen widerfahrene Zerstörung zu bewahren und nicht verblassen zu lassen": Mendelsohn, „Inglourious Basterds".

6 Zwischen Tragödie und Farce: Nationalsozialismus im Internet

1 http://en.wikipedia.org/wiki/Hitler [Stand: 23. August 2020].

2 www.stormfront.org/forum/t830473/.

3 www.catsthatlooklikehitler.com/cgi-bin/seigany.pl?faq.html.

4 Einen guten Überblick über die Auswirkungen des Internets und der Informationsrevolution liefert Johnny Ryan, *A History of the Internet and the Digital Future* (London, 2010).

5 www.fordham.edu/Halsall/index.asp; http://www.besthistorysites.net/.

6 www.h-net.org/.

7 Carl Smith, „Can You Do Serious History on the Web?“ *Perspectives*, Februar 1998, www.historians.org/perspectives/issues/1998/9802/9802COM.CFM; Andrew McMichael, „The Historian, the Internet, and the Web: A Reassessment“, *Perspectives*, Februar 1998.

8 Nicholas Carr, *Wer bin ich, wenn ich online bin … und was macht mein Gehirn solange? Wie das Internet unser Denken verändert*. Aus dem Englischen von Henning Dedekind (München, 2010), S. 184.

9 Ebd., S. 218 f.

10 Ebd., S. 148.

11 Ebd., S. 208.

12 Ebd., S. 215.

13 Nicholas Carr, „The Web Shatters Focus, Rewires Brains“, *Wired Magazine*, 24. Mai 2010, www.wired.com/magazine/2010/05/ff_nicholas_carr/all/1.

14 Carr, *Wer bin ich, wenn ich online bin*, S. 303 f.

15 Ebd., S. 195 f.

16 Patricia Cohen, „Internet Use Affects Memory“, *New York Times*, 14. Juli 2011.

17 Gez Hebburn, „The ‚Google Effect‘ Debunked: Human Memory Changes Did Not Start with Search Engines“, *Search Engine Journal*, 25. Juli 2011, www.searchenginejournal.com/the-google-effect-debunked-human-memorychanges/31264/.

18 http://de.wikipedia.org/wiki/Kategorie:NSDAP-Mitglied.

19 http://fcit.usf.edu/holocaust/.

20 www.ushmm.org/; http://www.mjhnyc.org/findex.html; www.holocaustcenter.org/; ww.hmh.org/; www.museumoftolerance.com; www.lamoth.org/ ; www.ilholocaustmuseum.org/.

21 www.facing.org/; www.adl.org/main_Holocaust/default.htm; www.wiesenthal.com.

22 www.topographie.de/de/topographie-des-terrors/nc/1/; www.museen.nuernberg.de/dokuzentrum/; www.ns-dokumentationszentrum-muenchen.de/centre; www.museenkoeln.de/ns-dok/; www.dhm.de/; www.ghi-dc.org/; www.goethe.de/ges/pok/enindex.htm.

23 Vgl. etwa die Website des Münchner Stadtmuseums: www.stadtmuseum-online.de/dauerausstellungen/nationalsozialismus.html.

24 Vgl. etwa die Website für Auschwitz, http://en.auschwitz.org/m/, die des Holocaust-Museums in Budapest, http://old.hdke.hu/index.php?changelang=eng; und des kroatischen Konzentrationslagers www.juspjasenovac.hr/Default.aspx?sid=5020.

25 www.yadvashem.org/; auch andere israelische Holocaustmuseen haben eigene Internetauftritte, z. B. das Haus der Ghettokämpfer, www.gfh.org.il/Eng/.

26 www.calvin.edu/academic/cas/gpa/.

27 www.ww2remembered.com/; http://www.lostimagesofww2.com/.

28 http://www.thirdreichlocations.com/; www.thirdreichruins.com/; http://hitlerpages.com/.

29 Zur Audiodatei: https://www.dhm.de/lemo/kapitel/ns-regime/etablierung-der-ns-herrschaft/tag-von-potsdam.html; zum Video: https://www.dhm.de/lemo/kapitel/ns-regime/etablierung-der-ns-herrschaft/tag-von-potsdam.html.

30 http://en.wikipedia.org/wiki/The_Holocaust; https://en.wikipedia.org/wiki/The_Holocaust#Historikerstreit,_uniqueness_question.

31 http://en.wikipedia.org/wiki/The_Holocaust.

32 Wolfgang Benz zitiert in seinem Buch die Aussagen von Überlebenden des Lagers Jasenovac. Danach experimentierten Lagerbeamte möglicherweise mit der Vergasung von Kindern. Benz betont jedoch, dass diese Tötungsmethode nie systematisch eingesetzt wurde. Insgesamt kommt er zu dem Schluss: „Die systematische Tötung von Internierten erfolgte nicht in Gaskammern … [sondern] durch Folter, Prügel … Krankheiten und Hunger“: Wolfgang Benz, *Der Ort des Terrors: Geschichte der nationalsozialistischen Konzentrationslager* (München, 2009), Bd. 9, S. 328. In Maly Trostinets in der Nähe von Minsk wurden Ende Juli 1942 Juden drei Tage lang in Gaswagen getötet; im Übrigen wurden die Juden dort jedoch in Massenerschießungen umgebracht, www.holocaustresearchproject.org/nazioccupation/malytrost.html.

33 Vgl. z. B. http://www.thirdreichlocations.com/.

34 www.hitlerpages.com/index.html; www.hitlerpages.com/pagina56.html; www.hitlerpages.com/pagina11.html.

35 www.thirdreichlocations.com/WEWELSBURG/OTTENSHOF/Ottenshof.html; www.thirdreichlocations.com/MUNCHEN/STUDIOTHORAK/Studiothorak.html; www.thirdreichlocations.com/WUNSIEDEL/Graverudolfhess.html.

36 E-Mail von Jon Reffs an den Autor, 14. Oktober 2013. In einer späteren Nachricht berichtete Reffs, er habe vorher nicht bedacht, dass Neonazis seine Webseite falsch interpretieren könnten; er wolle die Bildunterschriften der Webseite ändern.

37 John Sutherland, „Mainstreaming Neo-Nazism“, *Dimensions: A Journal of Holocaust Studies*, 13:1, 1999, www.adl.org/braun/dim_13_1_neonazism.asp.

38 Ein Artikel aus dem Jahr 1996 listet siebzig neonazistische Webseiten auf, www.independent.co.uk/news/euracism-watchdog-demands-Internet-neonazi-censorship-1326493.html.

39 Im Jahr 1999 lag ihre Zahl schätzungsweise bei 500: http://news.bbc.co.uk/2/hi/americas/600876.stm.

40 Irvings Website ist: www.fpp.co.uk/, Zundels ist: www.zundelsite.org/.

41 http://www.metapedia.org/.

42 Vgl. „Das Parteiprogramm der NPD“, www.npd.de/html/1939/artikel/detail/1830/.

43 So auf Wikipedia: http://en.wikipedia.org/wiki/Stormfront_(website).

44 http://www.mathaba.net/www/nazi/index.shtml.

45 Breivik war im rechtsextremen schwedischen Forum Nordisk aktiv: www.bbc.co.uk/news/world-europe-14259989. Ähnliche Fälle beschreibt Christopher Wolf in „Hate on the Internet Leads to Hate Crime: What Is Society's Best Response?“, in: Barbara Perry u. a., Hg., *Hate Crimes*: Band 5, *Responding to Hate Crimes* (Westport, CT, 2009), S. 213–224.

46 http://en.wikipedia.org/wiki/Talk:Liberty_Lobby.

47 Diese Bemerkung findet sich oft auf den „talk page“-Rubriken von Wikipedia-Einträgen. Vgl. zum Beispiel http://en.wikipedia.org/wiki/Talk%3ABombing_of_Dresden_in_World_War_II/Archive_6#Neutrality_dispute.

48 John Brandon, „Dropping the Bomb on Google“, *Wired Magazine*, 11. Mai 2004, www.wired.com/culture/lifestyle/news/2004/05/63380.

49 Scott Sayre, „Concern over an Increasingly Seen Gesture Grows in France“, *New York Times*, 2. Januar 2014; Vgl. die französischen Tweets auf Twitter: https://twitter.com/search?q=%23laquenellenestpasunsignenaziouantisemite&src=hash, die Robert Mackey in seinem wichtigem Artikel „French Comic's ‚Anti-System‘ Salute Is Frequently Used to Mock Jewish Suffering“ erwähnt: http://thelede.blogs.nytimes.com/2013/12/31/french-comics-anti-system-salute-isfrequently-used-to-mock-jewish-suffering/?_php=true&_type=blogs&_r=0. Vgl. auch Noah Gur-Arieh, „The Anti-Semite Quenelle Salute is Sweeping Europe, and the World Stands Still“, *Jewish Journal*, 30. Dezember 2013.

50 Vgl. die Webseite www.anti-fascists-online.com/ sowie den Twitter-Feed „antiquenelle“ auf https://twitter.com/antiquenelles.

51 https://web.archive.org/web/20040607132019/www.google.com/explanation.html. Die ADL reagierte positiv auf die Erklärung von Google, https://web.archive.org/web/20040611023727/www.adl.org/PresRele/Internet_75/4482_75.htm.

52 2002 standen nach Angaben von eBay schätzungsweise 1125 Artikel – von Briefmarken bis zu Manschettenknöpfen – mit Hitler-Bezug zum Verkauf: Marc Fisher, „The Art of Evil“, *Washington Post*, 21. April 2002.

53 Eine wissenschaftlich kommentierte Gesamtausgabe hat das Institut für Zeitgeschichte München vorgelegt. Vgl. „Bavaria Plans New Edition of ‚Mein Kampf‘“, *Der Spiegel*, 24. April 2012, www.spiegel.de/international/germany/bavaria-plans-to-publish-new-edition-of-adolf-hitler-s-mein-kampf-a-829513.html.

54 „Ebay Is Told that It Sells Nazi Items“, *New York Times*, 25. November 1999, www.nytimes.com/1999/11/25/business/ebay-is-told-that-it-sells-nazi-items.html.

55 „‚Anonymous‘ Declares ‚Blitzkrieg‘ on Neo-Nazis“, *The Local: Germany's News in English*, 2. Januar 2012, www.thelocal.de/society/20120102-39867.html.

56 Eine repräsentative Auswahl liefert die Seite Know Your Meme, http://knowyourmeme.com/.

57 Virginia Heffernan, „The Hitler Meme“, *New York Times*, 24. Oktober 2008. www.nytimes.com/2008/10/26/magazine/26wwln-medium-t.html?pagewanted=all. Eine Suche auf Know Your Meme liefert [im September 2020] 222 Ergebnisse für „Hitler“: https://knowyourmeme.com/search?utf8=✓&q=hitler.

58 Vgl. Rod A. Martin, *The Psychology of Humor: An Integrative Approach* (Burlington, MA, 2007), S. 13. Diese und andere Formen des Humors haben unterschiedliche Funktionen; Ironie („ein Stilmittel, das das Gegenteil des Gesagten vermittelt“) ist meist beobachtend und verweist auf Ungereimtheiten (ebd., S. 98). Die Parodie ist oft eine Form der Nachahmung, während die Satire auf aktive Kritik abzielt. Zur Satire, vgl. Avner Ziv, „Humor as a Social Corrective“, in: Laurence Behrens und Leonard J. Rosen, Hg., *Writing and Reading Across the Curriculum*, 3. Aufl. (Glenview, IL, 1988), S. 356–360.

59 Entsprechend mussten viele „Disclaimers“ hinzufügen, um Internetnutzer ihrer hehren Absichten zu versichern.

60 Neben den in Kapitel 4 und 5 erwähnten Filmen war „Hitler“ in amerikanischen Fernsehshows wie *Saturday Night Live*, *The Daily Show with Jon Stewart*, *The Colbert Report*, *The Simpsons* und *Family Guy* zu sehen; außerdem trat er wiederholt in der erfolgreichen

Harald Schmidt Show und der kurzlebigen britische Sitcom *Heil Honey I'm Home!* Daneben wurde Hitler in Comics wie Walter Moers' dreibändigem *Adolf, die Nazi-Sau* (1998–1999) und Achim Gresers *Der Führer privat* (2000) parodiert.

61 In: *The Psychology of Humor* definiert Martin Inkongruenz auf S. 63 und behandelt sie ausführlicher auf S. 62–75. Vgl. auch S. 6, 22 bzw. zur Verunglimpfung S. 44–56. Verunglimpfung wird oft als „Überlegenheitstheorie" bezeichnet, vgl. D. h. Monro, „Theories of Humor", in: Behrens und Rosen, Hg., *Writing and Reading Across the Curriculum*, S. 351.

62 Martin, *The Psychology of Humor*, S. 7–20.

63 Natürlich unterscheiden sich die Formen und Funktionen von Humor für Opfer und Täter. Für Opfer ist Humor oft eine Art „Galgen"; das Lachen soll helfen, „in scheinbar aussichtslosen Situationen den Verstand ... zu wahren". Für die Täter und ihre Nachkommen dient das Lachen als Abwehrmechanismus, um Schuldgefühle zu verdrängen (ebd., S. 49).

64 http://knowyourmeme.com/memes/downfall-hitler-reacts. Eine Suche nach „Downfall Parody" auf Youtube liefert rund 47 000 Treffer.

65 Der Schöpfer des Mems ist DReaperF4. Das (inzwischen in gebrochenes Englisch übersetzte) Originalvideo ist zu finden auf www.youtube.com/watch?v=Gz1_pUMwnE0. Vgl. auch http://knowyourmeme.com/memes/downfall-hitler-reacts; http://hitlerparody.wikia.com/wiki/Sim_Heil.

66 Alle diese Videos sind auf YouTube zu finden.

67 Robert Mackey, „Israeli Hitler Parody Upsets Holocaust Survivors", *New York Times*, 18. Februar 2009, http://thelede.blogs.nytimes.com/2009/02/18/israelihitler-parody-outrages-holocaust-survivors/. Zu „Hitler on 2010 Philippine Elections: Manny Villar" vgl. www.youtube.com/watch?v=oOdoJVQ-s_c&feature=relmfu.

68 David Smith und Rowan Walker, „Meet the New Face of Satire as Hitler Web Craze Goes Viral", *The Guardian*, 27. September 2008, www.guardian.co.uk/media/2008/sep/28/youtube. Internet; „Hitler Downfall Parodies: 25 Worth Watching", *The Telegraph*, 6. Oktober 2009, www.telegraph.co.uk/technology/news/6262709/Hitler-Downfall-parodies-25-worth-watching.html.

69 Benny Evangelista, „Parody, Copyright Law Clash in Online Clips", *San Francisco Chronicle*, 23. Juli 2010.

70 www.ranker.com/list/top-10-hitler-downfall-parodies-of-all-time/the-master.

71 www.youtube.com/watch?v=cqqxRPZdfvs.

72 Hitler wettert über Hitler http://www.youtube.com/watch?v=8B3H_tHH8jw.

73 www.youtube.com/watch?v=AFbHr-nKkTc.

74 www.youtube.com/watch?v=xlLZ4RWyyAw.

75 http://hitlerparody.wikia.com/wiki/Hitler_Rants_Parodies; http://hitlerparody.wikia.com/wiki/Unterganger.

76 Know your meme. Unter „Flaming" versteht man die ungehemmte und unmittelbare Gefühlsäußerung in E-Mails oder Blogbeiträgen; „Trolling" bezeichnet das Verfassen zynischer Kommentare zu den Beiträgen anderer Nutzer, um gezielt zu provozieren.

77 www.youtube.com/watch?v=a4lJ9vsZjMU.

78 www.youtube.com/watch?v=Q9X5jV2Lx0Q%26list=UUSEu_9uWST6nOtHbjYLv-G5A%26index=8%26feature=plcp.

79 Finlo Rohrer, „The Rise, Rise and Rise of the Downfall Hitler Parody“, *BBC Magazine*, 13. April 2010, http://news.bbc.co.uk/2/hi/uk_news/magazine/8617454.stm; Mercedes Bunz, „Just how many Hitler videos does the world need?“, *The Guardian*, 2. Februar 2010; www.guardian.co.uk/media/pda/2010/feb/01/digital-media-youtube-hitler-parody; T. Kniebe, „Schaum vorm Mund“, *SZ*, 20. April 2010, www.sueddeutsche.de/kultur/untergang-parodien-schaum-vorm-mund-1.937357.

80 Es gab mehrere Zehntausend Kommentare bei YouTube-Videos wie z. B. „Hitler Finds Out Americans are Calling Each Other Nazis“, „Hitler is Informed His Pizza Will Arrive Late“ und „Hitler rants about Rebecca Black – Friday“. Die Anzahl der Kommentare variiert.

81 Ein gutes Beispiel dafür waren die beinahe 1000 Kommentare zur Obama-Health-Care-Parodie.

82 Der erste Kommentar stammte von oortiz915, www.youtube.com/watch?v=AFbHrnKkTc (Post vom April 2012), der zweite von SuperColodude.

83 www.youtube.com/watch?v=UTgPLVANbD8, PhantomOperaluver75.

84 CosmicCrater1 (ohne Datum).

85 www.youtube.com/watch?v=UTgPLVANbD8, 29Essan (ohne Datum).

86 Das erste Musikvideo, das Hitler parodiert, dürfte Mel Brooks’ Werbevideo „Hitler Rap“ für den Film *To Be Or Not To Be* (1983) sein, https://web.archive.org/web/20080725095157/http://blog.starwreck.com/2007/09/25/hitler-rap/.

87 https://www.youtube.com/watch?v=rx_qktLGO3M.

88 https://www.youtube.com/watch?v=o3S0sdDqGyQ.

89 https://www.youtube.com/watch?v=9ZffThB6o08, https://www.youtube.com/watch?v=3OaygSqLHsQ, „Hitler ist walking on sunshine“ ist aktuell nicht einsehbar.

90 Eine der Versionen des Videos auf YouTube wurde fast vier Millionen Mal angeklickt, www.youtube.com/watch?v=Pq4gQPReH2E. Eine andere verzeichnete über 700 000 Aufrufe. Thomas Meister, „Viel Lärm um den ‚Bonker‘ – aber eigentlich lohnt es nicht“, *Tages-Anzeiger*, 22. September 2006.

91 Vgl. z. B. Thomas Meister, „Viel Lärm um den ‚Bonker‘“; Wiebke Brauer, „Moers-Parodie: Schrumpfkur für Hitler“, *Der Spiegel*, 4. Juli 2006, www.spiegel.de/kultur/gesellschaft/moers-parodie-schrumpfkur-fuerhitler-a-424980.html; vgl. auch Andreas Platthaus, „Die Wanne ist voll Führer“, FAZ, 5. September 2006, www.faz.net/aktuell/feuilleton/buecher/moers-hitler-clip-die-wanne-ist-voll-fuehrer-1357830.html.

92 www.cartoonland.de/archiv/adolf-ich-hock-in-meinem-bonker/.

93 Headstrong5472 (ohne Datum). www.youtube.com/all_comments?v=Tv47iWKUv5A, www.cartoonland.de/archiv/adolf-ich-hock-in-meinembonker/.

94 Post von www.reviersheriff.de, 14. Juli 2006, www.cartoonland.de/archiv/adolf-ich-hock-in-meinem-bonker/.

95 Der Kommentar stammte von psychedelicSwing, www.youtube.com/watch?v=Tv47iW-KUv5A, ist aber auf der Seite nicht mehr sichtbar.

96 Der Kommentar stammte von 7Hip7Hop7; Drea1960.

97 Der Kommentar stammte von xxxmvtxxx (ohne Datum). www.youtube.com/all_comments?v=Pq4gQPReH2E.

98 Eins der beliebtesten Videos war „Hitler Leasing", das Filmmaterial einer Hitlerrede mit der Tonspur eines Sketches unterlegte, in dem sich ein Kunde von einer Autoleasingfirma hinters Licht geführt fühlt. Vgl. „Das Florians-Prinzip", *Focus*, 5. Oktober 2006, S. 184–185.

99 http://hipsterhitler.com/hhcomic/wp-content/uploads/2011/10/02_juice.jpg.

100 http://hipsterhitler.com/comics/typewriter/.

101 http://hipsterhitler.com/comics/new-uniforms/; http://hipsterhitler.com/comics/art-school/; http://hipsterhitler.com/comics/halloween/.

102 https://web.archive.org/web/20120503111630/http://hipsterhitler.com/about-us-2/.

103 „HH Finds His Heimat", *Exberliner*, 10. Februar 2011. www.exberliner.com/articles/hipster-hitler-finds-his-heimat; vgl. auch www.sunday-guardian.com/technologic/hitler-goes-hip-webcomic-satirises-the-fuehrer.

104 Die Zahl von 65 000 stammt von: http://silencingprotestsonredbubble.wordpress.com/2011/05/18/a-rb-members-reply-to-the-hipster-hitler-interview/. Diese Zahl war im Herbst 2012 auf über 100 000 gestiegen. www.socialbakers.com/facebook-pages/141986212505362-hipster-hitler-www-hipsterhitler-com.

105 „HH Finds His Heimat."

106 Ebd.

107 http://hipsterhitler.com/category/store/shirts/.

108 Vgl. die Posts vom 8. September 2010. So schrieb ein Nutzer: „Absolut genial. Wenn es einen Knopf gäbe, würde ich das total Reichen."

109 Vgl. den Kommentar von A_German vom 8. Mai 2011.

110 Vgl. den Kommentar von icarus vom 11. November 2010, www.jewlicious.com/2010/10/hipster-hitler/.

111 https://web.archive.org/web/20110525091517/http://liamgetreu.com/2011/05/18/trying-to-censor-hipster-hitler.

112 http://tookalook.de/wissenswertes/hipster-hitler-die-generation-die-sichdaruber-lustig-macht-2/. (Der Link ist Stand November 2020 nicht mehr aktiv. Eine Kopie der Webseite befindet sich im Besitz des Autors.)

113 „Update: Reflections on the 'Hipster Hitler' Saga: Lawyers, Censorship and Professional Ethics", *Firmspy*, 1. Juni 2011, http://firmspy.com/big-firms/allens-arthur-robinson/5752/reflections-on-the-hipster-hitler-saga-lawyerscensorship-and-professional-ethics. Berichte über beleidigende Posts auf der Seite sind zu finden auf www.nerve.com/news/web/hipster-hitler-t-shirts-get-sued-aretaken-offline. Vgl. die beleidigenden Posts auf www.facebook.com/pages/Hipster-Hitler/131291990251318?ref=ts. (Die angegebenen Links sind Stand November 2020 nicht mehr aktiv. Kopien der Webseiten befinden sich im Besitz des Autors.

114 http://webcache.googleusercontent.com/search?q=cache:z5EXoSL7H4AJ/firmspy.com/big-firms/allens-arthur-robinson/5752/reflections-on-the-hipsterhitler-saga-lawyers-censorship-and-professional-ethics+hipster+hitler+interview+jc+apk+neo+nazis&hl=en&client=safari&gl=us&prmd=imvns&strip=1. (Der Link ist Stand November 2020 nicht mehr aktiv. Eine Kopie der Webseite befindet sich im Besitz des Autors.)

115 Vgl. den Kommentar von sh'muel, 23. Oktober 2010 auf www.jewlicious.com/2010/10/hipster-hitler/.

116 https://web.archive.org/web/20130525153020/http://blogs.jpost.com/content/holocaust-free-speech-v-hate-speech; www.crikey.com.au/2011/05/30/hipster-hitler-sends-redbubbles-law-firm-fleeing/?wpmp_switcher=mobile.

117 Den Angaben auf der Webseite zufolge finden sich hier über 8000 Fotos, www.catsthatlooklikehitler.com/cgi-bin/seigmiaow.pl?7326.

118 www.catsthatlooklikehitler.com/cgi-bin/seigmiaow.pl?7326.

119 www.cafepress.com/kitlerware.

120 Vgl. www.colbertnation.com/the-colbert-report-videos/341469/july-26-2010/racial-pro-firing und www.chicagotribune.com/news/nationworld/sns-viral-video-cats-hitler,0,5369851.htmlstory.

121 „Heil Kitler!“ *Daily Mail*, 31. März 2011, www.dailymail.co.uk/news/article-1371854/Cats-look-like-Hitler.html; „Mein Furrer“, *The Sun*, 31. März 2011. www.thesun.co.uk/sol/homepage/news/3500747/Cats-that-looklike-Adolf-Hitler.html; 2009 wurde die Webseite in der Graham Norton Show auf BBC2 vorgestellt. http://fliiby.com/file/626384/o48ziir39p.html.

122 www.catsthatlooklikehitler.com/cgi-bin/seigany.pl?faq.html.

123 Kommentar von „Amber“, www.catsthatlooklikehitler.com/cgi-bin/seigany.pl?love.html.

124 www.catsthatlooklikehitler.com/cgi-bin/seigany.pl?hate.html.

125 www.catsthatlooklikehitler.com/cgi-bin/seigany.pl?faq.html.

126 www.telegraph.co.uk/news/newstopics/howaboutthat/9206989/Fish-that-looks-like-Hitler.html.

127 www.dailymail.co.uk/news/article-2012804/He-looks-like-Nazi-piece-work-Meet-bug-resembles-Hitler.html.

128 www.dailymail.co.uk/news/article-1371091/Swansea-house-looks-like-Hitler-complete-naff-parting.html.

129 Derek Thompson, „JC Penney's ‚Hitler Tea Kettle‘ Sold Out in Hours Because This Is the Internet“, *The Atlantic*, 29. Mai 2013, www.theatlantic.com/business/archive/2013/05/jc-penneys-hitler-tea-kettle-sold-out-in-hoursbecause-this-is-the-Internet/276334/.

130 „Hakenkreuz aus Lärchen“, *Der Spiegel*, 23. November 2000, www.spiegel.de/politik/deutschland/0,1518,104321,00.html.

131 „Navy Considers Modifying Swastika Barracks following Inquiries from Congresswoman, ADL“, *San Diego Jewish Times*, 13. Dezember 2006, www.jewishsightseeing.com/dhh_weblog/2006-blog/2006-12/2006-12-13-coronado-swastika.htm; http://www.theregister.co.uk/2005/07/18/hitler_san_diego/.

132 http://thingsthatlooklikehitler.com/.

133 http://thingsthatlooklikehitler.com/page/3.

134 http://thingsthatlooklikehitler.com/page/4.

135 www.thedailybuggle.com/4-websites/.

136 www.guardian.co.uk/world/gallery/2011/jul/21/jesus-food-sightings#/?picture=377121666&index=4.

137 Vgl. Thompson, „JC Penney's ‚Hitler Tea Kettle‘ Sold Out in Hours.“

138 Cori Faklaris, „This ‚Hitler' Teapot From JC Penney is the Talk of the Internet!" *Indianapolis Star*, 29. Mai 2013. Die Kontroverse entbrannte, nachdem ein Reddit-Nutzer folgendes Foto gepostet hatte: www.indystar.com/article/20130529/NEWS09/305290034/This-Hitler-teapot-from-JC-Penney-talk-Internet-

139 Auf „Hitler Styler" kann man Hitler Perücken und Brillen aufsetzen. http://mostplays.com/play/hitler_styler_30781. Auf www.newgrounds.com/portal/view/502713 können Nutzer Hitler als Diskjockey einsetzen. Auf www.pictogame.com/en/play/game/AncSVifb6bPN_kill-hitler können sie ihn töten.

140 Timothy Noah, „Six Degrees of Adolf Hitler", *Slate*, 17. April 2008, www.slate.com/articles/news_and_politics/chatterbox/2008/04/six_degrees_of_adolf_hitler.html.

141 Black griff Glenn Beck an, weil dieser Präsident Obamas Wahl eines Richters für den Obersten Gerichtshof mit der Aktion T4 in Verbindung brachte. http://www.cc.com/video-clips/04rkt0/the-daily-show-with-jon-stewart-back-in-black---glenn-beck-s-nazi-tourette-s. Zu den Bemerkungen von Colbert, vgl. www.jewcy.com/post/obama_endorsed_hamas_only_six_degrees_hitler.

142 www.google.com/insights/search/#q=hitler%20kevin%20bacon&cmpt=q. Auch für die Begriffe „Hitler" und „Wikipedia Game" schossen die Google-Suchen in die Höhe. Ein Beispiel für ein Chat-Forum im Sommer 2009 ist www.quartertothree.com/game-talk/archive/index.php/t-54105.html. Vgl. auch http://knowyourmeme.com/memes/six-degrees-of-hitler und „Sandi Toksvig Goes Clicking for Hitler", *The Telegraph*, 19. Februar 2012.

143 https://play.google.com/store/apps/details?id=com.anthonythomas.sixDegrees&hl=en.

144 www.hitlerhops.com.

145 http://knowyourmeme.com/memes/image-macros; http://knowyourmeme.com/memes/happy-cat; http://memegenerator.net/Scumbag-Steve; http://memegenerator.net/Musically-Oblivious-8th-Grader.

146 https://web.archive.org/web/20120131140952/http://www.roflcat.com/i-can-has-poland-.

147 http://iwastesomuchtime.com/on/?i=3251.

148 Die Gesamtzahlen sind auf http://memegenerator.net/memes/search?q=hitler und http://memegenerator.net/Advice-Hitler/images/popular/alltime/page/5 abrufbar.

149 Eine Liste von Internet-Gesetzen ist enthalten in: www.telegraph.co.uk/technology/news/6408927/Internet-rules-and-laws-the-top-10-from-Godwin-to-Poe.html. Das Gesetz der Ironischen Hitlerisierung kann als Korollar des Godwin'schen Gesetzes (siehe unten) betrachtet werden und ist eine Variante von Regel 34: „Wenn es existiert, gibt es davon pornografische Darstellungen": www.telegraph.co.uk/technology/news/6408927/Internet-rules-and-laws-the-top-10-from-Godwin-to-Poe.html.

150 In anderen Beispielen werden den wütenden Gesichtern der „Rage Comics" Hitlerbärte aufgeklebt – ein Bild ist ein Wortspiel mit dem vertrauten Ausdruck „Y U No" [Mem-Sprech für Warum hast du nicht…], nämlich „Mein Führer – Y U No Love Your Neighbors?" https://me.me/i/mein-f%C3%BChrer-yuno-love-your-neighbors-y-u-no-meme-13a268ef76494a4b9b84bad5baf404d6.

151 www.youtube.com/watch?v=QH2-TGUlwu4&feature=related; www.youtube.com/watch?v=oKNtaM_J_Cg.

152 www.cobracountry.com/articles-cobra/humordept-cobra/hitler.html.

153 http://dailyhitler.blogspot.com/2010/09/my-little-nazi-pony.html; http://uncyclopedia.wikia.com/wiki/File:Kitty.gif; http://uncyclopedia.wikia.com/wiki/File:Pikachu_Hitler.jpg; http://www.yummymummyclub.ca/blogs/mummy-buzz/why-hitler-is-hip-in-thailand.

154 http://spoof-or-not-spoof.deviantart.com/art/Fuhrer-King-182523076?q=sort%3Atime+gallery%3Aspoof-or-not-spoof&qo=1; http://uncyclopedia.wikia.com/wiki/I_Can't_Believe_It's_Not_Hitler; http://uncyclopedia.wikia.com/wiki/File:Hitlerine2_copy.jpg.

155 „UK Politician Accidentally Gets Hitler Moustache on TV", www.dailyedge.ie/nigel-farage-hitler-moustache-1092954-Sep2013/; Joshua Keating, „Unfortunate Photo-Op Hall of Fame", *Slate.com*, 25. Februar 2014. www.slate.com/blogs/the_world_/2014/02/25/unfortunate_photo_op_hall_of_fame.html?wpisrc=burger_bar.

156 Vgl. Michel Choquettes Fotoessay „Stranger in Paradise" aus der März 1972 Ausgabe von *National Lampoon*; vgl. auch die Beispiele aus dem „Mad Magazine" von 1969 bzw. 1975: http://www.flickr.com/photos/mytravelphotos/2027133743/; https://twitter.com/petersagal/status/1146646148322643969.

157 www.theonion.com/articles/crazy-oldtimer-wants-to-create-masterrace,20429/; www.theonion.com/articles/alternateuniverse-scifi-channelshow-asks-what-wou,2846/.

158 www.thedailymash.co.uk/news/international/france-is-basically-hitler-agreeseveryone-201204235151; www.thedailymash.co.uk/news/society/are-youmore-german-than-hitler-201106213972; www.thedailymash.co.uk/news/international/germans-use-brown-video-for-hitler-spoof-200906041803.

159 http://issuu.com/rutgersmedium/docs/dailymedium2012print/1; www.huffingtonpost.com/2012/04/09/rutgers-university-hitler-spoof-the-mediumcriticized_n_1412988.html.

160 Der Eintrag auf Wikipedia umfasst über 17000 Wörter. Bezeichnenderweise besteht die deutsche Version der Website, Stupidedia, aus nur einem Bruchteil der amerikanischen Seite. Ihr zufolge ist Hitler 1889 in Braunau am Inn geboren und 1964 in Buenos Aires an brauner Soße erstickt. Dieses magere Porträt könnte darauf hindeuten, dass die Deutschen Hitler bis heute nur zögerlich karikieren. www.stupidedia.org/stupi/Adolf_Hitler.

161 https://web.archive.org/web/20081028153535/http://uncyclopedia.wikia.com/wiki/Adolf_Hitler.

162 Andere Einträge zum Dritten Reich überschreiten die Grenze vollständig. Ein Eintrag über den „Themenpark Auschwitz" enthält Material, das zutiefst abstoßend und nicht ansatzweise lustig ist. Man nehme zum Beispiel den Verweis auf den Vernichtungs-Wasserpark Auschwitz II, der als „die bei Weitem beliebteste Attraktion" beschrieben wird, „die zu Ehren der ursprünglichen Vernichtungslager geschaffen wurde. Der Wasserpark verwendet das alte jüdische Blut der Millionen, die in dem besagten Gebiet starben". https://web.archive.org/web/20090515000000*/http://uncyclopedia.wikia.com/wiki/Auschwitz_Theme_Park.

163 Dies stand im Zusammenhang mit einem anderen bekannten Foto eines Anti-Israel-Demonstranten, der ein Schild mit dem Ausdruck „Death to all Juice" hielt. http://knowyourmeme.com/memes/death-to-all-juice.

164 http://memegenerator.net/Advice-Hitler/images/popular/alltime/page/10.

165 http://memegenerator.net/Disco-Hitler.

166 http://www.meh.ro/2009/12/01/kfj/; https://web.archive.org/web/20130216173606/http://uncyclopedia.wikia.com/wiki/File:NazisoftVindowsSupreme.jpg.

167 http://memegenerator.net/instance/20240043; http://memegenerator.net/instance/12230548; http://memegenerator.net/Disco-Hitler/images/new/alltime/page/31; http://memegenerator.net/instance/21487610.

168 Victor Klemperer, *LTI. Notizbuch eines Philologen* (Leipzig, 14. Auflage 1996); George Steiner, *Sprache und Schweigen – Essays über Sprache, Literatur und das Unmenschliche.* Deutsch von Axel Kaun (Frankfurt a. M., 2014).

169 Kate Knibbs, „Kthxbai! How Internet-speak is Changing the Way we Talk IRL (in Real Life)", *Digital Trends*, 22. Mai 2013, www.digitaltrends.com/social-media/how-the-Internet-is-changing-the-way-we-talk/.

170 Auftrieb erhielt dieses Phänomen wahrscheinlich durch die Sitcom *Seinfeld*, deren berühmte Figur, der „Suppen-Nazi", zu einem popkulturellen Mem wurde.

171 www.urbandictionary.com/define.php?term=nazi.

172 https://en.wiktionary.org/wiki/Nazi.

173 www.tumblr.com/tagged/holocaust-puns.

174 Übersetzt: Ich hasse es, wenn die Leute Witze über den Holocaust machen, und ehrlich gesagt, das lasse ich mir nicht gefallen. http://chan4chan.com/archive/154738/I_hate_it_when_people_joke_about_the_holocaust,_Anne_Frankly,_I_won't_stand_for_it.

175 www.facebook.com/pages/Anne-Frankly-I-did-nazi-that-coming/210374795676820.

176 http://www.lamebook.com/jacked-up/.

177 http://twitter.com/#!/damnitstrue/statuses/158702007421640705; www.tumblr.com/tagged/i-did-nazi-that-coming; http://dis.4chan.org/read/lounge/1157831259; www.reddit.com/r/circlejerk/comments/t0glj/i_call_dibs_on_i_did_nazi_that_coming_next_time_a/.

178 www.urbandictionary.com/define.php?term=lolocaust.

179 Kommentar von Kingofeurope (ohne Datum), www.youtube.com/all_comments?v=AFbHr-nKkTc.

180 www.youtube.com/watch?v=AFulztJFv3Q.

181 http://www.urbandictionary.com/define.php?term=cowschwitz; http://en.wikipedia.org/wiki/Harris_Ranch.

182 http://puns.icanhascheezburger.com/tag/auschwitz/.

183 Martin, *The Psychology of Humor*, S. 45.

184 Vgl. das Duell verschiedener Facebook-Nutzer auf https://web.archive.org/web/20110420222019/www.nerdnirvana.org/2010/06/30/nazi-puns/; http://uberhumor.com/hitler-puns.

185 www.reddit.com/r/LosAngeles/comments/1f2g9f/the_jc_penney_hitler_tea_kettle_spotted_just_east/?sort=controversial.

186 http://en.wikipedia.org/wiki/Godwin's_law.

187 Das bekannteste ist wahrscheinlich Dodd's Corollary. In Anlehnung an das 1952 erstmals von Leo Strauss formulierte Prinzip der „Reductio ad Hitlerum" besagt es: „Wenn in Diskussionen über ein bestimmtes Thema ein Vergleich oder eine implizite Verbindung zwischen dem Argument des Gegners und Hitler und der NSDAP gezogen wird, wird der Urheber dieser Aussage automatisch diskreditiert, und die Person oder Gruppe, die die Parallele zu Hitler oder zu den Nazis gezogen hat, ist automatisch der Verlierer der Debatte."

188 www.jewcy.com/arts-and-culture/i_seem_be_verb_18_years_godwins_law.

189 www.wired.com/wired/archive/2.10/godwin.if_pr.html.

190 www.telegraph.co.uk/technology/news/6408927/Internet-rules-and-laws-thetop-10-from-Godwin-to-Poe.html.

191 http://mediamatters.org/blog/200910140053.

192 www.huffingtonpost.com/lori-day/godwins-law_b_1028785.html; www.jewcy.com/arts-and-culture/i_seem_be_verb_18_years_godwins_law.

193 www.huffingtonpost.com/2010/11/11/adl-beck-soros_n_782420.html.

194 Leider hat die Kritik von Komikern an den so verbreiteten Nazi-Vergleichen Hitler schließlich nur noch mehr zur Witzfigur gemacht. Selbst wenn Satire kritischen Zwecken dient, kann sie die Normalisierungstendenzen reproduzieren, denen sie entgegenwirken will.

195 Kathleen Parker, „Summertime for Hitler", *Washington Post*, 23. August 2009.

196 http://ask.metafilter.com/47155/Who-was-Hitler-before-Hitler#718451.

197 Eric Lidji, „Tarantino Crafts a Powerful, but Uneasy, Tale of Jewish Vengeance", *Jewish Chronicle*, 25. August 2009, S. 14–15.

198 Jens Jessen, „Was macht Hitler so unwiderstehlich", *Die Zeit*, 23. September 2004.

199 Leon Wieseltier, „Against the Ethnic Panic of American Jews: Hitler Is Dead", *New Republic*, 27. Mai 2002.

200 http://gatesofvienna.blogspot.com/2008/02/imagine-theres-no-hitler.html.

201 http://reason.com/archives/2005/07/14/hands-off-hitler; www.salon.com/2010/07/01/godwin/. Auf einen ähnlichen Fall wies die Seite Uncyclopedia hin, allerdings mit satirischerem Unterton. Sie reagierte auf das Godwin'sche Gesetz mit dem Vorschlag eines selbstreferenziellen Gegengesetzes, des sogenannten „Godwin's Law's Law's Law", welches besagt, dass „mit zunehmender Länge einer Online-Diskussion und bei Annäherung der Wahrscheinlichkeit einer Erwähnung Hitlers an eins sich auch die Wahrscheinlichkeit der Erwähnung des Godwin'schen Gesetzes der eins nähert. Durch das Zitieren des Godwin'schen Gesetzes impliziert der Nutzer jedoch normalerweise, dass das Godwin'sche Gesetz einen Hitler-Vergleich nicht ungültig macht, da Hitler-Vergleiche manchmal durchaus berechtigt sein können": http://uncyclopedia.wikia.com/wiki/Godwin's_Law's_Law.

202 Die Ergebnisse der Suche nach dem Wort „Nazis" waren 95,6 % „negativ", 4,1 % „positiv" und 0,3 % „indifferent" [Stand: 23. Juli 2013]. Für „Adolf Hitler" lauteten sie: 25,8 % „negativ", 70,6 % „positiv" und 3,5 % „indifferent": www.whatdoestheInternetthink.net/. (Heute: Nazis: 67,9 % positiv, 13,2 % negativ, 18,9 % indifferent, Adolf Hitler: 76,9 % positiv, 1,9 % negativ, 21,2 % indifferent [Stand: 23. August 2020]; Anm. d. Übers.)

203 Carr, *Wer bin ich, wenn ich online bin*, S. 16f.

Schlussbetrachtung

1 http://uncyclopedia.wikia.com/wiki/Everyone_is_Hitler.

2 Zu Bush und Obama als Hitler, vgl. Wayne Madsen, „Bush and Hitler, the Unappetizing Similarities", *Counterpunch*, 31. Januar 2003, www.counterpunch.org/2003/01/31/bush-and-hitler-the-unappetizing-similarities/; Liz Brown, „Howard Stern compares Sarah Palin to

Hitler and Spiro Agnew", Examiner.com, 27. Juli 2009, www.examiner.com/article/howard-sterncompares-sarah-palin-to-hitler-and-spiro-agnew-video. Zu Vergleichen anderer Politiker mit Hitler, vgl. Danielle Berrin, „Madonna, McCain & Hitler", *Jewish Journal*, 25. August 2008; „Savage Called Clinton's Rutgers Speech ‚Hitler Dialogue'", 25. April 2007, http://mediamatters.org/video/2007/04/25/savage-called-clintons-rutgers-speech-hitler-di/138698; Anfang 2014 wurde der Bürgermeister von New London, Connecticut, Mayor Daryl Justin Finizio, mit Hitler verglichen, http://connecticut.cbslocal.com/2014/01/22/mayor-wants-facebook-page-shut-downafter-being-compared-to-hitler/; das gleiche Schicksal ereilte den republikanischen Speaker of the House des Bundesstaates Michigan, Jase Bolger, im Frühjahr 2013, www.freep.com/article/20130503/NEWS05/305030054/Brooks-Patterson-Jase-Bolger-Hitler.

3 „Is Angela Merkel ‚Europe's Most Dangerous Leader'?" *Maclean's*, 21. Juni 2012, www2.macleans.ca/2012/06/21/is-angela-merkel-europes-mostdangerous-leader/; „Umberto Eco compares Berlusconi with Hitler", *The Telegraph*, 25. Februar 2011; „Obama adviser compares Putin to Hitler", www.guardian.co.uk/world/2008/aug/12/georgia. Zu Vergleichen führender israelischer Politiker mit Hitler, vgl. „Anti-Semitism in the Egyptian Media", www.adl.org/egyptian_media/media_2002/comparison.asp; zu Ahmadineschad, vgl. „Ahmadinejad – Hitler – Comparison", *Free Republic*, 22. April 2009, www.freerepublic.com/focus/news/2234981/posts; Patrick Brennan, „Assad Joins Hitler, Saddam", *National Review*, 1. September 2013, http://www.nationalreview.com/corner/357354/kerry-assad-joins-hitler-saddam-patrick-brennan; „Rumsfeld Likens Venezuela's Chavez to Hitler", msnbc.com, 3. Februar 2006, www.msnbc.msn.com/id/11159503/ns/world_news-americas/t/rumsfeld-likensvenezuelas-chavez-hitler/#.UD4SzI5TNiE; „Beijing's Olympics vs. Hitler's Olympics", *United Daily News editorial* (Taipei, Taiwan, ROC), 21. August 2008, http://lifeinmotion.wordpress.com/2008/08/25/beijings-olympics-vshitlers-olympics/; „PRC claims Dalai Lama has ‚Nazi' tendencies", *Taipei Times*, 30. März 2012.

4 Glenn Beck zog Parallelen zwischen Jesus und Hitler, http://crooksandliars.com/2007/09/24/glenn-beck-jesus-and-hitler-had-a-lot-in-common; Henry Stewart, „Jay Leno is Hitler", *The L Magazine*, 27. Januar 2010, www.thelmagazine.com/TheMeasure/archives/2010/01/27/jay-leno-is-hitler; NBA-Trainer Rick Adelman wurde von Phil Jackson mit Hitler verglichen, http://en.wikipedia.org/wiki/Rick_Adelman; die Schauspielerin Megan Fox verglich den Regisseur Michael Bay mit Hitler: „Megan Fox Compares Michael Bay to Hitler", 3. September 2009, http://blog.moviefone.com/2009/09/03/megan-fox-compares-michael-bay-to-hitler/.

5 Vgl. etwa „43 People (and 1 Cat) Who Have Been Compared to Hitler", www.ideagrove.com/blog/2009/10/44-people-and-1-cat-who-have-beencompared-to-hitler.html; vgl. auch „11 People Who Have Unfairly Been Compared To Hitler", www.huffingtonpost.com/2010/06/10/wtf-people-whohave-unfai_n_606810.html#s98556&title=Jesus_Christ; und die Liste derjenigen, die mit Hitler verglichen worden sind, https://web.archive.org/web/20140912170101/www.dagorret.net/list-of-entities-compared-to-hitler/.

6 „Hank Williams Jr. Compares Obama To Hitler", *Huffington Post*, 3. Oktober 2011, http://www.huffingtonpost.com/2011/10/03/hank-williams-comparesobama-to-hitler_n_992513.html; Joan Rivers verglich Tommy Lee Jones mit Hitler: „Joan Rivers on Tommy Lee Jones: ‚He Makes Hitler Look Warm and Fuzzy'", 21. Januar 2011, www.popeater.com/2011/01/21/joan-rivers-tommylee-jones-naughty-but-nice-with-rob/; „How Hated? Kanye West Likens Himself to Hitler", *New York Times*, 8. August 2011; zu Coughlin, vgl. „‚Hitler and Then Me', Giants' Coughlin Says", 29. März 2007, http://nbcsports.msnbc.com/id/17858558/; zu Liddy,

vgl. http://www.mediamatters.org/research/2004/11/23/g-gordon-liddy-listening-to-hitler-made-me-feel/132337; zu Stone, vgl. „Jewish Group Slams Oliver Stone's Hitler Remark", YNet News.com, 18. Januar 2010, www.ynetnews.com/articles/0,7340,L-3835486,00.html; zu Boris Johnsons Vergleich von George Clooney mit Hitler, vgl. http://uk.news.yahoo.com/london-mayor-borisjohnson-compares-george-clooney-hitler-172419546.html#WLbAfKP; Lars von Trier erntete Kritik mit der Behauptung, er verstehe Hitler und „sympathisiere ein wenig mit ihm", „Lars von Trier Kicks Ups a Cannes Controversy", *New York Times*, 18. Mai 2011; „Galliano fired after reportedly praising Hitler in rant", 1. März 2011, http://today.msnbc.msn.com/id/41848694/ns/today-style/t/galliano-fired-after-reportedly-praising-hitler-rant/#.UD4fiI5TNiE.

7 Erk, *So viel Hitler war selten*, Kapitel 3.

8 Vgl. „Dobson Likened Embryonic Stem Cell Research to Nazi Experiments", *Media Matters*, 3. August 2005, https://web.archive.org/web/20160813143928/http://mediamatters.org/video/2005/08/03/dobson-likened-embryonic-stem-cell-research-to/133587; David Postman, „Distorting Nazi History to Attack Environmentalists", *Seattle Times*, 3. April 2008; „Paul LePage Compares IRS to Nazis, Again", *Media Matters*, 12. Juli 2012, www.politico.com/news/stories/0712/78451.html; „Beck Links Health Care Reform to Nazis", *Media Matters*, 6. August 2009, https://web.archive.org/web/20131017020238/http://mediamatters.org/video/2009/08/06/beck-links-health-care-reform-to-nazis-suggests/152971; „Ben Stein's Anti-Evolution Film Raises Hackles", *Jewish Telegraphic Agency*, 22. April 2008, https://www.dailykos.com/stories/2009/9/10/780010/-; „Let's Settle the Facts about Nazi Gun Control", 10. September 2009, www.dailykos.com/story/2009/09/10/780010/-Let-s-settle-the-facts-about-Nazi-gun-control; „Pope Criticized by German Jews for Comparing Abortion to Holocaust", 19. Februar 2005, www.lifenews.com/2005/02/19/nat-1202/; „Smoking Ban Like Yellow Stars Nazis Forced on Jews: GOP Pol", *New York Daily News*, 19. April 2012; „GOP Candidate: Hitler Invented Separation of Church and State", *The Raw Story*, 17. September 2010, www.rawstory.com/rs/2010/09/17/gop-candidate-hitler-church-state/; zur Verschleppungstaktik vgl. https://web.archive.org/web/20051003223100/www.adl.org/PresRele/HolNa_52/4719_52.htm; „Patriot Act vs. German Enabling Act", www.illuminati-news.com/patriot-act-vs-germanenabling-act.htm; „Durbin Defends Guantanamo Comments", *Washington Post*, 17. Juni 2005.

9 „North Korea calls Japanese PM ‚Asian Hitler'", www.telegraph.co.uk/news/worldnews/asia/northkorea/10616018/North-Korea-calls-Japanese-PM-Asian- Hitler.html; „Modi's Fascism Is No Different from Hitler's Nazi Germany: Jairam", www.firstpost.com/politics/modis-fascism-is-no-different-from-hitlersnazi-germany-jairam-1212145.html; „Ousted from Power, Ukraine's Yanukovych Invokes Hitler's Rise", https://www.jpost.com/International/Ukraine-protesters-seize-President-Yanukovichs-Kiev-compound-342208; „Rivals Are ‚Heirs to Hitler': Venezuela's Maduro", www.israelnationalnews.com/News/News.aspx/166672#.Uwzv1ygaCnY; „South African Politician Julius Malema Likened to Hitler and Mussolini", www.theguardian.com/world/2013/aug/07/south-africa-julius-malema-politician-mamphela-ramphele.

10 Erk, *So viel Hitler war selten*, S. 10–11.

11 Es ist auffällig, dass die wichtigsten Wissenschaftler, die das Konzept der Einzigartigkeit in der jüngsten Phase der Debatte hinterfragt haben, dieser jüngeren Generation entstammen: Donald Bloxham (geboren 1973), Timothy Snyder (1969) und Dirk Moses (1967). Die jüngsten Verteidiger der Einzigartigkeit – Doris Bergen (1961) und Omer Bartov (1954) – sind dagegen etwas älter. Bei den revisionistischen Kritikern des „guten Krieges" ist dieses

Muster weniger offensichtlich. Obwohl einer der prominentesten aus dieser Generation stammt – Niall Ferguson (geboren 1963) – sind andere älter: Nicholson Baker (1957), Michael Bess (1954), Jacques Pauwels (1946), Norman Davies (1939) und Patrick Buchanan (1938). Generationenidentität ist bei der Bestimmung der historiografischen Positionen von Wissenschaftlern also nur ein Faktor unter anderen.

12 Um die genaue Bedeutung dieser Ereignisse zu klären, sind weitere Untersuchungen notwendig; unter dem Eindruck der Geschehnisse scheint diese Generation im Allgemeinen weniger eurozentrisch und stärker auf globale Fragen ausgerichtet als ihre Vorgänger, die sich mehr mit den Problemen des Kalten Krieges in Europa befassten.

13 Die Geburtsjahre einiger wichtiger Autoren von Alternativgeschichten bzw. Regisseuren von neueren Filmen über Hitler sind (angefangen mit den Jüngsten): Rory Patrick McHenry (1987), Edward Alexander McHenry (1983), Owen Sheers (1974), Guy Saville (1973), Siegfried Langer (1966), Jo Walton (1964), Michael Chabon (1963), Quentin Tarantino (1963), Alan Glenn/Brendan Dubois (1959), Dani Levy (1957), Urs Odermatt (1955), Menno Meyes (1954), Wolfgang Brenner (1954), C. J. Sansom (1952), Harry Turtledove (1949), Bernd Eichinger (1949), Alexander Demandt (1937), Dieter Kühn (1935), Walter Laqueur (1921).

14 Erk, *So viel Hitler war selten*, S. 19.

15 Dieses Zitat wird so unterschiedlichen Komikern wie Steve Allen, Carol Burnett und Woody Allen zugeschrieben, http://www.quoteinvestigator.com/2013/06/25/comedy-plus/.

16 Da Hitler im Mittelpunkt dieser komischen Werke stand, lenkten sie von der Verantwortung der Deutschen für den Nationalsozialismus ab.

17 Brockmann, „‚Normalization‘: Has Helmut Kohl's Vision Been Realized?“, in: Taberner und Cooke, Hg., *German Culture, Politics, and Literature into the Twenty-First Century: Beyond Normalization*, S. 20.

18 Wie Ignatz Bubis 1999 anmerkte, waren es gerade die „ständigen Debatten über den Wunsch nach Normalität“, die Deutschland anormal machten. Zitiert in: Pearce, *Contemporary Germany and the Nazi Legacy*, S. 53.

19 Zitiert in: Joachim Güntner, „Der Führer als Spassfaktor“, *Neue Zürcher Zeitung*, 27. Januar 2007.

20 Thomas Nipperdey hat einmal bemerkt: „Die Forderung der Bewältigungstherapeuten macht die Neurose permanent (und die Notwendigkeit der Therapeuten).“ Zitiert in Hermann Lübbe, „Der Nationalsozialismus im politischen Bewusstsein der Gegenwart“, in: Martin Broszat, Hg., *Deutschlands Weg in die Diktatur* (Berlin, 1983), S. 369.

21 Zitiert in: Güntner, „Der Führer als Spassfaktor“.

Bibliografie

Adams, Michael C. C., *The Best War Ever: America and World War II* (Baltimore, 1994).

Adorno, Theodor W., *Negative Dialektik* (Frankfurt a. M., 1970).

Alexander, Edward, „Stealing the Holocaust", *Midstream*, November 1980, S. 46–50.

Alexander, Jeffrey, *Remembering the Holocaust: A Debate* (Oxford, 2009).

Ambrose, Stephen und Günter Bischof, Hg., Eisen*hower and the German POWs: Facts against Falsehood* (Baton Rouge, LA, 1992).

Amouroux, Henri, *La grande histoire des français sous l'occupation* (8 Bände, Paris, 1976–1988).

Anderson, Perry, „On Emplotment: Two Kinds of Ruin", in: Saul Friedlander, Hg., *Probing the Limits of Representation: Nazism and the „Final Solution"* (Cambridge, MA, 1992), S. 54–65.

Anonyma, *Eine Frau in Berlin, Tagebuch-Aufzeichnungen vom 20. April bis 22 Juni 1945* (München, 2005).

Arendt, Hannah, *Eichmann in Jerusalem: Ein Bericht von der Banalität des Bösen.* Übersetzt von Brigitte Granzow (München, 1963).

Aron, Robert und Georgette Elgey, *Histoire de Vichy* (Paris, 1956).

Aronson, Shlomo, *Hitler, the Allies, and the Jews* (Cambridge, UK, 2004).

Arpaci, Annette Seidel, „Lost in Translation? The Discourse of ‚German Suffering' and W. G. Sebald's Luftkrieg und Literatur", in: Schmitz, Hg., *A Nation of Victims: Representations of German Wartime Suffering from 1945 to the Present* (Amsterdam, 2007), S. 161–179.

Assmann, Aleida, *Das neue Unbehagen an der Erinnerungskultur: Eine Intervention* (München, 2013).

Assmann, Aleida und Ute Frevert, *Geschichtsvergessenheit, Geschichtsversessenheit: Vom Umgang mit deutschen Vergangenheiten nach 1945* (Stuttgart, 1999).

Assmann, Jan, „Kollektives Gedächtnis und kulturelle Identität", in: Jan Assmann und Tonio Holscher, Hg., *Kultur und Gedächtnis* (Frankfurt a. M., 1988).

Assmann, Jan, und Tonio Holscher, Hg., *Kultur und Gedächtnis* (Frankfurt a. M., 1988).

Avishai, Bernard, *The Tragedy of Zionism: How Its Revolutionary Past Haunts Israeli Democracy* (New York, 2002).

Backes, Uwe, Eckhard Jesse und Rainer Zitelmann, Hg., *Die Schatten der Vergangenheit: Impulse zur Historisierung des Nationalsozialismus* (Berlin, 1990).

Bacque, James, *Other Losses: An Investigation into the Mass Deaths of German Prisoners at the Hands of the French and Americans After World War II* (Toronto, 1989).

Baker, Nicholson, *Menschenrauch.* Aus dem Amerikanischen von Sabine Hedinger und Christiane Bergfeld (Reinbek, 2009).

Bankier, David und Dan Michman, *Holocaust Historiography in Context: Emergence, Challenges, Polemics, and Achievements* (Jerusalem, 2008).

Barkan, Elazar, *The Guilt of Nations: Restitution and Negotiating Historical Injustices* (Baltimore, 2000).

Barnes, Harry Elmer, Hg., *Perpetual War for Perpetual Peace: A Critical Examination of the Foreign Policy of Franklin D. Roosevelt and Its Aftermath* (Caldwell, ID, 1953).

Barnett, Correlli, *The Audit of War* (London, 1986).

Bartov, Omer, „Genocide and the Holocaust: What Are We Arguing About?", in: Uffa Jenesen u. a., Hg., *Gewalt und Gesellschaft: Klassiker modernen Denkens neu gelesen* (Göttingen, 2011).

---. „Locating the Holocaust", *Journal of Genocide Research*, März–Juni, 2011, S. 121–129.

Bathrick, David, „Whose Hi/story Is It? The U. S. Reception of Downfall", *New German Critique*, Herbst 2007, S. 1–16.

Bauer, Yehuda, *American Jewry and the Holocaust: the American Jewish Joint Distribution Committee* (Detroit, 1981).

---. *Freikauf von Juden? Verhandlungen zwischen dem nationalsozialistischen Deutschland und jüdischen Repräsentanten von 1933 bis 1945.* Aus dem Englischen von Klaus Binder und Jeremy Gaines (Frankfurt a. M., 1996).

---. *Rethinking the Holocaust* (New Haven, 2001).

---. „Whose Holocaust?" *Midstream*, November, 1980, S. 42–46.

Bauman, Zygmunt, *Dialektik der Ordnung: Die Moderne und der Holocaust.* Aus dem Englischen von Uwe Ahrens (Hamburg, 2012).

Bavendamm, Dirk, *Roosevelts Krieg 1937–45 und das Rätsel von Pearl Harbor* (München, 1993).

---. *Roosevelts Weg zum Krieg. Amerikanische Politik 1914–1939* (Frankfurt a. M., 1983).

Beard, Charles A., *President Roosevelt and the Coming of the War*, 1941 (New Haven, 1948).

Beattie, Andrew, „The Victims of Totalitarianism and the Centrality of Nazi Genocide: Continuity and Change in German Commemorative Politics", in: Bill Niven, Hg., *Germans as Victims: Remembering the Past in Contemporary Germany* (Houndmills, UK, 2006), S. 147–163.

Beevor, Antony, *The Second World War* (New York, 2012).

Behrens, Laurence und Leonard Rosen, Hg., *Writing and Reading Across the Curriculum*, 3. Aufl. (Glenview, IL, 1988).

Bendix, John, „Facing Hitler: German Responses to Downfall", *German Politics and Society*, 1:2007, S. 70–89.

Benz, Wolfgang, *Der Ort des Terrors: Geschichte der nationalsozialistischen Konzentrationslager* (München, 2009).

Bergen, Doris, „An Easy Target?", in: Marrus, Rittner und Roth, Hg., *Pope Pius XII and the Holocaust*, S. 105–119.

---. „Challenging Uniqueness: Decentring and Recentring the Holocaust", *Journal of Genocide Research*, März–Juni 2011, S. 129–134.

---. *War and Genocide: A Concise History of the Holocaust* (Lanham, MD, 2009).

Berger, Stefan, *The Search for Normalcy: National Identity and Historical Consciousness in Germany Since 1800* (Providence, 1997).

Berghahn, Klaus L. und Jost Hermand, Hg., *Unmasking Hitler: Cultural Representations of Hitler from the Weimar Republic to the Present* (Bern, 2005).

Bess, Michael, *Choices Under Fire: Moral Dimensions of World War II* (New York, 2008).

---. *The Light-Green Society: Ecology and Technological Modernity in France, 1960–2000* (Chicago, 2003).

---. *Realism, Utopia, and the Mushroom Cloud: Four Activist Intellectuals and their Strategies for Peace, 1945–1989* (Chicago, 1993).

Bessel, Richard, *Germany, 1945: From War to Peace* (New York, 2010).

Black, Edwin, *Farhud: Roots of the Arab-Nazi Alliance in the Holocaust* (New York, 2010).

Blet, Pierre, *Papst Pius XII. und der Zweite Weltkrieg: Aus den Akten des Vatikans.* Aus dem Französischen von Birgit Martens-Schöne (Paderborn/München, 2000).

Bloxham, Donald, *The Final Solution: A Genocide* (Oxford, 2010).

---. „Response – Discussing Genocide: Two Moralities and Some Obstacles", *Journal of Genocide Research*, März–Juni 2011, S. 135–148.
Bloxham, Donald und Tony Kushner, *The Holocaust: Critical Historical Approaches* (Manchester, 2005).
Bodemann, Y. Michal, *In den Wogen der Erinnerung: Jüdische Existenz in Deutschland* (Berlin, 2002).
Bodnar, John, *The „Good War" in American Memory* (Baltimore, 2010).
Bracher, Karl-Dietrich, *Die deutsche Diktatur: Entstehung, Struktur, Folgen des Nationalsozialismus* (Köln, 1969).
Braham, Randolph L., Hg., *Perspectives on the Holocaust* (Boston, 1983).
Brenner, Wolfgang, *Führerlos* (Berlin, 2008).
Brochhagen, Ulrich, *Nach Nürnberg: Vergangenheitsbewältigung und Westintegration in der Ära Adenauer* (Hamburg, 1994).
Broszat, Martin, *Der Staat Hitlers: Grundlegung und Entwicklung seiner inneren Verfassung* (München, 1969).
---, Hg., *Deutschlands Weg in die Diktatur* (Berlin, 1983).
Browning, Christopher, *The Path to Genocide* (Cambridge, UK, 1992).
Buchanan, Patrick, *Churchill, Hitler und der unnötige Krieg: Wie Großbritannien sein Empire und der Westen die Welt verspielte* (Selent, 2008).
Bulhof, Johannes, „What If? Modality and History", *History and Theory*, 2, 1999, S. 145–168.
Bullock, Alan, *Hitler: A Study in Tyranny* (London, 1952).
Bunting, Madeline, *The Model Occupation: The Channel Islands under German Rule* (New York, 1995).
Burg, Avraham, *The Holocaust Is Over: We Must Rise from Its Ashes* (New York, 2008).
Burleigh, Michael, *Moral Combat: Good and Evil in World War II* (New York, 2011).
Burrin, Philippe, *Hitler and the Jews: The Genesis of the Holocaust* (New York, 1994).
Buruma, Ian, *The Wages of Guilt: Memories of War in Germany and Japan* (New York, 1994).
Calder, Angus, *The Myth of the Blitz* (London, 1995).
Carr, Nicholas, *Wer bin ich, wenn ich online bin … und was macht mein Gehirn solange? Wie das Internet unser Denken verändert*. Aus dem Englischen von Henning Dedekind (München, 2010).
Carroll, James, *Constantine's Sword: The Church and the Jews* (New York, 2001).
Chabon, Michael, *Die Vereinigung jiddischer Polizisten*. Aus dem Amerikanischen von Andrea Fischer (Köln, 2008).
Chamberlin, William Henry, *America's Second Crusade* (Chicago, 1950).
Chaplin, Charles, *Die Geschichte meines Lebens* (Frankfurt, 1964).
Charmley, John, *Churchill: The End of Glory: A Political Biography* (New York, 1993).
Churchill, Ward, *A Little Matter of Genocide: Holocaust and Denial in the Americas, 1492 to the Present* (San Francisco, 1997).
Churchill, Winston, *Der Zweite Weltkrieg*: Bd. I, *Der Sturm zieht auf*. Bd. II, *Englands größte Stunde* (Hamburg, 1950).
Clay, Lucius, *Decision in Germany* (Garden City, NY, 1950).
Clendinnen, Inga, *Reading the Holocaust* (Cambridge, UK, 2002).
Cohen, Warren I., *The American Revisionists: The Lessons of Intervention in World War I* (Chicago, 1967).
Confino, Alon, „Collective Memory and Cultural History: Problems of Method", *American Historical Review*, Dezember 1997, S. 1386–1403.
---. *Foundational Pasts: The Holocaust as Historical Understanding* (Cambridge, UK, 2012).

Connelly, John, „Nazis and Slavs: From Racial Theory to Racist Practice“, *Central European History*, 1, 1999, S. 1–33.
Connelly, Mark, *We Can Take It! Britain and the Memory of the Second World War* (Harlow, UK, 2005).
Cornwell, John, *Pius XII. Der Papst, der geschwiegen hat.* Aus dem Englischen von Klaus Kochmann (München, 1999).
Courtois, Stéphane u. a., Hg., *Das Schwarzbuch des Kommunismus: Unterdrückung, Verbrechen und Terror.* Aus dem Französischen von Irmela Ansperger, Karin Schulte-Bersch und Thomas Wollermann (München, 2004).
Cowley, Robert, Hg., *What Ifs? of American History* (New York, 2003).
---. *What If? The World's Foremost Military Historians Imagine What Might Have Been* (New York, 1999).
---. *What If? 2: Eminent Historians Imagine What Might Have Been* (New York, 2001).
Cowling, Maurice, *The Impact of Hitler: British Politics and British Policy, 1933–1940* (Cambridge, UK, 1975).
Dahmash-Jarrah, Samar und Kirt M. Dressler, *Arab Voices Speak to American Hearts* (Charles City, VA, 2005).
Dahrendorf, Ralf, *Society and Democracy in Germany* (New York, 1967).
Dalin, David G., *The Myth of Hitler's Pope: How Pope Pius XII Rescued Jews from the Nazis* (Washington, DC, 2005).
Dalin, David G. und John Rothmann, *Icon of Evil: Hitler's Mufti and the Rise of Radical Islam* (New York, 2008).
Davies, Norman, *The Isles: A History* (Oxford, 2000).
---. *Die große Katastrophe: Europa im Krieg 1939–1945.* Aus dem Englischen von Thomas Bertram und Harald Stadler (München, 2009).
Dawidowicz, Lucy, *The Holocaust and the Historians* (Boston, 1981).
---. *A Holocaust Reader* (New York, 1976).
---. *The War Against the Jews* (New York, 1976).
---. *What is the Use of Jewish History?* (New York, 1992).
De Gaulle, Charles, *Mémoires de guerre: L'Appel 1940–1942* (Paris, 1954).
De Zayas, Alfred-Maurice, *Nemesis at Potsdam: The Anglo-Americans and the Expulsion of the Germans. Background, Execution, Consequences* (Boston, 1977).
---. *A Terrible Revenge: The Ethnic Cleansing of the East European Germans, 1944–1950* (New York, 1994).
Dean, Carolyn J., *Aversion and Erasure: The Fate of the Victim After the Holocaust* (Ithaca, 2010).
Demandt, Alexander, *Es hätte auch anders kommen können* (Berlin, 2010).
---. *Ungeschehene Geschichte: Ein Traktat über die Frage: Was wäre geschehen, wenn …?* (Göttingen, 2011).
Diner, Hasia, *We Remember With Love and Reverence: American Jews and the Myth of Silence after the Holocaust, 1945–62* (New York, 2009).
Doenecke, Justus, „U. S. Policy and the European War, 1939–1941“, *Diplomatic History*, 4, Herbst 1995, S. 669–698.
Dreyfuss, Richard und Harry Turtledove, *The Two Georges* (New York, 1996).
Dubiel, Helmut, *Niemand ist frei von der Geschichte* (München, 1999).
Durkheim, Emile, *Die Regeln der soziologischen Methode.* Herausgegeben, eingeleitet und aus dem Französischen von René König (Frankfurt, 1984).
Echternkamp, Jörg und Stefan Martens, Hg., *Experience and Memory: The Second World War in Europe* (New York, 2010).

Egbert, Donald Drew, *Social Radicalism and the Arts* (New York, 1970).
Eisenhower, Dwight D., *Crusade in Europe* (Garden City, NY, 1948).
Eley, Geoff, „Finding the People's War: Film, British Collective Memory, and World War II", *AHR*, Juni 2001, S. 818–838.
Epstein, Catherine, *Model Nazi: Arthur Greiser and the Occupation of Western Poland* (Oxford, 2010).
Erk, Daniel, *So viel Hitler war selten: Die Banalisierung des Bösen, oder warum der Mann mit dem kleinen Bart nicht totzukriegen ist* (München, 2012).
Evans, Richard, *Altered Pasts: Counterfactuals in History* (Waltham, MA, 2014)
---. „Telling It Like It Wasn't", in: Donald A. Yerxa, Hg., *Recent Themes in Historical Thinking: Historians in Conversation* (Columbia, SC, 2008), S. 77–84.
---. *The Third Reich at War* (New York, 2008).
Falconi, Carlo, *Das Schweigen des Papstes: Eine Dokumentation.* Aus dem Italienischen von Charlotte Birnbaum (München, 1966).
Faulenbach, Bernd, Markus Meckel und Hermann Weber, Hg., *Die Partei hatte immer recht: Aufarbeitung von Geschichte und Folgen der SED-Diktatur* (Essen, 1994).
Feingold, Henry, *The Politics of Rescue: The Roosevelt Administration and the Holocaust, 1938–1945* (New York, 1970).
Ferguson, Niall, *Der falsche Krieg. Der Erste Weltkrieg und das 20. Jahrhundert.* Aus dem Englischen von Klaus Kochmann (Stuttgart 1998).
---. *Empire: The Rise and Demise of the British World Order and the Lessons for Global Power* (New York, 2004).
---. *Krieg der Welt. Was ging schief im 20. Jahrhundert?* Aus dem Englischen von Klaus-Dieter Schmidt und Klaus Binder (Berlin, 2006).
---, Hg., *Virtual History: Alternatives and Counterfactuals* (New York, 1999).
Fermaglich, Kirsten, *American Dreams and Nazi Nightmares: Early Holocaust Consciousness and Liberal America, 1957–1965* (Waltham, MA, 2007).
Fest, Joachim, *Hitler: Eine Biographie* (Frankfurt am Main, 1973).
Finkelstein, Norman und Ruth Bettina Birn, *Eine Nation auf dem Prüfstand: Die Goldhagen-These und die historische Wahrheit* (Hamburg, 1998).
Finkelstein, Norman, *Die Holocaust-Industrie: Wie das Leiden der Juden ausgebeutet wird.* Aus dem Englischen von Helmut Reuter (München, 2001).
Finney, Patrick, *Remembering the Road to World War Two: International History, National Identity, and Collective Memory* (London, 2011).
Foucault, Michel, „Nietzsche, die Genealogie, die Historie", in: *Von der Subversion des Wissens* (Frankfurt a. M., 1987), S. 69–90.
Fox, Jo, *Film Propaganda in Britain and Nazi Germany* (Oxford, 2007).
Frankel, Jonathan, *The Fate of the European Jews, 1939–1945: Continuity or Contingency?* (New York, 1997).
Frei, Norbert, *1945 und Wir: Das Dritte Reich im Bewußtsein der Deutschen* (München, 2005).
---. *Vergangenheitspolitik: Die Anfänge der Bundesrepublik und die NS-Vergangenheit* (München 1996).
Friedlander, Saul, *Pius XII. und das Dritte Reich: Eine Dokumentation* (München, 2011).
Friedlander, Saul, Hg., *Probing the Limits of Representation: Nazism and the ‚Final Solution'* (Cambridge, MA, 1992).
Friedman, Philip, *Roads to Extinction: Essays on the Holocaust* (New York, 1980).
Friedman, Saul S., *No Haven for the Oppressed: United States Policy Toward Jewish Refugees, 1938–1945* (Detroit, 1973).

Friedrich, Jörg, *Der Brand: Deutschland im Bombenkrieg, 1940–1945* (Berlin, 2002).
Fussell, Paul, *Wartime: Understanding and Behavior in the Second World War* (New York, 1989).
Gavanski, Igor, Paula M. Niedenthal und June Price Tangney, „If Only I Weren't' Versus ‚If Only I Hadn't': Distinguishing Shame and Guilt in Counterfactual Thinking", *Journal of Personality and Social Psychology*, Oktober 1994, S. 585–595.
Glenn, Alan, *Amerikan Eagle* (New York, 2011).
Goldhagen, Daniel J., *Die katholische Kirche und der Holocaust: Eine Untersuchung über Schuld und Sühne.* Aus dem Englischen von Friedrich Griese (Berlin, 2002).
---. *Worse Than War: Genocide, Eliminationism, and the Ongoing Assault on Humanity* (New York, 2009).
Grass, Günter, *Im Krebsgang* (Göttingen, 2002).
Gross, Jan, *Neighbors: The Destruction of the Jewish Community in Jedwabne, Poland* (New York, 2002).
Grynberg, Henryk, „Appropriating the Holocaust", *Commentary*, November 1982, S. 54–57.
Habermas, Jürgen, *Vergangenheit als Zukunft* (Zürich, 1990).
Haffner, Sebastian, *Von Bismarck zu Hitler* (Gütersloh, 1987).
---. *Anmerkungen zu Hitler* (Frankfurt a. M., 1981).
Hake, Sabine, *Screen Nazis: Cinema, History, and Democracy* (Madison, 2012).
Halbwachs, Maurice, *Das kollektive Gedächtnis.* Aus dem Französischen von Holde Lhoest-Offermann (Frankfurt, 1985).
Hastings, Max, *All Hell Let Loose: The World at War, 1939–1945* (London, 2011).
Heer, Hannes, *Hitler war's: Die Befreiung der Deutschen von ihrer Vergangenheit* (Berlin, 2005).
Hellekson, Karen, *The Alternate History: Refiguring Historical Time* (Kent, OH, 2001).
Herf, Jeffrey, *Divided Memory: The Nazi Past in the Two Germanys* (Cambridge, MA, 1997).
---. *Nazi Propaganda for the Arab World* (New Haven, 2009).
Hilberg, Raul, *Die Vernichtung der europäischen Juden.* Aus dem Amerikanischen von Christian Seeger, 3 Bände (Frankfurt a. M., 1990).
Hildebrand, Klaus, *The Foreign Policy of the Third Reich* (Oakland, CA, 1973).
Hillgruber, Andreas, *Hitlers Strategie: Politik und Kriegführung, 1940–1941* (Bonn, 1975).
---. *Zweierlei Untergang: Die Zerschlagung des Deutschen Reiches und das Ende des europäischen Judentums* (Berlin, 1986).
Himka, John-Paul und Joanna Beata Michlic, Hg., *Bringing the Dark Past to Light: The Reception of the Holocaust in Postcommunist Europe* (Lincoln, NE, 2013).
Himmelfarb, Milton, „No Hitler, No Holocaust", *Commentary*, März 1984, S. 37–43.
Hitchcock, William, *The Bitter Road to Freedom: A New History of the Liberation of Europe* (New York, 2008).
Hofmann, Wilhelm, und Anna Baumert, „Hitler als Figur der psychologischen Medienforschung", in Rainer Rother und Karin Herbst-Meßlinger, Hg., *Hitler darstellen: Zur Entwicklung und Bedeutung einer filmischen Figur* (München, 2008).
Hoggan, David, *Der erzwungene Krieg: Die Ursachen und Urheber des 2. Weltkrieges* (Tübingen, 1977).
Hylton, Stuart, *Their Darkest Hour: The Hidden History of the Home Front 1939–1945* (London, 2001).
Insdorf, Annette, *Indelible Shadows: Film and the Holocaust* (Cambridge, UK, 2003).
Jäckel, Eberhard, *Hitler's Weltanschauung* (Middletown, CT, 1972).
Jenkins, Philip, *The New Anti-Catholicism: The Last Acceptable Prejudice* (Oxford, 2004).
Jones, Adam, *Genocide: A Comprehensive Introduction* (New York, 2007).
Judt, Tony, „Goodbye to All That", *The Nation*, 3. Januar 2005.

---. „The Morbid Truth“, *New Republic*, 19.–26. Juli 1999, S. 36–40.

---. „The Past Is Another Country: Myth and Memory in Postwar Europe“, *Daedalus*, Herbst 1992, S. 83–118.

---. „The ‚Problem of Evil‘ in Postwar Europe“, *New York Review of Books*, 14. Februar 2008.

Kaes, Anton, *From Hitler to Heimat: The Return of History as Film* (Cambridge, MA, 1989).

Kansteiner, Wulf, *In Pursuit of German Memory: History, Television, and Politics after Auschwitz* (Athens, OH, 2006).

Kantor, MacKinlay, „If the South Had Won the Civil War“, *Look Magazine*, 22. November 1960, S. 30–62.

Karsh, Efraim, *Israel: The First Hundred Years*, Bd. 1 (New York, 2001).

Katz, Steven T., „The ‚Unique‘ Intentionality of the Holocaust“, *Modern Judaism*, 1:2, 1981, S. 161–183.

Kershaw, Ian, „Hitler and the Uniqueness of Nazism“, *Journal of Contemporary History*, 2, 2004, S. 239–254.

---. *The „Hitler Myth“: Image and Reality in the Third Reich* (Oxford, UK, 1987).

---. *The Nazi Dictatorship: Problems and Perspectives of Interpretation* (London, 2000).

Kiernan, Ben, *Erde und Blut: Völkermord und Vernichtung von der Antike bis heute.* Aus dem Englischen von Udo Rennert (München, 2009).

Kift, Dagmar, „Neither Here nor There? The Memorialization of the Expulsion of Ethnic Germans“, in: Bill Niven und Chloe Paver, Hg., *Memorialization in Germany since 1945* (New York, 2010), S. 78–90.

Kittel, Manfred, *Die Legende von der zweiten Schuld: Vergangenheitsbewältigung in der Ära Adenauer* (Berlin, 1993).

Klemperer, Victor, *LTI: Notizbuch eines Philologen* (Leipzig, 14. Aufl., 1996).

Kogon, Eugen, *Der SS-Staat – das System der deutschen Konzentrationslager* (München, 1946).

Korn, Salomon, *Geteilte Erinnerung* (Berlin, 1999).

Kudryashov, Sergei, „Remembering and Researching the War: The Soviet and Russian Experience“, in: Jörg Echternkamp und Stefan Martens, Hg., *Experience and Memory: The Second World War in Europe* (New York, 2010), S. 86–115.

Kühn, Dieter, *Ich war Hitlers Schutzengel* (Frankfurt a. M., 2010).

Kundnani, Hans, *Utopia or Auschwitz? Germany's 1968 Generation and the Holocaust* (New York, 2009).

Landman, Janet, *Regret: The Persistence of the Possible* (New York, 1993).

Lang, Berel, *The Future of the Holocaust* (Ithaca, 1999).

Langenbacher, Eric, „Changing Memory Regimes in Contemporary Germany?“, *German Politics and Society*, Sommer, 2003, S. 46–68.

Langenbacher, Eric, Bill Niven und Ruth Wittlinger, Hg., *Dynamics of Memory and Identity in Contemporary Europe* (New York, 2012).

Langer, Siegfried, *Alles bleibt anders* (Stolberg, 2008).

Laqueur, Walter, „Disraelia: A Counterfactual History, 1848–2008“, *Middle East Papers: Middle East Strategy at Harvard*, 1. April 2008, S. 1–21.

---. *Der Weg zum Staat Israel: Geschichte des Zionismus.* Übersetzt von Heinrich Jelinek (Wien, 1975).

---. *Harvest of a Decade: Disraelia and Other Essays* (New York, 2011).

---. *Die letzten Tage von Europa: Ein Kontinent verändert sein Gesicht.* (Berlin, 2006).

---. *The Terrible Secret: Suppression of the Truth about Hitler's „Final Solution“* (Boston, 1980).

Lebow, Richard Ned, „Counterfactuals, History and Fiction“, in: *Historical Social Research*, 2, 2009, S. 57–73.

---. „Counterfactual Thought Experiments: A Necessary Teaching Tool", *The History Teacher*, Februar 2007.

---. *Forbidden Fruit: Counterfactuals and International Relations* (Princeton, NJ, 2010).

Lebow, Richard Ned, Wulf Kansteiner und Claudio Fogu, Hg., *The Politics of Memory in Postwar Europe* (Durham, NC, 2006).

Leiser, Erwin, *Nazi Cinema* (London, 1974).

Lesnor, Carl, „The ‚Good' War", *The Philosophical Forum*, Frühjahr 2005, S. 77–85.

Levene, Mark, *Genocide in the Age of the Nation State: The Meaning of Genocide* (London, 2005).

Levy, Daniel und Natan Sznaider, „Memory Unbound: The Holocaust and the Formation of Cosmopolitan Memory", *European Journal of Social Theory*, 5 1, 2002, S. 87–106.

Levy, Daniel und Natan Sznaider, *Erinnerung im globalen Zeitalter: Der Holocaust* (Frankfurt a. M., 2001).

Lewy, Gunter, *Die katholische Kirche und das Dritte Reich*. Aus dem Amerikanischen von Hildegard Schulz (München, 1965).

Linenthal, Edward, *Preserving Memory: The Struggle to Create America's Holocaust Museum* (New York, 1995).

Lipstadt, Deborah, *Beyond Belief: The American Press and the Coming of the Holocaust, 1933–1945* (New York, 1986).

---. *Leugnen des Holocaust: Rechtsextremismus mit Methode*. Mit einer Einführung von Micha Brumlik (Reinbek, 1995).

---. „The Failure to Rescue and Contemporary American Jewish Historiography of the Holocaust: Judging from a Distance", in Michael J. Neufeld und Michael Berenbaum, Hg., *The Bombing of Auschwitz: Should the Allies Have Attempted It?* (Lawrence, KS, 2003), S. 227–237.

Longerich, Peter, *Holocaust: The Nazi Persecution and Murder of the Jews* (Oxford, 2010). *Politik der Vernichtung: Eine Gesamtdarstellung der nationalsozialistischen Judenverfolgung* (München/Zürich, 1998).

---. *Der ungeschriebene Befehl: Hitler und der Weg zur ‚Endlösung'* (München, 2001).

Lookstein, Haskell, *Were We Our Brothers' Keepers? The Public Response of American Jews to the Holocaust, 1938–1944* (New York, 1985).

Louis, William Roger, Hg., *The Origins of the Second World War: A. J. P. Taylor and His Critics* (New York, 1972).

Lowe, Keith, *Savage Continent: Europe in the Aftermath of World War II* (New York, 2012).

Lübbe, Hermann, „Der Nationalsozialismus im politischen Bewusstsein der Gegenwart", in: Martin Broszat, Hg., *Deutschlands Weg in die Diktatur* (Berlin, 1983), S. 329–349.

Lukacs, John, *The Legacy of the Second World War* (New Haven, 2010).

Lutomski, Pawel, „The Debate about a Center against Expulsions: An Unexpected Crisis in German–Polish Relations?", *German Studies Review*, 3, Oktober 2004, S. 449–468.

Maccoby, Hyam, „Theologian of the Holocaust", *Commentary*, Dezember 1982, S. 33–37.

MacDonald, David B., *Identity Politics in the Age of Genocide: The Holocaust and Historical Representation* (London, 2008).

MacDonogh, Giles, *After the Reich: The Brutal History of the Allied Occupation* (New York, 2007).

Machtans, Karolin und Martin A. Ruehl, Hg., *Hitler Films from Germany: History, Cinema and Politics since 1945* (New York, 2012).

Mackenzie, S. P., „Essay and Reflection: On the ‚Other Losses' Debate", *International History Review*, 14:4 (Nov., 1992), S. 717–731.

Madajczyk, Czesław, „General Plan Ost“, *Polish Western Affairs*, 2, 1962, S. 391–442.

Maier, Charles, *The Unmasterable Past: History, Holocaust, and German National Identity* (Cambridge, MA, 1988).

Mallmann, Klaus-Michael und Martin Cüppers, *Halbmond und Hakenkreuz: Das Dritte Reich, die Araber und Palästina* (Darmstadt, 2005).

Mann, Michael, *The Dark Side of Democracy: Explaining Ethnic Cleansing* (Cambridge, UK, 2004).

Manvell, Roger, *Films and the Second World War* (New York, 1974).

Marchione, Margherita, *Pope Piu XII: Architect for Peace* (New York, 2000).

Margalit, Avishai, *Über Kompromisse – und faule Kompromisse*. Aus dem Englischen von Michael Bischoff (Berlin, 2010).

Marrus, Michael, „Eichmann in Jerusalem: Justice and History“, in: Steven Aschheim, Hg., *Hannah Arendt in Jerusalem* (Berkeley, 2001).

---. *The Holocaust in History* (New York, 1987).

Marrus, Michael, Carol Rittner und John K. Roth, Hg., *Pope Pius XII and the Holocaust* (Leicester, 2002).

Martel, Gordon, *The Origins of the Second World War Reconsidered* (London, 1986).

Martin, Rod A., *The Psychology of Humor: An Integrative Approach* (Burlington, MA, 2007).

Maser, Werner, *Hitler: Legend, Myth, and Reality* (New York, 1973).

Matthäus, Jürgen, und Martin Shaw, *Journal of Genocide Research*, März–Juni, 2011, S. 115–120.

Matthäus, Jürgen, „The Precision of the Indefinite“, *Journal of Genocide Research*, März–Juni 2011, S. 107–115.

Mazower, Mark, *Hitlers Imperium: Europa unter der Herrschaft des Nationalsozialismus*. Aus dem Englischen von Martin Richter (München, 2011).

McKale, Donald, *Hitler: The Survival Myth* (New York, 1981).

Medoff, Rafael, *The Deafening Silence: American Jewish Leaders and the Holocaust* (New York, 1986).

---. *FDR and the Holocaust: A Breach of Faith* (Washington, DC, 2013).

Meinecke, Friedrich, *Die deutsche Katastrophe: Betrachtungen und Erinnerungen* (Wiesbaden, 1946).

Miles, William F. S., „Third World Views of the Holocaust“, *Journal of Genocide Research*, September 2004, S. 371–393.

Minow, Martha, *Between Vengeance and Forgiveness: Facing History after Genocide and Mass Violence* (Boston, 1999).

Mitchell, Charles, *The Hitler Filmography: Worldwide Feature Film and Television Miniseries Portrayals, 1940 through 2000* (Jefferson, NC, 2002).

Moeller, Robert, *War Stories: The Search for a Usable Past in the Federal Republic of Germany* (Berkeley, 2003).

Monro, D. h., „Theories of Humor“, in: Laurence Behrens und Leonard Rosen, Hg., *Writing and Reading Across the Curriculum*, 3. Aufl. (Glenview, IL, 1988), S. 349–355.

Moore, Ward, *Bring the Jubilee* (New York, 1953).

Morse, Arthur, *While Six Million Died: A Chronicle of American Apathy* (New York, 1968).

Moses, A. Dirk, „Conceptual Blockages and Definitional Dilemmas in the ‚Racial Century‘: Genocides of Indigenous Peoples and the Holocaust“, *Patterns of Prejudice*, Nr. 4, 2002, S. 7–36.

„The Fate of Blacks and Jews: A Response to Jeffrey Herf“, *Journal of Genocide Research*, Juni 2008, S. 269–287.

---. „Genocide and the Terror of History“, *Parallax*, 4, 2011, S. 90–108.

---. „Paranoia and Partisanship: Genocide Studies, Holocaust Historiography, and the ‚Apocalyptic Conjuncture'", *The Historical Journal*, 2, 2011, S. 553–583.
---. „Revisiting a Founding Assumption of Genocide Studies", *Genocide Studies and Prevention*, Dezember, 2011, S. 287–300.
Moses, A. Dirk, Hg., *Genocide and Settler Society: Frontier Violence and Stolen Indigenous Children in Australian History* (New York, 2004).
Moses, A. Dirk und Dan Stone, Hg., *Colonialism and Genocide* (London, 2006).
Namier, Lewis, *In the Nazi Era* (New York, 1952).
Neufeld, Michael J., und Michael Berenbaum, Hg., *The Bombing of Auschwitz: Should the Allies Have Attempted It?* (Lawrence, KS, 2003).
Niven, Bill, *Facing the Nazi Past: United Germany and the Legacy of the Third Reich* (London, 2002).
---. „Introduction: German Victimhood at the Turn of the Millennium", in: Bill Niven, Hg., *Germans as Victims: Remembering the Past in Contemporary Germany* (Houndmills, UK, 2006).
Niven, Bill, Hg., *Germans as Victims: Remembering the Past in Contemporary Germany* (Houndmills, UK, 2006).
Nolte, Ernst, *Der Faschismus in seiner Epoche: Action française – italienischer Faschismus – Nationalsozialismus* (München, 6. Aufl., 2000).
Noon, David Hoogland, „Operation Enduring Analogy: World War II, the War on Terror, and the Uses of Historical Memory", *Rhetoric & PublicAffairs*, 3, Herbst 2004, S. 339–364.
Nora, Pierre, „Between Memory and History: Les lieux de mémoire", *Representations*, 26, Frühjahr 1989, S. 7–25.
Nossack, Hans Erich, *Der Untergang* (Frankfurt a. M., 1996).
Novick, Peter, *That Noble Dream: The ‚Objectivity Question' and the American Historical Profession* (Cambridge, UK, 1988).
---. *Nach dem Holocaust: Der Umgang mit dem Massenmord.* Aus dem Amerikanischen von Irmela Arnsperger und Boike Rehbein (Stuttgart, 2001)
O'Carroll, Michael, *Pius XII: Greatness Dishonored* (Chicago, 1980).
Olick, Jeffrey K., „What Does It Mean to Normalize the Past?", *Social Science History*, Winter 1998, S. 547–571.
Onken, Eva-Clarita, „The Politics of Finding Historical Truth: Reviewing Baltic History Commissions and Their Work", *Journal of Baltic Studies*, März 2001, S. 109–116.
Pakier, Małgorzata und Bo Stråth, Hg., *A European Memory? Contested Histories and Politics of Remembrance* (New York, 2010).
Pauwels, Jacques, *Der Mythos vom guten Krieg: Die USA und der Zweite Weltkrieg.* Aus dem Flämischen von Renate Heike van der Laan (Köln, 2001).
Paxton, Robert, *Anatomie des Faschismus.* Aus dem Englischen von Dietmar Zimmer (München, 2006).
Pearce, Caroline, *Contemporary Germany and the Nazi Legacy: Remembrance, Politics and the Dialectic of Normality* (London, 2008).
Phayer, Michael, *The Catholic Church and the Holocaust, 1930–1965* (Bloomington, IN, 2001).
Piper, Ernst, Hg., *Gibt es wirklich eine Holocaust-Industrie? Zur Auseinandersetzung um Norman Finkelstein* (Zürich, 2001).
Poliakov, Leon, *Harvest of Hate: The Nazi Program for the Destruction of the Jews of Europe* (New York, 1951).
Polonsky, Antony, *The Neighbors Respond: The Controversy over the Jedwabne Massacre in Poland* (Princeton, NJ, 2003).

Ponting, Clive, *1940: Myth and Reality* (London, 1990).
Power, Samantha, „To Suffer by Comparison?“, *Daedalus*, 2, Frühjahr 1999, S. 31–66.
Prinz, Michael und Rainer Zitelmann, Hg., *Nationalsozialismus und Modernisierung* (Darmstadt, 1991).
Radonic, Ljiljana, „Transformation of Memory in Croatia“, in: Eric Langenbacher, Bill Niven und Ruth Wittlinger, Hg., *Dynamics of Memory and Identity in Contemporary Europe* (New York, 2012), S. 166–179.
Reitlinger, Gerald, *The Final Solution* (London, 1953).
Rich, Norman, *Hitler's War Aims* (New York, 1973).
Robbins, Keith, *Appeasement* (Oxford, 2001).
Roberts, Andrew, *The Storm of War: A New History of the Second World War* (New York, 2010).
Robinson, Jacob, *And the Crooked Shall Be Made Straight: The Eichmann Trial, the Jewish Catastrophe, and Hannah Arendt's Narrative* (New York, 1965).
Rosenfeld, Alvin H., „The Assault on Holocaust Memory“, *American Jewish Year Book*, 2001, S. 3–20.
---. „Feeling Alone, Again: The Growing Unease of Germany's Jews“, *American Jewish Committee*: Global Jewish Advocacy, 2002.
Rosenfeld, Gavriel D., „A Looming Crash or a Soft Landing? Forecasting the Future of the Memory ‚Industry'“, *The Journal of Modern History*, März 2009, S. 122–158.
---. *Architektur und Gedächtnis. München und Nationalsozialismus. Strategien des Vergessens* (Hamburg, 2004).
---. „The Politics of Uniqueness: Reflections on the Recent Polemical Turn in Holocaust and Genocide Scholarship“, *Holocaust and Genocide Studies*, 1, Frühjahr 1999, S. 28–61.
---. *The World Hitler Never Made: Alternate History and the Memory of Nazism* (Cambridge, UK, 2005).
Rosenstone, Robert, *History on Film, Film on History* (Harlow, UK, 2012).
Rossino, Alexander B., *Hitler Strikes Poland: Blitzkrieg, Ideology, and Atrocity* (Lawrence, KS, 2005).
Roth, John K., *Holocaust Politics* (Atlanta, 2001).
Rothberg, Michael, *Multidirectional Memory: Remembering the Holocaust in the Age of Decolonization* (Palo Alto, CA, 2009).
Rousso, Henry, *The Vichy Syndrome: History and Memory in France since 1944* (Cambridge, MA, 1991).
Rubenstein, Richard L. und John K. Roth, *Approaches to Auschwitz: The Holocaust and its Legacy* (Atlanta, 1987).
Rubinstein, William D., *Genocide: A History* (Harlow, UK, 2004).
---. *The Myth of Rescue: Why the Democracies Could Not Have Saved More Jews From the Nazis* (New York, 1997).
Russett, Bruce M., *No Clear and Present Danger: A Skeptical View of the U. S. Entry into World War II* (New York, 1972).
Rutherford, Phillip T., *Prelude to the Final Solution: The Nazi Program for Deporting Ethnic Poles, 1939–1941* (Lawrence, KS, 2007).
Ryan, Johnny, *A History of the Internet and the Digital Future* (London, 2010).
Rychlak, Ronald J., *Hitler, the War, and the Pope* (Columbus, MS, 2000).
Salzborn, Samuel, „The German Myth of a Victim Nation: (Re-)presenting Germans as Victims in the New Debate on their Flight and Expulsion from Eastern Europe“, in: Helmut Schmitz, Hg., *A Nation of Victims? Representations of German Wartime Suffering from 1945 to the Present* (Amsterdam, 2007), S. 87–104.

Sanchez, José M., *Pius XII. und der Holocaust: Anatomie einer Debatte*. Aus dem Amerikanischen von Karl Nicolai (Paderborn, 2003).
Sansom, C. J., *Feindesland*. Deutsch von Christine Naegele (München, 2020).
Saville, Guy, *The Afrika Reich* (London, 2011).
Schmitz, Helmut, Hg., *A Nation of Victims? Representations of German Wartime Suffering from 1945 to the Present* (Amsterdam, 2007).
Schoenbaum, David, *Hitler's Social Revolution: Class and Status in Nazi Germany, 1933–1939* (New York, 1967).
Sebald, W. G., *Luftkrieg und Literatur* (München, 1999).
Segev, Tom, *Es war einmal ein Palästina: Juden und Araber vor der Staatsgründung Israels*. Aus dem Amerikanischen von Doris Gerstner (München, 2006).
---. *Die siebte Million: Der Holocaust und Israels Politik der Erinnerung*. Deutsch von Jürgen Peter Krause und Maja Ueberle-Pfaff (Reinbek, 1995).
Selfa, Lance, *The Struggle for Palestine* (Chicago, 2002).
Shandler, Jeffrey, *While America Watches: Televising the Holocaust* (New York, 1999).
Shaw, Martin, „Shifting the Foundations of Genocide Research", *Journal of Genocide Research*, März–Juni, 2011, S. 115–120.
---. *What is Genocide?* (Cambridge, UK, 2007).
Sheers, Owen, *Resistance* (New York, 2007).
Shermer, Michael und Alex Grobman, *Denying History: Who Says the Holocaust Never Happened and Why Do They Say It?* (Berkeley, 2009).
Shirer, William, *The Rise and Fall of the Third Reich* (1960).
Small, Melvin, *Was War Necessary? National Security and U. S. Entry into War* (Beverly Hills, CA, 1980).
Smith, Ashley, „World War II: The Good War?" *International Socialist Review*, 10, Winter 2000.
Smith, Malcolm, *Britain and 1940: History, Myth and Popular Memory* (London, 2001).
Snyder, Timothy, *Bloodlands: Europa zwischen Hitler und Stalin*. Aus dem Englischen von Martin Richter (München, 2011).
---. „The Causes of the Holocaust", *Contemporary European History*, 21:2, 2012, S. 149–168.
Sobel, Robert, *For Want of a Nail: If Burgoyne Had Won at Saratoga* (London, 1997).
Speer, Albert, *Erinnerungen* (Berlin, 1969).
Stannard, David, „Uniqueness as Denial: The Politics of Genocide Scholarship", in: Alan Rosenbaum, *Is the Holocaust Unique? Perspectives in Comparative Genocide* (Boulder, 1996), S. 163–208.
Stedman, Andrew David, *Alternatives to Appeasement: Neville Chamberlain and Hitler's Germany* (New York, 2011).
Steiner, George, *Sprache und Schweigen: Essays über Sprache, Literatur und das Unmenschliche*. Aus dem Englischen von Axel Kaun (Frankfurt a. M., 2014).
Steinweis, Alan, „The Auschwitz Analogy: Holocaust Memory and American Debates over Intervention in Bosnia and Kosovo in the 1990s", *Holocaust and Genocide Studies*, Herbst 2005, S. 276–289.
Stern, J. P., *Hitler: The Führer and the People* (Berkeley, 1975).
Stolzfus, Nathan, *Resistance of the Heart: Intermarriage and the Rosenstrasse Protest in Nazi Germany* (New York, 1996), S. 248.
Stone, Dan, „Beyond the Auschwitz Syndrome: Holocaust Historiography after the Cold War", *Patterns of Prejudice*, 44:5, 2010, S. 454–468.
---. *Histories of the Holocaust* (Oxford, 2010).
Sutherland, John, „Mainstreaming Neo-Nazism", *Dimensions: A Journal of Holocaust Studies*, 13:1, 1999, S. 15–17.

Taberner, Stuart und Paul Cooke, Hg., *German Culture, Politics, and Literature into the Twenty-First Century: Beyond Normalization* (Rochester, NY, 2006).

Taylor, A. J. P., *Die Ursprünge des zweiten Weltkrieges.* Deutsch von Dieter Werner (Gütersloh, 1962).

Terkel, Studs, *Der gute Krieg. Amerikaner erleben den Zweiten Weltkrieg. 49 Porträts.* Aus dem Englischen von Christiane Buchner, Brigitte Gerlinghoff, Nora Jensen, Leopardi & Eckstein, Regina Rawlinson und Rainer Schmidt (Leipzig, 1991).

Tetlock, Philip E., Richard Ned Lebow, und Geoffrey Parker, Hg., *Unmaking the West: ‚What-If?' Scenarios That Rewrite World History* (Ann Arbor, MI, 2006).

Tooze, Adam, *Ökonomie der Zerstörung: Die Geschichte der Wirtschaft im Nationalsozialismus.* Aus dem Englischen von Yvonne Badal (München, 2007).

Torpey, John, „Making Whole What Has Been Smashed: Reflections on Reparations", *The Journal of Modern History*, Juni 2001, S. 333–538.

Torpey, John, Hg., *Politics and the Past: On Repairing Historical Injustices* (Lanham, MD, 2003).

Trunk, Isaiah, *Judenrat: The Jewish Councils in Eastern Europe under Nazi Occupation* (New York, 1972).

Tumarkin, Nina, *The Living and the Dead: The Rise and Fall of the Cult of World War II in Russia* (New York, 1995).

Turner, Henry, „Hitler's Impact on History", in: David Wetzel, Hg., *From the Berlin Museum to the Berlin Wall: Essays on the Cultural and Political History of Modern Germany* (Westport, CT, 1996), S. 109–126.

Turtledove, Harry, *The Man With the Iron Heart* (New York, 2009).

Uldricks, Teddy J., „War, Politics and Memory: Russian Historians Reevaluate the Origins of World War II", *History & Memory*, 2, Herbst/Winter 2009, S. 60–82.

Vermes, Timur, *Er ist wieder da* (Köln, 2012).

Walton, Jo, *Die Stunde der Rotkehlchen.* Aus dem Englischen von Nora Lachmann (Berlin, 2014).

---. *Der Tag der Lerche.* Aus dem Englischen von Nora Lachmann (Berlin, 2015).

---. *Das Jahr des Falken.* Aus dem Englischen von Nora Lachmann (Berlin, 2016).

Weinberg, Gerhard L., *The Foreign Policy of Hitler's Germany: Diplomatic Revolution in Europe, 1933–36* (Chicago, 1971).

---. *The Foreign Policy of Hitler's Germany: Starting World War II, 1937–1939* (Chicago, 1980).

---. „Two Separate Issues? Historiography of World War II and the Holocaust", in: David Bankier und Dan Michman, Hg., *Holocaust Historiography in Context: Emergence, Challenges, Polemics, and Achievements* (Jerusalem, 2008), S. 379–401.

Weiss, John, *Ideology of Death: Why the Holocaust Happened in Germany* (Chicago, 1997).

Weitz, Eric, *A Century of Genocide: Utopias of Race and Nation* (Princeton, NJ, 2005).

Welch, David, *Propaganda and the German Cinema, 1933–1945* (Oxford, 1983).

Wheeler-Bennett, John, *Munich: Prologue to Tragedy* (New York, 1948).

White, Hayden, *Die Bedeutung der Form: Erzählstrukturen in der Geschichtsschreibung.* Aus dem Englischen von Margit Smuda (Frankfurt a. M., 1990).

---. „Historische Modellierung (emplotment) und das Problem der Wahrheit", in: Kiesow, Rainer Maria und Lorraine Daston, Hg. *Auf der Suche nach der verlorenen Wahrheit: zum Grundlagenstreit in der Geschichtswissenschaft* (Frankfurt a. M., 2000), S. 142–168.

Wilds, Karl, „Identity Creation and the Culture of Contrition: Recasting ‚Normality' in the Berlin Republic", *German Politics*, April 2000, S. 83–102.

Wills, Garry, *Papal Sin: Structures of Deceit* (New York, 2001).

Wittlinger, Ruth, „British-German Relations and Collective Memory“, *German Politics and Society*, Herbst 2007, S. 46–48.
---. „The Merkel Government's Politics of the Past“, *German Politics and Society*, 4, Winter, 2008, S. 9–27.
Wittlinger, Ruth und Martin Larose, „No Future for Germany's Past: Collective Memory and German Foreign Policy“, *German Politics*, 4, 2007, S. 481–495.
Wittlinger, Ruth und Steffi Boothroyd, „A ‚Usable‘ Past at Last? The Politics of the Past in United Germany“, *German Studies Review*, 3, 2010, S. 489–502.
Wolf, Christopher, „Hate on the Internet Leads to Hate Crime: What Is Society's Best Response?“, in: Barbara Perry u. a., Hg., *Hate Crimes: Volume 5, Responding to Hate Crimes* (Westport, CT, 2009), S. 213–224.
Wolffsohn, Michael, *Ewige Schuld? 4 Jahre deutsch-jüdisch-israelische Beziehungen* (München, 1988).
Wood, Elizabeth, „Performing Memory: Vladimir Putin and the Celebration of WWII in Russia“, *The Soviet and Post-Soviet Review*, 38, 2011, S. 179–185.
Wyden, Peter, *The Hitler Virus: The Insidious Legacy of Adolf Hitler* (New York, 2001).
Wyman, David, *The Abandonment of the Jews: America and the Holocaust* (New York, 1984).
---. *Paper Walls: America and the Refugee Crisis, 1938–1941* (New York, 1985).
Yakira, Elhanan, *Post-Zionism, Post-Holocaust: Three Essays on Denial, Forgetting, and the Delegitimation of Israel* (Cambridge, UK, 2010).
Young, James E., *The Texture of Memory: Holocaust Memorials and Meaning* (New Haven, 1993).
Youngblood, Denise, *Russian War Films: On the Cinema Front, 1914–2005* (Lawrence, KS, 2006).
Zertal, Idith, *Israel's Holocaust and the Politics of Nationhood* (Cambridge, UK, 2005).
Ziv, Avner, „Humor as a Social Corrective“, in: Laurence Behrens und Leonard J. Rosen, Hg., *Writing and Reading Across the Curriculum*, 3. Aufl. (Glenview, IL, 1988), S. 356–360.
Zuccotti, Susan, *Under His Very Windows: The Vatican and the Holocaust in Italy* (New Haven, 2002).

Filme

Der Untergang
Dresden
Die Flucht
Hitler – Aufstieg des Bösen
Inglourious Basterds
Iron Sky
Jackboots on Whitehall
Max
Mein Führer
Mein Kampf
Unsere Mütter, unsere Väter

Abbildungsnachweis

Abb. 1 © Bayerische Staatsbibliothek München/Bildarchiv; Abb. 2 abgedruckt mit der Erlaubnis von lizard2©76; Abb. 3 © memegenerator.net; Abb. 4 © keepcalmandposters.com; Abb. 5 © Ullstein/Propyläen; Abb. 6 © akg/viennaslide/Harald A. Jahn; Abb. 7 © Simon&Schuster; Abb. 8 © Ullstein/List Taschenbuch; Abb. 9 © dtv Verlag; Abb. 10 © Heritage-Images/Jewish Chronicle Archive/akg-images; Abb. 11 © Little Brown Books; Abb. 12 © Heyne; Abb. 13 © Faber & Faber; Abb. 14 © Cinedigm; Abb. 15 © Del Ray Books/Random House; Abb. 16 © NBC Universal; Abb. 17 © Atlantis Verlag; Abb. 18 © Blind Spot Pictures; Abb. 19 © Fischer Taschenbuch Verlag; Abb. 20 © Herbach & Haase Literarische Agentur; Abb. 21 © Bastei Lübbe (Stüwe); Abb. 22 © Kiepenheuer & Witsch; Abb. 23 © United Artists CP; Abb. 24 © akg-images; Abb. 25 © Allstar Picture Library Ltd./Alamy Stock Photo; Abb. 26 © Alliance Atlantic Communications, Acquired by Eone Films; Abb. 27 © akg-images/Album; Abb. 28 © Photo 12/ Alamy Stock Foto; Abb. 29 © TCD/Prod.DB/Alamy Stock Photo; Abb. 30 © Schiwago Film Berlin; Abb. 31 © Moviestore Collection Ltd/Alamy Stock Photo; Abb. 32 © akg-images/Album/Constantin Film; Abb. 33 © akg-images/Album/Bayerischer Rundfunk; Abb. 34 © akg-images/Album; Abb. 35 © akg-images/Album/Universal Pictures; Abb. 36 © TCD/Prod.DB/ Alamy Stock Foto; Abb. 37 © thirdreichlocations.com, all rights reserved; Abb. 38 © Liste Anti-Sioniste; Abb. 40 © © Walter Moers/GFP; Abb. 41 © HipsterHitler.com; Abb. 42 © catsthatlooklikehitler.com; Abb. 43 © D Legakis Photography/Athena Picture Agency; Abb. 44 © Creative Commons; Abb. 45 © Quantum Foods (Pty) Ltd: (a subsidiary of Pioneer Foods (Pty) Ltd).

Register

Eintrage zu Adolf Hitler beziehen sich auf Formen medialer Darstellung der Figur Adolf Hitler.